Operations Research Proceedings 1982

DGOR

Papers of the 11th Annual Meeting
Vorträge der 11. Jahrestagung

Edited by/Herausgegeben von W. Bühler
B. Fleischmann K. P. Schuster L. Streitferdt
H. Zander

With 99 Figures/Mit 99 Abbildungen

Springer-Verlag
Berlin Heidelberg New York

Prof. Dr. Wolfgang Bühler

Universität Dortmund, Lehrstuhl für Investition und Finanzierung, Postfach 50 05 00, D-4600 Dortmund 50

Prof. Dr. Bernd Fleischmann

Universität Hamburg, Lehrstuhl für Quantitative Methoden der Betriebswirtschaftslehre, Von-Melle-Park 5, D-2000 Hamburg 13

Dipl.-Math. Karl-Peter Schuster

Ressortleiter Operations Research, Philips GmbH, Bereich ISA, Billstraße 80, D-2000 Hamburg 28

Prof. Dr. Lothar Streitferdt

Universität Frankfurt, Fachbereich Ökonomie, Mertonstraße 17, D-6000 Frankfurt

Dr. Helmut Zander

Leiter der Abteilung Mathematisch-technische EDV-Entwicklung, Ruhrkohle AG, D-4300 Essen

ISBN 978-3-540-12239-5 ISBN 978-3-642-68997-0 (eBook)
DOI 10.1007/978-3-642-68997-0

CIP-Kurztitelaufnahme der Deutschen Bibliothek.
Operations research proceedings ...: papers of the annual meeting / DGOR. – Berlin; Heidelberg; New York: Springer
ISSN 0721-5924
Bis 9. 1979 im Physika-Verl., Würzburg, Wien. Bis 9. 1979 u. d. T.: Proceedings in operations research 1982. Papers of the 11. annual meeting. – 1983.
ISBN 978-3-540-12239-5

NE: Deutsche Gesellschaft für Operations-Research

2142/3140-543210

Vorwort

Vom 22.–24. September fand die 11. Jahrestagung der Deutschen Gesellschaft für Operations Research in den Räumen der Universität Frankfurt statt. Mehr als 400 Teilnehmer folgten der Einladung der DGOR und diskutierten die neuesten methodischen Entwicklungslinien sowie ihre aktuellen Anwendungserfahrungen auf den unterschiedlichsten Gebieten des Operations Research.

Der Charakter der einzelnen DGOR-Tagungen wird sehr stark durch das seit Jahren bewährte Organisationsprinzip geprägt, Themenschwerpunkte in einzelnen Sektionen zu behandeln, die von Sektionsleitern weitgehend eigenverantwortlich geplant werden. Deren Engagement bestimmt zu einem großen Teil Inhalt und Umfang der einzelnen Themenschwerpunkte. Ihnen gebührt für das Gelingen der Tagung herzlichen Dank.

Einen Schwerpunkt auf der diesjährigen DGOR-Tagung bildeten Fragen der Anwendung von Verfahren des Operations Research auf betriebswirtschaftliche Fragestellungen. 11 von 18 Sektionen waren diesem Problemkreis gewidmet. Die traditionellen methodisch orientierten Sektionen „Stetige Optimierung", „Diskrete Optimierung", „Entscheidungstheorie" und „Stochastische Entscheidungsprozesse" formten den zweiten Schwerpunkt. In den beiden Sektionen „OR in der Datenverarbeitung" und „Angewandte Statistik" erfolgte eine Diskussion von Grenzgebieten, die einen erheblichen Einfluß auf die Formulierung und Lösung von Problemen des Operations Research besitzen.

Erstmals wurde in diesem Jahr ein Wettbewerb für Diplomarbeiten ausgeschrieben. Von 15 eingereichten Arbeiten wurden 4 prämiert. Die Preisträger präsentierten ihre Ergebnisse in einer eigenen Sektion.

Der vorliegende Tagungsband soll die Ergebnisse der diesjährigen Tagung dokumentieren. Aus Platzgründen mußte der Umfang der Langfassungen beschränkt werden. Eine große Zahl von Beiträgen konnte darüber hinaus nur in einer kurzen Zusammenfassung aufgenommen werden. Die Veröffentlichung einiger weniger Referate soll an anderer Stelle erfolgen. Sie sind der Vollständigkeit halber am Ende des Tagungsbandes zusammengefaßt. Das Autorenverzeichnis erlaubt es dem interessierten Leser, weitere Informationen unmittelbar bei den Verfassern einzuholen.

Zum Gelingen der Tagung trugen viele bei: Referenten, Sitzungs- und Sektionsleitern sei herzlich gedankt. Den finanziellen Rahmen schufen eine Vielzahl von Spendern. Ihr Beitrag in einer wirtschaftlich problematischen Zeit ist besonders hoch einzuschätzen. Besonderer Dank gilt auch den Herren Prof. Dr. Bartels, Prof. Dr. Ohse, Prof. Dr. Rommelfanger, Prof. Dr. Streitferdt und ihren Mitarbeitern, die mit einer ausgezeichneten Organisation und einem attraktiven Rahmenprogramm den äußeren Rahmen der Tagung gestalteten.

Dortmund, im Dezember 1982 — Wolfgang Bühler

Programmausschuß

W. Bühler, Dortmund (Vorsitzender), B. Fleischmann, Hamburg, K. P. Schuster, Hamburg, L. Streitferdt, Frankfurt, H. Zander, Essen

Sektionsleiter	**Sektionen**
O. Adelberger	Finanzwirtschaft
G. Altrogge	Produktionsplanung
A. Bachem	Diskrete Optimierung
W. Dinkelbach	Entscheidungstheorie
D. Hahn	Strategische Unternehmensplanung
P. Hammann	Marketing
K. Hansen	OR im Gesundheitswesen
W. Krabs	Stetige Optimierung
D. Ohse	Studentenwettbewerb
H. Ch. Pfohl	Logistik
B. Rudolph	Banken
H. Schellhaas	Stochastische Entscheidungsprozesse
J. Schwarze	Angewandte Statistik
P. Stahlknecht	OR in der Datenverarbeitung
H. Steinmann	OR in der öffentlichen Verwaltung
L. Streitferdt	OR im Rechnungswesen
H. Weber	Anwendungsberichte aus der industriellen Praxis
H. Wegener	Instandhaltung in der Praxis

Die 11. Jahrestagung der Deutschen Gesellschaft für Operations Research wurde in dankenswerter Weise unterstützt von

Allianz AG, München
Bank für Gemeinwirtschaft, Frankfurt
Robert Bosch GmbH, Stuttgart
Control Data GmbH, Frankfurt
Degussa AG, Frankfurt
Digital Equipment GmbH, München
Fachbereich Wirtschaftswissenschaften, Universität Frankfurt
Fachbereich Ökonomie, Universität Frankfurt
Förderkreis für die Versicherungslehre an der Universität Frankfurt, Frankfurt
Frankfurter Sparkasse von 1822, Frankfurt
Friedrich Flick Förderstiftung, Düsseldorf
IBM Deutschland GmbH, Stuttgart
Mannesmann Datenverarbeitung GmbH, Ratingen
McKinsey & Comp., Düsseldorf
Preussag AG, Hannover
RWE AG, Essen
Universität Frankfurt, Präsidialabteilung
Westdeutsche Landesbank Girozentrale, Münster

Inhaltsverzeichnis

Instandhaltung in der Praxis

Finanzwirtschaft und Banken

Marketing

Strategische Unternehmensplanung

OR im Rechnungswesen

OR in der Datenverarbeitung

OR in der öffentlichen Verwaltung

OR im Gesundheitswesen

Diskrete Optimierung

Stetige Optimierung

Entscheidungstheorie

Stochastische Entscheidungsprozesse

Angewandte Statistik

Studentenwettbewerb

Dr. Theo Lutz
IBM Deutschland

Entwicklungstendenzen in der Informationsverarbeitung

Alle Anzeichen aus dem wissenschaftlichen und technischen Raum weisen darauf hin, daß auch in Zukunft die technologische Entwicklung der Daten- und Informationsverarbeitung durch weitere Miniaturisierung ihrer Bauteile gekennzeichnet sein wird. Dieser Weg führte vom Relais als Bauelement über Elektronenröhre, Transistor und integrierte Schaltkreise zur Siliziumtechnologie, die unter dem Schlagwort "VLSI"(= Very Large Scale Integration) die Computerelektronik bestimmt. Wenn man im Rahmen dieser Technologie heute auf dem berühmten Silizium-Chip ein Volumen von 64 Tausend Informationseinheiten auf einem viertel Quadratzentimeter unterbringt und diese Technologie in der Massenfertigung beherrscht, so gibt es bereits Laborberichte über das vierfache Volumen auf etwa derselben Fläche. Ernstzunehmende technische Prognosen halten es für möglich, daß es in diesem Jahrhundert noch gelingt, dieses Speichervolumen auf 16 Millionen Informationseinheiten pro Chip zu steigern. Ähnliche Zahlen gibt es für Chips,auf denen verknüpfende logische Schaltungen untergebracht sind und auch für den Entwicklungszweig der Mikroelektronik, der einen kompletten Prozessor auf dem Siliziumchip verfügbar macht. Das Wort "Josephson Technologie" schließlich bezieht sich auf technologische Forschungen, die möglicherweise über die heutige Siliziumtechnologie hinausweisen und wesentliche Impulse auf den Computerbau der Zukunft versprechen. So wird auch in der Zukunft die Miniaturisierung der Bauteile des Computers weitergehen und die beherrschende, technologische Herausforderung dieser Industrie sein. Sie steht mit kürzeren Schaltwegen, größerer Bitdichte und einer wesentlich geringeren Energiemenge je Informationseinheit nach wie vor auch für eine weitere Leistungssteigerung der Aggregate.

Operations Research Proceedings 1982

Wesentlich für die Beurteilung der technologischen Entwicklung ist allerdings nicht allein die mit der Miniaturisierung verbundene Leistungssteigerung des Computers und seiner Geräte. Gleichberechtigt wichtig ist deren wirtschaftliche Einbindung, die man an der Entwicklung des Verhältnisses von Preis und Leistung darstellt.

Auch wenn es problematisch und schwierig ist, die Leistung so komplexer und komplizierter Systeme, wie die der Computer mit nur einer Zahl quantitativ zu fassen, so zeigt doch das Preis-Leistungsverhältnis im Computerbau bereits aus den ersten Jahren heraus eine eindeutige Tendenz zu Gunsten des Benutzers. Es verbessert sich seit Jahren ständig und es gibt keine Hinweise darauf, daß diese Tendenz nicht auch in der Zukunft anhält.

Der Umstand, daß das Preis-Leistungsverhältnis sowohl von der Entwicklung des Preises als auch von der Leistung bestimmt wird, gibt dem Computerbau mit allen seinen Geräten grundsätzlich zwei Entwicklungsdimensionen. In der einen Dimension steigert sich bei konstantem Preis die Leistung der Geräte, sie lassen sich funktionell anreichern und ihre Leistungszahlen verbessern sich auch absolut. Auf der zentralen Seite des Computersystemes bedeutet dies, daß sich auch weiterhin die internen Leistungszahlen, etwa der Zentraleinheiten, steigern lassen, und zwar bezogen auf 1982 um Faktoren, die prognostisch zwischen 10 und 50 angesiedelt werden.

Im Bereich der auf Steuerung ausgelegten Geräte (Minis), etwa in Form der Knotenrechner der sich stetig weiter ausbreitenden Netzwerke bedeutet diese Möglichkeit zur Leistungssteigerung, daß sich vieles von dem, was sich heute noch auf der zentralen Seite in Rechenzentren abwickelt, über funktionell reichere Knoten, wie sie etwa durch das Informationssystem IBM 8100 dargestellt werden, zum Benutzer hin verteilen. Diese Knoten nehmen Teile der Anwendungspakete aus den zentralen Rechnern auf und versorgen "verteilt" Bildschirme und Datenstationen am Arbeitsplatz. Intelligente Knoten schaltet nicht nur bei Bedarf die Verbindung des verteilten Arbeitsplatzes zur Datenbank, sie sorgen auch über ihre Möglichkeit zur Netzwerkintegrabilität für eine zusätzliche Unterstützung des Bildschirmes durch die Zentrale, wenn der Knoten selbst zu schwach dazu ist.

Diese Tendenz erfaßt aber auch die Datenstation direkt, wie man das von Ladenkassen her bereits kennt. Sie werden mit miniaturisierten Prozessoren ausgestattet und sind damit programmierbar. Mit dieser Programmierbarkeit kann man die Datenstation am Arbeitsplatz auf spezifische Funktionen einrichten und sie, wie man sich ausdrückt, dann personalisieren. Auch kann man diese Personalisierung mit den in der Elektronik üblichen Geschwindigkeiten ändern. Daß sich daraus ganz neue Perspektiven für den Arbeitsplatz ergeben, wollen wir am Beispiel des "Büros von Morgen" noch einmal aufnehmen. Hier liegt der technische Ansatzpunkt für die allgemein erwartete weitere Rationalisierung in diesem "Büro von Morgen".

Die zweite Entwicklungsdimension bezieht sich auf den Faktor Preise für die Hardware, bei konstant gehaltener Leistung. Sie führt etwa im Bereich der Datenstationen, zu dem heute bereits sichtbaren Arbeitsplatzterminal, das nicht mehr selbst Arbeitsplatz ist, sondern vielmehr mit seinem in bezug auf die Gesamtkosten des Arbeitsplatzes geringen Preis, in diesen integriert werden kann, wie man das von vielen anderen Geräten am Arbeitsplatz her auch kennt (Telefon, Schreibmaschine, Taschenrechner). Schlagwortartig gesagt, wird der Bildschirm damit zum Volksempfänger und die "compute power" wird zum Verbrauchsgut am Arbeitsplatz. Schon heute liegen die Kosten für einen entsprechenden Bildschirm in bezug auf die Gesamtkosten für den Arbeitsplatz in einer Größenordnung, die, im Rahmen der Verteilung der Computerunterstützung die Möglichkeit zuläßt, Arbeitsfunktionen, die heute noch traditionell orientiert sind durch Computerunterstützung aus dem Gesamtsystem zu substituieren.

Schlagwortartig faßt man die eben skizzierte Anwendungstendenz auch so zusammen, daß man sagt, die Datenverarbeitung verteile sich zum Endbenutzer hin. "Distributed Data Processing" oder DDP ist ein weiteres Schlagwort der aktuellen Datenverarbeitung, das eine bedeutsame Tendenz in der Verarbeitung von Daten und Informationen charakterisiert, die die EDV-Welt von heute beeinflußt und ein entscheidender Faktor für ihre zukünftige Entwicklung ist. Auch diese Verteilung ist ein direkter Ausfluß der Miniaturisierung, die in Form des vielzitierten Mikroprozessors, den Prozessor zum aktiven Bauteil macht, den man einbauen kann, wo immer dies sinnvoll und nützlich ist. Hier gibt es eine interessante Analogie zum Motor, der aus den zwanziger Jahren heraus einen ähnlichen Weg gegangen ist, nachdem man ihn wirtschaftlich in den unterschiedlichsten Größenordnungen und mit unterschiedlichster Leistung bauen konnte. Die Schwierigkeiten bei der Beurteilung dieses Verteilungsphänomens bestehen darin, daß man die Wirksamkeit eines Mikroprozessors - ähnlich wie beim Motor - sinnvoll erst dann beschreiben kann, wenn man die technische Umgebung kennt, in die der Bauteil eingebaut werden soll. Der Mikroprozessor im Computer ist von grundsätzlich anderer Wirksamkeit, als ein Mikroprozessor in einem Auto oder in einer Nähmaschine. Ein besseres Verständnis für diesen Wandel in der Datenverabeitung und ihrer Anwendung bekommt man, wenn man auch hier nach der wirtschaftlichen Einbindung dieser Entwicklung fragt. Rasch stößt man auf das berühmte Gesetz von Herb Grosch vom Anfang der 60er Jahre, wonach die Leistung des Computers mit dem Quadrat seines Preises steigen soll.

Anders ausgedrückt bedeutet dies, daß das Preis-Leistungsverhältnis bei großen Systemen erheblich besser ist als bei kleinen. Wer bereit ist, den doppelten Preis zu bezahlen, erhält vierfache Leistung! Konsequenterweise ist der teurere Rechner auch der bessere, denn er bringt überdurchschnittlich Leistung. Daß man diesen teureren Rechner dann aber auch voll auslastet, liegt auf der Hand. Diese kaufmännische Konsequenz hat lange Zeit das Gesicht der Datenverarbeitung bestimmt: teuer und voll ausgelastet! Da sich nun aus den 60er Jahren heraus das Preis-Leistungsverhältnis für das Gesamtsystem um die Größenordnung 10 nach unten bewegt und sich gleichzeitig der Anteil der Gerätekosten an den Gesamtkosten der Datenverarbeitung halbiert hat, ist diese Wirtschaftlichkeit im Größeren (Economy of Scale) in der Datenverarbeitung uninteressant geworden und die Einstellung zum Computer hat sich verändert: Die Verfügbarkeit des Gerätes ist wichtiger als der Preis und der Zwang teure Geräte voll auszulasten, schwindet mehr und mehr, wie man das auch vom Telefon her kennt, vom Fernsehen, vom Kraftfahrzeug und von vielen anderen technischen Geräten, die sich auf diese Art und Weise zum Endbenutzer hin verteilt haben, um dann in jedermanns Hand zu gehen. Die rasche Zunahme der Anzahl persönlicher Computer in unseren Tagen ist ein Hinweis auf die Tendenz, daß der Computer in jedermanns Hand gehen wird. Wenn er in wenigen Jahren möglicherweise noch an den dann verfügbaren Bildschirmtext angeschlossen werden kann, mag sich eine interessante Landschaft entwickeln, die dem "Computer" noch einmal eine ganz andere Dimension gibt.

Damit sind nun allerdings alle Voraussetzungen gegeben, daß sich die Datenverarbeitung in den nächsten Jahren in einer Art und Weise auf den Endbenutzer zubewegen kann, wie man sich das im vollen Detail heute kaum vorstellen kann. Es sind zugleich aber auch Weichen gestellt, daß sich diese "EDV" qualitativ weiterentwikkeln kann und zu dem wird, was man schlagwortartig mit Informationsverarbeitung bezeichnet. Ohne Zweifel hat die Datenverarbeitung heute eine recht hohe Perfektion erreicht, wie man das beispielsweise an der Vielzahl der installierten Datenbanken sehen kann. Sie repräsentieren einen recht hohen Standard in der Verarbeitung, aber auch in der Administration der Daten einer Organisation. Trotz dieser Perfektion ist die Datenverarbeitung allein immer nur die einfachste Version einer Informationsverarbeitung, auch wenn sie mit Bildschirm und Computerdialog fest in das System integriert und eingebunden ist, weil sie eben nur den Informationstyp "Daten" anbietet.

Eine erste, erfolgversprechende Öffnung in dieser Sicht ist die Textverarbeitung. Auch sie fußt auf codierter Information, befreit aber von der lästigen Bindung an Formate und ersetzt sie durch Grammatik und Wortschatz der Umgangssprache. Im Gegensatz zu den Daten sind Texte besser für die menschliche Kommunikation geeignet, sie entziehen sich aber der inhaltlichen Auswertung durch den Computer. Daß man sie trotzdem in eine Systemverwaltung, ähnlich wie Daten in Datenbanken, einbeziehen kann, ist hinreichend mit Erfahrung belegt. Die Anwendung des systemverwaltenden Textes ist ein erster Schritt über die Datenverarbeitung hinaus in Richtung auf Informationsverarbeitung. Die Herausforderung für die Gestaltung einer komplexen Informationsverarbeitung, deren Ort das vielzitierte "Büro der Zukunft" ist, liegt daran, dem Benutzer über eine personalisierbare, netzwerkintegrable Datenstation, die man multifunktional nennt, Informationstypen zugänglich zu machen, die dem Kommunikationsverhalten des Menschen angemessener sind, als nur Daten. So wird wohl der Arbeitsplatz der Zukunft nicht nur bestimmt von systemverwalteten Daten allein, wie das für den heutigen Stand typisch ist. Auf dem Vormarsch ist unübersehbar der systemverwaltete Text, das systemverwaltete Bild und zwar sowohl als konstruierbare Grafik, als auch in der Form des kopierbaren und speicherbaren Faksimiles. Letzter Schritt ist die systemverwaltete Stimme, die allerdings technisch erheblich problematischer ist, als Text und Bild. Das Schlüsselwort für die technische Integration dieser "besseren" Informationstypen heißt Digitalisierung. Der heute noch signalhaft, physikalisch dargestellte Grauwert eines Bildpunktes wird durch den numerischen Grauwert repräsentiert und damit voll computergerecht. Die physikalisch durch Schwingungen analog dargestellte Stimme wird ersetzt durch in kleinsten Abständen erfaßte numerische Amplitudenwerte, die ebenfalls computergerecht sind und die vom Computer systemadministriert werden können. Man muß in diesem Zusammenhang darauf hinweisen, daß die Problematik des "Büros von Morgen" erheblich weiter reicht, als das, was wir hier aus technischer Sicht dargestellt haben. Wichtig erscheint uns auch der Hinweis, daß das "Büro von Morgen", das "Office to the Future" nicht irgendein Ereignis ist, das sich zu einem bestimmten Zeitpunkt einstellen wird, und dann vorhanden ist. Es handelt sich vielmehr um einen Prozess, in den das aktuelle Büro jeweils verwickelt ist, und der über einen kaum zu fixierenden Zeitraum hinweg ein erhebliches Ausmaß an Innovation aufnehmen und umsetzen muß. Auch wenn dieser Prozess, der für die Entwicklung der Datenverarbeitung in der Vergangenheit immer bestimmend war, von spektakulären Ereignissen begleitet ist, so ist sein Fortschritt in der Zeit doch eher leise, aber fortschreitend anhaltend. Es besteht der begründete Verdacht, daß wir in einen solchen Prozeß aktuell bereits mehr verstricktsind, als uns unmittelbar bewußt ist! (9/82)

Planungspraxis in der Mineralölindustrie mit einem hierarchischen Modellsystem

Helmut Schnös, Gelsenkirchen

Zusammenfassung. Am Beispiel der Ablaufstrukturen der Verarbeitungs- und Versorgungsplanung bei der VEBA OEL AG wird der Einsatz eines hierarchischen Modellsystems in der Mineralölindustrie gezeigt. Die bei den eingesetzten OR-Techniken gemachten Erfahrungen über Modell-Handling und Modell-Datenversorgung werden diskutiert.

Summary. The application of a hierarchical system of computer based models for the oil industry will be illustrated by operations and supply planning procedures used at the VEBA OEL company. Model Handling and data input will be discussed from a practical point of view.

I. Die Verarbeitungs- und Versorgungsplanung bei der VEBA OEL AG

1. Versorgung und Verarbeitung in der BRD

Den Mittelpunkt der Mineralölverarbeitung bildet im Westen der BRD die Werksgruppe Ruhr in Gelsenkirchen, die aus zwei im Verbund miteinander stehenden Raffinerien besteht. Im Südwesten hält VEBA OEL Anteile an den Oberrheinischen Mineralölwerken (33 %) in Karlsruhe und im Süden an der Erdoelraffinerie Neustadt (50 %) bei Ingolstadt. Die petrochemischen Produktionsanlagen in den Werken Gelsenkirchen und Münchsmünster bei Neustadt stehen in wirtschaftlich optimalem Verbund mit den Anlagen zur Rohölverarbeitung und Werken der chemischen Industrie.

Die Versorgung mit Rohölen erfolgt mit eigenen und gecharterten Tankern zu den Kopfstationen der europäischen Pipelinesysteme, durch die es in die Raffinerien fließt.

Der Vertrieb von Mineralölprodukten wird überwiegend durch eigene Handelsunternehmen und über ARAL abgewickelt. Marketing-Probleme werden von den einzelnen Vertriebsgesellschaften bearbeitet. Die petrochemischen Erzeugnisse, vor allem Aromaten und Olefine, werden direkt abgesetzt.

2. Die Aufgabe der Verarbeitungs- und Versorgungsplanung

Eine vorgegebene Unternehmensstrategie ist in ein Programm umzusetzen, d. h. konkret, daß der Bedarf an und die Verfügbarkeit von Mineralölprodukten optimal aneinander anzugleichen sind. Dabei sind die zu erwartenden Erlöse zu maximieren und die anfallenden Kosten zu minimieren. Die wichtigsten Planungsfunktionen zur Lösung dieses Problems sind:

Operations Research Proceedings 1982

Die Beschaffung von Einsatzstoffen und Fertigprodukten,

die Verarbeitung der Einsatzstoffe in den einzelnen Raffinerien, und

die Verteilung (Bereitstellung) der Fertigprodukte in den einzelnen Regionen.

Zwischen diesen Planungsfunktionen bestehen starke Interdependenzen (siehe Bild 1).

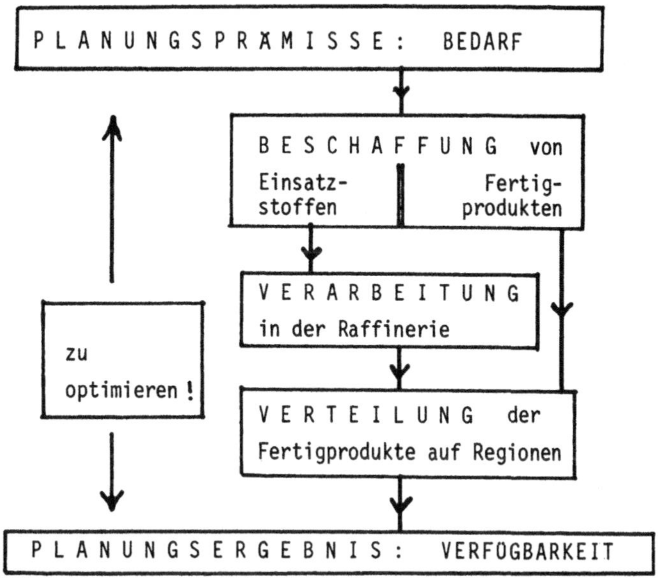

BILD 1

Man wird daher eine Simultanplanung so weit als möglich anwenden, eine Sukzessivplanung nur an den Stellen, an denen eine getrennte Bearbeitung zusammengehöriger Probleme zur Vermeidung von zu großer Komplexität sinnvoll ist. Sie ist selbstverständlich da anzuwenden, wo eine vorgegebene Planungshierarchie vorliegt (siehe Bild 2).

Die kurzfristige Planung umfaßt die monatliche Planaktualisierung für die nächsten 3 Monate fortlaufend, Sonderuntersuchungen für spezielle, aktuelle Probleme, sowie etwa ab Mitte des Jahres die Planerstellung für das Folgejahr auf Monatsbasis.

Die mittelfristige Planung beinhaltet die Planung für die nächsten 5 Jahre auf Jahresebene, sowie spezielle strategische Untersuchungen für die Zukunft.

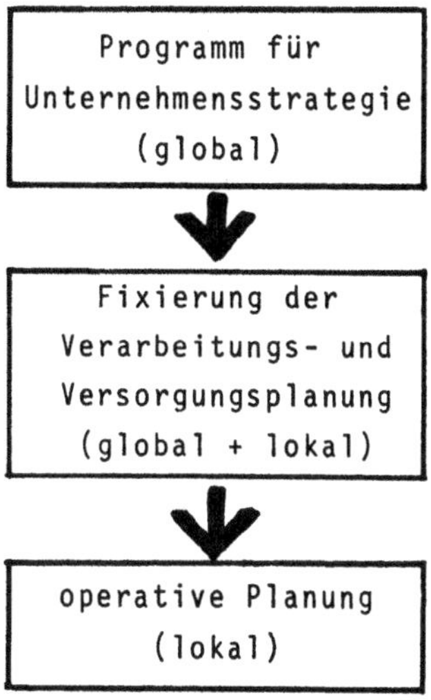

BILD 2

Die im Konzern üblichen Plandarstellungen umfassen den Verarbeitungsplan, den Bedarfs- und Absatzplan, den Beschaffungsplan, die Bestandsvorausschau, den Bereitstellungsplan, den Versorgungsplan (Bedarf gegen Verfügbarkeiten bilanzierend), die Raffinerie-Ergebnisschätzung, den Produktionsplan (lokale, operative Planung), sowie Plan/Plan- und Plan/Ist-Vergleiche.

II. Das hierarchisch aufgebaute Modellsystem

Der planungstechnische Ablauf, hier speziell für die Monatsplanung und auf einen möglichen OR- und DV-Einsatz dargestellt, gestaltet sich wie folgt:

1. Ebene: Programme zur Unternehmensstrategie

An der Spitze stehen die strategischen Oberlegungen zur Versorgungsplanung, der Konzern wird als Handelsunternehmen betrachtet. Das zugehörige LP-Modell ist durch eine weitgehend abstrahierte Verarbeitung charakterisiert, sowie durch eine regionale Darstellung der Versorgung.

Mit den hier meist auf Quartalsbasis erhaltenen Trendaussagen - oder auch Alternativen - geht es in die nächste Ebene:

2. Ebene: Die Basis für die Verarbeitungs- und Versorgungspläne

Bei einer integrierten Betrachtungsweise werden die nächsten 3 Monate optimiert, um damit die Grundlage für die Aktualisierung der Pläne zu schaffen. Das zugehörige LP-Modell enthält eine ausführliche Darstellung der Verarbeitung und der Beschaffung von Einsatzstoffen, aber nur eine regionale Betrachtung der Versorgung mit Fertigprodukten.

Parallel dazu laufen auf dieser Ebene Simulations- und Rechenprogramme ab, die Entscheidungshilfen auf den verschiedensten Gebieten liefern: Tankereinsatzprobleme, Rohölbewertungen, Rohölbestandsbewertungen, Prognosen für den Olefinbedarf etc.

Mit den Optimierergebnissen dieser Ebene können nun die Verarbeitungs- und Versorgungspläne erstellt werden:

3. Ebene: Die Fertigstellung der Verarbeitungs- und Versorgungspläne

Zur Aufbereitung der im Konzern üblichen Plandarstellungen sind die LP-Lösungen manchmal mit kleineren Korrekturen zu versehen (nicht abgebildete Restriktionen!), sowie mit Ergänzungen, die nicht der Optimierung unterliegen. Parametervarianten im Sinne der Beantwortung von "Was wäre, wenn"-Fragen sind hier sehr nützlich.

Die zugehörigen DV-Programme bestehen aus In/Output-Modellen mit der Möglichkeit Rechenvorschriften abzuarbeiten, sowie aus einem Listengenerator zur flexiblen Reportgestaltung. Die Basis ist durch die Einrichtung zentraler Dateien für die Versorgungsplanung gegeben, ein spezielles Informationssystem mit raschem Zugriff darstellend.

Mit der Fertigstellung der Pläne ist der strategische Teil der Planung fixiert. Die aktualisierten Pläne werden nun in der nächsten Ebene für die operative Planung benötigt:

4. Ebene: Operative Planung auf der Basis von Monatsmittelwerten

Mit den vorliegenden Planergebnissen werden nun die einzelnen Raffinerien unter Berücksichtigung lokaler Details optimiert. Das Ergebnis ist eine "Produktionsplanung" mit operativen Anweisungen.

Eine Reihe von LP-Modellen ist auf dieser Ebene für die Optimierung von Einzelstandorten, von speziellen Anlagenkomplexen (Aromatenanlagen) und von qualitätsgerechten Aufmischungen der Fertigprodukte im Einsatz. Ein Transportmodell für leichtes Heizöl ist geplant.

Die Ergebnisse der operativen Planung bilden nun die Grundlage für die letzte und feinste Ebene, der Optimierung zeitlicher Abläufe auf Tagesbasis:

5. Ebene: Die Optimierung zeitlicher Abläufe innerhalb eines Monats

Mit dem Vorliegen der Produktionsplanung auf Monatsbasis können nun zeitliche Abläufe auf Tagesbasis und punktuelle Situationen zur Optimierung herangezogen werden. Hierher gehören die Erstellung von Fahrplänen für Teilprozesse in der Raffinerie, die Pipeline-Belegung, Einzeltankaufmischungen für Fahrbenzine, etc.

Die zugehörigen DV-Programme sind LP- und Simulationsmodelle, teilweise auch kombiniert, wobei die Dialogfähigkeit hier eine große Rolle spielt.

Der zeitliche Ablauf der monatlichen Planung ist in Bild 3 wiedergegeben. Die Klammerzahlen geben die etwaige Dauer in Tagen an:

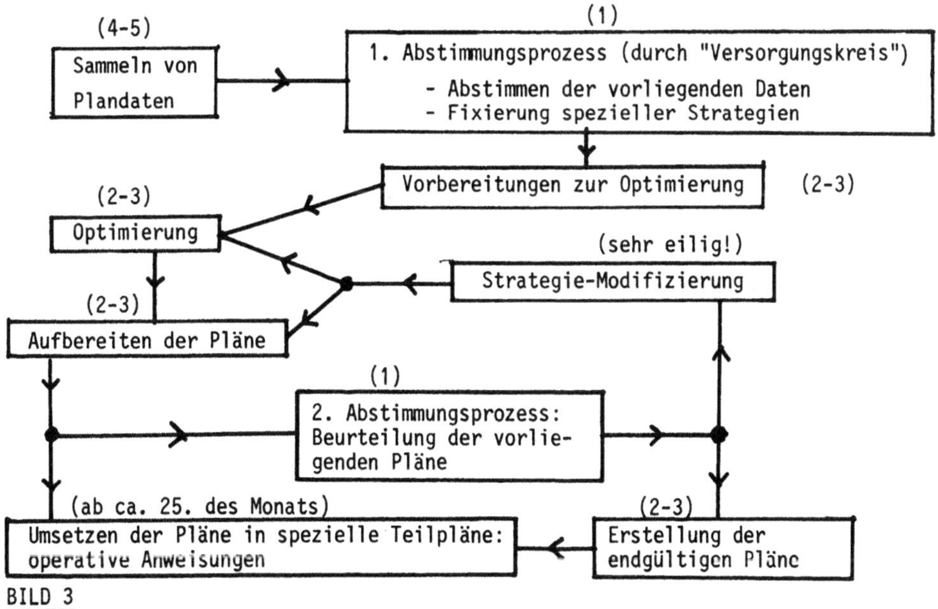

BILD 3

III. Benutzte OR-Techniken

1. LP-Technik

Am häufigsten ist - wie aus dem vorgestellten Programm zu ersehen ist - die LP-Technik in Gebrauch.
Für die Entwicklung der Matrix- und Reportgeneratoren benutzen wir die OMNI-Sprache der Firma Haverly Systems Inc. (HSI). Die Sprache ist Klassen- und Tabellen-orientiert. Zur Lösung des LP-Algorithmus haben wir MPSX/370 im Einsatz.

Generatoren haben wir in zweierlei Hinsicht entwickelt:

a) Generatoren, die LP-Matrixen für eine feste Struktur erzeugen und an eine aktuelle Strategie anpassen: Für die Eingabetabellen werden Stammdaten und strategische Daten benötigt.
b) Ein Modelling System, d. h. einen Generator, mit dem man auch gewünschte Strukturen erzeugen kann. Zusätzlich zu den Stammdaten und strategischen Daten werden hier noch strukturerzeugende Daten benötigt. Dasselbe gilt auf der Reportseite.

Für Spezialzwecke werden auch Mixed-Integer-Probleme gelöst. Dazu wird ein Branch and Bound-Algorithmus von HSI benutzt.

2. Simulationstechniken

Es handelt sich um Eigenentwicklungen teilweise im Dialog, teilweise im Batch-Modus. Ältere Programme sind in FORTRAN, neuere in PL1 bzw. in APL geschrieben.

3. Prognosetechniken

Zeitreihenentwicklungen mit Hilfe von IBM-Software.

4. In-/Output-Modelle

Basierend auf zentralen Dateien für die Versorgungsplanung (z. Zt.: IBM-Zugriffsmethode VSAM, demnächst Einsatz einer käuflichen Datenbank) werden aus Primärdaten über das Abarbeiten von Rechenvorschriften abgeleitete Daten erzeugt, die für Informationszwecke und zur Generierung der im Konzern üblichen Plandarstellungen Verwendung finden. Im Einsatz ist ein Reportgenerator (Eigenentwicklung in PL1). Die Teilschlüssel sind sprechend und damit leicht verständlich aufgebaut.

IV. Modellbau: Anforderungen und Erfahrungen

1. Forderungen, die an den Modellbau zu stellen sind:

a) Ein rasches Durchlaufen der Modellhierarchie soll und muß möglich sein, da auf den einzelnen Ebenen den Sachbearbeitern wenig Zeit bleibt.

b) Ein unabhängiges Einschleusen und Verweilen muß natürlich auch auf jeder Stufe möglich sein.
c) Die üblichen Anforderungen: Vernünftige Antwortzeiten, einfaches Operating, leicht überschaubare Datenversorgung, lesbare und praktische Reportzusammenstellungen.

2. Erfahrungen mit den Modellen:

Zu den In/Output-Modellen ist folgendes zu sagen:
Die wichtigste Maßnahme ist die Einrichtung zentraler Dateien, die Grundlage für ein Informationssystem für die Versorgungsplanung.
Gute Erfahrungen haben wir mit einem sprechenden Schlüssel- und Teilschlüsselsystem gemacht, das Erleichterungen für das Datenhandling schafft.
Zu beachten ist, daß Inputfunktionen teilweise mit dem Abarbeiten von Rechenvorschriften verknüpft werden müssen. Das Überschreiben abgeleiteter Daten erfordert Plausibilitätsprogramme.
Bei den In/Output-Modellen führt der Einsatz von Reportgeneratoren zur schnellen und flexiblen Reportgestaltung.

Problematisch sind die Reports aus den LP-Optimierungen. Sie können nur teilweise zur Veröffentlichung freigegeben werden, da oft noch Korrekturen zu nicht im Modell abgebildeten Restriktionen bzw. nicht der Optimierung unterliegende Ergänzungen notwendig sind. Wir sind deshalb den Weg gegangen, die LP-Ergebnisse in das spezifische Informationssystem zu überspielen und dort Korrektur- und Ergänzungsmöglichkeiten zuzulassen.

Bei der Entwicklung von LP-Generatoren hat sich die Modelling-Technik mit schnellen Generiermöglichkeiten für neue Strukturen als vorteilhaft erwiesen. Neue Fragestellungen erlauben ein schnelles Anpassen bzw. eine rasche Neuentwicklung. Für das Generieren braucht man nicht unbedingt einen EDV-Fachmann. So kann auch die Maintenance - soweit sie nicht das eigentliche, zugrunde liegende Generatorprogramm betrifft - in den operativen Bereichen liegen.
Die Modelle, im Modelling System generiert, haben in der Modell-Hierarchie alle die gleichen Entwicklungsprinzipien. Mit der Kenntnis des ersten kann man den Mechanismus für weitere leicht anwenden.

Nachteilig wirken sich die längeren Laufzeiten der mit Modelling-Technik entwickelten Generatoren aus. Auch klagen die Benutzer über eine mangelnde Kompaktheit der Eingabetabellen und der Reports. Die Gefahr von falschen Eintragungen, die nicht schnell genug erkannt werden, ist hier größer. Ein für Prüfzwecke vorhandener "Check-Generator" wird - gerade wenn man es eilig hat - nicht immer eingesetzt. Eine gute Ausbildung der Benutzer ist notwendig.

V. Erfahrungen mit der Datenversorgung der Modelle

1. Das erstmalige Datenfüllen für ein neu generiertes Modell benötigt für die Ermittlung der "Stammdaten" (Kapazitäten, Ausbeuten, Fahrweisen, Verarbeitungskosten, etc.) sehr viel Zeit. Zusammen mit den betreffenden Fachabteilungen muß man damit sehr früh beginnen. Oft sind bestimmte Daten in der benötigten Form nicht greifbar, oft müssen sie modelltechnisch erst aufbereitet werden. Die Mitarbeit tangierter Bereiche kann zeitliche, manchmal auch politische Probleme mit sich bringen.

2. Für die Datenversorgung im Routinebetrieb ergibt sich das Problem der Aufbereitung von Basiszahlen entsprechend dem unterschiedlichen Abstraktionsgrad der abgebildeten Prozesse in den verschiedenen Hierarchieebenen. Der Vorgang ist nur bedingt zu automatisieren.
Würde man die Anzahl der Ebenen - und damit die der Modelle - reduzieren, besteht die Gefahr, daß bei bestimmten Problemlösungen nicht relevante Einflußgrößen mitgeschleppt werden, die oft nur eine mangelhafte Pflege erleiden. Außerdem können sie unerwünschte Abhängigkeiten erzeugen (globale Wirkung eines lokalen Problems).
Wichtig ist auch die Prozedur der Weitergabe von Ergebnissen einer bestimmten Hierarchieebene in die nächst niedrigere. Das Lösungsergebnis stellt einen Punkt dar, der in der nächst niederen Ebene als Prämisse gebraucht wird, wobei aber in vielen Fällen dann aus dem Punkt wieder ein Intervall gemacht werden muß. Der Vorgang sollte nicht automatisiert werden, er ist auch in vielen Fällen sowieso mit Korrekturen bzw. aktuellen Ergänzungen verbunden.
Ein Zurückgreifen auf die gleiche Datenbasis ist nicht immer gewährleistet, wenn die LP's in verschiedenen Abteilungen eingesetzt werden. Unter Umgehen vorhandener Regelungen werden hier gerne abteilungsinterne Erfahrungswerte benutzt, die dann oft nicht reproduzierbar sind. Unbedingt notwendig sind daher zentrale Basisdateien und ihr verbindlicher Gebrauch.

VI. Zukünftige Entwicklungen

Modelltechnisch sind von uns Erweiterungen auf dem Gebiet der zeitlichen Raffineriesimulation und der Transportoptimierung geplant. Das Ablösen alter Modelle trägt zur Qualitätsverbesserung der Modelle und auch zur Vereinheitlichung der benutzten Techniken bei.

Unser Hauptaugenmerk liegt in der Ausgestaltung der zentralen Dateien für die Versorgungsplanung und einer optimalen Nutzung dieses Informationssystems vom Arbeitsplatz aus. Außerdem bemühen wir uns die organisatorischen Regelungen zur Nutzung verbindlicher Konzerndaten, speziell hier in der EDV, weiter auszubauen.

VORSTOFF-OPTIMIERUNG FÜR EINE BLEIHÜTTE

Werner Rudorff, Goslar

Zusammenfassung. Die Bleihütte Nordenham wird vorwiegend mit gekauften Vorstoffen alimentiert, die sich erheblich nach Art und Zusammensetzung unterscheiden und in verschiedenen Produktionsstufen eingesetzt werden. Die Vorstoffbewertung mit dem Ziel eines optimalen Betriebsergebnisses ist wegen der umfangreichen Materialkreisläufe nur durch Anwendung von OR-Verfahren möglich. Es wurde ein Linear-Programming-Modell entwickelt, das die Bedingungen zur Ermittlung von Kosten und Erlösen sowie alle technischen Zusammenhänge umfaßt. Das Modell ermöglicht neben der Berechnung optimaler Beschaffungs- und Mischungspläne auch Entscheidungen über Verbesserungen der Verfahrenstechnik.

Summary. Most of the raw material feed for the lead smelter at Nordenham is purchased from outside. These raw materials have a wide bracket of both kind and composition and are used in the various stages of the production process. Owing to the many material circuits, raw material evaluation, aiming at an optimized operating result, is only possible by means of operations research methods. A linear programming model has been developed, comprising both the conditions for costs and proceeds and all technical relations. Besides the calculation of optimum supply and mixing schedules, the model also permits to take decisions regarding any improvements of process engineering.

Zielsetzung

Für eine Metallhütte, die nicht durch ein eigenes Bergwerk, sondern mit fremden, angekauften Vorstoffen alimentiert wird, hat die gezielte Auswahl geeigneter Vorstoffe große wirtschaftliche Bedeutung. Kriterien für die Vorstoffbewertung sind neben den Ankaufsbedingungen das metallurgische Ausbringen, die Erlöse für Haupt- und Nebenprodukte sowie die bei der Verarbeitung entstehenden Kosten. Wegen der unterschiedlichen Zusammensetzung der Einsatzmaterialien und wegen des komplizierten Produktionsablaufes ist eine kurzfristige Ermittlung des betrieblichen Nutzens einzelner Vorstoffe ohne OR-Anwendung nicht möglich. Das gleiche gilt für die Ermittlung optimaler Einsatzmischungen im Rahmen der längerfristigen Planung.

Es wurden deshalb für die Hütten des Preussag-Konzerns LP-Modelle entwickelt, die den gesamten Produktionsprozeß nachvollziehen und eine Optimierung des Betriebsergebnisses durch Auswahl der am besten geeigneten Vorstoffe erlauben. Am Beispiel einer Bleihütte werden Entwicklung und Anwendungspraxis eines Modelles dargestellt.

Operations Research Proceedings 1982

Aufbau und Betrieb einer Bleihütte

In der Röst- und Schwefelsäureanlage wird die erste Gruppe der Vorstoffe eingesetzt: 15 - 20 verschiedene Sorten Bleikonzentrate, in denen Blei an Schwefel gebunden ist. Durch Oxidation mit Luftsauerstoff wird unter Zuschlag von Kalk, Sand, Eisenoxid und Schlackengranalien ein Sintergut erzeugt, das Bleioxid enthält. Der als Oxid verflüchtigte Schwefel wird zu verkäuflicher Schwefelsäure verarbeitet.

Die zweite Vorstoffgruppe besteht aus vorwiegend oxidisch-metallischem Recycling-Material - wie Bleiaschen, Bleischlämme, Akkualtblei - und wird zusammen mit dem Sintergut in der Schachtofenanlage eingesetzt und zu Werkblei reduziert. Das Werkblei enthält noch eine Reihe von Begleitmetallen, wie Kupfer, Arsen, Antimon, Zinn und Silber, die anschließend in der Raffinationsanlage durch einen mehrstufigen Prozeß entfernt werden. Ebenso wird auch angekauftes Werkblei ausländischer Hütten - die dritte Vorstoffgruppe - raffiniert. Endprodukt ist Handelsblei in verschiedenen genormten Qualitäten.

In den 3 Verfahrensstufen - Oxidation, Reduktion, Raffination - fallen jeweils metallhaltige Zwischenprodukte an, die zur Erzielung eines hohen Metallausbringens angereichert bzw. aufgearbeitet werden müssen. Hierzu dienen 3 weitere Anlagen: Flugstaublaugerei, Drehrohrofen- und Edelmetallanlage. Außer den genannten Handelsbleisorten und der Schwefelsäure werden noch 4 andere Verkaufsprodukte erzeugt: Bleikupferstein, Cadmiumzementat, Zinnabstrich und Rohsilber.

Im Verlauf der Bleigewinnung entstehen insgesamt 22 unverkäufliche Zwischenprodukte, die noch wertvolle Nebenbestandteile der Vorstoffe enthalten und deshalb in anderen Prozeßstufen verarbeitet werden müssen. Dadurch ergeben sich zahlreiche Verknüpfungen zwischen den einzelnen Betriebsanlagen.

Struktur des LP-Planungsmodelles

Für den Aufbau des Modelles werden folgende Daten und Funktionen benötigt:

- Verfügbare Mengen, Zusammensetzung und Kaufbedingungen der Vorstoffe
- Mengen, Qualitäten und Erlöse der Verkaufsprodukte
- Technologische und metallurgische Bedingungen in Form von funktionalen Zusammenhängen
- Kapazitätsbegrenzungen der Produktionsanlagen
- Betriebskosten einschließlich der Kosten für Entladung, Versand und Frachten; Aufteilung der Kosten in fixe und proportionale Anteile

Die Erfassung der technologischen Koeffizienten ist dabei der umfangreichste und schwierigste Teil. Die Koeffizienten müssen den gesamten Betriebsablauf in Form linearer Gleichungen und Ungleichungen quantitativ wiedergeben. Dazu sind Stoffbilanzen für jeden einzelnen Teilbetrieb und die Ermittlung der funktionalen Abhängigkeiten zwischen dem jeweiligen Vorlauf und den erzeugten Produkten erforderlich. Wegen der komplexen Zusammensetzung der Vorstoffe und Zwischenprodukte sind 15 bis 20 Elemente zu bilanzieren, beginnend mit dem Hauptmetall Blei bis zu Schlackenbestandteilen wie Kieselsäure und Kalk. Auf diese Weise kann der Weg jedes gewinnbaren Metalles und jeder störenden Verunreinigung durch den gesamten Hüttenprozeß verfolgt werden, woraus sich das Metallausbringen und die notwendigen Mengen an Zuschlagstoffen ergeben.

Neben den Einsatzkosten und Erlösen, die sich aus dem Produktionsplan ableiten lassen, ist die Erfassung und Zuordnung der betrieblichen Kosten sowie der Frachten, Entlade- und Versandkosten von Bedeutung. Dabei spielt für die Zielfunktion - die Optimierung des Betriebsergebnisses - nur der proportionale, vom Durchsatz abhängige Kostenanteil eine Rolle. Daneben müssen auch die Fixkosten vorgegeben werden, die bei allen Veränderungen des Betriebsablaufes konstant bleiben. Größere Schwankungen der Kapazitätsauslastung führen bisweilen zu einer sprunghaften Variation sonst fixer Kosten, weil sich beispielsweise der Personalbedarf um eine bestimmte Anzahl verringert. Sprünge dieser Art können von der Modellrechnung nicht automatisch nachvollzogen werden, was auf die Grenzen der Anwendbarkeit hinweist. Aufgrund langjähriger Erfahrung wurden die proportionalen Kosten als Prozentanteil der Gesamtkosten für jeden Betrieb und alle infragekommenden Kostenarten festgelegt, um das Modell funktionsfähig zu machen. Diese Annahmen müssen laufend anhand der Ist-Kostenentwicklung überprüft werden.

Beim Aufbau des Modelles wurden zunächst Teilmodelle für die einzelnen Betriebsanlagen erstellt und diese dann unter Berücksichtigung aller Wechselbeziehungen zusammengefügt. Vorstoffmatrix, Produktionsmatrix und Zielfunktion bildeten die letzten Bausteine. Sämtliche technischen und metallurgischen Annahmen, durch die Kapazitäten und Betriebsablauf beschrieben sind, wurden in einem Katalog zusammengestellt, welcher der OR-Abteilung, der Planungsabteilung und den Betriebsingenieuren vorliegt. Betriebliche Veränderungen als Folge von Rationalisierung und Modernisierung der Produktionseinheiten können dadurch rasch in das Modell eingearbeitet werden.

Praktische Handhabung und Fehlerquellen

Die für einen Optimierungslauf erforderlichen Daten gliedern sich in 3 Gruppen: Zunächst gibt es die Mengenbegrenzungen für Einsatzstoffe und Produktion, die häufig geändert werden müssen. Die zweite Datengruppe bilden die Analysen der Vorstoffe und die Abrechnungsbedingungen für Kauf oder Umarbeitung. Die Eingabe dieser Daten ist nur bei neuen Vorstoffen oder Änderungen der Vorstoffzusammensetzung erforderlich. Darüberhinaus hat der Benutzer die Möglichkeit, andere Koeffizienten des Modelles, die nur relativ selten Änderungen erfahren, durch neue Daten zu ersetzen. Hierzu gehören Metallpreise, Analysen der Produkte sowie die Kostenaufteilung in fixe und proportionale Anteile. Für diese dritte Gruppe von Koeffizienten, die vom Modellaufbau her über die gesamte Modellmatrix verstreut sind, hat die OR-Abteilung einen speziellen Direktzugriff über eine sogenannte Kennwort-Datei eingerichtet. Solange alle Daten abgelocht und über Kartenleser eingegeben werden mußten, war auch in dringenden Fällen nur ein Rechenlauf je Tag durchführbar. Die Situation verbesserte sich entscheidend, als ein Bildschirm-Terminal zur Verfügung stand. Seitdem werden die Daten entweder von einem für die Eingabe bestimmten Dialog-Vorprogramm abgefragt oder direkt in die betreffenden Dateien eingegeben. Bei Benutzung des Dialogprogrammes werden die Daten nach beendigter Eingabe auf formale Fehler geprüft. Erst wenn die Eingabedaten formal in Ordnung sind, wird von dem Vorprogramm der eigentliche Optimierungslauf gestartet, wodurch sich unnötige Rechenzeiten und Kosten sparen lassen. Nach Beendigung der Rechnung erfolgt die Übergabe der Daten an ein Ausgabeprogramm, das für jedermann lesbare Dateien erstellt, die auf dem Bildschirm abgefragt und überprüft werden können. Bei Bedarf werden die Ergebnisse von einem Schnelldrucker ausgedruckt. Dadurch sind 5 bis 8 Optimierungsrechnungen je Tag möglich geworden.

Obwohl das Modell im Lauf der Jahre durch viele Anpassungsmaßnahmen und Verbesserungen wesentlich flexibler geworden ist, kommen auch heute noch Fälle vor, bei denen die Optimierungsrechnung auf Schwierigkeiten stößt. Vorstoffmischungen, die vom normalen Einsatz stark abweichen, können aufgrund ihrer Zusammensetzung einen Lauf blockieren. In einem derartigen Fall muß zunächst ermittelt werden, gegen welche Modellbedingungen verstoßen worden ist. Wenn sich herausstellt, daß weder metallurgische Gründe noch anlagebedingte Kapazitätsbeschränkungen dem beabsichtigten Vorstoffeinsatz entgegenstehen, werden die entsprechenden Modellannahmen angepaßt.

Es sollen hier zwei Beispiele aus der Praxis für solche Probleme angeführt werden:

Beim Aufbau des Optimierungsmodelles wurden die aus der betrieblichen Erfahrung bekannten Bedingungen für den Sinterröstprozeß festgelegt. Danach muß die Konzentratmischung mindestens 14 % Schwefel enthalten, um einwandfrei abzurösten. Diese Bedingung wurde in früheren Jahren immer erfüllt, da vorwiegend schwefelreiche Bleikonzentrate zur Verfügung standen. Die erwähnten Schwierigkeiten traten erst auf, als Fälle mit schwefelarmem Einsatz gerechnet werden sollten, obwohl das Modell noch den Mindestgehalt von 14 % Schwefel verlangte. Das war jedoch metallurgisch nicht mehr erforderlich, da durch Betriebsversuche inzwischen festgestellt worden war, daß der Mangel an Schwefel durch Zusatz einer genau dosierbaren Menge Koksgrus kompensiert werden kann. Nach einer entsprechenden Programmänderung konnten die Modellrechnungen einwandfrei durchgeführt werden. Die durch den Koks verursachten zusätzlichen Energiekosten werden bei der Optimierung berücksichtigt. Während es in diesem Fall verhältnismäßig einfach war, den Fehler zu finden, und durch eine Zusatzbedingung im Modell aufzuheben, haben wir es im zweiten Beispiel mit einem charakteristischen, schwerer zu lösenden Problem zu tun.

Der Produktionsablauf einer Metallhütte läßt sich nicht in allen Einzelheiten mathematisch linear formulieren. Besonders häufig treten Schwierigkeiten in solchen Fällen auf, wo Produktströme im Hüttenprozeß sich in mehrere Zweige aufteilen, z. B. ein Teil zum Verkauf bestimmt ist, während eine andere Teilmenge desselben Produktes wieder eingesetzt und weiterverarbeitet werden muß. Dabei haben beide Teilströme selbstverständlich die gleiche Zusammensetzung. Die Analysen sind jedoch nicht fest vorgegeben, sondern werden aus Menge und Metallinhalt vom Modell jeweils neu errechnet.

Stößt man bei der Aufstellung des Modelles auf solche nichtlinearen Zusammenhänge, so muß ein Kompromiß gefunden werden, der meist nur für einen relativ engen Bereich gilt. Werden diese Grenzen durch größere Änderungen der Vorstoffpalette überschritten, kann der Fall eintreten, daß ein Optimum nicht gefunden wird. Ein Eingriff in das Programm hilft jedoch in den meisten Fällen, solche Schwierigkeiten zu überwinden.

Trotz der notwendigen Vereinfachungen ist die Genauigkeit des Modelles nach den bisherigen Erfahrungen völlig ausreichend, um die wirtschaftlichen Vorteile der Vorstoffoptimierung mit Hilfe der OR-Methodik voll auszunutzen.

Möglichkeiten der Anwendung

In erster Linie wird das LP-Modell zur Aufstellung der Jahrespläne und für mittelfristige Planungen verwendet. Voraussetzung ist die Festlegung von Annahmen über die Verfügbarkeit bleihaltiger Vorstoffe und die Absatzerwartungen für die handelsüblichen Bleiqualitäten. Die Vorstoffmengen werden im allgemeinen als Maximalwerte vorgegeben, je nachdem, wieviel von dem betreffenden Material auf dem Vorstoffmarkt beschafft werden kann. Da die Hütte zum Teil im Rahmen langfristiger Verträge alimentiert wird, müssen in einigen Fällen auch feststehende Sollmengen berücksichtigt werden. Je reichlicher das Vorstoffangebot ist, um so größer ist der wirtschaftliche Erfolg der Optimierung. Aber auch bei einer ungünstigen Versorgungslage erspart der Einsatz des Modelles bei der Planung viel manuelle Rechenarbeit und Zeitverluste; außerdem sind die Ergebnisse wesentlich genauer.

Die schnelle Ausführung der äußerst komplizierten Rechenvorgänge ermöglicht die Kalkulation von Alternativen, bei denen bestimmte Vorstoffe gegen andere ausgetauscht werden. Aus dem Vergleich der dabei erzielten Ergebnisse ist eine Rangfolge der Vorstoffe im Hinblick auf die Wirtschaftlichkeit ihrer Verarbeitung zu erkennen. Da der vom Vorstofflieferanten gewährte Hüttenlohn in Zeiten gedrückter Metallpreise häufig nicht kostendeckend ist, kommt dem metallurgischen Ausbringen an Blei und den gewinnbaren Nebenmetallen große Bedeutung zu. Ob sich der Einsatz eines kupferhaltigen Bleikonzentrates lohnt, hängt nicht nur von der Bezahlung des Kupfers im Vorstoff und von dem Wert des erzeugten kupferhaltigen Nebenproduktes, sondern auch vom Ausbringen des vorlaufenden Kupfers im Verkaufsprodukt ab. Das Ausbringen ist aber wiederum von anderen Bestandteilen des Vorstoffes abhängig. Fragen dieser Art sind so komplex, daß sie nur mit einer sorgfältigen Durchrechnung unter Berücksichtigung aller Betriebsparameter beantwortet werden können.

Das Modell wird zur Beurteilung neuer Vorstoffe auch kurzfristig eingesetzt. Bei der Kalkulation auf der Basis des gültigen Jahresplanes wird das neu angebotene Material an die Stelle eines oder mehrerer bereits eingeplanter Vorstoffe gesetzt. Die Ergebnisveränderung gestattet Rückschlüsse auf die Eignung des Materials in metallurgischer Hinsicht und ermöglicht eine Berechnung des maximalen Ankaufspreises, falls dieser noch nicht feststeht. In einer Zeit des steigenden Angebotes von Industrieabfällen und Recycling-Materialien ist das Modell eine wichtige Entscheidungshilfe für die Vorstoffbeschaffung.

Auf die Notwendigkeit, alle Veränderungen des Betriebsablaufes ständig im Modell nachzuvollziehen, wurde schon hingewiesen. Die dazu erforderlichen Analysen jeder einzelnen Produktionsstufe geben zwangsläufig Aufschluß über Schwachstellen und Engpässe, aber auch über Möglichkeiten zur Verringerung der Metallverluste und zur Einsparung von Kosten. Die ständig steigenden Qualitätsanforderungen an die Hüttenprodukte und die verschärften Umweltschutzbestimmungen zwingen immer wieder zur Überprüfung und Anpassung der Verfahrenstechnik. Kostenmindernd wirkt sich besonders eine Einschränkung der umfangreichen Materialkreisläufe aus. Die Anwendung des Modelles hat sich in dieser Hinsicht als sehr vorteilhaft erwiesen, da es auch den Fachleuten eine größere Transparenz der betrieblichen Zusammenhänge vermittelt. Die kontinuierliche Arbeit am und mit dem Modell leistet damit nicht nur zur Optimierung des Vorstoffeinsatzes, sondern auch zur Rationalisierung und strukturellen Verbesserung der Betriebe einen wertvollen Beitrag.

DIE ERMITTLUNG VON DURCHLAUFZEITEN IN DER VERWALTUNG - EIN EINFACHES VERFAHREN ZUR SENKUNG DER BEARBEITUNGSZEITEN

H. Böhm, Saarbrücken - Burbach

Summary: The reduction of the time spent of the processing of documents by 35 % can be exemplified. The statistical dispersion of processing times in the particular sites of operation was ascertained along side the difference between two particular types of documentation. The results were secured by the absolvation of the t-test.
Processing times can only be ascertained and assessed by statistical methodology since the expenditure for their ascertainment pestaining to the object as such cannot be safeguarded. This model can also be applied by finishing plants, whereby the stock of optimal intermediary agents emerge simultaneously along side the duration of data processing.

Verwaltungskosten müssen und können in allen Bereichen der Wirtschaft und Öffentlichkeit gesenkt werden. Umsomehr verwundert es, wenn nur wenig über den Einsatz von OR-Verfahren zur Rationalisierung von Verwaltungsarbeiten bekannt ist. Eine wichtige Meßgröße ist die Durchlaufzeit von Belegen zur Abwicklung von Massenvorgängen. Literatur über Durchlaufzeiten ist nur spärlich zu finden. Kürzlich hat WITTLAGE (1982) den Einsatz von Warteschlangenmodellen als Organisations- und Optimierungstechnik im Verwaltungsbereich diskutiert. Die Beschaffung von repräsentativen Daten für die betrachteten Vorgänge ist das primäre Problem. Liegt aber aussagefähiges Datenmaterial vor, so erübrigt sich oft eine weitergehende Modellierung, um Rationalisierungshinweise zu erhalten. Über eine derartige Situation aus der Praxis eines Industriebetriebes wird berichtet. In Verwaltungen, wo mehrere Abteilungen mit der Bearbeitung eines Vorganges befaßt sind, werden den Vorgängen oft Laufzettel angeheftet, auf denen die Sachbearbeiter den Empfang, manchmal auch die Weitergabe quittieren. Aus der Auswertung derartiger Laufzettel nach Mittelwerten und Streuungen der Zeiten zwischen den einzelnen Sachbearbeitern oder Dienststellen ergeben sich bereits unmittelbar gezielte Maßnahmen. Wissenschaftlicher Hintergrund ist der t-Test für den Vergleich von Mittelwerten.

Die Untersuchung erfolgte in drei Phasen, der Voruntersuchung zur Abgrenzung der Aufgabenstellung, der Feststellung des Istzustandes und nach Einleitung von organisatorischen Maßnahmen ein Nachweis der Veränderungen. Das Verfahren hat starke Ähnlichkeit mit der Abstimmung von Fertigungsstraßen und der Ermittlung optimaler Zwischenläger in der Produktion unter Terminrestriktionen. Nach einer solchen Analyse ist die Überwachung der Durchlaufzeiten mit der regelmäßigen Auswertung kleiner Laufzettel-Stichproben im Sinne der Kontrollkartentechnik sehr einfach.

Die ermittelten Häufigkeitsverteilungen sind als Nebenergebnis von besonderem Informationswert, zeigen sie doch die typische Form eingipfliger, mehr oder weniger

Operations Research Proceedings 1982

schiefer Verteilungsmodelle als Voraussetzung nicht nur für die Zulässigkeit des t-Tests, sondern auch für die Anwendung weitergehender Methoden.

Literaturverzeichnis

Böhm, H.: Überwachung betriebsnotwendiger Bestände bei Halbfabrikaten. In: FB/Industrial Engineering (REFA), 1977, Heft 3, S. 177 - 180.

Böhm, H.: Umschlagshäufigkeit und Durchlaufzeit. In: REFA-Methodenlehre der Planung und Steuerung. Neuauflage, Auslieferung voraussichtlich 1983.

Müller-Merbach, H.: Quantitative Entscheidungsvorbereitung, Erwartungen, Enttäuschungen, Chancen. In: Die Betriebswirtschaft, Jg. 37 (1977), S. 12.

Wittlage, H.: Der Einsatz von Warteschlagenmodellen als Organisations- und Optimierungstechnik im Verwaltungsbereich. In: BFuP 1982, Heft 2, S. 177 - 187.

Simulationsuntersuchungen zur Reihenfolgeplanung bei Warmbehandlungs-Technologien

Theodor Ellinger,
Reinhard Haupt,
Reiner Spatke, Köln

Zusammenfassung. Warmbehandlungs-Technologien, z.B. Schmiedevorgänge, kennzeichnen sich durch dynamische, d.h. sich im Zeitablauf selbsttätig abbauende Bearbeitungsbedingungen (Temperaturgefälle), die eine tendenziell unterbrechungslose Fertigung von Aufträgen nahelegen. Demgegenüber können Terminüberschreitungskosten, insbesondere von Eilaufträgen, Unterbrechungen und Wiederaufheizkosten bei anderen Aufträgen erzwingen. In einem Simulationsmodell am Beispiel der Schmiedetechnik werden Heuristiken der Reihenfolgeplanung in dieser besonderen technologischen Situation getestet. Die Untersuchung stellt zugleich eine Erweiterung eines früher behandelten Modells zur Ablaufplanung bei "dynamischem Potential" (Ellinger 1959) dar.

Summary. Hot-treatment technologies, e.g. forging, are characterized by dynamic, i.e. automatically variable, processing conditions (temperature drop) requiring an uninterrupted production mode. On the other hand, tardiness costs, in particular those of urgent jobs, may force other jobs to be preempted and reheated. This paper referencing an earlier "dynamic potential" scheduling model (Ellinger 1959) considers sequencing heuristics by means of a practice-oriented forging simulation model.

1. Einleitung

Die zugrundeliegende Arbeit basiert auf Überlegungen zur restriktiven Wirkung eines sich im Zeitablauf selbsttätig abbauenden ("dynamischen") Bearbeitungspotentials im Bereich der Maschinenbelegungsplanung. Es gilt zu untersuchen, welche Freiheitsgrade für die Reihenfolgeplanung verbleiben, wenn bei einer Leistungserstellung mit abnehmendem Potential der dynamischen Einrichtung unterschiedliche Anforderungen an die zeitliche Konzentration des Gesamtbearbeitungsganges gestellt werden (Ellinger 1959).

Generell stellt die Reihenfolgefestlegung bei begrenzten Kapazitäten ein Alltagsproblem dar. Diese Problematik wird besonders vor Theaterkassen oder Bankschaltern und im Falle nur begrenzt verfügbarer Produktionsmittel offenkundig. Der Fertigungsablaufplanung fällt darum die Aufgabe zu, die zeitliche Zuordnung aller zur Erstellung des Produktionsprogramms erforderlichen Fertigungsoperationen zu den Produktionsfaktoren vorzunehmen. Diese Aufgabe nimmt in den einzelnen Produktionstypen unterschiedliche Ausgestaltungen an. In der durch die Heterogenität der Werkstücke gekennzeich-

Operations Research Proceedings 1982

neten Kleinserien- und Einzelfertigung liegt der Schwerpunkt der Reihenfolgeproblematik auf dem Maschinenbelegungsproblem. Für diese Problemstellung sind im Bereich der Zielformulierung die folgenden drei Gesichtspunkte besonders ausschlaggebend:

- Maximierung der Kapazitätsauslastung der Produktionsmittel
- Minimierung der Durchlaufzeit der Aufträge
- Sicherung der Termineinhaltung.

Wird eine Kombination mehrerer Zielsetzungen angestrebt, so sind die möglichen Zielbeziehungen (Konflikt, Komplementarität, Neutralität) zu beachten.

Bei der Planung der Simulationsuntersuchung wurde die Warmbehandlungstechnologie "Schmieden" als praktischer Bezugspunkt ausgewählt, da bei diesem Produktionsverfahren die naturgesetzlich-technologische Dynamik des vor dem Umformbearbeitungsgang zu erstellenden Wärmepotentials besonders deutlich hervortritt. Ferner gewährleistet die Transparenz dieses Produktionsverfahrens die Nachvollziehbarkeit der Simulationsergebnisse und erleichtert deren Interpretation. Das Freiformschmieden von Kurbelwellen mittlerer Größe, die höchstens in kleinen Serien anfallen oder deren Form für die Herstellung in Gesenken zu kompliziert ist, erscheint vom Fertigungsablauf her geeignet, die um naturgesetzliche Zwänge erweiterte Problematik der Auftragsreihenfolgeplanung zu beschreiben. Der Zwangslauf der Bearbeitungsschritte ergibt sich durch das Erfordernis, den Werkstoff zunächst auf die nötige Schmiedetemperatur zwischen 12oo und 145o^{0}C zu erhitzen, um das innerstoffliche Gefüge in den bildsamen Bereich zu überführen, wonach sich unmittelbar in einem Temperaturintervall von ca. 2oo^{0}C ("Bearbeitungsgefälle") die umformende Bearbeitung anschließen muß. Damit bringt die Besonderheit dieses Fertigungsverfahrens die spezielle Dimension einer tendenziell unterbrechungslosen Fertigung in die allgemeine Problematik der Maschinenbelegungsplanung.

2. Anordnung des Simulationsexperiments

Charakteristisch für dieses Simulationsmodell sind die zufallsmäßig generierten Aufträge mit fast gleichen Bearbeitungsfolgen. Dennoch handelt es sich hier um eine Kleinserien- bzw. Einzelfertigung, da sich die Produktion weitestgehend an eingehenden, termingebundenen Kundenaufträgen orientiert, welche bezüglich ihrer Eintretenswahrscheinlichkeit einer Poissonverteilung unterliegen, deren zugehörige Zwischenankunftszeiten also exponentiell verteilt sind. Diese Kundenaufträge können entweder schon als Eilaufträge generiert werden oder sich aufgrund der innerbetrieblichen Ablaufplanung zu solchen Aufträgen entwickeln. Grundsätzlich können Eilaufträge in der Simulationsstudie mit vier und Normalaufträge mit fünf Prioritätswerten auftreten. Während die jeweils höchste Priorität eine Anpassungsmaßnahme an den naturgesetzlichen Zwang und die damit verbundene Forderung der zeitlichen Konzentration darstellt, also potentialgebunden vergeben wird, handelt es sich bei den übrigen Prioritäten um termin- bzw. pufferzeitabhängige Prioriätsvergaben: Die jeweils höchsten Prioritäten bewirken, daß wiederaufzuheizende Werkstücke, welche vom Schmiedehammer kommen und deren Warmumformung noch nicht abgeschlossen ist, sofort wieder in den Glühofen transportiert werden, um unnötige Wärmepotentialverluste zu vermeiden, es sei denn, ein Eilauftrag verursacht die Unterbrechung der Normalbearbeitung. Hieraus wird deutlich, daß bei der Reihenfolgeplanung neben den Terminüberschreitungskosten die Fertigungskosten einschließlich der unterbrechungsbedingten Mehrkosten zu berücksichtigen sind. Entsprechend den Regeln einer wirtschaftlichen und aussagefähigen Simulation wird die Problemstellung nur im relevanten Fertigungsausschnitt betrachtet. Aus dem Fertigungsprozeß einer Unternehmung, welche Dieselmotoren mittlerer Größe herstellt, wird die Schmiedebearbeitung der Kurbelwellenrohlinge simuliert. In dem betrachteten Fertigungsausschnitt müssen alle Betriebsaufträge den Zyklus: Glühofen - Schmiedehammer - Glühofen - Schmiedehammer - etc. so oft durchlaufen, bis die in Bearbeitungszeiteinheiten des Schmiedehammers angegebene Umformungsdauer abgearbeitet ist.

Die vorliegende Simulationsstudie ist wie die meisten derartigen Experimente als eine Folge von Läufen angelegt, deren Zielsetzung ein Vergleich einer Zahl von alternativen Modellvarianten und/oder Operationsregeln ist. Die verschiedenen Operationsregeln stellen in dieser Untersuchung die einzelnen Prioritätsregeln dar, welche lediglich einen kleinen Querschnitt des umfangreichen Angebots in der Literatur bilden. Zu Vergleichszwecken wurden Läufe mit First-Come-First-Served (FCFS) und Shortest-Processing-Time (SPT) simuliert. Danach folgt für jede alternative Modellvariante ein leicht modifizierter Critical-Ratio-Lauf (Berry/Ray 1975), der ständig die aktuelle Zeitspanne bis zum Liefertermin auf die verbleibenden Bearbeitungsgänge (statt - wie bei Berry/Rao - auf die restlichen Bearbeitungszeiten) bezieht. Entsprechend der Terminologie von Conway et al. (Conway/Maxwell/Miller 1967) wurden weiterhin die einfache Slack-Regel, die Slack-per-Operation-Regel (S/OPN) sowie die Slack-per-Work-Remaining-Regel (S/WKR) angewendet. Bei der einfachen Slack-Regel erhält derjenige Auftrag die höchste Priorität in einer Warteschlange, der die geringste verbleibende Zeitspanne bis zum Liefertermin abzüglich der noch anstehenden Restfertigungszeit aufzuweisen hat. Die Regel S/OPN bezieht diese Schlupfzeit zusätzlich auf die Anzahl der noch ausstehenden Operationen, während S/WKR die Schlupfzeit auf die noch ausstehende Restfertigungszeit bezieht. Schließlich kommt als letzte Regel eine Kombination der über alle Unterbrechungsarten die Eil- bzw. die Normalaufträge am günstigsten steuernden Regel Slack-per-Work-Remaining mit der Regel Shortest-Processing-Time zur Anwendung: Die Eilaufträge werden bei dieser Kombination durch Slack-per-Work-Remaining und die Normalaufträge durch Shortest-Processing-Time gesteuert. Hierin ist ein Versuch zu sehen, die in den vorausgehenden Läufen ermittelten Stärken einzelner Prioritätsregeln miteinander zu verknüpfen.

Prioritätsregel	Abkürzung	Auftragssteuerung nach der ...
First-Come-First-Served	FCFS	Ankunftsreihenfolge vor der Bearbeitungskapazität
Shortest-Processing-Time	SPT	kürzesten Bearbeitungszeit
Critical-Ratio	CR	aktuellen Zeitspanne bis zum Liefertermin bezogen auf die restlichen Operationen
Slack	Slack	aktuellen Zeitspanne bis zum Liefertermin abzüglich der ausstehenden Restfertigungszeit
Slack-per-Operation	S/OPN	Slack-Zeit bezogen auf die Anzahl der ausstehenden Operationen
Slack-per-Work-Remaining	S/WKR	Slack-Zeit bezogen auf die ausstehende Restfertigungszeit
Slack-per-Work-Remaining mit Shortest-Processing-Time	S/WKR mit SPT	Slack-Zeit bezogen auf die ausstehende Restfertigungszeit für die Eil- und kürzeste Bearbeitungszeit für die Normalaufträge

Neben diesen unterschiedlichen Operationsregeln werden alternative Modellvarianten simuliert. Diese Systemalternativen leiten sich aus den verschiedenen Konzentrationsformen her. Die möglichen Bearbeitungsunterbrechungen sollten bei richtigem Werkstatt-Layout und abgestimmten Kapazitäten von Glühofen und Schmiedehammer lediglich bei der Umformbearbeitung (Schmiedehammer) auftreten, während bei einer Unterbrechung des Glühvorgangs (Glühofen) unverhältnismäßig hohe Kosten einem geringen Zeitvorteil gegenüberstehen würden. Entsprechend diesen durch Testläufe fundierten Vorüberlegungen wurden bei der Experimentanordnung vier Modellvarianten berücksichtigt:

(1) Fertigung ohne Bearbeitungsunterbrechungen außer den technologisch unumgänglichen (vollständige zeitliche Konzentration)

(2) Fertigung mit Bearbeitungsunterbrechungen nur außerhalb des Bearbeitungsgefälles (unvollständige Konzentration außerhalb des Bearbeitungsgefälles)

(3) Fertigung mit Bearbeitungsunterbrechungen nur innerhalb des Bearbeitungsgefälles (unvollständige Konzentration nur innerhalb des Bearbeitungsgefälles)

(4) Fertigung mit Bearbeitungsunterbrechungen in- und außerhalb des Bearbeitungsgefälles (kombinierter Fall der unvollständigen Konzentration).

In den Modellvarianten mit Bearbeitungsunterbrechungen innerhalb des Bearbeitungsgefälles kann die Umformbearbeitung von Normalaufträgen durch Eilaufträge unterbrochen werden, wodurch in der Regel für den Normalauftrag ein zusätzlicher Bearbeitungszyklus notwendig wird. Günstiger stellt sich dagegen die Bearbeitungsunterbrechung außerhalb des Umformungstemperaturbereichs dar: Zwar entstehen durch den wiederaufzuholenden ablaufplanungsbedingten Potentialabbau bei den Normalaufträgen, die bei Auslastung des Glühofens diesen erst nach gegebenenfalls wartenden Eilaufträgen wiederbelegen können, und durch längere als technologisch notwendige Verweilzeiten im Glühofen im Falle einer Oberholung durch Eilaufträge zusätzliche Energiekosten, jedoch liegen diese wesentlich unter denen für einen zusätzlichen Bearbeitungszyklus.

In jeder Modellvariante werden vier Auftragsarten (Kurbelwellendimensionen) generiert. Die Prioritätszuweisung erfolgt gemäß den auftragsspezifischen Daten und der im jeweiligen Lauf vorgesehenen Operationsregel. Somit werden also bei 4 alternativen Systemen und jeweils 7 Prioritätsregeln 28 Wertungsläufe simuliert. Mit Fertigstellung des 1.000. Auftrages wird ein Lauf abgebrochen, und es werden die jeweils erzielten Ergebnisse tabelliert.

3. Konkretisierung der Zielvorstellungen

Die drei unter 1. genannten Aspekte der Zielformulierung werden in dieser Simulationsstudie entsprechend den besonderen Prozeßerfordernissen zum Teil in spezifische Zielsetzungen eingearbeitet. Die mittlere Durchlaufzeit dient als Maßgröße für die anfallenden Kapitalbindungs- bzw. Zwischenlagerungskosten; diese Interpretation entspricht einer üblichen Vorgehensweise (vgl. Conway et al. 1967). Die Termineinhaltung wird durch die Tabellierung der Verspätungen, jeweils getrennt nach Kunden- und Betriebsaufträgen, erfaßt. Eine Besonderheit stellt der Kapazitätsauslastungsaspekt dar: Während der Schmiedehammer als Engpaßmaschine unter Einrechnung der Positionierungszeiten zu 100% ausgelastet ist, darf für den Glühofen keinesfalls die Zielsetzung der maximalen Kapazitätsauslastung herangezogen werden. Da der Heizenergieverbrauch stark von der Ofenbeschickung abhängt, muß hier eine Minimierung der Energiekosten angestrebt werden. In die Betrachtung der Gesamtkostenminimierung sind also neben den Energiekosten und den Kapitalbindungs- bzw. Zwischenlagerungskosten die bewerteten Terminüberschreitungen einzubeziehen; im Falle vertraglich vereinbarter Konventionalstrafen sind selbstverständlich diese als Terminüberschreitungskosten anzusetzen.

4. Ergebnisse der Simulation und deren Interpretation

In allen vier Modellvarianten konnte die Slack-per-Work-Remaining-Regel (S/WKR) die besten Zielerreichungswerte für die Termineinhaltung der Eilaufträge verbuchen. Bei den Läufen mit innerhalb des Bearbeitungsgefälles zulässigen Unterbrechungen (Modellvarianten 3 und 4) erreicht S/WKR jeweils die günstigste mittlere Durchlaufzeit und sogar die geringsten Heizenergieverbräuche. Bis auf die Ablaufplanung ohne Bearbeitungsunterbrechungen (Modellvariante 1) konnten diese Ergebnisse ohne Vernachlässigung der Terminziele der Normalaufträge erbracht werden: Während die Werte der Normalauftragstermineinhaltung unter Einsatz von S/WKR in den Varianten 2 - 4 immer im Bereich der übrigen Prioritätsregeln lagen, führte die S/WKR-Regel in der Form vollständiger Konzentration (Modellvariante 1) ungünstigstenfalls zu 5,52% Terminüberschreitungen. Dies kann man gemäß der Unterstellung, daß zu den Normalaufträgen viele intern ausgelöste und auf Lager produzierte Teile zählen, als die am wenigsten dringliche Zielsetzung betrachten.

Insgesamt lassen sich für die S/WKR-Regel sowie für die am zweitbesten abschneidende Shortest-Processing-Time-(SPT)-Regel durchgängig klare Tendenzen feststellen: Mit steigender Offenheit der Modellvarianten gegenüber Auftragsbeschleunigungen, d.h. mit der Zunahme der Unterbrechungsmöglichkeiten von der Fertigung ohne zur Fertigung mit Bearbeitungsunterbrechungen in- und außerhalb des Bearbeitungsgefälles, nehmen die mittleren Durchlaufzeiten und der Heizenergieverbrauch zu, während sich die Anzahl der Terminüberschreitungen bei den Eilaufträgen vermindert. Durchbrochen wird diese Tendenz von der schon erwähnten, mit den Bearbeitungsunterbrechungen außerhalb des Bearbeitungsgefälles zusammenhängenden Problematik. Die Varianten mit außerhalb des Bearbeitungsgefälles zulässigen Unterbrechungen (Modellvarianten 2 und 4) schneiden, über alle Zielsetzungen betrachtet, immer ein wenig schlechter ab als diejenigen ohne diese Unterbrechungsform (Modellvarianten 1 und 3). Dieses Phänomen erklärt sich aus der Tatsache, daß bei einer Unterbrechung außerhalb des Bearbeitungsgefälles zwar Normalaufträge große Potentialmengen verlieren, Eilaufträge aber nur ganz wenige Zeiteinheiten gewinnen können. Bei Unterbrechungen außerhalb des Bearbeitungsgefälles reagieren folglich die Heizenergiekosten besonders empfindlich, während bei Unterbrechungen innerhalb des Bearbeitungsgefälles die Einsparungen an Terminüberschreitungskosten den Energie-Mehrverbrauch kompensieren können.

Abschließend muß betont werden, daß letztendlich für die Auswahl einer Systemalternative und einer Operationsregel die kostenmäßige Bewertung der einzelnen Zielerreichungsgrade bzw. die Vereinbarung und Höhe von Konventionalstrafen ausschlaggebend sein wird. In Weiterführung eines früheren Modells (Ellinger 1959) zur industriellen Ablaufplanung hat diese Arbeit aufgezeigt, daß die Forderung nach zeitlicher Konzentration bei der Bearbeitung in Fertigungsprozessen mit sich selbst abbauenden Potentialen auch bei der Reihenfolgeplanung, allerdings in modifizierter Form, aufrechtzuhalten ist.

Literatur:

Berry, W.L. und V. Rao: Critical Ratio Scheduling: An Experimental Analysis, in: Management Science, 22. Jg. (1975), S. 192 - 2o1.

Conway, R.W., Maxwell, W.L. und L.W. Miller: Theory of Scheduling, Reading/Mass.1967.

Ellinger, Th.: Ablaufplanung. Grundfragen der Planung des zeitlichen Ablaufs der Fertigung im Rahmen der industriellen Produktionsplanung, Stuttgart 1959.

AGGREGATION AND DECOMPOSITION IN ONE-MACHINE, MULTI-PRODUCT PLANNING PROBLEMS

Roland Bemelmans, Eindhoven

Abstract

In studying large-scale optimization models, numerical problems make it impossible to find an optimal solution. If one could find an optimal solution, the implementation of this solution would present other difficulties: the solution would be difficult to understand, while it would not be robust to changes in the state parameters. Therefore one wants to approximate the model. The two most important methods to do so are Aggregation and Decomposition. In this contribution we compare these two methods not only with one another but also with the optimal strategy in case of a one-machine, multi-product planning problem.

Zusammenfassung

Die Lösung großer, komplexer Modelle unter Unsicherheit ist in der Regel nur mit Hilfe von vereinfachenden Approximationsverfahren möglich. Die zwei wichtigsten Vorgehensweisen zur Vereinfachung derartiger Modelle stellen die Aggregation und die Dekomposition dar. In diesem Beitrag werden für ein Ein-Maschinen-Produkt Produktionsplanungsproblem unter Unsicherheit diese beiden Methoden miteinander und mit der optimalen Strategie verglichen.

Introduction

If one studies large scale models one very often has to use approximating methods. There are three different reasons for this:

1. The problem will almost never be solvable otherwise.
2. The strategy which one finds elseway will be very difficult to comprehend and thus to implement.
3. The parameters in this kind of models are not very reliable so that there is little use in searching strategies that are not robust.

The two most important methods to approximate the original method are Aggregation and Decomposition (see e.g. A.C. Hax [4], G. Liesegang [8] and D.A. Wismer [12]).

Operations Research Proceedings 1982

In this paper we want to study those methods in the context of a one-machine, multi-product planning problem (OMMP). The OMMP is a special case of a production planning problem. In production planning problems one has to adjust the sales, the resources and the usage of the resources to one another. One aspect that most problems have in common is that more products compete for the allocation of one, limited available resource. In an OMMP this aspect is isolated. The results can be used to get insight in this aspect of production planning. The OMMP also has a theoretical background. We refer to the work of P. van Beek [1], S.E. Elmaghraby [3], Th.H.B. Hendriks and J. Wessels [5], F. Lansdorp and J.W.M. Bertrand [7], P. van Schuylenburg [9], M. Starmans and J. Wessels [10] and J. Wessels and N. Thijssen [11].

We consider a stochastic OMMP, in which the demand for each of the products is independent and has the same, known, distribution.

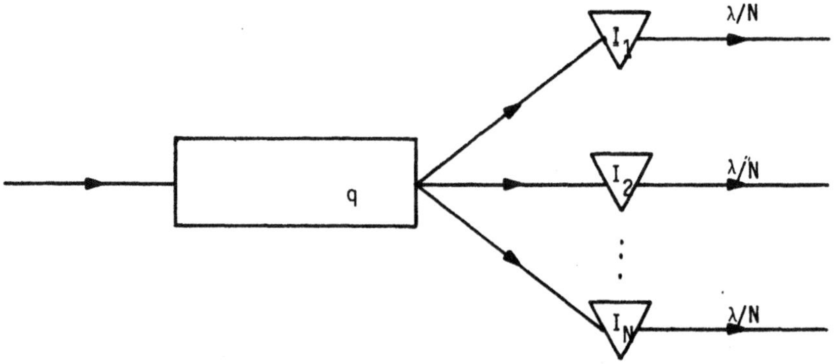

Figure 1. One machine, multi-product planning problem.

We consider strategies which are based on aggregation and strategies which are based on decomposition. Briefly one can describe these two methods as follows:

1. Aggregation is a capacity-oriented method. One decides on the sum over all the inventories whether or not a production run has to be started. In second instance one decides for which of the products.
2. Decomposition is a product-oriented method. For each of the products one decides on the individual inventory level whether or not a production run for this product has to be started.

The simulation results found, indicate in which case one has to use aggregation and in which case one has to use decomposition.

2. Description of the model

We consider one machine which can make N products for stock. The demand for each of the products is Poisson with parameter λ/N, and is independent of the other products. The inventory level for product j will be denoted by I_j ($\forall j=1,2,\ldots,N$). Since backordering will be allowed the inventory levels may be negative. We will assume the inventory holding costs and the backorder cost to be linear as is denoted in (1).

$$\sum_{j=1}^{N} (aI_j^+ + bI_j^-) \tag{1}$$

where $I^+ := \max(0,I)$ and $I^- \max(0,-I)$.

The problem is to minimize these costs. In order to do so, at certain points in time $(T_1,T_2,\ldots)$ one may decide to start a production run for one product. The differences T_i-T_{i-1} are exponentially distributed, independent from each other. Production is in batches of size q ($\mu\cdot q>\lambda$). A batch, started at time t, will arrive in the stock at time t+d.

3. Aggregation versus decomposition

As we have said before we search a strategy which indicates at what moment we have to produce which product, so that the cost in (1) will be minimized. One could formulate this problem as a Markov decision problem. However for reasonable values of N ($N\geq 4$) numerical problems make this approach impossible. Moreover the strategy which would result from this kind of an approach would be very difficult to comprehend and thus to implement. Therefore one would like to use approximating methods which don't have these disadvantages. The two most important methods in this respect are aggregation and decomposition.

Let the inventory position be defined as the inventory level plus the batches which already are produced but on this moment are transported to the stock points. Then we can describe the two methods as follows:

- Aggregation. We first sum over all the inventory positions and then we decide on the aggregate inventory level whether or not a production run has to be started. If a run is started, the run is always assigned to the product for which the inventory position is minimal.
- Decomposition. We decide on the individual inventory position for each of the products whether or not a production run has to be started. If there is more than one product for which we want to start a run then the run will be assigned to the product for which the inventory position is minimal.

4. Aggregation

Let $Ipos_j$ denote the inventory position of product j and let $Ipos := \sum_{j=1}^{N} Ipos_j$.
Aggregation strategies are strategies of the following form:

Produce iff $Ipos \le I_0$ (for a certain value of I_0). In the class of aggregation strategies we search a strategy which minimizes the following cost:

$$E_{I_0} \lim_{T\to\infty} \frac{1}{T} \int_0^T \sum_{j=1}^{N} [aI_j^+(t)+bI_j^-(t)]dt =$$

$$\lim_{T\to\infty} \frac{1}{T} \int_0^T E_{I_0} \left(\sum_{j=1}^{N} [aI_j^+(t)+bI_j^-(t)]\right)dt \qquad (2)$$

where $E_{I_0}(\cdot)$ is the expectation of $\cdot$ given I_0.

Let $P_{I_0}(I)$ denote the probability that the aggregate inventory level equals I in the stationary situation, given I_0. We will return to the existence of $P_{I_0}(I)$ later. Now we can rewrite (2) as:

$$\lim_{T\to\infty} \frac{1}{T} \int_0^T E_{I_0} \left(\sum_{j=1}^{N} [aI_j^+ + bI_j^-]\right)dt = E_{I_0} \left(\sum_{j=1}^{N} [aI_j^+ + bI_j^-]\right) =$$

$$\sum_{I=-\infty}^{\infty} E_{I_0} \left(\sum_{j=1}^{N} [aI_j^+ + bI_j^-] \mid I\right) \cdot P_{I_0}(I) = \sum_{I=-\infty}^{\infty} g_{I_0}(I) \cdot P_{I_0}(I) \qquad (3)$$

where $g_{I_0}(I) := E_{I_0} \left(\sum_{j=1}^{N} [aI_j^+ + bI_j^-] \mid I\right)$

We have used the stationary probabilities. Now we will show that they do exist by calculating them explicitly.

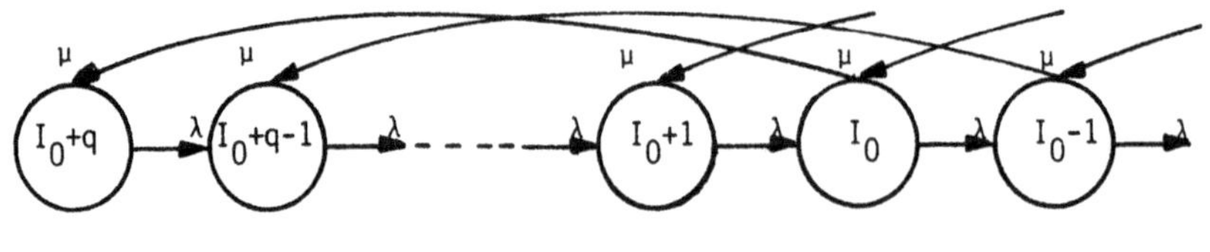

Figure 2. Transitions aggregate process.

Let d=0 and let I_0 be given. If we define x by $x := I_0+q-I$, then $P_{I_0}(x)$ is independent of I_0 (see figure 2). The transition equations in this queueing system with batch service are given by (4):

$$\begin{cases} x\le 0 & : \quad P(x) = 0 \\ 0\le x\le q-1 & : \quad \lambda P(x) = \mu P(x+q)+\lambda P(x-1) \\ q\le x & : \quad (\lambda+\mu)P(x) = \mu P(x+q)+\lambda P(x-1) \end{cases} \tag{4}$$

The solution of this system of equations can be found easily by a method analogue to the one proposed by Kleinrock [6], and is given by:

$$\begin{cases} x\le 0 & : \quad P(x) = 0 \\ 0\le x\le q-1 & : \quad P(x) = c\cdot\frac{\mu}{\lambda}\sum_{k=0}^{x} z^{-q-k} \\ q\le x & : \quad P(x) = c\cdot z^{-x} \end{cases} \tag{5}$$

where c>0 and z>1, while z satisfies f(z) = 0 if we define $f(y) := \lambda y^{q+1}-(\lambda+\mu)y^{q}+1$. It will be clear that if such a z exists, the system $\{P(x)\}_{x=0}^{\infty}$ will satisfy the equations while $P(x)\ge 0$ and $\sum_{x=0}^{\infty} P(x)=1$ if we choose c as in (6).

$$c = \{\frac{\mu}{\lambda}\cdot\frac{qz^{-q+2}-(q-1)z^{-q+1}+z^{-2q+1}}{(z-1)^2} + \frac{z^{-q+1}}{z-1}\}^{-1}$$

The existence of z follows from the continuity of f combined with:

- if y is very large then $f(y)>0$,
- $f(1)=0$,
- $(\frac{\delta}{\delta y}f(y))_{y=1} = \lambda-\mu q<0$.

For d>0 we can use this result as follows: Given I_0, d has no influence on Ipos so that we can calculate $P_{I_0}(\text{Ipos})$ as above. We may then derive $P_{I_0}(I)$ by (7).

$$P_{I_0}(I) = \sum_{k=0}^{I_0+q-I} P_{I_0}(\text{Ipos} = I+k)\cdot\frac{(\lambda d)^k}{k!}\, e^{-\lambda d} \tag{7}$$

This shows that it is relatively easy to calculate $P_{I_0}(I)$. If we know $g_{I_0}(I)$ then we can derive an optimal value of I by (3). However the determination of g is very difficult. One might use simulation to do so, but for use in practice we would prefer a heuristic which can be calculated easier. Therefore we will derive an aggregation heuristic by approximating

$$g_{I_0}(I) = E_{I_0}\left(\sum_{j=1}^{N}[aI_j^+ + bI_j^-] \mid I\right) = E_{I_0}\left(a\left[\sum_{j=1}^{N} I_j^+\right] + b\left[\sum_{j=1}^{N} I_j^-\right] \mid I\right)$$

by

$$E\left(a\left[\sum_{j=1}^{N} I_j\right]^+ + b\left[\sum_{j=1}^{N} I_j\right]^- \mid I\right) = aI^+ + bI^- \tag{8}$$

Note that an aggregation approach will only perform well in situations where it does not happen very often that one inventory level is very positive and an other inventory level is very negative. Therefore one may expect that this approximation is very good in situations where the aggregation approach will perform well.

5. Decomposition

In this section we consider strategies of the following form:

produce iff $\min_{1 \le j \le N} Ipos_j \le I_0$ (for certain I_0)

In the case of decomposition one might also use simulation to find a decomposition strategy with minimal expected average costs. However, for the same reasons as in the case of aggregation, we would like to have a decomposition heuristic which performs not much worse than the optimal decomposition strategy in cases where this optimal decomposition approach performs well itself. Note that when using decomposition we consider capacity problems to be of minor importance. So, in cases where optimal decomposition works well, one may expect to get a good approximation by relaxing the restriction that one may only start one production run at a time. With this relaxation it is very easy to calculate a decomposition heuristic. The N-dimensional problem degenerates to N 1-dimensional problems. Let $P_{j,I_0}(I)$ denote the probability that the inventory level of product j equals I in the stationary situation if d=0.

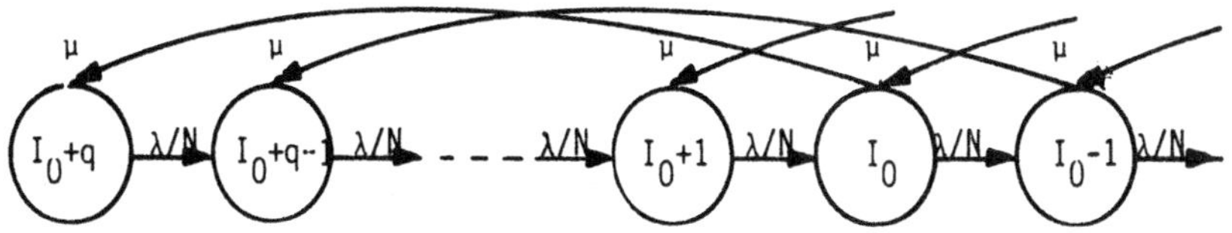

Figure 3: Transitions decomposed processes.

If we let $x := I_0+q-I$ again, we find the following transition equations:

$$\begin{cases} x\leq 0 \quad : & P_j(x) = 0 \\ 0\leq x\leq q-1 : & \frac{\lambda}{N} P_j(x) = \mu P_j(x+q)+\frac{\lambda}{N}P_j(x-1) \\ q\leq x \quad : & (\frac{\lambda}{N}+\mu)P_j(x) = \mu P_j(x+q)+\frac{\lambda}{N}P_j(x-1) \end{cases} \tag{9}$$

It will be clear that these equations are analogue to (4). The solution is given by replacing λ by λ/N in (5) and (6).

For $d>0$ we can use the above result as follows

$$P_{j,I_0}(I) = \sum_{k=0}^{I_0+q-1} P_{j,I_0}\,(Ipos = I+k)\cdot \frac{(\lambda d/N)^k}{k!}\, e^{-\lambda d/N} \tag{10}$$

6. Lower bound for the costs

It is impossible to solve the MDP, which would give us the optimal strategy. Yet we would like to compare the aggregation/decomposition-strategies to such a strategy. Therefore we derive lower bounds for the optimal strategy and compare the aggregation/decomposition-strategies to those bounds.

- Suppose the cost is given by (8) instead of (1). The cost in every state will be less than or equal to the original cost. Since the optimal strategy under this new cost is given by the aggregation heuristic, the numerical cost which we have found for this heuristic are a lower bound for the original problem.
- Suppose we are allowed to produce more products at a time. The optimal cost will then be less or equal to the original cost. Therefore the numerical cost which we have found for the decomposition heuristic also are a lower bound for the cost of the optimal strategy in the original problem.

The maximum of the two lower bounds is of course a lower bound for the original problem.

7. Results and conclusions

By simulation we have found an aggregation and decomposition strategy for a number of cases. Since the results may depend on the realisation of the demand, we have simulated two different runs. In the tables of this section this will be denoted by: (results first run)/(results second run).
We have normalized on $\mu=1$.

q	d	N	a	b	λ	Decomposition Cost	Decomposition I_0^*	Aggregation Cost	Aggregation I_0^*	Lower bound
2	0	2	1	3	1.67	11.06/11.57	3/4	11.29/11.26	9/10	10.60^A
2	0	2	1	3	0.5	1.89/1.88	-1/-1	2.37/2.37	0/0	1.74^D
2	0	2	1	3	1.8	18.95/19.88	8/8	19.04/19.64	17/18	19.62^A
20	0	2	1	3	1.67	15.30/15.29	-5/-5	17.34/17.31	1/1	15.28^D
2	0	5	1	3	1.67	13.67/12.45	0/1	12.35/12.28	11/10	10.60^A
2	0	20	1	3	1.67	21.04/21.25	-1/-1	20.59/20.43	11/12	11.94^D
2	0	2	1	1	1.67	5.54/5.79	1/2	5.71/5.77	4/4	5.40^A
2	0	2	1	10	1.67	17.31/19.18	8/8	17.94/19.40	18/19	17.61^A
2	5	2	1	3	1.67	12.19/12.83	10/10	11.78/12.65	18/19	11.96^A
2	10	2	1	3	1.67	13.65/13.44	13/13	13.12/13.75	26/26	12.48^A

Table 1. Aggregation and decomposition strategy.

In table 1 the lower bound for the cost is given as well. An A or D denotes in this case whether the lower bound was found by Aggregation or Decomposition. The results show that if one uses the strategy for which the lower bound of the cost was found then the difference between the cost and the lower bound is very small. As one might expect the decomposition approach performs best in cases where the capacity bound is not very strict, while the aggregation approach performs best elsewhere.

q	d	N	a	b	λ	Decomposition Cost	I_0	Aggregation Cost	I_0
2	0	2	1	3	1.67	16.53/17.23*	0	11.29/11.30	9
2	0	2	1	3	0.5	1.89/1.88	-1	2.37/2.37	0
2	0	2	1	3	1.8	29.51/32.33*	1	19.39/19.64	18
20	0	2	1	3	1.67	15.30/15.29	-5	18.63/18.70	-4
2	0	5	1	3	1.67	20.10/19.53*	-1	12.38/12.42	9
2	0	20	1	3	1.67	21.04/21.25	-1	21.37/21.52	9
2	0	2	1	1	1.67	7.08/7.19*	-1	5.71/5.77	4
2	0	2	1	10	1.67	35.76/34.75*	2	19.24/19.88	17
2	5	2	1	3	1.67	16.15/16.62*	5	11.78/12.70	18
2	10	2	1	3	1.67	15.40/16.60*	10	13.82/14.14	27

Table 2. Aggregation and decomposition heuristics.

In table 2 we have used the heuristics for the same simulation runs as in table 1. A * in this table denotes that the cost of the heuristic differs more than 5 percent from the cost of the corresponding strategy. As we can see these heuristics perform, in cases where the corresponding strategy is best, nearly just as good as the strategies. Therefore one might formulate the following rule:

Determine numerically the lower bound for the cost of the optimal strategy and use then that heuristic for which this lower bound was found.

8. References

1. P. van Beek, An application of decomposition and dynamic programming to the N--product, 1-machine problem, Methods of Operations Research 41 (1981) pp. 63-76.
2. R.P.H.G. Bemelmans and J. Wijngaard, Aggregatie versus decompositie bij een stochastisch één-machine-meer-produkten probleem, Kwantitatieve Methoden 6 (1982) pp. 118-136.
3. S.E. Almaghraby, The economic lot scheduling problem (ELSP) Review and Extensions, Management Science 24 (1978) pp. 587-598.
4. A.C. Hax (ed.), Studies in operations management, Amsterdam-New York-Oxford, 1978.

5. Th.H.B. Hendriks and J. Wessels, Repetitive schemes for the single-machine multi-product lot-size scheduling problem, Operations Research Verfahren XXVI (1978) pp. 571-581.

6. L. Kleinrock, Queueing systems, volume I, Wiley, 1975.

7. F. Lansdorp and J.W.M. Bertrand, Control of stochastic single-machine multi-product process, TH-report for internal use, 1978.

8. G. Liesegang, Aggregation bei Linearen Optimierungsmodellen, Habilitationsschrift, Köln, 1981.

9. P. van Schuylenburg, Een onderzoek betreffende een dynamisch programmeringsalgoritme voor het N-producten één machine probleem, Kwantitatieve Methoden 2 (1981) pp. 7-18.

10. M. Starmans and J. Wessels, Clustering of products in the single-machine lot--size scheduling problem, Kwantitatieve Methoden 6 (1982) pp. 95-117.

11. J. Wessels and N. Thijssen, Repetitive schemes with performance bounds for the economic-lot scheduling problem with critical set-up, Mitteilungen der mathematischen Gesellschaft der Deutschen Demokratischen Republik, Heft 1 (1978) pp. 49-54.

12. D.A. Wismer (ed.), Optimization methods for large scale systems ... with applications, New York, 1971.

Vereinfachung von Produktionsplanungsprozeduren durch Aggregation und heuristische Lösungsverfahren - Ergebnisse einer Simulationsstudie -

Sibylle Bartels und Joachim Fischer, Berlin

Zusammenfassung. Optimierungsmodelle für die Produktionsprogrammplanung sind für einen praktischen Einsatz zu vereinfachen. Auf der Grundlage von simulierten Problemen werden Vereinfachungsmöglichkeiten auf der Ebene der Modellkonstruktion durch hierarchische Zerlegung mit Aggregation von Produktvariablen und auf der Ebene der Modellösung durch Einsatz heuristischer Verfahren untersucht. Die bisher erzielten Ergebnisse sind ermutigend.

Summary. Linear product - mix models should be simplified to meet practical requirements. Selected simplification strategies as hierarchical decomposition and aggregation are studied for model building. Besides the application of heuristics to solve product-mix models is analyzed. Comparing these procedures in a simulated environment leads to encouraging results.

1. Problemstellung

OR-Ansätze für die Produktionsplanung sind durch den Versuch gekennzeichnet, möglichst viele Planungsbereiche simultan zu optimieren. Demgegenüber verzichten die verbreiteten Planungssysteme vieler EDV-Softwarehersteller auf eine umfassende Optimierung und orientieren sich in erster Linie an den spezifischen Erfordernissen der EDV-Technologie und Betriebsorganisation.
Ein Interesse des OR sollte angesichts der Randbedingungen (Lösungsverfahren, Hardware, Datenerfordernisse) auf Vereinfachung der OR-Ansätze gerichtet sein, um diese in praktisch einsetzbaren Softwaresystemen zu integrieren[1]. Vereinfachungsmöglichkeiten bestehen sowohl bei der Konstruktion als auch bei der Lösung von Modellen[2].
Ziel der Untersuchung war es, ein umfassendes Produktionsprogramm- und Kapazitätsplanungsmodell durch Aggregation und Zerlegung so zu vereinfachen, daß eventuelle Einbußen bei der Lösungsqualität durch den reduzierten Lösungsaufwand mehr als aufgewogen werden. Der Vergleich wurde anhand einer Vielzahl von simulierten Problemstellungen vorgenommen.

Darüberhinaus wurde ausgehend von einfachen Problemstellungen untersucht, ob heuristische Lösungsverfahren eine Alternative zu Optimierungsalgorithmen bei der Lösung von Produktionsprogrammplanungsmodellen darstellen.

Operations Research Proceedings 1982

2. Aufbau der Planungsmodelle

Das betrachtete Planungssystem für die Produktionsprogrammplanung bei sicheren Erwartungen geht von folgenden Annahmen aus:

(1) Mehrstufige Mehrproduktfertigung mit alternativen Fertigungsverfahren in jeder Produktionsstufe und linearem Fertigungsfluß ohne Rückkoppelung.

(2) Feste Absatzober- und -untergrenzen sowie Lagerungsmöglichkeit für alle Endprodukte.

Das Planungssystem besteht aus zwei hierarchisch angeordneten linearen Optimierungsmodellen. Das übergeordnete Modell A ist ein gemischt-ganzzahliger Ansatz der simultanen mehrperiodigen Produktions-, Investitions- und Finanzierungsprogrammplanung mit einer Zielfunktion Endwertmaximierung unter Berücksichtigung der Nebenbedingungen für Kapazität, Liquidität, Mengenkontinuität und Absatz[5]. Die Aufgabe des Modells A besteht in der Kapazitätsplanung für mehrere Perioden, nicht aber in der detaillierten Bestimmung der Produktionsmengen für Vor- und Endprodukte. Diese erfolgt in einem Modell B, das für die jeweils bevorstehende Planungsperiode das gewinnmaximale Produktionsprogramm unter Beachtung der Absatz- und Mengenkontinuitätsbedingungen sowie der vom Modell A festgelegten Kapazitäten bestimmt.

Aufgrund der unterteilten Planungsaufgabe erscheint es nicht notwendig, daß Modell A sämtliche Vor- und Endprodukte detailliert abbildet. Daher wird für dieses Modell eine Vereinfachung durch Aggregation der Produkte (Ebene der Modellkonstruktion) untersucht.

Modelle vom Typ B werden in der Literatur üblicherweise mit Hilfe der linearen Programmierung gelöst,[6] die jedoch oft nicht realisierbare Anforderungen an die Planungsressourcen stellt. Deshalb wird geprüft, inwieweit sich derartige Modelle mit heuristischen Verfahren lösen lassen[7].

3. Aufbau der Simulationsstudie

Aggregationsstrategien sowie heuristische Lösungsverfahren wurden anhand simulierter Problemstellungen auf ihre Eignung hin getestet.

Ein Testdatengenerator erzeugte ein atomares Modell, dessen Charakteristika sich durch Vorgabe von Testparametern näher bestimmten. Die berechnete Optimallösung dieses Modells stellte den Vergleichsmaßstab dar. Mit einer ausgewählten Aggregationsstrategie wurde aus dem atomaren ein vereinfachtes Modell A abgeleitet. Die Ausprägungen der Investitionsvariablen der Optimallösung des Modells A gingen als Kapazitätsvorgabe in das Modell B ein, das alternativ optimal und heuristisch gelöst wurde. Zur Evaluation der Vereinfachungsstrategien fand ein Vergleich der für die erste Planungsperiode sich ergebenden Zielfunktionswerte und Variablenausprägungen statt. Außerdem wurden die Problemgrößen und die sich ergebenden Rechenzeiten mit der Optimierungssoftware APEX III auf einer CDC Cyber 175 einander gegenübergestellt. Die folgende Abbildung zeigt schematisch den Ablauf der Simulationsexperimente.

TESTABLAUF ZUR EVALUATION DER AGGREGATIONSTRATEGIEN UND HEURISTIKEN

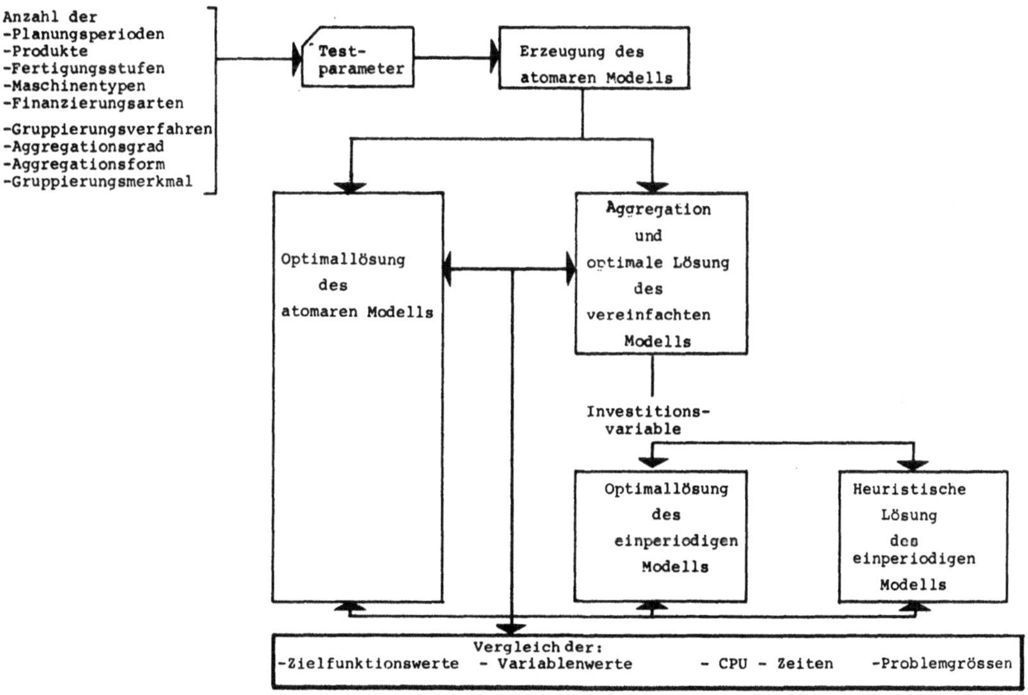

4. Ergebnisse ausgewählter Aggregationsstrategien

Bei der Festlegung einer Aggregationsstrategie sind sechs Entscheidungen zu treffen[8]. Bei der Auswahl der Modellelemente (1. Entscheidung) wurden entsprechend der Problemstellung die Variablen für die Vor- und Endprodukte betrachtet. Gruppierungsverfahren (2) war eine Cluster-Analyse auf der Basis von zwei alternativen Gruppierungsmerkmalen (3), Absatzpreise und Absatzmengen. Der Aggregationsgrad (4) wurde mit 20% bzw. 40% der Produktvariablen des atomaren Vergleichsmodells festge-

legt. Die Form der Aggregation (5) entsprach der Form der Disaggregation (6). Die Untersuchung umfaßte die Formen ungewichtete Aggregation, Gewichtung mit Absatzpreisen und mit Absatzhöchstgrenzen.
Für jede der so definierten zwölf Aggregationsstrategien wurden jeweils vier Testsituationen mit jeweils fünf Problemen analysiert, die sich in der Anzahl der Fertigungsalternativen in jeder der fünf Produktionsstufen und in der Länge des Planungszeitraumes unterschieden. Statistisch gesicherte Aussagen sind auf dieser Basis nur begrenzt möglich. Die folgende Tabelle stellt exemplarisch die Ergebnisse für einen Aggregationsgrad von 20% mit dem Gruppierungsmerkmal Absatzgrenzen zusammen.

DURCHSCHNITTLICHE PROZENTUALE ABWEICHUNGEN AUSGEWÄHLTER AGGREGATIONSSTRATEGIEN

(I = Aggregation ohne Gewichtung, II = Aggregation mit Gewichtung nach Absatzgrenzen, III = Aggregation mit Gewichtung nach Absatzpreisen)

Abweichungen	Aggregationsform	Planungszeitraum: 3 Perioden, Fertigungsverfahren 2 / 3	3 Perioden, Fertigungsverfahren 4 / 5	5 Perioden, Fertigungsverfahren 2 / 3	5 Perioden, Fertigungsverfahren 4 / 5
Zielfunktionswert Modell A	I	11,14	12,06	5,19	8,02
	II	4,68	5,19	3,68	6,64
	III	9,59	14,47	9,76	2,78
Investitionen Modell A	I	27,27	13,04	14,81	8,82
	II	28,5o	9,09	14,81	12,90
	III	27,27	16,67	24,00	12,90
Produktionsmengen Modell A	I	25,59	5,36	22,12	12,64
	II	25,08	16,85	23,26	19,88
	III	25,56	7,32	21,5o	13,86
Zielfunktionswert Modell B	I	1,98	o,15	1,71	o,41
	II	2,41	2,37	1,7o	o,14
	III	2,84	1,99	1,26	o,14
Produktionsmengen Modell B	identische Ergebnisse	7,64	1,37	8,26	6,41
		47	49	46	45
		von 5o Produkten hatten keine Abweichungen			

Die Ergebnisse zeigen, daß die Abweichungen zwischen dem atomaren Modell und Modell A bei allen Aggregationsstrategien beachtlich sind. Die betrachteten Vorgehensweisen für die Vereinfachung sind somit verbesserungswürdig.
Erstaunlicherweise wirken sich diese Abweichungen auf die Resultate des Modells B jedoch kaum aus. Der Vergleich mit dem atomaren Modell

zeigt, daß die transformierten Zielfunktionswerte sowie die produzierten Mengen beider Modelle fast übereinstimmen und die geringen Abweichungen mit wachsender Problemgröße abnehmen.
Die folgende Abbildung zeigt Problemgrößen und Rechenzeiten in Prozent des atomaren Modells.

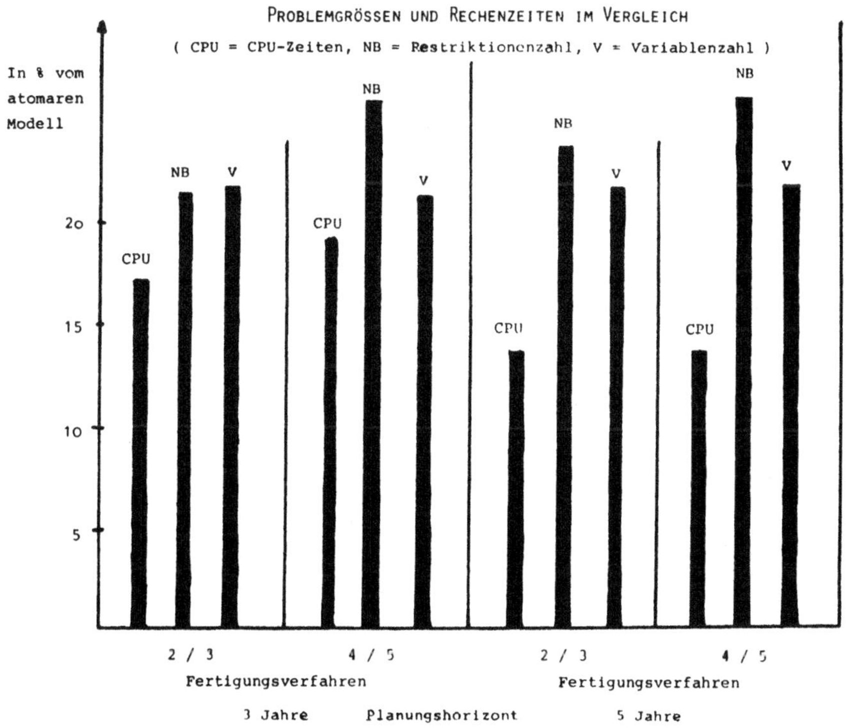

Die begrenzte Anzahl der bisher durchgeführten Experimente erlaubt lediglich die Aussage, daß eine hierarchische Zerlegung eines Produktionsprogrammplanungsmodells den Problemlösungsaufwand erheblich reduziert, ohne daß dabei die unmittelbar bevorstehenden Entscheidungen für die erste Planungsperiode stark voneinander abweichen müssen.

5. Ergebnisse alternativer heuristischer Lösungsverfahren

Die Lösung von Produktionsprogrammplanungsproblemen mit Hilfe der Linearen Programmierung führt zu optimalen Ergebnissen und gewährt über Dualwerte, Sensitivitätsanalysen etc. einen bedeutsamen Einblick in die Problemstruktur, stellt allerdings hohe Anforderungen an das EDV-System. Vor dem Hintergrund einer zunehmenden Verbreitung kleinerer EDV-Anlagen werden die weniger aufwendigen heuristischen Lösungsverfahren interessant, die jedoch diese Interpretationshilfen nicht bereit stellen.

Für ein Modell des Typs B, allerdings ohne Verfahrenswahlmöglichkeiten, wurden zwei heuristische Eröffnungsverfahren entworfen und in vier Testsituationen, die sich durch die Anzahl der Produkte und Produktionsstufen unterschieden, evaluiert.

Die heuristischen Verfahren nutzen eine Ordnung der Produkte aufgrund relativer Deckungsbeiträge bzw. jeweils neu berechneter Gradienten und sind an anderer Stelle detailliert beschrieben[9].

Bei mehreren hundert zufällig generierten Problemen in den vier Testsituationen ergaben sich sowohl für den Zielfunktionswert als auch für die Produktionsmengen Abweichungen zur Optimallösung, die nur in Promille meßbar waren.

Eine heuristische Lösung von Modellen des Typs B mit Verfahrenswahlmöglichkeiten in jeder Produktionsstufe setzt Vorüberlegungen zur Prozeßauswahl voraus[10]. Erste Versuche, die die Dualwerte des Modells A nutzten, erzielten vielversprechende Ergebnisse.

Literatur:

1) Scheer, A.W.; Elektronische Datenverarbeitung und Operations Research im Produktionsbereich - zum gegenwärtigen Stand von Forschung und Anwendung, in: OR-Spektrum 2 (1980), S. 1-22
2) Fischer, J.; Heuristische Investitionsplanung, Berlin 1981, S. 224 ff.
3) Hax, A.C.; Hierarchical Planning Systems - A Production Application, in: Plötzeneder, H. (Hrsg.), Computergestützte Unternehmensplanung, 1977, S. 103-136 und Rieper, B.; Die Planung von Produktionsvorgaben - ein hierarchischer Planungsansatz, in: Zeitschrift für Betriebswirtschaft 51 (1981), S. 1183-1203.
4) Müller, W.; Heuristische Verfahren der Produktionsplanung und Problem ihrer Beurteilung, in: Schriften zur Unternehmensführung Bd. 28 (1980), S. 77-97 sowie Viefhues, D.; Mehrzielorientierte Projektplanung, Frankfurt/M. 1982
5) Jacob, H.; Neuere Entwicklungen in der Investitionsrechnung, in: Zeitschrift für Betriebswirtschaft 34 (1964), S. 487-507 und S. 551-594 und Schweim, J.; Integrierte Unternehmensplanung, Bielefeld 1969 sowie Rosenberg, O.; Investitionsplanung im Rahmen einer simultanen Gesamtplanung, Köln etc. 1975
6) Knolmayer, G.; Programmierungsmodelle für die Produktionsprogrammplanung, Basel 1980
7) Kruschwitz, L./Fischer, J.; Heuristische Lösungsverfahren, in: Wirtschaftswissenschaftliches Studium 10 (1981), S. 449-458
8) Bartels, S./Fischer, J.; Einsatz heuristischer Regeln bei der Konstruktion von simultanen Investitions-, Finanzierungs- und Produktionsplanungsmodellen, in: Operations Research Proceedings 1981, Berlin-Heidelberg 1982, S. 203-210
9) Kruschwitz, L./Fischer, J. a.a.O.
10) Knolmayer, G.; A simulation study of some simplification strategies in the development of product-mix models, in: European Journal of Operational Research 6 (1982)

GIESSHARZABFÜLLOPTIMIERUNG

Manfred Gosda, München

1. Rahmenbedingungen

Als Entscheidungsgrundlage für eine Rationalisierungsinvestition (automatische Abfüllstation, Einschränkung der Kesselanzahl) sollten Möglichkeiten zu einer optimalen Fertigungsprogrammbildung aufgezeigt werden und nach Durchführung der Investition ihren Einsatz finden.

Die Abfüllprogrammermittlung ist zugeschnitten auf eine Gießharzabfüllanlage, in der Gießharzgebinde aus verschiedenen Harz- und Härtesorten zusammengestellt werden.

Die chargenweise Aufbereitung der Harzmengen bedingt es, daß täglich die Mischmenge eines Kessels abgefüllt werden muß.

Mit den Kennzahlen Anzahl Abfülltage, Rüstintensität wird das Nachfrageprofil einer Harzsorte erfaßt.

Anzahl Abfülltage:	Monatsabfüllmenge/Kesselinhalt
Rüstintensität:	Anzahl nachgefragter Verpackungen/Anzahl Abfülltage

Ziel der Abfüllprogrammermittlung ist die Deckung des Monatsbedarfs je Harzsorte in der dafür vorgesehenen Anzahl Abfülltage unter möglichst gleichmäßiger, guter Tageskapazitätsauslastung.

2. Lösungsansätze

Die sich in den Kennzahlen des Abfüllprozesses niederschlagende Anforderungsbandbreite reicht von Monatsnachfragen je Harzsorte im Tagebereich mit hoher Rüstintensität bis zu Nachfragen im Wochenbereich mit geringer Rüstintensität. Auf das erste Nachfrageprofil ist ein die Abfüllproblematik stark vereinfachender heuristischer Ansatz zugeschnitten, auf das letztere ein optimierender.

2.1 Abfüllheuristik

Jede Verpackung wird in der Abfüllperiode nur einmal aufgelegt. Die Verpackungen werden mit ihrem Stückzahlbedarf auf Abfüll-Lose verteilt. Zur gleichmäßigen Kapazitätsauslastung wird für jeden Abfülltag mindestens eine Loskombination von gewichts- und zeitintensiven Losen angesetzt. Durch Auswerten des so entstehenden Abfüllfolgenspektrums für Lose nach der Abfüll-Logik "volle Nutzung des Kesselinhalts" wird das Abfüllprogramm mit dem geringsten maximalen Mehrzeitbedarf ermittelt.

Operations Research Proceedings 1982

2.2 Abfülloptimierung

Die Abfülloptimierung erfolgt nach einem 3-Stufenkonzept.

Fertigungstechnische Ungleichungen, das sind Zeit- und Gewichtsungleichungen, zielen auf die Lösung des Tagesproblems innerhalb vorzugebender Toleranzen von Zeit und Gewicht.

Durch Vorgabestückzahlen je Verpackung (z.B. Vielfache von Paletteneinheiten) aus verpackungsspezifischen Abfüllintervallen wird ein Auswahlraster bestimmt mit dem Lösungen der fertigungstechnischen Ungleichungen als Tagesprogramme ins Abfüllspektrum übernommen werden.

Die zulässigen Abweichungen, die ein mit den Tagesprogrammen des Abfüllsprektrums gebildetes Abfüllprogramm, bezüglich der Unter- und Überschreitung des Stückzahlbedarfs je Verpackung haben darf, bilden die Nebenbedingungen des 0-1 Problems der Abfülloptimierung.

Zur zielfunktionsmäßigen Bewertung einer Lösung dieser Stückzahldeckungsungleichungen, d.h. eines Abfüllprogramms, bietet sich die Anzahl Abfülltage an, die es beansprucht.

Die Lösung des Auswahlproblems führt zu Tagesprogrammen eines (sub-)optimalen Abfüllprogramms. Eine rüstzeitenminimale Reihenfolge für diese Tagesprogramme wird durch Suchen nach einer Anschlußverpackung mit gleicher Verpackungsnummer oder gleicher Verpackungsgröße gefunden. Diese Suche läßt sich als Dominospiel auffassen, bei dem die Tagesprogramme über die Nummern der Verpackungen bzw. der dazugehörigen Verpackungsgrößen den Dominosteinen entsprechen.

3. Realisierung

Die Abfüllprogrammermittlung ist als Dialogverfahren konzipiert. Jede Harzsorte wird gesondert bearbeitet. Zur Programmermittlung stehen zwei Programmzweige zur Verfügung Abfüllheuristik, Abfülloptimierung. Der Ablauf des Zweiges Abfülloptimierung soll beschrieben werden, da er methodisch der interessantere ist. Er gliedert sich in Erstellen des Abfüllspektrums und Auswahloptimierung. Das Reihenfolge-Domino wird personell bei einer abschließenden Überarbeitung der Abfüllprogramme gelöst.

3.1 Erstellen des Abfüllspektrums

Diese Programmfunktion wird im Normalfall nur bei Änderungen im Typenspektrum angesprochen. Zur Schaffung einer breiten Optimierungsbasis sind die Toleranzen für Zeit und Gewicht großzügig zu bemessen.

3.2 Auswahloptimierung

Dem eigentlichen Optimierungsprozeß ist der Problemaufbau vorgeschaltet, der die aufzubauende Problemgröße und -schärfe bestimmt.

Zur Lösung des Auswahlproblems mit oder ohne Bedarfsdeckungsobergrenze wird ein Branch and Bound Algorithmus eingesetzt.

Die verwendete Branchingheuristik richtet sich nach dem maximalen positiven Beitrag aus, der zur Zulässigkeit des Problems geleistet werden kann.

Gesteuert wird der Optimierungsprozeß über zwei Parameter, die Abfülltage-Obergrenze und die Prozeßzeit.

Die Abfülltage-Obergrenze fungiert als Zielfunktionsschranke und beschneidet damit die Zweige des Problembaums.

Die Prozeßzeit fungiert als Standardzeitscheibe, die den Prozeß in regelmäßigen Abständen zur Ausgabe des gerade aktuellen Zwischenstandes auf den Bildschirm unterbricht.

Anhand der sich abzeichnenden Entwicklung oder bei Vorliegen eines akzeptablen Zwischenergebnisses wird die Auswahloptimierung mit der Ergebnisausgabe beendet oder mit der Wahl eines der folgenden Aufsatzpunkte fortgesetzt.

- Änderung der Optimierungsparameter
- Änderung des Optimierungsprogramms
- Neustarten des Problemaufbaus
- Neuerstellen des Abfüllspektrums als ultima ratio.

Ermittlung des Produktions- und Bezugsplans für mehrere Standorte unter Anwendung der 0-1-Optimierung

Franz Otto Brückner, München

Verschiedene Komponenten eines Erzeugnisses werden an mehreren Fertigungsstandorten benötigt. Die Komponenten können entweder am Standort selbst produziert oder von anderen Standorten oder Fremdlieferanten bezogen werden. Die Problemstellung besteht darin, den kostengünstigsten Fertigungsstandort aller Komponenten so auszuwählen und die jeweiligen Fertigungsmengen so zu bestimmen, daß die Summe der

- o Gesamtkosten der Herstellung
- o Lizenzgebühren
- o Auslandsspesen
- o Zölle
- o Frachten
- o Gesamtbezugskosten

insgesamt möglichst gering wird. Die Kosten werden für alle Komponenten und Standorte nach einem einheitlichen gegebenen Kalkulationsschema ermittelt.

Bei der Berechnung des Kostenminimums werden folgende Entscheidungsspielräume je Komponente ausgenutzt:

- o Bestimmung des oder der Fertigungsstandorte je Komponente
- o Bestimmung der Herstell-, Versand- und Bezugsmengen je Komponente und Standort

Bei Ausnutzung der Entscheidungsspielräume dürfen folgende Nebenbedingungen nicht verletzt werden:

- o Der Bedarf jeder Komponente muß an jedem Standort gedeckt sein.
- o Die Herstellkapazität für jede Komponente jedes Standorts darf nicht überschritten werden.

Operations Research Proceedings 1982

- o Das Fertigungsvolumen (wahlweise das Lohnvolumen) jedes Standorts darf sich nur innerhalb festgelegter Grenzen verschieben.
- o Für jede Komponente darf die Zahl der Fertigungsstandorte ein vorgegebenes Minimum nicht unter- und ein Maximum nicht überschreiten.
- o Wird eine Komponente an einem Standort gefertigt, so darf sie nicht zusätzlich von einem anderen bezogen werden.
- o Die Fixkosten einer Fertigungseinrichtung entfallen nur dann - bis auf sog. liegenbleibende Kosten -, wenn keine der zu produzierenden Komponenten die Einrichtung benötigt, anderenfalls bleiben sie in voller Höhe erhalten.

Das Problem der Gesamtkostenminimierung des Komponentenverbunds ist ein Problem der ganzzahligen Optimierung. Es wird durch eine Umformulierung in ein 0-1-Problem umgewandelt.

Da geeignete Eingriffsmöglichkeiten beim Ablauf des Branch-and-Bound-Algorithmus fehlten, entstanden erhebliche Rechenzeiten. Das Optimum konnte unter ökonomisch vertretbarem Aufwand nicht ermittelt werden. Das subobtimale Ergebnis brachte trotzdem eine deutliche Verbesserung gegenüber dem Ist-Zustand.

LOGISTIK UND OPERATIONS RESEARCH - STAND DER ANWENDUNG QUANTITATIVER METHODEN ZUR LÖSUNG VON LOGISTIK-PROBLEMEN

Werner Großeschallau, Dortmund

Summary:

The meaning of logistics is actually discussed by a lot of experts. They are common in thinking of logistics as a systems approach of material flow with technical, economical and informational aspects. Applications of OR in logistics show, that many problems can be solved efficiently by use of simulation, linear programming, graphtheoretical and heuristic methods. A better publication of special cases can support the use of OR in solving practical decision problems of logistics.

Bei der Untersuchung des aktuellen Standes von OR-Anwendungen in der Logistik interessierte die Beantwortung folgender Fragestellungen:

o Welche Logistik-Probleme werden mit OR-Methoden bearbeitet?
o Gibt es bestimmte herausragende Problemklassen?
o Gibt es bestimmte vorzugsweise angewendete OR-Methoden?
o Wie groß ist der Aufwand des Einsatzes von OR-Methoden?
o Gibt es Rückmeldungen zu den Ergebnissen?

Als Informationsquellen wurden Publikationen in wissenschaftlichen Zeitschriften sowie Sammlungen von Fallbeispielen herangezogen.

Bei der Durchsicht von wissenschaftlichen Zeitschriften fiel auf, daß in den nicht auf OR spezialisierten, mehr die Praxis ansprechenden Zeitschriften kaum OR-orientierte Beiträge zu finden sind. Umgekehrt sind in den mehr theoretisch ausgerichteten Zeitschriften nur wenige, auf Praxis-Probleme im Detail Bezug nehmende Aufsätze vorhanden.

Am häufigsten genannt werden folgende Themen:

o Standortbestimmung
o Fuhrparkeinsatzplanung bzw. Tourenplanung
o Bestimmung kürzester Wege in Netzen
o Layout-Planung
o Bildung von Ladeeinheiten bzw. Transporteinheiten als Verschnittproblem.

Hierfür kommen Verfahren der Linearen Programmierung, der Graphentheorie sowie Simulation und Heuristik zum Einsatz.

Operations Research Proceedings 1982

Bei Auswertung von Fallbeispiel-Sammlungen (vgl. z. B. /1/) sowie von Referatsthemen bei Vortragsveranstaltungen (vgl. z.B. /2/) fiel auf, daß sich ungefähr ein Drittel der behandelten Themen mit Fragestellungen der Logistik, allerdings aus ganz unterschiedlichen Anwendungsbereichen, beschäftigt.

Die Bestandsaufnahme und kritische Wertung des OR-Einsatzes in der Logistik wurde durch eine Fragebogenaktion ergänzt. Hierzu wurden

a) Erhebungsfragebögen an ca. 400 natürliche und juristische Personen (Mitglieder der DGfL) verschickt,
b) Hinweise und Blankoformulare in der "Zeitschrift für Logistik" abgedruckt.

In den Erhebungsbögen wurde erbeten

1. Eine Kurzbeschreibung der Problemstellung und Ausgangssituation
2. Eine Darstellung der angewendeten Vorgehensweise
3. Angaben zum Aufwand
4. Angaben zur Projektorganisation
5. Literaturhinweise.

Unter Berücksichtigung der Tatsache, daß im allgemeinen wenig Neigung zum Ausfüllen komplizierter und umfangreicher Fragenkataloge besteht, wurde ausdrücklich nur um Kurzinformationen gebeten. Der explizit angeschriebene Personenkreis erhielt zusätzlich zum Erhebungsbogen eine Sammlung von Stichwörtern zur Logistik und zu quantitativen Methoden als Hilfsmittel zur Orientierung.

Trotz dieser relativ geringen Ansprüche an die Adressaten war der Rücklauf der Erhebungsbögen sehr schlecht. In einer Zusatzaktion wurden deshalb im August d. J. noch einmal ca. 50 Personen angeschrieben, die dem Verfasser als mögliche Ansprechpartner für die Informationsbeschaffung erschienen.

Das Resümee war ein Rücklauf von Erhebungsbögen aus 23 Firmen, Hochschulen, Instituten und Ingenieurbüros. Es ist klar, daß die Ergebnisse einer so geringen Stichprobe keinen Anspruch auf Allgemeingültigkeit erheben können. Trotzdem seien sie hier kurz vorgestellt, weil sich daraus doch ein gewisser Trend ableiten läßt.

1. Die Mehrzahl der Rücksendungen kam aus dem Kreis der Universitäten und wissenschaftlichen Institute, also aus Bereichen, die sich nach landläufiger Meinung mit Praxisproblemen mehr akademisch beschäftigen. In der Tat zeigen die Angaben, daß überwiegend von Forschungsprojekten und Dissertationsvorhaben berichtet wurde. Immerhin wurden 51 verschiedene Probleme genannt.

2. Diese Probleme beschäftigen sich überwiegend mit Fragen der Transportplanung (insbesondere Tourenplanung) im inner- und außerbetrieblichen Bereich sowie mit der Neuplanung oder Reorganisation von Distributionssystemen. Letzteres kann mittlerweile schon als klassisches Gebiet der Anwendung von OR-Methoden in der Logistik bezeichnet werden.

   Eine Vielzahl von Problemen ist so speziell, daß sie sich keiner übersichtlichen Systematik mehr zuordnen läßt.
   Die im Erhebungsbogen geforderte Kurzbeschreibung der Problemstellung wurde vielfach als Angabe eines Projekttitels mißverstanden. Man kann deshalb über Schwierigkeitsgrad, Struktur und allgemeine Bedeutung der Probleme relativ wenig aussagen.

3. Die Projektausführung wurde überwiegend mit DV-Unterstützung geleistet. Beim Anwender war in den meisten Fällen ein eigenes Team, z. T. unterstützt durch externe Berater, tätig. Dies unterstützt den Hinweis darauf, daß OR in der Praxis heute vielfach in den Fachabteilungen praktiziert wird.

4. Es gibt eine Vielzahl von relativ kleinen OR-Projekten, die in bis zu 5 Mannmonaten abgewickelt werden. Hierbei werden dann auch Standardmethoden (z. B. LP) eingesetzt. Bei den Projekten mit einem Zeitaufwand >20 MM handelt es sich überwiegend um Forschungsvorhaben. Kostenangaben wurden kaum gemacht. Es bestünde die Möglichkeit, Kosten aus den Aufwandsangaben abzuleiten.

   Verschiedene Hinweise bezogen sich auf Ergebnisse und Erfahrungen der OR-Anwendung. Als wesentlich wurde mehrfach der Informationsgewinn, also das genaue Durchdenken und Verstehen der Problemstellungen bezeichnet.

6. Die angewendeten Methoden widerspiegeln das Bild der Literaturrecherchen. Absolute Spitzenreiter sind Simulation und heuristische Verfahren. Bei LP-Problemen wird oft das IBM-Softwarepaket MPSX eingesetzt. Letzteres ist als Indiz dafür zu werten, daß Standardsoftware für OR-Verfahren in der Praxis sehr wohl akzeptiert wird, weil der eigene Aufwand dadurch erheblich reduziert werden kann.

Literatur:

/1/ Späth, H.: Fallbeispiele Operations Research Bd. 1-3, München - Wien 1978 - 1980

/2/ EURO V - TIMS XXV Fith European Congress on Operations Research Twenty-fifth International Meeting of the Institute of Management Science Lausanne 1982

Beurteilung der Funktionsfähigkeit von Umschlagknoten des kombinierten Güterverkehrs

Dieter Sigl, Essen

Zusammenfassung

Die Simulation hat sich bei der Analyse von Umschlagknoten als wirksames Werkzeug erwiesen. Die erzielten Ergebnisse zeigen, daß diese Untersuchungsmethode nicht nur für die Leistungskontrolle von Anlagenelementen, sondern sehr wirksam auch bei der Optimierung der Auslegungsdaten und der anzuwendenden Strategien eingesetzt werden kann.

Summary

Simulation has proved to be an efficient tool for analysis of Container Terminals. As obtained results show this method of examination can be applied for performance test as well as very effectively for the optimization of lay out and operation strategies.

1. Ziele und Randbedingungen der Simulation von Umschlagknoten

Im Rahmen einer vom Krupp Forschungsinstitut im Auftrag des Bundesministers für Verkehr unter dem Titel "Alternative Gütertransportsysteme für den kombinierten Verkehr" bearbeiteten Studie /1/ bestand auch die Aufgabe, die vorgelegten verschiedenen Umschlagknotenkonzepte auf ihre Funktion zu überprüfen. Es sollten Leistungswerte der Anlagen ermittelt, Grenzen aufgezeigt und Möglichkeiten zur Verbesserung dargestellt werden.

Zur Erfüllung dieser Aufgabe wurde ein komplexes Simulationsprogramm erstellt, das vor allem Ergebnisse in folgenden Aufgabengruppen liefert:

- Ermittlung spezifischer Zeitwerte : Durchlaufzeiten der Ladeeinheiten
  Verweilzeiten der Straßenfahrzeuge
  Aufenthaltszeiten der Züge
  Spielzeiten der Umschlaggeräte

- Ermittlung von Belastungsgraden : Belastungsgrade der Umschlaggeräte
  Auslastungsgrade interner Fahrzeuge
  Auslastungsgrade der verschiedenen Terminalbereiche

Operations Research Proceedings 1982

- Oberprüfung der Anlagenempfindlichkeit : Strategieänderungen
  Belastungsänderungen
  Geräteausfall

Unter dem Begriff Strategie sind im Zusammenhang mit der Umschlagknoten-Simulation die Regeln zu verstehen, nach denen Abläufe organisiert werden, Zuordnungen erfolgen und Prioritäten vergeben werden. Änderungen in den Strategien sind z. B. geänderte Lagerbelegungen und andere Reihenfolgen bei der Abarbeitung der Umschlagaufträge. Belastungsänderungen des Umschlagknotens können z. B. durch veränderte Tagesganglinie und durch andere Umschlagmengen erzielt werden.

2. Arten der zu simulierenden Umschlaganlagen und abzubildende Abläufe

Von neun Umschlagknotenkonzepten, die in je drei Größen (Knotentyp A = 500, B = 3000 und C = 10000 Eingänge je Monat) zur Beurteilung vorlagen, wurden nach einer Vorauswahl sieben Umschlagknoten für eine Funktionsprüfung mittels Simulation ausgewählt:

System	Umschlagknotentyp		
Deutsche Bundesbahn	A	B	C
Aachen	-	B	C
Lässig-Schwanhäußer	A	B	-

Die prinzipiellen Abläufe in den drei Systemen lassen sich wie folgt beschreiben:

System Deutsche Bundesbahn

Die Portalkrane als Universalgeräte führen vollwertig und parallel auf einer Kranbahn alle auftretenden Umschlagvorgänge aus. Keine systembedingte Zwischenlagerung, keine Obergabenotwendigkeit. Räumlicher Zugriff zu den Ladeeinheiten, gegenseitige Behinderung in Längsrichtung möglich.

System Aachen

Die Be- und Entladung der Züge im Direktumschlag erfolgt nur mit den Umladern, ebenfalls der Umschlag von Wechselbehältern von und zum Lager. Die über die Kapazität der schienennahen Lagerspur hinaus eingehenden Container werden von dem Kragarmkran in das Lager umgeschlagen. Die Container-Umschläge Straße-Lager und Lager-Straße werden praktisch ausschließlich vom Kragarmkran übernommen. Bei der Einlagerung entstehen Zwischenlager- und Obergabevorgänge. Im Lager kann in geringem Umfang ein Umstapeln erforderlich werden.

System Lässig-Schwanhäußer

Die Umschlaggeräte ULS führen nur direkt beiderseits des Arbeitsgleises Umschlagvorgänge aus. Je nach Art der Anordnung können z. B. Straße-Lager-Vorgänge nur in Längsrichtung vorgenommen werden. Container werden zweifach gelagert. Behinderungen sind in Längsrichtung möglich.

Die Güterströme im Umschlagknoten mit den Flußrichtungen der bewegten Güter und die damit verbundenen Bereiche im Knoten sind durch die in Bild 1 wiedergegebene Prinzipskizze dargestellt. Die von der Straße zur Schiene bzw. auch umgekehrt umzuschlagenden Ladeeinheiten können sowohl direkt als auch über Lager und/oder Zwischenlager ihr Umschlagziel erreichen. Entsprechend den vier Bereichen Schiene, Straße, Lager und Zwischenlager ergeben sich 12 Quelle-Ziel-Beziehungen.

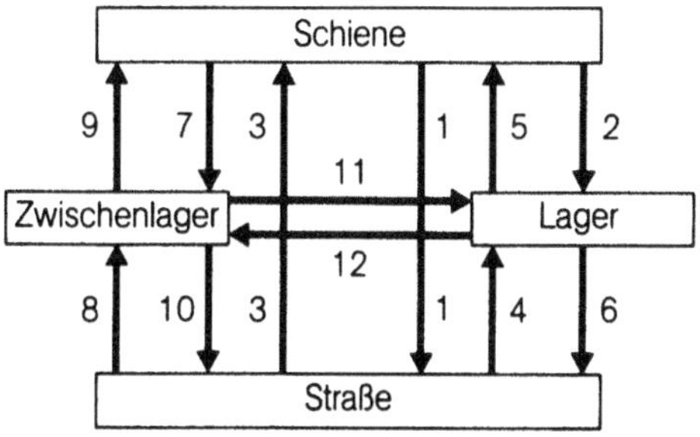

Bild 1: Güterströme im Umschlagknoten

3. Simulationsmodell der Umschlagknoten

Zur Umschlagknotensimulation wurde ein individuenorientiertes Modell mit Ereignissteuerung gewählt. Die wesentlichen Elemente des Systems sind in Bild 2 dargestellt.

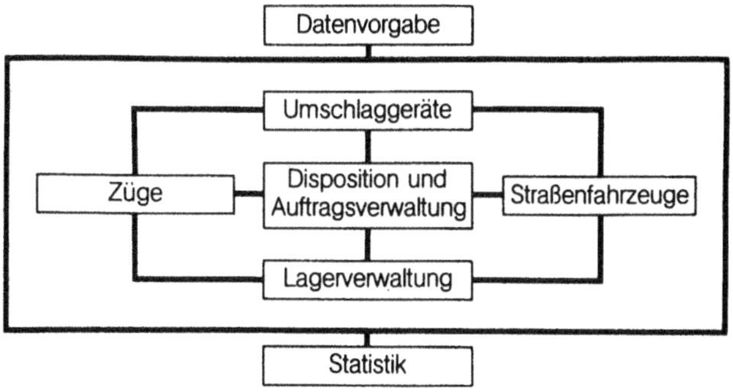

Bild 2: Blockstruktur des Simulationsmodells

Die Hauptgruppen dieses Modells sind im mittleren Bereich aufgeführt. Darin scharen sich um den zentralen Block der Disposition und Auftragsverwaltung sowohl die systemabhängigen Elemente Umschlaggeräte und Lager als auch die zu verknüpfenden Züge und Straßenfahrzeuge. Den Vor- und Nachlauf in der Simulation bilden die Datenvorgabe (Dateneingabe und -aufbereitung) und die Auswertung der Simulationsergebnisse, die Statistik.

Ausgehend von der in Bild 2 dargestellten Modellstruktur ist der Ablauf in der Simulation nun so zu gestalten, daß alle aktiven Elemente im Umschlagknoten in eigenen, teilweise parallelen Prozessen ablaufen. Aktive Umschlagknotenelemente im Sinne der Simulation sind neben den physisch aktiven Teilen wie Umschlaggeräte, Züge und Straßenfahrzeuge auch die von physischen Ereignissen unabhängig zu aktivierenden Verwaltungsaufgaben, wie z. B. Verwaltung der auf dem Parkplatz stehenden Fahrzeuge oder der im Zwischenlager auf Umschlag zum Hauptlager wartenden Container. Für jeden dieser Prozesse läßt sich eine im Prinzip gleiche Ablauf- bzw. Ausführungsstruktur darstellen.

Das Grundmuster dieser Struktur hat die in Bild 3 gezeigte Form.

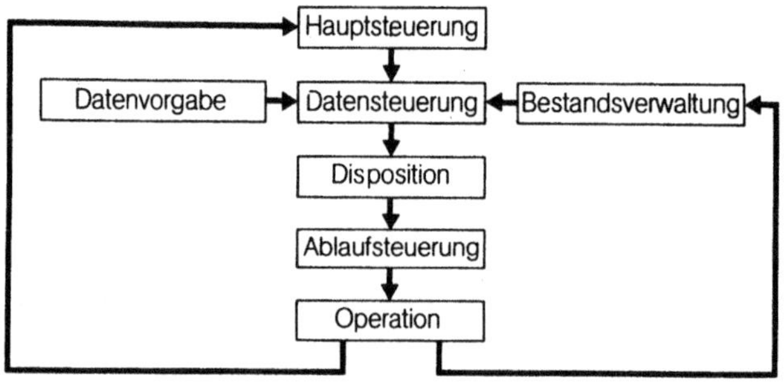

Bild 3: Ausführungsstruktur im Simulationsmodell

Die zwischen den verschiedenen Prozessen notwendige Verknüpfung erfolgt über die Hauptsteuerung. Mit dieser modularen Ablaufdarstellung ist es prinzipiell möglich, alle vorkommenden Auftragsarten im Simulationsmodell zu bewältigen.

Im Simulationsfall laufen dann in mehreren quasi-parallelen Prozessen über eine Ereignissteuerung die verschiedenen Terminalfunktionen ab. Da der Gesamtablauf aus einer Folge von Einzelaktivitäten besteht, hat sich die Einordnung und Abarbeitung über Listen als vorteilhaft erwiesen. Als eine, die geschilderte Vorgehensweise unterstützende Simulationssprache konnte SIMPL/1 /2/ eingesetzt werden.

4. Darstellung von Simulationsergebnissen

Aus Simulationsläufen für die sieben untersuchten Umschlagknoten sollen im folgenden beispielhaft einige Ergebnisse dargestellt und erläutert werden. In den Bildern 4 und 5 sind für halbstündige Zeitabstände die Tagesganglinien für die mittleren Knotentypen der Umschlagsysteme Deutsche Bundesbahn und Aachen aufgetragen.

Ein Vergleich der Soll- und Ist-Tagesganglinien zeigt, daß beide Umschlagknoten den Anforderungen genügen. Die zeitweise Verschiebung ist durch frühzeitiges Abarbeiten anstehender Umschlagaufträge zu erklären. Dieses Verhalten ist nur dann möglich, wenn die entsprechenden Transportmittel zur Verfügung stehen. Das im Knoten Aachen B scheinbar größere Auftragsvolumen ergibt sich aus der Abtrennung des Containerlagers von der Schienenseite.

Daraus folgt, daß die gegenüber dem DB-B-Terminal höhere Gesamtleistung der vier Umschlaggeräte durch systembedingte Umlagerungsaktionen kompensiert wird.

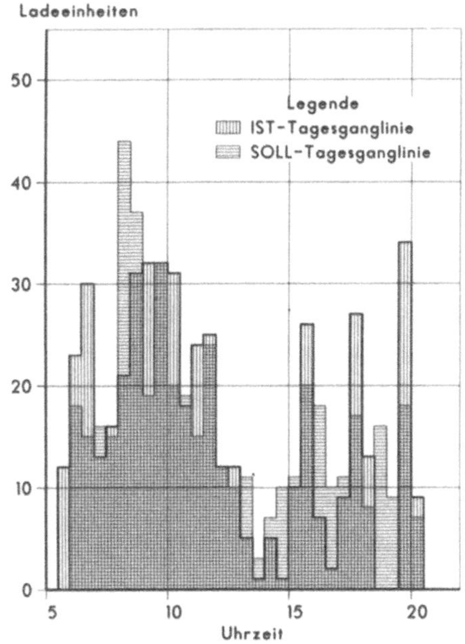

Bild 4: Tagesgangslinie der Umschlagaufträge System DB/B (2 Krane)

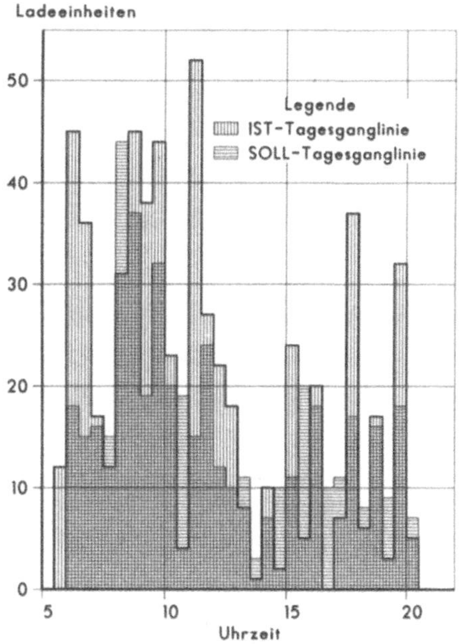

Bild 5: Tagesganglinie der Umschlagaufträge System AC/B (3 Umlager, 1 Lagerkran)

Einen noch besseren Einblick in die Leistungen und Möglichkeiten der Umschlagknoten erhält man aus dem Vergleich der Terminal-Durchlaufzeiten. Diese Zeit ist bei den Lastkraftwagen identisch mit der Aufenthaltszeit im Umschlagknoten. In Bild 6 sind für alle mittels Simulation untersuchten Umschlagknoten die mittleren Durchlaufzeiten der Straßenfahrzeuge (LKW) und der direkt umgeschlagenen Ladeeinheiten (Schiene/Straße und Straße/Schiene) aufgetragen.

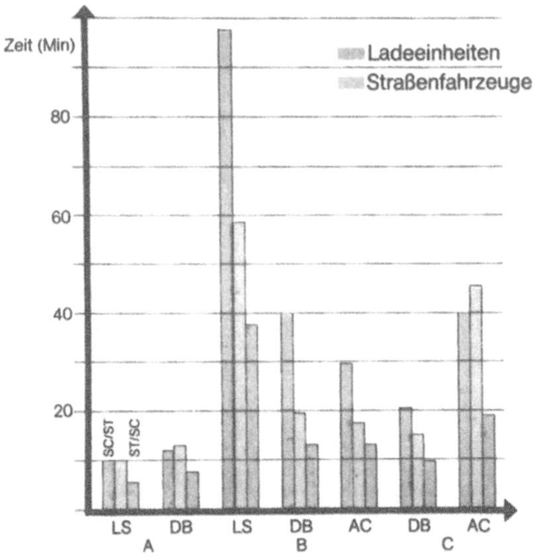

Bild 6: Mittlere Durchlaufzeiten der Straßenfahrzeuge und der direkt umgeschlagenen Ladeeinheiten

Neben den Leistungen der Gesamtumschlaganlage geben auch die Leistungsdaten der Umschlaggeräte einen guten Einblick in die Eigenarten und Möglichkeiten des Umschlagknotens. Die in Bild 7 dargestellten Spielzeiten der Umschlaggeräte zeigen Minimal-, Mittel- und Maximalwert.

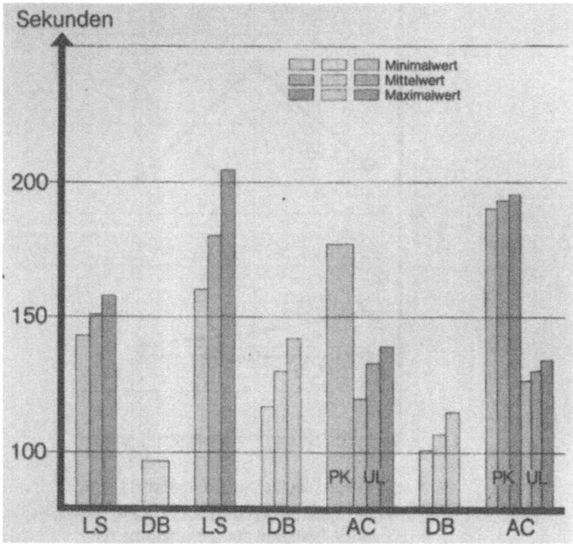

A B C

Bild 7: Spielzeiten der Umschlaggeräte (bezogen auf eine Ladeeinheit je Spiel)

Bemerkenswert ist u. a. die Tatsache, daß die Spielzeiten der Krane nicht mit der Knotengröße ansteigen. Während der Umschlagknoten DB/A wegen der geringen Ausdehnung bei ca. 80 s und der Umschlagknoten DB/B bei im Mittel 120 s Spielzeit liegt, beträgt die mittlere Spielzeit des Umschlagknotens DB/C nur noch 108 s. Erklärbar ist dies vor allem mit der Bereichsweite, die jedem Kran als Arbeitsbereich zur Verfügung steht. Diese Feststellung gilt ebenso für die Umschlaggeräte im System Aachen. Während hier ein Portalkran (PK) jeweils 600 m Containerlager zu versorgen hat, teilen sich die drei Umlader (UL) die ebenfalls 600 m langen Ladegleise.

Einen großen Einfluß auf die Leistungsfähigkeit einer Umschlaganlage hat die Wahl der richtigen Betriebsstrategie. Die Überprüfung verschiedener Strategien ist nur mittels Simulation möglich.

Für die LKW-Durchlaufzeiten sind in Bild 8 einige Variationen durchgeführt worden. Bei drei verschiedenen Reihenfolgen der Abarbeitung von Umschlagaufträgen - entsprechend drei unterschiedlichen Prioritätenfolgen P1, P2, P3 - erhält man recht unterschiedliche Ergebnisse. Während im günstigsten System Aachen/B kaum Auswirkungen sichtbar werden, ist für das System DB/B eine deutliche Verbesserung von P1 über P2 nach P3 zu erkennen, entsprechend einer Reduzierung von 28 Min. auf 20 Min. Durchlaufzeit. Wesentlich ungünstiger dagegen verhält sich der Umschlagknoten Lässig-Schwanhäußer/B bei denselben Veränderungen.

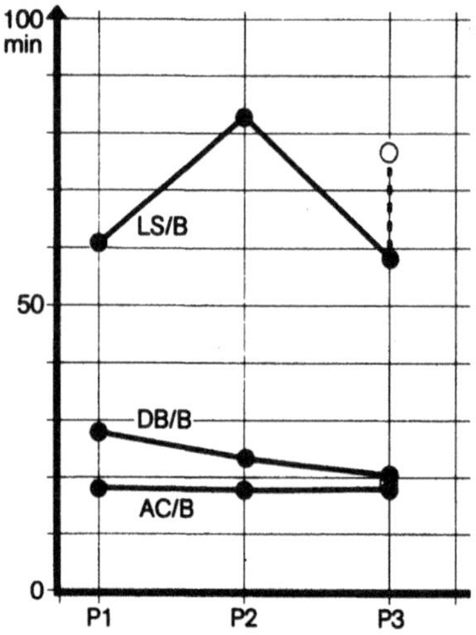

Bild 8: Änderung der LKW-Durchlaufzeiten für unterschiedliche Auftragsfolgen

Neben der Variation der Umschlagreihenfolge ist bei konstant gehaltener Prioritätenfolge P3 auch die Strategie der Lagerbearbeitung verändert worden. Wie man aus dem Bild 8 erkennen kann, sind für DB/B nur leichte und für Aachen/B keine Verbesserungen erzielt worden. Diese Umschlagknoten scheinen in dieser Hinsicht bereits gut ausgelegt zu sein. Wesentlich anders reagiert dagegen der Umschlagknoten Lässig-Schwanhäußer/B; dieselbe Strategieänderung bewirkt hier eine deutliche Verschlechterung der LKW-Durchlaufzeiten von 58 auf 77 Min.

Man erkennt damit, daß gleiche Änderungen der Strategie nicht nur stark unterschiedliche Reaktionen bei verschiedenen Umschlagknoten hervorrufen, sondern daß bei demselben Umschlagknotentyp die Auswirkungen durchaus entgegengesetzt sein können.

5. Literatur

/1/ Gütertransportsystem für den kombinierten Verkehr; Probleme, Alternativen, Chancen
Herausgegeben vom Bundesminister für Verkehr
Kirschbaum Verlag, Bonn, 1981

/2/ SIMPL/1 (Simulation Language Based on PL/1)
Program Reference Manual SH-19-5060-0
IBM World Trade Corp., 1972

INTERAKTIVE SIMULATION VON STÜCKGUT - FÖRDERSYSTEMEN

Robert Heinzel, Dortmund

Zusammenfassung:

Das interaktive Simulationssystem INSIMAS (INteraktive SImulation von MAterialfluß-Systemen) wird beschrieben. Das System wird zur Analyse und Simulation während der Planung von spurgebundenen Stückguttransportsystemen eingesetzt. INSIMAS besteht aus den vier Systemmoduln KONSTRUIEREN, ANALYSIEREN, SIMULIEREN und AUSWERTEN. Jeder der vier Moduln unterstützt den Dialog zwischen System und Benutzer durch graphische Darstellungen auf einem Bildschirmterminal. Während der Simulationsphase können die Bewegungen einzelner Transporteinheiten auf dem Bildschirm dargestellt werden.

Summary:

In this paper INSIMAS, an interactive simulation system for the analysis of factory transportation systems is described. The system allows interactive model definition and editing and simulation monitoring with an intelligent graphic terminal. During a simulation-run the user can observe the motions of transportation units on the graphic display. Furthermore, he can interrupt the simulation, change the model structure or model parameters and restart the simulation. The simulation results can be displayed and analysed interactively on the graphic terminal.

Das interaktive Simulationssystem INSIMAS (INteraktive SImulation von MAterialfluß-Systemen) wird für den Entwurf, die Analyse und die Simulation von Stückgutfördersystemen eingesetzt, wobei der Anwendungsbereich der bereits realisierten 1. Version auf spurgebundene Systeme wie IFZ oder automatische Hängebahnsysteme beschränkt ist.

Hauptkriterien beim Systementwurf waren die Forderungen, daß

1. keinerlei Programmierarbeit für den Anwender entsteht,
2. keine besonderen EDV-Kenntnisse zur Benutzung vorausgesetzt werden müssen,
3. die Kommunikation Benutzer/System durch einen einfach zu erlernenden, problemorientierten Dialog erfolgen und durch Einsatz eines Graphik-Bildschirms unterstützt werden soll.

INSIMAS bietet dem Benutzer verschiedene Funktionen an, die die Abwicklung des Pla-

Operations Research Proceedings 1982

nungsprozesses unterstützen, vereinfachen und beschleunigen. Die Durchführung des Planungsprozesses mit dem INSIMAS-System gliedert sich in vier Phasen:

Phase I:	KONSTRUIEREN
Phase II:	ANALYSIEREN
Phase III:	SIMULIEREN
Phase IV:	AUSWERTEN

Der Ablauf der vier Phasen basiert auf den beiden Systemkomponenten

i) Dialog
ii) Modellbank

Phase I: KONSTRUIEREN

Die Modelldefinition bzw. -konstruktion erfolgt durch Umsetzen der Grunddaten von Wege- und Lageplänen sowie der technischen Beschreibung des Transportsystems. Dafür stehen dem Benutzer folgende Funktionen zur Verfügung:

- o ERZEUGEN
- o VERÄNDERN
- o LÖSCHEN

} Fahrkurslayout oder Parameterbeschreibung

Die Funktion ERZEUGEN dient zur Eingabe eines neues Modells in die INSIMAS-Modellbank, die Funktion VERÄNDERN zur Modifikation eines bereits katalogisierten Modells. Katalogisierte Modelle können mit der Funktion LÖSCHEN aus der Modellbank gelöscht werden.

Die Umsetzung der Planungsvorgaben bei der Generierung eines Fahrkurs-Layouts erfolgt durch die Nachbildung des Wege- und Lageplanes durch die INSIMAS-Symbolik. Diese bietet dem Benutzer für jedes Fahrkurselement ein vordefiniertes Symbol an. Mittels Lichtstift kann der Benutzer die einzelnen Symbole aus der Symbolbibliothek auswählen und zu einem kompletten Netzwerk zusammenfügen. Dieses Netzwerk wird in der Modellbank abgespeichert und bildet die Grundlage für alle weiteren Konstruktions- und Analyseoperationen.

Die Generierung der Parameterbeschreibung des Fahrkurses erfolgt durch Ausfüllen von Formularen durch den Benutzer. Jedem Funktionselementtyp ist ein Formular zugeordnet. Die einzelnen Funktionselemente werden in einer fest vorgegebenen Reihenfolge vom Benutzer parametrisiert. Das INSIMAS-System zeigt dem Benutzer das zu bearbeitende Funktionselement an (z.B. Weiche) und fordert gleichzeitig die

Belegung der Einträge des Formulars.

Phase II: ANALYSIEREN

Die Analyse eines Transportsystems besteht im INSIMAS-System aus zwei Schritten:

1.) Analyse der Topographie des Fahrkurses
2.) Analyse der Funktionstüchtigkeit des Fahrkurses bei vorgegebener Belastung.

Die Analyse der Topographie eines Fahrkurses basiert auf dem Flußgraphenmodell des Streckenlayouts. Bei der Erstellung dieses Flußgraphenmodells aus der Symboldarstellung des zu untersuchenden Systems werden lediglich die geometrischen Größen des Layouts abgebildet. Diese Größen sind:

o Lage von Arbeits- und Bedienstationen
o Entfernungen zwischen Arbeits- und Bedienstationen
o Lage von Konfliktpunkten (Weichen)
o Entfernungen zwischen Konfliktpunkten.

Dieser Flußgraph wird mit Hilfe von Algorithmen der Graphentheorie bezüglich bestimmter Eigenschaften untersucht:

o kürzester Weg zwischen je zwei Knoten
o k-kürzester Weg
o längster Weg im Graphen
o mittlere Weglänge aus Summe aller Wege
o mittlere Weglänge aus Summe der kürzesten Wege zum nächsten Nachbarn.

Danach werden die Berechnungen der Konfliktpunktbelastungen aus der vom Benutzer vorgegebenen Lastbeschreibung durchgeführt.

Der Vergleich von Grenzleistungswerten und Konfliktpunktbelastungen gibt dann erste Informationen darüber, welche Konfliktpunkte des betrachteten Fahrkurses während des tatsächlichen Betriebs mögliche Engpässe bilden können. In einem weiteren Analyseschritt kann für die vorgegebene Systemlast ein Richtwert für die benötigte Fahrzeuganzahl ermittelt werden, der bei einer späteren Simulation des Gesamtsystems als Parameter übergeben werden kann.

Phase III: SIMULIEREN

Bei der INSIMAS-Konzeption wurde das Prinzip der interaktiven Simulation zugrunde gelegt.

Der INSIMAS-Simulator besteht aus den beiden Komponenten

a) Steuerung
b) Disposition.

Die Steuerung übernimmt während der Simulation die Lenkung der einzelnen Transporteinheiten über den Fahrkurs. Jeder Funktionselementtyp des Modells wird durch ein äquivalentes Unterprogramm simuliert, in dem die typenspezifischen Steuerstrategien der einzelnen Funktionselemente durch Belegungen entsprechender Parameter durch den Benutzer vor Ablauf der Simulation festgelegt werden können. So können z.B. FIFO- oder PRIO-Strategien bei Weichen oder Blockstrecken- bzw. Auffahrsteuerung bei Förderabschnitten simuliert werden. Die simulationstechnische Verknüpfung der einzelnen Unterprogramme erfolgt über die allen Unterprogrammen zugängliche Ereignisliste des Simulators in Form eines erweiterten Koroutinenkonzepts. Die Ereignisliste dient gleichzeitig als Schnittstelle zur graphischen Darstellung der Bewegungen der Transporteinheiten.

Die Disposition verwaltet die zu bearbeitenden Transportaufträge und optimiert die Zuteilung auf die Fahrzeuge. Es können verschiedene Optimierungsstrategien angewendet werden, z.B.

o minimale Leerfahrt von Fahrzeugen
o maximale Kapazitätsauslastung von Fahrzeugen
o termingerechte Auftragsbearbeitung
o minimale Puffer an den Bedienstationen.

Der Ablauf der Disposition besteht aus einem bewährten Phasenkonzept, welches eine schnelle Anpassung an die Randbedingungen eines konkreten Planungsfalles ermöglicht. Die Disposition greift zur Entscheidungsfindung auf eine im Dialog erstellte, stochastische Lastbeschreibung zurück, durch welche die Anforderungen an den Modellablauf in der Zeit beschrieben werden.

Disposition und Steuerung sind über die Schnittstellen Fahrkursmodell, Auftragsanweisung und Fertigmeldung miteinander verknüpft.

Phase IV: AUSWERTEN

In dieser Phase können die in Phase III erstellten Simulationsergebnisse mit Hilfe graphischer Methoden auf dem Bildschirm dargestellt und interaktiv ausgewertet werden.

Als Ausgangsbasis dient bei allen zur Verfügung stehenden statistischen Analyseoperationen die Zeitreihe. Für sämtliche Modellkomponenten werden vom Simulator entsprechende Zeitreihen-Files protokolliert, die dann vom Benutzer interaktiv verarbeitet werden können.

Das INSIMAS-Dialogsystem bietet Operationen für zwei unterschiedliche Anwendungsbereiche an:

o Analyse von Zeitreihen
o Anzeigen von graphischen Darstellungen.

Bei der Analyse von Zeitreihen kann der Benutzer eine Reihe von Operationen in Form einer einfachen Kommando-Sprache über die Terminal-Tastatur eingeben.

Vollständig implementiert und lauffähig ist zur Zeit die interaktive Modellerstellung sowie die Verwaltung der Modellbank. Ferner existiert eine lauffähige erste Version des Simulators, so daß bereits einfache Modelle wahlweise mit oder ohne graphische Darstellung des Modellablaufs simuliert werden können.

Vom Modul "ANALYSIEREN" existiert eine bereits lauffähige SIMULA-Version, die zur Zeit in FORTRAN 77 umgeschrieben und in das INSIMAS-System integriert wird. Als besonderes Problem stellt sich hier die Umsetzung der in SIMULA zulässigen dynamischen Datenstrukturen nach FORTRAN 77. Die interaktive Auswertung und Darstellung von Simulationsergebnissen ist in ihren Grundfunktionen implementiert. Als problematisch erwies sich hier die Verwaltung und Abspeicherung der großen Datenmengen, die bei den Simulationsläufen erfaßt werden müssen.

Literatur:

/1/ Großeschallau, W.; Heinzel, R.: Interaktive Simulation und Animation von Transportsystemen mit Graphik-Computer, Angewandte Informatik, Heft 8, 1982

PHYDIS - EIN SIMULATIONSMODELL ZUR BESTIMMUNG WIRTSCHAFTLICHER DISTRIBUTIONSSYSTEME

Werner Konen, Aachen

Zusammenfassung:

Das derzeit geeignetste Verfahren zur Abbildung von Distributionssystemen zu Planungszwecken ist die Simulation. Das am Forschungsinstitut für Rationalisierung an der RWTH Aachen entwickelte Simulationsmodell PHYDIS wurde bereits mehrfach erfolgreich zur wirtschaftlichen Reorganisation bestehender Distributionssysteme eingesetzt. Einsatzbereiche waren die Konsumgüter- und die technische Verbrauchsgüterindustrie. Ausgehend vom Ist-Zustand eines realen Distributionssystems und seiner realitätsnahen Abbildung können - unter Berücksichtigung eines vorgegebenen Lieferservice - die kostenmäßigen Auswirkungen alternativer Distributionsstrategien und Strukturen berechnet, analysiert und beurteilt werden. Die nachgewiesenen Rationalisierungsreserven rechtfertigen den Einsatz des Modells auch im Bereich der mittelständischen Industrie.

Summary:

Simulation has proven to be the most effective tool for planning and reorganizing physical distribution systems - especially in the field of the consumer goods industry. This contribution presents a powerful simulation model for physical distribution systems - PHYDIS - which has been developed at the Forschungsinstitut für Rationalisierung at the TH Aachen. Basing on the real demand structure as well as on the detailed modeling of the structure, the strategy and the costs of a distribution system, the simulation model is able to point out and analyse the impact of alternative structures and strategies on all components of physical distribution costs. Thus is allows to find out a near optimal design for a distribution system. Its performance and effectiveness has been proved by several successful applications in firms of the German consumer goods industry.

Einleitung

Der Untersuchungsgegenstand Fertigwarenverteilung - physische Distribution -, gehört in der Konsumgüterindustrie und auch in der technischen Verbrauchsgüterindustrie zum Aufgabenspektrum der betrieblichen Leistungserstellung. Den allgemeinen Rationalisierungsbestrebungen konnte er sich im Vergleich zu anderen Bereichen erstaunlich lange entziehen.

Distributionssysteme sind in der Praxis überwiegend "organisch" oder "historisch" gewachsen und nur in Ausnahmefällen unter logistischen Gesichtspunkten ganzheitlich geplant. Die so realisierten Lösungen der Distributionsaufgabe stellen i.d.R. nicht die kostengünstigsten dar. Zur

Operations Research Proceedings 1982

Aufdeckung von Rationalisierungsreserven durch die Erprobung alternativer Distributionsstrukturen und - strategien verbieten sich jedoch Realexperimente, da sie mit hohem finanziellen und zeitlichen Aufwand und Risiko verbunden sind. Insbesondere stellt die Irreversibilität marktbezogener Größen ein nicht vertretbares Risiko dar.

Die Suche nach der optimalen Gestaltung eines Warenverteilungssystems kann daher nur auf der Modellebene erfolgen. Hier bietet sich die Simulation als das derzeit geeignetste Verfahren zur kostengünstigen Gestaltung solch komplexer Systeme an.

Mit finanzieller Förderung der Arbeitsgemeinschaft industrieller Forschungsvereinigungen e.V. (AIF) wurde am Forschungsinstitut für Rationalisierung in Aachen (FIR) ein solches Simulationsmodell erstellt, mehrfach erfolgreich eingesetzt und weiterentwickelt. Unter Berücksichtigung eines vorzugebenden Lieferservice können mit diesem Modell kostengünstige und leistungsfähige Distributionssysteme bestimmt werden. Im einzelnen ist der Einsatz des Modells zur Lösung folgender Fragestellungen möglich:

- Ermittlung der wirtschaftlichsten Lagerstufenzahl (Werkslager, Zentrallager, Regionallager, Auslieferungslager),
- Bestimmung der wirtschaftlichsten Lageranzahl je Lagerstufe,
- Festlegung der wirtschaftlichsten Lagerhaltungsstrategie (Sortimentierung, Bestandshöhe und Nachliefermodus),
- Auswahl der wirtschaftlichsten Lieferstrategie (Direktbelieferungskriterien, Mindestauftragsgröße),
- Berechnung kostenminimaler Lagerstandorte
- Dimensionierung wirtschaftlicher Lieferbezirke für alle Läger.

Ist-Zustands-Analyse eines Warenverteilungssystems und Modellbildung

Die physische Distribution stellt die Verbindung her zwischen der Produktion und dem Absatzmarkt. Sie umfaßt damit alle Vorgänge der Warenlagerung und -bewegung, von der Lagerung der Fertigfabrikate im Werkslager über die Transporte zu den Auslieferungslägern, ggfs. weiteren Zwischenlagervorgängen, bis hin zur Auslieferung an den Kunden. In ihrem zeitlichen Ablauf und ihrer geographischen Verteilung sind diese Vorgänge zum einen bedingt durch die Kunden- und Auftragsstruktur, zum anderen sind sie Ergebnis der praktizierten Struktur und Strategie des Distributionssystems. Eine Abbildung eines realen Distributionssystems in einem Modell setzt daher eine eingehende Analyse des Ist-Zustandes voraus. Im Rahmen einer solchen Analyse müssen dazu erhoben werden:

- die Auftrags- und Kundenstruktur anhand von Bewegungsdaten,
- die Warenverteilungsstruktur und -strategie und darüberhinaus
- die Kostenstruktur des Warenverteilungssystems und seiner Elemente.

Die Bewegungsdaten basieren auf historischen Absatzdaten, d.h. den Daten eines ausgewählten Vergangenheitszeitraums. Diese Daten können zwar nicht die zukünftigen Anforderungen an das Distributionssystem exakt darstellen, sie bieten aber den einzigen Hinweis auf eine mögliche und wahrscheinliche Nachfrageverteilung in der Zukunft. Die Erhebung gestaltet sich i.d.R. recht einfach, da meist entsprechende EDV-aufbereitete Datenbestände vorliegen. Die physische Struktur eines realen Distributionssystems betrifft die Anzahl und die räumliche Anordnung vorhandener Läger, die Aufteilung ihrer Zuständigkeitsbereiche (Lagerbezirke) und ihre organisatorische Zuordnung bezüglich der Lagerbelieferungen untereinander. Als vertikale Distributionsstruktur wird die Anzahl der Lagerstufen bezeichnet, während die Anzahl der Läger je Stufe als horizontale Distributionsstruktur angesprochen wird. Im Simulationsmodell werden Kunden- und Lagerstandorte anhand ihrer Postleitzahl identifiziert. Kundenstandorte werden zu Absatzschwerpunkten mit 3-stelligen Postleitzahlen verdichtet (rund 500 Stück). Lagerstandort kann jede zweistellige Postleitzahl sein (bis zu 80 Stück); sie können durch Koordinatenangaben auch verschoben werden zu abweichenden realen Standorten. Zur Erhebung dieser Daten können i.d.R. Orts- und Lagerdateien herangezogen werden. Die bisherige Auslegung des Modells läßt maximal vier Lagerstufen zu, was eine erfahrungsgemäß zulässige Beschränkung darstellt, da schon vierstufige Distributionssysteme eine seltene Ausnahme darstellen. Unterhalb dieser Grenze ist ein Verzicht auf die Werksläger oder das Zentrallager sowie auf Regionalläger möglich; bei Verzicht auf Auslieferungsläger können Verkaufsbüros vorgesehen werden.
Welche Vertriebswege innerhalb der gegebenen Distributionsstruktur beschritten werden, wie die Lagerauffüllung vorgenommen wird, etc., wird bestimmt durch die Distributionsstrategie - unterteilbar in Lagerhaltungsstrategie und Lieferstrategie. Während die Lagerhaltungsstrategie Sortimentierung, Bestandshöhe und Nachlieferungsmodus der Läger betrifft, kann die Lieferstrategie z.B. ein Direktbelieferungskriterium oder eine Mindestauftragsgröße definieren.

In den bisher untersuchten Fällen war das Direktbelieferungskriterium nur durch das Sendungsgewicht bestimmt. Denkbar sind aber auch andere Kriterien, z.B. eine Abhängigkeit von Gewicht und Lieferentfernung, oder - auf der Basis von Standortkosten - ein aktueller Fracht- und Umschlagskostenvergleich für jede einzelne Lieferung. Die aktuelle Strategie des

Ist-Zustandes wird im Modell überwiegend datengesteuert abgebildet. Sonderfälle können darüber hinaus explizit programmiert werden.
Die Erhebung der Kostendaten und ihre Analyse hat besondere Bedeutung für die Vorbereitung der Planungsrechnungen, da diese Daten den einzigen Maßstab für die Wirtschaftlichkeit eines solchen Systems bieten.
Zu Simulationszwecken werden die Kosten eines Distributionssystems in vier Kategorien gegliedert:

Lagerhaltungskosten
Transportkosten
Bestandhaltungskosten
Auftragsabwicklungskosten.

Größen dieser Art sind im Rechnungswesen u.U. zwar vorhanden, sie entsprechen aber hinsichtlich ihrer Struktur und ihres Aufbaus meist nicht den Ansprüchen, die eine Modellbildung an sie stellt. Meist liegen summarische Zusammenfassungen vor, die keinen Rückschluß auf eine zugrunde liegende Kostenfunktion erlauben. Daher gestaltet sich die Erhebung der Kostendaten inbesondere in Bereichen, in denen bisher nur mit Pauschalen etc. kalkuliert wurde, recht aufwendig. Für die Berechnung der Transportkosten können i.d.R. die gesetzlich vorgeschriebenen, resp. empfohlenen Tarifwerke herangezogen werden, wie z.B. der Reichskraftwagentarif oder der Sammelladungstarif, da alle gängigen Tarife im Modell implementiert sind. Im übrigen können hier, wie auch bei den anderen Kostenkomponenten, alle realen Kostenverläufe nachvollzogen werden. Je nach anzustrebendem oder zu erwägendem Sollzustand sind neben den Ist-Kostendaten ggfs. Daten zu den Plankosten zu erheben, um diese Sollzustände realitätsnah bewerten - und damit simulieren - zu können. Diese Daten bedürfen der eingehenden Prüfung - in Zusammenarbeit mit dem Auftraggeber -, um eine realistische Kostenbasis zu erhalten.
Als Rahmenbedingung ist schließlich die Leistungsgröße Lieferservice noch zu erheben. Sie äußert sich in der Vorgabe einer maximalen Lieferzeit sowie eines Verfügbarkeitsgrades. Die erhobenen Daten erlauben nun die Abbildung des realen Distributionssystems in einem Modell. Mit diesem Modell und anhand der Bewegungsdaten ist es dann möglich, die tatsächlichen Warenströme und die damit verbundenen Vorgänge des Basiszeitraumes im einzelnen nachzuvollziehen und kostenmäßig zu bewerten. Die Ergebnisse dieser Abbildung - Kostendaten und Ausweis der simulierten Warenströme - erlauben den Vergleich des Modells mit den realen Betriebsergebnissen des Basiszeitraumes. Plausibilitätskontrollen und der Vergleich des Modells mit der Realität erbringen den Nachweis der Validität des Modells - wichtigste Voraussetzung für die eigentliche Anwendung und die Erprobung von Sollkonzeptionen durch die Simulation.

Gestaltung und Bewertung alternativer Distributionskonzepte

Durch Variation aller Struktur- und Strategieparameter - einzeln und auch in Abhängigkeit voneinander - ergibt sich zunächst eine unübersehbare Vielfalt von denkbaren Sollkonzeptionen. Eine vollständig enumerative Berechnung aller Konzeptionen zur Optimierung scheidet daher bereits aus Aufwandsgründen aus. Daneben schränken die Randbedingungen den potentiellen Lösungsraum ein, indem Kriterien, wie bestimmte Lieferzeiten, Kundennähe (Zuverlässigkeit), Flexibilität bzgl. zukünftiger Veränderungen nicht von allen Konzeptionen erfüllt werden können.
Da auch eine simultane Optimierung aller Einflußgrößen unmöglich ist, stets aber alle Interdependenzen der Einflußgrößen berücksichtigt werden müssen, wurde eine gestufte Vorgehensweise entwickelt.
Zunächst empfiehlt sich eine Überprüfung der Strategie, da Änderungen im strategischen Bereich mit wesentlich geringerem Aufwand realisiert werden können als strukturverändernde Maßnahmen. Neben einer Überprüfung tatsächlicher Bestandshöhen - durch eine retrograde statistische Berechnung auf der Basis des geforderten Verfügbarkeitsgrades - werden die Parameter Nachlieferrhythmus bzw.-modus und Direktbelieferungskriterium auf der Basis der Ist-Struktur variiert und aufeinander abgestimmt. Im Sinne einer knappen Bestandhaltung in den kundennahen Lägern kann durch Variation der Sortimentierung - je nach Produktspektrum und unter Heranziehung einer ABC - Analyse - beispielsweise erwogen werden, nur absatzstarke A-Artikel in den Auslieferungslägern vorzuhalten, ggfs. unter Hinnahme eines differenzierten Lieferservice. Dies, wie auch eine Mindestauftragsgröße, beeinträchtigt jedoch meist den vorgegebenen Lieferservice, bedarf daher eingehender unternehmensinterner Abstimmungen. Die Variation dieser Strategieparameter wird im Rechenmodell jeweils mit gesonderten Rechenläufen vollzogen - unter Ausweis aller relevanten Kostendaten und Angaben zu den sich ergebenden Warenströmen. Bei jedem dieser Rechenläufe werden alle Warenbewegungen des Basiszeitraums nachvollzogen, d.h. es wird jede einzelne Lieferung anhand der gewählten Strategieparameter ausgeführt, kostenmäßig bewertet und mit dem Ist-Zustand des Modells und den anderen Variationen verglichen. Die so gefundene, kostengünstige Konstellation der Strategieparameter ist i.d.R. durch geringe organisatorische Maßnahmen realisierbar und weist oft schon entscheidende Kostenvorteile gegenüber dem Ist-Zustand auf - bei gleichem Niveau des Lieferservices. Im zweiten Schritt wird nun das gegebene Distributionssystem auf die optimale Gestaltung seiner Struktur geprüft, um ggfs. eine kostengünstigere Struktur aufzuzeigen. Zum einen können Entscheidungen grundlegender Art in ihren kostenmäßigen Auswirkungen berechnet werden, z.B. die Einrichtung oder Schließung eines

Zentrallagers. Zum anderen wurde ein iteratives Verfahren entwickelt, das es ermöglicht, zu jeder dieser Kombinationen eine kostengünstige Anzahl von Auslieferungslägern zu bestimmen. Gelöst wird damit - in sich wiederholenden Schritten - das Zuordnungsproblem, d.h. welcher Kunde von welchem Lager kostengünstigst zu beliefern ist, dies jedoch unter Berücksichtigung aller Kostenkomponenten. Erschwert wird dieses Problem durch die realen, nichtlinearen Kostenfunktionen der Läger, Vorfrachten etc.. Das Auffinden der kostengünstigsten Anzahl der Auslieferungsläger impliziert die Festlegung der günstigsten Lieferbezirke. Der Lösungsraum wird vorgegeben durch eine große Anzahl potentieller Lagerstandorte. Hier bieten sich z.B. alle Orte mit zweistelligen Postleitzahlen an, beliebige andere Orte können gewählt werden. Je nach Zielsetzung kann auch nur von den vorhandenen Orten ausgegangen werden - was dann allenfalls Standortschließungen, aber keine Verlegungen nach sich ziehen kann. Da diskrete Lagerstandorte nur eine kleine, wenn auch sinnvolle Auswahl aus allen denkbaren darstellen, wird je Lager die Übereinstimmung der Lage eines Standortes mit dem absatzmäßigen Schwerpunkt seines Gebietes anhand eines Koordinatenvergleichs geprüft. Um die Vergleichbarkeit der verschiedenen Strukturen zu erhalten, sind die Strategieparameter während der Neustrukturierung beizubehalten. Nach Auffinden einer kostengünstigeren Struktur müssen sie jedoch erneut angepaßt werden - ein Zirkel, der prinzipiell nicht endlich ist. Jedoch sind die Kostenveränderungen nach wenigen Optimierungen nur noch marginal. Der Aufwand weiterer Berechnungen ist dann nicht mehr gerechtfertigt. Bei allen Untersuchungen haben sich Transportkosten als dominierend erwiesen, was bei ihrem Gesamtkostenanteil (bis zu 80 %) nicht verwunderlich ist. Dennoch ist der Einfluß der anderen Kostenkomponenten nicht vernachlässigbar, er führt häufig zu deutlichen Verschiebungen gegenüber transportkostenminimalen Lösungen.
Zielgröße der Simulation kann letztlich nur die Minimierung der Gesamtdistributionskosten sein - unter Berücksichtigung unternehmensspezifischer Rahmenbedingungen. Oft lassen sich jedoch strukturell völlig unterschiedliche Lösungen erarbeiten, die zumindest ähnliche Kostenvorteile erwarten lassen. Andererseits zeigen sich auch verschiedene Konzepte trotz unterschiedlicher Einsparungen als gleichwertig, da sie sich im organisatorischen und investiven Realisierungsaufwand gegenläufig verhalten. Eine Entscheidung für eine bestimmte Konzeption bedingt daher die Berücksichtigung weiterer Größen, die nur indirekt abbildbar oder nicht gänzlich quantifizierbar sind. Solche Überlegungen können teilweise durch weitere Modellrechnungen gestützt werden. So ist es möglich, die Empfindlichkeit einer Sollkonzeption gegen denkbare Systemänderungen zu

bestimmen, z.B. Umsatzveränderungen, Kostensteigerungen etc. . Andere unternehmenspolitische Aspekte entziehen sich solchen Analysen. Die entgültige Auswahl einer Sollkonzeption erfordert damit die Berücksichtigung einer Vielzahl von Größen. Nur so ist sichergestellt, daß im Rahmen dieser eher langfristigen Planung ein zukunftssicheres Distributionskonzept erarbeitet wird.

Im Ergebnis leistet das vorgestellte Instrumentarium eine ganzheitliche, logistische Planung der Distribution, d.h. die individuelle Feinabstimmung der verschiedenen Struktur- und Strategieparameter zur Reorganisation und Gestaltung eines kostengünstigen und leistungsfähigen Distributionssystems.

Literatur

BLANK, U.: Entwicklung eines Verfahrens zur Segmentierung von Warenverteilungssystemen, Aachen TH Diss. 1980.

BLANK, U; KUNZ, D.; ROLLMANN, M.: Mit "Phydis" Kosten sparen. In: Absatzwirtschaft, Düsseldorf 23(1980)3, S. 89 - 92.

BLANK, U.; KUNZ, D.; ROLLMANN, M.: Warenverteilungsstrukturen und -strategien im Zwielicht steigender Logistikkosten. In: VDI-Z Düsseldorf 123(1981)22, S. 917 - 921.

HACKSTEIN, R.; BLANK, U.: Warenverteilung und Logistik. In: Zeitschrift für Logistik, Dortmund 1(1980)2, S. 58 - 62.

KONEN, W.; KUNZ, D.; ROLLMANN, M.: Analyse und Reorganisation von Distributionssystemen. In: RKW-Handbuch Logistik, Berlin 1981.

KUNZ, D.: Entwicklung und Erprobung einer Methode zur Bestimmung wirtschaftlich strukturierter Warenverteilungssysteme, Aachen TH Diss. 1976.

ROLLMANN, M.; KONEN, W.: Kostentreiber in der Logistik dingfest gemacht - Simulationsmodell für die Praxis. In: Rationeller Handel 24(1981)5, S. 42 - 48.

Marketing-Logistik bei stochastischer Nachfrage

Wolfgang Gaul, Karlsruhe

Zusammenfassung: Will man die Situation untersuchen, wie eine Unternehmung bei stochastischer, sich evtl. auch zeitlich ändernder Nachfrage Produktion, Transport, Lagerung ihrer Güter planen soll, so sind zusätzlich (neben den Kosten für Produktion, Transport, Lagerung) auch solche Kosten zu berücksichtigen, die bei Nichtübereinstimmung zwischen geplantem Güterangebot und tatsächlicher Nachfrage entstehen. Um diese Nichtübereinstimmung gering zu halten, ist das Optimierungsziel die Minimierung der durch die Nichtübereinstimmung entstehenden erwarteten Kosten und des verbleibenden nichtstochastischen Kostenanteils. Innerhalb einer Formulierung als stochastisches Netzwerkproblem kann eine Optimallösung über eine Folge von Flußproblemen angegeben werden. Das Vorgehen wird an einem Beispiel einfachster Form erläutert.

Summary: Examining the situation how a company should plan production, transportation and storage of its goods with respect to stochastic possibly temporally changing demand one has to take into consideration additional (besides those for production, transportation and storage) costs ensueing from the nonconformity between planned offer of goods and actual demand. Trying to keep this nonconformity small the objective is to minimize the expected costs resulting from possible nonconformity and the remaining non-stochastic part of the costs. Within a stochastic network problem formulation an optimal solution is obtained using a sequence of deterministic flow problems. The procedure is explained by means of an example of simplest form.

1. Einführung

Zu Beginn der 70er Jahre wurden verstärkt Logistik-Fragen bei der Güterverteilung behandelt (siehe z.B. die Bücher von Bloech (1970), Eilson/Watson-Gandy / Christofides (1971), Böcker (1972), Poth (1973)), so daß die Frage, ob Marketing-Logistik nur eine amerikanische Modeerscheinung sei (siehe Pfohl (1970)) für den wissenschaftlichen Bereich nur von rhetorischer Bedeutung war. Modellformulierungen in Form von Netzwerkflußproblemen (siehe z.B. Ford/Fulkerson (1962) als meistzitiertes Buch in diesem Bereich) waren schon länger bekannt, viele Diskussionen im betriebswirtschaftlichen Anwendungsbereich befaßten sich mit Fragen der Eignung der vorliegenden mathematischen Modelle zur Beschreibung der Realität, erste Computer-Programme wurden angeboten.

Das anhaltende Interesse an Logistik-Problemen kann durch eine ansteigende Anzahl von Veröffentlichungen (siehe z.B. Buxton (1975), Böcker (1977), Krulis-Randa (1977), Ihde (1978), Tempelmeier (1980) für den Marketingbereich bzw. die die mathematischen Grundlagen stärker betonenden Darstellungen von Bazaraa/Jarvis (1977), Domschke (1981)

Operations Research Proceedings 1982

Domschke (1982) und die dort zitierte Literatur) belegt werden. Verbindungen zwischen bekannten Operations Research Modellen und Marketing-Logistik Problemen finden sich auch in der allgemeineren Marketingliteratur (siehe z.B. die Bücher von Hammann (1975) und Opitz/Schader (1975)). Dabei fällt auf, daß dem Problem der Berücksichtigung von stochastischer, sich evtl. auch zeitlich ändernder Nachfrage nicht genügend Beachtung geschenkt wurde. Die stochastische Optimierung (siehe z.B. Bühler/Dick (1972), Bühler/Dick (1973) für eine Einführung mit betriebswirtschaftlichen Anwendungen, Kall (1976) für eine die mathematischen Grundlagen stärker betonende Darstellung, Stancu-Minasian/Wets (1976) für einen Überblick über die vielfältigen Anwendungsmöglichkeiten) kann in diesem Fall auch für Probleme im Marketingbereich, wo eine explizite Behandlung der dynamischen und stochastischen Aspekte der Nachfrage von besonderer Bedeutung ist, mit Erfolg eingesetzt werden. Für die Marketing-Logistik orientiert sich das hier vorgeschlagene Lösungsverfahren an Cleef/Gaul (1980), wo eine Optimallösung für ein stochastisches Flußproblem über eine geeignet gewählte Folge von nicht-stochastischen Flußproblemen berechnet wird.

Eine andere Anwendung der stochastischen Optimierung im Marketingbereich findet man bei Gaul (1981).

2. Stochastische Nachfrage

Logistik-Probleme befassen sich -einfach ausgedrückt- damit, "die richtigen Güter in der richtigen Menge zur richtigen Zeit am richtigen Ort bereitzustellen". Im Marketing spielen dabei Fragen der Wahl des Vertriebssystems (Entscheidung für unternehmenseigene, unternehmensgebundene, selbständige Absatzorgane) und der in den gewählten Absatzwegen auftretenden rechtlichen und wirtschaftlichen Abhängigkeiten eine besondere Rolle. Neben diesem Bereich "Marktkanal" beschäftigt man sich im Bereich "physische Distribution" mit der Behandlung von Standort-, Transport- und Lagerhaltungsproblemen, die die Marketing-Logistik (i.e.S.) ausmachen. Wünschenswert wäre dabei sicherlich eine stärkere Berücksichtigung der stochastischen (und dynamischen) Aspekte der Güternachfrage in den Standardmodellen.

Dem wird in der nachfolgenden Problemformulierung Rechnung getragen. Zur Vereinfachung und besonderen Hervorhebung des Nachfrageeffektes wird in dem zur Motivation benutzten Anwendungsbeispiel auf die Ausgestaltung des Logistik-Modells durch Berücksichtigung von unterschiedlichen Rohstoff-, Betriebsstoff-, Einzelteile - Lieferanten und - Lägern, von unterschiedlichen Produktionsstätten, Zwischen- und End-Lägern etc. verzichtet.

Das Hauptaugenmerk gilt einer sich im Zeitablauf (hier: monatlich) ändernden stochastischen Nachfrage mit bekannter (z.B. aus den Daten früherer Zeitperioden geschätzten) Verteilung, siehe Fig. 1 für eine Darstellung der erwarteten monatlichen Nachfrage. Die Planung des Güterangebots ist i.d.R. abgeschlossen, bevor sich die tatsächliche Nachfrage realisiert. Ein Güterüberangebot kann vielleicht nur teilweise zwischengelagert werden, der Rest ist unter Berücksichtigung entsprechender Kompensationskosten weiterzuveräußern oder zu vernichten. Ein Unterangebot verursacht ebenfalls Kompensationskosten, weil bei garantierter Vertragserfüllung bei der Konkurrenz dazugekauft werden muß bzw. weil verärgerte Kunden an die Konkurrenz verloren gehen. Deshalb ist es sinnvoll, daß Güterangebot so zu planen, daß die erwarteten sich aus der Nichtübereinstimmung von Angebot und Nachfrage ergebenden Kompensationskosten und der verbleibende Kostenanteil (für Produktion, Transport, Lagerung etc.) minimiert werden.

Dieser als Kompensationsmodell der stochastischen Optimierung bekannte Ansatz (siehe [6], [16]) kann zur Flexibilität der Planungen im Marketing-Logistik Bereich beitragen und in komplexere Logistik-Modelle eingebaut werden.

3. Logistik-Modell

Zur Beschreibung des Logistik-Modells werden graphentheoretische Notationen benutzt. Den Punkten und Kanten des benutzten Graphen entsprechen in geeigneter Weise die Produktions-, Lagerungs- und Nachfragemöglichkeiten des konkreten Problems, siehe z.B. Fig. 2. Sei

$$G = (P,K,f)$$

der zugrundeliegende (endliche, gerichtete, schwach zusammenhängende) Graph mit Punktmenge P, Kantenmenge K und Inzidenzabbildung $f = (f^1,f^2)$, wobei f^i: $K \to P$, $i = 1,2$, Anfangspunkte $f^1(k)$ und Endpunkte $f^2(k)$ der Kanten $k \in K$ festlegen.

Bei Nichtberücksichtigung von stochastischen Aspekten existiert zur Beschreibung von Flußproblemen ein Punkt-Fluß v: $P \to \mathbf{R}$ mit

$$\sum_{p \in P} v_p = o$$

und ein $(v_p|p \in P)$-Kanten-Fluß w: $K \to \mathbf{R}$ mit

$$\sum_{\{k|f^1(k)=p\}} w_k - \sum_{\{k|f^2(k)=p\}} w_k = v_p, \quad p \in P .$$

Ein Punkt p heißt Quelle, Senke, Zwischenpunkt, je nachdem, ob $v_p>o$, $v_p<o$, $v_p=o$ gilt. Die v_p-Werte können als Vorrat bzw. Nachfrage im Punkt p interpretiert werden (Im Spezialfall $v_p=o$ für alle $p \in P$ heißt der zugehörige $(o,\dots,o)$-Kanten-Fluß auch Zirkulation). Unter Berücksichtigung von Kapazitäts- und Kostenfunktionen c^1, c^2, g: $K \to \mathbf{R}$ ergibt sich das Standard-Flußproblem

$$\sum_{k \in K} g_k w_k = \min!$$

$$c_k^1 \leq w_k \leq c_k^2 , \quad k \in K, \quad (w_k|k \in K) \text{ ist } (v_p|p \in P)\text{-Kanten-Fluß} .$$

Werden die Vorrats-/Nachfrage-Werte als stochastische Variable auf einem gegebenen Wahrscheinlichkeitsraum $(\Omega,\mathcal{Y},Pr)$ interpretiert und zur Unterscheidung mit Großbuchstaben V_p bezeichnet, brauchen für einzelne Realisationen $V_p(\omega)$, $\omega \in \Omega$, keine $(V_p(\omega)|p \in P)$-Kanten-Flüsse mehr zu existieren (weil $\sum_{p \in P} V_p(\omega) \neq 0$ gelten kann). Im vorliegenden Fall kann man sich aber mit sogenannten "Quasi"-Kanten-Flüssen w:$K \to \mathbf{R}$ begnügen.

Definiert man für Quasi-Kanten-Flüsse

$$u_p^G(w) = \sum_{\{k|f^1(k)=p\}} w_k - \sum_{\{k|f^2(k)=p\}} w_k \quad , \quad p \in P$$

und bewertet man die Nichtübereinstimmung (für $\omega \in \Omega$)

$$u_p^G(w) \neq V_p(\omega)$$

mit Kompensationskosten $q^+, q^-: P \to \mathbb{R}$ (mit $q_p^+ + q_p^- > o$, $p \in P$) gemäß

$$\varphi_p^w(V_p(\omega)) = \begin{cases} -q_p^- \, (V_p(\omega) - u_p^G(w)) & < \\ 0 & V_p(\omega) = u_p^G(w) \\ q_p^+ \, (V_p(\omega) - u_p^G(w)) & > \end{cases}$$

erhält man das stochastische Flußproblem

$$\sum_{k\in K} g_k w_k + \sum_{p\in P} E(\varphi_p^w) = \min!$$

$$c_k^1 \le w_k \le c_k^2, \; k\in K, \quad (w_k|k\in K) \text{ ist Quasi-Kanten-Fluß} .$$

Wenn die stochastischen Variablen V_p durch diskrete Verteilungen mit den Realisationen v_{pr}, $r=1,\dots,r_p$, $(v_{p1} < v_{p2} < \dots < v_{pr_p})$ beschrieben werden können, entsteht ein großes lineares Programm der Form

$$\sum_{k\in K} g_k w_k + \sum_{p\in P} \sum_{r=1}^{r_p} (q_p^+ y_{pr}^+ + q_p^- y_{pr}^-) \Pr (V_p = v_{pr}) = \min!$$

$$u_p^G(w) + y_{pr}^+ - y_{pr}^- = v_{pr} \; , \; r=1,\dots,r_p, \; p \in P,$$

$$c_k^1 \le w_k \le c_k^2 \; , \quad k \in K,$$

$$y_{pr}^+ \; , \; y_{pr}^- \ge 0 \; ,$$

das durch folgende Folge einfacherer Standard-Fluß (bzw. Zirkulations-) Probleme gelöst werden kann.

Mit $v_{po} < \min\{v_{p1}, m_p\}$, $v_{p(r_p+1)} > \max\{v_{pr_p}, M_p\}$, $p\in P$ (diese Realisationen werden nur aus rechentechnischen Gründen benötigt, ihre Wahrscheinlichkeit ist Null), wobei m_p, M_p untere, obere Kapazitätsschranken für die nach p hinein-, aus p herausfließenden Quasi-Kanten-Flüsse sind, erhält man über den folgenden Vektor $x = (\dots, x_p, \dots)$ mit $x_p \in \{0,1,\dots,r_p\}$, $p\in P$, eine Partition der Punktmenge P gemäß

$$P_1 = \{p|v_{px_p} > o\}, \; P_2 = \{p|v_{p(x_p+1)} < o\}, \; P_3 = P \setminus \{P_1 \cup P_2\}$$

und daraus (als leicht modifizierte Version von G) den x-Graphen

$$G^x = (P^x, K^x, f^x)$$

mit $P^x = P \cup \{sq, ss\}$, $sq, ss \notin P$ (Superquelle, Supersenke)

$$K^x = K \cup \bigcup_{i=o}^{3} K_i \text{ und}$$

$$K_o = \{(ss,sq)\}, \; K_1 = \{(sq,p)|p\in P_1\}, \; K_2 = \{(p,ss)|p\in P_2\}, \; K_3 = \{(sq,p),(p,ss)|p\in P_3\}$$

(Auf f^x kann verzichtet werden, denn auf K kann man f benutzen, die Kanten von $\bigcup_{i=o}^{3} K_i$

sind durch ihre Anfangs- und Endpunkte eindeutig festgelegt.) Für G^x definiert man neue Kapazitätsfunktionen gemäß

$$c_k^{x_1} = c_k^1 \quad , \; c_k^{x_2} = c_k^2 \qquad k\in K$$

$$c_{(ss,sq)}^{x_1} = 0 \quad , \; c_{(ss,sq)}^{x_2} = \sum_{p\in P} \max\{|v_{po}|,|v_{p(r_p+1)}|\}, \; (ss,sq)\in K_o$$

$$c_{(sq,p)}^{x_1} = v_{px_p} \quad , \; c_{(sq,p)}^{x_2} = v_{p(x_p+1)} \qquad , \; (sq,p)\in K_1$$

$$c_{(p,ss)}^{x_1} = -v_{p(x_p+1)} \; , \; c_{(p,ss)}^{x_2} = -\,v_{px_p} \qquad , \; (p,ss)\in K_2$$

$$c_k^{x_1} = o \quad , \; c_k^{x_2} = \begin{cases} v_{p(x_{p+1})} & , \; k=(sq,p) \\ -v_{px_p} & , \; k=(p,ss) \end{cases} \quad , \; k\in K_3$$

und eine neue Kostenfunktion gemäß

$$g_k^x = \begin{cases} g_k + \zeta_{f^1(k)} - \zeta_{f^2(k)} & , \; k\in K \\ 0 & , \; k\in \bigcup_{i=o}^{3} K_i \end{cases}$$

mit

$$\zeta_p = -\,q_p^+ + (q_p^+ + q_p^-)\; Pr\,(V_p \leqq v_{px_p}) \quad , \quad p\in P$$

und erhält das nicht-stochastische Fluß-(Zirkulations-)Problem

$$\sum_{k\in K} g_k^x\, \tilde{w}_k = \min!$$

$$u_p^{G^x}(\tilde{w}) = o \quad , \quad p\in P^x,$$

$$c_k^{x_1} \leqq \tilde{w}_k \leqq c_k^{x_2} \; , \quad k\in K^x.$$

Eine Lösung über einen (modifizierten) out-of-kilter Algorithmus liefert optimale (duale) Punktbewertungen π_p, $p\in P^x$, und mittels

$$\alpha(p_1,p_2) = \max\{o,\pi_{p_2}-\pi_{p_1}\},\; \beta(p_1,p_2) = \max\{o,\pi_{p_1}-\pi_{p_2}\},\; (p_1,p_2)\in \bigcup_{i=o}^{3} K_i$$

$$\lambda_p = \begin{cases} \alpha(sq,p) & , \; p\in P_1 \\ \beta(p,ss) & , \; p\in P_2\cup P_3 \end{cases} \quad , \quad \mu_p = \begin{cases} \beta(sq,p) & , \; p\in P_1\cup P_3 \\ \alpha(p,ss) & , \; p\in P_2 \end{cases}$$

eine hinreichende Optimalitätsbedingung der folgenden Art:

Ist $\lambda_p \leqq (q_p^+ + q_p^-)\; Pr\,(V_p = v_{px_p})$

$, \; p\in P,$

$\mu_p \leqq (q_p^+ + q_p^-)\; Pr\,(V_p = v_{p(x_{p+1})})$

erfüllt, liefert die Einschränkung der optimalen Zirkulation (gemäß out-of-kilter) auf G einen optimalen Quasi-Kanten-Fluß für das stochastische Fluß-Problem.

In [8] wird gezeigt, wie man bei Nichterfülltsein der hinreichenden Optimalitätsbedingung durch Übergang auf einen x'-Graphen $G^{x'}$ ($x'\neq x$) zu einer verbesserten und schließlich optimalen Lösung gelangt (Endlichkeitsbeweis mittels modifiziertem out-of-kilter Algorithmus). Die Rechenzeiten für Probleme anwendungsrelevanter Größenordnungen liegen bei etwa einer Minute.

4. Beispiel

In Fig. 1 ist die monatliche erwartete Nachfrage für ein interessierendes Produkt aufgezeichnet. In Tab. 1 ist neben dem Erwartungswert μ auch die Standardabweichung σ notiert worden, zusätzlich wird die Anzahl der Zufallsrealisationen angegeben, die die Grundlage für eine entsprechende Diskretisierung bei unterstellter Normalverteilungsannahme $\mathbb{N}(\mu,\sigma)$ bilden. Die Diskretisierung wurde so durchgeführt, daß sich für die einzelnen Realisationen ganzzahlige Werte ergaben, die in Tab. 3 mit den dazugehörigen Wahrscheinlichkeiten gelistet sind. Tab. 4 spezifiziert die Kompensationskosten (z.B. $q_1^+ = 50$, $q_1^- = 1000$ für den die Produktion kennzeichnenden Punkt 1 mit der Interpretation, daß eine Nichtausnutzung der vorhandenen Produktionskapazität Kompensationskosten q_1^+ verursacht, eine über die Produktionskapazität hinausgehende Planung wegen zu großer Kosten q_1^- unerwünscht ist). Man erkennt leicht, daß wegen der speziellen Wahl der Kompensationskosten, eine Räumung des Anfangslagers (Punkt 2) und eine Auffüllung des Endlagers (Punkt 15) erzwungen wird. Bei Unterangebot des interessierenden Produktes im Nachfragepunkt p müssen über den Produktionskosten (man vergleiche die entsprechenden Kosten auf den zum Punkt p hinführenden Kanten) liegende Kompensationskosten q_p^- berücksichtigt werden, bei Überangebot entstehen Kosten $q_p^+ = 40$ in Höhe

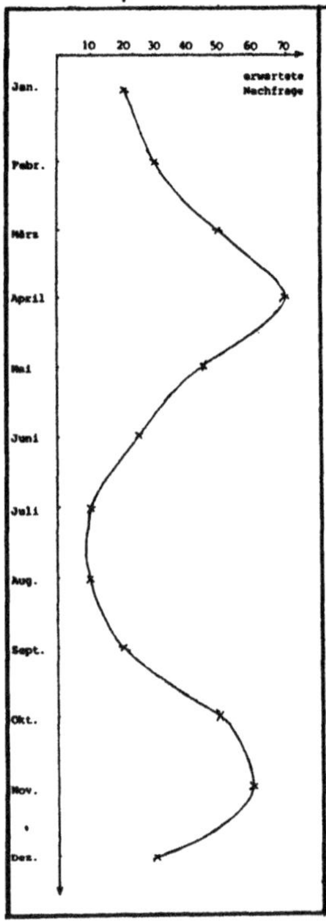

Fig. 1

erwartete Nachfrage μ	Standardabweichung σ	Anzahl der Realisationen
20	3	9
30	5	9
50	7	11
70	10	13
45	6	9
25	2	7
10	2	7
10	2	7
20	4	9
50	5	11
60	8	13
30	6	9

Tab. 1

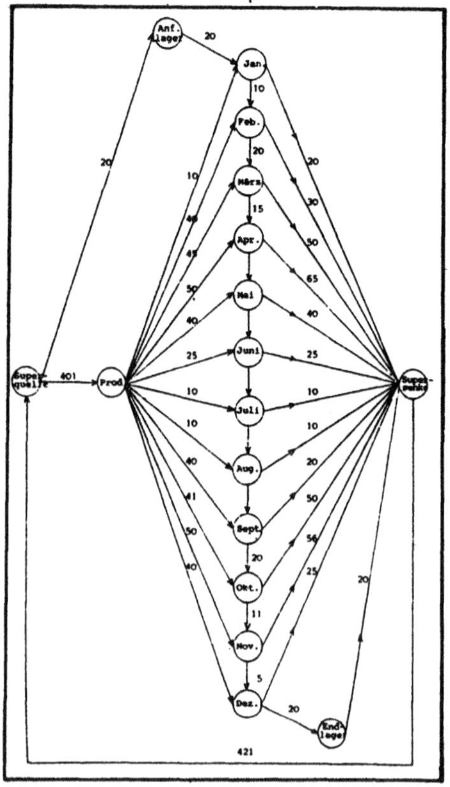

Fig. 2

Kante	Optimalwerte	Kap.Obergrenze	Kosten
(1,3)	10	30	100
(1,4)	40	40	100
(1,5)	45	50	120
(1,6)	50	50	120
(1,7)	40	40	100
(1,8)	25	30	100
(1,9)	10	30	100
(1,10)	10	30	100
(1,11)	40	40	100
(1,12)	41	50	120
(1,13)	50	50	120
(1,14)	40	40	100
(2,3)	20	20	10
(3,4)	10	20	10
(4,5)	20	20	10
(5,6)	15	20	10
(6,7)	0	20	10
(7,8)	0	20	10
(8,9)	0	20	10
(9,10)	0	20	10
(10,11)	0	20	10
(11,12)	20	20	10
(12,13)	11	20	10
(13,14)	5	20	10
(14,15)	20	20	10

Tab. 2

Die Kapazitätsuntergrenze und der Anfangsfluß haben für alle Kanten den Wert Null.

Jan. (3)	-90	-29	-26	-24	-22	-20	-17	-15	-13	-11	20				
	0	6	21	68	216	320	209	112	42	5	0				
Feb. (4)	-90	-45	-41	-37	-33	-30	-26	-22	-18	-15	20				
	0	5	21	92	229	268	225	124	31	5	0				
März (5)	-90	-71	-66	-62	-58	-54	-50	-45	-41	-37	-33	-29	20		
	0	5	15	42	101	202	247	192	119	54	19	4	0		
Apr. (6)	-110	-100	-95	-90	-85	-80	-75	-70	-65	-60	-55	-50	-45	-40	20
	0	6	10	27	65	121	174	197	174	120	65	27	9	5	0
Mai (7)	-90	-63	-58	-54	-49	-45	-40	-36	-31	-27	20				
	0	6	26	94	217	288	230	106	28	5	0				
Juni (8)	-90	-31	-29	-27	-25	-23	-21	-19	20						
	0	6	65	241	382	241	60	5	0						
Juli (9)	-90	-16	-14	-12	-10	-8	-6	-4	20						
	0	6	65	241	382	241	60	5	0						
Aug. (10)	-90	-16	-14	-12	-10	-8	-6	-4	20						
	0	6	65	241	382	241	60	5	0						
Sept. (11)	-90	-32	-29	-26	-23	-20	-17	-14	-11	-8	20				
	0	5	29	100	224	288	224	100	26	4	0				
Okt. (12)	-90	-65	-62	-59	-56	-53	-50	-47	-44	-41	-38	-35	20		
	0	6	16	48	117	197	231	199	118	49	14	5	0		
Nov. (13)	-90	-84	-80	-76	-72	-68	-64	-60	-56	-52	-48	-44	-40	-36	20
	0	6	10	27	65	121	174	197	174	120	65	27	9	5	0
Dez. (14)	-90	-48	-43	-39	-34	-30	-25	-21	-16	-12	20				
	0	6	26	94	217	288	230	106	28	5	0				

Tab. 3

Die Zufallsvariablen Produktion (1), Anfangslager (2) und Endlager (15) sind einpunktverteilt mit den Ausprägungen 450, 20 und -20.

Punkt-Nr.	Kompensationskosten		x-Vektor-Folge					
	q^+	q^-	0	1	2	3	4	5
1	50	1000	1	1	1	1	1	1
2	1000	1000	1	1	1	1	1	1
3	40	140	10	9	8	7	6	6
4	40	140	10	9	8	7	6	6
5	40	160	12	11	10	9	8	7
6	40	160	14	13	12	11	10	9
7	40	140	10	9	8	7	6	6
8	40	140	8	7	6	5	5	5
9	40	140	8	7	6	5	5	5
10	40	140	8	7	6	5	5	5
11	40	140	10	9	8	7	6	6
12	40	160	12	11	10	9	8	7
13	40	160	14	13	12	11	10	9
14	40	140	10	9	8	7	7	7
15	1000	1000	2	2	2	2	2	2

Tab. 4

eines zu gewährenden Abschlags bei Weitergabe der überschüssigen Produkte. Wegen Kapazitätsbeschränkungen bei der Produktion muß zum Ausgleichen der Nachfragespitzen zwischengelagert werden. Das geschieht in den Kanten zwischen den einzelnen Monaten.

Die Graphenstruktur des optimalen x-Graphen ist in Fig. 2 wiedergegeben. Die an den Kanten notierten Werte geben die optimale Zirkulation an, aus denen man sofort die optimalen Quasi-Kanten-Flüsse ablesen kann. In Tab. 2 sind diese optimalen Zirkulationswerte nochmals gelistet, zusätzlich die Kapazitäts- und Kostenwerte. Tab. 4 enthält schließlich die x-Vektor-Folge, die angibt, aus welchem x-Graphen (Iterationen: 5, Rechenzeit: weniger als eine Sekunde CPU-time) die Optimallösung stammt.

Literatur:

[1] Bazaraa, S./Jarvis, J.J.: Linear Programming and Network Flows, Wiley & Sons (1977).

[2] Bloech, J.: Optimale Industriestandorte, Physica (1970).

[3] Böcker, F.: Der Distributionsweg einer Unternehmung, Duncker & Humblot (1972).

[4] Böcker, F.: Computergestützte Standardprogramme zur Planung und Kontrolle der Distributionspolitik, in Köhler, R./Zimmermann, H.J. (Hrsg.):Entscheidungshilfen im Marketing, Poeschel (1977).

[5] Bühler, W./Dick, R.: Stochastische lineare Optimierung. Das Verteilungsproblem und verwandte Fragestellungen, ZfB 42 (1972).

[6] Bühler, W./Dick, R.: Stochastische lineare Optimierung. Chance-Constrained-Modell und Kompensationsmodell, ZfB 43 (1973).

[7] Buxton, G.: Effective Marketing Logistics, Macmillan (1975).

[8] Cleef, H.J./Gaul, W.: A Stochastic Flow Problem, J. Infor. & Optimiz. Sc. 1 (1980).

[9] Domschke, W.: Logistik: Transport, Oldenbourg (1981).

[10] Domschke, W.: Logistik: Rundreisen und Touren, Oldenbourg (1982).

[11] Eilson, S./Watson-Gandy, C.D.T./Christofides, N.: Distribution Management, Griffin (1971).

[12] Ford, L.R./Fulkerson, D.R.: Flows in Networks, Princeton (1962).

[13] Gaul, W.: Stochastische Projektplanung und Marketingprobleme, Methods of Operations Research 44 (1981).

[14] Hammann, P.: Entscheidungsanalyse im Marketing, Duncker & Humblot (1975).

[15] Ihde, G.B.: Distributions-Logistik, UTB, Fischer (1978).

[16] Kall, P.: Stochastic Linear Programming, Springer (1976).

[17] Krulis-Randa, J.S.: Marketing-Logistik, Schriftenreihe des Instituts für betriebswirtschaftliche Forschung an der Universität Zürich, Haupt (1977).

[18] Opitz, O./Schader, M.: Operations Research Verfahren und Marketingprobleme, Mathematical Systems in Economics, Bd. 19, Hain (1975).

[19] Pfohl, H.C.: Marketing-Logistik. Nur eine amerikanische Modeerscheinung?, Marketing Journal 3 (1970).

[20] Poth, L.G.: Praxis der Marketing-Logistik, Sauer (1973).

[21] Stancu-Minasian, I.M./Wets, M.J.: A Research Bibliography in Stochastic Programming, Operations Research 24 (1976).

[22] Tempelmeier, H.: Standortoptimierung in der Marketing-Logistik, Beiträge zur Datenverarbeitung und Unternehmensforschung, Bd. 23, Hain (1980).

Ein Verfahren zur Lösung des kantenorientierten Ein-Depot-Tourenplanungsproblems

Bernhard Geppert, Karlsruhe
Heinrich Paessens, Karlsruhe

Zusammenfassung. Es wird ein heuristisches Verfahren vorgestellt, das in einem gegebenen Straßennetz das m-Postmen's Problem löst. Das auf einen ungerichteten Graph abgebildete Straßennetz wird zunächst in kantendisjunkte Zyklen zerlegt, die anschließend zu einem Zyklenknotengraph zusammengefaßt werden. In diesem Zyklenknotengraph werden dann mit Hilfe eines modifizierten SAVING-Verfahrens die m Touren gebildet. An praktischen Planungsbeispielen aus dem Bereich der innerstädtischen Hausmüllentsorgung wird eine effiziente Implementierung des Verfahrens im Programmsystem OSIRIS angegeben, die sich durch geringen Speicherplatzbedarf, niedrige Rechenzeiten und hohe Güte der erzielten Lösungen auszeichnet.

Gegeben ist ein Straßennetz, das auf einen ungerichteten Graph abgebildet wird. In diesem Graph sind m Touren zu bestimmen, so daß alle Kanten darin enthalten sind und die Gesamtlänge der m Touren minimal ist.

Es wird ein heuristisches Verfahren vorgestellt, das insbesondere für den Bereich der innerstädtischen Hausmüllentsorgung konzipiert wurde. Es benötigt folgende Eingabedaten:

(1) Den Start und Endpunkt d des innerörtlichen Entsorgungsweges (Depot oder Deponie),

(2) die Knotenmenge $V = \{v(1),\dots,v(n)\}$,

(3) die Kantenmenge $E = \{e(1),\dots,e(l)\}$ mit $e(k) = (v(i), v(J))$, die alle Straßenabschnitte des Netzes enthält. Daraus wird die Indexmenge $L = \{1,\dots,l\}$ gebildet, die jeder Kante $e(k) = (v(i), v(j))$ einen Index $k \in L$ zuordnet.

(4) Die zu entsorgende Müllmenge $q(i)\ \forall\ i \in L$,

(5) die Sammelzeit $s(i)\ \forall\ i \in L$,

(6) die Umfahrzeit $uz(i)\ \forall\ i \in L$,

Operations Research Proceedings 1982

(7) die maximale Tourenlänge T,

(8) die maximale Fahrzeugkapazität Q.

Dieses Verfahren läßt sich wie folgt untergliedern:

1. Phase "MATCHING":
   In dem in der Regel nicht unicursalen Graph werden mittels eines MATCHING-Algorithmus' (POTZ, 1979) die zusätzlich zu durchfahrenden Kanten bestimmt, derart, daß ein EULER'scher Graph minimaler Gesamtlänge entsteht.

2. Phase "ZYKLEN":

   Der in der ersten Phase gebildete unicursale Graph wird in kantendiskunte Zyklen zerlegt, aus denen der für die weitere Bearbeitung benötigte Zyklenknotengraph gebildet wird.

3. Phase "SAVING":

   Im Zyklenknotengraph werden unter Anwendung eines modifizierten SAVING-VERFAHRENS (PAESSENS, 1981) die Zyklen zu m Touren zusammengestellt.

4. Phase "TOUREN":

   Endgültige Bestimmung der Touren durch Festlegung der Reihenfolge in der die Kanten innerhalb der Touren abgefahren werden.

Das Problem der Bestimmung der m Touren minimaler Gesamtlänge kann auf die Minimierung der Umfahrzeit reduziert werden, da die Sammelzeiten fest vorgegeben sind und nur durch eine Umstellung des Sammelsystems verändert werden können.

Das Verfahren wurde in FORTRAN 77 als Programmsystem OSIRIS auf den UNIVAC-Anlagen des Rechenzentrums der Universität Karlsruhe installiert. Im nomalen Tagesbetrieb, bei dem der pro RUN zur Verfügung stehende Kernspeicher vom Betriebssystem auf 80K Worte begrenzt wird, können mit der reinen incore-Version Probleme bis zu einer Maximalgröße von 500 Knoten, 2500 Kanten und 250 Zyklen bearbeitet werden. Diese Programm-Parameter können jedoch beliebig erhöht werden, wenn speziell die beiden $z*(z-1)/2$ Elemente umfassenden Vektoren, die im SAVING-Verfahren die Saving-Werte und die zugehörigen Indices der z Zyklenknoten enthalten, auf Massenspeicher abgelegt werden (excore-Version). Es muß dann allerdings eine Zunahme der Gesamtrechenzeit in Kauf genommen werden, die durch Erhöhung der I/O-Aktivitäten bedingt ist.

Tabelle 1: Beispiel 166 Knoten, 249 Kanten

	Umfahrzeit	Optimierungs-spielraum 1)	Speicher-platz	Rechen-zeit 2)
Manuelle Planung	648.3 Min.	220.7 Min.	-	-
LIEBMAN & MALE	615.5 Min.	187.9 Min.	153 K	9 Min.
OSIRIS	598.3 Min.	170.7 Min.	44 K 4)	24.9 Sek. 3)

(1: Darunter soll der Bereich verstanden werden, in dem Einsparungen überhaupt möglich sind.

2: Rechenzeit für einen Durchlauf.

3: Die Rechenzeit für die 4 Phasen ergibt sich wie folgt:

Phase 1 "MATCHING": 12.24 Sek.
Phase 2 "ZYKLEN" : 0.48 Sek.
Phase 3 "SAVING" : 3.36 Sek.
Phase 4 "TOUREN" : 8.80 Sek.

Bei Mehrfachdurchläufen wird jedoch lediglich die Phase 3 "SAVING" wiederholt ausgeführt.

4: Der Programmteil umfaßt 31 K Worte, der Datenteil 13 K Worte).

Wie aus Tabelle 1 ersichtlich, ist OSIRIS dem Verfahren von LIEBMAN und MALE (siehe PAESSENS, 1977) hinsichtlich Speicherplatzbedarf und Rechenzeit weit überlegen. Was die Qualität der Lösung betrifft, so kann festgestellt werden, daß in dem Bereich, in dem Einsparungen überhaupt möglich sind, OSIRIS im Vergleich zur manuellen Planung eine Ersparnis von 50 Minuten erzielt - das entspricht einer Ersparnis von 22.66 % - und im Vergleich zum Verfahren von LIEBMAN und MALE eine zeitliche Ersparnis von 17.2 Minuten erzielt, die einer Reduzierung um 9.15 % entsprechen.

Literatur

GALLENKEMPER, B.; PAESSENS, H.; HAHN, H.H.; SEYFRIED, C.F.: Tourenplanung bei der Haus- und Gewerbemüllsammlung in städtischen Straßennetzen, Teil V des Forschungsberichtes 15/73, Bundesminister des Innern, 1977.

GEPPERT, B.: Straßenabschnittsorientierte Tourenplanung bei der innerörtlichen Hausmüllsammlung; Beispiel Neustadt a. Rbge., in: HAHN, H.H. (Hrsg.), Tourenplanung in der Abfallwirtschaft II, Institut für Siedlungswasserwirtschaft, Universität Karlsruhe, Band 29, Karlsruhe 1982.

PAESSENS, H.: Tourenplanung bei der regionalen Hausmüllentsorgung, Institut für Siedlungswasserwirtschaft, Universität Karlsruhe, Band 26, Karlsruhe 1981.

PÜTZ, W.: Numerische Untersuchung zum Chinesischen Postbotenproblem, Diploma Thesis, Mathematisches Institut der Universität zu Köln, 1979.

LIEBMAN, J.C.; MALE, J.S.W.: Routing of Waste Collection Vehicles, Final Report, EPA-670/2-74-036b, University of Illinois, 1974.

Exakte Lösung des Rundreiseproblems in der Tourenplanung

Bernhard Fleischmann, Hamburg

Neuere Untersuchungen ([1],[2],[3]) haben ergeben, daß sich das symmetrische Rundreiseproblem (Traveling-Salesman-Problem) als ganzzahliges lineares Programm für die Größenordnung 50-100 Orte exakt lösen läßt. Das LP-Modell enthält eine ganzzahlige Variable für jedes Ortspaar und eine Vielzahl von Nebenbedingungen, die aber nur zum Teil im Laufe des Lösungsverfahrens zu generieren sind.

Hier betrachten wir eine modifizierte LP-Formulierung, die besonders für die Anwendung in der Tourenplanung geeignet ist. Als Entfernungsdaten werden nur die direkten Verbindungen in einem Straßennetz benötigt, das in der Realität meist sehr dünn besetzt ist. Nur für diese Verbindungen enthält das LP-Modell Variable. Die Knoten des Straßennetzes werden in "Besuchsorte" und Zwischenknoten unterschieden. Das Lösungsverfahren benutzt zur Eliminierung nichtganzzahliger Lösungen einen neuen Typ von Nebenbedingungen sowie Gomory-Schnitte.

Es wird über numerische Erfahrungen und Anwendungen in der Praxis für folgende Fälle berichtet:

1. Nachoptimierung von Tourenplänen

Ein heuristisch (etwa mit einem Savingverfahren) gefundener Tourenplan enthält oft einzelne Touren mit nicht optimaler Reihenfolge, was mitunter intuitiv zu erkennen ist und die Akzeptanz des Plans beeinträchtigt. Deshalb ist eine Nachoptimierung der Reihenfolge jeder Tour zu empfehlen.

Das Rundreiseproblem ist auch der zweite Schritt in den zweistufigen Verfahren, die in der ersten Stufe eine Zuordnung der Orte zu Touren vornehmen. Hier hat das betrachtete Modell den Vorteil, daß die zugrundeliegende Netzstruktur auch bei wechselnden Orten in der Tour immer konstant bleit und keine kürzesten Wege vorweg zu berechnen sind.

2. "Umgekehrtes" zweistufiges Verfahren

Die Zuordnung der Orte zu Touren in den zweistufigen Verfahren geht meist von Ortskoordinaten aus und berücksichtigt nicht die Netzstruktur. Stattdessen kann man im ersten Schritt eine Gesamttour durch alle Besuchsorte mit optimaler Reihenfolge be-

Operations Research Proceedings 1982

rechnen und im zweiten Schritt diese entsprechend den Kapazitätsbedingungen in Teiltouren aufbrechen. Diese Vorgehensweise bringt in der Tendenz dann Vorteile, wenn das Netz dünn besetzt ist und der Tourenplan aus wenigen Touren mit vielen Orten pro Tour besteht, wie etwa bei der Planung von Vertretertouren.

3. Verallgemeinerung des LP-Modells für die Tourenplanung

Der LP-Ansatz läßt sich auch unmittelbar auf das Problem der Tourenplanung erweitern. Dabei garantiert allerdings nur das "vollständige" Modell mit einer Variablen für jedes Paar von Orten eine zulässige Lösung im Sinne der Tourenplanung. Das hier betrachtete unvollständige Modell liefert aber zumindest eine scharfe Schranke für den Zielfunktionswert des Tourenplanungsproblems.

Literatur

[1] Grötschel, M., On the Symmetric Travelling salesman problem: Solution of a 120-city problem. Math. Programming Studies 12 (1980), 61-77.

[2] Miliotis, P., Using cutting planes to solve the symmetric travelling salesman problem. Math. Programming 15 (1978), 177-188.

[3] Padberg, M.W., Hong, S., On the symmetric travelling salesman problem: A computational study. Math. Programming Studies 12 (1980), 78-107.

Methoden zur Entscheidungsvorbereitung bei der Lösung von Transportproblemen des schienengebundenen Güterverkehrs

Klaus Pierick, Braunschweig
Klaus-D. Wiegand, Braunschweig

Zusammenfassung. Der nachfragegerechten und wirtschaftlichen Planung des Schienengüterverkehrs kommt angesichts der wachsenden Marktanteile des Straßengüterverkehrs und der steigenden Transportkosten eine ständig größer werdende Bedeutung zu. In der vorliegenden Arbeit wird über die quantitativen Methoden und Informationssysteme berichtet, mit deren Hilfe objektive Entscheidungsgrundlagen für die Transportplanung abgeleitet werden können. Erste Erfahrungen mit praktischen Anwendungen liegen bei der Deutschen Bundesbahn vor und zeigen einen nennenswerten positiven Einfluß auf das Wirtschaftsergebnis.

Summary. Production planning in the field of railway freight traffic has to be more orientated on economics of operation and the requirements of the customers. This report is dealing with operational research methods and information systems which provide objective decision data to improve the transportation planning. Practical applications have shown a respectable influence on the financial results.

1. Einführung

Die Produktionskonzeption der Deutschen Bundesbahn (DB) geht von dem Prinzip der Gewährleistung eines kundengerechten und wirtschaftlichen Transportangebots aus.

Im Produktionsbereich Güterverkehr wurde daher schon vor einer Reihe von Jahren zunehmend Wert auf eine hohe Transportzuverlässigkeit und verringerte Beförderungszeiten gelegt.

In der heutigen Marktsituation ist das Unternehmen DB stärker als je zuvor mit wachsenden Betriebskosten auf der einen und abnehmender Verkehrsnachfrage - insbesondere im Güterbereich - konfrontiert. Das Management benötigt und sucht daher u. a. nach Hilfsmitteln für eine methodische Ableitung von objektiven Entscheidungsgrundlagen für die kurz- bzw. mittelfristige Unternehmensplanung.

Im folgenden wird ein solches Planungsinstrument beschrieben, das in den vergangenen zehn Jahren entwickelt und mittlerweile ständig für die Güterzugplanung der DB eingesetzt wird.

Operations Research Proceedings 1982

2. Methoden

2.1. Grundsätze des Güterzugfahrplans

Ausdruck der Unternehmenskonzepte ist für den Kunden der DB vor allem der Aufbau eines sogenannten Transportketten-Grundnetzes aus Stammgüterzügen in den letzten Jahren, das die Voraussetzung für eine garantierte Beförderung der Güterwagen im "Nachtsprung" bzw. im Nacht/Tag/Nacht-Intervall über weite Entfernungen im Bundesgebiet schaffen soll. Der Fahrplan für derartige Züge muß empfangsorientiert aufgestellt werden und läßt eine Anpassung an Nachfrageschwankungen nicht oder nur in geringem Umfang zu.

Die Planungsgrundsätze für die weitaus größere Zahl der Ferngüterzüge, die nicht in diese Transportkette eingebunden sind, beruhen dagegen auf den Zielvorstellungen der Gewährleistung eines möglichst großen Auslastungsgrades und der flexiblen Anpassung an das tägliche Transportaufkommen.

Für die konventionelle Fahrplanung wird dabei noch heute in weiten Bereichen das sog. Summenlinienverfahren angewandt. Hierbei werden aufgrund des erheblichen manuellen Aufwands möglichst repräsentative Erhebungszeiträume ausgewählt, in denen das Transportaufkommen in Form des Güterwageneingangs in den Rangierbahnhöfen nach Zahl und Zeitpunkt zu registrieren ist. Die für die Aufstellung des Fahrplans maßgeblichen Wagensummen werden dann als Durchschnittswerte berechnet, und zwar wegen der üblicherweise vorhandenen Verkehrsschwankungen in der Regel gesondert für einzelne Verkehrstage und Wochenenden.

Methodisch bedingt können daher sowohl die Zugfahrten als auch die Fahrplanzeiten nur als Durchschnittswerte überschlägig festgelegt werden. Eine genauere Anpassung an die beträchtlichen tageszeitlichen, wochentäglichen und sonstigen kurzfristigen Nachfrageschwankungen ist nicht möglich.

2.2. Quantitative Methoden und Informationssysteme

Angesichts des vorhandenen hohen Produktionsniveaus der DB ist es ausschließlich mit Hilfe von quantitativen Methoden und Informationssystemen möglich, den noch verbleibenden Spielraum zur Verbesserung der Transportqualität und Verringerung der Transportkosten noch weiter auszuschöpfen.

Informationssysteme werden seit einigen Jahren bei praktisch allen großen Verkehrsunternehmen aufgebaut, im Fall der DB beispielsweise das sog. ITS-Integrierte Transportsteuerungssystem mit einem netzweiten Datenverbund. Derartige Systeme können, insbesondere im Zusammenwirken mit Automationssystemen für Prozeßsteuerungen, in Zukunft sehr vorteilhaft dafür herangezogen werden, eine detaillierte Datenbasis für den Einsatz von Planungsmodellen zu schaffen. In Einzelfällen, wie den mit Prozeßrechnern ausgestatteten Rangierbahnhöfen im Bezirk Hamburg (Maschen) und Hannover (Seelze), liegen die entsprechenden Voraussetzungen sogar schon seit einigen Jahren vor, so daß bei der Entwicklung der im folgenden beschriebenen O.R.-Verfahren von der Existenz geeigneter Informationssysteme ausgegangen werden konnte.

Eine Analyse des hier vorliegenden Transportproblems zeigt, daß eine Reihe von divergierenden Kriterien berücksichtigt werden müssen, z. B.:

- Eine Verringerung der Produktionskosten erfordert eine
  - Minimierung der Güterzugzahlen, führt damit jedoch tendenziell
  - zu einer Verringerung des Transportangebots und damit
  - der Transportqualität für den Kunden.

- Obwohl die Transportnachfrage starken Schwankungen unterliegt, ist für große Verkehrsunternehmen eine Aufteilung des Transportangebots in regelmäßig angebotene und bedarfsgesteuerte Leistungen zweckmäßig und betrieblich notwendig; Regel- und Sondertransporte sind jedoch kostenmäßig verschieden zu bewerten.

- Eine flexible Anpassung des Angebots an die Nachfrage erfordert rasche Dispositionsmaßnahmen: aus betrieblichen Gründen (z. B. Triebfahrzeugumläufe) soll jedoch für möglichst große Zeiträume ein einheitlicher Fahrplan eingerichtet werden.

Bereits diese wenigen Gesichtspunkte zeigen, daß praxisgerechte Problemlösungen nur mit Hilfe eines modular aufgebauten, interaktiven Rechnermodells erarbeitet werden können, bei denen der Verkehrsplaner unmittelbar in den Entscheidungsprozeß integriert ist. Die eizelnen Modellstufen beinhalten jeweils einen mathematisch-analytischen Kern zur Optimierung eizelner Aufgabenbereiche und Ermittlung von objektivierten Entscheidungshilfen.

<u>MODELLSTUFE I:</u> Analyse des Verkehrsaufkommens

Auf der Basis der von dem Informations- und Prozeßsteuerungssystem gelieferten Verkehrsdaten wird der tägliche Wageneingang im Rangierbahnhof nach Zeitpunkt, Wagenzahl, Länge, Gewicht und Beförderungsziel analysiert. Mit Hilfe von Methoden der mathematischen Statistik werden elementare statistische Kenngrößen (Mittelwert, Standardabweichung, Varianz) bestimmt. Daran anschließend ermittelt sich der Planer mittels Clusteranalysen homogene Planungszeiträume, untersucht die möglichen Ursachen für Nachfrageänderungen und erstellt ggf. Prognosen.

MODELLSTUFE II: Kostenminimierung Mengenverhältnis Regel- und Bedarfsgüterzüge

Unabhängig von den tageszeitlichen Fahrplanlagen werden auf der Grundlage linearisierter Kostenfunktionen für die ausgewählten Planungsperioden (d. h. Fahrplanperioden) die in erster Näherung gültigen kostenminimalen Mengenverhältnisse zwischen Regel- und Bedarfsgüterzügen berechnet. Der Planer kann Alternativstrategien bewerten, z. B. indem er sich die Gesamttransportkosten für verschiedene Angebotsformen von reinem Taktverkehr bis zum völlig bedarfsgesteuerten Zugangebot ermitteln läßt.

MODELLSTUFE III: Fahrplangestaltung

Die Abfahrlagen der in Modellstufe II ermittelten Regelzüge werden in Abhängigkeit von den nachfragebedingten Wagenzuläufen und dem daraus resultierenden Auslastungsgrad der Züge sowie der Kapazität der zur Verfügung stehenden Gleise algorithmisch abgeleitet.

Da die Fahrplanzeiten der Regelzüge über die jeweilige Fahrplanperiode konstant beibehalten werden müssen, werden zusätzlich an einzelnen Verkehrstagen je nach zeitlicher Verteilung und Intensität der Nachfrage Sonderzüge eingeplant, und zwar ebenfalls ausgehend von den schon für die Fahrplanung der Regelzüge maßgebenden Tagesganglinien.

Der Verkehrsplaner modifiziert ggf. die optimierten Fahrpläne im Dialog mit dem Rechner, um eine praxisgerechte und (z. B. unter Berücksichtigung der Streckenbelastungen) besser realisierbare Lösung zu konzipieren.

3. Anwendungen

Die Deutsche Bundesbahn setzt das Planungsmodell seit 1980 für die Gestaltung der Jahresfahrpläne im Bezirk der Direktion Hannover ein. Die Planungsresultate haben ergeben, daß eine wesentlich genauere Anpassung des Transportangebots an die Nachfrage ermöglicht wird. Der nachgewiesene wirtschaftliche Nutzen entsteht dabei durch Verringerung des erheblichen manuellen Aufwandes für das früher notwendige Summenlinienverfahren und insbesondere durch beträchtliche Einsparungen an Zugkilometern.

Zur Zeit wird der netzweite Einsatz des Modells in Zusammenarbeit mit der DB eingeleitet.

MODELLSTUFE I	I-A	Grafische Darstellung des Transportaufkommens	Problembeschreibung und Systemanalyse mit anschließender Systemdefinition
	I-B	Berechnung elementarer statistischer Kenngrößen	
	I-C	Kontrastgruppenanalysen	
MODELLSTUFE II		Algorithmus zur Berechnung der Transportkosten in Abhängigkeit von der Anzahl Regelzüge als Ausgangspunkt zur Wahl eines günstigsten Mengenverhältnisses zwischen Regel- und Bedarfsgüterzügen • 1. Näherung auf der Grundlage idealisierter Abfahrlagen •	Ermittlung einer Ausgangslösung
MODELLSTUFE III		Algorithmus zur Bestimmung der günstigsten Abfahrlagen aller Regel- und Bedarfsgüterzüge mit anschließender Berechnung der Transportkosten und Ermittlung eines günstigsten Mengenverhältnisses zwischen Regel- und Bedarfsgüterzügen • heuristische Optimierung; Itetionsschritte bis zur Stabilisierung des Planungssystems •	Optimierung

W R B - M O D E L L

Die Auswirkung systemtechnischer Denkweisen auf Betrieb und Instandhaltung

Hermann Kottsieper, Mülheim
Dieter Schönert, Bochum

Zusammenfassung. Bedeutung der Leistung und Verfügbarkeit der Produktionsanlagen für das Unternehmen; Wechselwirkungen der an der Produktion beteiligten technischen Bereiche; Entwicklung der Anlagentechnik in der Stahlindustrie; der Mehrfach-Regelkreis des Instandhaltungssystems; neue funktionale Strukturen der Instandhaltungstätigkeiten, der Instandhaltungskosten und der Instandhaltungsleistungen. Einführung der neuen Instandhaltungsdaten in die Betriebsabrechnung; Einflußgrößen zur Verbesserung der laufenden Instandhaltung: die Ablauforganisation und der technische Stand der Anlagen. Rückkopplung des Instandhaltungs-Wissens auf die Gestaltung von Neuanlagen.

Summary. Significance of the performance and availability of the plants for the enterprise. Inter actions of the spheres of activity engaged in production. Development of plant engineering in iron and steel industry. The multiple process controll system of the maintenance system. New classification of the maintenance activities, maintenance costs and maintenance effectiveness. Introduction of the new maintenance data to works cost accounting. Two factors suggest themselves as susceptible of improvment, the maintenance system and the technological status of the plant. Feedback of the maintenance experience for the plant engineering.

1.) Einführung

Nach Bild 1 soll das Verhältnis: Nutzen zu Aufwand einer Produktionsanlage, also eines technischen Systems, als Systemwirksamkeit definiert sein, die vom Verhältnis der dort genannten Begriffe bestimmt wird. Die Produktionsleistung wird durch die Zeit- und Funktions-Verfügbarkeit bei einer gewünschten Produktqualität bestimmt. Die Steigerung der Systemwirksamkeit der Produktionsanlagen ist eine ständige Forderung auch an die Anlagentechnik. Der letztere Begriff umfaßt in der Stahlindustrie zunehmend alle nichtproduktiven technischen Tätigkeiten von der Planung über die Instandhaltung bis zur Verschrottung einer Anlage. Minderungen der Produktionsleistung durch mangelnde Anlagengestaltung, Produktfehler verursacht durch unbefriedigende Funktionen oder Störungen durch Bauteilausfälle beeinflussen die Systemwirksamkeit in entscheidendem Maße. Daher müssen schon bei der Auslegung Teilziele definiert und verfolgt werden, z. B. erhöhte Verfügbarkeiten, Energieminimierung, kürzeste Transportwege. Eine gleichstarke Aufmerksamkeit ist der Kostenwirksamkeit (auch Lebensdauerkosten genannt) zu widmen, wo-

Operations Research Proceedings 1982

bei insbesondere die technisch-wirtschaftlichen Wechselwirkungen von Investitions- und Betriebskosten eine intensive Analyse verlangen. Das ist beim Neubau von Anlagen sehr schwer, aber auch bei der Modernisierung vorhandener Anlagen. Daher sollten durch unterschiedliche Konzepte die Einflüsse auf die Lebensdauerkosten ermittelt und in Vergleichen die einzelnen Systemwirksamkeiten gegenübergestellt werden, bevor eine Entscheidung fällt.

2.) Wechselwirkungen der an der Fertigung beteiligten Bereiche

Die im technischen Bereich unmittelbar beteiligten Partner - die Produktion, die Anlagentechnik und die Qualitätssicherung - haben während der Nutzungszeit der Anlagen zwei miteinander in Beziehung stehende Forderungen zu erfüllen:

- Das einzelne "Technische System" muß als eine komplexe Ganzheit betrachtet und behandelt werden.
- Die auf Arbeitsteilung beruhenden Abläufe setzen das koordinierte Zusammenspiel der Beteiligten voraus.

Gemeinsam ist beiden Problemen, daß Lösungen prinzipiell nur in einer eindeutigen Zuordnung von Ursache und Wirkung zu finden sind. Dieser Methode entsprechen am ehesten Lösungsmodelle aus der Regelungstechnik, wie sie vielfältig in der Natur vorliegen und für deren Anwendung sich die Verfahren der Systemtechnik anbieten.

Bild 2 stellt die Grobstruktur und Wechselwirkungen der direkt an der Fertigung beteiligten Partner dar. Die Bereiche der Produktion, der Anlagentechnik und der Qualitätssicherung sind unmittelbar durch die Fertigungsstrecke, also die technischen Systeme der Anlagen, verbunden. Sie wirken jeder für sich mit Aktion und Information auf die Fertigungsstrecke ein, in Form und Methode eines eigenen Regelkreises; sie sind aber zugleich über die Anlagen miteinander verbunden, womit eine intensive Funktionskopplung erzwungen wird. Diese gegenseitigen Wechselwirkungen erfordern eine laufende und unmittelbare Koordination und eine abgewogene Zusammenarbeit, um das Unternehmensziel für die Produktionsanlage, also die Systemwirksamkeit, zu erreichen. Es muß bei den Beteiligten die Einsicht wachsen, daß sie ihre Einzelziele stärker auf die Gesamtinteressen abstimmen. Andernfalls besteht bei fehlender Zusammenarbeit die nicht zu unterschätzende Gefahr, daß je nach Durchsetzungsvermögen der Beteiligten die Fertigungssysteme nach einseitigen Entscheidungen fehlgeführt werden.

3.) Entwicklung der Anlagentechnik

Bei älteren Fertigungsanlagen waren die zugehörigen Einzelmaschinen vielfach vollständig getrennt aufgestellt und wurden durch das Bedienungspersonal aufgrund von Informationen und Eingriffen im Ablauf kontrolliert, gesteuert und koordiniert. Auch die Antriebs- und Verfahrenssysteme wurden gesteuert und nur zum Teil geregelt; die Systemwechselwirkungen waren einfach, übersichtlich und daher beherrschbar. Obwohl also die Kopplungen zwischen den Maschinen-, Elektro- und Baubetrieben sehr lose waren, warfen bekannte Schnittstellen, wie etwa die Motorkupplungen bei Antriebssystemen, die Magnetventile oder die Wärmeregelungen keine laufenden, aber zuweilen doch Probleme auf.

Die seit Jahren eingetretene Entwicklung zu Kompaktbauweisen, zu kontinuierlichen Fertigungslinien und weitgehend automatisierten Anlagensystemen erzwingen organisatorische Methoden sowohl für den Neubau als auch für die Nutzung der Anlagen, die den geänderten Aufgaben Rechnung tragen. Die Anlagentechnik muß als komplexes Teilsystem des Fertigungssystems mit vielfachen inneren und äußeren Abhängigkeiten betrachtet und behandelt werden. Es muß schon bei der Neubauplanung im Gegensatz zu früherem Vorgehen eine ganzheitliche Gestaltung unter Berücksichtigung der Wechselwirkungen zwischen den Fertigungs- und Instandhaltungs-Eigenschaften oberstes Ziel sein.

Anders als bei serienmäßigen Fertigungseinrichtungen fordert die Nutzung der maßgeschneiderten Großanlagen der Stahlindustrie für die Instandhaltung, Organisationen zu entwickeln, die zu ganzheitlichem Planen und Handeln fähig sind, um die Verfügbarkeit durch abgestimmte und eingespielte Zusammenarbeit ihrer Fachbetriebe zu garantieren. Die noch immer vorzufindende, sehr differenzierte Arbeitsteilung innerhalb der Instandhaltungsbetriebe hat nachteilige Folgen, wozu dezentrale Stabsstellen und Werkstätten der einzelnen Fachbetriebe noch beitragen. Das Spezialisierungsprinzip, das einmal der Rationalisierung dienen sollte, beginnt, die Wirksamkeit der anlagentechnischen Arbeit vor Ort zu gefährden. Die Erledigung von nur Teilaufgaben gerät in Gefahr, zu einer selbstgefälligen Routine der Fachleute zu werden. So ist es durchaus üblich, daß z. B. bei einer gut gemeinten Beseitigung einer Schwachstelle an Baukomponenten infolge des fachorientierten und oft überzogenen Kompetenzdenkens meist nur eine Schwachstellenverlagerung auf andere Baukomponenten stattfindet, und nicht eine durchdringende Verbesserung. Daher sind vordringlich nicht mehr die in ihrem Fachgebiet sich bestens auskennenden, aber auch befangenen Spezialisten gefragt, denen zwangsläufig meist der notwendige Überblick über die wechselseitigen Zusammenhänge fehlt. Vielmehr müssen wirksame Klammern für die interdisziplinäre Arbeitsabstimmung gefunden und institutionalisiert werden, um die Verantwortung für das Anlagensystem sicherzustellen. Dazu bedarf es koordinierender Fachleute - zur Abgrenzung hier "Generalisten" genannt -, die die Gesamtheit überschauen, zur interdisziplinären technischen und wirtschaftlichen Koordination fähig sind und für die Funktionen und Kosten verantwortlich zeichnen. Das können Einzelne oder eine eng verknüpfte Gruppe sein. Entscheidend bleibt die Erfüllung der drei wesentlichen Aufgaben:

- alleiniger Vertreter der gesamten Instandhaltung gegenüber den an der Fertigung beteiligten Partner zu sein,
- die Aktivitäten der Instandhaltungsfachbetriebe vor Ort zu koordinieren und die Leistungs- und Kostenverantwortung zu erfüllen,
- nach eigenem Fachwissen, angereichert mit Erfahrungen und Kenntnissen über die Anlagen-Zusammenhänge beratend und helfend bei allen Aktivitäten für die Erhaltung der Funktionsfähigkeit mitzuwirken.

Solche Personen sind an manchen Stellen schon zu finden, leider noch zu wenig. Es sei an den Prozeßelektroniker erinnert, der den Verfahrensprozeß kennt, die Verknüpfung mit dem Modell mit Hilfe der Leittechnik beherrscht und Überwachungs- und Instandhaltungsanweisungen aus der von ihm entzifferten Störungsanalyse veranlaßt.

4.) Aufgaben der Anlagentechnik

Ablauforganisation

Die Ziele der Anlagentechnik innerhalb des Systems Unternehmen lauten:

- Minimierung der Ausfallzeiten nach wirtschaftlichen Werten,
- Erhaltung der Funktionsgüte,
- Minimierung der Instandhaltungskosten.

Die Mittel und Wege dazu beginnen in der Planung, bestimmen die Durchführung und erfordern intensive Kontrollen der Tätigkeiten, z. B. für

- laufende Instandhaltungen,
- systematische Verbesserungen und
- die Institutionalisierung des Erfahrungs-Rückflusses und dessen Auswertung in der Neugestaltung von Anlagen.

Die dafür notwendige Ablauforganisation ist in Bild 3 für das Instandhaltungssystem als Teilbereich der Anlagentechnik nach den Grundsätzen der Arbeitsteilung in Tätigkeiten und Informationen in einem Mehrfach-Regelkreis dargestellt. Dazu gehören die Instandhaltungsplanung, die Methoden und Mittel der Fachbetriebe für die Instandhaltungstätigkeiten und die rückgekoppelten Informationen für die Auftragsabrechnung mit deren Überwachung.

Damit die Instandhaltung nicht durch Gewohnheits- oder einseitiges Fachdenken in Routine erstickt, wodurch unnötige Kosten entstehen, muß sie ständig kontrolliert und verbessert werden. Dazu ist ein überlagerter Adaptiv-Regelkreis unter Anwendung systemanalytischer Methoden geeignet. Die Systemanalyse setzt eine weitgehende Datenerfassung und -verarbeitung des Betriebsablaufes voraus, um technische und wirtschaftliche Kenngrößen über den Ist-Zustand der Anlagen zu erhalten. Mit ihnen wird einerseits eine kritische Beurteilung der laufenden Instandhaltung möglich und andererseits der Lernprozeß zu ihrer Verbesserung in Schwung gehalten. Die Erfahrungen insbesondere zu den Verbesserungen müssen für den Erfahrungs-Rückfluß dokumentiert werden.

Instandhaltungs-Systemanalyse

Bei allen Versuchen, die Instandhaltungskosten durch wirksame Strategien zu minimieren, weiß jeder Fachmann aus Erfahrung, daß dies meist das Risiko zunehmender Produktionsstörungen in sich birgt. Ebenso ist eine Aussage über die Notwendigkeit und den Umfang geplanter Instandhaltungen zur Störungsreduzierung und deren wirtschaftlicher Nutzen bislang nicht eindeutig möglich. Der Instandhalter muß sich sogar fragen, ob die Tätigkeiten der vorbeugenden Instandhaltungen aus Eifer oft nicht übertrieben wurden und außerdem Bauteile einschlossen, die keinen unmittelbaren Einfluß auf die Verfügbarkeit, wohl aber auf die Instandhaltungskosten haben.

Es ist schwierig, die Instandhaltung für die maßgeschneiderten Großanlagensysteme der Stahlindustrie zu optimieren. Daher hat sich jede Instandhaltungsführung im Laufe der Zeit unter Kenntnis des Betriebsverhaltens der Anlagensysteme und Verwertung eigener Erfahrungen über die Lebensdauer der Baukomponenten ein eigenes Instandhaltungssystem erarbeitet. Diese sicherlich unbefriedigende Situation führt zu der Frage, ob nicht die Wechselwirkungen zwischen den Instandhaltungstätigkeiten und den Instandhaltungskosten und insbesondere deren Nutzen, d. h. den Instandhaltungsleistungen, so erfaßt werden können, daß die Führung mit diesen Informationen die Instandhaltungs-Eigenschaften der einzelnen Anlagen optimieren kann.

Optimierungsaufgaben begegnet man überall in der Wirtschaft, in der Technik und im täglichen Leben. Sie können mit Hilfe von Regelungssystemen gelöst werden, besonders dann, wenn eindeutige Informationen über die Tätigkeiten, das Verhalten sowie die Wechselwirkungen vorliegen und eine brauchbare Modellvorstellung zur Hand ist. Eine weitere Voraussetzung ist, daß eine solche Vorgehensweise von allen Mitarbeitern verstanden und getragen wird, damit die dafür erforderlichen Uraufschreibungen wahrheitsgemäß angefertigt werden.

Brauchbare Modelle bieten die Methoden der Unternehmensforschung (Operations Research, OR). Bei der Auswahl ist zu berücksichtigen, daß die anlagenbezogenen Instandhaltungstätigkeiten mit ihrem Personal- und Materialaufwand weitgehend stochastisch anfallen. Außerdem muß beachtet werden, daß die Auswirkungen der Instandhaltungstätigkeiten infolge des gespeicherten Nutzungsvorrates der Baukomponenten ein Zeitverhalten in ihrer Wechselwirkung zur Verfügbarkeit aufweisen, an die die Betrachtungszeitabstände (Abtasttheorien) angepaßt werden müssen. Für die Optimierung stochastischen Verhaltens mit Totzeit eignet sich das "Lagerhaltungsmodell", das gekennzeichnet ist durch zwei gegenläufige, voneinander abhängige Kostenarten. Durch abtastende Vorgehensweise lassen sie sich gezielt einem angestrebten Optimum zuführen.

Instandhaltungstätigkeiten

Die Instandhaltungstätigkeiten sind die erste Eingangsgröße des Modells. Die in der DIN 31051 veröffentlichten Arten der einzelnen Instandhaltungstätigkeiten stellen mit Wartung, Inspektion, Instandsetzung nur eine fachliche Aufzählung dar. Diese Einzeltätigkeiten sind nicht für ein Regelmodell mit einer Optimierung geeignet. Um das zu erreichen, müssen die in der Praxis bei einem Instandhaltungs-Vorgang zusammenwirkenden Instandhaltungstätigkeiten in zwei gegenläufige Kategorien (wie beim Lagerhaltungsmodell) eingeordnet werden, die als Instandhaltungs-Haupttätigkeiten nach Bild 4 klassifiziert sind.

Unter der ersten Haupttätigkeit, der ungeplanten ausfallabhängigen Instandhaltung, versteht man alle Maßnahmen zur Schadensbeseitigung an Bauteilen, deren Abnutzung unvorhergesehen überschritten wurde und die ihre Funktion nicht mehr erfüllen. Solche Bauteilausfälle treten meist als Früh- oder Zufallsausfälle auf. Je nachdem, ob sie sich bei produktionswichtigen oder unwichtigen Anlagensystemen und an deren Haupt- oder Nebeneinrichtungen auswirken, kann die Produktion voll oder eingeschränkt fortgeführt werden oder es kommt zu Störungen mit Instandhaltungstätigkeiten und Ausfallfolgebeseitigungen. So bestätigt auch die Praxis, daß die alleinige Strategie der ungeplanten ausfallabhängigen Instandhaltungen (Feuerwehrprinzip) zu hohen Störgraden d. h. zu hohen Instandhaltungs- und Ausfallfolgekosten führt.

Dieser Auswirkung wirkt die zweite Haupttätigkeit, die geplante zustandsabhängige Instandhaltung entgegen. Hierunter versteht man alle Maßnahmen zur Erhaltung oder Wiederherstellung des Bauteil-Nutzungsvorrates, der durch Verschleiß, Alterung, Ermüdung, Korrosion usw. abgebaut wurde und zu Lebensdauerausfällen führte. Hierzu gehören die Einzeltätigkeiten, wie geplante Wartungen, und - von ausschlaggebender Bedeutung - die Inspektionen aller produktionswichtigen Bauteile, um durch Erfassung des Rest-Nutzungsvorrates und der Funktionsgüte eine Ausfallfrüherkennung vorauszusehen. Hierzu bestätigt die Praxis, daß die geplanten Hauptttätigkeiten der zustandsabhängigen Instandhaltungen besonders an Hauptteilen von produktionswichtigen Anlagensystemen den Anlagenstörgrad mindern. Allerdings steigen durch diese Haupttätigkeiten mit ihrem Personal- und Materialaufwand die zugehörigen Instandhaltungskosten an, während aber die Ausfallfolgekosten fallen.

Darüber hinaus erlangt eine dritte Haupttätigkeit zunehmende Bedeutung, die aber nicht in das Optimierungsmodell eingeht. Es sind dies: geplante sicherheitsabhängige Instandhaltungen. Da sie durch gesetzliche Auflagen vorgeschrieben werden, (z. B.an Kranen, Fahrzeugen, Druckbehältern, Energieanlagen usw.) sind sie kaum beeinflußbar und sollten daher getrennt erfaßt und mit ihren Kosten ausgewiesen werden.

Ein Gleiches gilt für eine vierte Haupttätigkeit. Nach der Inbetriebnahme einer Anlage werden üblicherweise Verbesserungen, Ersatz von Bauteilen, Anpassung der Anlagen an geänderte Funktionen, Modernisierungen usw. als nichtaktivierungspflichtiger Instandhaltungsaufwand ausgeführt. Diese Arbeiten müssen ebenfalls getrennt ausgewiesen werden, da sie nicht in das Optimierungsmodell eingehen. Sie werden zusammengefaßt als geplante sonstige Instandhaltungen. Diese vier funktionalen Instandhaltungs-Haupttätigkeiten stellen zwar ungewohnte Zusammenfassungen dar, beinhalten aber die bekannten Einzeltätigkeiten, nur in einer neuen Zuordnung.

Instandhaltungskosten

Die Instandhaltungskosten sind die zweite Eingangsgröße des Modells. Mit den derzeit an die Instandhaltungsführung gelieferten Kosteninformationen aus Uraufschreibungen über Datenverarbeitung, Rechnungswesen oder Betriebswirtschaft ist die Wirksamkeit der Instandhaltungstätigkeiten nur schwer kontrollierbar. Auch die Kostenrechnung in der Stahlindustrie, die nach den Allgemeinen Richtlinien für das betriebliche Rechnungswesen (ARBESt 1974) erfolgt, ist für eine Instandhaltungsoptimierung nicht brauchbar. Daher wurden den vier Instandhaltungs-Haupttätigkeiten vier neue Kostenarten zugeordnet. Die Kostenart 1 umfaßt zwei Teilkosten:

1.1 Kosten der ausfallabhängigen Instandhaltungen zur Ausfall-Schadensbeseitigung

1.2 Ausfallfolgekosten (die keine Instandhaltungskosten sind); dazu gehören

- Ausfall der Produktion,

- Schäden an Produktionsmitteln,
- Minderung der Produktgüte.

Die Ausfallfolgekosten nach 1.2 werden nach den Kostenrichtlinien der Stahlindustrie nicht ausgewiesen. Für richtige Entscheidungen der Instandhaltungsführung sind sie aber erforderlich, denn ihre Höhe ist eine wesentliche Einflußgröße auf die Instandhaltungsoptimierung und ihre Erfassung trägt zur Kostenwahrheit bei.

Die dem Modell entsprechende Kostenart 2 umfaßt ebenfalls zwei Teilkosten:

2.1 Kosten der zustandsabhängigen Instandhaltungen zur Erhaltung oder Wiederherstellung des Bauteile-Nutzungsvorrates.

2.2 Ausfallfolgekosten (die keine Instandhaltungskosten sind), nämlich
- Ausfall der Produktion.

Können die Tätigkeiten der zustandsabhängigen Instandhaltungen während der geplanten Betriebszeiten nur bei Anlagenstillstand ausgeführt werden (z. B. bei Kraftwerken oder bei durchlaufenden Ofenanlagen), treten Ausfallfolgekosten immer auf.

Die Kostenarten 3 und 4 gehen nicht in das Optimierungsmodell ein. Es sind dies:

3. Kosten für sicherheitsabhängige Instandhaltungen.
4. Kosten für sonstige Instandhaltungen.

Das Modell benötigt anlagengezogene Instandhaltungskosten. Da die Instandhaltungsplanung mit einer auftragsbezogenen Betriebsabrechnung arbeitet, müssen sie in einer Matrix gemäß Bild 5 umsortiert werden. Ein Ausschnitt aus einem anlagenbezogenen Betriebsabrechnungsbogen (BAB) mit den neuen vier Instandhaltungskostenarten und den Ausfallfolgekosten ist in Bild 6 als Zeitreihe dargestellt.

Instandhaltungsleistungen

Die Instandhaltungsleistungen sind die dritte Eingangsgröße des Modells. Ihre Bewertung ist sehr schwierig. Nach den Methoden des Operations Research werden daher die Leistungen durch den aussagefähigeren Begriff der Wirksamkeit ersetzt. Die Wirksamkeit eines Systemes beschreibt nach DIN 40 042 - Zuverlässigkeit elektrischer Geräte, Anlagen und Systeme, Begriffe - die Erwartungswerte, mit denen das System die Funktionen, für die es ausgelegt wurde, erfüllt. Neben den direkt meßbaren technischen Leistungsparametern (z. B. Durchsatz, Stückzahl, Geschwindigkeit) beeinflussen stochastische Leistungsparameter (z. B. Betriebsablauf, Bedienung, Instandhaltung usw.) die Wirksamkeit eines Anlagensystems. Der Einfluß der Instandhaltungs-Tätigkeiten auf die Anlagen-Wirksamkeit wirkt sich außer in den anlagenorientierten Instandhaltungskosten auch in den Störzeiten infolge ausgefallener Leistungsfähigkeit der Anlagen aus. Ebenfalls nach DIN 40 042 werden die Störzeiten allgemein durch die Verfügbarkeit gekennzeichnet. Sie ist definiert als die "Wahrscheinlichkeit, mit der man ein System bei Beginn der für die Leistungsfähigkeit geplanten Betriebszeit in einem funktionsfähigen Zustand antrifft". In der Praxis wird nach Bild 7 die mittlere Verfügbarkeit $\bar{A}$ ermittelt aus der Betriebszeit Σt_B und der Nichtverfügbarkeit Σt_{NV} . Bild 8 enthält eine Zeitreihe der Verfügbarkeiten einer Produktionsanlage, die aus der Ausfallstatistik gewonnen wurde. Sie wird für die späteren Systemanalysen benötigt.

5.) Optimierung der Instandhaltung

Um die Optimierung durchführen zu können, werden die Instandhaltungs- und Ausfallfolgekosten der beiden Instandhaltungs-Haupttätigkeiten aus Bild 6 und die Anlagenverfügbarkeiten aus Bild 8 in Abhängigkeit gebracht. Eine solche Untersuchung für eine Produktionsanlage hat zu Ergebnissen geführt, wie sie in Bild 9 dargestellt sind. Daraus erkennt man: Die Instandhaltungsführung kann durch eine Beeinflussung dieser beiden Haupttätigkeiten für jedes Anlagensystem ein Optimum der Instandhaltungs- und Ausfallfolgekosten steuern, mit einer verbleibenden unvermeidbaren Nichtverfügbarkeit infolge nicht erkennbarer Früh- und Zufallsausfälle. Das Optimum kann selbstverständlich kein einzelner Punkt sein, sondern umfaßt einen Bereich, da sowohl Produktions- als auch Marktkriterien bei der Quantifizierung der Ausfallfolgekosten beachtet werden müssen. Zwei Einflüsse wirken ganz erheblich auf die tatsächlichen Gesamtkosten ein:

- die Instandhaltungs-Ablauforganisation und
- der technische Stand der Anlagen.

Verbesserung der Instandhaltungs-Ablauforganisation

Schon im Kapitel 3:"Entwicklung der Anlagentechnik" wurden einige Aspekte vorgetragen. Die Veranlassung und Abstimmung der in steigendem Maße gegenseitig abhängig gewordenen Instandhaltungsaktivitäten - denken Sie an den Generalisten, der ins Gespräch gebracht wurde - können für die zunehmend komplexer und automatisierter werdenden Anlagensysteme nicht mehr durch statische Aufbauorganisationen nach hierarchischer Ordnung mit genügender Effizienz und Schnelligkeit in Gang gebracht werden. Diese sind zu schwerfällig und intolerant. Die Isolierung, in der sich fachorientierte Aufbau-Organisationen befinden, eingeengt in Ressortdenken, macht die Durchführung von ganzheitlichen Betrachtungen, geschweige denn Optimierungen nahezu unmöglich. Darum hängen die erreichbaren Instandhaltungskosten und Anlagenverfügbarkeiten entscheidned von folgenden Wechselwirkungen ab:

- von der funktional-fachlichen Aufbauorganisation als eine Voraussetzung für das Denken, Planen und Handeln für die Anlagensysteme,
- von dem Funktions- und Kostenbewußtsein und besonders vom gewünschten überschneidenden Fachverständnis der Instandhalter,
- von der Mitverantwortung des Instandhalters für die funktionsgerechte Nutzung der Anlagen,
- und der Einbeziehung des Produktionsmannes in die Mitverantwortung für die Erhaltung der Verfügbarkeit der Anlagen.

Die Durchsetzung dieser Grundsätze ist nur in einer dynamischen Aufbauorganisation zu erreichen und verlangt außerdem eine Anpassung von Struktur und Aufgaben der an der Produktion beteiligten Partner. Das wurde schon in Kapitel 2 begründet.

Neben der Verbesserung der Ablauforganisation muß eine Verbesserung der Anlagentechnik selbst einhergehen, vornehmlich in der Beeinflussung der beiden Instandhaltungs-Haupttätigkeiten. Ausschlaggebend für einen hohen Wirkungskrad in den zustandsabhängigen Tätigkeiten sind laufende Inspektionen, die den Nutzungsvorrat der Bauteile überwachen. Zuvor sollte, auch zur Verringerung der Kosten, mit Zuverlässigkeitsanalysen erkannt werden, daß nur die Bauteile einzubeziehen sind, die bei Ausfällen zu unwirtschaftlichen Nichtverfügbarkeiten oder hohen Ausfallfolgekosten führen. Die Bauteil-Überwachung verlangt qualitative und quantitative Inspektionsaussagen zum Nutzungsvorrat, die nur mit geeigneten Meßeinrichtungen und qualifiziertem Personal zu erhalten sind. Weitere Hilfsmittel sind Meßeinrichtungen für Dauerüberwachungen in Verbindung mit Rechnern, wie sie z. B. in der Flugzeuginstandhaltung in Form der Bordprüfsysteme verwendet werden. Hier liegt für die Instandhaltungsführung ein Schwerpunkt der kommenden Jahre. Mit Schadensanalysen, Ausnutzung wissenschaftlicher Erkenntnisse und Simulationen muß das Beanspruchungs-Zeit-Verhalten der Werkstoffe und Bauteile in seiner Auswirkung als Verschleiß, Ermüdung, Korrosion und Alterung so erkannt und bekannt werden, daß der Praktiker dieses Wissen am Bauteil selbst anwenden kann. Er muß in die Lage versetzt werden, gezielte Inspektionsanweisungen für ein interessierendes Objekt erstellen und eine Inspektion mit auswertbaren Erkenntnissen durchführen zu können. Das sollte so selbstverständlich werden wie heute die Planung und Arbeitsvorbereitung. Dieses Ziel kann nur durch Studium und Verwertung fremder Erfahrungen und Ergebnisse in gemeinsamen Anstrengungen und offenem Erfahrungsaustausch gelingen.

Die Abhängigkeit der Anlagenbeanspruchung durch variable Fertigungsprogramme und durch die Anlagenauslastung spielt für die zustandsabhängigen Instandhaltungen eine große Rolle. Aufbauend auf den Untersuchungen von U. Middelmann ist in Bild 10 links der ermittelte Verlauf der Instandhaltungskosten einer Anlage, abhängig von der Produktionsleistung und den Programmen 1, 2, 3, dargestellt. Daraus ist zu erkennen, daß aus der steigenden Beanspruchung ein Steigen der Instandhaltungskosten folgt. Im rechten Teil wird gezeigt, wie die Erhöhung der Instandhaltungskosten bei zusätzlich steigender Auslastung in diesem Beispiel auf die Erhöhung der zustandsabhängigen Instandhaltungen zurückzuführen ist, während die ausfallabhängigen Instandhaltungen kaum dazu beitrugen. Der Verlauf der Kurven hängt außerdem vom technischen Stand der Anlagen ab und wird von der Mitverantwortung des Produktionsmannes beeinflußt.

Für die notwendigen Instandsetzungs-Tätigkeiten wird der betrieblich mögliche Zeitpunkt vorausgeplant, wobei gute Zugänglichkeit und angepaßte Handhabungsmittel erforderlich sind. Damit schließen sich Inspektions-Anweisungen, Zustandskontrolle, Rückmeldung und Auswertung zu einem technisch-wirtschaftlichen Regelkreis.

Bei den verbleibenden unvermeidbaren "ausfallabhängigen Instandhaltungen" entsteht der wesentliche Zeitbedarf vielfach durch die Fehlersuche, insbesondere bei elektrischen, hydraulischen oder regelungstechnischen Fehlern. Um sie zu verringern, kann eine gemeinsame Anlagenleittechnik mit Testmöglichkeiten und Störungsmelde- oder Diagnosesystem helfen. Aber auch unter diesen Voraussetzungen wird in Zukunft qualifiziertes Vor-Ort-Personal benötigt, das neben dem Fachwissen auch die Bereitschaft zur Zusammenarbeit der Betriebe untereinander mitbringt.

Verbesserungen des technischen Standes der Anlagen

Die Anpassung vorhandener Anlagen an neuen technischen Stand bringt im allgemeinen höhere Verfügbarkeiten. Von entscheidender Bedeutung dazu ist das Ausmerzen von Schwachstellen. Zuverlässigkeitsanalysen mit ergänzenden Daten über Ausfallarten, Ausfallursachen, Häufigkeiten, sowie weiteren früheren und aktuellen Leistungen und Kosten aus dem BAB ermöglichen gezielte aufklärende Untersuchungen. Zur Interpretation der Daten ist auch das Gespräch mit den Mitarbeitern, die die Anlagen betreuen und daher eine enge Beziehung zum Geschehen haben, eine wichtige Informationsquelle für die mit solchen Aufgaben betraute Stabsstelle, die aus einer wissenschaftlich und konstruktiv arbeitenden Ingenieur-Gruppe bestehen sollte.

Das Ziel der Verbesserungen sollte immer eine systemgerechte Lösung sein, sei es beim Bauteilersatz, einer Modernisierung oder Anpassung an geänderte Funktionen und in Vorausschau auf technisch-wirtschaftliche Weiterentwicklungen muß die Zuverlässigkeit der Baukomponenten erhöht werden. Es sei noch einmal daran erinnert, daß Schwachstellen nicht beseitigt sind, wenn eine Verlagerung auf andere Baukomponenten eintritt. Die Baukomponenten sollten immer unter Berücksichtigung des Ganzen behandelt werden.

Wo derartige Verfügbarkeitsanalysen Sicherheitsprobleme für Menschen erkennen lassen, werden z. B. in der Luftfahrt und in den Kernkraftwerken wie bekannt, Anlagensysteme mit struktureller Redundanz realisiert. Warum sollten nicht auch beim Bau von Industrieanlagen vermehrt derartige Konzepte ausgeführt werden? Bei unwichtigen Anlagen ist eine Redundanz nicht nötig. Bei mehreren parallelen Anlagensystemen liegt eine Anlagen-Redundanz vor. Bei fertigungswichtigen und kostenintensiven Anlagensystemen dagegen liegt das technisch-wirtschaftliche Optimum bei Anlagenausführungen mit in der Struktur redundanten Teilsystemen oder Baukomponenten. Denn trotz sorgfältiger zustandsabhängiger Instandhaltung muß mit unvorhersehbarem Ausfall gerechnet werden. Wenn dann die Gefahr hoher Ausfallfolgekosten oder Sicherheitsrisiken besteht, ist der Einsatz redundanter selbstüberwachender Subsysteme zu empfehlen, damit der Betrieb bei Störungen zunächst weitergeht. So läßt sich im Zusammenwirken von Teilredundanz und ausfallabhängiger Instandhaltung eine hohe Verfügbarkeit bei geringeren Instandhaltungskosten erreichen.

Alle aufgezeigten Verbesserungen haben das Ziel, die Anlagensysteme instandhaltungsfreundlicher und damit kostengünstiger zu betreiben. Das erfordert aber fast immer höhere Investitionskosten. Daher sollten verschiedene Lösungen nicht nur bezüglich der genehmigten Investitionskosten, sondern auch der zugehörigen "Lebensdauerkosten der Anlagen" untersucht werden, um die einmaligen Investitionskosten und die zu erwartenden laufenden Instandhaltungs- und Ausfallfolgekosten zusammen zu optimieren. Für die Investitionskosten werden die daraus abgeleiteten laufenden kalkulatorischen Abschreibungen in diese Gesamtbewertung einbezogen. Da sie den langzeitigen Abbau des Nutzungsvorrates der Anlagen in realistischer Weise berücksichtigen, werden sie in diesem Simme hier verwendet. Bild 11.1 veranschaulicht den Zusammenhang. 4 Lösungen wurden vorgeschlagen. Für Lösung 2 sind im unteren Teil des Bildes die Investitionskosten in Abhängigkeit von der zu erwartenden Verfügbarkeit, oben die zugehörigen kalkulatorischen Abschreibungen dargestellt. Zusammen mit den geschätzten Instandhaltungs- und Ausfallfolgekosten bilden sie die Lebensdauerkosten 2 in Abhängigkeit von der gleichen zu erwartenden Verfügbarkeit. In Bild 11.2 wird für eine Lösung 3 eine verbesserte höherwertige Anlagengestaltung angenommen, die höhere Investitionskosten und damit höhere kalkulatorische Abschreibungen ergibt, aber infolge geringer geschätzter Instandhaltungs- und Ausfallfolgekosten auch zu geringeren Lebensdauerkosten 3 bei höheren Verfügbarkeiten führt.

Schrifttum

Ropohl, G.: Systemtechnik - Grundlagen und Anwendungen. München 1975.
Oberhofer, A.: Berg- und hüttenm. Mh.123 (1978) S.217/24.
Braun, E., Kottsieper, H., Schönert,D.: Stahl u. Eisen 99 (1979) 470 - 477.
Bitter, P.: VDI-Z 114 (1972) S. 487/91.
Wolfbauer, J.: Berg- u. hüttenm.Monatsh.123 (1978) S.224/30.
Lewandowski, K.: Instandhaltung (1978) S. 8/10.
Middelmann, U.: Stahl u. Eisen 97 (1977) S. 455/63.
Hofmann, W.: Stahl u. Eisen 91 (1971) S. 1173/82.
Schönert. D.: Ölhydraulik u. Pneumatik 20 (1976) S. 315/18 u. 320/22.

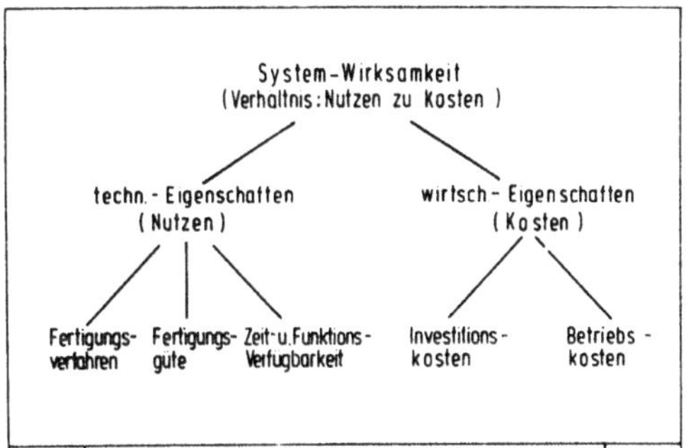

Kottsieper Schönert | Bild 1. Der Begriff der System-Wirksamkeit

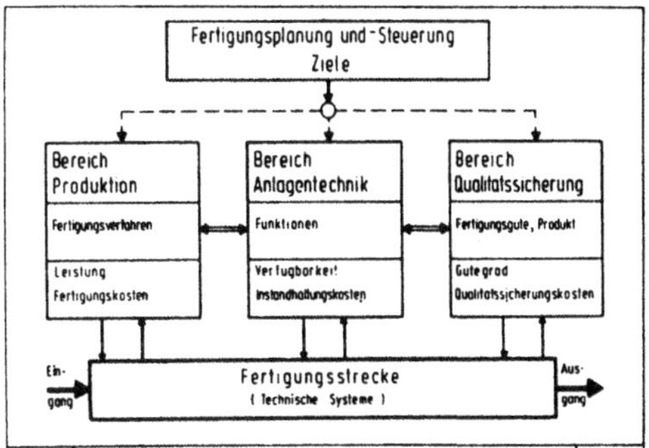

Kottsieper Schönert | Bild 2. Ablauforganisation für die an der Fertigung beteiligten Bereiche

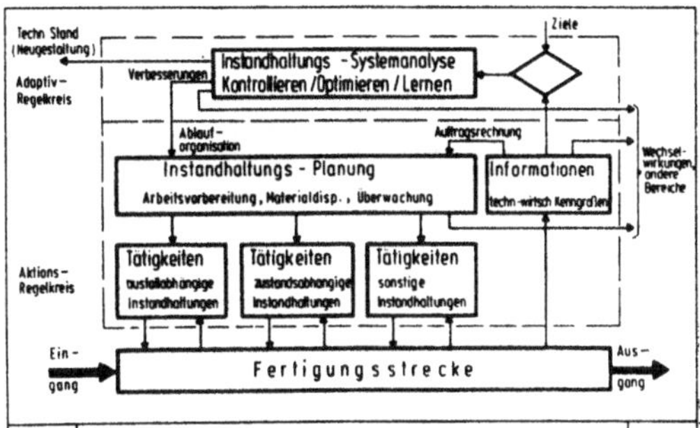

Kottsieper Schönert | Bild 3: Ablauforganisation der Instandhaltung

Auftragsabrechnung / Betriebsabrechnung Kostenarten BAB	Instandhaltung: ungeplante Dauer-Aufträge < 1000 DM Pers./Mat./Fremd	geplante Einzel-Aufträge < 10.000 DM Pers./Mat./Fremd	geplante Einzel-Aufträge > 10.000 DM Pers./Mat./Fremd
1) ausfallabhängige Instandhaltungen	X	X	X
2) zustandsabhängige Instandhaltungen	—	X	X
3) sicherheitsabhängige Instandhaltungen	—	X	X
4) sonstige Instandhaltungen	—	X	X
BAB Σ			

Produktionsanlage X

Kottsieper Schönert | Bild 5: Matrix der Auftrags- u. Betriebsabrechnung Instandhaltungskosten

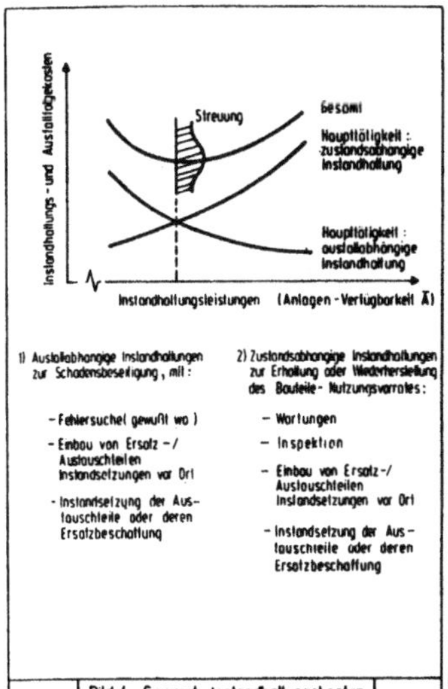

Kottsieper Schönert | Bild 4: Gesamt-Instandhaltungskosten u. Ausfallfolgekosten als Funktion der Anlagen-Verfügbarkeit

Produktionsanlage X

Zeitreihe / Kostenarten	Januar DM	....	Dezember DM
Personalkosten			
Energiekosten			
Instandhaltungskosten, davon:	75.603		70.909
1) ausfallabh. Instandhaltungen	26.365		19.986
2) zustandsabh. Instandhaltungen	42.421		33.882
3) sicherheitsabh. Instandhaltungen	1.456		1.292
4) sonstige Instandhaltungen	5.361		15.743
Ausfallfolgekosten, davon:	12.130		9.720
1) ausfallabhängige Instandh.	12.130		9.720
2) zustandsabhängige Instandh.	0		0

Kottsieper Schönert | Bild 6: Betriebsabrechnungsbogen (BAB) mit den Kostenarten als Zeitreihe

$$\bar{A} = \frac{\Sigma t_B}{\Sigma(t_B + t_{NV})}$$

t_B = mittlere Betriebszeit, während der ein Bauelement einer Beanspruchung unterliegt

t_{NV} = mittlere Nichtverfügbarkeitszeit infolge ausfallabhängiger Instandhaltungen

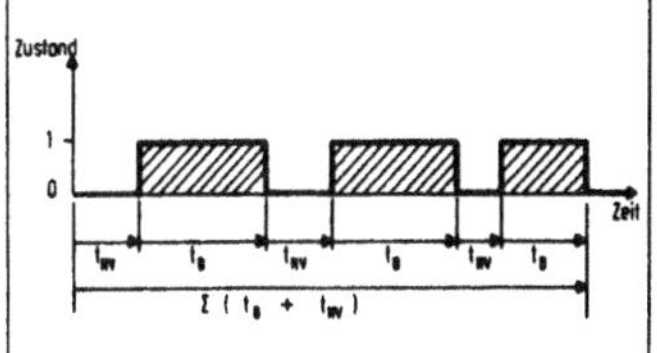

Kottsieper Schönert | Bild 7: Verfügbarkeit als Funktion der Zeit

Produktionsanlage X

Zeitarten \ Zeitreihe	Januar	.....	Dezember
Betriebszeit [h]	408		362
Produktionszeit [h]	305		270
Verfügbarkeit (Gesamt)	80,8 %		80,6 %
Nichtverfügbarkeit, Betriebsmittel	8,3 %		9,1 %
Nichtverfügbarkeit, Betrieb	6,8 %		7,5 %
Nichtverfügbarkeit, Instandhaltung	4,1 %		2,8 %
davon Anteil Mechanik	2,1 %		1,2 %
Anteil Elektrotechnik	0,9 %		0,9 %
Anteil Energie	0,3 %		—
Anteil Leittechnik	0,8 %		0,7 %

Kottsieper Schönert | Bild 8: Verfügbarkeit einer Produktionsanlage

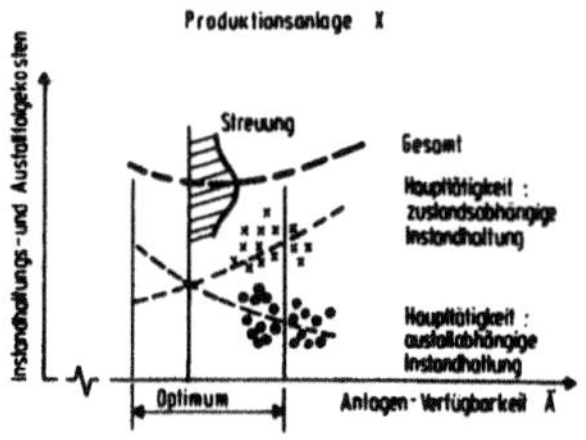

Kottsieper Schönert | Bild 9: Instandhaltungs- und Ausfallfolgekosten als Funktion der Anlagen-Verfügbarkeit

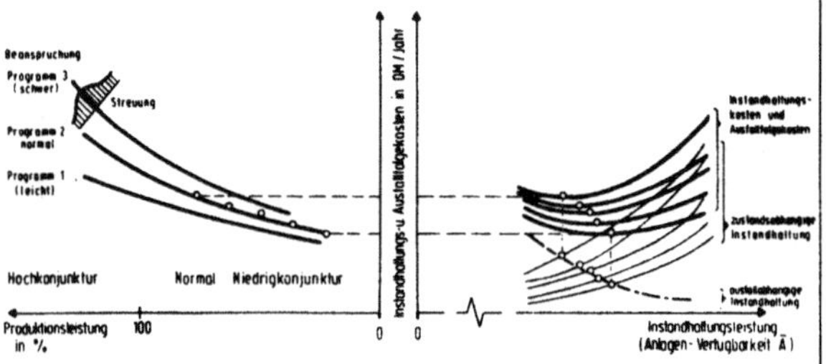

Kottsieper Schönert | Bild 10: Instandhaltungskosten einer Anlage in Abhängigkeit von der Anlagen-Produktionsleistung und Beanspruchung

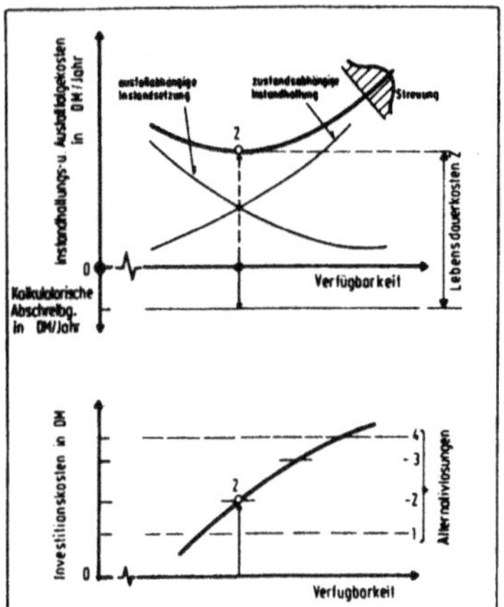

Kottsieper Schönert | Bild 11.1: Lebensdauerkosten einer Anlage als Funktion der Verfügbarkeit (übliche Investition Lösung 2)

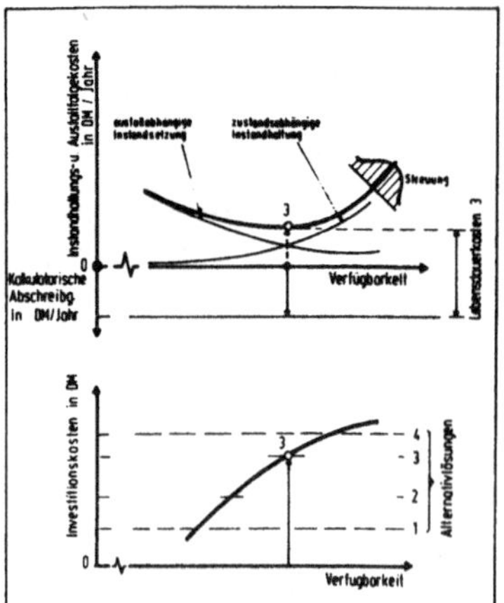

Kottsieper Schönert | Bild 11.2: Lebensdauerkosten einer Anlage als Funktion der Verfügbarkeit (verbesserte Investition Lösung 3)

SCHNITTSTELLE INSTANDHALTUNG - LOGISTIK

Heinrich van Laak, Frankfurt

Kurzfassung. Die Verfügbarkeit technischer Produktionsmittel hängt weitgehend von einer funktionierenden planmässigen Instandhaltung ab, in die die optimale Versorgung mit den erforderlichen Ersatzteilen und Instandhaltungsmaterialien funktionell einbezogen ist.

Neben den nach DIN 31051 genormten Massnahmen der Instandhaltung, also Inspektion, Wartung und Instandsetzung, sind auch die Massnahmen der Deckung des Ersatzteil- und Instandhaltungsmaterialbedarfes sowie der Sicherstellung der Versorgung mit Ersatzteilen und Material wichtige Elemente der planmässigen Instandhaltung.

Zur Instandhaltung gehören alle Massnahmen, die der Vermeidung von Schäden dienen. Hierzu gehören daher auch die Schadenanalyse mit Schwachstellenbeseitigung und die Herstellung von instandhaltungsgerechten Anlagen. Instandhaltungsgerechtigkeit setzt voraus, dass Baugruppen und Komponenten von technischen Anlagen mit dem durch die Anforderung vorgegebenen besten technisch-wirtschaftlichen Abnutzungsvorrat (DIN 31051) versehen und die instandzuhaltenden Stellen gut zugänglich sind. De- und Remontagen müssen mit gängigen Werkzeugen und Hilfsmitteln und ohne Beeinträchtigung benachbarter Anlagenteile möglich sein. Für nicht redundante Anlagen und für Anlagen in Linie ohne entsprechende Pufferräume müssen Ersatzteile und Instandhaltungsmaterialien mit hoher Verfügbarkeit intern oder extern vorrangig bevorratet werden.

Auch in der Instandhaltung ist die Logistik das know-how zur Lösung der Kommunikations-, Kostenoptimierungs- und Verknüpfungsprobleme zwischen der Lieferbereitschaft des Liefermarktes und den Forderungen der Verbraucher von Instandhaltungsmaterial und Ersatzteilen. Hierzu ist eine EDV-Unterstützung unumgänglich.

Es scheint einleuchtend, dass sowohl die Massnahmen der Instandhaltung als auch die Materialbewirtschaftung für Ersatzteile und Instandhaltungsmaterial im Normalfall getrennte, inhaltlich weitgehend abgeschlossene Systeme sind.

In den rechnergestützten Systemen für Inspektion, Wartung, Instandsetzung, Schadenanalyse und Schwachstellenbehebung sowie für Material- und Ersatzteilbedarfsdeckung und -versorgung muss berücksichtigt werden, dass der Ersatzteil- und Materialbedarf in der Instandhaltung entsteht, während die Bedarfsdeckung eine Aufgabe der Materialwirtschaft ist, der auch die Sicherstellung der Ersatzteil- und Materialversorgung obliegt. Der Ersatzteil- und Materialverbrauch erfolgt wiederum im Bereich der Instandhaltung.

Daraus ergeben sich Materialfluss- und Informationsflußschnittstellen, die durch die Organisation und mit Hilfe von Hand- oder Rechnersystemen realisiert werden müssen, was selbst dann gilt, wenn die Materialwirtschaft für Ersatzteile und Instandhaltungsmaterial ein strukturelles Glied der Instandhaltung ist.

Operations Research Proceedings 1982

Die Funktionen der Materialwirtschaft oder Logistik, nämlich Einkaufen, Disponieren, Lagern, Bewegen und Verteilen, sind für die Materialversorgung in der Instandhaltung von grosser Bedeutung. Unabhängig davon, dass gewisse Materialien und Ersatzteile bevorratet und andere für bestimmte Instandhaltungsarbeiten direkt beschafft werden, muss das richtige Material in der richtigen Qualität und Menge zur richtigen Zeit am richtigen Ort kostengünstig zur Verfügung stehen.

Instandhaltung und Materialwirtschaft müssen in der planmässigen Instandhaltung gemeinsam vermeiden, dass es wegen fehlender Materialien und Ersatzteile weder Leerlauf in der Instandsetzung noch vermeidbare Stillstandszeiten in den Produktionsanlagen gibt.

Aus Gründen der ordnungsmässigen Bestandsführung und -kontrolle, der Durchführung der materialwirtschaftlichen Massnahmen, der Vorbereitung und Durchführung der Instandhaltungsmassnahmen sowie der richtigen Kostenerfassung und -zuordnung sind mündliche Informationen mit Ausnahme von Auskünften auszuschliessen. Die Informationen sollen ausschliesslich per EDV oder mittels gültiger Formulare ausgetauscht werden.

Ein Verbundsystem Instandhaltung und Materialwirtschaft oder Logistik bringt positive Ergebnisse. Logistik in der planmässigen Instandhaltung hilft Kosten senken.

Methodische Nutzung eines vorhandenen Abwicklungssystems der Instandhaltung

Hans-Theo Erismann, Düsseldorf
Winfried Hahn, Düsseldorf

Zusammenfassung: Die Nutzung eines in einem Unternehmen der chemischen Industrie vorhandenen Abwicklungssystems zur Kontrolle, Steuerung und Planung aller Instandhaltungs- und Investitionstätigkeiten wird beschrieben. Dabei werden die Aufgaben des Projektwesens, des Werkstattwesens, der Instandhaltung - insbesondere der Instandhaltungsanalyse - und die Ersatzteile- und Verbrauchsteilebewirtschaftung in einem integrierten Programmkomplex zusammengefaßt. Es wird über die Zielsetzung, die Systemstruktur und die Systemrealisierung berichtet. Die datentechnische Verknüpfung der Subsysteme sowie deren Nutzung werden anhand von Beispielen erläutert.

Summary: It is described how an implemented handling system is used for checking, controlling and planning all activities of maintenance and plant engineering in a company of the chemical industry.
The tasks of project engineering, workshop administration, maintenance - especially its analysis - inventory of spare parts and articles of comsumption are integrated into one complex of programmes. Aims, system structure and system realisation are reported. The technical connections of datas and subsystems and their using are shown in examples.

1. Ausgangsposition und Zielsetzung

Als Basis für einen Systemausbau dient ein EDV-System, das bei der Jahrestagung 1979 bereits ausführlich vorgestellt wurde (siehe Proceedings in OR Jahrbuch 1979, S.566ff). Zur Datenerfassung und -verarbeitung sowie zur Informationsbereitstellung werden ca. 60 Datenstationen - Bildschirm, Tastatur und Drucker - eingesetzt, die mit dem zentralen Großrechner korrespondieren.
Das Basissystem berichtet über Kosten, Termine und Kapazitätsbelastung durch Investitions- und Instandhaltungstätigkeiten, leitet die relevanten Daten an die zentralen Abrechnungssysteme weiter, stellt aktuelle Steuerungs- und Planungsinformationen für das technische Management zur Verfügung und bildet das Rückgrat der organisatorischen Abwicklung aller Instandhaltungs- und Investitionstätigkeiten.

Zuordnung und Information etc. erfolgt auf Kostenstellenebene bzw. Verdichtungsstufen davon.

Operations Research Proceedings 1982

Nachfolgend wird der weitere Systemausbau beschrieben, der sich i.w. auf drei Grundfunktionen zurückführen läßt

- Instandhaltungsanalyse
- Arbeitsplanung und Zeitwirtschaft
- technische Materialwirtschaft

Ziel ist eine transparente und planmäßige Instandhaltung und Materialwirtschaft sowie eine EDV-gestützte Arbeitsvorbereitung in den Werkstätten. Dies soll erreicht werden durch die verursachungsgerechte Zuordnung von Instandhaltungsaktivitäten zu den Instandhaltungsobjekten, durch ein in die vorhandene Materialwirtschaft integriertes Ersatzteilwesen sowie durch objektbezogene, d. h. anlagen-, aggregat- oder elementbezogene Ersatzteillisten und Arbeitspläne.

2. Begriffserläuterungen

Zum besseren Verständnis sollen einige Begriffe zunächst etwas näher erläutert werden.

Die Instandhaltungsobjekte - also der apparative Teil der Produktionseinrichtungen - sind strukturiert in Anlage, Anlagenteil und Anlagenelement. Diese Ebenen werden ansprechbar durch eine Anlagenkennzeichnung.

Alle Maßnahmen an einem Objekt werden diesem zugeordnet nach Inhalt, Ursache und Kosten. Die Betrachtung eines so über einen Zeitraum angesammelten und aufbereiteten Datenfundus ermöglicht die Instandhaltungsanalyse. Ziel ist natürlich eine Schwachstellenanalyse nach Störungsart, -häufigkeit und Kostenhöhe. Weiterhin sollen auch Festlegung von Wartungsintervallen und Strategiewahl unterstützt bzw. optimiert werden.

Die Arbeitsplanung hat die Aufgabe, Arbeitspläne für objektbezogene Standardarbeiten festzulegen (Wartung, Inspektion, Wiederholarbeiten).

Da die Arbeiten in der Regel im Leistungslohn entlohnt werden, sind die zeitwirtschaftlichen Aspekte mit zu beachten. Der vollständige Arbeitsplan erfordert die Einbeziehung der Materialpositionen und Ersatzteillisten. Von hier ergibt sich die Verbindung zur Materialwirtschaft.

3. Systemstruktur

3.1 Systemgrenzen und Schnittstellen

In Abb. 1 sind Basis- und Aufbausystem mit den dazugehörigen Schnittstellen vereinfacht dargestellt. Im vorhandenen System werden Aktivitäten - ausgedrückt i.w. in Kosten - entweder direkt oder über Werkstattaufträge den Kostenstellen oder Projekten zugeordnet. Leistende Stellen, wie Werkstätten, Magazine, Ingenieurabteilungen und Fremdunternehmer erhalten entsprechende Gutschriften. Die aufbereiteten Daten werden an das Rechnungswesen, die Lohnabrechnung, Rechnungsprüfung und Einkauf übermittelt.

In Zukunft sollen die Aktivitäten darüber hinaus genauer spezifiziert und den verursachenden Anlagen bzw. Anlagenteilen oder -elementen zugeordnet werden. Schlüssel ist die Anlagenkennzeichnung. Die genauere Inhaltsspezifikation erfolgt über Arbeitspläne, die zudem die Zeitvorgaben für den Lohn enthalten, sowie die Erfassung und Zuordnung des Ersatzteilverbrauchs.
Schnittstellen zu den Systemen Anlagenabrechnung, Produktion und Wareneingang sind neu zu schaffen, zu Rechnungsprüfung und Einkauf sind sie zu überarbeiten.

3.2 Subsysteme

Der Ausbau besteht also im wesentlichen aus drei Subsystemen

- Anlagen
- Zeitwirtschaft
- Ersatzteilwesen

Die Anlagen werden wie oben erwähnt strukturiert und beschrieben, im System Anlagenstammdaten geführt, die die bisherigen Anlagenkarteien ablösen. Nebeneffekt ist dabei eine Vereinfachung der Datenpflege.
Da im Stamm auch die Kostenstelle enthalten ist, reicht auf den Urbelegen wie Lohn- und Materialschein das Anlagenkennzeichen anstelle der Kostenstelle als Zuordnungskriterium aus, um den bisherigen Leistungsumfang des Systems zu erhalten und gleichzeitig die Basis für die Instandhaltungsanalyse zu schaffen.

Im Subsystem Zeitwirtschaft werden Arbeitspläne gespeichert, die sich auf ganze Anlagen, auf Maschinen, Baugruppen oder Bauteile beziehen können. Die Pläne bestehen aus einzelnen Arbeitsschritten mit Planzeiten, Hinweisen zur Durchführung und Ersatzteillisten.

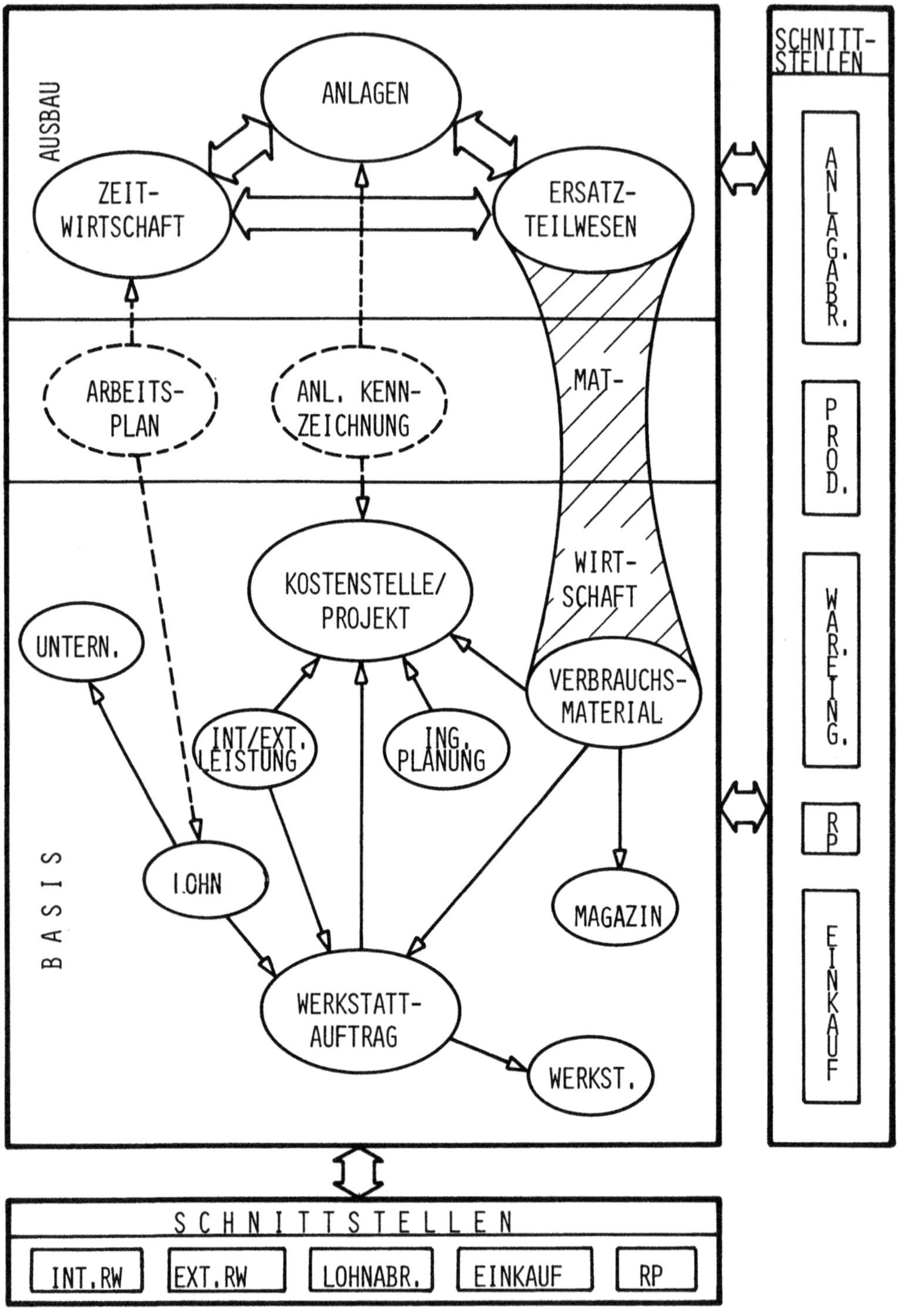

Abb. 1 Basis- und Ausbausystem

Das Subsystem Ersatzteilwesen entspricht dem vorhandenen Subsystem Verbrauchsmaterial, leistet aber zusätzlich den besonderen Erfordernissen der Ersatzteilbehandlung Genüge.

So werden Verwendungsnachweise geführt, Disposition und Abrechnung werden gesondert behandelt.

3.3 Datentechnische Verknüpfung der Systeme

Die Subsysteme sind untereinander verknüpft über einen gemeinsamen Schlüssel, der das Objekt bzw. Material klassifiziert und falls notwendig auch identifiziert. Der vorhandene klassifizierende Materialschlüssel wird integriert in eine allgemeine technische Klassifikation, die Identifikation erfolgt wie bisher durch systemfreie Materialnummern-Idente.
Im Subsystem 'Anlagen' ist zwar der Zentralschlüssel die Anlagenkennzeichnung, zu jedem Anlagenkennzeichen gehört aber als Stammdatum eine Klassifikation und evtl. Materialnummer. Arbeitspläne und Ersatzteillisten sind Einzelobjekten zugeordnet, die nach dem gleichen Schlüssel klassifiziert und identifiziert sind. Die Ersatzteile selbst werden analog behandelt.
Zu einer Materialverschlüsselung kann es also Anlagenkennzeichen (entspricht Einbauort), Arbeitspläne und Ersatzteilliste sowie Lagerbestände und -orte geben.

Zur Verknüpfung noch ein Beispiel: Ein Rührwerksbehälter hat ein Anlagenkennzeichen. Über das Anlagenkennzeichen wird die Materialklasse und -nummer angesprochen. Dazu existiert eine Ersatzteilliste. Auf der Ersatzteilliste befindet sich ein ebenfalls verschlüsseltes Getriebe. Für das Getriebe und damit auch für den Behälter gibt es z. B. den Arbeitsplan 'Getriebeaustausch'. Weiterhin ist unter der gleichen Schlüsselnummer das Getriebe als Ersatzteil vorrätig.

Für den Systemaufbau bedeutet das, daß jedes Subsystem für sich aufgebaut werden kann. Geachtet werden muß jeweils auf die richtige Klassifikation. Eine Zusammenführung erfolgt automatisch über diesen Schlüssel.

3.4 Nutzung der verknüpften Subsysteme

Die Nutzung der verknüpften Subsysteme soll ebenfalls an einem Beispiel erläutert werden:

Eine Inspektion ergibt, daß an einer Maschine ein größerer Schaden zu erwarten ist. Für die entsprechende Instandsetzung existiert ein Arbeitsplan. Hieraus erhält man u. a. die voraussichtlichen Lohnkosten, aus den Ersatzteillisten die Materialkosten.

Diesen Kosten wird gegenübergestellt das Alter und der Wiederbeschaffungswert der Maschine sowie die Reparaturanfälligkeit in der letzten Zeit.

Ein Vergleich der Instandhaltungsanalyse dieser mit der anderer gleicher oder ähnlicher Maschinen gibt weitere Informationen. Mit Hilfe o. a. Angaben kann fundiert entschieden werden, ob eine Reparatur noch sinnvoll ist. Fällt die Entscheidung zugunsten der Wiederherstellung, können Personal- und Materialbedarf festgelegt und die entsprechenden Vorarbeiten durchgeführt werden.
Aus Wartungsplänen und Zustandsberichten der Gesamtanlage kann entnommen werden, welche Arbeiten parallel in dem notwendigen und abgestimmten Produktionsstillstand mit erledigt werden können.

4. Systemrealisierung

Die Systemerstellung erfolgt unter Leitung und Koordination der Ingenieurabteilung durch ein Team aus Systemanalytikern und Programmierern sowie fallweise hinzugezogenen Fachleuten und Systemanwendern.

Die enge Zusammenarbeit mit Anwendern erleichtert die optimale Anpassung des Systems an die Praxiserfordernisse, wodurch sich trotz größerer Informationstiefe ein verringerter Aufwand zur Informationserfassung erzielen läßt.
Der Mehraufwand für die gründliche Einführung und Abstimmung des Systems auf den jeweiligen Anwendungsbereich empfiehlt sich, um einerseits die erforderliche Motivation zu erzeugen, andererseits den erreichbaren Nutzen durch eine optimierte Ablauforganisation oft beachtlich zu steigern.

Die Optimierung von Wartungsplänen, eine einfache Anwendung der Instandhaltungstheorie

Heinz Braun, Trier

Zusammenfassung Es wurde im Reparaturbetrieb für Lkw und Kettenfahrzeuge versucht, einfache Modelle der Instandhaltungstheorie auf die vorbeugende Instandsetzung von Rad- und Kettenfahrzeugen anzuwenden.
Aus den Beispielen lassen sich folgende Schlüsse ziehen, die auch in der Literatur [3] schon vorgebracht wurden:
Für alle untersuchten Bauteile, bei denen ein präventiver Austausch sinnvoll ist, müssen entweder eine große Ausfallsteilheit oder erhebliche Folgekosten vorliegen. Bei vielen Bauteilen des untersuchten Bereichs sind diese Voraussetzungen nicht gegeben, bei einigen Fällen ist die Prüfung praktisch nicht durchführbar.

Summary This investigation considers how to apply simple models of renewal theory on the preventative maintenance of trucks and tanks.
The following conclusions can be drawn which have already been presented in corresponding literature [3] before:
All parts where preventative replacement at scheduled maintenance may be efficient must have a high increase in failure rate or heavy consequences at breakdown. These conditions do not apply on most of the considered parts, in some cases application of results was practically in possible.

1. Einführung

Die Erstellung von Wartungsplänen für Erprobungsträger und Hilfsfahrzeuge auf der Erprobungsstelle, für Baumaschinen und sonstiges Großgerät ist eine wichtige und zeitaufwendige Aufgabe der Arbeitsvorbereitung.

Wartungspläne legen die Arbeiten durch Beschreibung der Arbeitsvorgänge mit ergänzenden technischen Angaben, ihre Ablauffolge und die durchführende Kostenstelle fest und bilden die Grundlage für anschließende Aufwand- und Arbeitsstudien.

Aus der Erkenntnis, daß die Einsatzbedingungen dieser Fahrzeuge wesentlich von den Bedingungen bei Truppeneinsatz abweichen, wurden Versuche abgeleitet, um diese Pläne den abweichenden Bedingungen anzupassen: U.a. durch Weglassen und zeitliche Verlagerung von Arbeiten, um Arbeitszeit, Durchlaufzeit und Material einzusparen. Bei "verkürzten" Wartungsplänen können so zeitweilig 30 % der Vorgänge bei jeder Fristenarbeit ohne Nachteil für das Gerät weggelassen werden. Von einer Optimierung kann gesprochen werden, wenn zusätzlich vorbeugende Arbeiten in die Wartung aufgenommen werden, welche während der Wartung mit geringerem Aufwand durchgeführt werden können als nach einem Ausfall des Gerätes beim Einsatz.

Operations Research Proceedings 1982

An anderer Stelle wurde gezeigt, wie sich umfangreiche Systeme für Zuverlässigkeitsbetrachtungen abbilden lassen durch ein System, welches aus einem (theoretischen) Nichtverschleißteil und einer begrenzten Anzahl von 'Verschleißteilen' besteht.
Dabei kommt es darauf an, Verschleißteile zu erkennen. Als Verschleißteile werden abweichend von der Norm (DIN 50320) die Teile angesehen, deren Ausfallfunktion - zumindest stückweise - durch eine steigende Ausfallrate ($\alpha(t)$) charakterisiert wird - also nicht nur Verschleiß im technologisch definierten Sinn wie bei Lagern, Zahnflanken, Wellen, Zylinderlaufbuchsen, sondern die Ausfälle von Bauteilen werden ständig erfaßt und je nach relativer Häufigkeit des Auftretens ausgewertet und dann je nach dem $\alpha(t)$ den Kategorien Verschleißteil oder Nichtverschleißteil zugeordnet.

Ausfallbauteile von Kettenfahrzeugen, die bei Wartungsarbeiten präventiv ausgewechselt werden können, sind u.a. Lauf- und Stützrollen, Schwingarme, Drehstäbe und Stoßdämpfer. Zur Beschreibung ihrer Ausfallverteilung wird allgemein die Weibullverteilung angewandt. Die Ermittlung der Verteilungsparameter erfolgt normalerweise durch Eintrag der Ausfalldaten in ein Lebensdauernetz [1]. Bei Vorliegen einer Weibullverteilung ergeben die auf die Klassengrenze korrigierten Ausfalldaten eine Gerade, aus der die charakteristische Lebensdauer "T", die Ausfallsteilheit (Exponent) der Weibullverteilung (b), und die Ausfallrate $\alpha(t)$ ermittelt werden können.

Um die Auswertungen zu vereinfachen, haben wir uns ein TI 59-Programm geschaffen, welches die Koordinaten "Ausfallhäufigkeit" und -"Lebensdauer" so transformiert, daß der Eintrag weibullverteilter Ausfälle eine Gerade ergibt. Die Bestimmung der Parameter erfolgt durch lineare Regression. Das Programm bietet außer der genannten Arbeitserleichterung den Vorteil der möglichen Erweiterung auf mehrere Einflußgrößen.

Nach Eingabe der Daten (Tab. 1) errechnet das Programm die Parameter der Weibullverteilung. Der Rechner plottet gleichzeitig die tatsächliche Ausfallhäufigkeit über der Zeit zur Oberprüfung der Linearität. Als Beispiel wurde die Ausfallverteilung von Drehstäben ermittelt:

gef. km	Ausfall
1578	1
2035	2
2210	3
2440	4
2710	5
3455	6
3885	7
3933	8
4180	9
4927	10
5273	11
5923	12
7035	13
7083	14
7223	15
7557	16
7998	17
8990	18
9190	19
9468	20
10170	21

Tab.: 1: Lebensdauer von Drehstäben

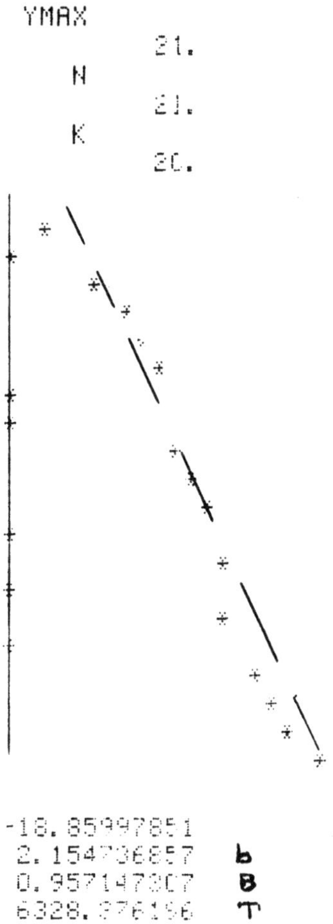

Abb.1: TI59-Rechnerlauf und Ausdruck (B: Bestimmtheitsmaß)

Mit etwas Phantasie kann man sich vorstellen, daß die Punkte auf einer Geraden liegen, d.h., daß sich eine Weibullverteilung der Ausfälle mit der Funktion

$$F(t) = 1 - \exp\left\{-\left(\frac{t}{6,3 \cdot 10^3}\right)^{2,15}\right\}$$

ergibt. Da die Ausfallrate >1 ist, sind die Drehstäbe in diesem Beispiel zu den Verschleißteilen zu rechnen.

2. Kostenvergleich für vorbeugenden Austausch von Bauteilen bei Wartungsarbeiten

Für die Instandhaltungstheorie ist bekannt, daß ein präventiver Austausch nur bei steigender Ausfallrate sinnvoll sein kann. Es ist unmittelbar einleuchtend, daß ein solcher Austausch auch nur dann Vorteile bringt, wenn die Ausfallfolgen den Verzicht auf Restlebensdauer des präventiv ausgetauschten Teils aufwiegen.

Im folgenden wird geprüft, ob diese Bedingungen bei Ausfall eines Drehstabes gegeben sind.

Ein unmittelbarer Austausch wird bei Ausfall eines Drehstabes vorgenommen. Das Fahrzeug unterbricht seine Aufgabe und fährt zur Werkstatt.
Ein präventiver Austausch ist möglich, wenn das Fahrzeug wegen Wartungsarbeiten ohnehin in der Werkstatt steht, also in relativ konstanten Lebensdauerabständen. Ein Austausch ist dann wirtschaftlich, wenn der Erwartungswert der Kosten der Folgeperiode bei Austausch während der Wartungsarbeit geringer ist als der Erwartungswert der Kosten bei Ausfall während der Erprobung.

Der Aufwand an Haushaltsmitteln zum Kauf von Ersatzteilen, an indirektem Einsatz von Haushaltsmitteln durch zentrale Beschaffung, und der Stundenaufwand bei Auslastung und Nichtauslastung der Kapazitätseinheiten (Kostenstellen) unterliegen unterschiedlichen Randbedingungen und sind deshalb zu verschiedenen Zeiten unterschiedlich anzusetzen. Es ist immer zu prüfen, ob tatsächlich ein Mehraufwand - i.a. nur während der Dauererprobung - vorliegt. Wegen der je nach Einsatzzweck und Zeitpunkt möglichen unterschiedlichen Bewertung schreiben wir die Kosten als Vektorprodukt.

Der Mengenvektor $\vec{a}$ gibt den Aufwand an, der Bewertungsvektor $\vec{w}$ die zum Bewertungszeitpunkt anzusetzenden Werte.

Der Ausfall eines Drehstabs macht folgenden Aufwand erforderlich:

1) Fahrzeug aus dem Gelände zum Waschplatz fahren und reinigen
2) (Bei bestimmten Drehstäben, z.B. 1 l.): Ablegen der Kette, sonst Entspannen der Kette,
3) Fahrzeug aufbocken,
   - mehrere angrenzende Laufrollen abmontieren, Widerlager lösen, Drehstab ausbauen
4) Neuen Drehstab einsetzen
   (Montage in umgekehrter Richtung ist im Aufwandvektor enthalten)
5) Zeitaufwand (Störzeit) für Verzögerung der Mission, sonstige Folgekosten.

Die Arbeiten 1) bis 4) werden in Reparaturplänen festgelegt. Für den Ausfall während des Einsatzes (unmittelbarer Austausch) entsteht Aufwand $\vec{a}_A$, für Austausch bei Wartung (präventiver Austausch) der Aufwand $\vec{a}_W$.

Für das Beispiel ergeben sich folgende Vektoren:

$$\vec{a}_A = (\ 8\ 4\ 4\ 1\ 2\ ); \quad \vec{a}_W = (\ 0\ 0\ 4\ 1\ 0\ ).$$

Das Element a_i, (i = 1 - 3) gibt den Mannstundenaufwand verschiedener beteiligter Kostenstellen an, a_4 die ausgetauschte Menge, a_5 die Störzeit in Tagen.

Mit einem Preis von 300,-- DM für einen linken Drehstab, Kosten von je 40,-- DM für die Arbeitsstunden und ohne Bewertung der Störzeit ergibt sich ein Bewertungsvektor

$$\vec{w}' = (40\ 40\ 40\ 300\ 0), \text{ und Kosten von}$$

$$K_A = \vec{a}_A \cdot \vec{w} = 940,\text{-- DM und } K_W = \vec{a}_W{}' \cdot \vec{w} = 460,\text{-- DM}$$[1]

Es soll mit Nachdruck darauf hingewiesen werden, daß alle Werte mit erheblichen Streuungen behaftet sein können, so daß sich eine Sensitivitätsanalyse empfiehlt.

Die bedingte Ausfallwahrscheinlichkeit für einen Drehstab des Lebensalters "t_o" in der Periode (t_o) bis (t_{o+1}) auszufallen, wenn er in "t_o" noch intakt war, ist

$$P(t_{0+1}) = \frac{F(t_{0+1}) - F(t_0)}{1 - F(t_0)} = \frac{\Delta F(t_{0+1})}{R(t_0)}$$

Mit den Daten der Ausfallverteilungsfunktion ergeben sich daraus folgende Werte:

---

[1] Index$_A$ = Austausch bei Ausfall
Index$_W$ = Austausch bei Wartung

Periode in 10^3 km	$T = 6,3 \cdot 10^3$, $b = 2,15$		$T = 6,3 \cdot 10^3$, $b = 5$
	$R\ (t_o)$	$P\ (t_{o+1})$	$P\ (t_{o+1})$
0	1	0,019	0,004
1	0,981	0,064	0,0276
2	0,919	0,111	0,0731
3	0,816	0,159	0,138
4	0,686	0,207	0,216
5	0,544	0,253	0,305
6	0,406	0,298	0,398
7	0,285	0,341	0,491
8	0,188	0,382	0,580
9	0,116	0,422	0,662
10	0,067	0,459	0,734

Tab. 2: Berechnung der bedingten Ausfallverteilung von Drehstäben, $R\ (t_o)$ gibt an, welche Anteile von Bauteilen des Lebensalters "t" noch in Betrieb sind.

Für den unmittelbaren Tausch nach Ausfall des Bauteils entstehen für die Periode (t_{o+1}) erwartete Kosten von $P\ (t_{o+1})\ .\ K_A$ (DM).

Bei präventivem Austausch des Bauteils während der Wartungsarbeit entstehen Kosten für den Austausch K_W und Kosten für den erwarteten Ausfall in der folgenden Periode, also $K_W + P\ (t_1)\ .\ K_A$ (DM).

Ein Austausch zu den Wartungszeitpunkten $t_o = 0, 1, 2 \ldots$ usw. lohnt sich nur dann, wenn

$$K_W + P\ (t_1)\ .\ K_A < P\ (t_{o+1})\ .\ K_A \qquad \text{oder}$$

$$\frac{K_W}{K_A} < P\ (t_{o+1}) - P\ (t_1)$$

Im Beispiel für die Drehstäbe ergibt sich

$$0{,}489 < P\ (t_{o+1}) - 0{,}019$$

Die Daten aus Tabelle 2 zeigen:

Bei dieser Ausfallrate und Kostenrelation lohnt also ein präventiver Austausch von Drehstäben im Alter t = 10.000 km noch nicht; obwohl zu dieser Zeit nur noch 6,7 % der ursprünglich eingesetzten Stäbe vorhanden sind.

Kosten, Zeitaufwand und Arbeitsabläufe für den Drehstabaustausch sind reale Daten eines Panzertyps.

Das angewandte Kostenkriterium berücksichtigt nur die Kostenrelation einer Periode, während alle folgenden Perioden nicht erfaßt werden. Es ist also für Wartungspläne anwendbar, wenn das Gerät nur begrenzte Zeit eingesetzt werden soll, eignet sich also insbesondere für den hier häufigen Einsatz von Prototypen.

Zu einem anderen Kriterium gelangt man, wenn die Kosten für die ständige Nutzung des Bauteils betrachtet werden. Als wesentliche Annahme wird Nutzungsdauer gleich Lebensdauer des Bauteils gesetzt. Das ist solange richtig, solange das Bauteil zu einem instandsetzungswürdigen System gehört. Bei "Austausch nach Ausfall" entstehen Kosten in Höhe von K_A mit Erwartungswert der Lebensdauer des Bauteils von

$$\bar{t} = \int_0^{\infty} t \cdot f(t)\,dt$$

Bei präventivem Austausch zum Zeitpunkt t_x ergibt sich ein Erwartungswert der Lebensdauer von

$$\frac{1}{F(t_x)} \cdot \int_0^{t_x} t \, \frac{b}{T^*} \left(\frac{t}{T^*}\right)^{b-1} e^{-\left(\frac{t}{T^*}\right)^{b}} dt$$

für die ausgefallenen und

von "t_x" für die präventiv ausgetauschten Teile.

Als Austauschkriterium kann man damit ansetzen:

$$\frac{F(t_x) \cdot K_A + R(t_x) \cdot K_W}{\int_0^{t_x} t \, \frac{b}{T^*} \left(\frac{t}{T^*}\right)^{b-1} \cdot e^{-\left(\frac{t}{T^*}\right)^{b}} dt + R(t_x) \cdot t_x} \leq \frac{K_A}{\bar{t}}$$

Der Integralwert läßt sich mit dem TI-59-Modul zur numerischen Berechnung von Integralen ohne großen Aufwand bestimmen.

Die Kosten für das Drehstabbeispiel bei Austausch nach "t_x" Wartungsintervallen wurden ermittelt und festgestellt, daß ein präventiver Austausch nicht lohnt, da die erwarteten Kosten bei Austausch nach Ausfall nicht wesentlich unterschritten werden.

Für andere, während des Einsatzes mehrfach ausgefallene Bauteile, ergeben sich u.a. folgende charakteristischen Lebensdauern:

Stoßdämpfer: $7.8 \cdot 10^3$ (km) $\pm$

Schwingarme: $38 \cdot 10^3$ (km) $\pm$

Kegelstumpffedern: $50 \cdot 10^3$ (km) $\pm$

Diese Daten sind wegen des noch kurzen Untersuchungszeitraumes von nur 3 Jahren mit großen Streuungen behaftet.

Aus den Ergebnissen unserer Untersuchungen läßt sich folgern:

Von allen untersuchten Bauteilen liefern nur Stoßdämpfer einen größeren Beitrag zum $\Sigma\, \alpha_i = \frac{1}{MTBR}$ dieses Fahrzeugtyps. Alle anderen Teile erreichen mehr als 10 Wartungsintervalle.

Ausgefallene Stoßdämpfer werden sofort während des Einsatzes in der Werkstatt ersetzt. Die Voraussetzungen für eine Oberprüfung, ob ein präventiver Austausch lohnt, sind also gegeben.

Auf der Grundlage des Reparaturplanes ergibt sich ein $\frac{K_W}{K_A} = 0.58$

Da sich die Stoßdämpferausfälle auf alle Lagen im Panzer verteilen, kann noch keine Aussage über die Lebensdauerverteilung gemacht werden. Lediglich die Berechnung einer mittleren Lebensdauer (Annahme b = 1) ist möglich. Diese Annahme kann für einen Bereich der Lebensdauer gerechtfertigt sein, es ist aber sicher, daß der Bereich konstanter oder annähernd konstanter Ausfallrate irgendwann einmal verlassen wird und die Ausrallrate mit der Steigung "b" im Lebensdauernetz steigt. Man kann sich aber überlegen, wie groß das "b" bei angenommenem "T" werden muß, damit ein präventiver Austausch sinnvoll wird.

In der folgenden Obersicht wurden die Ausfallwahrscheinlichkeiten bei verschiedenen "b"-Werten für "T" = $7,8 \cdot 10^3$ zusammengestellt.

	b = 2 T = 7.8			b = 5 T = 7.8	
Periode	$R(t_o)$	$F(t_{o+1})$	Periode	$R(t_o)$	$F(t_{o+1})$
20	0,0014	0,473	7	0,558	0,269
21	0,0007	0,490	8	0,321	0,425
22	0,0003	0,506	9	0,129	0,598
23	0,0002	0,523	10	0,0313	0,756

Tabelle 3: Bedingte Ausfallwahrscheinlichkeit von Stoßdämpfern

Wie Tabelle 3 zeigt, ist bei geringen Folgekosten ein präventiver Austausch nach dem ersten Kostenkriterium nur sinnvoll, wenn b $\geq$ 5 ist, d.h. ein kräftiger Anstieg der Ausfallrate registriert wird.

Wenn das zweite Kostenkriterium zugrunde gelegt wird, ergeben sich folgende Kostenerwartungen bei präventivem Austausch nach t_x - Wartungsintervallen (Tabelle 4).

t_x	T = 7.8, b = 2	T = 7.8, b = 5
1	660	669
2	350	335
3	250	224
4	205	170
5	182	141
6	169	128
7	163	126
8	160	133
9	-	145
10	159	155
11	-	160
12	-	161
15	164	161
20	166	161

Tabelle 4: $\frac{K_A}{T} = 161$

Unter Berücksichtigung, daß der Entscheidungsraum bei sicherheitsrelevanten Baugruppen durch den Gesetzgeber eingeschränkt ist - Beispiel Bremssonderuntersuchungen nach StVZO - läßt sich aus unseren Ergebnissen folgern, daß nur hohe Folgekosten oder das Vorliegen einer Ausfallverteilung mit großer Ausfallsteilheit ein Kostenverhältnis ergibt, welches einen präventiven Austausch bei Wartungsarbeiten rechtfertigt. Das ist darauf zurückzuführen, daß der Bauteilaufwand gegenüber dem zusätzlichen Arbeitsaufwand einen erheblichen Anteil einnimmt, wobei Bauteilaufwand immer Propkosten, Instandsetzungsaufwand zu erheblichem Anteil Fixkosten beinhaltet.

3. Weitere praktisch relevante Fälle für präventiven Austausch

Bisher wurde nur der Fall untersucht, bei dem ein präventiver Austausch bei jeder Wartungsarbeit möglich ist und deshalb auch nur die Kosten einer Periode angesetzt. Theoretisch wäre möglich, daß durch Vergrößerung der Wartungsabstände bestimmter Arbeitsvorgänge ein Austausch nur in größeren Wartungsintervallen vorgenommen werden kann.

Für normale Wartungsarbeiten wurde eine solche Anwendung der Instandhaltungstheorie noch nicht versucht, weil sich bei den untersuchten Bauteilen dafür keine Notwendigkeit ergab.

Praktisch äußerst wichtig ist aber der Fall, daß wegen einer Reparatur komplette Bauteile wie Stoßdämpfer oder Lenkung in ihre Einzelteile zerlegt werden müssen, die dann auf Verformungen, Korrosion, Risse und Verschleiß überprüft werden.

Der Fall wird dadurch gekennzeichnet, daß wegen bereits erfolgter Demontage und Instandsetzung des Einzelteils X der zusätzliche Aufwand für den Austausch des Einzelteils Y sehr gering ist, z.B. der Austausch geringwertiger Einzelteile nach Befund wie Splinte, Distanzringe, Schrauben, Muttern, Muffen, Dichtungen und kleiner Lager.
Bei "teuren" Bauteilen wird z.Zt. nach rein technischen Oberlegungen - aber nicht in der Werkstatt - entschieden. Das liegt zum einen daran, daß fundierte Lebensdauerdaten wie eingangs beschrieben nicht vorliegen, aber auch der theoretische Aufwand der Instandhaltungstheorie wirkt sich aus.

Es ist realistisch, anzunehmen, daß sich Planungszeiträume des 2- bis 3-fachen der charakteristischen Lebensdauer ergeben. Die kostenmäßig wichtige Berechnung der Wahrscheinlichkeit, daß bei präventivem Austausch zum Zeitpunkt "t_0" noch 2, 3, 4 usf. Bauteile bis zum Ende der Systemnutzungszeit benötigt werden, führt auf entsprechende Faltungen der Weibullverteilung. - Faltungsprogramme der Weibullverteilung für Rechner liegen m.W. aber nicht vor.
Der gleiche Sachverhalt ergibt sich, wenn nach großen Laufleistungen oder Einsatzzeiträumen eine "Generalüberholung" des Systems eine vollständige Zerlegung notwendig macht.
Die angesprochenen Fälle würden außer den genannten Schwierigkeiten eine Optimierung von Reparaturplänen beinhalten und damit über das Thema hinaus führen.

Literatur:

1) DGQ, Steinecke: Das Lebensdauernetz
2) Rinne: Untersuchungen über optionale Präventivstrategien in der Instandhaltung
3) Jurecka: Kosten und Leistungen von Baumschinen, Oldenbourg 1976
4) Gaede: Zuverlässigkeit, Mathematische Modelle 1977

Heuristische Eingriffe bei einem Dekompositionsalgorithmus zur Kapitalbudgetierung

Reinhold Leichtfuß, Kiel

Zusammenfassung. Im Rahmen der Koordination der Kapitalbudgetierung in divisionalisierten Unternehmen auf Basis eines Dekompositionsprinzips von Maier/Vander Weide sollen Erfahrungen und Wissen der Entscheidungsträger zur Steigerung der Gesamteffizienz genutzt werden. Dazu werden verschiedene Möglichkeiten heuristischer Eingriffe aufgezeigt. Des weiteren wird über Laborexperimente mit 64 Individuen und einem entsprechend gestalteten Koordinationsprinzip berichtet. Es zeigt sich, daß über die Ermöglichung von Eingriffen durch die Entscheidungsträger nicht nur die Akzeptanz, sondern auch die ergebnisbezogene Zielerreichung des OR-Verfahrens gesteigert werden kann.

Summary. In the context of the coordination of capital budgeting decisions in divisionalized firms on the basis of the decomposition principle of Maier/Vander Weide, the experience and the knowledge of decision makers shall be utilized in order to improve overall efficiency. For this purpose several possibilities for heuristic intervention by man are demonstrated. Furthermore we report on laboratory experiments with 64 individuals confronted with a combined heuristic-algorithmic kind of decomposition principle. It is demonstrated that by incorporating the decision makers into the decision process, not only the acceptance but also the material efficiency of the operations research method can be improved.

1.Ziel des Beitrags

Dekompositionsprinzipien werden von verschiedenen Autoren für die Koordination der Kapitalbudgetierung in divisionalisierten Unternehmen empfohlen. Jedoch weisen die Prinzipien in streng algorithmischer Form Ineffizienzen auf, die zum einen in Form unnötiger Kosten und zum anderen in Form von Akzeptanzhemmnissen auftreten [vgl. Atkins, (1974),Leichtfuß/Schmidt (1982)]. Insbesondere die Implementierungsproblematik ist u.E. bisher in der Literatur zu wenig erforscht worden, obgleich bisherige Implementierungsversuche größtenteils gescheitert sind.

Notwendig ist, gerade bei der Interpretation eines OR-Verfahrens als Koordinationsmechanismus, die Konfrontation mit in der Praxis vorherrschenden Koordinationsvorgängen sowie die Untersuchung auf mögliche Modifikationen zur Förderung der Implementierbarkeit eines Prinzips. Beide Ziele haben wir in Laborexperimenten verfolgt, wobei dieser Beitrag der Anreicherung des Dekompositionsalgorithmus von Maier/Vander Weide [Maier/Vander Weide(1976)] um heuristische Eingriffe gewidmet ist. Die Kapitalbudgetierung vollzieht sich im Rahmen des mehrperiodigen Modells von Weingartner [vgl. Weingartner(1963)] in Form eines iterativen Informationsaustauschprozesses zwischen Zentrale und Sparten. Das Unternehmensziel ist die Maximierung des Vermögensendwerts nach fünf Perioden.

Operations Research Proceedings 1982

Über Eingriffsmöglichkeiten wird eine verstärkte Einbeziehung von Entscheidungsträgern in den Koordinationsprozeß realisiert mit dem Ziel, beide Ausprägungen der o.g. Ineffizienzen zu reduzieren. In Simulationsstudien wurde nachgewiesen, daß über die Ausnutzung von im Unternehmen vorhandenen Informationen eine beschleunigte Konvergenz von Algorithmen und damit eine Verkürzung des Koordinationsprozesses möglich ist [vgl. Burton/Obel(1980),Leichtfuß(1982)]. Entscheidungsträger liefern derartige Informationen und dürften zudem bei entsprechender Mitwirkung eher gewillt sein, ein OR-Verfahren zu akzeptieren [vgl. Ohse et al.(1979),S.154]. Die Frage der Einbeziehung der Entscheidungsträger wurde bisher nur wenig diskutiert und ist keineswegs geklärt [vgl. Obel (1981),S.66f.].Sie bietet sich während des Koordinationsprozesses in der Eröffnungs-, der Iterations- und der Abbruchphase an.

2. Gestaltung des kombiniert heuristisch-algorithmischen Prinzips

2.1 Die Eröffnungsphase

Im Prinzip könnten alle Teileinheiten in die Eröffnung des Koordinationsprozesses einbezogen werden. Die eigentliche Ermittlung und Vorgabe von Start-Transformationsfaktoren sowie Budgets wurde jedoch der Zentraleinheit übertragen. Dafür sprechen verschiedene Gründe: (1) In aller Regel verfügt die Zentrale über eine bessere Ausstattung mit Stabspersonal und Know how. (2) Lediglich die Zentrale kennt die finanziellen Rahmenbedingungen im Planungszeitraum vollständig. Dieses Wissen ist notwendig zur sinnvollen Setzung der Vorgabewerte. (3) Eine dezentrale Informationsverteilung bleibt am ehesten aufrechterhalten, wenn lediglich die Zentrale - und nicht alle Sparten - Pauschaldaten aller Sparten kennt.

Daten zur relativen Entwicklung aller Sparten sowie des Gesamtunternehmens sind für gute Vorgaben essentiell. Hier liegt eine wichtige Aufgabe für die Entscheidungsträger. Je besser es ihnen gelingt, die Vorgaben entsprechend der tatsächlich sich einstellenden Entwicklung der Sparten festzulegen, desto schneller werden gute Planwerte erreicht. Um die Zentrale in die Lage zu versetzen, dementsprechende Vorgaben zu formulieren, müssen ihr die Sparten Informationen liefern. Wir haben die Übermittlung der Budgetanforderungen bzw. Mittelzuführungen vorgesehen, die sich einstellen, wenn die Sparten alle ihre Projekte mit einer Mindestverzinsung gleich dem Habenzinssatz realisieren würden. Zusätzlich melden die Sparten die damit verbundene Zielerreichung. Die Berechnung dieser Größen ist für sie leicht möglich, zumal i.d.R. Investitionsrechnungen zu Einzelprojekten durchgeführt werden und mithin geringerverzinsliche Projekte bereits ausgesondert werden können. Die Zentrale erhält damit ein Maß über das potentielle Wachstum der einzelnen Sparten. In der Realität ist es ihr überlassen, ihre Einschätzung des tatsächlichen Wachstums einzubringen.

2.2 Die Abbruchphase

Eine Abgrenzung von Iterations- und Abbruchphase ist aufgrund des gewählten Eingriffs nicht möglich, da nach jeder Zyklusiteration über einen Abbruch des Koordinationsprozesses abgestimmt wird. Wir sprechen deshalb hier von der Abbruchphase.

Zur Unterstützung eines ökonomisch sinnvollen Abbruchs läßt sich in jeder Zyklusiteration i eine Obergrenze Z^i_{max} für den Zielfunktionswert des Gesamtunternehmens berechnen:

$$Z^i_{max} = Z^i + \sum_{k=1}^{K} d^i \geq Z_{opt}.$$

Die Obergrenze ergibt sich aus dem Ergebnis des Zentralprogramms in der Zyklusiteration i (Z^i) und den Zielverbesserungen d^i_k der Sparten k=1,...,K. Die d^i_k werden über die Spartenprogramme ohne Berücksichtigung der Budgetgrenzen in der Zyklusiteration i+1 ermittelt.

Sollen auch die Sparten an der Entscheidung über einen Abbruch einbezogen werden, so sind freilich zur adäquaten Problemdarstellung für die Sparten deren Investitionsprogramme unter Beachtung der Budgetvorgaben zu lösen. Die Entscheidungssituation stellt sich dann wie folgt dar: Die Lösung des Zentralprogramms in der Zyklusiteration i liefert einen potentiellen Plan-Zielfunktionswert für alle Teilnehmer. Die Zentrale übermittelt Vorgaben für Preise und Budgets an die Sparten, die daraufhin ihre Programme zweimal lösen. Die Lösungen der ersten Programme dienen der Ermittlung der Obergrenze für den Zielfunktionswert der nächsten Zyklusiteration; die der zweiten Programme repräsentieren die Planfestlegung für die Sparten im Falle des Abbruchs. Eine zusätzliche Lösung der Spartenprogramme ist dann nicht mehr notwendig. Z^i ist dann das realisierte Zielniveau für das Gesamtunternehmen.

Auf der Basis dieser Entscheidungsgrundlagen stimmen nunmehr Zentrale und Sparten über den Abbruch ab. In unseren Experimenten wurden der Zentrale zwei, den Sparten je eine Stimme erteilt. Im Falle von drei Sparten läßt sich dadurch eine Patt-Situation vermeiden. Zudem ist in Kapitalbudgetierungsprozessen der Praxis eine Dominanz der Zentrale zu konstatieren. Es bleibt zu betonen, daß - außer der Abstimmung selbst - keine zusätzlichen Berechnungen gegenüber dem reinen Algorithmus notwendig sind, sehen wir einmal von der zweimaligen Lösung aller Spartenprogramme in allen Zyklusiterationen ab. Um in den Laborexperimenten einen Anreiz für einen vorzeitigen Abbruch zu geben, wurde ein fiktiver Wert für die Kosten einer Zyklusiteration angesetzt (ca. 0,2% des optimalen Zielfunktionswertes).

Für Programmierarbeiten danke ich Herrn G.Dählmann

2.3 Zusammenfassende Charakterisierung

Wir haben es unter lösungstechnischen Gesichtspunkten bei dem besprochenen Prinzip mit einer Kombination von heuristischen und exakten Verfahren zu tun, die es erlaubt

(1) ein befriedigendes Ergebnis schneller als ein exaktes Verfahren zu erreichen und trotzdem

(2) nach heuristischen Eingriffen und einer so beschleunigten anfänglichen Zielverbesserung das Optimum, sofern gewünscht, zu ermitteln.

Vorteil (2) zählt vor allem gegenüber rein heuristischen Methoden, die ja bekanntlich keine Lösungsgarantie geben. Der Dekompositionsalgorithmus vollzieht sozusagen die Feinabstimmung der Lösungsvorschläge der Entscheidungsträger. Im übrigen läßt sich das Prinzip als Entscheidungsunterstützungssystem charakterisieren, so daß optimumnahe bzw. "optimale" Resultate eine Entscheidungsgrundlage darstellen.

3. Empirische Effizienzüberprüfung

3.1 Die materielle Ergebniskomponente

Im Mittelpunkt des Interesses stehen im Rahmen der ergebnisbezogenen Zielerreichung der Vermögensendwert des Kapitalbudgets, die Zahl der Zyklusiterationen bis zur Erreichung des Optimums sowie die Konvergenz des Zielfunktionswertes. Tab.1 gibt eine zusammenfassende Darstellung der Effizienz des kombinierten Verfahrens bezüglich dieser Kriterien im Vergleich zum reinen Algorithmus in den Laborexperimenten.

Tabelle 1: Effizienz im Rahmen der Ergebniskomponente für den reinen Algorithmus und das kombinierte heuristisch-algorithmische Prinzip

Effizienzkriterien \ Koordinationsprinzip		Algorithmus	Algorithmus kombiniert mit heuristischen Eingriffen			
			$\bar{x}$	s	Max	Min
Vermögensendwert[1)]		104552	103973	1406	104540	98702
Zyklusiterationen		5	1,68	0,51	4	1
Konvergenz des Zielfunktionswertes	ZIT 1	97436	101606 (16)[2)]	5732	104463	80801
	ZIT 2	103319	103271 (8)	3209	104540	94926
	ZIT 3	104442	104397 (2)	192	104534	104261
	ZIT 4	104534	104534 (1)	0	104534	104534
	ZIT 5	104552	- (0)	-	-	-

1) Die im Rahmen des kombinierten Prinzips unter dem Kriterium Vermögensendwert angegebenen Werte verbessern sich bei Nichtbeachtung von Gruppe 10 noch beträchtlich: $\bar{x}$ = 104324, Min = 103371. Diese Gruppe lag mit ihrem stark abweichenden Endwert als einzige knapp unter dem einer praxisorientierten Konferenzlösung zu Kapitalbudgetierung maximal erreichten Ergebnis. Angesichts des grob fehlerhaft frühen Abbruchs der Gruppe kann "Cheating" nicht ausgeschlossen werden.
2) Anzahl der diese Zyklusiteration (ZIT) durchlaufende Gruppen.

Die Betrachtung des Konvergenzverhaltens zeigt, daß vor allem in der ersten Zyklusiteration beim kombinierten Prinzip im Durchschnitt ein deutlich höherer Wert erreicht wird als beim Algorithmus. Acht Gruppen (50%) erzielten bereits einen so hohen Wert, daß sie den Prozeß abbrachen. In den ersten beiden Zyklusiterationen wurden Zielfunktionswerte erreicht (Max), die nur 0,9 bzw. 0,2% vom Optimum abweichen. Lediglich eine Gruppe realisierte ein schlechteres Konvergenzverhalten als der Algorithmus (vgl. Min in den ersten beiden Zyklusiterationen). Die Ergebnisse belegen, daß bereits Entscheidungsträger mit nur grundlegenden Kentnissen gute Resultate erzielen können. Die Koordinatoren besaßen außer Kenntnissen über theoretisch mögliche Bereiche für die Aufzinsungsfaktoren und den Informationen zur Entwicklung der Sparten keinerlei weitere Ausbildung zur Formulierung guter Startstrategien. Eine Schulung auf Basis der in Simulationsexperimenten getesteten Strategien kann die Leistung von Entscheidungsträgern vermutlich noch deutlich verbessern.

Die guten Startvorgaben ermöglichten eine erstaunlich niedrige Zahl an Zyklusiterationen, mit einem Durchschnitt von 1,68. Damit zeigt sich, daß die allseits akzeptierte Zahl an Zyklusiterationen von zwei für derartige Probleme durch Dekompositionsprinzipien nicht nur realisierbar, sondern im Schnitt sogar zu unterschreiten ist.

Angesichts der wenigen Zyklusiterationen erscheint der erreichte Vermögensendwert extrem hoch. Im Durchschnitt beträgt er 99,34% des Optimums. Die Qualität dieser Entscheidung wird ferner im Vergleich zu einer ebenfalls durchgeführten praxisorientierten Koordinationsform verdeutlicht, denn das dort erzielte maximale Ergebnis liegt um mehr als das Zweifache der Standardabweichung (1406) unter dem hier durchschnittlich erreichten Endwert.

In den Wertangaben sind die Kosten einer Zyklusiteration nicht berücksichtigt. Je nach deren Höhe wird ein Abbruch des Koordinationsverfahrens früher oder später sinnvoll. Eine Wirtschaftlichkeitsbetrachtung kann dann eine Überlegenheit des heuristisch-algorithmischen Prinzips ergeben. Bei fiktiven Kosten einer Zyklusiteration von 200000 DM würden zwölf von 16 Koordinationsgruppen einen höheren Vermögensendwert als beim rein algorithmischen Prinzip erzielen.

3.2 Motivationswirkungen

Tabelle 2 zeigt eine Gegenüberstellung einiger Indikatoren für den reinen Algorithmus(A) sowie das heuristisch-algorithmische Verfahren (HAV). Die Auswahl orientiert sich an der Literatur zur Implementierung und Akzeptanz von OR-Methoden im allgemeinen und Dekompositionsprinzipien im besonderen [vgl. Atkins (1974), Börsig (1975), Müller-Merbach/Golling (1981), Ohse et al.(1979), Schmidt (1981) u.a.].

Tabelle 2: Motivationswirkungen beim reinen Algorithmus (A) und dem kombinierten heuristisch-algorithmischen Verfahren (HAV)

Stichprobe / Koordinationsform / Indikator		Alle 64 Teilnehmer HAV	Alle 64 Teilnehmer A	Alle Zentralen HAV	Alle Zentralen A
Zufriedenheit mit dem Koordinationsergebnis (7) Voll zufrieden... ... ganz und gar unzufrieden (1)	$\bar{x}$ s	5,35 (1,64)	5,70 (1,65)	5,62 (1,58)	5,37 (2,02)
Verständlichkeit der Ergebnisermittlung (7) Voll verständlich... ... ganz und gar unverständlich (1)	$\bar{x}$ s	4,68 (1,48)	4,78 (1,60)	4,31 (1,53)	4,43 (1,78)
Verständlichkeit des Informationsaustausches (7) Voll verständlich... ... ganz und gar unverständlich (1)	$\bar{x}$ s	4,64 (1,39)	4,46 (1,43)	4,81 (1,32)	4,43 (1,59)
Beteiligung an der Entscheidungsbildung (7) Voll beteiligt... ... vollkommen unbeteiligt (1)	$\bar{x}$ s	4,10 (2,01)	2,26 (1,99)	5,93 (1,61)	2,93 (2,51)
Grad der Entscheidungsautonomie (7) Vollkommene Autonomie... ... vollkommene Fremdbestimmung (1)	$\bar{x}$ s	4,09 (1,80)	2,37 (1,82)	5,43 (1,50)	3,00 (2,16)
Identifikation mit der Entscheidung (7) Aktiv mittragen... ... abgelehnte Projekte doch noch durchsetzen	$\bar{x}$ s	5,60 (1,51)	5,77 (1,64)	nicht abgefragt	

Mittelwerte und Standardabweichungen sind hier zu informativen Zwecken präsentiert. Die statistische Auswertung hingegen erfolgt mittels nichtparametrischer Verfahren, da die Annahme der Normalverteilung für einige Indikatoren nach dem Kolmogorov-Smirnov Goodness of Fit Test verworfen werden mußte.

Eine Varianzanalyse auf Unterschiede zwischen den beiden Koordinationsformen erfolgt mittels des Wilcoxon Tests für verbundene Stichproben. Die Stichproben sind verbunden, da die Indikatoren für die beiden Koordinationsformen von den gleichen Versuchspersonen stammen. Dies hat den Vorteil, daß die Varianz zwischen den Versuchspersonen ausgeschaltet wird. Die Nullhypothese lautet in allen Fällen auf Unterschiedslosigkeit der beiden Koordinationsformen.

Bei der Variablen "Zufriedenheit mit dem Koordinationsergebnis" konnte die Nullhypothese nicht auf einem Signifikanzniveau von 0,05 zurückgewiesen werden. Angesichts der nicht signifikanten Unterschiede zwischen den Zielfunktionswerten selbst überrascht dieses Ergebnis nicht. Die Entscheidungsträger sind aus verschiedenen wirtschaftlichen und motivationellen Gründen bereit, geringfügige Abweichungen von einem rechnerischen Optimum hinzunehmen.

Abgelehnt wurde die Nullhypothese ebenfalls bei den Indikatoren zur Verständlichkeit. Zwar war es nicht Ziel des kombiniert heuristisch-algorithmischen Verfahrens, diese gegenüber dem Algorithmus zu erhöhen, doch zeigen die Skalenwerte von <5, daß diesbezüglich eine weitere Schulung von Entscheidungsträgern notwendig werden könnte, um keine Black Box-Aversion aufkommen zu lassen [vgl. Ohse et al. (1979) S.154].

Die Variablen "Beteiligung an der Entscheidungsbildung" bzw. "Grad der Entscheidungsautonomie" offenbaren, daß die den Dekompositionsprinzipien häufig zugeschriebenen Dezentralisierungseffekte in Form von unabhängigen Entscheidungen [vgl. Maier/ Vander Weide (1976), S.443 u.a.] von den Entscheidungsträgern nicht im erwarteten Maße als solche empfunden werden. Die niedrigen Werte von 2,266 und 2,375 stehen für eine geringe Beteiligung an der Entscheidung bzw. für eine geringe Entscheidungsautonomie. Erst durch die Ermöglichung heuristischer Eingriffe wurde eine merkliche Verbesserung bezüglich dieser Indikatoren erreicht. Die Nullhypothese wurde bei beiden Variablen auf einem Niveau von < 0,001 abgelehnt. Die Unterschiede zwischen beiden Verfahren werden in besonders starkem Maße von den Vertretern der Zentrale erkannt und als solche eingeschätzt.

Interessant erscheint bei der Implementierung formaler Methoden gerade auch die Frage, ob und inwieweit die Einstellung von Personen gegenüber OR-Verfahren (ORE) die genannten Indikatoren beeinflußt. Dazu können wir für die 64 teilnehmenden Studenten festhalten:

(1) Es dominiert eine positive Haltung. Auf einer Skala von (7) Sehr positiv... ...(1) stark ablehnend ergab sich ein Mittelwert von 5,09 (s = 1,45).

(2) Es besteht ein positive Korrelation zwischen der ORE und der Zufriedenheit mit dem Koordinationsergebnis sowie der Verständlichkeit von dessen Ermittlung. Im Rahmen der rein algorithmischen Koordinationsform ermittelte der Spearman Rangziffern Korrelationstest für die Zufriedenheit und der ORE einen Korrelationskoeffizienten von 0,30 bei einem Signifikanzniveau von <0,01. Für die Verständlichkeit der Ergebnisermittlung und die ORE ergibt sich ein R = 0,34; ebenfalls auf einem Signifikanzniveau von < 0,01.
Angesichts eines Korrelationskoeffizienten von 0,65 für "verwandte" Indikatoren wie die Verständlichkeit der Ergebnisermittlung und die Verständlichkeit des Informationsaustausches erscheinen die genannten Rangkorrelationskoeffizienten von 0,30 bzw. 0,34 für diese Beziehungen als recht hoch.

Welches sind nun mögliche Bestimmungsgründe für eine positive Haltung von Entscheidungsträgern gegenüber OR-Verfahren? Dazu ist zu beobachten:
Die ORE variiert über die verschiedenen Funktionsträger und liegt für Sparte 3 bei 5,43, bei Sparte 2 hingegen nur bei 4,68. Sparte 3 allerdings verzeichnete gegenüber der praxisorientierten Koordinationsform im Rahmen der Koordination mittels des

Dekompositionsprinzips eine Ergebnisverbesserung von ca. 30%. Das Ergebnis von Sparte 2 erhöhte sich nur unwesentlich. Allerdings ist der Unterschied der ORE zwischen Sparte 3 und den anderen Funktionsträgern nach dem Kruskal-Wallis Test nicht signifikant. Nichtsdestotrotz darf ein positiver Zusammenhang zwischen dem Koordinationsergebnis und der ORE vermutet werden. Daß Entscheidungsträger bereit sind, angeblich negative Eigenschaften von OR-Prinzipien, speziell eine hohe Zahl an Zyklusiterationen beim Dekompositionsprinzip, hinzunehmen, sofern sich dies auszahlt, zeigen die Antworten zur akzeptierbaren Zahl an Iterationen. Während die Vertreter der Sparte 3 bereit wären, 5,93 Zyklusiterationen in einem entsprechenden Koordinationsprozeß der Praxis zu durchlaufen, äußern die anderen Funktionsträger eine deutlich geringere Zahl; Sparte 2 bspw. 3,75. In diesem Falle ist der Unterschied zwischen Sparte 2 und 3 signifikant auf einem Niveau von $<0,05$.

Weitere Forschungsbemühungen zur gleichzeitigen Ergebnis- und Akzeptanzverbesserung von OR-Verfahren erscheinen notwendig, denn bei der Implementierung zählt nicht nur Konvergenz sondern Gesamteffizienz. Eine wichtige Erkenntnis ist freilich der erkennbare positive Einfluß technischer Effizienz auf die Akzeptanz.

Literatur

Atkins,D.(1974), Managerial Decentralization and Decomposition in Mathematical Programming, in: Operations Research Quarterly 25, S. 615-624.

Börsig,C.A.H.(1975), Die Implementierung von Operations Research in Organisationen, Mannheim.

Burton,R.M., Obel, B.(1980), The Efficiency of the Price, Budget, and Mixed Approaches under Varying A Priori Information Levels for Decentralized Planning, Management Science 26, S. 401-417.

Leichtfuß,R.(1982), Zur Anwendbarkeit von Dekompositionsprinzipien bei der Kapitalbudgetierung in divisionalisierten Unternehmen, in: Operations Research Proceedings, Berlin, S. 211-218.

Leichtfuß,R., Schmidt,R.(1983), Laboratory Experiments on the Efficiency of Decomposition Principles in Decentralized Planning, in: Management International 1/83 (demnächst).

Maier,S.F., Vander Weide,J.H.(1976),Capital Budgeting in the Decentralized Firm, in: Management Science 23, S. 433-443.

Müller-Merbach,H./Golling,H.J.(1981), Der Bedarf des Operations Research an empirischer Forschung, in: Witte,E. (Hrsg.), Der praktische Nutzen empirischer Forschung, Tübingen, S.271-304.

Obel,B.(1981), Issues of Organizational Design, Kronberg.

Ohse,D., Steinecke,V.,Walter,K.D.(1979), Implementierungsprobleme bei der Anwendung der Linearen Planungsrechnung, in: Pfohl,H.C., Rürup,B.(Hrsg.), Anwendungsprobleme moderner Planungs- und Entscheidungstechniken, Band 3, Königstein, S.141-156.

Schmidt,R.(1981), Operations Research und verhaltenswissenschaftliche Erkenntnisse, in: Witte, E.(Hrsg.), Der praktische Nutzen empirischer Forschung, Tübingen 1981, S. 233-242.

Weingartner,H.M.(1963), Mathematical Programming and Analysis of Capital Budgeting Problems, Englewood Cliffs.

Investitionsplanung für Anlagen zur Deckung von Bedarfsspitzen in der Gaswirtschaft

Horst Günther, Klaus Hohmann, Dortmund

Zusammenfassung: Die deutsche Gaswirtschaft erwartet für die Zukunft einen erheblichen Bedarf an Speicherraum für den Ausgleich saisonaler Gasverbrauchsschwankungen. Dies resultiert aus den immer inflexibler werdenden Bezugskonditionen der Erdgasimportverträge und dem ständig wachsenden Anteil des Erdgases am zeitlich ungünstig strukturierten Raumwärmemarkt. Im Beitrag wird ein Rechenverfahren zur Planung der mit dem Bau unterirdischer Speicher verbundenen Investitionen in Milliardenhöhe und die Anwendung risikoanalytischer Simulationsmethoden zur Vorbereitung von Investitionsentscheidungen demonstriert.

Summary: The German gas industry is expecting a considerable storage demand for the compensation of the seasonal variation in gas consumption. This results from natural gas import contracts becoming more and more inflexible and the steadily increasing share of natural gas in the field of roomheating which is badly structured with respect to time. Within the report a computing method for planning the enormous investments associated with underground storage and the use of risk-analysing simulation methods for preparing investment decisions is shown.

1. Das Problem

Die Vereinigte Elektrizitätswerke Westfalen AG (VEW) verkauft neben Strom auch Gas und Fernwärme. Mit einem Gasverkauf von rd. 28 Mrd kWh und einem Umsatz im Gasgeschäft von 1,15 Mrd DM im Jahr 1981 gehört die VEW zu den größten Gasversorgern in der Bundesrepublik. Das Gasversorgungsgebiet liegt im westfälischen Raum, in dem ca. 170.000 Kunden aus Haushalt, Gewerbe und Industrie versorgt werden. Da VEW, wie fast alle anderen Gasversorgungsunternehmen (GVU) in der Bundesrepublik, über keine eigenen Erdgasquellen verfügt, muß die an die Kunden verkaufte Gasmenge (Gasabgabe) von Vorlieferanten bezogen werden (Bezugsmenge).

Ein Problem würde sich in diesem Zusammenhang kaum stellen, wenn die Gasabgabe über das Jahr gesehen gleichmäßig verteilt wäre, d. h. an jedem Tag die gleiche Menge verkauft würde. Das ist jedoch nicht der Fall, die Gasabgabe weist eine ausgeprägte Temperaturabhängigkeit allein wegen des hohen Heizgasanteils auf. Aus Bild 1 ist die Abweichung der empirischen Gasabgabe vom idealtypischen Fall der Gleichverteilung (schraffierte Rechteckfläche) zu erkennen. Die tatsächliche Abgabekurve zeigt deutliche Abweichungen von der Gleichverteilung; das Verhältnis von höchster (P_{max}) zu niedrigster (P_{min}) Tagesleistung beträgt etwa 7 : 1, die Gleichverteilungsleistung ($\bar{P}$) ist lediglich dreimal so groß wie die niedrigste Tagesleistung (P_{min}).

Operations Research Proceedings 1982

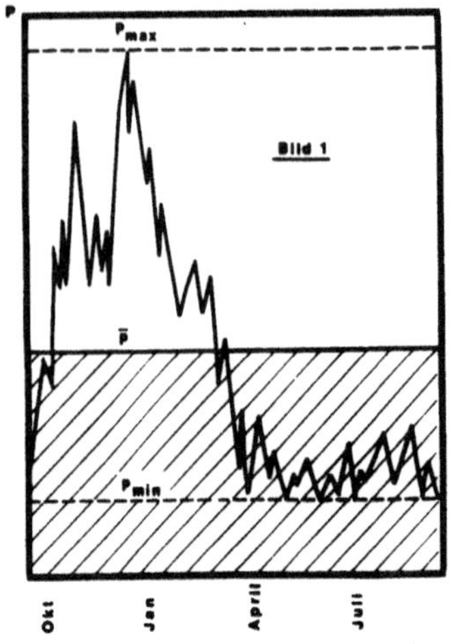

Dadurch, daß die tatsächliche Abgabestruktur keiner Gleichverteilung entspricht, und die Kosten für den Gasbezug nicht allein nach der abgenommenen Menge, sondern auch nach der in Anspruch genommenen Leistung errechnet werden, erwachsen den Gasversorgungsunternehmen Dispositionsprobleme mit erheblichen finanzwirtschaftlichen Auswirkungen.

Die Bezugskosten (K) eines Versorgungsunternehmens ergeben sich als Summe aus bezogener Jahresmenge (Q) multipliziert mit einem Arbeitspreis (A) und der höchsten in Anspruch genommenen Leistung multipliziert mit einem Leistungspreis (L),

$$K = Q \cdot A + P_{max} \cdot L$$

Später wird noch gezeigt, daß die Leistungspreisregelung in der Praxis sehr viel komplizierter aufgebaut ist. Neben der für VEW gültigen Tagesleistungspreisregelung sind auch Verträge mit Stundenleistung in der Gaswirtschaft üblich. Die Bedeutung des Leistungspreises für die gesamten Bezugskosten ist ganz erheblich. Der Leistungspreisanteil an den Bezugskosten betrüge bei VEW ohne Optimierungsmaßnahmen etwa 15 %, das sind deutlich über 100 Mio DM pro Jahr.

Das sich hier stellende Problem wird noch dadurch verschärft, daß die Abgabe (-leistung) wenig beeinflußbar, temperaturabhängig schwankt, die Abgabepreise für die Kunden jedoch nicht kurzfristig geändert werden können. Wenn ein Unternehmen seine Abgabespitzen stets durch Bezüge in gleicher Höhe deckt, so gibt es die Kosten der Leistungsvorhaltung an seinen Vorlieferanten weiter und muß dementsprechend hohe und nicht exakt planbare Bezugskosten hinnehmen.

2. Beeinflussungsmöglichkeiten der Bezugsspitze

Es existieren einige Möglichkeiten, die Bezugsspitze zu beeinflussen, jedoch muß man der jeweiligen Bezugskostenersparnis die Kosten der zu diesem Zwecke verfolgten Spitzendeckungsstrategie gegenüberstellen.

2.1. Verstetigung der Abgabe

Hier wären sogenannte unterbrechbare Verträge zu nennen, d. h. wenn die Gasabgabe aufgrund sinkender Außentemperaturen eine vorgegebene Leistung überschreitet, wird z. B. ein großer Industriekunde abgeschaltet, wodurch die sonst von ihm verbrauchten

Mengen für die übrige Versorgung frei werden. Beim betroffenen Kunden muß eine solche Unterbrechung prozeßtechnisch möglich sein und erfordert meistens die Unterhaltung eines bivalenten Feuerungssystems sowie die Bevorratung eines Ersatzbrennstoffes (z. B. Flüssiggas) für den Abschaltfall. Der durch die Abschaltung erreichten Bezugs-(kosten)-reduzierung stehen Einahmeausfälle gegenüber sowohl für die während der Unterbrechungen nicht gelieferten Mengen (Arbeitspreis), als auch für das Entgelt der Leistungsbereitstellung (Leistungspreis), da Kunden mit unterbrechbaren Verträgen keine Leistungsspitzen verursachen.

2.2. Einspeisung von Ersatzbrennstoffen

Eine mittlerweile häufiger bei GVU anzutreffende Strategie ist der Betrieb von Zumischanlagen. Dabei handelt es sich um Anlagen, über die ein Propan- bzw. Butan-Luft-Gemisch annähernd gleichen Brennwerts dem Erdgas in Spitzenlastzeiten zugegeben wird. Für solche Anlagen müssen die Anschaffungs- und Betriebskosten berücksichtigt werden. Bei letzteren sind insbesondere die Brennstoffkosten von Interesse, da Propan etwa doppelt so teuer wie Erdgas ist. In welchem Maße eine solche Anlage zur Reduktion der Bezugskosten führt, hängt von der Betriebsweise der Zumischanlage ab. Bei Fehleinschätzung des Wintertemperaturverlaufs und somit auch der Abgabeentwicklung, könnte der Tank bereits vor dem kältesten Tag leergefahren sein und dann keine Bezugskostenreduzierung erbringen.

2.3. Speichermöglichkeiten

Bei der Speicherung sind prinzipiell drei Möglichkeiten zu unterscheiden.

- Rohrnetzpuffer: GVU, die ein Hochdruck (HD)-Gasnetz betreiben, können in Schwachlastzeiten und an leistungspreisfreien Tagen (Samstage, Sonn- und Feiertage) den Druck in ihrem HD-Netz erhöhen und gewinnen somit für die Spitzendeckung diejenige Gasmenge, die durch Druckminderung wieder freigesetzt werden kann. Kosten entstehen nur für die Kompression des Gases.

- Stahlbehälter: Die heute noch oft zu findenden kugel- oder zylinderförmigen Stahlbehälter sind in ihrer strategischen Bedeutung ähnlich einzuschätzen wie die Rohrnetzpufferung: Das Speichervolumen ist zu gering, um auch bei mehreren aufeinanderfolgenden kalten Tagen zu einer nennenswerten Senkung der Bezugsspitze beizutragen. Rohrnetzpuffer und Stahlbehälter eignen sich daher in erster Linie zum Ausgleich von kurzfristigen Abgabespitzen, etwa bei Verträgen mit Stundenleistungspreis. Im übrigen sind auch hier die Anschaffungs- und Betriebskosten der Anlage den ggf.erzielbaren Bezugskostenverminderungen gegenüberzustellen.

- Untertagespeicher: Bisher gibt es in der Bundesrepublik nur wenige Untertagespeicher, die von größeren GVU betrieben werden. VEW hat in Kalle einen solchen Speicher in

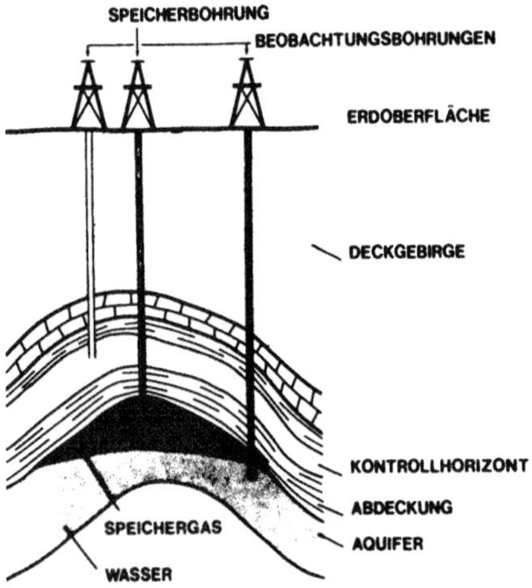

Betrieb genommen (Bild 2).
Es handelt sich um einen Aquifer-Speicher, bei dem Gas in eine verwässerte, glockenförmige Sandsteinschicht in ca. 2000 m Tiefe gepreßt wird. Das gesamte Speichervolumen (Arbeitsgas plus Kissengas) derartiger Strukturen kann bei 1 Mrd m^3 Erdgas und mehr liegen. Bei der erstmaligen Nutzung eines bestimmten Volumens gilt allerdings etwa die Hälfte des eingepreßten Gases als nicht wiedergewinnbar. Wollte man also einen Speicher mit einem Gesamtvolumen von 1 Mrd m^3 sofort voll nutzen, müßte die Hälfte als nicht rückgewinnbares sog. "Kissengas" im Wert von über 400 Mio DM investiert werden.
In welchem Umfang ein Untertagespeicher genutzt werden soll, hängt von seinen Parametern Injektionsleistung m^3/h , Abgabeleistung m^3/h und Arbeitsgasmenge m^3 ab.

Um bestimmte Leistungen zu installieren und Arbeitsgas einzuspeichern, sind Investitionen in entsprechende Aggregate und Kissengas zu tätigen. Der Erdgasspeicher Kalle kann aufgrund seiner geologischen Struktur in weiten Grenzen variabel dimensioniert werden. Die Dimensionierung des Speichers, d. h. die Festlegung seiner Parameter, ist in Anbetracht der damit zu erzielenden Bezugskostenreduktion ein investitionsrechnerisches Problem.

3. Probleme bei der Dimensionierung eines Untertagespeichers

Wie schon in den vorhergehenden Abschnitten angeklungen, treten bei allen Überlegungen zum Einsatz von Spitzendeckungsmitteln finanzwirtschaftliche Problemstellungen in Form von Investitionsentscheidungssituationen auf. Im folgenden wollen wir das hier vorzustellende Modell, das sich ebenfalls auf die anderen angesprochenen Probleme anwenden läßt, am Beispiel der Speicherdimensionierung diskutieren, da andernfalls eine Vielzahl von Parametervariationen die Ergebnisse zu unübersichtlich machen würde.

Die endgültige Dimensionierung des Speichers soll dazu führen, daß durch seinen Einsatz die wegen des Temperatureinflusses stark stochastisch schwankende Gasabgabe zu Spitzenzeiten nicht unmittelbar bezugswirksam wird, so daß unter Einrechnung von Anschaffungs- und Betriebskosten die Bezugskostenersparnis am größten wird. Ein solches Berechnungsbeispiel soll für die VEW-Gasversorgung durchgerechnet werden, wobei die vorhandenen fixierten Spitzendeckungsmittel (z. B. unterbrechbare Verträge) mit in die Berechnung eingehen.

Bei fest vorgegebener Abgabeleistung des Speichers wird untersucht, ob durch eine Erhöhung der Einspeiseleistung das geplante Arbeitsvolumen reduziert und eine wirtschaftlichere Fahrweise des Speichers erreicht werden kann. Ziel ist also die Anpassung von Einspeicherleistung und Speichervolumen an die Abgabestruktur von VEW.

4. Methodischer Ansatz

Die Lösung dieses Problems ist nur noch durch ein Simulationsmodell möglich, weil das gleichzeitige Zusammenwirken einer Vielzahl von teilweise stochastischen und interdependenten Faktoren nicht mehr mit einfachen Rechenmethoden erfaßt und modellmäßig abgebildet werden kann. Die wichtigsten dieser Einflußfaktoren sind:

- stark stochastische, auch kurzfristig nicht genügend exakt prognostizierbare Temperaturverläufe,
- der Einsatz anderer Spitzendeckungsmittel, wie z. B. der Rohrnetzpuffer und unterbrechbare Verträge,
- die Leistungspreisbildung
  . der Leistungspreis wird für das arithmetische Mittel der beiden höchsten Tagesleistungen, die mindestens 14 Tage auseinander und in verschiedenen Kalendermonaten liegen müssen, gebildet,
  . der Leistungspreis wird nur für die an Arbeitstagen (also nicht an Samstagen, Sonn- und Feiertagen) in Anspruch genommene Leistung in Ansatz gebracht,
- die Abhängigkeit der Abgabe vom Wochentag, d. h. bei gleicher Außentemperatur ist die Abgabe z. B. am Montag anders als am Dienstag etc.

Um das äußerst komplexe Zusammenwirken dieser Einflußfaktoren in all seinen möglichen Kombinationen sowohl mengenmäßig als auch wertmäßig beurteilen zu können, wurde ein numerisches Simulationsmodell entwickelt.

5. Der Modellaufbau

Im ersten Schritt erzeugt das Modell mittels eines Zufallzahlengenerators Verteilungen von Tagesmitteltemperaturen für 70 Jahre mit je 365 Tagesmitteltemperaturen (bei Schaltjahren 366). Die Parameter der Verteilung der im Modell erzeugten Mitteltemperaturen (T) und ihrer zeitlichen Änderungen ($\partial T/\partial t$) entsprechen denen der empirischen Temperaturverläufe in Mittelwert (μ) und Streuung (σ). Gerade das zeitliche Differential der Temperatur ist außerordentlich wichtig, um gemessen an der Realität nicht zu viele oder zu wenige aufeinanderfolgende kalte Tage zu berücksichtigen /1/.

Im zweiten Schritt werden die Temperaturdaten mit Regressionsgeraden kombiniert. Die Regressionsgeraden,je nach Kundengruppe (Haushalt, Gewerbe oder Industrie) unterschiedlich, ergeben sich aus der statistischen Auswertung von Vergangenheitsdaten des GVU. Sie stellen den Zusammenhang zwischen Außentemperatur und der Abgabeleistung her

(Bild 3). Am Ende dieses Modellteils stehen 70 simulierte Jahresdatensätze für die Abgabe zur Verfügung.

Im nächsten Schritt wird im Modell eine Mengenanalyse vorgenommen. Die zur Verrechnung kommende Bezugsleistung (P_{Bezug}) wird als Funktion der Abgabeleistung (P_{Abgabe}) betrachtet.

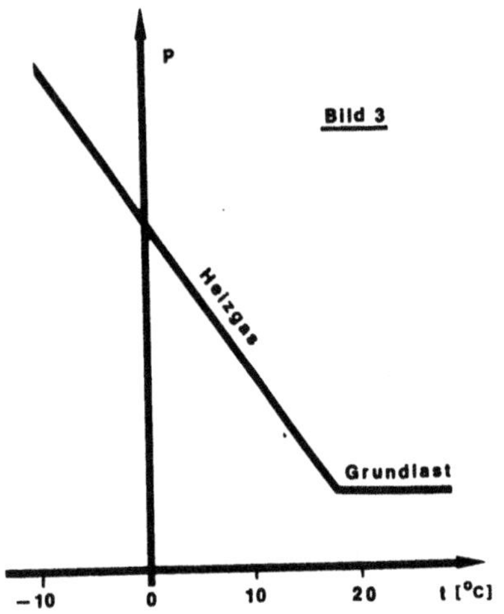

Für die hier angestellten Berechnungen zur ausschließlichen Betrachtung der Speicherdimensionierung müssen dem Modell weitere Vorgaben über eine Optimierungsstrategie gemacht werden. Dies sind:Vorgabe des anzustrebenden Höchstbezuges und Reihenfolge des Einsatzes der bereits vorhandenen Spitzendeckungsmittel nach geringsten variablen Betriebskosten. (Das Modell wird auch dazu verwendet, um hier eine optimale Strategie zu entwickeln). Aufgabe dieses Modellelementes ist es, Häufigkeitsverteilungen über Mengenbewegungen und die jährliche Beanspruchung der Spitzendeckungsmittel, z. B. niedrigster und höchster Speicherstand,sowie die kumulierte Speicherabgabemengen zu errechnen.

Im vierten Modellschritt findet die Modellanalyse statt. Dazu müssen die vertraglichen Bezugskostenregelungen vorgegeben werden und die variablen Kosten der einzelnen einsetzbaren Spitzendeckungsmittel. Ergebnis sind Häufigkeitsverteilungen über die spezifischen Bezugskosten bei den einzelnen Investitionsstrategien.

6. Berechnungsbeispiel

Im Bild 4 ist die sich aus einer bestimmten Spitzendeckungsstrategie und aus festen Injektions- und Abgabeleistungen ergebende Häufigkeitsverteilung des benötigten Arbeitsgasvolumens dargestellt. Man erkennt, daß nur in 10 % aller Fälle ein Arbeitsgasvolumen von mehr als 75 Mio m^3 benötigt wird. Ein in jedem Fall ausreichender Anfangsfüllstand ist 95 Mio m^3. Man wird diesen Wert wählen, da ein Leerfahren des Speichers neben den wirtschaftlichen auch erhebliche technische Probleme mit sich brächte.

Bild 5 zeigt die Häufigkeitsverteilung der Arbeitsgasanforderung bei einer geänderten Strategie. Die anzustrebende Höchstgrenze des Bezuges ist um 10 Mio kWh/d heraufgesetzt worden. Dies bewirkt, daß in vielen Fällen Speichergasentnahmen praktisch unmittelbar durch Einspeisung an Wochenenden bzw. an Tagen mit mäßig niedrigen Temperaturen ausgeglichen werden können. Die reduzierten Investitionskosten für das assoziierte

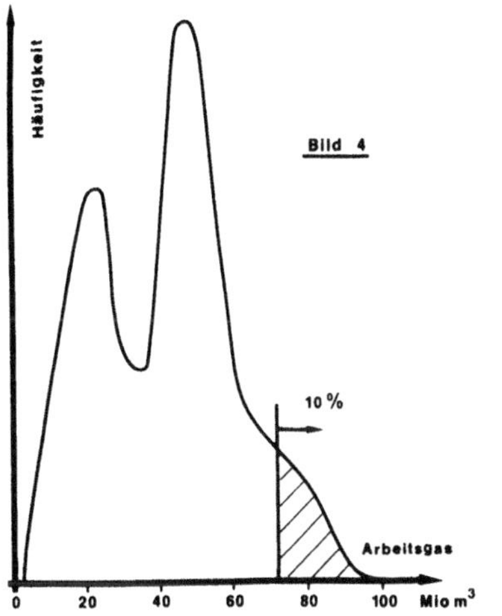

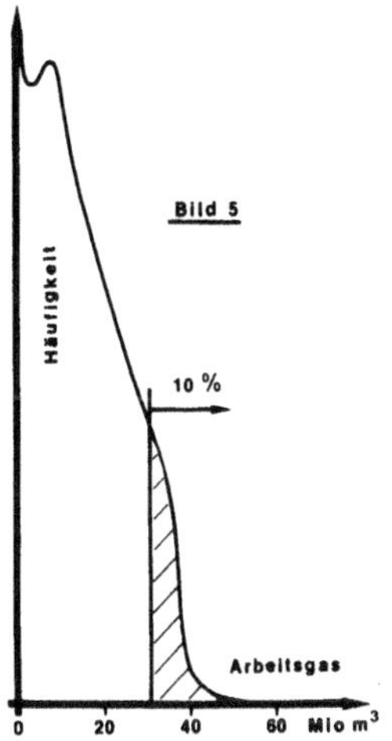

Kissengas stehen jedoch in keinem Verhältnis zu den erhöhten leistungsbezogenen Gasbezugskosten (etwa 1 : 5).

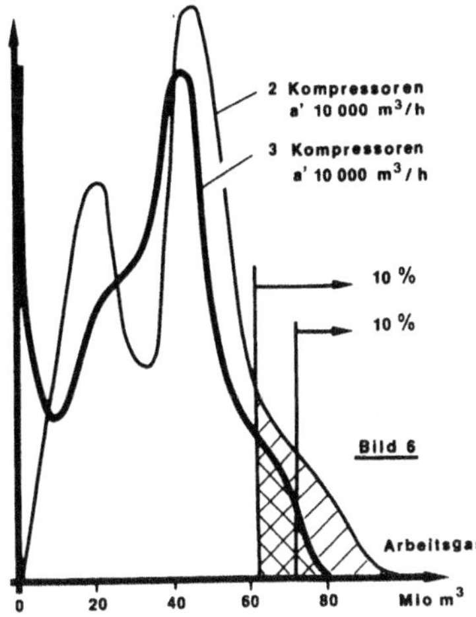

Ein günstigerer Weg, die Investitionen in Kissengas zu reduzieren, ist die Installation eines dritten Kompressors. Die Mengenverhältnisse zeigt Bild 6. Die Einsparungen durch Reduktion des Kissengasvolumens liegen um etwa 1,5 Mio DM höher als die Ausgaben für den dritten Kompressor.

/1/ Kucharski, H. J.: Erzeugung von statistischen Wintertemperaturen mit Hilfe von Zufallszahlen. gwf-gas/erdgas 114 (1973), H. 11, S. 535/540.

Zur Anwendung von Korrekturverfahren bei Investitions- und Produktionsplanung unter Unsicherheit

Karl Inderfurth, Berlin

Summary. For capital budgeting problems with risky investments the usefulness of replacing stochastic cash-flow data by risk-adjusted certainty equivalents in order to find optimal production and investment programs is investigated. For single- and multi-stage problems it turns out that risk adjustment procedures lead to good approximations of the chance/risk-efficient programs.

In der Praxis der Investitions- und Produktionsplanung werden zur Berücksichtigung unsicherer Zukunftserwartungen sehr häufig Korrekturverfahren angewendet, weil sie mit verhältnismäßig geringem Aufwand für Datenbeschaffung und Planungsrechnung eine Entscheidungsfindung ermöglichen. Dagegen steht die Investitionstheorie der Anwendung von Korrekturverfahren durchweg ablehnend gegenüber, weil diese in ihrer üblicherweise praktizierten Form weder die objektiven Risiken für das Unternehmen noch die subjektive Risikoeinstellung des Investors angemessen in den Entscheidungsprozeß einfließen lassen.

Für ein Grundproblem der simultanen Investitions- und Produktionsplanung, in das als unsichere Zukunftsdaten die Absatzgrenzen für die Endprodukte und deren Absatzpreise eingehen, wird untersucht, inwieweit Korrekturverfahren eine rationale Entscheidungsfindung in Risikosituationen ermöglichen und wie unter Benutzung von Korrekturverfahren ein einfacher heuristischer Ansatz zur Entscheidungsvorbereitung bei beliebigem Risikoverhalten entwickelt werden kann.

In Bezug auf die vorhandene Information über das Risikoverhalten des Investors werden zwei unterschiedliche Situationen behandelt. Zum einen die Situation quantifizierbarer Risikopräferenzen, in der die Ableitung eines bezüglich der gegebenen Risikoneigung optimalen Investitions- und Produktionsplans nach dem Bernoulli-Kriterium möglich ist. Zum anderen die Situation nicht quantifizierbarer Risikovorstellungen, die lediglich die Angabe von Erfolgschancen und -risiken unterschiedlicher ausgewählter Pläne als Informationsbasis für die endgültige Auswahl des

Operations Research Proceedings 1982

Investors zuläßt.

Im Fall quantifizierbarer Risikoeinstellung wird gezeigt, warum das Planungsergebnis bei Anwendung von Korrekturverfahren in der Regel nicht mit der Optimalplanung unter Benutzung der Risikonutzenfunktion übereinstimmt. Es wird untersucht, inwieweit sich aus dem risikonutzentheoretischen Sicherheitsäquivalent der zufallsabhängigen Einflußgrößen möglichst adäquate Risikokorrekturen ableiten lassen.

Für den Fall nicht quantifizierbarer Risikopräferenzen wird ein Konzept entwickelt, das die Entscheidungsvorbereitung in Form der äußerst aufwendigen Vorauswahl aller bezüglich Erfolgschancen und -risiken effizienten Pläne durch eine begrenzte Vorauswahl unter Anwendung von Korrekturverfahren mit parametrischem Einsatz von Risikokorrekturen ersetzt. Hierbei lassen sich durch geeignete Variation der Korrekturen Investitions- und Produktionspläne in gewünschter Zahl erzeugen, die das gesamte Spektrum von Plänen mit niedrigen Chancen und Risiken bis zu solchen mit hohen Chance/Risiko-Werten umfassen. Es stellt sich heraus, daß dieses Planspektrum sowohl bei einstufigen als auch bei mehrstufigen Planungsproblemen dem effizienten Rand der Pläne sehr nahe kommt. Somit stellt der heuristische Ansatz einer Anwendung von Korrekturverfahren in Verbindung mit parametrischer Risikokorrektur auch aus theoretischer Sicht ein durchaus akzeptables Mittel zur Entscheidungsvorbereitung bei stochastischen Investitionsplanungsproblemen dar.

Literatur

Blohm,H.;Lüder,K.: Investition.Schwachstellen im Investitionsbereich des Industriebetriebes und Wege zu ihrer Beseitigung, München 1978.

Inderfurth,K.: Starre und flexible Investitionsplanung, Wiesbaden 1982.

Jacob,H.: Zur Bedeutung von Flexibilität und Diversifikation bei Realinvestitionen. Ein Beitrag zur Theorie der Planung bei Unsicherheit. In: Mellwig,W.(Hrsg.), Unternehmenstheorie und Unternehmensplanung, Wiesbaden 1979, S. 31-67.

Schweim, J. Integrierte Unternehmensplanung. Bielefeld 1969.

Dynamische Portfolioplanung unter Berücksichtigung der Informationsverarbeitung

Otto Loistl, Paderborn
Harald Rosenthal, Paderborn

Zusammenfassung: Eines der Hauptprobleme der dynamischen Portfolioplanung ist die Analyse der Auswirkungen neuer Informationen auf die künftige Kursentwicklung. Man kann unterstellen, daß fundamentale Informationen in wesentlich größeren Zeitabständen aktualisiert werden als technische Informationen. Zur Berücksichtigung dieser Unterschiede werden Aktienkursreihen nach dem "Berliner Verfahren" in eine langfristige Trendkomponente und eine kurz- bis mittelfristige zyklische Komponente zerlegt. Darauf aufbauend werden die Beziehungen zwischen Trendkomponente und fundamentalen Faktoren einerseits sowie zwischen zyklischer Komponente und technischen Faktoren andererseits anhand der Daten deutscher Aktiengesellschaften analysiert.

Summary: One of the main problems in dynamic portfolio selection is the analysis of the effects of new informations on future share prices. Fundamental informations are revised within a longer time interval than technical informations. On behalf of these differences share prices are divided by the "Berliner Verfahren" in a long-term trend component and a short-term to medium-term cyclic component. Based on this separation the relations between trend component and fundamental factors on the one hand and between cyclic component and technical factors on the other hand are analysed for german stock prices.

Dynamische Portfolioplanung beinhaltet, daß neu auftretende Informationen gegebenenfalls zu Umschichtungen des Portfolios führen. Die Anpassung des Portfolios ist vergleichsweise unproblematisch, wenn man weiß, wie sich aufgrund neuer Informationen die künftigen Kurse der einbezogenen Papiere entwickeln werden. Dieses Wissen ist jedoch in der Regel nicht vorhanden, so daß man versuchen muß, die Auswirkungen neuer Informationen auf die künftige Kursentwicklung möglichst genau zu erfassen.

Die Informationen werden üblicherweise eingeteilt in
- Informationen über technische Faktoren (Kurse, Umsätze, Marktindizes usw.) und
- Informationen über fundamentale Faktoren (Jahresabschlüsse, Geschäftsberichte usw.).

Diese beiden Gruppen unterscheiden sich hinsichtlich der Häufigkeit der Informationsaktualisierung.
Technische Informationen ergeben sich täglich (z.B. Einheitskurse) oder sogar in kürzeren Zeitabständen (z.B. Kurse der fortlaufenden Notierung); dagegen treten fundamentale Informationen in wesentlich größeren Zeitabständen auf (z.B. Jahresabschlüsse). Entsprechend ist davon auszugehen, daß fundamentale Informationen den

Operations Research Proceedings 1982

Kurs wesentlich länger beeinflussen als technische Informationen.

Zur Analyse der Auswirkungen neuer Informationen auf die Kursentwicklung zerlegen wir deshalb die Aktienkursreihen $(x_t)_{t=1,\ldots,T}$ in eine langfristige Trendkomponente $(g_t)_{t=1,\ldots,T}$ und eine kurz- bis mittelfristige zyklische Komponente $(s_t)_{t=1,\ldots,T}$, die durch einen Fehlerterm $(u_t)_{t=1,\ldots,T}$ gestört werden können:

$$x_t = g_t + s_t + u_t, \; t=1,\ldots,T$$

Die Zerlegung erfolgt nach dem "Berliner Verfahren".[1] Dies stellt die Trendkomponente g_t als Polynom und die zyklische Komponente s_t als Summe sich überlagernder Sinus- und Cosinusschwingungen unterschiedlicher Periodizität dar. Zu bestimmende Parameter sind die Polynomkoeffizienten sowie die Amplituden der Sinus- und Cosinusschwingungen. Die Schätzung der Parameter erfolgt unter Maßgabe der Minimierung der Varianz des Fehlerterms u_t.

Die zu lösende Aufgabe setzt sich mithin aus drei Teilaufgaben zusammen:

1. Zerlegung von Kursreihen in Trendkomponente und zyklische Komponente,

2. Quantifizierung der Beziehungen zwischen Trendkomponente und fundamentalen Faktoren einerseits sowie zwischen zyklischer Komponente und technischen Faktoren andererseits,

3. Aufbau eines Informationsverarbeitungssystems zur dynamischen Portfolioplanung.[2]

Es wird zunächst über Arbeiten zu Teil 1 und Teil 2 berichtet, die auf empirischen Daten deutscher Aktiengesellschaften basieren.

---

1 Vgl. z.B. Heiler, S., Theoretische Grundlagen des "Berliner Verfahrens", in: Wetzel, W. (Hrsg.), Neuere Entwicklungen auf dem Gebiet der Zeitreihenanalyse, Göttingen, 197o
Nourney, M., Methode der Zeitreihenanalyse, in: Wirtschaft und Statistik, 1973, S. 11-17
Nourney, M., Weiterentwicklung des Verfahrens der Zeitreihenanalyse, in: Wirtschaft und Statistik, 1975, S. 96-1o1

2 Zur theoretischen Darlegung vgl. z.B. Bawa, V.S., Brown, S.J., Klein, R.W., Estimation Risk and Optimal Portfolio Choice, New York, 1979
Bamberg, G., Spremann, K., Implications of Constant Risk Aversion, in: Zeitschrift für Operations Research, Vol. 25, 1981, S. 2o5-224

DIE ERFASSUNG DES ZINSÄNDERUNGSRISIKOS IN EINEM MODELL FÜR DIE FINANZWIRTSCHAFTLICHE PLANUNG VON KREDITINSTITUTEN

Hermann Meyer zu Selhausen, München

Zusammenfassung. Eine Bank trägt Zinsänderungsrisiko, wenn nicht jede Anlage nach Betrag und Zinsbindungsfrist kongruent refinanziert wird. Dieses Risiko kann durch Programmplanungsmodelle für das Aktiv- und Passivgeschäft erfaßt werden, die für eine Anzahl von Projektionszeitpunkten Planbilanzen ermitteln. Diese Planbilanzen werden auf eine erwartete zukünftige Zinsentwicklung ausgerichtet, und sie können gleichzeitig in bezug auf alternative Zins-Scenarien evaluiert werden, so daß schließlich die Verletzlichkeit des Zinsenüberschuß durch abweichende Zins-Scenarien sichtbar wird.

Summary. Only in case that each asset with refer to amount and interest term is funded by a liability of equal amount and interest term there is no interest risk for a bank. Obviously each bank is exposed to interest risk. The interest risk of a bank can be made visible by aid of an asset and liability planning model that computes future balance sheets for a considerable time horizon. These balance sheets depend on an expected interest rate scenario and they can be evaluated at the same time with refer to extreme interest rate scenarios so that the vulnerability of the interest surplus becomes visible.

1. Problemstellung

Bei Kapitalbeschaffung und Kapitalverwendung der Banken haben bisher die Überlassungsfristen und damit der Liquiditätsaspekt im Vordergrund gestanden. Die Zinsbindungsfristen und ihr Zusammenwirken auf Aktiv- und Passivseite, ein wichtiger Faktor für die Ertragsentwicklung einer Bank, wurden dagegen vergleichsweise weniger beachtet. Eine Bank trägt Zinsänderungsrisiko, wenn sie ihre Anlagen nicht nach Betrag und Zinsbindungsfrist kongruent refinanziert. Zu jedem Zeitpunkt verfügt eine Bank über Anfangsbestände (Altgeschäft) auf Aktiv- und Passivseite der Bilanz, teilweise ohne Zinsbindung und teilweise mit Zinsbindung unterschiedlicher Fristigkeit. Aufgrund von Tilgungen o.ä. läuft Altgeschäft im Zeitablauf mit Volumen und Zinsertrag aus, und es kommt immer wieder gebrachtes und auch geholtes (geplantes) Neugeschäft hinzu. Zur Erfassung des Zinsänderungsrisikos ist eine Zeitraumbetrachtung der Entwicklung der Geschäftsvolumina mit ihren Zinserträgen und Zinsbindungs-

Operations Research Proceedings 1982

fristen erforderlich. Dies wird ja schon an einem ganz einfachen Beispiel deutlich: Gibt eine Bank einen Kredit zu einem festen Zinssatz für ein Jahr, und refinanziert sie sich mit Dreimonatsgeld, dann stehen nach dem Geschäftsabschluß und bis zur Rückführung des Kredits drei Zinsanpassungen bei der Refinanzierung bevor. Steigt nun der Refinanzierungszins während der Zinsbindungsfrist des Kreditgeschäfts, dann kann sich sogar eine negative Marge realisieren. Was hier am Beispiel eines Einzelgeschäfts verdeutlicht wurde, gilt entsprechend für die gesamten Aktiva und Passiva einer Bank. Das Zinsänderungsrisiko hängt daher ab von der zukünftigen Entwicklung der Geschäftsvolumina und Zinsbindungsfristen einerseits und von der zukünftigen Zinsentwicklung andererseits.

2. Modellmäßige Erfassung des Zinsänderungsrisikos

Mit Hilfe eines Planungsmodells für das Aktiv- und Passivgeschäft, das hier als Rahmen für die Erfassung des Zinsänderungsrisikos verwendet wird, kann die zukünftige Entwicklung des Geschäftsvolumens in Form einer Folge von Planbilanzen dargestellt werden. Diese Planbilanzen, die in bezug auf eine erwartete zukünftige Zinsentwicklung ermittelt werden, können nun ergänzend in bezug auf abweichende und sogar extreme Zins-Scenarien evaluiert werden, so daß das Zinsänderungsrisiko im Rahmen von Wenn-Dann-Rechnungen sichtbar wird. Zu diesem Zweck muß eine Fortschreibung des Durchschnittszinssatzes jeder Aktiv- und Passiv-Position für jedes Zins-Scenario durchgeführt werden, was im Falle von Positionen mit Zinsbindung erforderlich macht, daß eine Bilanzposition zu jedem Projektionszeitpunkt durch eine Variable für das Neugeschäft und gegebenenfalls mehrere Variablen für das während des Planungshorizonts entstandene Altgeschäft dargestellt wird. Jeder Variablen wird dann der Zinssatz zugeordnet, der zum jeweils betrachteten Projektionszeitpunkt gilt, entweder der aktuelle Marktzins bei Positionen ohne Zinsbindung und bei Neugeschäft oder der Zins aus der Zeit des Geschäftsabschlusses bei Altgeschäft.

Mit Hilfe von Regressionsgleichungen, die die vom Benutzer zu spezifizierenden Werte der Leitzinssätze berücksichtigen, werden Basiszinssätze berechnet. Auf der Grundlage dieser Basiszinssätze werden unter Berücksichtigung von subjektiv zu spezifizierenden Korrekturgrößen die Zinssätze für die einzelnen Bilanzpositionen bestimmt. Auf diese Weise werden Zins-Scenarien generiert. Das gesamte Aktiv- und Passivgeschäft der Bank wird dann in bezug auf das erwartete Zins-Scenario geplant und in bezug auf alternative Scenarien evaluiert.

3. Ergebnisse

Zu jedem Projektionszeitpunkt gibt das Programmplanungsmodell nicht nur eine Planbilanz aus, sondern auch eine Zinsbindungsübersicht und eine Übersicht der Zinsenüberschuß-Empfindlichkeit. Die Zinsbindungsübersicht zeigt eine Aufteilung der Aktiv- und Passivseite in Geschäftsvolumina und Zinsbeträge mit Zinsbindung, ohne Zinsbindung und zinslos, und es ergibt sich daraus auch der Überhang in den einzelnen Kategorien auf der Aktiv- oder Passivseite. Die Übersicht der Zinsenüberschuß-Empfindlichkeit gibt den scenario-abhängigen und den scenario-unabhängigen Anteil des Zinsenüberschuß, die Gesamtsumme und ergänzend die Zinsspanne an. Es wird sichtbar, wie verletzlich der Zinsenüberschuß für das erwartete Zins-Scenario zu den einzelnen Projektionszeitpunkten durch die eingegebenen alternativen Zins-Scenarien ist. Angesichts der Verletzlichkeit des Zinsenüberschuß im konkreten Fall kann der Benutzer Mindestbeträge für den Zinsenüberschuß in abweichenden Zins-Scenarien eingeben, so daß die Planung des gesamten Aktiv- und Passivgeschäfts für das erwartete Zins-Scenario revidiert wird.

Literatur:

1. Becker, W.D. und R. Falk, Hrsg.,
Materialien zum Zinsrisiko,
Schriften des Verbandes öffentlicher Banken, Heft 9,
Göttingen 1982

2. Rudolph, B.,
Zinsänderungsrisiken und die Strategie der durchschnittlichen Selbstliquidationsperiode,
in: Kredit und Kapital, 12. Jg. (1979), S.181-205

3. Schmidt, H.,
Wege zur Ermittlung und Beurteilung der Marktzinsrisiken von Banken,
in: Kredit und Kapital, 14. Jg. (1981), S.249-286

4. Scholz, W.,
Zinsänderungsrisiken im Jahresabschluß der Kreditinstitute,
in: Kredit und Kapital, 12. Jg. (1979), S.517-544

Kann man sich bei der Beurteilung festverzinslicher Kapitalanlagen auf Renditen verlassen?

Lutz Kruschwitz, Berlin

Zusammenfassung. Es wird die typische Entscheidungssituation eines kleinen Kapitalanlegers unter Sicherheit betrachtet. Auf der Grundlage realer Daten werden die tatsächlich erzielbaren Vermögenszuwächse mit den Renditeziffern verglichen, die die Banken gewöhnlich als Orientierungshilfen anbieten.

Summary. In this paper we analyze the decision problem of a private investor with little economic experience. Given a set of fixed-income investments, especially public and private bonds, the problem is to select the investment which will maximize final wealth. On the basis of real data it can be shown that it is somewhat dangerous to trust in rates of return which usually are offered by security analysts.

Das anlagewillige Publikum wird über die Attraktivität festverzinslicher Kapitalanlagen regelmäßig mit Hilfe von Renditeziffern informiert. Im Kreditgeschäft der Banken gibt es seit langem seriöse Bestrebungen, Kunden mit geringen wirtschaftlichen Erfahrungen gegen undurchsichtige Kreditangebote zu schützen. Beispielsweise will die Verordnung über Preisangaben dafür sorgen, daß Kreditangebote mit Hilfe eines standardisierten Verzinsungsmaßes (effektiver Jahreszins) miteinander verglichen werden können. Ähnliche Standardisierungsbemühungen im Passivgeschäft sind bisher nicht einmal im Ansatz zu erkennen.

Die Praxis verwendet gegenwärtig drei verschiedene Renditetypen nebeneinander. Der interne Zinsfuß spielt praktisch keine Rolle. Man findet ihn nur in den amtlichen Prospekten über Bundesschatzbriefe. Wegen der rechnerischen Schwierigkeiten, die mit seiner Ermittlung am Bankschalter (noch immer) verbunden sind, werden für börsennotierte Papiere Effektivrenditen genannt, die offensichtlich mit Näherungsformeln berechnet werden. Welche der zahlreichen Näherungsformeln jeweils benutzt wird, bleibt dem kleinen Kapitalanleger verborgen. Besonders bei abge-

Operations Research Proceedings 1982

zinsten Sparbriefen ist ein drittes Renditemaß gebräuchlich, das mitunter als Durchschnittsverzinsung bezeichnet wird. Obwohl die Berechnung interner Zinsfüße für Diskontpapiere (Ausgabe I_o, Einnahme R_n, Laufzeit n Jahre) mit $r = \sqrt[n]{R_n/I_o} - 1$ ganz unproblematisch ist, wird fast immer die Durchschnittsverzinsung mit $D = {}^1/n \; [(R_n - I_o)/I_o]$ angegeben. Falls n>1 ist, gilt immer D>r. Und bei großem n bekommt D marktschreierischen Charakter. Ob kleine Kapitalanleger ohne wirtschaftliche Erfahrung dies wissen oder durchschauen können, darf bezweifelt werden.

Unterstellt man als typisches Ziel kleiner Kapitalanleger Endvermögensmaximierung, so läßt sich leicht untersuchen, ob die von den Anlageberatern genannten Renditen gute Entscheidungshilfen sind.

Die methodische Vorgehensweise ist einfach: Man hole bei mehreren Banken Informationen über festverzinsliche Kapitalanlagen (Kurs, Stückzinsen, Spesen, Zinstermine, Rückzahlungsbetrag, Nominalzins, Fälligkeiten) ein und lasse sich deren angebliche Renditen nennen. Man unterstelle, daß die angebotenen Papiere bis zum Fälligkeitsdatum gehalten werden und berechne unter Verwendung einer geeigneten Wiederanlageprämisse den tatsächlich erzielbaren End-Vermögensstand. Endlich berechne man die Korrelation zwischen der Zielgröße und der genannten Rendite.

Auf der Basis mehrerer Stichproben läßt sich zeigen, daß die Endvermögenstände mit den üblichen Verzinsungsmaßen selbst dann nicht zufriedenstellend korrelieren, wenn es sich um einheitliche Renditetypen handelt.

Literatur:

L. Kruschwitz: Kann man sich bei der Beurteilung festverzinslicher Kapitalanlagen auf Renditen verlassen? Berlin: TUB, Wirtschaftswissenschaftliche Dokumentation, 1981, Diskussionspapier Nr. 62.

STOCHASTISCHE MODELLE DES KÄUFERVERHALTENS ALS GRUNDLAGE FÜR ABSATZWIRTSCHAFTLICHE ENTSCHEIDUNGSMODELLE

Ralph Berndt, Hamburg

Zusammenfassung: Nach einem Überblick über die wesentlichen stochastischen Erklärungsmodelle des individuellen Käuferverhaltens und einer Beurteilung ihrer empirischen Relevanz wird erörtert, wie auf der Grundlage einer Aggregation individueller Markenwahlprozesse eine Prognose der Gesamtmarktnachfrage erstellt werden kann. Im Anschluß daran werden die wesentlichen absatzwirtschaftlichen Entscheidungsmodelle analysiert, die auf aggregierten, stochastischen Käuferverhaltensmodellen beruhen.

Summary: A survey is given on stochastic models of consumer behaviour. The empirical relevance of these models is discussed. Also is shown which possibilities exist to aggregate individual brand choice processes. Finally marketing decision models especially based on aggregated stochastic brand choice models are analysed.

I. Einführung

Gegenstand der stochastischen Käuferverhaltensmodelle ist die Erklärung und Prognose der Nachfrage nach kurzlebigen Konsumgütern, also Gütern, bei denen relativ regelmäßig ein Wiederholungsbedarf auftritt. In diesem Zusammenhang sind Phänomene wie Markentreue bzw. -wechsel zu beobachten. Im Gegensatz zu den Strukturmodellen des Käuferverhaltens [(57), (17), (29)], die Kaufentscheidungsprozesse im Detail rekonstruieren, wird in den stochastischen Käuferverhaltensmodellen der individuelle Kaufentscheidungsprozeß durch ein stochastisches Prozeßmodell ersetzt (69, S. 13ff.). Den Input von Prozeßmodellen bilden die Modellparameter, die aus Panel-Erhebungen (u.U. im Zusammenhang mit Testmärkten) geschätzt werden können. Outputs der Prozeßmodelle stellen die 'response probabilities' dar, die abhängig vom jeweiligen Modelltyp zu interpretieren sind.

In diesem Beitrag werden drei grundlegende Fragenkomplexe bezüglich stochastischer Käuferverhaltensmodelle behandelt:

(1) Welche Aspekte der Nachfrage nach kurzlebigen Konsumgütern können in welcher Weise durch stochastische Käuferverhaltensmodelle erklärt werden? In welcher Weise können die Modellparameter erhoben werden und welche empirische Relevanz weisen die verschiedenen Modelltypen auf?

Operations Research Proceedings 1982

(2) Welche Möglichkeiten bestehen, eine Prognose der Gesamtmarktnachfrage auf der Grundlage stochastischer Individualmodelle des Käuferverhaltens zu erstellen?

(3) In welcher Weise können absatzwirtschaftliche Entscheidungsmodelle auf der Grundlage aggregierter stochastischer Käuferverhaltensmodelle formuliert werden?

II. Arten und empirische Relevanz stochastischer Erklärungsmodelle des individuellen Käuferverhaltens

1) Arten stochastischer Käuferverhaltensmodelle

Die wesentlichen Dimensionen des individuellen Kaufverhaltens sind die gewählte Marke einer Produktklasse, der Einkaufszeitpunkt, die Einkaufsmenge sowie die Einkaufsstätte. Als stochastische Partialmodelle des Käuferverhaltens, denen eine bzw. zwei Dimensionen des Kaufverhaltens zugrundeliegen, sind zu nennen

- Modelle der Markenwahl,
- Modelle der Wahl des Einkaufszeitpunktes,
- Modelle der Wahl der Einkaufsmenge und
- Modelle der Wahl der Einkaufsstätte.

Stochastische Markenwahlmodelle (brand choice models) erklären die Abhängigkeit eines derzeitigen Kaufes einer Marke von vorausgehenden Käufen vergleichbarer Marken derselben Produktklasse. Eine verhaltenswissenschaftliche Fundierung erfahren die Modelle durch die jeweils zugrundeliegende Verhaltenshypothese. Grundsätzlich lassen sich Zero-Order-Modelle, Markoffsche Modelle und lineare Lernmodelle unterscheiden. Während bei Zero-Order-Modellen [vgl. die Überblicke in (52, S. 56ff.), (48, S. 52ff.), (72, S. 16ff.) und die dort angegebene Literatur] der Kauf einer Marke in der Periode t stochastisch unabhängig davon ist, welche Marken in den Vorperioden gekauft worden sind, hängt bei Markoffschen Modellen (1. Ordnung) [vgl. die Überblicksdarstellungen (52, S. 61ff.), (48, S. 80ff.), (69, S. 125ff.), (56, S. 182ff.)] die Wahrscheinlichkeit, mit der eine bestimmte Marke in t gekauft wird, davon ab, welche Marke in der Vorperiode t-1 erworben worden ist; bei linearen Lernmodellen [siehe (11) sowie die Überblicke in (65), (52, S. 69ff.), (48, S. 141 ff.), (69, S. 153 ff.), (56, S. 191 ff.)] ist der Kauf einer Marke in t stochastisch abhängig von den in sämtlichen Vorperioden erworbenen Marken. Neben den homogenen Grundmodellen existieren verschiedene Modellvarianten, in denen Parameterheterogenität [(48, S. 59ff.), (33), (72, S. 33ff.)] und Modellheterogenität (33) berücksichtigt werden. Überführungsregeln zwischen den einzelnen Modelltypen finden sich in (10).

Variable Einkaufszeitpunkte können zum einen in Markoffsche Markenwahlmodelle einbezogen werden, wenn der Zustandsraum um den Zustand 'kein Kauf' erweitert wird [(52, S. 62), (40, S. 124ff.)]. Daneben existieren stochastische Modelle der Wahl des Einkaufszeitpunktes (purchase incidence models), mit deren Hilfe ermittelt werden kann, wann der Kauf eines Produktes erfolgen wird bzw. wieviele Produktkäufe in einem vorgegebenen Zeitintervall eintreten werden [vgl. den Überblick (48,S. 275ff) sowie (14), (13), (26), (16), (75), (30)].

Des weiteren können unterschiedliche Einkaufsmengen pro Kauf in Markoffsche Markenwahlmodelle durch eine Erweiterung des Zustandsraumes einbezogen werden [(52, S. 62), (40, S. 124 ff.)]. Daneben sind erneuerungstheoretische Konzepte auf den Problemkreis des Einkaufsverhaltens unter Berücksichtigung variabler Einkaufsmengen angewandt worden (71).

Stochastische Modelle der Einkaufsstättenwahl (store choice models) sind analog zu den stochastischen Markenwahlmodellen konzipiert worden. In diesem Fall repräsentieren die möglichen Zustände die zur Wahl stehenden Einkaufsstätten [(59), (60), (2), (49)].

Da die später näher zu betrachtenden absatzwirtschaftlichen Entscheidungsmodelle insbesondere auf stochastischen Markenwahlmodellen basieren, konzentrieren sich die folgenden Ausführungen auf die stochastischen Grundmodelle der Markenwahl.

2) Beurteilung der empirischen Relevanz

Für eine Beurteilung der empirischen Relevanz stochastischer Käuferverhaltensmodelle ist von Interesse,

- in welcher Weise die jeweiligen Modellparameter ermittelt werden können,
- wie festgestellt werden kann, welcher Modelltyp die beste Anpassung an das Käuferverhalten aufweist und
- welche Folgerungen die vorliegenden empirischen Untersuchungen hinsichtlich der Zuordnung von speziellen Modelltypen zu bestimmten Produktmärkten zulassen.

Zur Ermittlung der Modellparameter kann auf Panel-Erhebungen (Haushalts-Panel bezüglich Verbrauchsgüter) zurückgegriffen werden, die in der Bundesrepublik regelmäßig durchgeführt werden (z.B. GfK- + Infratest-Forschungsgemeinschaft: zwei Haushalts-Panel mit je 5.000 Haushalten). Hinweise auf die Möglichkeiten und Probleme von Panel-Erhebungen geben die Arbeiten (67), (54), (24), (56, S. 241ff.). KÖHLER/UEBELE (37,S. 139ff) beschreiben, in welchem Umfang in der Bundesrepublik Panel-Erhebungen genutzt werden.

Für die Ausgangskaufwahrscheinlichkeiten der einzelnen Marken, die für alle Markenwahlmodelle bekannt sein müssen, können die relativen Häufigkeiten herangezogen werden, mit denen die Marken in einer Periode gewählt werden. Im Rahmen des Markoffschen Grundmodells lassen sich die Übergangswahrscheinlichkeiten von einer Marke i zu einer Marke j als relative Häufigkeiten bestimmen, mit denen auf den Kauf einer Marke i ein Kauf der Marke j folgt (56, S. 241ff.). Zur Ermittlung der Parameter des linearen Lernmodells auf der Grundlage von Panel-Erhebungen siehe (48, S. 157ff.) und (72, S. 51ff.).

Zur Bestimmung der Anpassungsgüte von stochastischen Markenwahlmodellen ist von den möglichen Kaufgeschichten einer bestimmten Länge und deren empirischen Häufigkeiten auszugehen. Falls danach gefragt wird, ob das Markenwahlverhalten einem bestimmten Modelltyp folgt, können X^2-Anpassungstests herangezogen werden, wobei die empirischen Häufigkeiten der möglichen Kaufgeschichten mit den entsprechenden theoretischen Häufigkeiten (gemäß dem jeweiligen Markenwahlmodell) konfrontiert werden [siehe z.B. (48, S. 33ff.), (7), (43)]; hinsichtlich spezieller Tests bezüglich der Ordnung und Stationarität von Markoff-Ketten vgl. (3), (66), (48, S. 84ff.). Wenn jedoch verschiedene Modelltypen gleichzeitig hinsichtlich ihrer Anpassungsgüte beurteilt werden sollen, dürfen die empirischen X^2-Werte nicht miteinander verglichen werden, da die verschiedenen Markenwahlmodelle i.a. unterschiedliche Anzahlen von Freiheitsgraden aufweisen. Stattdessen kann das p-level (die kumulierte Wahrscheinlichkeit der X^2-Verteilung für Werte $\geq$ dem jeweiligen empirischen X^2-Wert) herangezogen werden [siehe (53), (51), (7), (72, S. 55f.)].

Im Jahre 1969 forderten MONTGOMERY/URBAN (52, S. 81), daß sich zukünftige Forschungsbemühungen darauf konzentrieren sollten, die speziellen Modelltypen des individuellen Käuferverhaltens bestimmten Produktmärkten zuzuordnen. Betrachtet man die Vielzahl ausgewerteter Panel-Erhebungen in den letzten 30 Jahren [beispielhaft seien nur (19), (12), (51), (48, S. 118ff.), (72, S. 60ff.), (10) aufgeführt], die sich auf verschiedenartige, kurzlebige Konsumgüter beziehen und bei denen unterschiedliche stochastische Markenwahlmodelle ein maximales p-level erreichen, so muß man feststellen, daß die Forderung von MONTGOMERY/URBAN bis heute nicht erfüllt ist, u.U. wohl gar nicht erfüllbar sein wird. Dieses hat zur Konsequenz, daß in jedem Einzelfall unter Berücksichtigung verschiedener Modelltypen ermittelt werden muß, welches Käuferverhaltensmodell am besten das Markenwahlverhalten erklärt.

III. Möglichkeiten einer Prognose der Gesamtmarktnachfrage durch eine Aggregation stochastischer Individualmodelle

Individuelle Markenwahlprozesse weisen i.a. nur eine begrenzte Aussagefähigkeit auf. Von größerer Bedeutung ist der Gesamtmarkt, d.h. die individuellen Markenwahlprozesse müssen aggregiert werden. Bei der Aggregation ist zu berücksichtigen,

- welchem Markenwahlmodell das Käuferverhalten jeweils folgt,
- ob die Käuferschaft homogen bzw. heterogen ist und
- ob eine zahlenmäßig konstante bzw. zahlenmäßig variable Käuferschaft vorliegt.

Für den Fall einer zahlenmäßig konstanten, homogenen Käuferschaft, bei der die Kaufentscheidungen verschiedener Käufer voneinander unabhängig erfolgen, hat SCHAICH dargelegt, in welcher Weise individuelle Markenwahlprozesse auf der Grundlage des Bernoulli-Modells (62, S. 37ff.) bzw. des Markoff-Modells (62, S. 66ff.) aggregiert werden können. Für das Markoff-Modell erster Ordnung z.B. gilt, daß die für die einzelnen Marken und die einzelnen Perioden prognostizierten (unbedingten) individuellen Kaufwahrscheinlichkeiten nach einer Aggregation als erwartete Marktanteile der Marken für die einzelnen Perioden zu interpretieren sind. Die individuellen Übergangswahrscheinlichkeiten sind - nach der Aggregation - als Anteile der Käuferschaft, die von einer Marke zu einer anderen Marke wechseln, zu beschreiben. Ausgehend von den erwarteten Marktanteilen der einzelnen Marken für die verschiedenen Perioden des Betrachtungszeitraumes kann eine Prognose der erwarteten Gesamtmarktnachfrage der einzelnen Marken erfolgen, indem die erwarteten Marktanteile mit der Käuferzahl und der durchschnittlichen Nachfragemenge pro Kauf multipliziert werden (20, S. 644ff).

Eine Heterogenität der Käufer ist möglich hinsichtlich der Ausgangskaufwahrscheinlichkeiten der einzelnen Marken, des Markenwahlmodells, der Modellparameter, der Nachfragemenge pro Kauf und des Kaufintervalls. Empirische Befunde zum Markoffschen Markenwahlmodell mit heterogenen Modellparametern finden sich in (23). BLATTBERG/SEN (9) konnten für verschiedene kurzlebige Konsumgüter neun Marktsegmente identifizieren, die jeweils durch ein spezielles Markoff- bzw. Bernoulli-Modell der Markenwahl repräsentiert werden. Eine Zuordnung der einzelnen Konsumenten zu den verschiedenen Marktsegmenten erfolgt mit Hilfe der 'Bayesian Model Discrimination Technique' (8). Liegt eine heterogene Käuferschaft vor, so sollten zunächst homogene Segmente gebildet werden, für die dann jeweils die individuellen Markenwahlprozesse aggregiert und segmentspezifische Nachfrageprognosen erstellt werden. Hieran kann sich eine Gesamtmarktprognose anschließen.

Der Fall einer zahlenmäßig variablen Käuferschaft wird in (70, S. 143ff) behandelt. Ein homogenes Markoff-Modell der Markenwahl ist dabei mit einem Markoffschen Modell der Entwicklung der Käuferzahl überlagert worden.

IV. Absatzwirtschaftliche Entscheidungsmodelle auf der Grundlage aggregierter stochastischer Käuferverhaltensmodelle

Soll über den Einsatz absatzpolitischer Instrumente entschieden werden, so muß das Käuferverhalten in Abhängigkeit von den geplanten absatzpolitischen Maßnahmen erklärt und prognostiziert werden. Auf der Grundlage der Absatzmaßnahmen müssen die Parameter der stochastischen Käuferverhaltensmodelle bestimmt werden. Dabei sind drei Fragestellungen von Bedeutung, die im Zusammenhang mit preis-, produkt-, werbe- und distributionspolitischen Entscheidungssituationen betrachtet werden:

(1) In welcher Weise sind die Modellparameter und die absatzpolitischen Variablen miteinander verknüpft?

(2) In welcher Weise können die Modellparameter empirisch erhoben werden?

(3) In welcher Weise können optimale absatzpolitische Entscheidungen getroffen werden?

Bei preispolitischen Entscheidungsmodellen auf der Grundlage Markoffscher Markenwahlmodelle [vgl. (62, S. 100ff.), (70); siehe auch (63, S. 79ff.), (58)] sind die Modellparameter zwar grundsätzlich von sämtlichen Preisen abhängig, vereinfachend wird jedoch i.a. unterstellt, daß die Modellparameter nur vom eigenen Preis sowie dem Durchschnittspreis der Konkurrenzmarken bzw. von der absoluten Preisdifferenz zwischen dem eigenen Preis und dem Durchschnittspreis der Konkurrenzmarken abhängen [vgl. z.B. (62, S. 93ff.), (70, S. 68ff.)]. Im letzten Falle wird jedoch nicht berücksichtigt, daß auch die Preislage einen Einfluß auf die Modellparameter haben kann [siehe hierzu die empirischen Befunde von KAMEN/TOMAN (36)].

Zur empirischen Ermittlung der Modellparameter in Abhängigkeit von den Markenpreisen können

- subjektive Schätzungen angestellt,
- 'normale' Panel-Erhebungen [siehe (43), (44), (10)] bzw.
- Panel-Erhebungen in Verbindung mit Store-Tests [vgl. (18, S. 256f.); zur praktischen Anwendung von Store-Tests in der Bundesrepublik siehe (37, S. 139ff.)]

herangezogen werden. Für Panel-Erhebungen im Zusammenhang mit Store-Tests spricht, daß i.a. die Preise der einzelnen Marken kontrolliert werden können. Sollen alternative Konkurrenzpreise in die Analyse einbezogen werden, empfehlen sich Labor-Store-Tests [z.B. von YANKELOVICH, vgl. (18, S. 257f.)] zur empirischen Ermittlung der Modellparameter.

Im Falle des preispolitischen Grundmodells (ohne Berücksichtigung von Konkurrenzmaßnahmen) wird der optimale (Einheits-)Preis für den gesamten Planungszeitraum gesucht. Der Kapitalerwartungswert für eine bestimmte Preisforderung der eigenen Marke ergibt sich durch Multiplikation des diskontierten Deckungsbeitrages pro Mengeneinheit der Marke mit der Summe der erwarteten Gesamtmarktnachfragen der einzelnen Teilperioden; diese lassen sich - wie dargelegt - jeweils durch Multiplikation der erwarteten Marktanteile mit der Zahl der Käufer sowie der durchschnittlichen Nachfragemenge pro Kauf ermitteln. Die optimale Preisforderung bei risikoneutraler Einstellung kann durch eine komparative Betrachtung bzw. durch eine Optimierung des aggregierten und bewerteten stochastischen Markenwahlprozesses bestimmt werden [siehe (62, S. 102ff), (70, S. 81ff.); siehe auch (58)]. Erweiterungen des Grundmodells sind denkbar, indem

- eine zeitliche Preisdifferenzierung vorgenommen wird,
- verschiedene mögliche Konkurrenzpreise in die Analyse einbezogen werden [vgl. (70, S. 102ff.)] und
- von einer nicht-risikoneutralen Einstellung ausgegangen wird.

Falls die Durchführung einer Produktdifferenzierung erwogen wird, ist die Erhöhung des Kapitalerwartungswertes aufgrund des Anbietens mehrerer Varianten (ggfs. zu verschiedenen Preisen) gegenüber dem Anbieten nur des Ausgangsproduktes zu ermitteln. Für den Fall der Produktdifferenzierung ist der Zustandsraum des stochastischen Käuferverhaltensmodelles entsprechend zu erweitern. Die Modellparameter können entweder subjektiv geschätzt werden oder mit Hilfe einer Panel-Befragung in Verbindung mit einem Labor-Store-Test ermittelt werden.

Bei den Modellen zur isolierten Bestimmung des Werbebudgets [z.B. (38), (62, S. 104ff.)] werden die Parameter der zugrundeliegenden stochastischen Markenwahlmodelle als abhängig von der Höhe des Werbebudgets angenommen. Analog zu dem zuvor betrachteten preispolitischen Grundmodell wird jeweils eine Kapitalerwartungswertfunktion in Abhängigkeit vom Werbebudget aufgestellt, die hinsichtlich des Werbebudgets optimiert wird. Problematisch bei derartigen Werbewirkungsmodellen ist jedoch die Verknüpfung zwischen den Parametern individueller Markenwahlmodelle und dem Werbebudget. Individuelle Werbewirkungen erfolgen durch individuelle Werbeansprachen, die durch Werbeträgerbelegungen ermöglicht werden, nicht jedoch durch eine aggregierte Größe wie das Werbebudget.

Den Planungsmodellen zur Mediaselektion und simultanen Mitbestimmung eines optimalen Werbebudgets [(74), (61), (6)] liegen neben stochastischen Markenwahlmodellen ein stochastisches Medianutzungsmodell zugrunde. Im Rahmen des stochastischen Medianutzungsmodells ist eine zufällige Werbeträger- und Werbemittelnutzung modelliert, die von den jeweiligen individuellen Werbeträger- und Werbemittelkontaktwahrscheinlichkeiten abhängig ist [zu Einzelheiten vgl. (6, S. 93ff.)]. Die Parameter der stochastischen Markenwahlmodelle sind abhängig von individuellen Werbeansprachen. Für deren empirische Bestimmung kann z.B. auf Panel-Erhebungen im Zusammenhang mit Store-Tests zurückgegriffen werden.

Im Bereich der Distributionspolitik sind Modelle zur Errichtung von Verkaufsstätten [(25), (55), (45)] sowie zur Einsatzplanung von Aussendienstmitarbeitern [(64), (68)] auf der Grundlage von stochastischen Käuferverhaltensmodellen vorgeschlagen worden.

Bei den Entscheidungsmodellen zur Errichtung von Verkaufsstätten (z.B. Tankstellen, Bank-Zweigstellen, Filialen von Handelsbetrieben) werden die Übergangswahrscheinlichkeiten von einer eigenen Marke zu einer Konkurrenzmarke als abhängig von dem Anteil der eigenen Verkaufsstätten an der Gesamtzahl der eigenen Verkaufsstätten und jener der Konkurrenz angenommen. HARTUNG/FISHER (25) z.B. suchen die optimale zeitliche und regionale Verteilung eines Budgets zur Verkaufsstättenerrichtung, wobei Budgetbeschränkungen für die einzelnen Perioden des Planungszeitraumes sowie Beschränkungen der Zahl der Verkaufsstätten pro Region und Periode berücksichtigt werden.

Gegenstand der Modelle zur Einsatzplanung von Außendienstmitarbeitern ist die Ermittlung optimaler Besuchshäufigkeiten von Kunden (64) bzw. die Verteilung der knappen Besuchszeit von Außendienstmitarbeitern auf potentielle Abnehmer (68). Beiden Modelltypen liegen absorbierende Markoff-Ketten zugrunde. Die Abschlußtätigkeit der Kunden bzw. das Abschlußinteresse werden als zufallsabhängig angenommen.

V. Folgerungen

Absatzwirtschaftliche Entscheidungsmodelle auf der Grundlage stochastischer Käuferverhaltensmodelle haben im Vergleich zu BAYESSCHEN Entscheidungsanalysen den Vorteil, daß die Modell-Parameter aus Panel-Erhebungen gewonnen werden können, so daß auf subjektive Schätzungen nicht zurückgegriffen werden muß. Im Gegensatz zu Gesamtmarktmodellen kann bei stochastischen Individualmodellen die Heterogenität der Käuferschaft explizit erfaßt werden.

Die betrachteten, bisher entwickelten absatzwirtschaftlichen Entscheidungsmodelle basieren insbes. auf stochastischen Markenwahlmodellen. Erweiterungen dieser Modelle um die Kaufzeitpunkt-, Einkaufsmengen- und Einkaufsstätten-Problematik sollten eingehend untersucht werden.

Die Entscheidungsmodelle z.B. der Preis- und Produktpolitik sollten außerdem dahingehend erweitert werden, daß eine Heterogenität der Käuferschaft sowie eine nicht-risikoneutrale Einstellung des Entscheidungsträgers explizit einbezogen werden.

Um den Einfluß absatzwirtschaftlicher Variablen auf die Parameter stochastischer Käuferverhaltensmodelle empirisch festzustellen, sollten Panel-Erhebungen im Zusammenhang mit Store-Tests bzw. Labor-Store-Tests durchgeführt werden. Hierfür sprechen insbesondere die Akzeptanz und intensive Nutzung dieser Informationsbeschaffungsmaßnahmen in der Praxis.

Literatur

(1) AAKER, D.A., The New-Trier Stochastic Model of Brand Choice, in: MS 17 (1971), No. 5, S. B-435 - B-450

(2) AAKER, D.A., JONES, J.M., Modeling Store Choice Behavior, in: JoMR 8 (1971), S. 38 - 42

(3) ANDERSON, T.W., GOODMAN, L.A., Statistical Inference About Markov Chains, in: Annals of Mathematical Statistics 28 (1957), S. 89 - 110

(4) BASS, F.M., The Theory of Stochastic Preference and Brand Switching, in: JoMR 9 (1974), No. 1, S. 1 - 20

(5) BASS, F.M., JEULAND, A., WRIGHT, G.P., Equilibrium Stochastic Choice and Market Penetration Theories: Derivations and Comparisons, in: MS 22 (1976), No. 10, S. 1051 - 1063

(6) BERNDT, R., Optimale Werbeträger- und Werbemittelselektion, Wiesbaden 1978

(7) BLATTBERG, R.C., SEN, S.K., An Evaluation of the Application of Minimum Chi-Square Procedures to Stochastic Models of Brand Choice, in: JoMR 10 (1973), S. 421 - 427

(8) BLATTBERG, R.C., SEN, S.K., A Bayesian Technique to Discriminate Between Stochastic Models of Brand Choice, in: MS 21 (1975), No. 6, S. 682 - 696

(9) BLATTBERG, R.C., SEN, S.K., Market Segments and Stochastic Brand Choice Models, in: JoMR 8 (1976), S. 34 - 45

(10) BÖCKER, F., ACHTER, D., Stochastische Prozeßmodelle des Markenwahlverhaltens, Ein Vergleich einiger Verhaltens- und einiger Entscheidungsmodelle, in: ZfB 51 (1981), S. 831 - 853

(11) BUSH, R.R., MOSTELLER, F., Stochastic Models for Learning, New York 1955

(12) CARMAN, J.M., Brand Switching and Linear Learning Models, in: JoAR 6 (June 1966), S. 23 - 31

(13) CHATFIELD, C., GOODHARDT, G.J., The Beta-Binomial Model for Consumer Purchasing Behaviour, in: Applied Statistics 19 (1970), S. 240 - 250

(14) EHRENBERG, A.S.C., The Pattern of Consumer Purchases, in: Applied Statistics 8 (1959), S. 26 - 41

(15) EHRENBERG, A.S.C., An Appraisal of Markov Brand-Switching Models, in: JoMR 2 (1965), S. 347 - 362

(16) EHRENBERG, A.S.C., Repeat-Buying, Theory and Applications, Amsterdam 1972
(17) ENGEL, J.F., KOLLAT, D.T., BLACKWELL, R.D., Consumer Behavior, New York 1968
(18) ERICHSON, B., Prognose für neue Produkte, Teile I und II, in: Marketing-ZFP 1 (1979), S. 255 ff. und 2 (1980), S. 49 ff.
(19) FRANK, R.E., Brand Choice As A Probability Process, in: JoB (1962), S. 43 - 56
(20) HAINES, G.H. Jr., A Theory of Market Behavior after Innovation, in: MS 10 (1964), No. 4, S. 634 - 649
(21) HAMMANN, P., Operations Research im Marketing, in: Quantitative Wirtschafts- und Unternehmensforschung, Hrsg. R. Henn et al., Berlin, Heidelberg, New York 1980, S. 378 - 397
(22) HAMMANN, P., ERICHSON, B., SCHEEL, W.D., Entscheidungsanalyse im Marketing, Berlin 1975
(23) HARARY, F., LIPSTEIN, B., The Dynamics of Brand Loyalty: A Markovian Approach, in: OR 10 (1962), S. 19 - 40
(24) HARDIN, D.K., JOHNSON, R.M., Patterns of Use of Consumer Purchase Panels, in: JoMR 8 (1971), S. 364 - 367
(25) HARTUNG, P.H., FISHER, J.L., Brand Switching and Mathematical Programming in Market Expansion, in: MS 11 (1965), S. B-231 ff.
(26) HERNITER, J., A Probabilistic Market Model Of Purchase Timing And Brand Selection, in: MS 18 (1971), No. 4, S. P-102 - P-113
(27) HORSKY, D., Market Share Response to Advertising: An Example of Theory Testing, in: JoMR 14 (1977), S. 10 - 21
(28) HORSKY, D., An Empirical Analysis of the Optimal Advertising Policy, in: MS 23 (1977), No. 10, S. 1037 - 1049
(29) HOWARD, J.A., SHETH, J.N., The Theory of Buyer Behavior, New York 1969
(30) JEULAND, A.P., BASS, F.M., WRIGHT, G.P., A Multibrand Stochastic Model Compounding Heterogeneous Erlang Timing and Multinomial Choice Processes, in: OR 28 (1980), S. 255 - 276
(31) JONES, J.M., A Comparison of Three Models of Brand Choice, in: JoMR 7 (1970), S. 466 - 473
(32) JONES, J.M., A Dual-Effects Model of Brand Choice, in: JoMR 7 (1970), S. 458 - 464
(33) JONES, J.M., A Composite Heterogeneous Model for Brand Choice Behaviour, in: MS 19 (1973), No. 5, S. 499 - 509
(34) JONES, J.M., ZUFRYDEN, F.S., Adding Explanatory Variables to a Consumer Purchase Behavior Model: An Exploratory Study, in: JoMR 17 (1980), S. 323 - 334
(35) JONES, J.M., ZUFRYDEN, F.S., An Approach for Assessing Demographic and Price Influences on Brand Purchase Behavior, in: JoM 46 (1982), S. 36 - 46
(36) KAMEN, J.M., TOMAN, R.J., Psychophysics of Prices, in: JoMR 7 (1970), S. 27 - 35
(37) KÖHLER, R., UEBELE, H., Planung und Entscheidung im Absatzbereich industrieller Großunternehmen, Aachen 1977
(38) KUEHN, A.A., A Model for Budgeting Advertising, in:Mathematical Models and Methods in Marketing, Hrsg. F.M. Bass et al., Homewood 1961, S. 315 ff.
(39) KUEHN, A.A., Consumer Brand Choice as a Learning Process, in: JoAR 2 (1962), S. 10 - 17
(40) LAMBIN, J.J., Modèles et programmes de marketing, Paris 1970
(41) LEEFLANG, P.S.H., Mathematical Models In Marketing, Leiden 1974
(42) LEEFLANG, P.S.H., KOERTS, J., Some Applications of Mathematical Response Models in Marketing Based on Markovian Consumer Behaviour Models, in: Proceedings ESOMAR-Seminar on Forecasting in Marketing, Amsterdam 1974, S. 287 - 319
(43) LILIEN, G.L., A Modified Linear Learning Model of Buyer Behavior, in: MS 20 (1974), S. 1027 - 1036

(44) LILIEN, G.L., Application of a Modified Linear Learning Model of Buyer Behavior, in: JoMR 11 (1974), S. 279 - 285
(45) LILIEN, G.L., RAO, A.G., A Model for Allocating Retail Outlet Building Resources across Market Areas, in: OR 24 (1976), S. 1 - 14
(46) MASSY, W.F., Order and Homogeneity of Family Specific Brand-Switching Processes, in: JoMR 3 (1966), S. 48 - 54
(47) MASSY, W.F., Forecasting the Demand for New Convenience Products, in: JoMR 6 (1969), S. 405 - 412
(48) MASSY, W.F., MONTGOMERY, D.B., MORRISON, D.G., Stochastic Models of Buying Behavior, Cambridge, London 1970
(49) MEYER, R.J., EAGLE, T.C., Context-Induced Parameter Instability in a Disaggregate Stochastic Model of Store Choice, in: JoMR 19 (1982), S. 62 - 71
(50) MONTGOMERY, D.B., A Stochastic Response Model With Application To Brand Choice, in: MS 15 (1969), S. 323 - 337
(51) MONTGOMERY, D.B., Stochastic Consumer Models: Some Comparative Results, in: Applications of Management Science in Marketing, Hrsg. D.B. Montgomery und G.L. Urban, Englewood Cliffs 1970, S. 99 - 113
(52) MONTGOMERY, D.B., URBAN, G.L., Management Science in Marketing, Englewood Cliffs 1969
(53) MORRISON, D.G., Testing Brand-Switching Models, in: JoMR 3 (1966), S. 401 - 409
(54) MORRISON, D.G., FRANK, R.E., MASSY, W.F., A Note on Panel Bias, in: JoMR 3 (1966), S. 85 - 88
(55) NAERT, P.A., BULTEZ, A.V., A Model of a Distribution Network Aggregate Performance, in: MS 21 (1975), S. 1102 - 1112
(56) NAERT, P., LEEFLANG, P., Building implementable marketing models, Leiden, Boston 1978
(57) NICOSIA, F.M., Consumer Decision Processes, Englewood Cliffs 1966
(58) OPITZ, O., SPREEMANN, K., Optimale Steuerung von Kaufverhaltensprozessen, in: Marketing, Neue Ergebnisse von Forschung und Praxis, Hrsg. E. Topritzhofer, Wiesbaden 1978, S. 285 - 325
(59) O.V., A Note on the Use of Markov Chains in Forecasting Store Choice, in: MS 16 (1969), No. 4, S. B-281 - B-285
(60) RAO, T.R., Consumer's Purchase Decision Process: Stochastic Models, in: JoMR 6 (1969), S. 321 - 329
(61) ROLOFF, S., Ein Mediaselektionsmodell zur optimalen Bestimmung der zahlenmäßigen und zeitlichen Streuung von Werbeeinschaltungen in Werbeträgern, Diss. Saarbrücken 1974
(62) SCHAICH, E., Eine Nachfragetheorie ohne Nachfragefunktionen, Diss. München 1967
(63) SENGUPTA, S.S., Operations Research in Seller's Competition, A Stochastic Microtheory, New York o.J. (1967)
(64) SHUCHMAN, A., The Planning and Control of Personal Selling Effort Directed at New Account Acquisition: A Markovian Approach, in: New Research in Marketing, Hrsg. L. Preston, Berkely 1965, S. 45 - 56
(65) SRINIVASAN, V., KESAVAN, R., An Alternate Interpretation of the Linear Learning Model of Brand Choice, in: JoCR 3 (1976), S. 76 - 83
(66) STYAN, G.P.H., SMITH, H. Jr., Markov Chains Applied to Marketing, in: JoMR 1 (1964), S. 50 - 55
(67) SUDMAN, S., On the Accuracy of Recording of Consumer Panels: I und II, in: JoMR 1 (1964), S. 14 - 20 und S. 69 - 80
(68) THOMPSON, W.W. Jr., McNEAL, J.U., Sales Planning and Control Using Absorbing Markov Chains, in: JoMR 4 (1967), S. 62 - 66
(69) TOPRITZHOFER, E., Absatzwirtschaftliche Modelle des Kaufentscheidungsprozesses, Wien 1974

(70) TRILCK, K., Zur Optimierung Markoffscher Markenwahlprozesse mit Hilfe der Preispolitik, Diss. Hamburg 1976
(71) WACK, P., Eine Theorie des Einkaufsverhaltens, Berlin 1975
(72) WIERENGA, B., An investigation of brand choice processes, Rotterdam 1974
(73) WIERENGA, B., SRINIVASAN, V., TILBURG, A. van, Multi-brand stochastic choice model including the effects of marketing variables, in: Proceedings X. Annual Workshop of EAARM, Hrsg. H.H. Larsen und S. Heede, Copenhagen 1981, S. 336 - 377
(74) ZUFRYDEN, F.S., Media Scheduling: A Stochastic Dynamic Model Approach, in: MS 19 (1973), S. 1395 - 1406
(75) ZUFRYDEN, F.S., A Composite Heterogeneous Model of Brand Choice and Purchase Timing Behavior, in: MS 24 (1977), S. 121 - 136
(76) ZUFRYDEN, F.S., An Empirical Evaluation of a Composite Heterogeneous Model of Brand Choice and Purchas Timing Behavior, in: MS 24 (1978), S. 761 - 773
(77) ZUFRYDEN, F.S., A Tested Model of Purchase Response to Advertising Exposure, in: JoAR 21 (1981), S. 7 - 16

Implikationen verschiedener Provisionspolitiken auf die Besuchszeiten - Allokation von Reisenden

Sönke Albers, Kiel

Zusammenfassung: Auf der Grundlage eines Entscheidungsmodells von Srinivasan/Albers zur Bestimmung optimaler Provisionssätze und Festgehälter für einen Verkaufsaußendienst wird mit Hilfe eines Simulationsexperimentes untersucht, welche Auswirkungen unterschiedliche Provisionspolitiken auf die resultierenden Gewinne und Umsatzstrukturen in Abhängigkeit unterschiedlicher Datenstrukturen haben. Bei dem Wechsel zu einer anderen Provisionspolitik zeigen sich im allgemeinen größere Veränderungen der Umsatzstrukturen als der Gewinne. Nur wenn man auf die Differenzierung der Provisionssätze nach Produkten und Reisenden übergeht, erhält man genau das umgekehrte Ergebnis.

Summary: A model by Srinivasan/Albers that optimizes commission rates and fixed salaries for a sales force has been investigated within a simulation experiment. The implications of various commission rate policies on the resulting profits and sales volume structures have been tested while systematically varying the underlying data. When changing the commission rate policies it has been found that the sales volume structure will alter to a greater extent than the profits. However, the results are reversed if one allows for different commission rates across products as well as salespersons.

1. Problemstellung

In der Praxis wird zur dezentralisierten Steuerung eines Verkaufsaußendienstes häufig das Instrument finanzieller Anreize für Verkaufsanstrengungen in Form von Provisionen eingesetzt [3]. Operationalisiert man Verkaufsanstrengungen durch Besuchszeiten, dann sollen die Provisionsmöglichkeiten die Reisenden dazu motivieren, aus eigenem Interesse heraus eine Besuchszeiten-Allokation vorzunehmen, die auch im Interesse des gewinnmaximierenden Unternehmens liegt. Zur Bestimmung optimaler Provisionssätze und Festgehälter liefert ein von Srinivasan/Albers [6] vorgeschlagenes Entscheidungsmodell nebst Lösungsverfahren eine Entscheidungshilfe.

In dem Entscheidungsmodell wird von einem heterogenen Außendienst ausgegangen, bei dem eine bestimmte Anzahl von Reisenden eine Menge unterschiedlich profitabler Produkte an eine Menge von Kunden zu verkaufen versucht. Dabei kann sich die Heterogenität außer

Operations Research Proceedings 1982

in den Deckungsbeitragssätzen auch hinsichtlich der Reaktionsfunktionen des Umsatzes in Abhängigkeit von der Besuchszeit wie auch der Zielvorstellungen der Reisenden zeigen. Ganz allgemein wird angenommen, daß der Reisende bei der Festlegung seiner Besuchszeiten eine Nutzenfunktion maximiert, in der ein Trade-off zwischen dem Provisionseinkommen und der dafür benötigten Arbeitszeit stattfindet [5]. Das Unternehmen kann nun über die Höhe der Provisionssätze, die das erzielbare Provisionseinkommen der Reisenden determiniert, die von den Reisenden gewählten Besuchszeiten beeinflussen. Ziel des Unternehmens ist es dabei, den Gewinn bestehend aus dem vom Umsatz resultierenden Deckungsbeitrag abzüglich der Kosten für Provisionen, Festgehälter und Kündigungen zu maximieren. Neben der Bestimmung von Provisionssätzen erlaubt das Modell auch die Festlegung von Festgehältern, da diese in der Bundesrepublik Deutschland für angestellte Reisende gesetzlich vorgeschrieben sind. Die Summe aus Festgehalt und Provisionseinkommen ergibt dann das Gesamteinkommen des Reisenden, das zusammen mit der dafür benötigten Arbeitszeit wiederum eine wichtige Einflußgröße für die Kündigungsentscheidung des Reisenden darstellt [2]. Da solche Kündigungsentscheidungen Umsatzrückgänge während der vertretungsweisen Betreuung der Kunden verursachen und damit Kosten für das Unternehmen bedeuten, wird mit Hilfe des Entscheidungsmodells ein optimaler Ausgleich zwischen den Gewinn- und Kostenwirkungen der Besuchszeit einerseits und den Kosten durch Festgehälter und Kündigungen andererseits herbeigeführt.

2. Aufbau des Simulationsexperimentes

Neben der Lösung individueller Probleme bietet das Entscheidungsmodell die Möglichkeit, die Auswirkungen unterschiedlicher Provisionspolitiken auf den Gewinn des Unternehmens und die Besuchszeitenstruktur des Außendienstes in Abhängigkeit von unterschiedlichen Datenstrukturen zu untersuchen. Damit erhält man eine bessere Grundlage für die Beurteilung der folgenden Provisionspolitiken, deren Wahl üblicherweise mit schwer zu quantifizierenden Argumenten begründet wird.

POL1: Das Unternehmen gewährt nach Produkten und Reisenden optimal differenzierte umsatzbezogene Provisionssätze. Damit läßt sich im Entscheidungsmodell der höchstmögliche Gewinn erreichen [1].

POL2: Das Unternehmen gewährt lediglich nach Produkten optimal differenzierte umsatzbezogene Provisionssätze. Auf diese Weise soll auf Kosten einer gewissen Suboptimalität gegenüber POL1 eine die Motivation fördende Gleichbehandlung der Reisenden erreicht werden.

POL3: Das Unternehmen gewährt einen optimalen einheitlichen umsatzbezogenen Provisionssatz. Gegenüber POL2 wird damit, wiederum auf Kosten einer gewissen Suboptimalität, eine administrative Vereinfachung erreicht. Diese Politik wird sehr häufig in der Praxis angestrebt.

POL4: Das Unternehmen gewährt einen optimalen einheitlichen Provisionssatz bezogen auf den Deckungsbeitrag. Damit wird gegenüber POL3 die unterschiedliche Profitabilität der Produkte berücksichtigt. Diese von Farley [4] empfohlene Politik wurde jahrelang fälschlicherweise als optimal angesehen [5].

Während an anderer Stelle die Auswirkungen der Provisionspolitiken auf den Gewinn detailliert untersucht worden sind [3], soll hier vor allem auf die resultierenden Besuchszeitenstrukturen bzw. auf die daraus folgenden Umsatzstrukturen eingegangen werden. Dabei wird die Ähnlichkeit $S_{k\ell}$ der Umsatzstrukturen zweier Provisionspolitiken $(k,\ell \varepsilon L)$ durch den gemeinsamen Umsatzanteil beider Umsatzstrukturen operationalisiert:

$$(1) \quad S_{k\ell} = \left(\sum_{p \varepsilon P} \mathrm{Min}\{U_p^k, U_p^\ell\}\right) / \left(\sum_{p \varepsilon P} \mathrm{Max}\{U_p^k, U_p^\ell\}\right) \qquad (k,\ell \varepsilon L),$$

L : Indexmenge der Provisionspolitiken,
P : Indexmenge der Produkte,
U_p^ℓ: Umsatz des p-ten Produktes $(p\varepsilon P)$ bei der ℓ-ten Provisionspolitik $(\ell \varepsilon L)$.

Die Untersuchung erfolgte auf der Basis künstlich generierter Probleme, deren Daten über vier Strukturparameter systematisch variiert wurden. Diese Parameter beziehen sich abgesehen von den Deckungsbeitragssätzen auf die Ausprägungen der Umsatzreaktionsfunktionen (2) und der Nutzenfunktionen (3) der Reisenden:

$$(2) \quad U_{pj} = \alpha_{pj} \cdot t_{pj}^{\beta_{pj}} \qquad (p\varepsilon P, j\varepsilon J),$$

$$(3) \quad N_j = \underbrace{\sum_{p\varepsilon P} c_{pj} \cdot \alpha_{pj} \cdot t_{pj}^{\beta_{pj}}}_{\text{Provisionseinkommen}} - \underbrace{\gamma_j \left(\sum_{p\varepsilon P} t_{pj}\right)^{\delta_j}}_{\text{Nutzenentgang durch Arbeitszeit}} \qquad (j\varepsilon J),$$

J : Indexmenge der Reisenden,
t_{pj}: Besuchszeit des j-ten Reisenden $(j\varepsilon J)$ für das p-te Produkt $(p\varepsilon P)$,
N_j : Nutzen des j-ten Reisenden $(j\varepsilon J)$,
c_{pj}: Provisionssatz für den durch den j-ten Reisenden $(j\varepsilon J)$ erzielten Umsatz mit dem p-ten Produkt $(p\varepsilon P)$,
α_{pj}; β_{pj}; γ_j; δ_j: Funktionsparameter $(p\varepsilon P,\ j\varepsilon J)$.

Die Datenstrukturparameter wurden nach Maßgabe eines faktoriellen Designs variiert (siehe Tab. 1):

Faktorbezeichnung	Beschreibung des Faktors bzw. des Datenstrukturparameters	Ausprägungen bei					
		niedrig		mittel		hoch	
		von	bis	von	bis	von	bis
F1	Variationsbreite der Deckungsbeitragssätze	0,24	0,26	0,20	0,30	0,15	0,35
F2	Variationsbreite der Elastizitäten β_{pj} über die Produkte	0,48	0,52	0,40	0,60	0,30	0,70
F3	Variationsbreite der Elastizitäten β_{pj} über die Reisenden	0,48	0,52	0,40	0,60	0,30	0,70
F4	Variationsbreite der Elastizitäten δ_j	2,40	2,60	2,00	3,00	1,50	3,50

Tab. 1: Ausprägungen der Datenstrukturparameter in einem faktoriellen Design.

Zu jeder der $3^4 = 81$ Zellen des Simulationsexperimentes wurden 30 Replikationen gerechnet, so daß sich die Ergebnisse auf insgesamt $81 \cdot 30 = 2430$ Fälle beziehen. Aus Rechenzeitgründen wurden jeweils Probleme mit 3 Reisenden und 3 Produkten zugrunde gelegt, mit denen bereits hinreichend gut ein heterogener Außendienst abgebildet werden konnte.

3. Ergebnisse

Die Ergebnisse des Simulationsexperimentes sind in detaillierter Form in Tab. 2 wiedergegeben. Daraus lassen sich folgende inhaltliche Folgerungen ableiten:

a) Eine Einschränkung der Differenzierung der Provisionssätze auf Produkte führt im Mittel zu einer Gewinneinbuße von etwa 12%. Die Gewinneinbuße erhöht sich etwa um weitere 6 Prozentpunkte auf 18%, wenn lediglich ein einheitlicher Provisionssatz bezogen auf den Umsatz festgelegt wird. Die Provisionspolitiken POL2 und POL4 erscheinen hinsichtlich der resultierenden Gewinnwerte als nahezu gleichwertig.

b) Von den Datenstrukturparametern besitzen nur die Faktoren F1 und F3 eine Bedeutung für die Gewinnwerte. Dabei übt die Variationsbreite der Deckungsbeitragssätze (F1) einen sehr starken Einfluß aus, wenn die Politik POL3 mit Politiken wie POL1, POL2, POL4 verglichen wird, in denen den unterschiedlichen Profitabilitäten der Produkte Rechnung getragen werden kann. Eine gewisse, wenn auch schwache Bedeutung gewinnt die Variationsbreite der Elastizitäten β_{pj} über die Reisenden (F3), wenn die Politiken POL2, POL3 und POL4 mit POL1 verglichen werden, bei der der sich in F3 äußernden Heterogenität der Reisenden durch entsprechend nach Reisenden und Produkten differenzierten Provisionssätzen begegnet werden kann.

c) Ähnliche Ergebnisse bezüglich des Einflusses der Datenstrukturparameter ergeben sich auch für die Ähnlichkeiten der Umsatzstrukturen. Dagegen fällt auf, daß die Umsatzänderungen beim Übergang von einer der Provisionspolitiken POL2, POL3 oder POL4 auf POL1 nur etwa die Hälfte der Gewinnveränderungen betragen, während ein Wechsel innerhalb der Politiken POL2, POL3 und POL4 zu höheren Umsatz- als Gewinnänderungen führt. Dabei sind alle Unterschiede zwischen den Gewinneinbußen und den Ähnlichkeiten der Umsatzstrukturen nach Maßgabe des nichtparametrischen Vorzeichentests auf dem 0,1% - Niveau signifikant. Dieses Ergebnis, das starke Auswirkungen auf die Abstimmung von Produktion und Vertrieb besitzt, ist darauf zurückzuführen, daß eine Änderung von höchstens nach Produkten differenzierten Provisionssätzen zu einem weitgehend einheitlichen Verhalten der Reisenden führt, während sich bei einer Änderung von nach Reisenden und Produkten differenzierten Provisionssätzen die Gewinnänderungen über die Reisenden kumulieren, die Umsatzveränderungen dagegen teilweise kompensieren.

Vergleich der Provisions-Politiken	Variierter Faktor	Arithmetisches Mittel des Gewinnverhältnisses der k-ten zur ℓ-ten Provisionspolitik(%) bei den Faktorausprägungen			Erklärte Varianz in %	Signifikanzniveau in % (Kruskal-Wallis-Test)	Arithmetisches Mittel der Ähnlichkeiten $S_{k\ell}$ der aus der k-ten und ℓ-ten Provisionspolitik resultierenden Umsatzstrukturen (%) bei den Faktorausprägungen			Erklärte Varianz in %	Signifikanzniveau in % (Kruskal-Wallis-Test)
		niedrig	mittel	hoch			niedrig	mittel	hoch		
POL2 und	F1	87,24	88,10	89,35	0,9	< 0,1	95,99	95,83	95,75	0,1	n.s.
POL1	F2	88,34	88,61	87,74	0,2	n.s.	95,64	95,86	96,06	0,3	n.s.
(k = 2,	F3	89,88	89,42	85,39	4,7	< 0,1	96,53	96,14	94,88	5,6	< 0,1
ℓ = 1)	F4	88,87	88,13	88,23	0,3	3,1	95,72	95,89	95,96	0,1	n.s.
POL3 und	F1	86,92	83,89	75,65	16,8	< 0,1	95,39	90,56	83,08	69,7	< 0,1
POL1	F2	82,33	82,60	81,53	0,2	n.s.	89,71	89,77	89,56	< 0,1	n.s.
(k = 3,	F3	83,89	83,47	79,09	3,5	< 0,1	89,44	89,80	89,79	0,1	n.s.
ℓ = 1)	F4	82,46	81,99	82,01	< 0,1	n.s.	89,45	89,71	89,86	0,1	n.s.
POL4 und	F1	87,06	87,94	89,20	0,9	< 0,1	95,44	95,25	95,22	0,1	n.s.
POL1	F2	88,17	88,48	87,55	0,2	n.s.	95,19	95,44	95,28	0,1	1,5
(k = 4,	F3	89,84	89,32	85,04	5,1	< 0,1	95,73	95,55	94,63	2,3	< 0,1
ℓ = 1)	F4	88,75	87,98	87,47	0,3	1,5	95,11	95,35	95,45	0,2	n.s.

1. Seite der Tab. 2: Ergebnisse eines Simulationsexperimentes über die Auswirkungen unterschiedlicher Provisionspolitiken

Vergleich der Provisions-Politiken	Variierter Faktor	Arithmetisches Mittel des Gewinnverhältnisses der k-ten zur ℓ-ten Provisionspolitik(%) bei den Faktorausprägungen			Erklärte Varianz in %	Signifikanzniveau in % (Kruskal-Wallis-Test)	Arithmetisches Mittel der Ähnlichkeiten $S_{k\ell}$ der aus der k-ten und ℓ-ten Provisionspolitik resultierenden Umsatzstrukturen (%) bei den Faktorausprägungen			Erklärte Varianz in %	Signifikanzniveau in % (Kruskal-Wallis-Test)
		niedrig	mittel	hoch			niedrig	mittel	hoch		
POL3 und	F1	99,62	95,10	84,28	67,1	< 0,1	96,82	90,49	83,51	76,5	< 0,1
POL2	F2	93,11	93,10	92,79	< 0,1	n.s.	90,63	90,46	90,25	0,1	n.s.
(k = 3,	F3	93,14	93,23	92,63	0,1	n.s.	90,43	90,57	90,33	< 0,1	n.s.
ℓ = 2)	F4	92,68	92,91	93,41	0,1	n.s.	90,41	90,47	90,44	< 0,1	n.s.
POL4 und	F1	99,78	99,80	99,83	0,1	n.s.	97,41	97,56	97,75	0,5	2,7
POL2	F2	99,79	99,84	99,78	0,1	0,2	97,74	97,71	97,27	1,1	< 0,1
(k = 4,	F3	99,95	99,88	99,58	4,7	< 0,1	97,98	97,78	96,96	4,5	< 0,1
ℓ = 2)	F4	99,86	99,81	99,74	0,4	< 0,1	97,67	97,62	97,44	0,2	n.s.
POL3 und	F1	99,84	95,29	84,44	66,4	< 0,1	98,09	91,33	83,58	86,0	< 0,1
POL4	F2	93,31	93,26	93,01	< 0,1	n.s.	91,01	90,95	91,04	< 0,1	n.s.
(k = 3,	F3	93,20	93,35	93,03	< 0,1	n.s.	90,68	90,93	91,40	0,2	3,2
ℓ = 4)	F4	92,82	93,09	93,66	0,2	n.s.	91,00	91,02	90,98	< 0,1	n.s.

n.s. ≙ nicht signifikant auf dem 5%-Niveau

2. Seite der Tab. 2: Ergebnisse eines Simulationsexperimentes über die Auswirkungen unterschiedlicher Provisionspolitiken

4. Literaturverzeichnis:

[1] Albers, S.: Außendienststeuerung mit Hilfe von Lohnanreizsystemen, Zeitschrift für Betriebswirtschaft, 50. Jg. (1980), 713-736

[2] Albers, S.: Zur Berücksichtigung von Kündigungsmöglichkeiten und zeitlich begrenzten Arbeitskontrakten bei der Gestaltung von Lohnanreizsystemen zur Außendienststeuerung, Zeitschrift für betriebswirtschaftliche Forschung, 33. Jg. (1981), 177-194

[3] Albers, S.: Entscheidungshilfen für den Persönlichen Verkauf, Unveröffentlichte Habilitationsschrift, Universität Kiel 1982

[4] Farley, J.U.: An Optimal Plan for Salesmen's Compensation, Journal of Marketing Research, Vol. 1, No. 2 (1964), 39-43

[5] Srinivasan, V.: An Investigation of the Equal Commission Rate Policy for a Multi-Product Salesforce, Management Science, Vol. 27 (1981), 731-756

[6] Srinivasan, V.; Albers, S.: A Model for Sales Force Compensation, Working Paper, Stanford University 1981

Optimale Sequenzen von Marktbeobachtungen und Lagerinventuren bei unsicherer Nachfrage

Siegmar Stöppler, Bremen

Summary: A profit-maximizing firm operating in a stochastic environment can supplement in any period its estimate of demand with a more or less intensive and a more or less costly market analysis. Similarly it has to decide upon physical stocktakings over time of its inventories. The balancing of information costs and losses caused by decisions based on inexactly known states of the market and the firm leads to optimal market and inventory monitoring policies for the planning period. The problem is solved with a discrete dynamic model of the firm by using the Kalman-filter.

1. Problem der Unternehmenspolitik und Informationsbeschaffung

Angesichts eines stochastischen Nachfrageprozesses kann ein Unternehmen seine interne Absatzschätzung durch mehr oder weniger ergiebige und damit kostenintensive Marktanalysen verbessern. Was ist dann die optimale Marktbeobachtungspolitik, d.h. in welcher Periode des Planungszeitraums soll es eine Marktanalyse durchführen und wie umfangreich oder intensiv soll diese sein?
In ähnlicher Weise wird angenommen, daß die Lagerbestände aufgrund von Irrtümern in der Registratur von Ein- und Ausgängen oder Unkenntnis über Verderb und Diebstahl nicht genau bekannt sind. Welches ist hier das optimale Inventurverfahren, und in welcher Periode soll es angewendet werden?
Zur Lösung des Problems hat man die Informationsbeschaffungskosten über den ganzen Planungszeitraum mit den Unsicherheitskosten abzuwägen, die sich aus ex ante optimalen Entscheidungen aufgrund unpräziser Zustandskenntnis ergeben, die sich ex post als Fehlentscheidungen herausstellen. Die Optimierung führt zu einer Markt- und Lagerbeobachtungssequenz über den Planungszeitraum, die sich von einer heuristisch plausibel erscheinenden Beobachtungspolitik stark unterscheiden kann.

Das Problem wird anhand eines komplexen betriebswirtschaftlichen Modells dargestellt und mit einem kontrolltheoretischen Ansatz numerisch gelöst. Das Modell enthält die folgenden Komponenten:

- Das Unternehmen maximiert unter Beschränkungen im Finanz-, Produktions- und Lagerbereich den durchschnittlichen Gewinn über die Zeit.
- Es verkauft m Endproduktarten (z.B. Fahrzeuge) und n Bauteilarten (z.B. Getriebe, Kotflügel), wobei n erheblich größer als m ist.

Operations Research Proceedings 1982

- Die Nachfrage nach Endprodukten wird aufgrund eines ARIMA-Modells (vgl. Stöppler 1980) prognostiziert. Der effektive Absatz kann durch die Preispolitik des Unternehmens beeinflußt werden.
- Die Nachfrage nach Bauteilen hängt ab
  a) von der laufenden Produktion durch den Einbau der Teile und
  b) vom Ersatzteilbedarf der in vergangenen Perioden abgesetzten Produktmengen. Über diesen Ersatzteilbedarf sind Häufigkeitsverteilungen bekannt.
- Die Bauteile werden mit einer sehr großen Anzahl von Primärteilen (z.B. Schrauben, Bolzen, Bleche) entsprechend den Stücklisten gebaut. Die Lagerbestände der Primärteile sind nur ungenau bekannt.
- Das Unternehmen kann die Kenntnis über die Nachfragesituation durch Marktanalysen verbessern, von denen in jeder Periode eine aus mehreren Intensitätsstufen angewendet werden kann. Die zeitreihenanalytische Prognose wird mit dem Ergebnis der Marktanalyse optimal kombiniert.
- Verschieden genaue und kostenintensive Inventurverfahren für die Läger können eingesetzt werden.

Grundlage der Optimierung ist ein diskretes dynamisches Zustandsmodell mit von Intensitätsstufen abhängigen Beobachtungsgleichungen. Das Kalman-Filter wird entsprechend der Intensitätsstufe zur Verbesserung der Zustandsschätzung eingesetzt. Die Optimierungsrechnung führt zur optimalen Produktions- und Preispolitik und unabhängig davon zu optimalen Sequenzen der anzuwendenden Markt- und Lagerbeobachtungsintensitäten.

Die Arbeit erweitert den Ansatz von Stohr (1979) bzgl. des betrieblichen Problems und der methodischen Vorgehensweise und stellt ein numerisches Lösungsverfahren sowie numerische Ergebnisse vor. Die Methodik und ein Beispiel sind in Deissenberg und Stöppler (1982) dargelegt.

2. Modell und Ansatz zur Bestimmung optimaler Beobachtungssequenzen

Das Entscheidungsproblem läßt sich dem Typ der linear-quadratischen Entscheidungsmodelle mit Gaußschen Störungen und linearem Beobachtungsmodell und Beobachtungsfehlern zuordnen. Es enthält die im folgenden skizzierten Modellkomponenten und Lösungseigenschaften (vgl. Deissenberg und Stöppler 1982).

a) Das stochastische Zustandsmodell lautet in reduzierter Form

$$x_t = Ax_{t-1} + Bu_t + z_t + \varepsilon_t, \quad t = 1, \ldots, T$$

mit x_t Vektor der Zustandsvariablen
u_t Vektor der Entscheidungsvariablen
z_t Vektor bekannter (exogener) Variablen
ε_t Vektor normalverteilter, zeitlich unkorrelierter Störgrößen mit Mittel 0 und Kovarianzmatrix Γ.

b) Der Anfangszustand ist stochastisch mit gegebenem Erwartungswert a und Kovarianzmatrix Σ_0

$$x_0 = a + \varepsilon_0, \qquad \varepsilon_0 \sim N(0,\Sigma_0)$$

c) Der Zustand kann wegen der Störungen nicht exakt vorhergesagt werden. Zu seiner Beobachtung (Messung) stehen endlich viele Alternativen bereit,

$$y_t = M^i x_t + \eta_t, \qquad \eta_t \sim N(0,\Theta^i)$$

mit y_t Vektor der Beobachtungswerte.

Die Matrix M^i der Meßgleichung und die Kovarianzmatrix Θ^i der Meßfehler entsprechen der Alternative i. Der Einfachheit halber betrachten wir im folgenden nur die Alternativen "Beobachten" oder "Nichtbeobachten" und ordnen die Binärvariable $m_t \in \{1,0\}$ zu. Dies ist die Entscheidungsvariable des Beobachtungsprozesses. Perfekte Beobachtung wäre durch eine Einheitsmatrix $M = I$ und $\Theta = 0$ gegeben, Nichtbeobachten entspricht $\Theta = \infty$.

d) Die Zielfunktion maximiert den Erwartungswert einer quadratischen Funktion der Zustands- und Entscheidungsvariablen abzüglich der Beobachtungskosten

$$J = E\{\sum_{t=1}^{T} \tfrac{1}{2}(x_t',u_t')K_t\binom{x_t}{u_t} + (x_t',u_t')k_t - m_t b\} \longrightarrow \underset{m_1,u_1,\ldots,m_T,\,u_T}{\text{Max}}$$

e) Das Problem der Bestimmung optimaler Entscheidungssequenzen u_t^* und Beobachtungssequenzen m_t^* läßt sich trennen. Für u_t^* erhält man die lineare Entscheidungsregel

$$u_t^* = G_t\hat{x}_{t-1} + g_t, \quad t=1,\ldots, T,$$

wobei $\hat{x}_{t-1}$ der aufgrund des Prozeßmodells <u>und</u> der Beobachtung optimale Schätzwert für den Zustand ist. Die Entscheidungsregel läßt sich mit (G_t,g_t) vorab berechnen.

f) Die optimale Beobachtungssequenz läßt sich als Minimum der Funktion

$$-\tfrac{1}{2}[sp(A'H_1A\Omega_0)+\sum_{t=2}^{T} sp(G_t'B_t'H_tB_tG_t\Omega_{t-1})] + \sum_{t=1}^{T} m_t b$$

bestimmen. Sie wägt die Verluste durch Entscheidungen aufgrund ungenauer Zustandskenntnis und Informationskosten ab. Die Kovarianzmatrizen Ω_t sind die Kenngrößen der Unsicherheit der Zustandsschätzung nach einer Beobachtung, der erste Summand ergibt sich aus der Unsicherheit über den Anfangszustand, die Terme in der Summe ergeben sich in den folgenden Perioden über die Entscheidungen. Die Matrizen H_t erhält man bereits bei der retrograden Berechnung der Entscheidungsregel.

g) Die optimalen Schätzwerte für den Zustand erhält man entsprechend der optimalen Beobachtungssequenz durch Anwendung des Kalman-Filters (vgl. den Algorithmus in Deissenberg und Stöppler 1982, S. 312).

3. Ergebnisse

In den numerisch gelösten Problemen sind Beobachtungszyklen vorherrschend. Die optimale Beobachtungssequenz zerfällt dabei in drei Abschnitte. Im ersten werden etwa im Fall einer besonders hohen Unsicherheit des Anfangszustandes die Varianzen und damit Unsicherheitskosten durch häufiges Beobachten so weit reduziert, bis ein stationäres Verhalten eintritt. Im mittleren Abschnitt wiederholen sich Beobachtungszyklen charakteristischer Art und Länge. Schließlich geht die Sequenz in die letzte Phase über, die durch das bevorstehende Ende des Planungszeitraums gekennzeichnet ist.
Ein Verfahren der begrenzten Enumeration kann auf der Basis dieser Eigenschaft aufgebaut werden.

Bei Variation der Beobachtungskosten von Null aufwärts ergibt sich eine Abfolge optimaler Beobachtungsprogramme, von denen jedes für einen mehr oder weniger großen Kostenbereich gleich bleibt. Ähnliche Sensitivitätsanalysen können etwa auch für die Unsicherheitsfaktoren des Problems durchgeführt werden.

Literatur:

Deissenberg, Ch. und Stöppler, S.: Optimal Control of LQG-Systems with Costly Measurements, in G. Feichtinger (ed): Optimal Control Theory and Economic Applications, North-Holland, Amsterdam - New York - Oxford 1982, 301-320

Stöppler, S.: Nachfrageprognose und Produktionsplanung bei saisonalen und konjunkturellen Schwankungen, Habilitationsschrift Frankfurt 1980, erscheint bei Physica, Würzburg 1983

Stohr, E.: Information Systems for Observing Inventory Levels, Operations Research 27 (1979), 242-259

Die Risikobeurteilung bei Projekten mit hohem Innovationsgrad mit Hilfe der Venture Evaluation and Review Technique (VERT)

Edmund Nickel, Frankfurt

Zusammenfassung. Innovative Projekte beinhalten bedingt durch die Ungewißheit über viele Einflußfaktoren ein hohes Risiko. Zur Beurteilung des Risikos in seinen wesentlichen Ausprägungen sind Simulationsverfahren, die auf stochastischen Netzwerken basieren, gut geeignet. Ein solches Verfahren, das sich durch umfassende Modellierungs- und Auswertungsmöglichkeiten auszeichnet, wird dargestellt und diskutiert. Daran schließt sich eine kritische Untersuchung der Modellprämissen und der Anwendbarkeit an.

Summary. Innovative projects contain a great risk due to the uncertainty of many influence factors. Simulation methods based on stochastic networks, are well suited to assess the risk in its main characteristics. One such method is presented and discussed which distinguishes itself by ample possibilities of model building and evaluation. A critical review of model premises and applicability follows.

1. Die Probleme der Planung innovativer Projekte

Bei der Abwicklung von Projekten kommt es immer wieder zu eklatanten Abweichungen gegenüber Planwerten. Aus der Vielzahl der Beispiele allein für Kostenüberschreitungen seien genannt die Steigerung der Kosten für das Olympia-Zeltdach in München von geplanten 30 Mio. DM auf 180 Mio DM, für das französisch-britische Überschallflugzeug Concorde von 1,2 Mrd. DM auf 20 Mrd. DM [vgl. Rüsberg (1976), S. 15], für das Kampfflugzeug Tornado von 10 Mio. DM [vgl. Meyer-Larsen (1981), S. 34] auf 79 Mio. DM [vgl. o.V. (1982), S. 14] oder auch für das Aachener Klinikum von 1970 geplanten 700 Mio. DM auf 1,5 Mrd. DM allein bis 1979. Im letzten Beispiel lassen sich 300 Mio. DM mit Anwachsen der Baupreise, 203 Mio. DM mit Planungsänderungen und 107 Mio. DM mit Terminverzögerungen erklären, während für 190 Mio. DM die Ursachen nicht ermittelt sind [vgl. Wildemann (1982), S. 19].

In vielen Zweigen der Industrie, besonders in der Bauwirtschaft und im Anlagenbau, erzielen zumindest die größeren Unternehmen den überwiegenden Anteil ihres Umsatzes durch die Ausführung von umfangreichen Projekten. Analysen des mit der Realisierung von Projekten verbundenen Risikos und die darauf basierenden strategischen Unternehmensentscheidungen sind daher von eminenter Bedeutung für den Erfolg und ggf. für die Existenzsicherung des Unternehmens.

Innovative Projekte sind durch ein hohes Maß an Neuartigkeit - gemessen an den Verhältnissen des Projektabwicklers [Aregger (1976), S. 118] - gekennzeichnet. Die Neu-

Operations Research Proceedings 1982

artigkeit bezieht sich häufig auf die Technologie, die zur Durchführung des Projektes erforderlich ist [vgl. Witte (1973), S. 3]. Bei solchen innovativen Projekten fehlen verwendbare Erfahrungswerte aus vergleichbaren Vorhaben; die Zielvorgaben sind global und bedürfen schrittweiser Präzisierung, alternative Lösungswege müssen gesucht und bewertet werden, nachfolgende Vorgänge können von Erkenntnissen abhängen, die erst unmittelbar vorher gewonnen werden. Solche Projekte können nicht durch streng geordnete, vorhersehbare Folgen von sicheren Ereignissen beschrieben werden.

Die Ungewißheit über den Projektablauf ist die Folge von unvollkommener Information über die entscheidungsrelevanten Daten und Einflußfaktoren. Die Unvollkommenheit der Information hat dabei eine quantitative und eine qualitative Komponente, d.h. die Informationen sind sowohl unvollständig als auch unsicher. Der Informationsgrad, das Verhältnis zwischen vorhandener und notwendiger Information [vgl. Wittmann (198o), Sp. 897-898] ist zum Zeitpunkt konstitutiver Projektentscheidungen, z.B. der Auswahl von Planungs- oder Realisierungsalternativen, gering. Ungewiß sind speziell die Aktivitätsdauern, die Kosten der Aktivitäten und die Projektstrukturen, d.h. die zeitlichen und technologischen Abhängigkeiten zwischen den einzelnen Aktivitäten.

Wegen der Tragweite dieser Entscheidungen, die auf längere Frist Gültigkeit haben [vgl. Wild (1974), S. 169] und schwer reversibel sind [vgl. Lehneis (1971), S. 16], muß die vorhandene Informationsbasis möglichst umfassend, zielgerichtet und vor allem logisch widerspruchsfrei ausgewertet werden.

Das Risiko des Projektabwicklers besteht darin, daß das vorgegebene Ziel nicht oder nur teilweise erreicht wird [vgl. Wittmann (1959), S. 34-37; Streitferdt (1973), S. 7-8], wobei sowohl die Höhe des Risikos als auch die Risikowahrscheinlichkeit von Bedeutung sind [vgl. Schmidt, R.-B. (1973), S. 5o]. Das Risiko kann im wesentlichen folgende Ausprägungen annehmen [vgl. Zogg (1974), S. 15]:

- das Projekt führt nicht zu einem Ergebnis (Realisierungsrisiko),
- das Projekt erbringt nicht das vorgegebene Ergebnis (Verwertungsrisiko),
- Termine werden überschritten (Zeitrisiko),
- der Aufwand wird überschritten (Aufwandsrisiko).

2. Die Eignung von Netzwerken und der Simulation für die Risikobeurteilung von Projekten

Netzwerke sind zur Abbildung der zeitlichen und technologischen Abhängigkeiten zwischen den einzelnen Vorgängen komplexer Systeme und zur simultanen Planung von zeitlichen Meilensteinen, entstehenden Kosten und benötigten Kapazitäten in besonderem Maße geeignet. Die Problemstruktur wird zudem durch die Möglichkeit der optischen Erfassung der Interdependenzen transparenter,und die vorhandenen, vorwiegend ablaufdeterministische Netze erfordernden Verfahren der Netzplantechnik erlauben analytische Auswertungen vielfältiger Art. Aufgrund dieser Qualitäten hat die - deterministische - Netzplantechnik eine große praktische Bedeutung erlangt [vgl. Küpper/Lüder/Streitferdt (1975), S. 70-75], was auch die Zahl von ca. 270 bekannten Softwareentwicklungen unterstreicht [vgl. Hichert (1978), S. 127-131; Petersen (1979), S. 147-162].

Die erläuterte Ungewißheit auch über die Projektstruktur bei innovativen Projekten läßt sich in ablaufdeterministischen Netzplänen nicht erfassen. Dieser Mangel hat recht schnell zu Ansätzen zur Einbeziehung ablaufstochastischer Strukturen geführt. Meilensteine dieser Entwicklung sind, beginnend mit den Entscheidungsknoten (decision boxes) von Eisner (1962), die Entwicklung von GAN und GERT durch Elmaghraby (1964) bzw. Pritsker/Happ (1966), die Arbeiten von Hespos/Strassman (1965) und Crowston/Thompson (1967) sowie die Weiterentwicklungen von GERT zur Venture Evaluation and Review Technique (VERT) durch Moeller (1972) und zu Q-GERT durch Pritsker (1977).

Ein wesentliches Merkmal dieser Netzwerkverfahren mit ablaufstochastischen Strukturen ist, daß die endgültige Netzstruktur durch den Eintritt unsicherer zukünftiger Ereignisse bedingt wird. Für den Eintritt dieser Ereignisse werden Wahrscheinlichkeitsverteilungen geschätzt und in die Planung mit einbezogen. Durch diese explizite Berücksichtigung der Unsicherheit in der Planung wird versucht, das mit der Durchführung des Projektes verbundene Risiko abzuschätzen. Dabei ermittelt man beispielsweise Wahrscheinlichkeitsverteilungen für den Erfolg oder Mißerfolg des Projektes, seine Zeitdauer und/oder seine Kosten.

Der Einsatz solcher Verfahren erfordert insbesondere bei Problemen praktischer Größenordnung die Berücksichtigung vieler, sich zudem häufig gegenseitig bedingender Wahrscheinlichkeitsverteilungen. Da zudem umfangreiche Verknüpfungsmöglichkeiten für die Vorgänge vorhanden sind, stößt die analytische Auswertung der Netzwerke rasch auf große Schwierigkeiten [vgl. Neumann/Steinhardt (1979)]. Es bleibt dann die Möglichkeit, den Projektablauf anhand der abgebildeten Projektstruktur zu simulieren, um damit Näherungen für die gesuchten Ergebnisverteilungen zu ermitteln. Man hat dadurch zwar keine analytisch exakten, aber bei ausreichendem Simulationsumfang für die Praxis brauchbare Ergebnisse, die durch Testen ihrer Sensitivität bei alternativen Datenkonstellationen eine gute Risikobeurteilung ermöglichen [vgl. Neubürger (1980)].

Die verschiedenen Netzwerkverfahren mit stochastischen Vorgangsfolgen unterscheiden sich hauptsächlich durch die Möglichkeiten der Modellierung, der Verknüpfung von Vorgängen sowie der Berücksichtigung von Abhängigkeiten zwischen einzelnen Vorgangsparametern. Gemessen an der Vielfalt der Gestaltungsmöglichkeiten sind die Verfahren Q-GERT und VERT am weitesten entwickelt. Während Q-GERT Vorzüge beim multivariablen Testen von Teilproblemen bzw. von weniger umfangreichen Projekten besitzt, da es z.B. ein schnelles Variieren von Datenkonstellationen erlaubt und Erweiterungen bzw. Abänderungen der Problemstruktur leicht durchführbar sind [vgl. Taylor/Moore (1980)], bietet VERT umfassendere Möglichkeiten der Modellierung komplexer Strukturen, der

Verknüpfung verschiedener Vorgangsparameter und der Präsentation der Ergebnisse. Im folgenden soll das Verfahren VERT [vgl. Moeller (1972); Moeller/Digman (1981); Mattheiss/Moeller/Kilar (1982)] dargestellt und auf seine Eignung zur Beurteilung des Risikos von innovativen Projekten untersucht werden.

3. Die Venture Evaluation and Review Technique (VERT)

3.1. Die Konstruktion des Netzwerkes

Bei VERT repräsentieren die Pfeile Vorgänge, Zustandsänderungen oder Entscheidungsübergänge.

Zur Berücksichtigung der Unsicherheit des Projektablaufes kann für jeden Vorgang eine Wahrscheinlichkeit für seine erfolgreiche Ausführung angegeben werden (Realisierungswahrscheinlichkeit). Weiter tragen die Pfeile einen maximal dreielementigen Parametervektor, in den neben die üblichen Parameter Zeit und Kosten eine weitere, beliebig zu definierende Größe, z.B. Produktionsmenge, Energiebedarf oder Betriebsbereitschaft eingestellt werden kann. Bedingt durch die Ungewißheit der Information werden auch die Parameter meistens Zufallsvariablen sein, deren Ausprägungen durch eine Verteilungsfunktion charakterisiert sind. Bei VERT stehen 13 statistische Verteilungsfunktionen zur Verfügung; die Verwendung beliebiger anderer Verteilungstypen ist durch Eingabe in Histogrammform möglich. Eine wesentliche Erweiterung gegenüber GERT besteht darin, daß man bei VERT Abhängigkeiten zwischen Parametern abbilden kann. Ein Vorgangsparameter kann dabei mit Hilfe einer Transformationsfunktion an einen anderen Parameter des gleichen Vorganges (z.B. Abhängigkeit der Kosten von der Vorgangsdauer) oder an einen beliebigen Parameter eines anderen Vorganges (z.B. die benötigte Zeit hängt vom Zeitbedarf eines bereits ausgeführten Vorganges ab) gekoppelt werden. Es stehen insgesamt 14 Transformationsfunktionen zur Formulierung von funktionalen Abhängigkeiten zur Auswahl.

Die Knoten repräsentieren bei VERT Ereignisse, Meilensteine oder Entscheidungssituationen. Es werden zwei Knotenarten unterschieden, und zwar solche mit geteilter Logik, wobei Eingangs- und Ausgangslogik zu trennen sind, und solche mit einfacher Logik.

Die Knoten mit geteilter Logik werden am häufigsten verwendet. Man differenziert zwischen vier Logiken für die Eingangsseite, die mit sechs Logiken der Ausgangsseite zu 21 zulässigen Knotentypen kombiniert werden. Die Eingangslogiken werden START, UND, EINGESCHRÄNKTES UND und ODER genannt; die Ausgangslogiken heißen ENDE, ALLE, MONTE CARLO, FILTER 1, FILTER 2 und FILTER 3

Eine Erweiterung von GERT ist das EINGESCHRÄNKTE UND auf der Eingangsseite, bei dem ein erfolgreicher Eingangspfeil das Knotenereignis auslösen kann, aber erst dann, wenn alle anderen Pfeile eliminiert oder eingegangen sind. Durch diese Logik, als Eingangslogik einer Senke verwendet, kann bewirkt werden, daß ein Simulationslauf nur dann in der einer früheren Phase zugeordneten Senke beendet wird, wenn keine Folgephase erreicht werden kann. Auf der Ausgangsseite erhöhen vor allem die FILTER-Typen die Möglichkeiten der Modellierung. Bei FILTER 1 werden all jene Ausgangspfeile aktiviert, die vorgegebene Grenzwerte hinsichtlich Zeit- und/oder Kosten- und/oder Leistungsparameter nicht verletzen; bei FILTER 2 die Pfeile, für die bei nur einem Parameter Ober- bzw. Untergrenzen hinsichtlich der Anzahl der erfolgreichen Eingänge unverletzt bleiben. Schließlich müssen bei FILTER 3 namentlich genannte Eingangspfeile erfolgreich realisiert sein, um den entsprechenden Ausgangspfeil zu initiieren.

Die Knoten mit einfacher Logik finden nur Verwendung, wenn die Zahl alternativer Entwicklungen für den nachfolgenden Teil des Netzwerkes reduziert werden soll. Jedem Eingangspfeil ist ein Ausgangspfeil fest zugeordnet, und entsprechend der Knotenlogik wird entschieden, welcher oder welche Ausgangspfeile aktiviert werden. Die folgenden vier Knotentypen haben eine einfache Logik: Der Knoten VERGLEICH, bei dem auszuwählende Parameter der erfolgreich eingehenden Pfeile mit vorgegebenen Gewichten bewertet und dadurch der zu aktivierende Ausgangspfeil selektiert wird, der Knoten VORZUG, bei dem der Ausgangspfeil aufgrund einer explizit vorgegebenen Präferenz aus den realisierten Eingangspfeilen ausgewählt wird, der Knoten WARTESCHLANGE, bei dem der weitere Projektablauf von der Reihenfolge erfolgreich einmündender Vorgänge abhängt und der Knoten SORTIEREN, bei dem der weitere Ablauf des Projektes von der Höhe der realisierten Zeiten, Kosten oder dem weiteren Parameter abhängt.

Die Struktur des zu analysierenden Projektes kann mit diesen 25 definierten Knoten und den Pfeilen mit ihren Parametern in einem Netzwerk abgebildet werden, wobei sich mehrere Quellen und mehrere Senken ergeben können. Die Senken stellen entweder erfolgreiche Projektrealisierungen oder Mißerfolge in verschiedenen Projektphasen dar.

3.2. Die Analyse eines Netzwerkes

Die Netzwerkanalyse erfolgt bei VERT durch Simulation. Dazu steht ein überwiegend batch-orientiertes, in FORTRAN IV geschriebenes Programm zur Verfügung, das Simulationsabläufe, beginnend bei den Startknoten bis zu den Senken, durchführt.

Für alle Vorgänge wird für jeden Parameter ein Wert entsprechend der Vorgangsbeschreibung ermittelt sowie die Kumulierung der Parameterwerte für den gesamten Weg von einer Quelle bis zur Vollendung des betrachteten Vorganges durchgeführt. Auch für die Knoten werden die Zeitdauer bis zum Eintritt des Ereignisses, die entstandenen Kosten sowie die Ausprägung des dritten Parameters errechnet. Die Aggregation der Parameterwerte ist dabei von der Knotenlogik, bei den Knoten mit geteilter Logik speziell von der Eingangslogik, abhängig. So erhalten z.B. bei START alle Parameter den Wert Null, bei UND und EINGESCHRÄNKTES UND entspricht der Ereigniszeitpunkt dem zeitlängsten Weg von den Quellen bis zu dem Knoteneingang, bei ODER bestimmt der zeitkürzeste Weg den Eintritt des Ereignisses. Die Ermittlung der Kosten erfolgt bei UND durch Kumulation der Kostenparameter aller Pfeile, bei ODER und EINGESCHRÄNKTES UND durch Addition der aggregierten Kosten aller erfolgreich eingehenden Pfeile.

Nach genügend vielen Simulationsläufen werden die Ergebnisse präsentiert. Alle Auswertungen können graphisch als Häufigkeitsverteilung mit Angabe wichtiger statistischer Größen wie Modalwert, Median, Streuung und Schiefe der Verteilung dargestellt werden. Für alle Vorgänge und alle Ereignisse lassen sich die Dichtefunktion und die Verteilungsfunktion erstellen. Aus der Aggregation dieser Verteilungen der einzelnen Senken ist die Abschätzung der Gesamtdauer (Zeitrisiko) und der Gesamtkosten (Kostenrisiko) sowie der Ausprägung des dritten Parameters möglich. Neben der Beurteilung der Gesamtrisiken können auch beliebige Ausschnitte aus dem Netzwerk gezielt analysiert und bei der Projektausführung kontrolliert werden. Es lassen sich so potentielle Problembereiche und Verhaltensauffälligkeiten und auch die Auswirkungen des Versagens einzelner Elemente erkennen.

Da die Form der Ergebnisse den Inputdaten für die Vorgänge entspricht, kann ein Vorgang leicht in ein untergeordnetes Teilnetz zerlegt werden. Dadurch wird die Übersichtlichkeit der übergeordneten Netze erhalten, und gleichzeitig lassen sich Problembereiche sorgfältig isoliert untersuchen, indem sie in Teilnetze detailliert abgebildet und die Parameterverteilungen und -verknüpfungen variiert werden können. Anschließend lassen sich dann die Auswirkungen dieser lokalen Untersuchung auf das Gesamtnetzwerk aufzeigen.

Hilfreiche Informationen liefert auch die Angabe der Kritizitäten der Knoten und Pfeile. Der kritische Weg ist entweder derjenige mit der längsten Zeitdauer oder derjenige mit den höchsten Kosten oder der schlechtesten Bewertung des dritten Parameters. Bei einer vorgegebenen Gewichtung kann er auch aus der schlechtesten Kombination aller Parameter bestehen. Da die kritischen Wege von Lauf zu Lauf variieren können, werden die relativen Häufigkeiten, mit denen die einzelnen Knoten oder Pfeile auf den kritischen Wegen zu finden sind, in Diagrammen dargestellt.

Eine Beurteilung des Realisierungs- und Verwertungsrisikos schließlich läßt die Häufigkeitsverteilung über das Erreichen der verschiedenen Erfolg bzw. Scheitern abbildenden Senken zu, da die Summe der Realisationen von Erfolg repräsentierenden Senken im Verhältnis zur Gesamtzahl aller Realisationen von Senken die Erfolgswahrscheinlichkeit des Projektes angibt.

4. Probleme und Möglichkeiten der Anwendung

Ein häufig zu hörendes Argument gegen die Anwendung solch detaillierter Verfahren zur Risikobeurteilung ist das Problem des Schätzens der Verteilungstypen der Parameter und der Erfolgswahrscheinlichkeiten der einzelnen Vorgänge. Es ist klar, daß diese Werte von den subjektiven Einschätzungen des Planers abhängen. Allerdings wird man davon ausgehen können, daß ein kompetenter Projektabwickler über Spezialisten verfügt, die für Teilsysteme des Projektes gute Kenntnisse und Erfahrungen besitzen, so daß qualifizierte Schätzungen zu erwarten sind. Bei sensitiven Planungsbereichen können weiterhin durch das sukzessive Testen verschiedener für möglich gehaltener Datenkonstellationen die Stabilität der Lösung und die Auswirkung von Datenänderungen beurteilt werden. Eine logisch konsistente und Interdependenzen berücksichtigende Kombination von unsicheren Teilinformationen zu einer Gesamtbeurteilung ist jedenfalls bei komplexen Vorhaben einer ansonsten notwendigen globalen Daumenpeilung vorzuziehen.

Die große Zahl einsetzbarer Knotentypen, die zahlreichen Optionen zur Ermittlung der Parameterwerte und der Verknüpfung der Parameter ermöglicht es bei VERT, Planungsvorhaben sehr differenziert und realitätsnah abzubilden. Dazu ist ein sorgfältiges Durchdenken der Projektstruktur, das Erkennen und Aufzeigen von Abhängigkeiten notwendig, wodurch Wirkungszusammenhänge deutlich werden können und die Gefahr des Vernachlässigens oder Übersehens wesentlicher Systemeinflüsse vermindert wird.

Gleichwohl bleiben auch bei VERT noch Wünsche offen. Dazu zählt vor allem die direkte Einbeziehung stochastischer Abhängigkeiten, d.h. bedingter Wahrscheinlichkeitsverteilungen.

Das Ausnutzen aller Fähigkeiten des Verfahrens erfordert jedoch schon jetzt eine hohe Qualifikation des Anwenders, die noch steigen müßte, wenn Verfahrenserweiterungen erfolgten. Dadurch würden die Planungskosten in absoluter Höhe steigen, wodurch tendenziell die Bereitschaft zur Anwendung sinkt [vgl. Rinza (1976), S. 127-131].

Neben der absoluten Höhe des Planungsaufwandes ist das Kosten/Nutzen-Verhältnis ein wesentlicher Faktor der Entscheidung über eine Anwendung. Zu dieser Frage berichten Mattheiss/Moeller/Kilar (1982) von 340 Untersuchungen der Reaktivierungsdauern temporär stillgelegter Produktionsanlagen für militärische Anlagen mit VERT, wodurch Kostenreduzierungen in beträchtlichem Umfang gelangen. In drei explizit genannten Fällen wurden bei Planungskosten von jeweils einigen Tausend Dollar jeweils mehrere Millionen Dollar durch die Reduzierung von Lagerbeständen eingespart, da eine schnellere Reaktivierung der Anlagen aufgezeigt werden konnte.

Von weiteren erfolgreichen Anwendungen berichten Moeller/Digman (1981) mit Schwerpunkt im militärischen Bereich wie z.B. die Entwicklung von Waffensystemen und Gefechtsstrategien, aber auch im zivilen Einsatz bei Hochwasserkontrollen, Erdbebenvoraussagen, Rangierplänen in Verschiebebahnhöfen oder in der Produktionssteuerung.

Die weitere Verbreitung von VERT und ähnlicher Verfahren zur Risikoanalyse wird einmal von der Verbesserung der Nutzerfreundlichkeit, der Portabilität und Modularisierung der Programme und möglicherweise auch von einer Erweiterung der Verfahren abhängen. Ganz wesentlich ist aber, ob es gelingt, durch entsprechende Ausbildung der Entscheidungsträger ihnen die Funktionsweise solcher Verfahren, die eingehenden Prämissen und Restriktionen verständlich zu machen, damit sie keine "black box" darstellen, der man - und folgerichtig auch ihren Ergebnissen - zu mißtrauen geneigt ist. Allerdings sinkt angesichts zunehmenden Konkurrenzdruckes bei immer umfangreicher und komplexer werdenden Projekten die Bereitschaft, Planungskatastrophen, wie sie zu Beginn erwähnt wurden, zu sanktionieren, so daß Instrumente, die die komplexen Zusammenhänge und die Risiken solcher Projekte transparenter machen können, wohl an Bedeutung gewinnen werden.

Literaturverzeichnis

Aregger, K. (1976): Innovation in sozialen Systemen, Bern-Stuttgart.

Crowston, W.B.; Thompson, G.L. (1967): Decision CPM: A Method for Simultaneous Planning, Scheduling, and Control of Projects, in: Operations Research, Vol. 15, S. 407-426.

Eisner, H. (1962): A Generalized Network Approach to the Planning and Scheduling of a Research Program, in: Operations Research, Vol. 10, S. 115-125.

Elmaghraby, S.E. (1964): An Algebra for the Analysis of Generalized Activity Networks, in: Management Science, Vol. 10, S. 494-514.

Hespos, R.F.; Strassman , P.A. (1965): Stochastic Decision Trees for the Analysis of Investment Decisions, in: Management Science, Vol. 11, S. B 244 - B 259.

Hichert, R. (1978): Stufenweise Ableitung eines praktischen Planungssystemes für den Entwicklungsbereich, Mainz.

Küpper, W.; Lüder, K.; Streitferdt, L. (1975): Netzplantechnik, Würzburg-Wien.

Lehneis, A. (1971): Langfristige Unternehmensplanung bei unsicheren Erwartungen, Neuwied-Berlin.

Mattheiss, T.H.; Moeller, G.; Kilar, J. (1982): Improving Industrial Readiness with Venture Evaluation and Review Technique (VERT), in: Interfaces, Vol. 12, S. 21-26.

Meyer-Larsen, W. (1981): Tornado: Das Monster von Manching, in: Der Spiegel, Jg. 35, Nr. 6, S. 34-46.

Moeller, G. (1972): VERT - A Tool to Assess Risk, in: Technical Papers: Twenty-third Institute Conference and Convention, American Institute of Industrial Engineers, S. 211-222.

Moeller, G.; Digman, L.A. (1981): Operations Planning with VERT, in: Operations Research, Vol. 29, S 676-697.

Neubürger, K.W. (1980): Risikobeurteilung bei strategischen Unternehmensentscheidungen, Stuttgart.

Neumann, K.; Steinhardt, U. (1979): GERT Networks and the Time-Oriented Evaluation of Projects, Heidelberg-New York.

o. V. (1982): Migs immer dabei, in: Der Spiegel, Jg. 36, Nr. 33, S. 14.

Petersen, P. (1979): Project Control Systems, in: Datamation, June, S. 147-162.

Pritsker, A.A.B. (1977): Modeling and Analysis using Q-GERT Networks, New York-London-Sydney-Toronto.

Pritsker, A.A.B.; Happ, W.W. (1966): Graphical Evaluation and Review Technique, Part I, in: The Journal of Industrial Engineering, Vol. 17, S. 267-274.

Rinza, P. (1976): Projektmanagement, Düsseldorf.

Rüsberg, K.-H. (1976): Praxis des Project- und Multiprojectmanagement, 3. Aufl., München.

Schmidt, R.-B. (1973): Wirtschaftslehre der Unternehmung, Bd. 2: Zielerreichung, Stuttgart.

Streitferdt, L. (1973): Grundlagen und Probleme der betriebswirtschaftlichen Risikotheorie, Wiesbaden.

Taylor, B.W.; Moore, L.J. (1980): R & D Project Planning with Q-GERT Network Modeling and Simulation, in: Management Science, Vol. 26, S. 44-59.

Wild, J. (1974): Grundlagen der Unternehmensplanung, Reinbek.

Wildemann, H. (1982): Kostenprognosen bei Großprojekten, Stuttgart.

Witte, E. (1973): Organisation für Investitionsentscheidungen, Göttingen.

Wittmann, W. (1959): Unternehmung und unvollkommene Information, Köln-Opladen.

Wittmann, W. (1980): Information, in: HWO, 2. Aufl., Hrsg. Erwin Grochla, Stuttgart, Sp. 894-904.

Zogg, A. (1974): Systemorientiertes Projekt-Management, Zürich.

ZUR QUANTIFIZIERUNG DES UNTERNEHMENSRISIKOS IN DER STRATEGISCHEN PLANUNG

Friedrich Hanssmann, München

Zusammenfassung: Eine zentrale Funktion der strategischen Planung ist die Begrenzung des Unternehmensrisikos. Beispielsweise wird von Vertretern der strategischen Portfolioanalyse geäußert, die Risiken der verschiedenen Geschäftsfelder müßten ausgeglichen ("balanced") sein. Es scheint jedoch weder eine scharfe Definition noch eine objektive Methode für den Risikoausgleich zu geben. Dies ist umso erstaunlicher, als in der Wertpapier-Portfoliotheorie erhebliche quantitative Vorarbeit geleistet wurde, die sich unschwer auf die strategische Unternehmensplanung übertragen ließe. Wie dies geschehen kann, soll sowohl allgemein als auch an zwei Fallstudien illustriert werden.

Summary: A central function of strategic planning is the limitation of corporate risk. For example, business portfolios should be "balanced" with respect to risk. However, a clear definition and objective approach to risk balancing appear to be lacking. This is startling since stock portfolio theory is highly developed and offers consiberable insights that could be transferred to strategic planning. This possibility will be discussed in general and be illustrated by two case studies.

Einleitung

Bei aller Risikofreudigkeit in Teilbereichen muß eine Unternehmung doch stets auf Begrenzung ihres Gesamtrisikos bedacht sein. Die strategische Planung hat hierauf Rücksicht zu nehmen. Daraus ergibt sich ein Bedürfnis nach Messung des Risikos sowie nach Modellen, die den Zusammenhang zwischen Risiko und Unternehmungsstrategie aufklären. Bei der Entwicklung derartiger Konzepte kann man von wichtigen Erkenntnissen der Wertpapier-Portfoliotheorie ausgehen. Diese lassen sich für die Unternehmungsplanung weiterentwickeln und nutzbar machen.

Risikobegrenzung in der Wertpapier-Portfoliotheorie

Diese Theorie befaßt sich mit der Verteilung von Investitionsmitteln auf Wertpapierarten. Sie liefert Empfehlungen zur Gestaltung einer Investitionsstrategie bezüglich der einzelnen Wertpapiere oder kurz eines Wertpapier-Portfolios. Die Empfehlungen beruhen wesentlich auf einer Berücksichtigung des Ertragsrisikos.

Operations Research Proceedings 1982

Zur formalen Beurteilung alternativer Investitionsstrategien (Portfolien) stehen einige Maßstäbe zur Wahl:

1. Erwartungswert und Varianz des Gesamtertrags
2. Volle Wahrscheinlichkeitsverteilung des Gesamtertrags
3. Optimistischer, mittlerer und pessimistischer Wert des Gesamtertrags (weniger üblich, aber für die Übertragung auf die strategische Unternehmensplanung besonders wichtig).

Die klassische Theorie, wie sie von Markowitz [4] initiiert und von zahlreichen Autoren weiterentwickelt wurde, bedient sich des Maßstabs 1. Außer dieser Konzeptualisierung des Risikos besteht ihr Beitrag hauptsächlich in der Ermittlung der Gesamtvarianz eines Portfolios, wenn die Parameter der Ertragsverteilungen je investierter Geldeinheit für die einzelnen Wertpapiere gegeben sind. Dies geschieht durch Varianzaddition im Falle unabhängiger und durch Varianz- und Kovarianzaddition im Falle abhängiger Verteilungen der Einzelerträge. Bei praktischen Anwendungen müssen Varianzen und Kovarianzen zunächst geschätzt werden. Da einerseits der Fall abhängiger (korrelierter) Erträge den Normalfall darstellt, andererseits die Schätzung zahlreicher Kovarianzen mühselig ist, wurde ferner die einfachere und einleuchtende "Indexmethode" entwickelt [5].

Diese erklärt die Korrelation der Einzelerträge durch ihre Abhängigkeit von ein- und derselben ökonomischen Leitgröße ("Index"), die ihrerseits der Unsicherheit unterliegt. Sind diese Korrelationen beispielsweise regressionsanalytisch geklärt, so braucht nur die zukünftige Verteilung der Leitgröße geschätzt zu werden. Die Varianz eines Portfolios ergibt sich dann ohne weitere Schätzungen aufgrund relativ einfacher Berechnungen, die die Regressionszusammenhänge ausbeuten.

Weniger bekannt ist die praxisreife Weiterentwicklung der Indexmethode, wie sie etwa von Ahlers [1] vorgeschlagen wurde. Sie verwendet zugleich die volle Wahrscheinlichkeitsverteilung des Gesamtertrags als Beurteilungsmaßstab eines Portfolios. An die Stelle alternativer Werte einer einzigen Leitgröße treten drei alternative volkswirtschaftliche Szenarien mit subjektiv geschätzten Eintrittswahrscheinlichkeiten. Wertpapierspezialisten schätzen für jedes Wertpapier drei bedingte Renditeverteilungen (Dreieckverteilungen), die den drei Szenarien entsprechen. Nun ist es leicht, die Ertragsverteilung irgend eines Portfolios durch simulierte Stichprobenziehung zu erzeugen: man zieht zuerst eine Stichprobe zur Festlegung eines volkswirtschaftlichen Szenarios, dann Stichproben der Einzelerträge aus denjenigen bedingten Verteilungen, die dem gezogenen Szenario entsprechen. Damit steht dem Planer die volle Wahrscheinlichkeitsverteilung des Gesamtertrags jedes beliebigen Portfolios als Beurteilungsgrundlage für Anreiz und Risiko zur Verfügung. Die Suche nach geeigneten Portfolien kann solange fortgesetzt werden, bis sich eine Ertragsverteilung ergibt, die den Vorstellungen des Planers über Ertragserwartung und Risikobegrenzung entspricht.

Man sollte sich gegenwärtig halten, daß die Verteilung des Gesamtertrags den Planer besser über das Risiko informiert, als es Varianz und Erwartungswert allein vermögen. Aus Gesamtverteilungen kann man beispielsweise ersehen, mit welcher Wahrscheinlichkeit ein Portfolio die Rendite eines Dow-Jones-Portfolios unterschreiten würde. Eine solche Unterschreitung wäre für den professionellen Wertpapier-Manager peinlich. Mit Hilfe geeigneter Suchverfahren kann versucht werden, diese oder eine ähnliche "kritische Wahrscheinlichkeit" zu begrenzen oder zu minimieren.

Risikobegrenzung in der strategischen Unternehmensplanung

Es war ein großer Fortschritt in der strategischen Unternehmensplanung, als man durch Unterteilung der Unternehmung in "Geschäftsfelder" (auch "Strategische Geschäftseinheiten" oder SGE) die strategischen Aktionseinheiten der Firma entdeckte. Eine Unternehmensstrategie läßt sich aus einzelnen Geschäftsfeldstrategien, die immer zugleich Investitionsstrategien sind, modular aufbauen, ähnlich wie ein Wertpapier-Portfolio aus Investitionsstrategien für einzelne Wertpapiere modular zusammengesetzt ist. Es scheint, daß man sich von Anfang an weitreichender Analogien zur Wertpapierproblematik bewußt war. Man begann nämlich alsbald von einem "Geschäftsfeldportfolio" (business portfolio) zu reden.

Daß eine Unternehmung bei aller Risikofreudigkeit in einzelnen Geschäftsfeldern darauf bedacht sein muß, ihr Gesamtrisiko zu begrenzen, bedarf keiner weiteren Erläuterung. Formale Maßstäbe des Gesamtrisikos können direkt aus der Wertpapier-Portfoliotheorie übernommen werden. Da (positiv oder negativ) korrelierte Erträge der einzelnen Geschäftsfelder die Regel sind, empfiehlt sich besonders die Konstruktion einer Verteilung des Gesamtertrags nach Ahlers [1], die auf alternativen volkswirtschaftlichen Szenarien aufbaut.

Dabei tritt eine Komplikation deutlich hervor. Die alternativen Investitionsstrategien innerhalb einer Wertpapierart sind völlig überschaubar: sie sind in jeder Hinsicht Vielfache voneinander und durch Angabe des Investitionsbetrags völlig beschrieben. Dagegen müssen die Alternativstrategien eines Geschäftsfeldes schöpferisch konzipiert und dann mit Schätzungen versehen werden. Beispielsweise könnte man daran denken, für jedes Geschäftsfeld eine repräsentative Auswahl von drei bis fünf Alternativstrategien zu konzipieren. Für jede von diesen müssen jetzt drei bedingte Ertragsverteilungen geschätzt werden, die den drei volkswirtschaftlichen Szenarien entsprechen. Zu den Ertragsverteilungen können Verteilungen anderer Beurteilungsmaßstäbe (z. B. Beschäftigung) hinzutreten. Im Grenzfall können die bedingten Verteilungen auf einen einzigen Wert schrumpfen, so daß man insgesamt einen optimistischen, mittleren und pessimistischen Ertragswert schätzt, von denen jeder einem volkswirtschaftlichen Szenario entspricht ("verteilungsfreier Fall").

Man kann nun zahlreiche Unternehmensstrategien durch Auswahl je einer bestimmten Alternativstrategie für jedes Geschäftsfeld spezifizieren. Für jede zu beurteilende Unternehmensstrategie kann man die zugehörige Verteilung des Gesamtertrags durch simulierte Stichprobenentnahme konstruieren. Die Beurteilung des Gesamtrisikos erfolgt anhand der Wahrscheinlichkeit der Unterschreitung eines kritischen Ertragsniveaus ("kritische Wahrscheinlichkeit"), im verteilungsfreien Fall anhand des Ertrags bei pessimistischem Szenario. Die Unternehmensstrategie wird solange variiert und neu getestet, bis sich eine Variante mit befriedigender Risikobegrenzung ergibt. Wir illustrieren die Vorgehensweise an zwei Beispielen.

Beispiel 1: Maschinenbaufirma (verteilungsfreier Fall)

Eine Maschinenbaufirma sei in 10 SGE unterteilt. Für jede Geschäftseinheit wurden 6 Alternativstrategien konzipiert, wobei generell Strategie 1 eine aggressive, Strategie 6 eine gedämpfte Produkt-Markt-Politik beinhaltet. Ferner wird unterschieden, ob eigene oder gemietete Anlagen benutzt werden sollen. Alle SGE-Strategien werden auf dem Hintergrund der gleichen (also "standardisierten") volkswirtschaftlichen Szenarien mit Ergebnisschätzungen versehen. Insbesondere werden drei Werte des inflationsbereinigten Gewinnbeitrags (summiert über 10 Jahre) und drei Werte des maximalen Beschäftigungsrückgangs während der ersten 10 Jahre bereitgestellt. Die Risikobeurteilung erfolgt anhand des inflationsbereinigten Gewinns bei pessimistischem Szenario.

Im einzelnen untersuchen wir folgende Unternehmensstrategien. Strategie I ("maxi-opt") maximiert den Gewinn bei optimistischem Szenario (hierzu und im folgenden waren gemischt-ganzzahlige Optimierungsprobleme zu lösen). Gleichzeitig wurde der Gewinn im pessimistischen Szenario auf 140 Einheiten nach unten begrenzt. Der maximale Beschäftigungsrückgang wurde nur im mittleren Szenario (und zwar auf 350 Arbeitsplätze) beschränkt. Die resultierende Strategie beinhaltet aggressive Teilstrategien für insgesamt 5 Geschäftseinheiten. Sie erzielt bei optimistischem Szenario einen sehr hohen Gewinn, der jedoch bei pessimistischem Szenario nahezu auf die vorgegebene Risikogrenze abfällt.

Strategie II ("maxi-med") erzielt maximalen Gewinn bei mittlerem Szenario. Man stellt jedoch eine kaum veränderte Strategieauswahl und kaum veränderte Gewinnresultate im optimistischen und mittleren Szenario fest.

Strategie III ("maxi-pess" oder "maxi-min") entspricht einer risikoscheuen Politik und starken Begrenzung des Risikos.Im Vergleich mit Strategie I werden deutlich zurückhaltendere Strategien ausgewählt. Lediglich bei SGE 6 (Wärmepumpen), die sich im pessimistischen Szenario günstiger entwickelt, kommt es zu einem stärkeren Engagement. Insgesamt gelingt eine ganz erhebliche Risikobegrenzung: Der Gewinn im pessimistischen Szenario wird auf 241 Einheiten angehoben.

Strategie IV unterscheidet sich von Strategie III nur dadurch, daß die Begrenzung des Beschäftigungsrückgangs nicht für das mittlere, sondern das pessimistische Szenario gefordert wird. Dies führt wieder zu etwas aggressiveren Strategien zurück, der Gewinn im pessimistischen Szenario sinkt gegenüber Strategie III ab.

Insgesamt geben die Resultate gute Hinweise, was die Unternehmensleitung tun kann, um das Unternehmensrisiko in bestimmter Weise zu begrenzen. Diese Studie wurde im Rahmen einer Dissertation von Felzmann [2] durchgeführt.

Beispiel 2: Automobilfirma (stochastischer Fall)

Eine PKW-Firma wurde in 5 Geschäftsfelder unterteilt. Bei der Abgrenzung orientierte man sich hauptsächlich an Karrosserietypen und Motorenausstattungen (und damit indirekt an Preisklassen). Die Alternativstrategien der Geschäftseinheiten betrafen die zukünftige Gestaltung der Produktlinie sowie die Ausstattung mit Produktionskapazitäten. Von besonderem Interesse waren folgende Unternehmensstrategien:

Strategie I : Traditionelle Produktlinie, starre Kapazitäten (jeweils nur in einer SGE einsetzbar)

Strategie III : Gestraffte Produktlinie, flexible Kapazitäten (zum Teil in 2 SGE einsetzbar)

Zur Bewertung der Strategien wurden zunächst 3 volkswirtschaftliche Szenarien O, M, P entwickelt und mit den subjektiven Wahrscheinlichkeiten 0.35; 0.50; 0.15 versehen. Daran schloß sich für jedes Geschäftsfeld die Schätzung von drei bedingten Verteilungen der wichtigsten Geschäftsfeldgrößen an (Marktpotential, Marktanteil, Investitionsaufwand, variable Kosten). Man verwendete durchweg Dreieckverteilungen. Nunmehr erzeugte man für jede der beiden Unternehmungsstrategien 2000 Monte-Carlo-Stichproben der Szenarien und Geschäftsfeldvariablen und darauf aufbauend des Unternehmungsgewinns im Zieljahr.

Es zeigte sich, daß die Gewinnverteilung von Strategie III trotz höheren Investitionsaufwands für flexible Kapazitäten diejenige von Strategie I stochastisch dominierte, d. h. jeder Wert des Gewinns wurde von Strategie III mit höherer Wahrscheinlichkeit erreicht oder überschritten. Beispielsweise unterschreitet Strategie I einen Gewinn von 750 Mio DM/J mit 50%iger Wahrscheinlichkeit, Strategie II nur mit 17%iger Wahrscheinlichkeit. Die hierdurch gegebene Reduktion des Unternehmungsrisikos ist beträchtlich. Ausführlicheres Material zu dieser Untersuchung findet sich in Traßl [6].

Schlußfolgerung

Die Quantifizierung des Unternehmungsrisikos scheint prinzipiell möglich. Entsprechende quantitative Modelle können die Auffindung risikobegrenzender Unternehmungsstrategien erheblich erleichtern [3].

Literaturverzeichnis

[1] Ahlers, D.M. (1975): "An Investment Decision Making System", Interfaces 5,2, Part 2

[2] Felzmann, H. (1982): "Ein Modell zur Unterstützung der Strategischen Planung auf der Ebene strategischer Geschäftseinheiten", Dissertation Universität München, Seminar für Systemforschung

[3] Hanssmann, F. (1982): Quantitative Betriebswirtschaftslehre, Oldenbourg Verlag, München

[4] Markowitz, H. (1969): Portfolio Selection, Wiley

[5] Sharpe, W.F. (1963): "A simplified Model for Portfolio Analysis", Management Science 9, 277-292

[6] Traßl, M. (1983): "Ein stochastisches Zielportfolio-Modell am Beispiel einer Automobilfirma", Dissertation Universität München, Seminar für Systemforschung

Möglichkeiten und Grenzen der Quantifizierung strategischer Ziele, dargestellt am Beispiel des Marktanteilsziels

Kurzfassung

Ulrich Grimm, Frankfurt

Zusammenfassung. Im vorliegenden Beitrag wird versucht, die Konzeption der strategischen Unternehmensplanung in ein quantifiziertes Modell zu übertragen. Es wird zunächst gezeigt, daß die traditionellen Unternehmensziele zur Steuerung strategischer Prozesse nicht geeignet sind. Dies führt zur Identifikation der strategischen Ziele, unter denen das Marktanteilsziel eine besondere Stellung einnimmt. Das Marktanteilsziel stellt in zweierlei Hinsicht eine sinnvolle strategische Zielgröße dar. Einerseits dokumentiert sich in ihm der Erfolg der hergestellten Produkte im Wettbewerb der Anbieter um die Käufergunst und andererseits stellt das Marktanteilsziel eine geeignete Steuergröße für die aus der strategischen Planung folgende operative Planung dar. Es wird ein rudimentärer, erfahrungskurvendeterminierter Ansatz zur Bestimmung des Werts einer Marktanteilserhöhung vorgestellt.

Summary. The following discussion tries to transform the conception of strategic planning into a quantified model. First it will be shown that traditional business objectives are not appropriate to guide strategic decisions. Then strategic goals will be identified and it will be shown that the market share goal plays a dominant role in strategic thinking. The market share as a strategic goal is meaningful by two reasons: First, the success of the products in seller competition is portrayed and second, the market share is a suitable control figure for operative planning that is derived from strategic planning. A fundamental, experince-curve based approach to determine the value of market share increase is presented.

Die strategische Planung ist ein Instrument der Unternehmensführung und als solches faßt sie das gesamte Unternehmensgeschehen konzeptionell und zielgerichtet zusammen. Die Konzeption der strategischen Planung umfaßt neben der Berücksichtigung der Umwelteinflüsse und der Interessen der am Unternehmen beteiligten Gruppen insbesondere die Ausrichtung der Unternehmenspolitik auf den Kernpunkt der Erfolgsentstehung, die Produktprogramm- und Marktentwicklung. Wegen dieser Schwerpunktbildung ergibt sich eine Umgewichtung der Unternehmensziele. Im Mittelpunkt des Interesses stehen nunmehr diejenigen Ziele, die in einem kausalen Zusammenhang zur Erfolgsentstehung zu sehen sind, die sogenannten strategischen Ziele. Unter diesen nimmt das Marktanteilsziel eine dominierende Stellung ein, da es den Erfolg der hergestellten Produkte im Wettbewerb um die Befriedigung der Kundenbedürfnisse unmittelbar mißt und andererseits einen empirisch fundierten direkten Bezug zum finanziellen Erfolg aufweist.

Die ad hoc-Quantifizierung strategischer Ziele ist nicht sinnvoll, da eine als wünschenswert angesehene oder eine "prognostisch" bestimmte Festlegung der Marktanteilsziffer i.d.R. ohne Kenntnis bzw. ohne Berücksichtigung der Wirkungsbeziehungen der Strukturelemente des Marktes erfolgt. Es ist deshalb notwendig, die

Operations Research Proceedings 1982

Elemente des unternehmerischen Handlungsbereichs und die funktionalen Beziehungen zwischen diesen zu beschreiben. Ein für diesen Zweck geeignetes Instrument wird in dem Erfahrungskurven-Konzept gesehen. Mit diesem Konzept kann die relative Position von Konkurrenz-Unternehmen unter bestimmten Umweltsituationen beschrieben, Aussagen über die Handlungsspielräume und über das mögliche oder wahrscheinliche Verhalten abgeleitet werden.

Der vorzustellende Ansatz einer rudimentären Quantifizierung des Marktanteilsziels basiert auf der Erfahrungskurvenhypothese. Dementsprechend wird kurz auf die Mathematik der Erfahrungskurve eingegangen und ein erfahrungskurvendeterminierter Ansatz zur Bestimmung des Wertes von Marktanteilserhöhungen vorgestellt.

Der vorgestellte Ansatz ist wegen seiner Einfachheit sehr flexibel. Preisentwicklungen, Wachstumsraten, Erfahrungssätze und damit Kostenentwicklungen können beliebig modifiziert werden. Damit eignet sich der vorgestellte Ansatz besonders gut zur Simulation möglicher Entwicklungen. Aber auch die im Rahmen der strategischen Planung wichtigen nicht-qualitativen Einflüsse können in ihren Wirkungen abgeschätzt werden und so in die Entscheidung über die optimale Strategie mit einfließen.

Literaturverzeichnis

Grimm, U.: Die Analyse strategischer Faktoren als Grundlage der strategischen Unternehmensplanung, Diss. Frankfurt 1981.

Porter, M.E.: Competitive Strategy, New York, London 1980.

Sallenave, J.-P.: Experience Analysis for Industrial Planning, Lexington 1976.

The Boston Consulting Group: Perspectives on Experience, Boston 1972.

The Strategic Planning Institute: PIMS, Profit Impact of Market Strategy. Some Research Findings (1977 Revised Edition), Cambridge, Massachusetts 1977.

Operations Research und Rechnungswesen als Instrumente der Unternehmensleitung

Manfred Layer, Hamburg

Zusammenfassung. Ausgehend von einer instrumentalen Betrachtungsweise von "Operations Research" (OR) und "Rechnungswesen" (RW) werden die Beziehungen untersucht, die im Rahmen des Führungssystems zwischen OR und RW bestehen.
Hieraus resultieren einmal die Anforderungen, die an die Gestaltung des RW zu stellen sind, nämlich Verwendung geeigneter Recheneinheiten, zweckentsprechende Gliederung der Einnahmen und Ausgaben sowie ökonomische Gestaltung der laufenden Aufzeichnungen. Die der Einnahmen- und Ausgabenstruktur zugrundeliegende Aktionsstruktur determiniert ihrerseits die Struktur von Planungsansätzen bezüglich der Definition der Variablen und Koeffizienten, der Bestimmung der verfügbaren Ressourcen und der Periodenstruktur.

Summary. Starting from an instrumental viewpoint of "Operations Research" (OR) and "Accounting" (RW) the connexions will be discussed which exist between OR and RW within the planning and control system of a firm.
This shows on the one side the requirements which have to be fulfilled by RW, namely the use of suitable accounting figures, the appropriate classification of receipt and expenditure as well as the economical design of the current registrations. On the other hand the structure of the actions which leads to the classification of receipt and expenditure determines as well the construction of OR models in respect to the definition of variables and coefficients, the specification of resources and the structure of planning periods.

Für die Leitung komplexer Systeme ist es notwendig, differenzierte und an den Zielen der Unternehmung orientierte Instrumente zu entwickeln und einzusetzen, um die Aufgaben der Unternehmensleitung erfüllen zu können.

A. Definitionen

Operations Research ist zu definieren als "Anwendung von mathematischen Methoden zur Vorbereitung optimaler Entscheidungen "[1].

---

1 Müller-Merbach, Heiner: Operations Research, 3. Aufl. München 1973, S.1

Operations Research Proceedings 1982

Unter Rechnungswesen sind "die quantitativen Abbilder(n) der durch den Unternehmungsbestand und den Unternehmungsablauf bedingten rechnerisch erfaßbaren Vorgänge und Zusammenhänge "[2] zu verstehen.

Zur Unternehmensleitung sollen alle Aufgabenträger innerhalb des Unternehmens zählen, die bei der Planaufstellung mitwirken. Die Definitionen von OR und RW zeigen, daß sich beide Instrumente partiell auf dieselben Tatbestände beziehen. Dies gilt z.B.in bezug auf die formalen Teilphasen des Betriebsprozesses.

B. Die Zuordnung von OR und RW zu den Phasen der Unternehmensführung

Ausgangspunkt für die Zuordnung der beiden Instrumente ist die Feststellung der Phasen, in die der Betriebsprozeß gedanklich zerlegt werden kann.

I. Die Formalphasen des Betriebsprozesses

Jede betriebliche Tätigkeit, die an den Unternehmenszielen ausgerichtet wird, ist vor ihrer Realisierung zu planen und nach der Realisierung zu kontrollieren. Die Planung kann gegenwärtig nicht als Simultanplanung für alle Aktionsparameter und die gesamte Lebensdauer eines Unternehmens durchgeführt werden, so daß im Rahmen der Planung sowohl Teilplanungsprobleme zu lösen als auch der Gesamtplan anhand der gelösten Teilplanungsprobleme fortzuschreiben sind. Die Lösung von Teilplanungsproblemen umfaßt die Erkennung des Planungsproblems, die Generierung von Handlungsalternativen sowie die Auswahl der zu verfolgenden Alternative. Zur Erstellung des Gesamtplans sind neben der Erfassung der ausgewählten Alternative die Differenzierung nach Verantwortungsbereichen und Marktsegmenten sowie die Ableitung von Vorgabewerten zu zählen.

II. Die Beziehungen zwischen OR und RW bei der Vorbereitung von Entscheidungen

Auf der Basis der Definitionen von OR und RW lassen sich die Beziehungen zwischen den beiden Instrumenten anhand der Abbildung 1 aufzeigen, wobei zunächst von einem unstrukturierten RW ausgegangen werden soll.

Das RW als Informationsspeicher, der die rechnerisch erfaßbaren Vorgänge und Zusammenhänge aller Teilphasen des Betriebsprozesses aufnimmt, muß in der Lage sein, die für den Einsatz mathematischer Verfahren zur Vorbereitung optimaler Entscheidungen

---

2 Lechner Karl:Rechnungstheorie der Unternehmung, in Kosiol-Chmielewicz-Schweitzer (Hrsg.):Handwörterbuch des Rechnungswesen, 2.Aufl., Stuttgart 1981, Sp. 1409

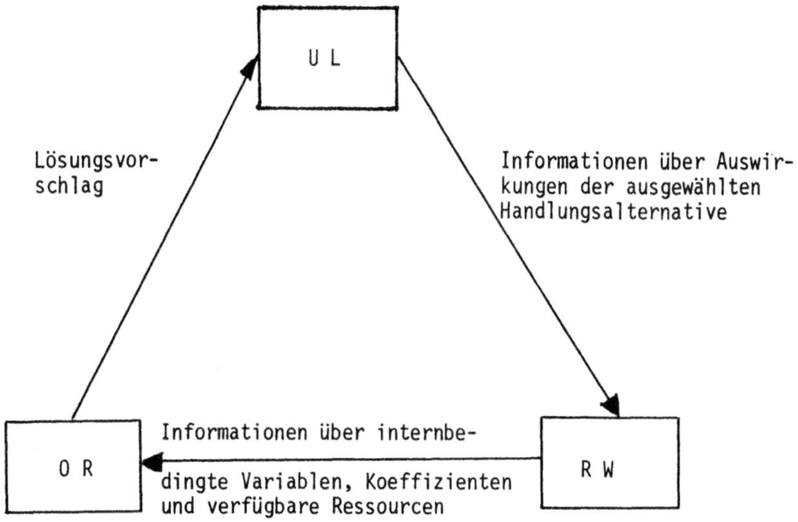

Abb. 1 : Der Informationsfluß zwischen RW, OR und UL

notwendigen Informationen bereitzustellen insoweit als sich die Variablen, Koeffizienten und die verfügbaren Quantitäten auf betrieblich beeinflußbare Sachverhalte beziehen. Mit Hilfe der mathematischen Verfahren wird ein Lösungsvorschlag ausgearbeitet, der den jeweils dispositionsberechtigten Aufgabenträgern vorgelegt wird. Nach der Auswahl der zu realisierenden Handlungsalternative ist es notwendig, die sich hieraus ergebenden Veränderungen bei den verfügbaren Ressourcen im Rechnungswesen festzuhalten. Allein schon die Notwendigkeit, u.a. sowohl Variable und Koeffizienten potentieller Handlungsmöglichkeiten bereitzustellen als auch die Planwerte für das künftige Betriebsgeschehen zu speichern, zeigt, daß es notwendig ist, das RW zu differenzieren.

III. Die Differenzierung des Rechnungswesens zur Bereitstellung der notwendigen Informationen

Das Rechnungswesen kann seine Aufgabe, aus dem Bereich des Faktorzugangs und -einsatzes die für die Vorbereitung von Entscheidungen notwendigen Daten bereitzustellen, nur erfüllen, wenn für die Prognose der Ergebnisse von potentiellen Handlungsalternativen einmal die Eigenschaften der Produktionsfaktoren ausgewiesen werden, die die künftigen Ausgaben bestimmen. Bezogen auf Potentialfaktor-Betriebsmittel, die sich im Eigentum des Unternehmens befinden, sind dies :

- Verwendungsmöglichkeiten
- (Wieder-) Beschaffungspreis
- Art /Menge des Betriebsstoffverbr.
- Art /Menge des Energieverbrauchs
- Art /Menge des Materialverbrauchs
- Art /Menge der Bedienungskräfte
- Raumbedarf
- Liquidationswert im Zeitablauf
- Wirtschaftliche Nutzungsdauer
- Verhältnis ND_G : ND_Z

Entsprechend sind Eigenschaften für gemietete Betriebsmittel und Arbeitskräfte zu ermitteln. Bei Repetierfaktoren kann in der Regel davon ausgegangen werden, daß die für sie anfallenden künftigen Ausgaben allein durch die Produktionsmenge determiniert sind.

Die verfügbaren Ressourcen andererseits werden zusätzlich zu den Planwerten aus der Alternativenauswahl beeinflußt durch die Ableitung von Vorgaben für Verantwortungsbereiche und Absatzsegmente, die sich mit der Realisierung der Pläne ergebenden Istwerte sowie u.U. die Erkenntnisse aus der Abweichungsanalyse.

Die hieraus notwendig werdenden Teilbereiche des Rechnungswesen sind aus Abbildung 2 zu ersehen.

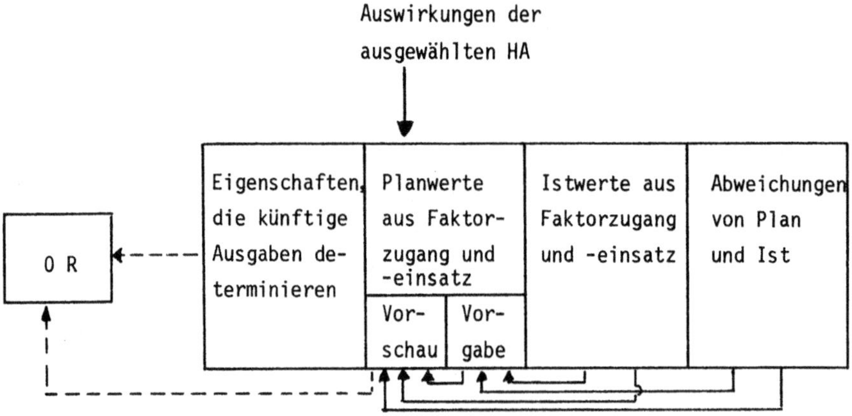

Abb. 2 : Teilbereiche des Rechnungswesens

Aus dem Rechnungswesen müssen also ermittelbar sein :

- Eigenschaften, die künftige Ausgaben determinieren,
- Geplante Kapazität und -auslastung sowie Planausgaben,
- Istkapazität und -auslastung sowie die Istausgaben,
- Abweichungen zwischen Planwerten und Istwerten.

In arbeitsteiligen, mehrstufigen Mehrprodukt-Unternehmen sind diese Informationen nicht nur auf das gesamte Unternehmen, sondern auch auf die einzelnen Stellen zu beziehen, was zwangsläufig zu Überlegungen bezüglich der zweckmäßigen Gestaltung des Internen Rechnungswesen führt.

C. Die Erfassung der Anforderungen des OR bei der Gestaltung des Internen Rechnungswesens

Die Bereitstellung der für die Entscheidungsvorbereitung notwendigen Informationen hat Auswirkungen auf die zu verwendenden Recheneinheiten, die Untergliederung (Aufspaltung) der Einnahmen und Ausgaben sowie die Gestaltung der laufenden Aufzeichnungen.

I. Die Recheneinheiten zur Prognose der Auswirkungen potentieller Handlungsalternativen

Bei der Prognose der Auswirkungen einer Handlungsalternative sind die Aktionsfolgen zu erfassen, die bei den Zustandsparametern zu Veränderungen führen, die für "nachgelagerte Aktionen von Belang"[3] sind. Die Inanspruchnahme einer Maschine ist z.B. dann nicht für nachgelagerte Aktionen von Belang, wenn durch sie lediglich der Rest nicht nutzbaren Leistungspotentials vermindert würde. In obigem Sinne relevante Aktionsfolgen schlagen sich stets in Einnahmen und Ausgaben nieder, wobei Ausgaben zu definieren sind als monetäres Äquivalent für den Güterzugang in das Unternehmen.

Einnahmen und Ausgaben können als die ursprünglichen Recheneinheiten für die Bestimmung des Erfolgs angesehen werden. Zur Prognose des Erfolgs einer Handlungsalternative müssen mit Hilfe der Aufzeichnungen des RW die künftigen Ausgaben bestimmbar sein, die bei ihrer Realisierung entstehen. Aufwendungen/Kosten sind abgeleitete Recheneinheiten für auf Teilperioden bezogene Rechnungen, die nicht ohne weiteres für die Entscheidungsvorbereitung relevant sind.

---

3 Blumentrath, U.: Investions- und Finanzplanung mit dem Ziel der Endwertmaximierung Wiesbaden 1969, S.8

II. Die Gliederung der Einnahmen/Ausgaben zur Bereitstellung der Informationen

Der Ausweis der relevanten Ausgaben ist erreichbar, wenn sie nach folgenden Gesichtspunkten untergliedert werden : Zusammenhang mit Bündeln von Betriebsleistungen, Verhaltensweise auf Veränderungen von Einflußfaktoren, zeitliche Struktur und Artengliederung.

1. Zusammenhang mit Betriebsleistungs-Bündeln

Bei einer Gliederung der Ausgaben, die allen Zwecken des RW und damit auch generell der Entscheidungsvorbereitung gerecht werden soll, ist zu beachten, daß ein Teil der Ausgabenelemente durch einzelne Leistungseinheiten entsteht (z.B. Fertigungsmaterial), während andere Ausgaben z.B. durch die Aufnahme einer Sparte von Betriebsleistungen in das Leistungsprogramm entstehen (z.B. bei Kuppelproduktion). Da die Ausgaben für den Kuppelprozeß nicht durch die einzelnen Kuppelprodukte, sondern durch die Herstellung des Kuppelprodukt-Bündels entstehen, dürfen die Ausgaben des Kuppelprozesses den einzelnen Kuppelerzeugnissen auch nicht generell, sondern nur für einzelne Zwecke anteilig zugerechnet werden.

Wenn erreicht werden soll, daß die Aufzeichnungen des RW für die Vorbeitung aller Entscheidungen in bezug auf den Erfolg auswertbar sein sollen, so muß die generelle Zurechnung anteiliger Ausgaben auf einzelne Betriebsleistungen vermieden werden. Hieraus resultiert die Notwendigkeit, eine Bezugsgrößenhierarchie aufzubauen, in der alle Ausgaben als Einzelausgaben einer betrieblichen Bezugsgröße erfaßt werden können.

Unter Einzelausgaben sind die Ausgaben zu verstehen, die nach dem Identitätsprinzip im Zusammenhang mit der betreffenden Bezugsgröße entstehen und bei ihr originär erfaßt werden. Bei dem Aufbau der Bezugsgrößenhierarchie ist die Verbundenheit der Betriebsleistungen bei Herstellung und Absatz zu erfassen. Die Verbundenheit läßt sich aus der gemeinsamen Inanspruchnahme einer Stelle durch mehrere Erzeugnisse ableiten. Ist z.B. eine Maschine zur Herstellung der Betriebsleistungen A, B und C notwendig, so sind die Ausgaben für diese Maschine Einzelausgaben einer Betriebsleistungsgruppe (A + B + C) und gleichzeitig Gemeinausgaben der einzelnen Betriebsleistungen. Für jede Stelle des Unternehmens ist zu prüfen, für welche Betriebsleistungen sie tätig wird. Auf diese Weise kommt man im Bereich der Produktion zu einer vollständigen Hierarchie, in der alle Ausgaben als Einzelausgaben erfaßbar sind.

Da die Ausgaben der Leistungserstellung z.T anderen Einflüssen unterliegen als die Ausgaben der Leistungsverwertung, ist es zweckmäßig, je eine Bezugsgrößenhierarchie mit identischer Grundgliederung für Leistungserstellung und -verwertung zu errichten, die durch eine oberste Bezugsgröße verbunden werden. Die Bezugsgrößenhierarchie für die Erfassung der Ausgaben der Leistungsverwertung hat neben der Zuordnung der Vertriebsstellen zu den einzelnen Bezugsgrößen auch die Differenzierung nach den Absatzsegmenten (z.B. Absatzgebiete, Kundengruppen, Vertriebswege) zu erfassen. Abb. 3 zeigt ein Beispiel einer vollständigen Bezugsgrößenhierarchie.

Aus der Bezugsgrößenhierarchie kann unmittelbar ersehen werden, in welchen Stellen sich relevante Aktionsfolgen einer geplanten Aktion ergeben können.

2. Die Verhaltensweise auf Veränderungen von Einflußfaktoren

Von den zahlreichen Einflußfaktoren auf die Ausgaben (Faktorqualität, Faktorpreise, Kapazität, Fertigungsprogramm und Beschäftigung) ist für die generelle Gliederung der Ausgaben vor allem die Beschäftigung bedeutsam.

Bekanntlich steigen die gesamten Ausgaben nicht auf den doppelten Betrag, wenn die Beschäftigung verdoppelt wird bzw. gehen nicht entsprechend zurück, wenn die Beschäftigung auf die Hälfte zurückgenommen wird. Es ist daher für die einzelnen Ausgabenelemente zu prüfen, unter welchen Voraussetzungen und wie sie mit der Beschäftigung variieren. Für die Verwendung bei der Vorbereitung aller Wirtschaftlichkeitsentscheidungen zweckmäßig ist eine Unterscheidung in beschäftigungsvariable und beschäftigungsunabhängige Ausgaben nach folgenden Definitionen :
- Beschäftigungsvariabel sind Ausgaben, die sich ohne zusätzliche Entscheidung der Unternehmensleitung automatisch mit der Beschäftigung verändern.

- Beschäftigungsfix sind Ausgaben, wenn zu ihrer Veränderung eine Entscheidung der Unternehmensleitung notwendig ist, die sich nicht unmittelbar auf die Beschäftigung bezieht.

Die beschäftigungsvariablen Ausgaben können sich grundsätzlich sowohl über- oder unterproportional bzw. proportional verändern; mit den gegenwärtig verfügbaren Mitteln ist jedoch in der Praxis allein die proportionale Veränderung zu beherrschen, so daß bei der generellen Ausgabengliederung von beschäftigungsproportionalen Ausgaben auszugehen ist. Die Trennung von beschäftigungsproportionalen und beschäftigungsfixen Ausgaben anhand der obigen Definitionen kommt ohne Bezugsperiode aus, so daß sie für die Vorbereitung aller Wirtschaftlichkeitsentscheidungen gültig bleibt.

3. Die Erfassung der zeitlichen Struktur beschäftigungsfixer Ausgaben

Wie oben gezeigt, sind beschäftigungsfixe Ausgaben nur durch Entscheidungen der Unternehmensleitung veränderbar, die sich nicht unmittelbar auf die Beschäftigung beziehen. Für die Prognose der relevanten Ausgaben einer Handlungsalternative ist fest-

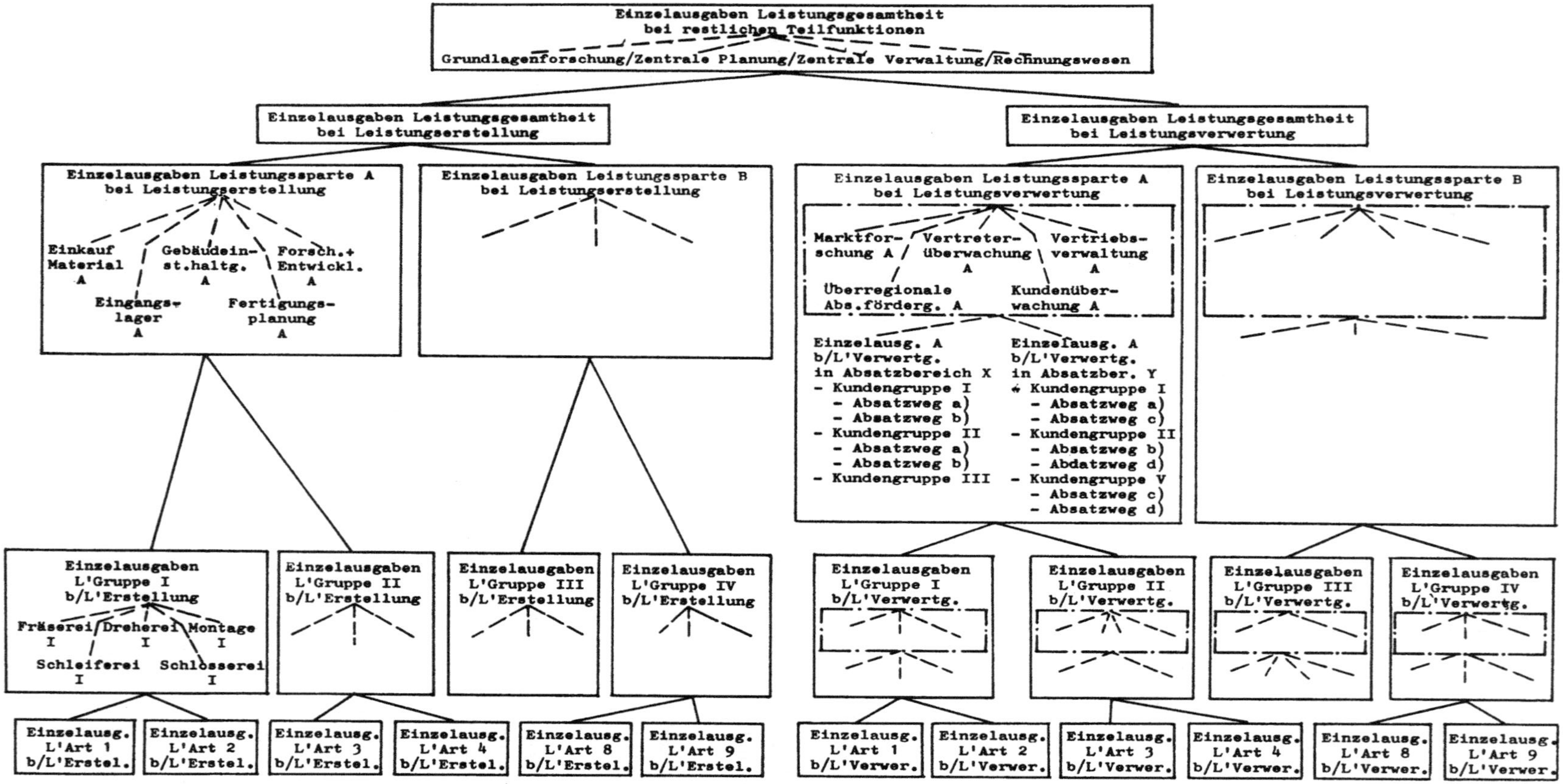

Abb. 3 Bezugsgrößenhierarchie zur Erfassung aller Ausgaben als Einzelausgaben einer Bezugsgröße

zustellen, ob und ggfs. wie oft innerhalb der Wirkungsdauer der Entscheidung von der Unternehmensleitung Entscheidungen über die Bereitstellung von Potentialfaktoren und damit über die Entstehung beschäftigungsfixer Ausgaben zu treffen sind.

Die Anzahl der notwendigen Bereitstellungen ist abhängig von der Zeitspanne, während der nach der einmal erfolgten Bereitstellung die Ausgaben nicht beeinflußt werden können. Diese Zeitspanne wird als Mindestdauer der Unveränderlichkeit bezeichnet. Sie wird entweder durch die wirtschaftliche Nutzungsdauer von Anlagegegenständen oder durch den Fristablauf bzw. die Kündigungsfrist von Verträgen determiniert. Mit Hilfe der Unterteilung der beschäftigungsfixen Ausgaben nach ihrer Mindestdauer der Unveränderlichkeit sind rasch und zutreffend die beschäftigungsfixen Ausgaben zu ermitteln, die bei der Verwirklichung einer Handlungsalternative entstehen.

4. Die Gliederung nach den Arten des Güter- und Diensteverzehrs

Mit dem Einsatz eines Potentialfaktors für die Herstellung oder den Absatz von Betriebsleistungen ist u.U. Güter- und Diensteverzehr in mehrfacher Hinsicht verbunden. So entstehen z.B. bei der Bereitstellung und Benutzung einer Maschine folgende Ausgaben : Energieausgaben, Anschaffungsausgaben und Löhne. In bezug auf den Zusammenhang mit Betriebsleistungs-Bündeln, in bezug auf die Verhaltensweise gegenüber Beschäftigungsänderungen und in bezug auf die Mindestdauer der Unveränderlichkeit weisen diese Arten des Güter- und Diensteverzehrs unterschiedliche Eigenschaften auf, die bei der Prognose der relevanten Ausgaben einer Handlungsalternative erfaßt werden müssen. Es ist daher notwendig, die Ausgaben, die mit einem Arbeitsplatz verbunden sind, so weit zu unterteilen, daß Ausgabenelemente entstehen, bei denen der Zusammenhang mit Betriebsleistungsbündeln, die Verhaltensweise auf Beschäftigungsänderungen sowie die Mindestdauer der Unveränderlichkeit unvermischt auftreten. Das ist erreichbar durch die Unterteilung entsprechend den natürlichen (d.h. nicht zusammengesetzten) Kostenarten.

III. Die Gestaltung der laufenden Aufzeichnungen

Die Vielzahl der Entscheidungen, die in einem Unternehmen vorzubereiten sind, macht es erforderlich, die laufenden Aufzeichnungen in Form einer Grundrechnung zu führen und für die Vorbereitung der einzelnen Entscheidungen die Grundrechnung auszuwerten.

1. Tabellarische Grundrechnung

Bei der Grundrechnung in tabellarischer Form werden in Matrixform der Zusammenhang mit den Betriebsleistungsbündeln, Stellengesichtspunkte und die Artengliederung auszuweisen gesucht. Zur Wahrung der Obersichtlichkeit ist es hierbei jedoch unvermeidbar, daß Aggregationen von Ausgabenelementen vorgenommen werden müssen, was sinnvoll nur im Hinblick auf einen oder eine Gruppe von Zwecken geschehen kann, was aber zwangsläufig dazu führt, daß für alle anderen Zwecke "Sonderrechnungen" notwendig werden.

2. Kontenmäßige Grundrechnung

Eine Aggregation der Ausgabenelemente ist nicht erforderlich, wenn bei der Gestaltung des Kontenrahmens die Eigenschaften der Ausgabenelemente, die für die Entscheidungsvorbereitung bedeutsam sind (vgl. C. II. 1. - 4.), erfaßt werden. Durch eine Unterteilung der Kontenklassen und -gruppen lassen sich alle Eigenschaften simultan erfassen. Aufbauend auf dem Industrie-Kontenrahmen würde z.B. die Kto.-Nr. 94.55.273-15-27 bedeuten : Reisespesen mit einer Mindestdauer der Unveränderlichkeit von 1 - 3 Monaten (letzte Ziffernstellen 27) des Reisenden (15), der die Betriebsleistungsgruppe "55" im Absatzgebiet "2" an Kundengruppe "7" über Absatzweg "3" vertreibt (94).

Zusätzlich zu den Anforderungen, die von der Entscheidungsvorbereitung an die Gestaltung des RW gestellt werden, sind die Rückwirkungen auf OR-Ansätze zu diskutieren.

D. Die Erfassung der Einnahmen- und Ausgabenstruktur in Ansätzen des OR

Die Lösung von Teilplanungsproblemen in einem bestehenden Unternehmen auf der Basis der Aktionsstruktur, die der Einnahmen- und Ausgabenstruktur zugrundeliegt, wirkt sich auf die Struktur von Ansätzen bei verfügbaren Algorithmen sowie auf die erforderlichen Eigenschaften zu entwickelnder Algorithmen aus.

I. Die Struktur von Modellen der Linearen Programmierung

Als Beispiel für die Auswirkungen auf Ansätze auf der Basis verfügbarer Algorithmen soll gezeigt werden, wie sich die Struktur der Einnahmen und Ausgaben in LP-Ansätzen niederschlägt.

1. Die Definition von Entscheidungsvariablen

Die Unterscheidung in beschäftigungsproportionale und beschäftigungsfixe Ausgaben anhand der obigen Definitionen macht auch bei kurzfristigen Rechnungen Investitions- (und Desinvestitions-)Variable notwendig, sofern die Bereitstellung von Potentialfaktoren beeinflußbar ist. Es entspricht dies aber dem tatsächlichen Anfall von Ausgaben in Abhängigkeit von der Alternativenauswahl.

Die unterschiedliche Mindestdauer der Unveränderlichkeit der Ausgaben von Potentialfaktoren erfordert die Unterscheidung in Betriebsmittel-Investitionsvariablen und Personal-Investitionsvariablen, die ihrerseits jeweils wieder nach den unterschiedlichen Zeiten der Unveränderlichkeitsdauer zu differenzieren sind. Grundsätzlich ist die Erfassung jedes einzelnen Vertragsverhältnisses beim Personal durch eine eigene Investitionsvariable notwendig; die arbeitsrechtliche Normierung der Kündigungsfristen und -termine läßt jedoch die Zusammenfassung zu Personalinvestitionsvariablen gleicher Kündigungsbestimmungen zu, sofern die Bereitstellung mehrerer Arbeitskräfte (z.B. Bedienungsmannschaft einer Anlage) in Verbindung mit einer Betriebsmittelinvestition notwendig wird.

2. Die Bestimmung der Koeffizienten

In den Koeffizienten der Entscheidungsvariablen sind ausschließlich die Ausgabenelemente zu erfassen, die bei den entsprechenden Bezugsgrößen der Bezugsgrößenhierarchie als Einzelausgaben erfaßbar sind. Das bedeutet, daß bei den Produktionsvariablen allein die beschäftigungsproportionalen Ausgaben ausweisbar sind, während alle beschäftigungsfixen Ausgaben bei Investitionsvariablen erfaßt werden müssen.

Mit der Bereitstellung eines Potentialfaktors fallen zwangsläufig die Ausgaben während seiner gesamten Mindestdauer der Unveränderlichkeit an; als Koeffizient sind daher die gesamten während der Mindestdauer der Unveränderlichkeit anfallenden Ausgaben anzusetzen unabhängig davon, wann sie zu Zahlungen führen.

3. Die Erfassung der verfügbaren Ressourcen

Die Differenzierung in Betriebsmittel-Investitionsvariablen und Personal-Investitionsvariablen, die durch die unterschiedliche Mindestdauer der Unveränderlichkeit der Betriebsmittelausgaben und Personalausgaben notwendig wird, erfordert die Einführung von Restriktionen, die die simultane Bereitstellung komplementärer Potentialfaktoren sichern. Der Zusammenhang der Ausgaben mit den Betriebsleistungs-Bündeln schlägt sich in der Besetzung des Teils der Kapazitätsrestriktionen nieder, die die Inanspruchnahme wiedergeben.

Zu den Restriktionen für die Periodenkapazität kommen bei Betriebsmitteln noch Restriktionen für die Totalkapazität hinzu, und zwar sowohl für den Ersatz aufgrund des Gebrauchsverschleißes als auch für den Ersatz aufgrund des Zeitverschleißes. Diese Restriktionen sind kumulativ zu formulieren, so daß die Verwendung des Betriebsmittels im Modell nach dem Verzehr des Gesamtpotentials auf alle Fälle unterbleibt, auch wenn keine Desinvestitionsentscheidung getroffen wird.

4. Die Erfassung der Periodenstruktur

Die Länge der Teilperioden wird von der kürzesten Mindestdauer der Unveränderlichkeit determiniert, da im Modell der Linearen Programmierung eine Eingriffsmöglichkeit innerhalb einer Teilperiode nicht gegeben ist. Es ist davon auszugehen, daß es sich hierbei um eine Zeitspanne von einem Monat handelt, der für die Unveränderlichkeit kurzfristiger Beschäftigungsverhältnisse maßgebend ist.

II. Die Entwicklung von Algorithmen zur Erfassung der sequentiellen Struktur der Teilplanungsprobleme

Die sequentielle Abfolge von Teilentscheidungen über die Kapazitätsausnutzung und Kapazitätsbereitstellung bei offenem Planungshorizont ließe es wünschenswert erscheinen, Ansätze der unendlichstufigen Dynamischen Programmierung einzusetzen, deren Verwendung für die Lösung von Problemen in praktisch bedeutsamer Größenordnung jedoch m. W. noch erhebliche Probleme entgegenstehen.

LITERATURHINWEISE

Adam, D.: Entscheidungsorientierte Kostenbewertung, Wiesbaden 1970

Blumentrath, U.: Investitions- und Finanzplanung mit dem Ziel der Endwertmaximierung, Wiesbaden 1969

Dellmann, K.: Zum Stand der betriebswirtschaftlichen Theorie der Kostenrechnung, in: ZfB, 49. Jg. (1979), S. 319 ff.

Kaluza, B.; Hakenmüller, J.: Neuere Erkenntnisse der Theorie der Kostenrechnung als Grundlage für die Gestaltung von OR-Modellen, Disk.papier des Industrieseminars der Universität Mannheim, 1981

Koch, H.: Zur Diskussion über den Kostenbegriff, in: ZfhF NF., 10. Jg. (1958), S. 361 ff.

Layer, M.: Optimale Kapazitätsausnutzung und Kapazitätsbereitstellung, Würzburg und Wien 1975

Layer, M. Die Kostenrechnung als Informationsinstrument der Unternehmensleitung, in: Jacob, H. (Hrsg.): Neuere Entwicklungen in der Kostenrechnung I, Wiesbaden 1976, S. 97 ff.

Lechner, K.: Rechnungstheorie der Unternehmung, in: Kosiol-Chmielewicz-Schweitzer (Hrsg.): Handwörterbuch des Rechnungswesens, 2. Aufl., Stuttgart 1981, Sp. 1407 ff.

Müller-Merbach, H.: Operations Research, 3. Aufl., München 1973

Riebel, P.: Überlegungen zur Formulierung eines entscheidungsorientierten Kostenbegriffs, in: Müller-Merbach, H. (Hrsg.): Quantitative Ansätze in der Betriebswirtschaftslehre, München 1978, S. 43 ff.

Riebel, P.: Einzelkosten- und Deckungsbeitragsrechnung, 3. Aufl., Wiesbaden 1979

QUANTITATIVE PLANUNGSMODELLE ALS BESTIMMUNGSGRÖSSEN FÜR DIE GESTALTUNG DER KOSTEN- UND LEISTUNGSRECHNUNG

Hans-Ulrich Küpper, Darmstadt

Ein zentrales Rechnungsziel der betrieblichen Kosten- und Leistungsrechnung wird darin gesehen, Informationen für die Planung von Unternehmungsprozessen bereitzustellen. Daher ist die Gestaltung dieses Rechnungssystems (auch) von der Struktur des betrieblichen Planungssystems abhängig. Die Kosten- und Leistungsrechnung steht in enger Beziehung zur taktischen und operativen Planung. Gerade für diese Planungsbereiche ist im Operations Research eine Vielzahl quantitativer Entscheidungsmodelle entwickelt worden. Zu ihrem Einsatz müssen die vorausgesetzten Informationen durch das Rechnungswesen, insbesondere die Kosten- und Leistungsrechnung, bereitgestellt werden. Deshalb wird untersucht, welcher an die Kosten- und Leistungsrechnung gerichtete Informationsbedarf aus diesen Modellen erkennbar wird und inwieweit sich hieraus Folgerungen für die Gestaltung dieses Rechnungssystems ziehen lassen. Die Untersuchung basiert auf einem Lehr- und Forschungsprojekt, das an der Universität Essen-Gesamthochschule durchgeführt worden ist.

Den Ausgangspunkt bildet eine Herausarbeitung von Merkmalen, mit denen sich der zu deckende Informationsbedarf kennzeichnen läßt. Wichtig erscheinen Merkmale des Informationsgegenstandes wie die Form der Ermittlung von Güterverbrauch bzw. Güterentstehung, die Zahl der verbrauchten bzw. entstandenen Güter je Kosten- bzw. Leistungsart und ihre Differenziertheit sowie die Aussageart der Informationen und ihre Häufigkeit. Anhand dieser Merkmale wird eine größere Zahl quantitativer Entscheidungsmodelle aus verschiedenen Funktionsbereichen ausgewertet. Dabei wird untersucht, welche Kosten- und Leistungskoeffizienten in ihnen enthalten sind und damit vom Rechnungswesen zu ihrer Lösung ermittelt werden müßten. Die Modelle werden nach der Zahl ihrer Variablen und ihrem Betrachtungsumfang in drei Hierarchieebenen gegliedert. Hierdurch lassen sich Gesichtspunkte für die Änderung des Informationsbedarfs in Abhängigkeit vom Betrachtungsumfang der Modelle herleiten. Die Modellauswertung zeigt, daß in den Entscheidungsmodellen eine Vielzahl von Kosten- und Leistungskoeffizienten vorausgesetzt wird, deren begriffliche Kennzeichnung äußerst uneinheitlich und deren Abgrenzung nicht eindeutig ist. Aus der Häufigkeit der einzelnen Kosten- und Leistungskoeffizienten in den verschiedenen Modelltypen wird ersichtlich, daß die Bedeutung bestimmter Größen mit steigendem Betrachtungsumfang zunimmt, während andere Koeffizienten besonders in Planungsmodellen für eng begrenzte Tatbestände auftreten. Ferner werden die Bezugsgrößen der Kosten- und

Operations Research Proceedings 1982

Leistungskoeffizienten analysiert. Dabei wird eine sehr starke Differenzierung vor allem der variablen Herstellkosten für ein- und mehrvariablige Modelle des Fertigungsbereichs erkennbar. Der Grad der Differenzierung nimmt bei einer Reihe von Kostenarten mit zunehmendem Betrachtungsumfang und Planungshorizont ab.

Aus der Analyse des Informationsbedarfs lassen sich Anforderungen an die Kosten- und Leistungsrechnung herleiten. Sie zielen auf eine engere Verknüpfung zwischen Planung und Kosten- und Leistungsrechnung ab. Als zentrale Bestimmungsgrößen für die Gestaltung der Kosten- und Leistungsrechnung erweisen sich die Detailliertheit, der Umfang, die Differenzierung, die Koordination und die Fristigkeit der Planung.

Abschließend werden der Auswertung einige Ergebnisse einer empirischen Erhebung gegenübergestellt, die 1980 in Nordrhein-Westfalen und Baden-Württemberg durchgeführt worden ist. Sie macht eine Reihe von Diskrepanzen zwischen Literatur und Praxis in der Beurteilung der Relevanz verschiedener Kosten- und Leistungsgrößen bei unterschiedlichen Entscheidungstatbeständen sichtbar.

INSTANDHALTUNGSKOSTENPLANUNG MIT HILFE DER MATRIZENRECHNUNG

Helmut Goldmann, Düsseldorf

Bisherige Praxis der Kostenplanung von Hilfsbetrieben, u.a. auch von Instandhaltungsbetrieben, ist die sog. "starre Budgetierung". Der Bemessung des voraussichtlichen Jahreskostenvolumens wird das in der Vorperiode abgerechnete Budget zugrundegelegt. Erwartete oder angestrebte Veränderungen werden oft mit Hilfe von prozentualen Auf- und Abschlägen auf das Vorjahresbudget ermittelt. Mängel des Verfahrens sind:

- Budgetdenken verdeckt Unwirtschaftlichkeiten
- eine starre Budgetierung ist lediglich eine Vorschaurechnung. Beurteilung und Entscheidung von Maßnahmen in den Instandhaltungsbetrieben, d.h. Planung in Abhängigkeit von den Aktivitäten in den Hauptbetrieben findet nicht statt.

Der Verbesserung des betriebswirtschaftlichen Informationssystems soll ein Rechensystem für die flexible Planung von Hilfsbetrieben dienen. Die Planung von Maßnahmen und Kosten der Hilfsbetriebe soll direkt mit der Planung der Hauptbetriebe verbunden werden. Ein derartiges Rechensystem soll nicht nur die Planung der Bereiche koordinieren helfen, sondern auch den Bereichsleitern (z.B. Instandhaltungsbetriebsleitern) Informationen liefern für:

- die Bestimmung der Größe und Zusammensetzung der Personalkapazität der verschiedenen Instandhaltungsbereiche bzw. Abteilungen.
- die Argumentation bei Planungsgesprächen mit anderen Bereichsleitern, wenn insbesondere Maßnahmen zur Kosteneinsparung erörtert werden.

Das entwickelte System der flexiblen Kostenplanung verwendet das Verfahren der Matrizenrechnung, das sich schon zur Kostenplanung in Produktionsbetrieben seit geraumer Zeit bewährt hat. Das hier zu behandelnde System wurde für den Instandhaltungsbereich von Hüttenwerken in Zusammenarbeit mit Sachverständigen verschiedener Unternehmen erarbeitet. Erfahrungsgrundlage hierfür war ein Pilotprojekt, das vom Betriebswirtschaftlichen Institut der Eisenhüttenindustrie, Düsseldorf, durchgeführt worden ist.

Die Instandhaltungskostenplanung mit Hilfe der Matrizenrechnung vollzieht sich in drei Stufen:

1. Ermittlung des Instandhaltungsbedarfs der Anlagen = Bedarfsermittlung
2. Ermittlung des Leistungsangebots der Instandhaltungsbetriebe (Programmplanung) = Bedarfsdeckung

Operations Research Proceedings 1982

3. Ermittlung der Instandhaltungsplankosten für Instandhaltungsbetriebe und Budgetzuteilung auf die leistungsempfangenden Betriebe
   = Plankostenrechnung und Budgetierung

Die unterschiedliche Belastung der Fertigungsanlagen durch nach Art und Menge wechselnde Produktionsprogramme verändert im Zeitablauf die produktionsbedingte Beanspruchung der Anlagen und somit den Bedarf an Instandhaltungsleistungen während der Nutzungsphase. In der ersten Stufe, Bedarfsermittlung, wird nun aus dieser nutzungsbedingten Inanspruchnahme der Anlagen über Bedarfsfunktionen der Instandhaltungsbedarf, gemessen in Instandhaltungsstunden, abgeleitet. Als Ergebnis erhält man den Bedarf an:
- Instandhaltungsleistungen eigener Instandhaltungsbetriebe
- Instandhaltungsleistungen ständig eingesetzter unternehmensfremder Betriebe
- Hilfs- und Betriebsstoffen
- Reserveteilen
- Sonstige Leistungen

Der für alle Anlagen eines Hüttenwerkes zusammengefaßte Instandhaltungsbedarf eigener Instandhaltungsbetriebe ergibt die Vorgabe für die Bedarfsdeckung, die zweite Stufe der Instandhaltungskostenplanung. Die Planung der Deckung dieses Bedarfs soll Informationen über die wirtschaftlichen Auswirkungen beispielsweise folgender geplanter Maßnahmen zur Verfügung stellen:
- Variation zwischen Normal-, Mehrarbeits- und Minderarbeitsstunden
- Variation der Verhältnisse zwischen Eigenleistung und Fremdleistung
- Zeitliche Verschiebung von größeren Instandhaltungsprojekten.

Die verschiedenen Maßnahmen werden vom Benutzer des Systems in einer Matrix zusammengefaßt dargestellt und gezielt variiert. Mit Hilfe des Matrizensystems lassen sich für jede Alternative unmittelbar die damit verbundenen Periodenkosten ermitteln, so daß der Benutzer sofort die wirtschaftlichen Konsequenzen seiner Alternativenwahl erkennen kann.

Nach der Entscheidung für die kostengünstigste Handlungsmöglichkeit und Verabschiedung des Instandhaltungsbudgets werden Verrechnungspreise je Instandhaltungsmannstunde ermittelt. Die Verrechnungspreise dienen in der dritten Stufe zur Planung der Instandhaltungskosten für den leistungsempfangenden Betrieb im Sinne einer Budgetrechnung.

Zusammengefaßt läßt sich die Instandhaltungskostenplanung in Form einer Strukturmatrix darstellen, die für eine EDV-Realisierung des Systems als Programmiervorlage und Anwendungsdokumentation dient.

Ein Modell zur Bewertung interner Kontrollsysteme (IKS)

Walter Erfle, Frankfurt

Zusammenfassung. Sind bei einem Arbeitsablauf im Rechnungswesen ausschließlich Kontrollverfahren möglich, die nur Fehler bei einem bestimmten Arbeitsgang beeinflussen können, läßt sich jedes IKS des Arbeitsablaufs als Kombination aus den möglichen Kontrollverfahren aller Arbeitsgänge darstellen. Zur Bestimmung des optimalen IKS sind zunächst für jede mögliche Kontrollprozedur eines Arbeitsganges seine Zuverlässigkeit und die Kontrollkosten zu ermitteln. Für eine "Kontrollschleife" kann zu diesem Zweck eine Markovkette konstruiert werden. In einem zweiten Schritt läßt sich zeigen, daß bei einem optimalen IKS jeder Vorgang den gleichen Kontrollprozeduren unterworfen werden muß. Man erhält dann das optimale IKS durch Lösen eines Dynamischen Programms. Mit der Einführung zusätzlicher übergeordneter Kontrollen wird das Modell auf hierarchische Kontrollsysteme erweitert.

Summary. If all inspection procedures in a sequence of operations can only detect failures which occured in a specific stage of the sequence,an Internal Control System (ICS) of that sequence is characterized by a combination of the inspection procedures for each stage. To obtain an optimal ICS two steps are necessary: The reliabilities and inspection costs of all operations or stages have to be computed as functions of their possible inspection procedures. To demonstrate, how this can be done, a feedback type inspection procedure is modelled by a Markovian Process. It then can be proved that at least one ICS is optimal, which inspects all items in the same way. It can be obtained by solving a Dynamic Program. An extension of this model to "hierarchical control systems" is discussed shortly.

1. Problemstellung

Wie bei der Serien- und Massenfertigung im Bereich der Produktion treten auch im betrieblichen Rechnungswesen Arbeitsabläufe auf, die aus einer fest vorgegebenen Folge genau spezifizierter Arbeitsgänge bestehen. Jeder dieser Arbeitsabläufe betrifft eine Vielzahl von gleichartigen Erzeugnissen oder Vorgängen. Auch wenn ein Arbeitsablauf in der Ausgestaltung und Reihenfolge seiner Arbeitsgänge korrekt vorgegeben ist, kann es während der Ausführungshandlungen zu Fehlern kommen, die häufig zu falschen Ergebnissen, also zu defekten Enderzeugnissen bzw. zu Buchungsfehlern führen.

Um dies zu vermeiden, werden an geeigneten Stellen redundante Arbeitsgänge eingeschoben, die Kontrollen ermöglichen. Ihre Funktion ist es, Informationen über Zahl und Art der bei einem Vorgang bisher aufgetretenen Fehler zu liefern. Bei positivem Befund wird der betreffende Vorgang zusätzlichen Korrekturarbeitsgängen unterzogen. Die Gesamtheit aller Kontroll- und Korrekturmaßnahmen eines Arbeitsablaufs kann als dessen Kontrollkonfiguration oder in Anlehnung an Leffson (1977,S.211) als Internes Kontrollsystem bezeichnet werden. Es erhöht die Zuverlässigkeit des Arbeitsablaufs, verursacht aber auch Kontroll- und Korrekturkosten. Gesucht ist folglich das Kontrollsystem, bei

Operations Research Proceedings 1982

dem die Summe aus diesen Kosten einerseits und den für fehlerhaft abgeschlossene Vorgänge anfallenden Kosten andererseits ein Minimum erreicht.

Diesem Problem sind eine Reihe von Arbeiten aus dem Bereich der Produktionskontrolle gewidmet (vgl. Berens, 1980, S. 46), in denen regelmäßig vorausgesetzt wird, daß einmal im Bearbeitungsprozeß aufgetretene Fehler danach in jedem Stadium des Prozesses (von Prüffehlern abgesehen) erkannt und behoben werden können. Unter zusätzlichen Annahmen bezüglich der Möglichkeiten der Fehlerentstehung, der anfallenden Kosten und der möglichen Korrekturmaßnahmen werden dann - in der Regel mittels Dynamischer Optimierung - diejenigen Arbeitsgänge bestimmt, nach denen Kontrollen durchzuführen sind.

Im Gegensatz dazu soll hier der Fall betrachtet werden, daß Fehler, die in einem Arbeitsgang auftreten, nur durch Kontrollen am Ende des betreffenden Arbeitsgangs erkannt und beseitigt werden können. Zusätzlich soll für jeden Arbeitsgang gelten, daß die Wahrscheinlichkeit, mit der bei der Bearbeitung eines Vorgangs ein Fehler auftritt, sowohl unabhängig ist vom Verhalten des Vorgangs in allen übrigen Arbeitsgängen als auch vom Verhalten aller anderen Vorgänge beim betrachteten Arbeitsgang. Dies wird auch für die Wahrscheinlichkeiten vorausgesetzt, mit denen ein Fehler durch Kontroll- und Korrekturmaßnahmen erkannt und beseitigt wird. Damit sind zur Bestimmung eines optimalen Internen Kontrollsystems zwei Schritte nötig: Zunächst müssen für jeden Arbeitsgang alle möglichen, sich gegenseitig ausschließenden Kontrollprozeduren aufgelistet werden und für jede mögliche Prozedur sind die Zuverlässigkeit des Arbeitsgangs (Wahrscheinlichkeit, mit der ein Vorgang am Ende des Arbeitsgangs korrekt ist, wenn er es vor dem Beginn war) sowie die fixen und variablen Kontrollkosten zu bestimmen. Im zweiten Schritt ist dann das optimale IKS als kostenminimale Kombination der Kontrollprozeduren aller Arbeitsgänge zu suchen.

2. Zuverlässigkeit und Kontrollkosten eines Arbeitsgangs bei einer bestimmten Kontrollprozedur.

Wegen der Vielzahl möglicher Kontrollprozeduren lassen sich nur wenige allgemeine Aussagen machen, die kaum Einblick in die Vorgehensweise gewähren. Ich will deshalb die Zuverlässigkeit und die Kontrollkosten am Beispiel einer "Kontrollschleife" bestimmen. Auf zwei Aufsätzen von Cushing (1974,1975) aufbauend, haben Baetge/Mochty (1980) die Zuverlässigkeit und "Wirtschaftlichkeit" einer Kontrollschleife auf ähnliche Weise wie hier berechnet.

Jeder Vorgang, der bis zu Beginn des betrachteten Arbeitsgangs korrekt bearbeitet wurde, bleibt auch in diesem mit Wahrscheinlichkeit ϕ ohne Fehler. Unmittelbar nach Beendigung des Arbeitsgangs wird er einer unvollkommenen Kontrolle unterzogen, durch die fehlerhaft ausgeführte Vorgänge mit Wahrscheinlichkeit p und korrekt bearbeitete mit Wahrscheinlichkeit 1-q als "falsch" klassifiziert werden. Diese Vorgänge werden korrigiert. Dabei bleibt von den Vorgängen, die tatsächlich richtig waren, ein Anteil von ψ korrekt und jeder wirklich unrichtige Vorgang wird mit Wahrscheinlichkeit π richtiggestellt. Ist die Korrekturmaßnahme für einen Vorgang beendet, wird er wieder auf die gleiche Weise kontrolliert. Bei dieser Prozedur befindet sich jeder Vorgang unmittelbar nach der Kontrolle in einem der folgenden vier Zustände:

z_1: der Vorgang ist richtig und ist als solcher erkannt worden,

z_2: der Vorgang ist falsch, aber für richtig gehalten worden,

z_3: der Vorgang ist richtig, aber für falsch gehalten worden,

z_4: der Vorgang ist falsch und als solcher erkannt worden.

Unter der Voraussetzung, daß die Wahrscheinlichkeiten p, q, π und ψ unabhängig von der Zahl der an einem Vorgang bereits durchgeführten Kontrollen sind, läßt sich das Verhalten eines Vorgangs im Verlauf der Kontrollprozedur durch eine Markovkette mit den absorbierenden Zuständen z_1 und z_2 beschreiben. Die Übergangsmatrix U ist gegeben durch:

$$U = \begin{pmatrix} 1 & 0 & 0 & 0 \\ 0 & 1 & 0 & 0 \\ \psi q & (1-\psi)(1-p) & \psi(1-q) & (1-\psi)p \\ \pi q & (1-\pi)(1-p) & \pi(1-q) & (1-\pi)p \end{pmatrix}$$

und die zugehörige Anfangsverteilung A durch den Vektor:

$$A = (\ \phi q, (1-\phi)(1-p), \phi(1-q), (1-\phi)p\ ).$$

Sei P die 2x2-Matrix, die die Übergangswahrscheinlichkeiten von den transienten Zuständen z_3 und z_4 nach den absorbierenden Zuständen z_1 und z_2 enthält, Q die 2x2-Matrix mit den Übergangswahrscheinlichkeiten innerhalb der transienten Zustände, I bzw. 0 die 2x2-Einheits- bzw. Nullmatrix und a_i die i-te Komponente der Anfangsverteilung, so ergibt sich für die erwartete Zuverlässigkeit des Arbeitsgangs r:

$$r = a_1 + (a_3, a_4)\cdot(I-Q)^{-1}\cdot P\cdot\binom{1}{0}.$$

Ebenso läßt sich die erwartete Zahl der Kontrollen eines Vorgangs f berechnen:

$$f = 1 + (a_3, a_4)\cdot(I-Q)^{-1}\cdot\binom{1}{1}$$

und die erwartete Zahl der Korrekturarbeitsgänge eines Vorgangs beträgt f-1. Fallen bei jeder Kontrolle Kosten in Höhe von c_t GE und bei jeder Korrektur von c_k GE an und betragen die Kosten für die Aufrechterhaltung der Kontrollprozedur C GE, so summieren sich bei n Vorgängen die gesamten Kontrollkosten des Arbeitsgangs pro Periode auf:

$$K = C + n\cdot c = C + n(f\cdot c_t + (f-1)c_k).$$

Die Zuverlässigkeit r läßt sich auf andere Weise auch über die a-priori-Zuverlässigkeit ρ bestimmen (vgl. Cushing 1974, S. 35). Darunter ist die Wahrscheinlichkeit zu verstehen, mit der ein beliebiger Vorgang vor der Kontrolle in Ordnung ist, falls die mittlere Zahl der pro Periode zu bearbeitenden Vorgänge konstant ist. Dazu wird unmittelbar vor jeder Kontrolle der wahre Zustand des eben bearbeiteten oder korrigierten Vorgangs abgegriffen (z_1: der Vorgang ist richtig, z_2: nicht richtig bearbeitet). Die Wahrscheinlichkeiten t_{ij}, mit denen sich ein Vorgang im Zustand z_j befindet, wenn der vorher kontrollierte Vorgang im Zustand z_i war, sind dann Übergangswahrscheinlichkeiten einer ergodischen Markovkette mit der Übergangsmatrix T:

$$T = \begin{pmatrix} q\phi+(1-q)\psi & q(1-\phi)+(1-q)(1-\psi) \\ p\pi+(1-p)\phi & p(1-\pi)+(1-p)(1-\phi) \end{pmatrix}$$

Die a-priori-Zuverlässigkeit ρ ist die erste Komponente der stationären Verteilung von T:

$$\rho = \frac{p\pi+(1-p)\phi}{1+p\pi+(1-p)\phi-q\phi-(1-q)\psi}$$

Schließlich erhält man die Zuverlässigkeit r als den Quotienten aus der Wahrscheinlichkeit, mit der ein Vorgang korrekt bearbeitet wurde und an den folgenden Arbeitsgang weitergeleitet wird, und der Wahrscheinlichkeit, mit der ein Vorgang überhaupt weitergegeben wird:

$$r = \frac{\rho q}{\rho q+(1-\rho)(1-p)}$$

Auf ähnliche Weise sind für jede der beim Arbeitsgang i, $i=1,\dots,m$ möglichen l_i Kontrollprozeduren ij die Zuverlässigkeit r_{ij}, die variablen Kontrollkosten c_{ij} sowie die entsprechenden Fixkosten C_{ij} zu bestimmen.

3. Die Bestimmung des optimalen Internen Kontrollsystems

Als erstes kann man unter zusätzlichen Annahmen bezüglich der Fixkostenentstehung zeigen, daß im allgemeinen nur ein Kontrollsystem, bei dem alle Vorgänge die gleichen Kontrollprozeduren durchlaufen, optimal sein kann.

Unterstellt man, daß die fixen Kontrollkosten pro Periode bei jedem Arbeitsgang so hoch sind wie das Maximum der Fixkosten aller bei dem Arbeitsgang eingesetzten Kontrollprozeduren, und daß jeder unrichtig abgeschlossene Vorgang im Mittel Kosten in Höhe von d GE verursacht, so erhält man das Minimierungsproblem:

$$n \cdot \sum_{h=1}^{z} x_h \left[d\left(1-\prod_{i=1}^{m} r_{i(h)}\right) + \sum_{i=1}^{m} c_{i(h)}\right] + \sum_{i=1}^{m} \bar{C}_i \rightarrow \min$$

unter den Nebenbedingungen:

$$x_h(\bar{C}_i - C_{i(h)}) \geq 0 \quad i=1,\dots,m; \quad h=1,\dots,z$$

$$\sum_{h=1}^{z} x_h = 1; \quad x_h \geq 0, \; h=1,\dots,z.$$

Hierbei sind x_h der Anteil der Vorgänge, der die h-te m-fache Kombination von Kontrollprozeduren der m Arbeitsgänge durchläuft, von denen es $z=\Pi_i \{l_i\}$ gibt, i(h) die Kontrollprozedur, die zum Kontrollsystem h auf der Stufe i gehört und $C_{i(h)}$ die Fixkosten, die dabei auf der i-ten Stufe anfallen. Für jede mögliche Fixkostenallokation $\bar{C}_1,\dots,\bar{C}_m$, $\bar{C}_i \geq 0$ gibt es mindestens eine Lösung des Problems (keine Kontrollprozeduren einrichten) und das Problem reduziert sich auf:

$$\sum_{\tilde{h}=1}^{\tilde{z}} x_{\tilde{h}} \quad [d(1- \prod_{i=1}^{m} r_{i(\tilde{h})}) + \sum_{i=1}^{m} c_{i(\tilde{h})}] \rightarrow \min$$

unter den Nebenbedingungen:

$$\sum_{\tilde{h}=1}^{\tilde{z}} x_{\tilde{h}} = 1; \quad x_{\tilde{h}} \geq 0, \; \tilde{h}=1,\dots,\tilde{z}.$$

wobei nur noch diejenigen Kombinationen $\tilde{h}$ in Frage kommen, für die gilt: $C_{i(\tilde{h})} \leq \bar{C}_i$, $i=1,\dots,m$. Alle Basislösungen dieses Programms haben nur eine Variable in der Basis, so daß es eine optimale Lösung gibt mit $x^*_{\tilde{h}}=1$, $x_{\tilde{h}}=0$, $x_h \neq x^*_{\tilde{h}}$.

Auf die gleiche Weise läßt sich der Beweis führen, wenn sich die Fixkosten der Kontrolle bei einem Arbeitsgang als Summe der Fixkosten aller angewandten Kontrollverfahren ergeben.

Zur Bestimmung des optimalen Internen Kontrollsystems läßt sich das Verfahren der Dynamischen Programmierung anwenden. Die Bellmanschen Funktionalgleichungen lauten auf den einzelnen Stufen, die den Arbeitsgängen des Prozesses entsprechen:

$$Y^*_m (R_{m-1}) = \min_j \{C_{mj} + nc_{mj} + nd(1-R_{m-1} r_{mj})\} \text{ für alle } R_{m-1} \in [\underline{R}_{m-1}, \bar{R}_{m-1}]$$

$$Y^*_i(R_{i-1}) = \min_j \{C_{ij} + n \cdot c_{ij} + Y^*_{i+1}(R_{i-1} r_{ij})\} \text{ für alle } R_{i-1} \in [\underline{R}_{i-1}, \bar{R}_{i-1}], i=m-1,\dots,2$$

$$Y^*_1 = \min_j \{C_{1j} + n \cdot c_{1j} + Y^*_2 (r_{1j})\}$$

R_i ist dabei die erwartete Wahrscheinlichkeit, mit der während der ersten i Arbeitsgänge kein Fehler auftritt, R_m die mittlere Gesamtzuverlässigkeit des Arbeitsablaufs.

Für die Intervallgrenzen $\underline{R}_i$ und $\bar{R}_i$ gilt:

$$\underline{R}_i = \prod_{h=1}^{i} \phi_h; \qquad \bar{R}_i = \prod_{h=1}^{i} \max_j \{r_{hj}\}.$$

Soll die mittlere Zuverlässigkeit mindestens R' betragen, so ergibt sich für die neuen unteren Intervallgrenzen $\underline{R}_i'$:

$$\underline{R}_i' = \max \left\{ \underline{R}_i, \frac{R'}{\prod_{h=i+1}^{m} \max_j \{r_{hj}\}} \right\}$$

Gilt für ein i: $\underline{R}_i' > \prod_{h=1}^{i} \max_j \{r_{hj}\}$, gibt es kein IKS, das die Mindestzuverlässigkeit im Mittel erreicht.

4. Erweiterungen

Neben den oben angesprochenen Kontrollprozeduren für einzelne Arbeitsgänge können unter Umständen zusätzliche Verfahren angewandt werden, mit denen mehrere aufeinanderfolgende Arbeitsgänge nochmals kontrolliert werden. Diese Arbeitsgänge lassen sich zu einem Arbeitsgang zweiten Grades zusammenfassen, die möglichen zusätzlichen Kontrollverfahren können entsprechend als Kontrollprozeduren zweiten Grades bezeichnet werden. Für jede mögliche Kontrollprozedur zweiten Grades lassen sich die Zuverlässigkeit und die gesamten Kontrollkosten eines Arbeitsgangs zweiten Grades durch ein Verfahren, das dem im zweiten Abschnitt dargestellten ähnlich ist, berechnen, wenn die gewählten Kontrollprozeduren der einzelnen Arbeitsgänge ersten Grades feststehen. Die Bearbeitungsqualität ϕ des Arbeitsganges zweiten Grades ist dann gleich dem Produkt der Zuverlässigkeiten der zugehörigen untergeordneten Arbeitsgänge.

Die gleiche Oberlegung, die zur Einführung der Arbeitsgänge zweiten Grades geführt hat, läßt sich auf diese selbst wieder anwenden. Man gelangt dann zu Kontrollprozeduren und Arbeitsgängen dritten Grades und schließlich zu einer hierarchischen Ordnung von Arbeitsgängen und Kontrollprozeduren. Mit den hier vorgetragenen Methoden lassen sich konkrete Ausgestaltungen solcher hierarchischen Kontrollsysteme bewerten und vergleichen. Zur Bestimmung optimaler Kontrollkonfigurationen sind enumerative Verfahren heranzuziehen; auf der höchsten Stufe kann wieder ein Dynamisches Programm aufgestellt werden.

Lassen sich die möglichen Kontrollprozeduren nicht in die hierarchische Ordnung bringen oder sind die Wahrscheinlichkeiten, mit denen Fehler bei einem Arbeitsgang auftreten bzw. erkannt und beseitigt werden, nicht vom Fehlverhalten aller anderen Arbeitsgänge unabhängig, so muß der gesamte Arbeitsablauf in einem geschlossenen Modell abgebildet werden.

Literatur:

Baetge, J.; Mochty, L.: Die Zuverlässigkeit und Wirtschaftlichkeit "Interner Kontrollsysteme",in: Anwendungen der Systemtheorie in Wirtschaft und Verwaltung. Beiträge zur Tagung der Gesellschaft für Wirtschafts- und Sozialkybernetik 1979, hrsg. v. H. Hauptmann und K.-E. Schenk, Berlin 1980, S. 1-63.

Berens, W.: Prüfung der Fertigungsqualität, Entscheidungsmodelle zur Planung von Prüfstrategien, Wiesbaden 1980.

Cushing, B.E.: A Mathematical Approach to the Analysis and Design of Internal Control Systems, in: Accounting Review 49 (1974), S. 24-41.

Cushing, B.E.: A Further Note on the Mathematical Approach to Internal Control, in: Accounting Review 50 (1975), S. 151-154.

Leffson, U.: Wirtschaftsprüfung, Wiesbaden 1977.

EIN PRAGMATISCHER ANSATZ ZUR BEURTEILUNG DER QUALITÄT VON SOFTWARE-PRODUKTEN

ANDRE WERNER, OSNABRÜCK

Verursacht durch

- den zunehmenden Umfang betrieblicher EDV-Anwendungen,
- die längere Lebensdauer der Softwareprodukte und
- die steigenden Softwarekosten

wächst die Forderung nach qualitativ hochwertiger Anwendungssoftware.

Die Beurteilung der Qualität von Softwareprodukten wirft Probleme auf, die noch nicht in befriedigendem Umfang gelöst sind. Zu diesen Problemen gehören insbesondere Fragen zu

- den Qualitätsmerkmalen eines Softwareprodukts,
- den Beurteilungsverfahren der Softwarequalität,
- den Beurteilungsobjekten der Softwarequalität und
- den Meßgrößen bei Softwareprodukten.

Der vorgestellte Ansatz versucht, einen Ausschnitt dieser Problematik zu lösen, indem er

- Merkmale eines Programms systematisiert,
- Indikatoren für die Merkmale entwickelt und
- Meßgrößen für die Indikatoren festlegt.

Die grundlegende Fragestellung des entwickelten Modells lautet: Was ist an einem Programm in seinem Quellencode-Format (hier: COBOL) statisch meßbar und bewertbar?

Besondere Schwierigkeiten ergaben sich

- bei der Operationalisierung der Merkmale einschließlich der Berücksichtigung von Interdependenzen zwischen den Merkmalen und
- bei der anwenderspezifischen Gewichtung der Indikatoren und der Konstruktion eines adäquaten Bewertungsverfahrens.

Folgende Teile des Modells sind realisiert:

- Programmcode-Analyse
  Analyse von COBOL-Programmen hinsichtlich der verwendeten Codeelemente und Codekonstrukte

Operations Research Proceedings 1982

- Programmstruktur-Analyse
  Analyse der PROCEDURE DIVISION von COBOL-Programmen, unterteilt in
  - Hierarchie-Analyse
  - Verknüpfungs-Analyse
  - Substanz-Analyse
  - Aufruf-Analyse
  - Auswertung mithilfe von
    - 63 quantitativen Indikatoren und
    - 155 qualitativen Indikatoren
  - Bewertung von Programmen und Programmgruppen

Mit dem Modell sind bisher drei Programmgruppen mit insgesamt 38 Programmen und ca. 25 000 Programmzeilen analysiert worden. Das größte untersuchte Programm umfaßte 4 500 Programmzeilen.

Das Modell eignet sich insbesondere dazu,

- Merkmalabweichungen zwischen Programmen zu analysieren,
- Programme zu klassifizieren,
- Programme gezielt nachzubessern und
- den Programmentwicklungsprozeß zu kontrollieren.

Das Modell ist ausbaufähig und bietet eine Reihe weiterer Anwendungsmöglichkeiten.

Literatur

Al-Jarrah, M.M.; Torsun, I.S.: Empirical Analysis of COBOL Programs. Software Practice & Experience Vol. 9 (1979) p. 341-359.

Balzert, H.: Quantitative Ansätze zur Bestimmung der Komplexität von Software-Systemen. in: Brauer, W. (Hrsg.): GI - 11. Jahrestagung, Oktober (1981); Berlin Heidelberg New York 1981.

Boehm, B.W.; Brown, J.R.; Kaspar, H.; Lipow, M.; Mac Leod, G.J.; Meritt, M.J.: Characteristics of Software Quality. Amsterdam New York Oxford 1978.

Bons, H.; van Megen, R.: Zur Festlegung von Qualitätszielen als Grundlage der Qualitätsplanung und -kontrolle. in: Sneed, H.M.; Wiehle, H.R. (Hrsg.): Software-Qualitätssicherung. Tagung des German Chapter of the ACM, März (1982); Stuttgart 1982.

Chevance, R.J.; Heidet, T.: Static Profile and Dynamic Behavior of COBOL Programs. SIGPLAN Notices April (1978) p. 44-57.

Elshoff, J.L.: The Influence of Structured Programming on PL/I Program Profiles. IEEE Transactions on Software Engineering VOL SE-3 No. 5 (1977) p. 364 ff.

Endres, A.: Analyse und Verifikation von Programmen; Systematische Verfahren und Untersuchungen zur Erstellung fehlerfreier Software. München Wien 1977.

Frank, J.: Standard-Software; Kriterien und Methoden zur Beurteilung und Auswahl von Software-Produkten. Köln Braunsfeld 1980.

Kurbel, K.: Die Qualität von Softwareprodukten. Die Unternehmung 4 (1980) S. 237 ff.

Miller, E.; Howden, W.E. (ed.): Tutorial: Software Testing & Validation Techniques. IEEE New York, N.Y. 1978.

Studienkreis Paul Schmitz (Hrsg.): Die Wirksamkeit von Programmiersprachen. Wiesbaden 1972.

Voges, U.: Quantifizierung der Qualität von Software. in: Brauer, W. (Hrsg.): GI - 11. Jahrestagung, Oktober (1981); Berlin Heidelberg New York 1981.

Walters, G.F.; Mc Call, J.A.: Development of Metrics for Software Reliability and Maintainability. in: Proceedings of the Reliability and Maintainability Symposium (1978) p. 79-85.

Zolnowski, J.M.; Simmons, D.B.: Measuring Program Complexity. in: Proceedings of COMPCON FALL'77 (1977) p. 336-340.

QUALITÄTSMASSE IM ABLAUF DES SOFTWARE-ENTWICKLUNGSPROZESSES - MASSE ZUR SICHERSTELLUNG DER ZUVERLÄSSIGKEIT BEIM DYNAMISCHEN PROGRAMMTESTEN

Heinz Bons und Rudolf van Megen
SQS GmbH, Köln

Zusammenfassung:
Zunächst wird eine allgemeine Systematik zur Anwendung von Qualitätsmaßen im Software- Entwicklungsprozeß erläutert. Darüber hinaus werden ausgewählte Ansätze zur Messung der Zuverlässigkeit beim dynamischen Programmtesten vorgestellt. Hierbei wird auf Qualitätsmaße eingegangen, die einerseits auf der Grundlage von Fehlern in Software-Produkten bzw. als Ergebnisse von Analysetätigkeiten definiert sind und die andererseits von der Abdeckung in der Testdurchführung ausgehen. Im Rahmen der ersten Gruppe werden die Ansätze "Abschätzung der Anzahl Fehler im Programm und Vergleich mit der Anzahl gefundener Fehler", "Bebugging" und "Variantenanalyse" und "Fehlererkennungsrate" erläutert. Für die zweite Gruppe werden beispielhaft Testabdekkungsmaße für den Bausteintest und für den Verfahrenstest vorgestellt. Es werden Werkzeuge zur Ermittlung von Testabdeckungsmaßen angeführt.

1 Stellung der Qualität im Software-Entwicklungsprozeß

Ziele bei der Software-Entwicklung sind Kosten, Zeit und Qualität /GEWA77/. Gerade in den letzten Jahren hat die Qualität im Bereich der Software-Produktion zunehmend an Bedeutung gewonnen. Dementsprechend wurde die Qualitätssicherung mehr und mehr eine notwendige Maßnahme im Bewußtsein des Software-Entwicklers.

Diese Entwicklung erfolgt parallel zur intensiven Beschäftigung mit dem Themenbereich des Software Engineering, bei dem es gilt, die Software-Produktion ingenieurmäßig zu unterstützen. Ingenieurmäßige Vorgehensweise bei der Software-Qualitätssicherung bedeutet:

(1) Planung und Umsetzung der Qualität,

(2) Messen und Bewerten der erreichten Qualität.

Voraussetzungen hierfür sind

- eine eindeutige, für einen zweiten verständliche Beschreibung der angestrebten Qualität für eine bestimmte Aufgabenstellung oder Aufgabenlösung sowie
- eine Operationalisierung der Anforderungen an die Qualität, welche die Umsetzbarkeit in Maßnahmen der Konstruktion und Analyse ermöglicht sowie die Meßbarkeit und Bewertbarkeit der Qualität für ein konkretes Software-Produkt zuläßt.

Gesicherte Wenn-Dann-Aussagen für die Meßbarkeit und Bewertbarkeit liegen (bisher) nur für Teilbereiche und hier nur vereinzelt vor. Der derzeitige Stand der Methoden und Verfahren zur Qualitätssicherung ist noch weit entfernt von einer Vorgehensweise, die dem Anspruch einer Software-Ingenieurwissenschaft gerecht werden könnte.

Gegenstand der vorliegenden Ausarbeitung sind ausgewählte Ansätze zur Anwendung von Quali-

Operations Research Proceedings 1982

tätsmaßen im Software-Entwicklungsprozeß. Die Qualität umfaßt die Gesamtheit von Eigenschaften eines Software-Produkts oder einer Tätigkeit innerhalb eines Software-Projekts, die sich auf die Eignung zur Erfüllung gegebener Erfordernisse beziehen /DIN80/. Qualitätsanforderungen legen hierbei für ein Software-Produkt oder eine Tätigkeit Eigenschaften fest, die für die gegebene Aufgabenstellung und unter Berücksichtigung der Umgebungsparameter notwendig sind. Ein Qualitätsmaß ist eine objektive, meßbare Größe, die sensitiv ist in bezug auf unterschiedliche Ausprägungen eines oder mehrerer Qualitätsmerkmale /MEGE81/. Ein Qualitätsmaß ist vergleichbar einem Metermaß zur Längenbestimmung z.B. einer Strecke. Die Anwendung eines Qualitätsmaßes auf ein konkretes Produkt oder eine Tätigkeit ergibt die Qualitätsmaßzahl. Diese ist ein quantitativer Wert und bezeichnet die Ausprägung einer Eigenschaft. Hiervon abzugrenzen ist das Qualitätsziel. Ein Qualitätsziel ist eine operationalisierte Qualitätsanforderung, die als angestrebter Wert eines Qualitätsmaßes formuliert wird.

Aufgabe der Qualitätssicherung ist es u.a., die Qualität bzw. die Qualitätsanforderungen an das Endprodukt zu formulieren und hieraus Anforderungen an die Qualität der Zwischenprodukte abzuleiten; denn die Qualität des Endprodukts ist eine Abhängige der Qualität der Zwischenprodukte. Qualitätsanforderungen sind wiederum mit Hilfe der Qualitätsmaße zu operationalisieren, d.h. es sind Qualitätsziele für unterschiedliche Schritte des Produktionsprozesses zu definieren, um eine Steuerung der Software-Produktion unter Berücksichtigung geforderter Qualitätsmerkmale sicherzustellen. Qualitätsanforderungn sind Vorgaben für die Konstruktion und die Analyse. Im Rahmen der Analyse sind Qualität und damit Qualitätsmaße in folgenden Bereichen der Software-Produktion von Bedeutung /BONS82a/:

- Freigabe von Software-Produkten

  Jeder Entwicklungsschritt endet mit der Freigabe der gewonnenen Ergebnisse. Es wird anhand der vorgebenen Qualitätsziele festgestellt, ob die durchgeführten Aktivitäten ausreichend waren und abgeschlossen werden können. Die Freigabe kann durch eine spezielle Person erfol- gen; sie erfolgt bei einer Vielzahl von Zwischenschritten im Entwicklungsprozeß unbewußt durch den Entwickler selbst, vielfach ohne erkennbare Systematik.

  Qualitätsmaße bzw. Qualitätsziele dienen als Endekriterien von Tätigkeiten, Entwicklungsschritten, Phasen etc.

- Abnahme von Software-Produkten

  Die Abnahme erfolgt jeweils zu Beginn eines Entwicklungsschrittes durch Überprüfung der Ergebnisse vorhergehender Schritte oder generell bei Übernahme von Arbeitsergebnissen anderer Personen. Es wird anhand (eigener) Qualitätsanforderungen festgestellt, ob die Ergebnisse (Zwischen- oder Endprodukte) ausreichend sind oder ggf. durch Nacharbeit oder zusätzliche Daten und Informationen ergänzt werden müssen. Die Abnahme erfolgt generell durch den Benutzer des nächsten Schrittes; dies ist entweder der Entwickler des folgenden Entwicklungsschritts, ein Vertreter der Wartungsgruppe oder der Anwender. Vielfach wird die Abnahme unbewußt und ohne erkennbare Systematik durchgeführt.

  Die Abnahme ist (bisher) häufig nur in eingeschränktem Maße (z.B. Kontrolle der Phasenergebnisse, Abnahmetest, Abnahme bei angekaufter Standardsoftware) als Bestandteil des Software-Lebenszyklus vorgesehen und entsprechend formalisiert und systematisiert.

- Allgemeine Qualitätsbewertung
  Als dritter Bereich ist die generelle, unabhängige Bewertung von Software-Produkten anzuführen. Sie erfolgt unabhängig von einer anstehenden Freigabe oder Abnahme zur Charakterisierung von Produkten oder Projektergebnissen z.B. zur Projektfortschrittsbewertung oder zur Bewertung von Software-Produkten im Betrieb.

Je nach der angestrebten Aussage sowie den potentiell verfügbaren Informationen kommen unterschiedliche Qualitätsmaße zum Einsatz. Qualitätsmaße lassen sich unmittelbar

- aus den Software-Produkten selbst,
- aus dem Software-Produktionsprozeß sowie
- aus dem Einsatz von Software-Produkten

ableiten.

Qualitätsmaße, die aus dem Produkt selbst abgeleitet werden, sind durch statische Analyse der Produkte zu ermitteln. Qualitätsmaße, die aus dem Produktionsprozeß abgeleitet werden, berücksichtigen die Vorgehensweise bei der Software-Entwicklung, also Methoden, verwendete Ressourcen sowie den Umfang der Entwicklungsarbeiten. Qualitätsmaße, die aus dem Einsatz von Software-Produkten abgeleitet werden, setzen am Software-Verhalten an, d.h. bei der Leistungsabgabe, dem Ressourcenverbrauch oder beim Fehlverhalten.

Wesentliche Qualitätsmaße für die Software-Produktion sind insbesondere solche, die aus dem Produktionsprozeß selbst sowie aus Software-Produkten abgeleitet werden. Hierbei sind nicht nur Endprodukte oder Programme, sondern insbesondere auch Zwischenprodukte und Dokumente der Software-Entwicklung einzubeziehen. Qualitätsmaße für den Software-Produktionsprozeß und für den Einsatz von Software-Produkten überlappen sich teilweise, da im Produktionsprozeß der Einsatz von Software-Produkten, z.B. durch Testläufe, simuliert wird und damit Maße unmittelbar am Verhalten des Produkts ansetzen können.

Qualität ist keine Größe, die ausschließlich an Endprodukten ansetzt oder gar erst beim Abnahmetest zum ersten Mal überprüft werden darf. Qualität ist vielmehr eine Steuerungsgröße der Software-Produktion. Sie ist integraler Bestandteil der Planung, Durchführung sowie Kontrolle von Software-Projekten. Die Verfügbarkeit geeigneter Qualitätsmaße ist eine Voraussetzung für die Umsetzung und Bewertung der Software-Qualität.

Im folgenden werden ausgewählte Ansätze zur Verwendung von Qualitätsmaßen im Testprozeß (Testmaße) dargestellt. Hierbei soll nicht auf die Qualität allgemein, sondern insbesondere auf das Merkmal Zuverlässigkeit (Richtigkeit, Robustheit, Sicherheit) (zu Definitionen siehe /ENDR77/, /BONS82b/) betrachtet werden. Testen ist eine Methode der Qualitätssicherung und dient als projektbegleitende Maßnahme zur Aufdeckung von Fehlern in Software-Zwischen- und -Endprodukten /MEGE82/. Testmaße dienen zur Bewertung des Testumfangs oder der Güte von Tests. Die Güte von Tests bestimmt letztlich wiederum die Sicherheit der Fehleraufdeckung und wirkt damit unmittelbar auf die Zuverlässigkeit oder die Qualität von Software-Produkten.

2 Bewertung der Vollständigkeit des Testens anhand der Anzahl gefundener Fehler

Testen oder ein Bündel von Testmaßnahmen ist dann vollständig, wenn alle Fehler im Produkt aufgedeckt worden sind, die potentiell durch das Maßnahmenbündel hätten aufgedeckt werden können. Die Problematik besteht nun darin, zu Beginn mit Sicherheit festzustellen, wieviele Fehler im Produkt enthalten sind und welche Fehler durch Testen aufgedeckt werden können. Das andere Problem ist durch die Schwierigkeit der Feststellung der Fehlerfreiheit eines Produkts gegeben. Im folgenden werden einige Ansätze aufgeführt, die eine Bewertung der Vollständigkeit des Testens anhand der Anzahl der vorhandenen Fehler bzw. der gefundenen Fehler vornehmen.

Bewertung durch Abschätzung der Anzahl Fehler im Programm und Vergleich mit der Anzahl der gefundenen Fehler

Bei diesem Ansatz wird im ersten Schritt die voraussichtliche Anzahl von Fehlern in Programmen geschätzt. Es wird davon ausgegangen, daß noch keine Maßnahmen der Fehlererkennung und Fehlerbehebung durchgeführt worden sind.

Die Schätzung der Anzahl Fehler kann entweder durch eine textbezogene Analyse, z.B. anhand der Anzahl der Operanden und Operatoren /HALS77/, erfolgen, oder aber die Anzahl Fehler wird aufgrund von Erfahrungswerten aus früheren Projekten oder aufgrund von Vergleichsprogrammen anhand von Durchschnittswerten ermittelt (z.B. zehn Fehler pro 100 Anweisungen). Aufgrund der Differenz der so ermittelten Anzahl Fehler im Programm und der bis zu einem bestimmten Zeitpunkt gefundenen Anzahl Fehler ergibt sich der Erwartungswert der Anzahl noch im Programm verbliebener Fehler.

Aufgrund von Erfahrungswerten kann darüber hinaus die gesamte Anzahl von Fehlern aufgeteilt werden auf bestimmte Phasen im Testprozeß oder auf Bündel bestimmter Maßnahmen des Testens /MYER82/. Eine derartige Aufteilung ermöglicht es theoretisch, phasenspezifische Vorgaben (Qualitätsziele) der - z.B. durch Testen - zu findenden Anzahl Fehler zu machen sowie Maße zur Vollständigkeitsbewertung vorzugeben.

Bewertung durch Bebugging

Beim Bebugging /TASS78/ werden durch dritte Personen vor der Analyse bewußt Fehler in ein Programm eingebaut, die in Art und Schwierigkeitsgrad erfahrungsgemäß vorhandenen Fehlern gleichen, also für die aufzudeckenden Fehler typisch sind. Den Testern sind diese Fehler nicht bekannt. Nach Durchführung eines Tests werden die Fehler nach aufgedeckten bewußt "eingebauten" Fehlern und aufgedeckten echten Fehlern klassifiziert. Der prozentuale Anteil von aufgedeckten bewußt eingebauten Fehlern zu den insgesamt eingebauten Fehlern läßt eine Aussage über die Vollständigkeit des Testens zu. Durch Korrelation der aufgedeckten eingebauten Fehler und der aufgedeckten echten Fehler kann man schließlich einen Erwartungswert für die noch im Testobjekt verbliebenen echten Fehler ermitteln. Wurden z.B. 50 Fehler bewußt eingebaut und während des Testens 20 dieser Fehler gefunden und wurden außerdem 30 echte Fehler gefunden, so läßt dies den Schluß zu, daß noch 45 Fehler im Programm enthalten sind.

Bewertung durch Variantenanalyse (Program Mutation)

Ausgangspunkt dieses Ansatzes ist ein getestetes Programm und eine Sammlung von Testdaten, für die das Programm (bisher) korrekt arbeitet /DEMI79/ /LIPT78/ /INFO79/. Im ersten Schritt wird aus dem Originalprogramm eine große Anzahl unterschiedlicher Programmvarianten gebildet; eine Programmvariante ergibt sich z.B. durch eine geringfügige "triviale" textliche Änderung (z.B. DO 10 I = 1,5 geändert in DO 10 I = 1.5). Im zweiten Schritt werden diese Programmvarianten jeweils mit den gespeicherten Testdaten zum Ablauf gebracht. Hierbei wird überprüft, ob die Programmvarianten bei Ausführung mit den archivierten Testdaten zu unterschiedlichen Ergebnissen gegenüber dem Originalprogramm führen. Sofern sich bei einer Programmvarianten aufgrund des Ergebnisvergleichs keine Abweichungen gegenüber den mit dem Originalprogramm berechneten Ergebnissen ergeben, ist zu prüfen,

(1) ob die beim Testen des Originalprogramms verwendeten Testdaten unvollständig waren, so daß der Fehler (textliche Änderung) im Programm nicht aufgedeckt werden konnte,

(2) ob das Originalprogramm und die Programmvariante auch nach der textlichen Änderung im Sinne der geforderten Funktionserfüllung identisch sind und keine für die Aufgabenlösung einschränkende Nebenwirkungen aufweisen,

(3) ob die Programmvariante evtl. korrekt arbeitet, aber das Originalprogramm einen Fehler enthält, der bisher nicht aufgedeckt wurde.

Die Variantenanalyse ist auf eine spezielle Klasse von Fehlern (reine Codierfehler) ausgerichtet, die durch Versehen, aufgrund mangelnder Konzentration etc. auch von erfahrenen Programmierern gemacht werden. Die Methode dient u.a. zur Bewertung der Vollständigkeit von Testdaten.

Es sind Werkzeuge für die Variantenanalyse für FORTRAN- und COBOL-Programme verfügbar /INFO79/.

Bewertung anhand der Fehlererkennungsrate

Ausgangspunkt ist die Erfassung von Fehlern im Testprozeß. Betrachtet wird die Anzahl der pro Zeiteinheit gefundenen Fehler. Die Fehler können über die Zeit in einem Kurvendiagramm dargestellt werden. Sinkt die Anzahl der gefundenen Fehler pro Zeitintervall im Laufe der Zeit ab, nimmt die Produktivität von Testmaßnahmen ab. Sinkt die Anzahl unter einen vorgegebenen Wert, dann wird das Testen oder ein Bündel von Testmaßnahmen abgebrochen.

Myers hält die Verwendung dieses Ansatzes /MYER82/ insbesondere für die Verfolgung von großen Projekten für sinnvoll. Er schlägt vor, die Werte für die Fehlererkennungsrate im Zeitablauf zur Beurteilung der Beendigung einzelner Testphasen heranzuziehen. Sinkt die Produktivität (gemessen an der Fehleraufdeckung) einer bestimmten Vorgehensweise des Testens unter einen vorzugebenden Wert, so ist diese abzusetzen. Es ist daran anschließend mit anderen Vorgehensweisen (z.B. zuerst statisches und danach dynamisches Testen) fortzufahren.

Dieser Ansatz setzt voraus, daß das Testen über die Zeit mit gleicher Intensität und Qualität durchgeführt wird. Sinkt die Intensität oder die Qualität der Testmaßnahmen, so würde sich zwangsläufig auch eine niedrigere Fehlererkennungsrate pro Zeiteinheit ergeben.

Analog hierzu kann als Ersatz für die Fehlererkennungsrate auch die 'Meantime between failure' (MTBF) betrachtet werden.

3 Bewertung der Vollständigkeit des Testens anhand von Testabdeckungsmaßen

Die oben angeführten Ansätze sind sehr stark (mit Ausnahme der Variantenanalyse) von der Intensität und der Qualität der durchgeführten Testmaßnahmen und damit von der Vorgehensweise beim Testen abhängig. Sind starke Unterschiede über die Zeit gegeben, so sind die Ergebnisse mehr oder weniger aussagefähig. Diese Problematik ist in dem nachfolgenden Ansatz nicht gegeben, da er in der Methode bzw. der Vorgehensweise zum Testen selbst integriert ist.

Testabdeckungsmaße (TAM) sind tätigkeitsorientierte Testmaße, die sich aus der Betrachtung von Prüfelementen sowie deren Berücksichtigung beim Testen ergeben.

$$\text{TAM} = \frac{\text{Anzahl berücksichtigter Prüfelemente}}{\text{Anzahl vorhandener Prüfelemente}}$$

"Prüfelemente" können Prüfpunkte einer Checkliste als potentielle Fehlerarten oder Elemente der Programme (z.B. Anweisungen, Verzweigungen, Modulaufrufe oder auch Elemente einer Datentabelle) sein. "Berücksichtigung" beinhaltet das Ansprechen, das Ausführen oder das Durchlaufen der Prüfelemente sowie das Füllen oder die Nutzung von Datenelementen /MEGE81/. Die Anwendung der Testabdeckungsmaße ist in der Regel unmittelbar integriert in die Testdurchführung, d.h. den Ablauf der Testvorbereitung, Testausführung und Testauswertung, sowie in die Testkontrolle.

Für die Testkontrolle bieten Testabdeckungsmaße eine Möglichkeit zur Bewertung des Testumfangs. Sie liefern Daten als Grundlage für die Freigabe und Abnahme des Testens. Für die Testdurchführung sind Testabdeckungsmaße Zielgrößen, worauf die Testfallermittlung und Testdatenerstellung auszurichten sind. Dies sei am Beispiel des Bausteintests und des Verfahrenstests dargestellt.

Ziel des Bausteintests ist im wesentlichen das Testen von Teilen des Programms gegen die Programmiervorgaben, und zwar ohne Berücksichtigung des Gesamtzusammenhangs (siehe hierzu /SCHM82/). Es wird funktionsorientiert (black-box) sowie programmorientiert (white-box) getestet. Mindestanforderung für den Bausteintest ist, daß 85-95% aller Verzweigungen des Testobjekts im Test ausgeführt worden sind. Wird mit Hilfe funktionsorientierter Testfälle zunächst nur eine Abdeckung von 70% erreicht, so ist der Test noch nicht vollständig. Es sind weitere Testfälle z.B. aus den Programmiervorgaben zu ermitteln. Ggf. sind diese durch programmorientiert Testfälle zu ergänzen, um das vorgegebene Testziel (85-95% Verzweigungsabdeckung) zu erreichen.

Ziel des Verfahrenstests ist im wesentlichen die Analyse einzelner Programme hinsichtlich des internen Verhaltens und der Ordnungsmäßigkeit der durch sie realisierten Verfahren oder Verfahrensteile bzw. die Analyse mehrerer Programme in ihrem Zusammenwirken unter Berücksichtigung des Ablaufs des Gesamtsystems (siehe hierzu /SCHM82/). Es wird funktions- und aufgabenorientiert (black-box) z.B. gegen den Systementwurf oder das fachliche Grobkonzept getestet. Testziele können z.B. sein, alle Funktionen, alle Aufgaben, ggf. in Kombination miteinander, im Test auszuführen. Da die Abdeckung von Aufgaben und Funktionen (außer bei der Anwendung von

Entscheidungstabellen im Detailentwurf) nicht automatisiert und objektiv meßbar ist, wird ergänzend hierzu die programmorientierte Testabdeckung zur Vollständigkeitsbewertung herangezogen. Mindestanforderungen zur Durchführung des Verfahrenstests sind:

- Alle Unterprogramme der einzelnen Programme (Subroutines, Functions) sind im Test mindestens einmal auszuführen.
- Alle Unterprogrammaufrufe sind im Test einmal zu durchlaufen (dieses Kriterium umfaßt das erste Kriterium).

Bei Nichterreichen dieser programmorientierten Testziele erfolgt unmittelbar eine Rückkopplung zur Testfallermittlung und Testdatenerstellung, d.h. die Tests werden um weitere Testfälle und Testdaten vervollständigt bzw. ergänzt.

Für die Anwendung von Testabdeckungsmaßen ist es wichtig zu beachten, daß nicht das Maß allein, sondern immer das Maß in Verbindung mit einer konkreten Vorgehensweise zur Testfallermittlung und Testdatenerstellung zu sehen ist. Beides zusammen (Testabdeckungsmaß und definierte Vorgehensweise) erlauben eine Aussage über die Güte der durchgeführten Tests und damit über die erreichte Qualität von Software- Produkten. Die Anwendung von Testabdeckungsmaßen ist derzeit für die Praxis wohl wichtigste und auch am weitesten verbreitete Ansatz zur Umsetzung von Qualitätsanforderungen und zur Sicherstellung der Zuverlässigkeit beim dynamischen Programmtesten. Testabdeckungsmaße sind in allen Phasen des Programmtestens und für alle Testaufgaben anwendbar.

Zur Ermittlung von Testabdeckungsmaßen sind insbesondere für FORTRAN- Programme zahlreiche Hilfsmittel zur automatisierten Ermittlung verfügbar. Beispiele hierfür sind:

- BRNANL, University of Colorado /FOSDoJ/,
- FORTUNE, Siemens AG /SIEM77/,
- NODAL, TRW-Systems /TRWoJ/,
- PET, Mc Donald Douglas Astronautics /STUC76/
- RXVP, General Research Corp. /GENE78/,
- TEST-SIF, SQS GmbH /HMD82/.

4 Zusammenfassung und Ausblick

Qualitätsmaße im Ablauf des Software-Entwicklungsprozesses wirken nicht nur auf der Management-Ebene, d.h. im Rahmen der Testkontrolle und Qualitätskontrolle, sondern sind für alle Ebenen der Software-Entwicklung von Bedeutung. Qualitätsmaße dienen zur Operationalisierung der Qualität und damit zur Umsetzung von Qualitätsanforderungen im Software-Entwicklungsprozeß. Die Verfügbarkeit geeigneter Qualitätsmaße ist eine wichtige und notwendige Voraussetzung für eine wirkungsvolle Qualitätssicherung. Qualitätsmaße sind für die Analyse unentbehrlich.

In dieser Ausarbeitung wurden unterschiedliche Ansätze zur Sicherstellung der Zuverlässigkeit beim dynamischen Programmtesten dargestellt. Es zeigte sich, daß die Aussagekraft der Qualitätsmaße zum Teil von der zugrunde liegenden Vorgehensweise abhängig ist. Die Definition und Anwendung von Qualitätsmaßen kann und sollte daher nur in Verbindung oder in Ergänzung zu einem systematischen Vorgehensmodell erfolgen. Im Rahmen eines derartigen Vorgehensmodells bieten Qualitätsmaße ein wichtiges Hilfsmittel und gleichzeitig einen Maßstab für die Bewertung der Vollständigkeit der durchgeführten Maßnahmen sowie der erreichten Qualität.

Hohe praktische Bedeutung haben Testabdeckungsmaße. Andere Maße, die von der Anzahl gefundener Fehler ausgehen, gewinnen mit zunehmender Erfahrung an Bedeutung bei der Anwendung dieser Klasse von Ansätzen. Ihr Einsatzbereich ist aber ein anderer als der der Testabdeckungsmaße. Testabdeckungsmaße haben eine große Bedeutung auch für die operative Ebene im Testprozeß, während die angeführten Ansätze auf der Grundlage der Anzahl gefundener Fehler primär Bedeutung für die Management-Ebene haben.

Literaturverzeichnis

/BONS82a/ Bons, H.; van Megen, R.: Generelle Testkonventionen als Beitrag zur Qualitätssicherung in Software-Projekten. Vortrag zum IKD '82. Berlin 1982 (erscheint demnächst).

/BONS82b/ Bons, H.; van Megen, R.: Software-Qualität darf kein Zufallsprodukt sein. In: Computerwoche, Jahrgang 1982, Nr. 14-16, 18

/DEMI79/ de Millo, R.A.; Lipton, Richard J.; Sayward, F.G.: Program Mutation - A New Approach to Program Testing. In: Infotech State of the Art Report "Software Testing", Vol. 2, Hrsg.: Infotech International, Maidenhead, Berkshire 1979

/DIN80 / Deutscher Normenausschuß e.V.: Begriffe der Qualitätssicherung und Statistik. Begriffe der Qualitätssicherung. Grundbegriffe. Vornorm Din 55 350, Teil 11, Berlin 1980

/ENDR77/ Endres, A.: Analyse und Verifikation von Programmen. München Wien 1977

/FOSDoJ/ Fosdick, Lloyd D.: BRNANL - A FORTRAN Program to Identify Basic Blocks in FORTRAN Programs. Hrsg.: University of Colorado, Department of Computer Science, Technical Report CY-CS-040-24, Boulder

/GENE78/ General Research Corporation (Hrsg.): RXVP. FORTRAN Automated Verification System. System Description. Santa Barbara, California 1978

/GEWA77/ Gewald, Klaus; Haake, Gisela; Pfadler, Werner: Software-Engineering. München - Wien 1977

/HALS77/ Halstead, M. H.: Elements of Software Science. New York - Oxford - Amsterdam, North-Holland, 1977

/HMD82/ Heilmann, Heidi u.a. (Hrsg.): Handwörterbuch der modernen Datenverarbeitung. Heft 105, 19. Jahrgang, Mai 1982

/INFO79/ Infotech International (Hrsg.): Infotech State of the Art Report "Software Testing", Vol. 1. Maidenhead, Berkshire 1979

/LIPT78/ Lipton, R.J.; Sayward, F.G.: The Status of Research on Program Mutation. Digest of the Workshop on Software Testing and Test Documentation. Fort Lauderdale, Florida 1978, S. 355-373

/MEGE81/ van Megen, R., Bons, H.: Ermittlung und Verwendung quantitativer Angaben zur Bewertung der Qualität von Software-Produkten. In: Informatik-Fachbericht, Band 50, GI, 11. Jahrestagung, München 20.-23.10.1981, S. 145-159. Hrsg.: W. Brauer, Berlin - Heidelberg - New York 1981

/MEGE82/ van Megen, R., Bons, H.: Testen als Methode der Qualitätssicherung Vorgehensweise zur frühzeitigen und systematischen Fehlererkennung. CSMI/TTP-Schriftenreihe, Band 22-030, G. Maurer (Hrsg.), München 1982.

/MYER82/ Myers, Glenford J.: Methodisches Testen von Programmen. München - Wien 1982

/SCHM82/ Schmitz, P.; Bons, H.; van Megen, R.: Software-Qualitätssicherung - Testen im Software-Lebenszyklus. Wiesbaden 1982

/SIEM77/ Siemens AG (Hrsg.): FORTUNE. Programmanalysator für FORTRAN-Programme (BS2000). Version 1, 2. Ausgabe, D AP Beschreibung. München 1977

/STUC76/ Stucki, Leon G.: The Use of Dynamic Assertions to Improve Software-Quality. Hrsg.: Mc Donnell Douglas Astronautics Company-West, Huntington Beach, California 1976

/TASS78/ van Tassel, Dennie: Program Style, Design, Efficiency, Debugging and Testing. 2. Aufl., Englewood Cliffs, New Jersey 1978

/TRWoJ/ NODAL. Node Determination and Analysis. Fact Sheet. Hrsg.: TRW Systems Group, Redondo Beach, California

Techniken und Werkzeuge zur Modellierung der Leistung von Rechensystemen

Heinz Beilner, Dortmund

Zusammenfassung: Für Zwecke der Planung, Entwicklung, Konfigurierung und des Betriebs von Rechensystemen ist eine modellmäßige Darstellung ihres Last-/Leistungsverhaltens wünschenswert. Die Methodik der Modellierung von Rechensystemen bedient sich insbesondere der Technik der ereignisorientierten Simulation sowie der Theorie der Warteschlangensysteme. Beide Techniken werden vorgestellt und in ihren Vor-/Nachteilen bezüglich Realitätstreue, Aufwand und Verständlichkeit gegeneinander abgewogen. Es wird argumentiert, daß insbesondere der hohe Aufwand der Modellerstellung die Entwicklung geeigneter software-Werkzeuge nahelegt. Ein derartiges Werkzeug, das in Dortmund entwickelte Instrumentarium COPE, wird übersichtsmäßig beschrieben.

Summary: For purposes of designing, configurating and operating computing systems, model-based descriptions of their load/performance behaviour are desirable. The methodology of modelling computing systems employs mainly event-oriented simulation and stochastic queueing networks as modelling techniques. Both techniques are described and compared regarding their potential validity, their effort of use and their understandability. It is pointed out that, in particular, the high effort incurred in model construction requires the development of suitable software-tools. One such tool, the package COPE as developed in Dortmund, is presented in an overview fashion.

1. Methodik der Leistungsanalyse

Im Gebiet der Leistungsanalyse werden Effektivität (Maße: Durchsatz, Antwortzeiten, etc.) und Effizienz (Maße: Auslastung, Overhead, etc.) von Rechensystemen quantitativ untersucht. Typische Fragen betreffen nach hard-/software sich unterscheidende Rechensystem-Ausprägungen (RS-Version) sowie nach Art/Menge sich unterscheidende Arbeitslasten (RS-Last) in ihrer Auswirkung auf gewählte Effektivitäts-/Effizienzmaße (RS-Leistung), also Funktionen des Typs

$$F: \text{RS-Version} \times \text{RS-Last} \rightarrow \text{RS-Leistung}$$

mit jeweils wohldefinierten Definitions- und Bildbereichen.

Der quantitative Wert jedes Leistungsmaßes kann im Prinzip aus Beobachtungen des Verhaltens einer (realisierten) RS-Version bei Bearbeitung einer (konkreten) RS-Last abgeleitet werden. Die Methode der Objekt-Experimente untersucht dementsprechend Funktionen des Typs F auf der Basis einer Folge von Experimenten am Objekt-(Rechen-)System, deren jedes eine einzelne (RS-Version, RS-Last)-Kombination bewertet. Es ist leicht einzusehen, daß der Einsatz dieser Methode mit erheblichem Aufwand bei Experiment-Vorbereitung und -Durchführung verbunden sein kann. Auch sind Objektexperimente in der Entwurfsphase (wegen Nichtexistenz des Objekts) offensichtlich unmöglich.

Operations Research Proceedings 1982

Als Alternative bietet sich die Methode der Modellierung an, die Schaffung von Ersatzsystemen ("Leistungsmodellen"), die Abbildungen des Typs F an Stelle des Objektsystems leisten. Leistungsmodelle dürfen nicht kritiklos akzeptiert werden; ihr Einsatz kann nur dann in Betracht kommen, wenn sie hinlänglich realitätstreu (valid) sind und im Vergleich zu Objektexperimenten systematische und/oder aufwandsmäßige Vorteile bieten.

2. Modellierungstechniken

Leistungsmodelle von Rechensystemen sind nahezu ausschließlich formaler (symbolischer) Natur. Als hochentwickelte Modellierungs- und Modellanalyse-Techniken stehen die simulative und die analytische Modellierung zur Verfügung. Beide Techniken weisen jeweils inhärente Vor- bzw. Nachteile bezüglich erzielbarer Realitätstreue und zu leistendem Aufwand (bei Modellerstellung und Modellanalyse) auf.

Im Falle der (ereignisorientierten, stochastischen) simulativen Modellierung wird die mit Mitteln irgendeiner Zwischenform beschriebene (bzw. mentale) Modellvorstellung auf ein Simulationsprogramm abgebildet (bzw. direkt als solches formuliert), das bei seiner Ausführung die Zustandsfolge des modellierten Rechensystems (im gewählten Detaillierungsgrad) in Modellzeit durchläuft. Der durch diesen Lauf realisierte stochastische Prozeß wird unter Einsatz statistischer Techniken (meist im Hinblick auf seine stationäre Phase) beobachtet und ausgewertet. Die im Prinzip freie Wahl des Modell-Detaillierungsgrades bringt es mit sich, daß (potentiell und für praktische Zwecke) beliebig realitätstreue Simulatoren erstellt werden können. Allerdings ist dafür ein Preis zu zahlen in Form des Aufwands zur Erstellung des Simulators (der den zur Vorbereitung eines äquivalenten Objekt-Experimentes übersteigen kann) sowie des Aufwands zur Durchführung des Simulatorlaufs (der zeitmäßig ein entsprechendes Objekt-Experiment um Größenordnungen übertreffen kann). Vernünftige Laufzeiten werden nur von relativ gering detaillierten Simulatoren erreicht - mit zwangsweise geringerem Potential an Realitätstreue, die dann durch systematische Kalibrierung/Validierung des Modells sichergestellt werden muß. Die dazu notwendige Erstellung/Überprüfung des Simulators "in mehreren/vielen Versionen" verschärft allerdings die Situation im Bereich des Modell-Erstellungsaufwandes.

Im Falle der (stochastischen) analytischen Modellierung wird die in einer Zwischenform beschriebene (bzw. mentale) Modellvorstellung i.allg. auf eine Markoff-Kette abgebildet (bzw. direkt als solche formuliert); diese erlaubt es, Gesetzmäßigkeiten der Zustandsfolge des modellierten Rechensystems (im gewählten Detaillierungsgrad) mit analytischen Mitteln zu untersuchen. Der prinzipiell diskrete physikalische Zustandsraum von Rechensystemen und die Einsetzbarkeit von Phasenverteilungsapproximationen für nicht exponentiell verteilte Zeitintervalle bringen es mit sich, daß (potentiell und für praktische Zwecke) beliebig realitätstreue Markoff'sche Leistungsmodelle erstellt werden können. Allerdings ist dafür ein Preis zu zahlen in Form des Aufwands zur Analyse des Markoff-Modells, der (ausschließliches Interesse am stationären Zustand bereits vorausgesetzt) letztendlich die Lösung eines linearen Gleichungssystems $\underline{p}^T \cdot Q = \underline{0}^T$, $\underline{p}^T \cdot \underline{1} = 1$ erfordert, mit $\underline{p}$ als Vektor der stationären Zustandswahrscheinlichkeiten und Q als Matrix der Zustandsübergangsraten (KLEI76). Dieses Gleichungssystem ist nur in Spezialfällen explizit lösbar. Eine numerische Lösung bietet sich aus Aufwandsgründen nur für Probleme mit kleinem Zustandsraum an (MÜLL81). Pseudo-explizite Lösungen (explizit bis auf die initial erforderliche Lösung eines kleineren linearen Gleichungssystems) existieren und sind mit relativ geringem Aufwand erhältlich für die praktisch sehr bedeutsame Klasse der separablen Warteschlangensysteme (s. BCMP75), die allerdings eine Reihe relevanter Rechensystem-Charakteristika nicht darzustellen erlaubt und damit u.U. nicht hinlänglich realitätstreu ist.

Eine Wertung der skizzierten Modellierungstechniken unter Gesichtspunkten der Praktikabilität fällt demgemäß folgendermaßen aus:

* Bei nicht realisiertem/schwer realisierbarem Objektsystem (typische Entwurfssituation) sind Objekt-Experimente nicht durchführbar, Modellierung also systematisch überlegen. Einsatzgrenzen der Modellierung sind eher pragmatischer Natur in Form der für Modell-Erstellung und -Analyse verfügbaren Personal- und hardware-Ressourcen und der für die Untersuchung erlaubten Dauer.
* Bei realisiertem/unschwer realisierbarem Objektsystem (typische Konfigurierungs- bzw. Betriebsoptimierungs-Situation) ist die Methode der Modellierung gegenüber jener der Objekt-Experimente nur im Falle explizit lösbarer analytischer Leistungsmodelle systematisch überlegen (und damit praktisch fast nie). Andernfalls sind sowohl Modell- als auch Objekt-Analyse auf die punktweise Beurteilung einzelner (RS-Version,RS-Last)-Kombinationen angewiesen, einander systematisch gesehen also ebenbürtig: Der Vergleich des zu leistenden Aufwands bei Objektexperiment-Vorbereitung/-Durchführung einerseits und Modell-Erstellung/-Analyse andererseits wird zum zentralen Wertungspunkt. Im Vergleich Experiment-Durchführung/Modell-Analyse (Experiment-Vorbereitung/Modell-Erstellung zunächst zurückgestellt) stoßen wir unmittelbar auf den zuvor charakterisierten Einfluß des Modell-Detaillierungsgrades auf Realitätstreue/Analyseaufwand und damit auf die Kernfrage: Sind (für praktische Zwecke) hinlänglich realitätstreue Leistungsmodelle erstellbar, deren Analyse aufwandsgünstiger verläuft als alternative Objektexperimente? Auf der Basis vielfältiger Erfahrungen läßt sich diese Frage vorbehaltlos positiv beantworten. Die Praktikabilität des Modellierungsansatzes ist damit nur noch vom Aufwand zur Erstellung von Leistungsmodellen abhängig.

3. Software-Werkzeuge zur Leistungsmodellierung

Die Analyse von Leistungsmodellen erfordert schon bei geringem Komplexitätsgrad den Einsatz des Rechners und damit die Erstellung geeigneter Analyseprogramme. Der Aufwand zur Erstellung eines solchen Programms (d.h. der zur Modell-Erstellung) ist, neben der Komplexität des konkreten Problems, einzig durch das sprachliche Niveau bestimmt, das vom Rechner zur Beschreibung des Modells akzeptiert wird. Die im Sinne der Praktikabilität von Leistungsmodellen erforderliche Senkung des Erstellungsaufwandes impliziert demnach direkt die Forderung nach einer problemangepaßten sprachlichen Ebene zur Modellspezifikation und nach zugehörigen Software-Werkzeugen (kurz: tools) zur Interpretation und Analyse (auf dieser Sprachebene) formulierter Modelle.

Im Bereich simulativer Leistungsmodelle reicht die Entwicklung geeigneter tools von allgemeinen Höheren Programmiersprachen über Sprachen zur Ereignisorientierten Simulation und Spezialsprachen zur Rechnersimulation bis hin zu tools, die (meist im Hinblick auf eine bestimmte Rechensystem-Familie) vollparametrisiert sind. Eine Übersicht über diese Entwicklung und die erzielbare Reduktion des Spezifikationsaufwandes findet sich in BEIL81a. Im Bereich analytischer Leistungsmodelle besteht die offensichtliche Unterstützungsmöglichkeit aus der (vielfach vollzogenen) Implementierung von Warteschlangennetzwerk-Analysatoren, überwiegend ausgerichtet auf die parametrische Spezifikation von Modellen der separablen Netzwerkklasse.

Die umseitige Tabelle gibt eine vergleichende qualitative Bewertung von Objektexperimenten/Leistungsmdodellen einerseits und von simulativen/analytischen Modellen andererseits wieder. Als Schlußfolgerung ergibt sich: Leistungsmodellierung ist praktikabel, falls geeignete tools Einsatz finden. Ein allgemeines tool muß sich die inhärenten Vorteile der Simulation (Einsatzbreite) und der analytischen Modellierung (Analyse- und Auswertungs-Aufwand) offenhalten, um erst anhand des konkreten Problems über die Modelltechnik entscheiden zu müssen. Die relativen Nachteile von Simulation (Erstellungs-Aufwand) und analytischer Modellierung (Verständlichkeit) sollten dabei beseitigt sein. In der Praxis sind erst wenige tools mit (in etwa) diesen Ansprüchen entwickelt worden, so RESQ (s. RESA78), QNAP (s. MEPV78), COPE (s. Abschnitt 4).

4. COPE, ein tool zur Leistungsmodellierung

Das Programmsystem COPE ist in den Jahren 1979 bis 1981 an der Universität Dortmund entwickelt und ausgebaut worden.* Es dient der simulativen und analytischen Modellierung von Rechensystemen im Bereich leistungsorientierter Problemstellungen. Der Entwurf von COPE ist stark von Praktikabilitätsgesichtspunkten geprägt: Eine eigens entwickelte Spezifikations- und Handhabungssprache COSPEL erleichtert Problembeschreibungen und Manipulation des Systems. COPE kann interaktiv oder im Stapelbetrieb benutzt werden. Die Modellanalyse verläuft vollautomatisch vom Punkte abgeschlossener Problemspezifikation ab. Die Spezifikation auf COSPEL-Ebene ist im Prinzip von der späteren Analysetechnik (Simulation, Separable Netze) unabhängig.

---

* Entwicklung und Ausbau von COPE wurden unterstützt durch das Bundesministerium für Forschung und Technologie, Bonn, die Siemens AG, München, und die Nixdorf Computer AG, Paderborn. Neben einer Vielzahl von Studenten waren die wissenschaftlichen Mitarbeiter C. Goerdt, J. Mäter, W. Materna, H. Richter, H. Scholten an der Erstellung maßgeblich beteiligt.

Vergleichsaspekt	Modellierungstechnik simulativ	analytisch
Realitätstreue? Einsatzbreite 1)	+	-
Aufwand (Kosten und Zeit)		
(i) Erstellung		
ohne tools	--	--
mit tools	- (+?) 2)	+
(ii) Analyse 3)	- 4)	+
(iii) Auswertung	--	+
Verständlichkeit 5)		
ohne tools	+	-- 6)
mit tools	+ 7)	- (+?)

Legende:

-- Modellierung gegenüber möglichen Objektexperimenten nicht überlegen (zumindest nicht bei Einzelstudien)

+/- relative Bewertung der Modellierungstechniken

1) Hinlänglich realitätstreue Modellierung im analytischen Falle auf kleine Probleme (numerische Analyse) bzw. nahezu separable Probleme (BCMP-Analyse) beschränkt.

2) Simulationstools i.allg. höher im Aufwand; Verbesserung denkbar (+?)

3) Analyseaufwand aufgespalten in eigentliche Analyse und abschließende Auswertung, um den zusätzlichen statistischen Aufwand bei Simulation und Objektexperimenten berücksichtigen zu können.

4) BCMP-Analyse (wo einsetzbar) deutlich weniger aufwendig als Simulation.

5) Zusätzlicher Wertungspunkt ("unverständliche" Techniken nicht praktisch eingesetzt).

6) Stochastische Prozesse/Warteschlangennetze übersteigen das Kenntnisniveau des normalen System-Analytikers.

7) Analytische Modellierungs-Tools i.allg. weiter vom konzeptuellen Niveau des System-Analytikers entfernt; Verbesserung denkbar (+?)

Die Problembeschreibung orientiert sich an folgender Modellwelt: Ein Graph vom Typ "Verkehrsnetz" repräsentiert ein zu modellierendes Rechensystem, d.h. seine hardware- und Betriebssoftware-Komponenten; Programme vom Typ "Höhere Programmiersprache" charakterisieren die zu modellierende Rechenlast, d.h. Muster für Prozesse der Betriebsmittelbeanspruchung (Art, Umfang, Reihenfolge).

Das COPE-Verkehrsnetz kennt die Knotentypen SERVER (für zeitlich zu belegende Betriebsmittel), RESOURCE (für räumlich zu belegende Betriebsmittel), POOL (für Wartesituationen) und CONNECTOR (als Ort von Entscheidungen über den Fortschritt von Lastprozessen); gerichtete Kanten vom Typ LINK verbinden die Knoten zum Netz (und kennzeichnen physikalische/logische Fortschrittsmöglichkeiten von Lastprozessen). Knotentypen sind durch ein jeweils wohldefiniertes dynamisches Verhalten (Zustands-Raum und -Übergänge) charakterisiert, können aber anläßlich der Spezifikation konkreter Knoten in flexibler Weise geprägt werden (Parametrisierung mit Prozeduren). Eine Skizze des Knotentyps SERVER möge dies verdeutlichen: SERVER haben je genau einen Ein- und Ausgang. Sie akzeptieren zeitliche Bedienwünsche, bearbeiten sie und entledigen sich ihrer nach abgeschlossener Bearbeitung. Ein konkreter SERVER wird durch Angabe von drei Prozeduren geprägt: einer ACCEPT-Prozedur, die einen Bedienwunsch (auf den SERVER-Zustand bezogen) annimmt oder ablehnt; einer SERVICE-Prozedur, die Bediengeschwindigkeiten für im SERVER befindliche Bedienwünsche setzt und zustandsabhängig anpaßt; einer OFFER-Prozedur, die abziehbare Bedienwünsche anbietet. In COSPEL wird ein SERVER spezifiziert durch Angabe derjenigen Prozeduren, welche die ACCEPT/SERVICE/OFFER-Rollen übernehmen; dabei wird auf diesbezügliche Bibliotheken Bezug genommen, welche standardmäßig eine Vielzahl alternativer Mechanismen enthalten und zusätzlich vom Benutzer um spezielle Lösungen erweitert werden können.

Ein COPE-Lastprogramm enthält als grundlegende Anweisung die Charakterisierung eines Bedienwunsches an einen Netzknoten, einen sog. REQUEST. Diese Anweisung nennt die zu beanspruchende Ressource und den Umfang des Wunsches, erneut unter Bezugnahme auf eine (u.U. parametrisierte) Bibliotheksprozedur. Über den REQUESTs können Reihenfolgestrukturen aufgebaut werden mittels Kontrollflußanweisungen für sequentielle, zyklische, parallele etc. Betriebsmittelbeanspruchung; die Kontrollflußanweisungen sind z.T. ebenfalls mit Prozeduren parametrisiert und überdies schachtelbar, so daß insgesamt ein extrem flexibles Notationsmittel für Lastprozesse entsteht.

Dem Benutzer von COPE wird folgende Arbeitsweise präsentiert: Das System verlangt von ihm eine vollständige Problemspezifikation, unterteilt nach System-, Last- und Auswertungs-Spezifikation (hier hat er Gelegenheit, die interessierenden Leistungsgrößen und ihre Ausgabeform zu charakterisieren). Auf der Basis dieser Spezifikation generiert COPE (bei Einsatz der simulativen Technik) ein diesbezügliches Simulatorprogramm in der Sprache SIMULA und führt es seiner Übersetzung sowie Exekution zu bzw. parametrisiert COPE (bei Einsatz der analytischen Technik) einen Warteschlangennetz-Analysator der BCMP-Klasse und exekutiert diesen. Im letzteren Falle kommen Algorithmen gemäß GOER79 und BEIL81b zur Anwendung. Der Benutzer wird bei Spezifikation, Analyse und Ergebnisauswertung des Modells durch Handhabungshilfen der COSPEL-Sprache in breitem Maße unterstützt. Eine etwas ausführlichere Beschreibung von COPE findet sich in BEMÄ82.

Ein aus Platzgründen nahezu triviales Einsatzbeispiel möge die kursorische Vorstellung von COPE abrunden: Ein Rechensystem, bestehend aus Zentralprozessor (cpu), zwei Plattenspeichern (disk1/2) und einer Bank von Terminals (crt) werde von interaktiven Lastprozessen gleicher Art (dialog) belastet; gefragt sei der erzielte Systemdurchsatz. Das Beispiel ist so gewählt, daß es den Rahmen separabler Netze nicht verläßt. Die folgende Spezifikation kann daher ohne jede Änderung einer Analyse in simulativer oder analytischer Technik zugeführt werden.

Graphische Repräsentation des Systems als COPE-Netz (je ein POOL/SERVER-Komplex ist zu einer STATION zusammengezogen:

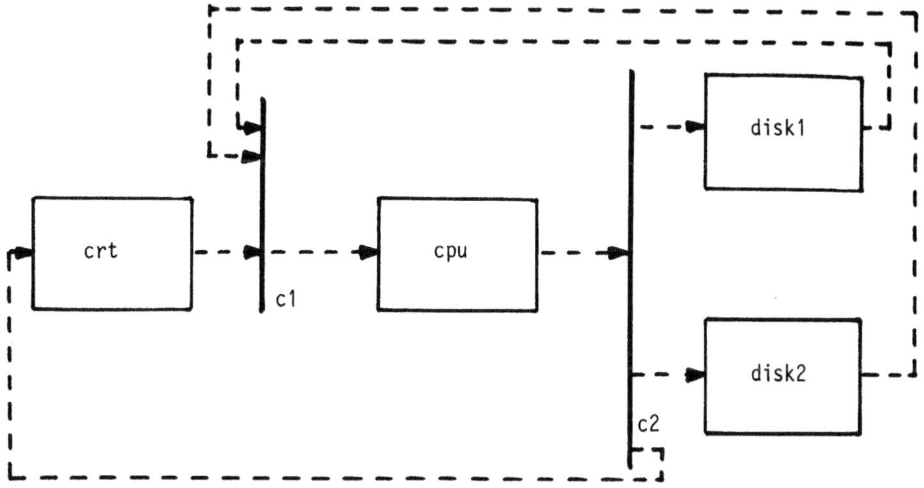

Systemspezifikation in COSPEL:

DEFINE STATION,cpu	definiert STATION namens cpu,
ACCEPT always	die keine Eintrittsbeschränkung aufweist,
OFFER fsfo	nach "First-Served-First-Offered" freigibt
SERVICE p_s	und nach "Processor Sharing" abarbeitet
. . . .	folgt analoge Spezifikation der STATIONs crt ("Infinite Server" Disziplin), disk1/disk2 ("First-Come-First-Served" Abarbeitung) und der CONNECTORs c1/c2.
LINK	und analoge Spezifikation für c2 verknüpfen STATIONs zum Netz

Lastspezifikation in COSPEL:

PERMANENT {dialog,20}	20 individuelle Lastprozesse (entsprechend 20 terminals) des Musters dialog sind permanent anwesend
TYPE dialog	Prozeßmuster namens dialog
BEGINLOOP	Anfang Endlosschleife
REQUEST crt,cox,{2,10,0.25,20}	Bedienwunsch an Terminals (Denkzeit!) von Cox-verteilter Dauer (mit Parametersatz)
REQUEST cpu,exp,{0.1}	gefolgt von cpu-Bedienwunsch
BEGINREPEAT	Anfang innere Schleife
BEGINCASE probalt,{0.8,0.2}	alternativ, mit Wahrscheinlichkeit 0.8 bzw. 0.2
CLABEL 1: REQUEST disk1,exp,{0.9}	entweder disk 1-Anforderung
CLABEL 2: REQUEST disk2,exp,{0.6}	oder disk 2-Anforderung
ENDCASE	Ende Alternative
ENDREPEAT probret,{0.95}	Wiederholung innere Schleife mit Wahrsch. 0.95
ENDLOOP	Ende Endlosschleife

Auswertungsspezifikation in COSPEL:

EVALUATE MEAN	gefragt ist der Mittelwert
ESTIMATE {crt,throughput,dialog}	des Durchsatzes der dialog-Last an den Terminals
DUMP	in Standardausgabeformat

Literatur

BCMP75 Baskett,F./Chandy,K.M./Muntz,R./Palacious,G.: Open, Closed and Mixed Networks of Queues with Different Classes of Customers; JACM, vol. 22, 1975

BEIL81a Beilner,H.: On the Construction of Computing System Simulators; in Ferrari/ Spadoni (ed's): Experimental Computer Performance and Prediction; North Holland, 1981

BEIL81b Beilner,H.: Algorithms for Evaluating Separable, Mixed, State-Independent Queueing Networks; Forschungsbericht 124, Abteilung Informatik, Universität Dortmund, 1981

BEMÄ82 Beilner,H./Mäter,J.: Simulative and Analytical Modelling of Computing System Performance using the Software Tool, COPE; ECOMA-10 Conference Proceedings, 1982

GOER79 Goerdt,C.: Erweiterung des Algorithmus von Krzesinski/Teunissen auf BCMP-Netze mit zustandsabhängigen Bediengeschwindigkeiten; Arbeitsbericht 9/79, Informatik IV, Universität Dortmund, 1979

KLEI76 Kleinrock,L.: Queueing Systems; Wiley, 1976

MEPV78 Merle,D./Potier,D./Veran,M.: A Tool for Computer System Performance Analysis; in Ferrari (ed): The Performance of Computer Installations; North Holland, 1978

MÜLL81 Müller,B.: Decomposition Methods in the Construction and Numerical Solution of Queueing Network Analysis Models; in Kylstra (ed): Performance '81, North Holland, 1981

RESA78 Reiser,M./Sauer,C.H.: Queueing Network Models: Methods of Solution and their Program Implementation; in Chandy/Yeh (ed's): Current Trends in Programming Methodology, vol. III; Prentice Hall, 1978

ERGEBNISSE EMPIRISCHER ERHEBUNGEN ÜBER QUANTITATIVE VERFAHREN ZUR AUFWANDSSCHÄTZUNG FÜR DV-PROJEKTE

PETER STAHLKNECHT, OSNABRÜCK
KARIN THIENELL, BERLIN

Der steigende Anteil der Software-Kosten am DV-Gesamtbudget zwingt bei der Planung von DV-Projekten verstärkt dazu, den Zeit- und Kostenaufwand für die Entwicklung und Wartung von DV-Anwendungssystemen realistisch abzuschätzen. Formale Rechenverfahren zur Abschätzung des - meistens in Manntagen oder -monaten gemessenen - Zeitaufwands werden schon seit dem Ende der 60er Jahre angeboten. Erinnert sei beispielsweise an das Prozentsatzverfahren, bei dem von den Schätzwerten für eine Phase des Systementwicklungsprozesses auf das gesamte Projekt hochgerechnet wird /2/, oder an die bekannten Schätzgleichungen aus dem IBM-Organisationshandbuch von 1969 /6/ und deren zahlreiche Modifikationen, z.B. durch SIEMENS-Mitarbeiter /3, S.253ff./. Auch auf das Jahr 1969 gehen die Codierzeilen-Verfahren (Methoden der "Lines of Code") zurück /1/, die wiederholt beschrieben und - weil sie quantitative Angaben über die Programmierer-Produktivität verlangen - mindestens ebenso oft kritisiert worden sind /7/. In den letzten Jahren sind weitere Verfahren hinzugekommen, die gegenwärtig in verschiedenen Seminarveranstaltungen propagiert werden, so die wieder auf der Anzahl der Codierzeilen aufbauenden "Normkurven" von PUTNAM /9/ oder die von dem fiktiven Begriff "Programmvolumen" ausgehenden Formeln von HALSTEAD /5/. Übersichten über die bisher entwickelten Verfahren finden sich in mehreren in jüngerer Zeit erschienenen Veröffentlichungen, und zwar: in /8/, darin insbesondere in /4/ und /10/, sowie in /12/.

Die Diskrepanz zwischen dem Angebot an formalen Rechenverfahren und deren Nutzung in der Praxis scheint aber auf keinem Gebiet so groß zu sein wie gerade bei der Zeit- und Aufwandsschätzung für DV-Projekte. Um quantitative Aussagen zu bekommen,

- in welchem Maße formalisierte Schätzverfahren in der Praxis eingesetzt werden und
- wie die Genauigkeit der bisherigen Schätzpraxis zu beurteilen ist,

wurden Anfang 1981 vom Institut für Unternehmungsführung der Freien Universität Berlin zwei Befragungsaktionen durchgeführt /11/.

Die erste Befragungsaktion richtete sich an DV-Leiter in großen Unternehmen der Wirtschaft und der Öffentlichen Verwaltung sowie an Softwarehäuser und DV-Beratungsunternehmen. Gefragt wurde,

- ob überhaupt für DV-Projekte zwingend Schätzungen des Entwicklungsaufwands durchgeführt werden,
- welche Größen geschätzt werden,

Operations Research Proceedings 1982

- auf welche Projektphasen sich die Schätzungen beziehen,
- welche Einflußgrößen bei der Schätzung berücksichtigt werden,
- ob eine konsequente Projektkontrolle durchgeführt wird,
- wie die Genauigkeit der durchgeführten Schätzungen beurteilt wird und
- ob für die Schätzungen ein formalisiertes Verfahren verwendet wird.

Angeschrieben wurden 967 Adressaten, von denen 253 eine auswertbare Antwort zurückschickten (Rücklaufquote 26,2%). Als wichtigstes Ergebnis ist festzuhalten, daß zwar generell Schätzungen durchgeführt werden, die Abweichungen von den späteren Ist-Werten aber durchschnittlich 10 bis 30%, im Maximum bis zu 300% betragen. Lediglich 44,3% der Beantworter bezeichnen ihr Schätzverfahren als formalisiert. In 34,0% der Fälle wird durch Analogieschlüsse anhand früherer Projekte geschätzt. Die Schätzungen werden für die einzelnen Projektphasen getrennt vorgenommen, auf eine ausschließliche Schätzung des Gesamtprojekts beschränken sich nur 18,2%.

Die zweite Befragungsaktion richtete sich an 88 erfahrene DV-Leiter und Systementwickler. Auswertbare Antworten kamen von 52 Befragten (Rücklaufquote 59,1%). Gebeten wurde, für drei exakt vorgegebene Beschreibungen von einfachen COBOL-Programmen

- den Zeitaufwand in Manntagen für die Programmerstellung und
- die Programmgröße in Codierzeilen ("Lines of Code")

zu schätzen.

Die Antworten beweisen, wie schwierig es offensichtlich ist, den Aufwand realistisch abzuschätzen. Die Schätzwerte unterscheiden sich erheblich, beim Zeitaufwand bis zum Faktor 30, bei der Anzahl der Codierzeilen bis zum Faktor 50. Unter "Codierzeilen" verstehen übrigens 48,0% der Befragten a l l e Zeilen des Quellprogramms und 40,4% alle Zeilen außer den Kommentarzeilen. Eine Gegenüberstellung der Schätzwerte mit den Ist-Werten von Studenten in Programmierkursen zeigt Abweichungen um 20 - 25%.

Als wesentliche Konsequenz aus beiden Befragungsaktionen ergibt sich, daß formale Rechenverfahren zur Standardisierung der Aufwandsschätzung für DV-Projekte in der Praxis offensichtlich kaum akzeptiert werden. Gearbeitet wird nach wie vor mit dem Analogieschluß anhand der Erfahrungen aus früher realisierten DV-Projekten ohne detaillierte quantitative Berücksichtigung von Einflußgrößen. Obwohl schon einfache Programmvorgaben selbst bei Fachleuten zu weit auseinandergehenden Schätzwerten sowohl für den Zeitaufwand als auch für die Programmgröße führen und die Abweichungen auch anerkannt und zugestanden werden, erfolgt eine grundlegende Änderung des üblichen Schätzpraxis deswegen aber nur in seltenen Fällen.

Literatur

/1/ Aron, J.D.: Estimating Resources for Large Programming Systems. In: Buxton, J.N., Randell, B. (eds.): Software Engineering Techniques. Brüssel 1969

/2/ Emde, W., Seibt, D.: Verfahren zur Schätzung des Aufwands für die Programmerstellung. BIFOA-Arbeitsbericht 70/9. Köln 1970

/3/ End, W., Gotthardt, H., Winkelmann, R.: Softwareentwicklung. Berlin/München 1976

/4/ Gewald, K., Schelle, H.: Prognose von Software-Entwicklungskosten. In: /8/, S. 143-189, 1981

/5/ Halstead, M.H.: Elements of Software Science. New York 1977

/6/ IBM Deutschland GmbH: Handbuch der EDV-Organisation. IBM Form 71 523. Sindelfingen 1969

/7/ Jones, T.C.: Measuring Programming Quality und Productivity. IBM Systems Journal 17, S. 39-63, 1978

/8/ Molzberger, P., Schelle, H. (Hrsg.): Software. München/Wien 1981

/9/ Putnam, L.H., Fitzsimmons, A.: Estimating Software Costs. Datamation Heft 9, S. 189-198, Heft 10, S. 171-178, Heft 11, S. 137-140, 1979

/10/ Schelle, H., Regitz, G.: Einige spezielle Aspekte der Zeit- und Kostenplanung bei Software-Entwicklungsprojekten. In: /8/, S. 191-204, 1981

/11/ Stahlknecht, P., Thienell, K.: Empirische Erhebungen über Verfahren zur Aufwandsschätzung für DV-Projekte. In: IKD '82 (Hrsg.): IKD '82 Berlin Proceedings, Berlin/Offenbach 1982, S. 409-417

/12/ Wirtz, K.W.: Messung der Programmierer-Produktivität bei der Entwicklung betrieblicher Anwendungsprogramme. Köln 1980

Anwendung von knotenorientierten Tourenplanungsverfahren am Beispiel der Altglassammlung

Bernhard Geppert, Karlsruhe
Heinrich Paessens, Karlsruhe

Zusammenfassung: Tourenplanungsverfahren können zum einen zur strategischen Planung (Standortplanung, Transportsystemplanung) und zum anderen zur taktischen Planung (Tourenplanung) eingesetzt werden. Am Beispiel der Planung der Altglassammlung in der Region Nordbaden-Nordwürttemberg wird eine Anwendung von Tourenplanungsverfahren in den genannten Planungsbereichen aufgezeigt. Dabei wird auch auf die Ermittlung der zur Tourenplanung notwendigen Ausgangsdaten eingegangen. Die Anwendung von Tourenplanungsverfahren in der genannten Region führte zu einer Ersparnis von ca. 13.000 km pro Fahrzeug und Jahr.

Zur Lösung von Tourenplanungsproblemen existieren eine Reihe von Tourenplanungsverfahren. Die Frage ist, welches Tourenplanungsverfahren ist nun für das vorliegende Tourenplanungsproblem das geeigneteste. Die 2-Phasen-Methode und das SAVING/P-Verfahren haben sich bei einer Untersuchung an realen Entsorgungsproblemen der Regionen Bad Dürkheim, Soest, Verden und Bad Kreuznach als die besten Tourenplanungsverfahren gezeigt. (Näheres hierzu siehe PAESSENS (1981)).

Als Eingangsdaten für den Einsatz dieser Verfahren bei der knotenorientierten Altglassammlung mit dem Umleersystem werden benötigt:

1. Standorte des DEPOTS und der Alglasaufbereitungsanlage bzw. der Glashütte.

2. Die zu entsorgenden SAMMELSTELLEN (Containerstellplätze); die Sammelstellen werden durch Knoten im Verkehrsnetz der zugrundeliegenden Region dargestellt.

3. Das VERKEHRSNETZ mit Angabe der Entfernungen bzw. Fahrzeiten zwischen den einzelnen Verkehrsknoten.

4. Die KAPAZITÄTEN der einzelnen Fahrzeuggruppen.

5. Die anfallenden ALTGLASMENGEN in den einzelnen Sammelstellen.

Operations Research Proceedings 1982

6. Die LADEZEITEN in den einzelnen Sammelstellen.

7. Die MAXIMALE LÄNGE für eine Tour.

8. Der ENTSORGUNGSRYTHMUS für jede Sammelstelle.

Es ist sinnvoll, die Kapazitäten der Sammelfahrzeuge sowie die Altglasmengen für die einzelnen Sammelcontainer in derselben Mengeneinheit, z.B. cbm, anzugeben. Es ist dabei zu berücksichtigen, daß beim Umleeren der Container in die Sammelfahrzeuge eine Verdichtung des Altglases eintritt. So wird in der Regel ein Sammelfahrzeug mit einem Fassungsvermögen von 24 cbm eine Containerglasmenge von 35 cbm aufnehmen können.

Ziel einer Tourenplanung ist es, unter Berücksichtigung der oben angegebenen Eingabedaten eine Menge von Touren (Tourenplan) minimaler Gesamtlänge zu bestimmen.

Die Verfahren liefern als Ergebnis eine Aufstellung der einzelnen Touren mit der optimalen Anfahrreihenfolge der Sammelcontainer, die Sammelmenge und die Dauer einer jeden Tour sowie die Gesamtdauer, die zur Entsorgung der vorgegebenen Region unter den gegebenen Eingabedaten bei einem optimalen Tourenplan benötigt wird.

Neben dieser eher taktischen (kurzfristigen) Planungsaufgabe können mit den oben erwähnten Tourenplanungsverfahren ebenfalls folgende strategische (langfristigen) Fragestellungen durchgespielt bzw. beantwortet werden:

Welche Gesamtzeit zur Entsorgung einer Region ergibt sich, wenn

a) ein anderer Standort für Depot
Altglasaufbereitung
Umladestation

b) eine Direktanlieferung zur Glashütte

c) andere Kapazitäten der Sammelfahrzeuge

d) andere Entsorgungsrythmen

e) anstelle eines Umleersystems (Mischglas) ein Wechselsystem (getrennte Glassammlung nach Farben)

f) zusätzlich zu entsorgende Orte

berücksichtigt würden?

Die Altglassammlung wurde ab Januar 1981 nach den neu erstellten Abfuhrplänen durchgeführt. Größere Schwierigkeiten ergaben sich bei insgesamt 4 Touren, bei denen offensichtlich die durchschnittlich anfallenden Altglasmengen zu niedrig angesetzt waren.

Nachträglich wurde von Hand eine Korrektur des Abfuhrplanes vorgenommen. Dazu wurden Teilbereiche überlasteter Touren zu einer weiteren Tour zusammengestellt. Das mit der Optimierungsrechnung ermittelte Grundgerüst der betreffenden Touren konnte jedoch beibehalten werden.

Die Summe aller durchgeführten Maßnahmen wird von dem Entsorgungsunternehmen heute, nach einem Jahr betrieblicher Erfahrung, sehr positiv bewertet. Bei einem um 19 % gestiegenem Glasaufkommen konnte die Jahreskilometerleistung um 16 % reduziert werden. Dies entspricht einer jährlichen Einsparung von ca. 22.000 Kilometern. Gleichzeitig ist die Gesamtzeit für das Einsammeln des Altglases lediglich um 5 % gegenüber dem Vorjahr angestiegen (BENDER, FECHNER (1982)).

Literatur

BENDER, A.; FECHNER, E.: Erfahrungen mit der Anwendung von Tourenplanungsverfahren für die Altglassammlung; Beispiel Region Nordbaden-Nordwürttemberg. In: HAHN, H.H. (Hrsg.): Tourenplanung in der Abfallwirtschaft II. Institut für Siedlungswasserwirtschaft, Universität Karlsruhe, Band 29, Karlsruhe (1982).

PAESSENS, H.: Tourenplanung bei der regionalen Hausmüllentsorgung. Institut für Siedlungswasserwirtschaft, Universität Karlsruhe, Band 26, Karlsruhe (1981).

Strategisch-logistische Müllentsorgungsplanung mit einem lernorientierten Modellsystem

Günther Diruf, Bamberg

Zusammenfassung. Es wird zunächst ein Konzept entwickelt, das quantitativen Modellen in strategischen Planungsprozessen die Rolle flexibler "Lernvehikel" für die beteiligten Planer und Entscheidungsträger zuweist. Als Realisierung dieses Konzeptes wird sodann an Hand eines Planungsfalles ein hierarchisches, lernorientiertes Dialogsystem zur strategisch logistischen Müllentsorgungsplanung beschrieben. Ein Kostenmodell in der Grobstufe erlaubt mit geringem Daten- und Rechenaufwand Kostenschätzungen für ein breites Spektrum von Müllentsorgungsalternativen. Modelle der Detailstufe liefern u.a. verbesserte Kostenschätzungen sowie Optimierungsunterstützung für Teilprobleme des Planungsprozesses. Besonders hilfreich für die Praxis ist die Modellrealisierung auf einem interaktiven graphischen Computersystem.

Summary. A concept is developed which uses quantitative models in strategic planning processes as flexible "learn-vehicles" for planners and decision-makers. By means of a case study this concept is realized as a computerized hierarchical and learn-oriented dialog system assisting the design of solid waste collection and transportation systems. On the upper level of this planning system a model with low data and computing requirements gives rough cost estimates for a broad range of design alternatives. Several models on the lower level detail and improve these cost estimates and aid the planners in finding optimal solutions of partial problems. Applications in practice are supported by an interactive graphical computer system.

1. Quantitative Modelle als flexible Lernvehikel im Planungsprozß

Quantitative Modelle gehören zu den mächtigsten Instrumenten der Wirtschaftswissenschaften und im Bereich der gut strukturierten, repetitiven Entscheidungen haben sie sich auch einen festen Platz als effiziente Managementhilfen erobert. Im Bereich der strategischen Entscheidungen dagegen, wo bei äußerst komplexen Systemzusammenhängen meist "qualitative" und "politische" Aspekte überwiegen, enden Versuche, Planungs- und Entscheidungsprozesse mit quanititativen Modellen zu unterstützen, oft mit Enttäuschungen.

Eine wichtige Ursache für diese Mißerfolge könnte man als "Fehlkonzeption des perfektionistischen Modellplaners" bezeichnen. Diese Fehl-

Operations Research Proceedings 1982

konzeption geht aus vom wissenschaftlichen Ideal eines umfassenden, in sich geschlossenen Entscheidungskalküls. Formal existiert ein solcher Kalkül. Er setzt die prinzipielle Bekanntheit aller relevanten Entscheidungsalternativen und -konsequenzen voraus. Sachziele werden in einer übergreifenden Nutzenfunktion erfaßt, Zeitpräferenzen z.B. mit einer Diskontierungsmethode und Risikopräferenzen in einer Risikonutzenfunktion. Gelingt es, alle diese deskriptiven und präskriptiven Informationen in einem geschlossenen Modell abzubilden, so kann man die optimale Entscheidung berechnen.

Zunächst muß festgestellt werden, daß diese Grundkonzeption in eng begrenzten taktischen Entscheidungssituationen durchaus zu brauchbaren Ergebnissen führt. Weiterhin ist zu unterstellen, daß auch der "perfektionistische Modellplaner" davon ausgeht, daß sich sein umfassender Entscheidungskalkül in schlecht strukturierbaren und schlecht abgrenzbaren strategischen Entscheidungssituationen, wenn überhaupt, nur mit großen Abstrichen realisieren läßt. Nichtsdestoweniger wird er ein Modellvorhaben ins Werk setzen mit dem Ziel,

- einen möglichst großen Teil des Entscheidungskomplexes mathematisch möglichst elegant zu formalisieren und insbesondere
- alle Entscheidungsalternativen in hinreichendem Detail zu erfassen,
- eine übergreifende Nutzenfunktion zu konstruieren sowie
- eine im Sinn dieser Nutzenfunktion optimale Alternative zu berechnen und dem Management vorzuweisen.

Gewöhnlich endet das Vorhaben mit einem Mißerfolg aus einem oder mehreren der folgenden Gründe:

- Die Daten- oder Rechenanforderungen des Modells werden zu hoch.
- Nur unwesentliche Teile des Entscheidungskomplexes sind modelliert (diese allerdings mathematisch sehr elegant). Das Modell liefert richtige, aber unwesentliche Antworten.

  Und schließlich:
- Im Planungsprozeß tauchen völlig neue Aspekte auf, z.B. neue Alternativen, Ziele oder Risikofaktoren. Das Modell und seine Antworten sind veraltet. Eine Um- oder Neukonstruktion wäre zu aufwendig.

Stellen wir nun dieser Fehlkonzeption des "perfektionistischen Modellplaners" eine andere Konzeption entgegen, die quantitativen Modellen die Rolle flexibler Lernvehikel in einem von menschlichen Denkprozessen beherrschten Entscheidungsablauf zuweist. Im Mittelpunkt dieser Konzeption steht hier die Erkenntnis, daß schlecht strukturierte Entscheidungen in Form von Lern- und Verhandlungsprozessen der beteiligten Planer und Entscheidungsträger gelöst werden. Dies bedeutet insbesondere:

- Entscheidungsalternativen sind bestenfalls prinzipiell bekannt; konkret müssen sie erst im Laufe des Prozesses "erfunden" werden.
- Ähnlich verhält es sich mit den Zielen. Auch der Zielbildungs- und Zielgewichtungsprozeß durchläuft als Lernprozeß aller Beteiligten den gesamten Planungszeitraum. Wichtige Teile dieses Bewertungs- und Machtausübungsprozesses entziehen sich der wissenschaftlichen Behandlung.
- Weiterhin ist zu beachten: Mit dem Lern- und Verhandlungsfortschritt ändern sich die Problemstellungen, oft in nicht vorhersehbarer Weise.

Für die Unterstützung des strategischen Planungsprozesses durch quantitative Modelle sollte deshalb von folgenden Prinzipien ausgegangen werden:

(1) Lernorientierte Dekomposition des Entscheidungskomplexes. In der Regel werden Erkenntnisfortschritt und Lösungsgüte eine Organisation des Planungsprozesses vom groben Überblick und von der umfassenden Problemstellung zur detaillierten Betrachtung spezieller Lösungen nahelegen. Zweckmäßigerweise ist deshalb von der sukzessiven Entwicklung eines hierarchischen "Baumes" von Modellen mit abnehmender Erkenntnisbreite und mit zunehmendem Alternativen-, Umwelt- und Kosten/Nutzen-Detail auszugehen.

(2) Sinnvolle Zielsetzungen für das Erkenntnispotential der Modellierung in den verschiedenen Planungsphasen. Als wichtigste Gesamtzielsetzungen können die sukzessive Vermittlung eines umfassenden Einblicks in die Kosten/Nutzenstruktur des strategischen Entscheidungskomplexes sowie die Anregung und Förderung der Alternativensuche genannt werden.

(3) Zweckmäßige Auswahl von planerischen Teilaktivitäten für die Modellierung sowie von Modellarten und Auswertungsprozeduren. Ein lernorientiertes Modellkonzept wird sich zum Ziel setzen, die sich ergänzenden Fähigkeiten von Mensch, Modell und Computer in bester Weise zu kombinieren. Nur jene planerischen Teilaktivitäten werden für die formale Modellierung und Computerisierung ausgewählt, bei denen Computer und Modelle dem menschlichen Planer vergleichsweise überlegen sind. Der weise Modellanwender wird sich mit "strukturierten Inseln" im unstrukturierten Entscheidungskomplex zufriedengeben.

(4) Sorgfältige Ausgestaltung des Kommunikationssystems zwischen Modell und Modellnutzern. Die sich ergänzenden menschlichen, modell- und com-

putertechnischen Fähigkeiten werden nur dann synergetische Lerneffekte zeigen, wenn ein Dialog zwischen Modell und Modellnutzern entstehen kann. Bei der Ausgestaltung des Kommunikationssystems ist deshalb auf einfache Handhabung und Anschaulichkeit zu achten. Besonders bildhafte Darstellungen, die heute durch graphische Computersysteme erheblich unterstützt werden, regen die menschliche Kreativität an.

Das beschriebene lernorientierte Modellierungskonzept weist u.a. folgende Vorzüge auf:

- Modellierung und Erkenntnisgewinnung stimmen mit einer effizienten Organisation des planerischen Lernprozesses überein. Modellverständnis und Modellakzeptanz werden sukzessive aufgebaut.
- Modellstufen und Teilmodelle haben eigenständige Erkenntnisfunktionen. Der Modellplaner kann auf veränderte Problemstellungen relativ flexibel reagieren.
- Erkenntnisse einer ersten Grobstufe können oft nach kurzer Zeit mit geringem Aufwand erzeugt werden.
- Spätere Modellstufen können sich bei hohem problemspezifischen Erkenntnisstand auf die Klärung noch ungelöster Teilfragen beschränken.
- Ein Abbrechen des Modellierungsprozesses ist ohne große Verluste jederzeit möglich, wenn die erwarteten zusätzlichen Erkenntnisnutzen die zusätzlichen Analyseaufwendungen nicht rechtfertigen.

2. Strategisch-logistische Gestaltungsprobleme von Müllentsorgungssystemen, dargestellt an einem Planungsfall

Der öffentliche Entscheidungsträger plant, fünf benachbarte Landkreise mit einer zentralen Müllverbrennungsanlage zu entsorgen. Als Standort der Verbrennungsanlage wird ein Ort nahe dem geographischen Zentrum des Entsorgungsgebietes gewählt und planerisch festgelegt. Die Auswahl eines geeigneten Müllsammel- und -transportsystems soll durch eine Wirtschaftlichkeitsanalyse unterstützt werden (Diruf, 1980).

Erste Untersuchungen erbringen Basisinformationen über Gestalt, Größe und kommunale Einteilung des Entsorgungsgebietes, über Bevölkerungsumfang und -verteilung und über das für die nächsten 10 - 20 Jahre zu erwartende Müllaufkommen und seine geographische Verteilung (WIP, 1978).

Zahlreiche Systemalternativen kommen für die Entsorgung des Planungsgebietes in Frage:

- Strukturalternativen. Der Müll kann mit Sammelfahrzeugen direkt zur Verbrennungsanlage transportiert werden. Alternativ erfolgt der Mülltransport in zweistufigen Systemen zunächst in einer Umladestation (Primärtransport) und von dort (möglicherweise in gepreßtem Zustand) mit großen Straßenfahrzeugen oder über die Schiene zur Verbrennungsanlage (Sekundärtransport). Da Anzahl, Standorte und Einzugsgebiete der Umladestationen in weiten Grenzen frei gewählt werden können, ist die Zahl der in Frage kommenden Strukturalternativen nahezu unübersehbar.

- Technische Alternativen. Jede Strukturalternative besitzt zahlreiche technische Realisierungsmöglichkeiten für das Sammel- und Primärtransportsystem, für die Umladestationen und für den Sekundärtransport. Da Sekundärtransportsystem und Umladestationen jedoch technisch aufeinander abgestimmt sein müssen, ist mit der Wahl des Sekundärtransportsystems auch die technische Ausrüstung der Umladestationen weitgehend bestimmt. Zur Beschreibung einer technischen Systemalternative genügt daher eine Kennzeichnung des verwendeten Primär- und Sekundärtransportsystems. Wichtig sind beim Primärtransportsystem insbesondere Art und Nutzlast sowie Bemannung der Sammelfahrzeuge, beim Sekundärtransportsystem Art des Verkehrsträgers (Straße, Schiene), Art der Behälter (Drehtrommel, Preßbehälter) und die Behälternutzlast sowie die Art des Beladebetriebes (Absetzen des Behälters vom Fahrzeug, Beladen auf dem Fahrzeug).

- Operative Alternativen. Für jede strategische Alternative ist im Prinzip eine zweckmäßige Alternative des zeitlich-räumlichen Personal- und Fahrzeugeinsatzes auszuwählen. In unserem strategischen Planungsfall müssen diese operativen Alternativen allerdings nur insoweit beschrieben werden, wie es für die Genauigkeit der strategischen Bewertung (insbesondere für die Schätzung der langfristigen Kosten) erforderlich ist. Denkbar sind Detailgrade, die von groben mittleren Zeitverbräuchen bis zu einer Simulation der Mülltourenpläne reichen.

Es erhebt sich nun die Frage nach geeigneten Bewertungsmaßen für die beschriebenen Gestaltungsalternativen. Zunächst stellen wir fest, daß die Leistungsseite unseres Systems durch die Daten des Entsorgungsgebietes und durch die Forderung nach wöchentlicher Entsorgung weitgehend fixiert ist. Es wird demnach unser Bestreben sein, die geforderte Leistung zu geringsten Kosten zu erbringen. Als wichtige Entscheidungsgrundlage benötigen wir somit eine Analyse der langfristigen betriebswirtschaftlichen Kosten alternativer Systeme.

Weiterhin läßt sich erkennen, daß externe Kosten und politische Aspekte in den Verhandlungen der beteiligten Landkreise eine bedeutende Rolle spielen werden. Es dürfte demnach zweckmäßig sein, auch Indikatoren für Lärm, Luftverschmutzung und Straßenmehrbelastung sowie "politische" Lösungen zu betrachten.

3. Aufbau eines computergestützten interaktiv-graphischen Kostenanalysesystems

3.1 Gesamtkonzeption

Im Sinn unseres lernorientierten Modellkonzepts werden wir das Kostenanalysesystem für die Müllentsorgungsplanung in hierarchischen Stufen mit abnehmender Erkenntnisbreite und zunehmendem Alternativen-, Umwelt- und Kostendetail aufbauen. Eine nähere Untersuchung des Problems zeigt, daß der beschriebene Planungsfall bereits mit zwei Analysestufen, einer Grob- und einer Detailstufe, befriedigend unterstützt werden kann.

Zur Erleichterung des Mensch-Maschine-Dialogs und zur Verbesserung des Lernfortschritts werden wir ein interaktiv-graphisches Computersystem, im vorliegenden Fall das IGS der Firma Siemens einsetzen (Siemens AG, o.J.). Die computertechnische Realisierung des Modellsystems hat folgenden Aufbau: Es wird im Bildschirm-Dialog betrieben. Auf jeder Analysestufe existieren mehrere Programmoduln, die durch Kommandos aufgerufen werden können. Die Moduln sind folgenden Funktionen gewidmet:

- Inputfunktionen (graphisch, digital)
- Berechnungsfunktionen (Kostenauswertungen, geometrische Berechnungen, Teiloptimierungen)
- Outputfunktionen (graphisch, digital)

Eine genaue technische Beschreibung des Systems ist bei Köckeis (1980) zu finden.

3.2 Erste Erkenntnisse aus einem umfassenden Grobmodell

Die Grobstufe des Systems wurde bereits an anderer Stelle beschrieben (Diruf, 1980), so daß wir uns hier mit einer kurzen Zusammenfassung begnügen können.

- Analyseziele. Abschätzung der Größenordnungen und Darstellung der Verläufe der wichtigsten Kostenkategorien für ein breites Spektrum struktureller und technischer Alternativen; Ermittlung der Kostensensitivität in Abhängigkeit von Datenänderungen.
- Alternativenbeschreibung (Entscheidungsvariable). Anzahl der Umladestationen (Größe der Einzugsgebiete); technische Alternativen.

- Umweltbeschreibung. Der Raum wird durch ein kontinuierliches Koordinatensystem dargestellt. Ferner wird im gesamten Planungsraum dieselbe Mülldichte angenommen.
- Kostenfunktionen. Verwendung von weitgehend kontinuierlichen, geschlossenen mathematischen Ausdrücken, die sich mit geringem Daten- und Rechenaufwand auswerten lassen.
- Aufbau der Kostenfunktionen für die Teilsysteme. (1) Sammlung und Primärtransport, (2) Umladung und (3) Ferntransport.

Einige Beispiele für Erkenntnisse aus der Grobstufe im beschriebenen Planungsfall

- Bei Steigerung der Zahl der Umladestationen von 0 auf 10 und entsprechender Verkleinerung der Einzugsgebiete sinken die Sammel- und Primärtransportkosten von 19 auf 13 Mio. DM/J. Gleichzeitig steigen die Umlade- und Sekundärtransportkosten von 0 auf 5 bis 7 Mio. DM/J. Insgesamt entsteht ein flaches globales Gesamtkostenminimum bei 3 - 5 Umladestationen.
- Bei Variation der technischen Alternativen reagieren die Kosten relativ unempfindlich.
- Schienenlösungen sind 4 - 5 % teuerer als Straßentransportsysteme. Sie sollten jedoch wegen ihrer Straßenentlastungswirkungen und ihrer geringen Energieaufwendigkeit ernsthaft in Erwägung gezogen werden.
- Als besonders hilfreich für die Kommunikation zwischen Planern und politischen Entscheidungsträgern erweisen sich die bildlichen Darstellungen der Kostenverläufe und Sensitivitätsbereiche.

3.3 Struktur und Teilfunktionen der Detailstufe

Die Erkenntnisse der Grobstufe reichen für eine operationale Planung nicht aus. Für die Detailstufe setzen wir uns demnach folgende Ziele:

(1) Verbesserung der Kostenschätzungen für operational definierte Gestaltungsalternativen

(2) Fähigkeit zur bildlichen Darstellung der Müllverteilung, der Umladestandorte, der Einzugsgebiete und politischen Grenzen; einfache graphische Möglichkeiten zur Eingabe von Lösungsvorschlägen, vorzugsweise im "graphischen Dialog"

(3) Fähigkeit zur Analyse "politischer" Lösungen

(4) Optimierungsunterstützung für Teilprobleme

(5) Einbeziehung von Indikatoren für die sozialen Kosten

<u>zu (1): Verbesserung der Kostenschätzungen für operational definierte Gestaltungsalternativen</u>. In der Grobstufe wurden die Strukturalternativen nur sehr ungenau durch die Anzahl der Umladestationen beschrieben. In der Detailstufe fordern wir eine präzise Festlegung der Anzahl, Standorte und Größen der Umladestationen, der Zuordnung der Gemeinden zu den Stationen sowie der technischen Realisierung. Eine Genauigkeitssteigerung der Kostenschätzungen wird durch folgende Verbesserungen erreicht:

- Langfristige Kosten der Müllsammlung und des Primärtransports. Der äußerst daten- und rechenaufwendige Übergang zu echten Straßennetzen ist nicht erforderlich, andererseits kann aber auch nicht die grobe Annahme gleicher Mülldichten beibehalten werden. Ein guter Kompromiß, der bereits zu einer wesentlichen Genauigkeitssteigerung der Kostenschätzung führt, ist die Beschreibung der Gemeindestandorte mit den zugehörigen tatsächlichen Müllaufkommen in einem Koordinatensystem.
- Langfristige Kosten der Umladestationen. Für jede technische Alternative werden mit Hilfe umfangreicher Datensammlungen bei den Herstellern und z.T. bei den einzelnen Betreibern spezifische treppenförmige Kostenfunktionen aufgebaut.
- Langfristige Kosten des Ferntransports. Hier kann ohne großen Zusatzaufwand mit echten Straßen- bzw. Schienenentfernungen gerechnet werden. Kostensteigernde Unteilbarkeitseffekte werden berücksichtigt (unteilbare Tourenzeiten in Verbindung mit der Tageszeitrestriktion; Bewältigung der Gesamtlast mit unteilbaren Lkw-Kapazitäten).

<u>zu (2): Mit dem interaktiv-graphischen Computersystem sind Bilder sehr schnell zu erzeugen</u>. Bei Bedarf werden sie abgespeichert oder über den Bildschirm, ein Kopiergerät oder einen Plotter ausgegeben. Müllmengen werden durch Kreise dargestellt, wobei die Kreisflächen den Mengen proportional sind. In der Regel sind diese Darstellungen so anschaulich, daß sie den Planer zur unmittelbaren graphischen Eingabe günstiger Standort- oder Einzugssysteme anregen, die dann vom System kostenmäßig bewertet werden oder als Ausgangspunkte für Verbesserungen dienen. Als Kommunikationsmittel zu den politischen Entscheidungsträgern sind die bildlichen Darstellungen der Detailstufe noch wirksamer als die "Kostenbilder" der Grobstufe. Da auch die vorgeschlagenen Umladestandorte und Einzugsgrenzen auf den Bildern erscheinen, können unterschiedliche Strukturalternativen anschaulich verglichen werden.

<u>zu (3) und (4): Die Fähigkeit, "politische" Restriktionen und Lösungen zu berücksichtigen</u>, ist im vorliegenden Fall, wo es sich um öffentliche

Planungen handelt, besonders wichtig. So können z.B. durch das Raumordnungsverfahren bereits potentielle Umladestandorte festgelegt sein. Ferner sollen oder müssen Einzugsgrenzen mit Land- und Stadtkreisgrenzen übereinstimmen u.a.m. Andererseits wäre es unklug, "politische" Lösungen ohne Rücksicht auf die Kosten durchzusetzen. In der Regel verbleiben trotz politischer Vorentscheidungen noch erhebliche Freiheitsgrade, die für die Wahl kostengünstiger Systeme genutzt werden können. Hier weisen Optimierungsverfahren den Weg. Die Detailstufe unseres Modellsystems kann mit zunehmendem Freiheitsgrad für folgende Analysen genutzt werden:

- Geringe Freiheitsgrade der Gestaltung: Vorgabe der Umladestandorte und der Einzugsgrenzen. Die Kostenfunktionen sind für verschiedene technische Alternativen auszuwerten.
- Vorgabe der Umladestandorte. Gesucht ist die transportkostenoptimale Zuordnung der Gemeinden zu den Stationen. Wir können hier eine einfache Prozedur wählen und jede Gemeinde der entfernungsmäßig nächsten Umladestation zuordnen oder auch in komplizierterer Weise unterschiedliche Primär- und Sekundärtransportkosten mit einbeziehen. In jedem Fall steht das Ergebnis dem Planer innerhalb von Sekunden am Bildschirm zur Verfügung.
- Vorgabe der Einzugsgrenzen. Gesucht sind die transportkostenoptimalen Standorte der Umladestationen. Wir entscheiden uns wieder für einen relativ einfachen Ansatz, das Steiner-Weber-Modell. Ein Iterationsverfahren liefert in kürzester Zeit die optimale Lösung, man erhält allerdings in der Regel Optimalstandorte auf der "grünen Wiese". Es läßt sich jedoch zeigen, daß die Transportkostenkurve in der Gegend dieses Minimums sehr flach verläuft, so daß man ohne große Kosteneinbußen einen technisch und politisch zulässigen Standort in der Nähe wählen kann. Bei der Verschiebung des modelloptimalen Standorts in einen nahe gelegenen zulässigen Standort ist der unmittelbare Bildschirmzugriff besonders hilfreich.
- Den größten Freiheitsgrad in der Gestaltung erhalten wir, wenn wir nur die Zahl der Umladestationen und auch diese nur probeweise vorgeben. Eine brauchbare Rechenprozedur, die uns das Standort- und das Einzugssystem simultan optimiert, gibt es allerdings nicht. Wir können uns so behelfen, daß wir ein Standort- oder Einzugssystem willkürlich vorgeben und dann abwechselnd die Rechenverfahren zur Standort- und Einzugsoptimierung aufrufen. Es läßt sich zeigen, daß in diesem Fall das Gesamtsystem gegen ein lokales Kostenminimum konvergiert. Durch zahlreiche Rechen- und Bildexperimente mit ver-

schiedenen Anfangs- und Endlösungen erhält der Planer einen guten Einblick in die Kosten- und Gestaltstruktur "guter" Entsorgungssysteme. Nicht selten werden betriebswirtschaftlich und politisch akzeptable Lösungsvorschläge hierdurch angeregt.

zu (5): Einbeziehung von Indikatoren für die sozialen Kosten. Als grober Indikator für Energieverbrauch und Umweltbelastung wurde die Zahl der täglich gefahrenen Straßenkilometer gewählt. Als Indikator für die Sonderbelastungen, die jene Gemeinde in Kauf zu nehmen hat, in der die Verbrennungsanlage steht, dient die Zahl der täglichen Fahrzeugbewegungen an der Verbrennungsanlage.

3.5 Einige Ergebnisse der Detailstufe für den untersuchten Planungsfall

Um das Erkenntnispotential unseres Detailsystems zu demonstrieren, sollen zum Abschluß stichwortartig einige Analyseergebnisse für den beschriebenen Planungsfall berichtet werden.

- Rechenexperimente bestätigen die Schätzungen des Grobmodells im 1 - 5 % Genauigkeitsbereich. Im kostengünstigen Gestaltungsbereich von 3 - 10 Stationen werden zahlreiche Analysen, teils unter Einsatz heuristischer Optimierungsprozeduren durchgeführt.
- Oberer Kostenrand: reine Schienensysteme mit 3 Umladestationen.
- Mittleres Band: gemischte Straßen/Schienensysteme mit 4 Stationen und reine Straßensysteme mit 6 - 10 Stationen.
- Unterer Kostenrand: Straßensysteme mit Preßbehältern und 4 - 5 Stationen.
- Die Kosten reagieren unempfindlich auf kleine Standortverschiebungen, empfindlicher auf Veränderungen der Einzugsgebiete (Beispiel: 650 TDM/J Einsparung beim Übergang von den "politischen" Landkreisgrenzen zu Einzugsgebieten der Zuordnungsheuristik).
- Unteilbarkeitseffekte in allen Systemkomponenten wirken sich beim Detailmodell voll aus, d.h. es zeigen sich oft Kostenschwankungen bei geringen Strukturveränderungen.
- Beide Belastungsindikatoren (Zahl der täglich gefahrenen Straßenkilometer, Zahl der täglichen Fahrzeugbewegungen an der Verbrennungsanlage) fallen bei Steigerung der Zahl der Umladestationen von drei auf zehn um etwa ein Viertel.
- Bei Schienensystemen liegen für alle Strukturalternativen die Belastungswerte um mehr als 50 % unter jenen der Straßensysteme. Dies

ist in der Tat ein wichtiges Argument für die Empfehlung eines Schienensystems.

Literatur

Diruf, G., "Kostenanalyse eines zweistufigen Müllentsorgungssystems mit Hilfe eines Grobmodells, ZfbF, 32. J. (1980), S. 419-429

Köckeis, G., "Entwicklung eines interaktiv-graphischen Systems zur modell- und computergestützten Müllentsorgungsplanung", Diplomarbeit am Seminar für Systemforschung der Universität München, München 1980

Siemens AG (Hrsg.), "Integration der Graphik im DV-Verfahren, IGS - das interaktive graphische System", Siemens Schriftenreihe "data praxis", o.J.

WIP - Wirtschaft und Infrastruktur GmbH & Co. Planungs-KG, "Ferntransport und Umladung von Abfällen", Grundsatzstudie, ausgeführt im Auftrag des Freistaates Bayern, München 1978

MODELLGESTÜTZTE ENERGIEKRISENPLANUNG,
EXEMPLARISCH DARGESTELLT FÜR DIE STADTREGION MÜNCHENS

Johannes Ruhland, München

Zusammenfassung: Strategische Energieplanung sollte sowohl die Möglichkeit der langfristigen Verknappung einzelner Energieträger als auch das plötzliche und unerwartete Auftreten einer Versorgungskrise berücksichtigen. Während im ersten Fall das Arbeiten mit konventionellen Szenarien zur Berücksichtigung ausreicht, muß die Behandlung des zweiten Falls im Rahmen qualitativ verschiedener, sog. "Krisenszenarien" erfolgen. Hier ist ein evolutionärer Strukturwandel des Energieversorgungssektors nicht möglich, dennoch erfolgen Anpassung im Erzeugungs- und Verbrauchssektor, da die dem System zum Zeitpunkt der Krise immanente Flexibilität zur Minderung der Krisenfolgen genutzt wird. Die Aufstellung eines Rationierungsplans bei gravierenden Krisen ist dennoch unvermeidlich.

Die Krisensicherheit einer Energieversorgung ist konfliktär zu den ihrerseits konfliktären Zielen einer wirtschaftlichen und umweltfreundlichen Bedarfsdeckung. Durch integrierte quantitative Modellierung des Erzeugungs- und Verbrauchssektors können effiziente Lösungen gefunden, die Austauschrelationen zwischen den Zielen explizit gemacht und kann wirksame Entscheidungsvorbereitung geleistet werden.

Summary: In doing long-range energy planning, the possibility of both gradually increasing, foreseeable supply shortages and of sudden, unexpected and dramatic crisises should be taken into account. Within the framework of quantitative planning the former can be dealt with by normal scenario techniques, whereas the latter requires the setting up of "crisis-scenarios", scenarios of a new kind. For lack of time, an evolutionary adaption to the altered supply situation is impossible, and in order to mitigate the crisis, one may resort only to what flexibility has been built into the system previously. A rationing scheme will frequently be unavoidable. The tradeoff between crisis stability, economic and ecologic goals can be made explicit through quantitative modelling. The concept is exemplified for the City of Munich and its year 2000 energy supply system. "Crisis" scenarios are derived, a rationing scheme developed and the assessment of different strategies carried out.

1. Einführung

Die Ölpreisschocks des letzten Jahrzehnts lassen es zweckmäßig erscheinen, den konventionellen Zielkatalog der Energieplanung um das explizite Ziel der Versorgungssicherheit zu ergänzen. Eine Planung von Krisenvermeidungs- und Überwindungsstrategien sollte durch quantitative Modellierung unterstützt werden. Das Modell muß in diesen Bereichen das fast völlige Fehlen von Erfahrungsregeln ersetzen.

2. Aufgabenstellung

Erfolgreiche Krisenplanung muß vor dem Hintergrund mehrerer Zielhorizonte gesehen werden. Versorgungssicherung durch Schaffung eines diversifizierten, auf politisch sicheren Energiequellen aufbauenden Versorgungssystems läßt sich nur in einem mehrere Jahrzehnte umfassenden, konsequent durchgeführten Entwicklungsprogramm erzielen

Operations Research Proceedings 1982

(siehe etwa Giesen, 1982). Zur Bewältigung kurzfristig und unerwartet auftretender Versorgungsengpässe mit Primärenergie reichen diese Maßnahmen u.U. nicht aus. Vorlaufzeiten von mehreren Jahren bei Energieprojekten müssen gegenübergestellt werden der Möglichkeit einer binnen Wochenfrist entstehenden, politisch induzierten Lieferembargos.

In einer derartigen Krise kann nur jene Flexibilität genutzt werden, die langfristig in das System eingebaut wurde. Viele Anpassungen (Bedarfsverschiebungen, Brennstoffwechsel etc.) können nur vorgenommen werden, wenn entsprechende Vorkehrungen schon zu Vorkrisenzeiten getroffen wurden. Die Frage nach diesen an sich taktischen Anpassungen an eine geänderte Versorgungssituation erhält von hierher eine unmittelbar strategische Komponente. Gegenstand der Studie ist daher nicht primär das kurzfristige Krisenmanagement, sondern die Quantifizierung der einer Energieversorgungsalternative zugeordneten Versorgungssicherheit in Krisenzeiten und die Berücksichtigung dieses Kriteriums im Prozeß der strategischen Planung.

Starke regionale Variationen in Versorgungs- und Verbrauchsstruktur lassen die Erstellung regional eng begrenzeter Modelle zweckmäßig erscheinen. Die Einbindung in die Versorgung der nächst gröberen regionalen Disaggregationsstufe wird durch Kopplungsgleichungen berücksichtigt. Eine feine regionale Gliederung erscheint im Rahmen der Krisenplanung auch deshalb zweckmäßig, da auf das uneingeschränkte Funktionieren der Verteilungssysteme im Krisenfall nicht unbedingter Verlaß ist.

3. Konzeption

Es wird ein komparativ-statischer Modellierungsansatz gewählt. Der durch den Verzicht auf zeitliche Disaggregation wesentlich reduzierte Datenbedarf harmoniert gut mit der im Rahmen strategischer Planung häufig sehr dürftigen Datenbasis. Das Datenproblem stellt sich im Rahmen des mit Geheimhaltungsvorschriften belasteten Krisenmanagements mit besonderer Schärfe. Das eigentliche Planungsziel, die Auswahl heute in Angriff zu nehmender Projekte, kann mittels der bei Hanssmann 1978 beschriebenen Methodik der "robusten ersten Schritte" auch ohne Modellierung des Übergangspfads erfolgen. Zur Beschreibung des Spannungsfelds ökonomischer und ökologischer Ziele sind beide Zielsetzungen geeignet zu quantifizieren. Im vorliegenden Fall wird jede Strategie i durch C_i, die Kosten der Energieversorgung, und E_i, die zugehörigen Gesamtemissionen, bewertet. Eine Aggregation in ein gemeinsames Nutzenmaß wird nicht vorgenommen. Die Entscheidungsunterstützung liegt in der Aufdeckung der Austauschbeziehung zwischen beiden Zielsetzungen.

Zur Quantifizierung des mit der Unsicherheit künftiger Entwicklungen verbundenen Risikos ist jede Versorgungs- und Verbrauchsstruktur vor dem Hintergrund alternativer Szenarien zu bewerten; die übliche Wahl ist ein optimistisches, mittleres und pessimistisches Szenario. Diese Szenarien sollen die Bandbreite der mit einiger Wahrscheinlichkeit auftretenden Umweltentwicklungen aufdecken. Sie beschreiben - in dynamischer Betrachtungsweise - alternative, jedoch kurzfristig überraschungsfreie Umweltentwicklungen.

Die Bewertung von Versorgungskonzepten hat nun zusätzlich vor dem Hintergrund von Krisenszenarien zu erfolgen, bei denen eine plötzliche, eine evolutionäre Anpassung ausschließende Umweltveränderung unterstellt wird. Die durch die Krise induzierten Anpassungsmechanismen mit dem Ziel der Minderung der Krisenfolgen führen zu beträchtlichen Veränderungen im Energiesektor. Neben geänderten Werten für C_i und E_i muß, falls eine Energie-Rationierung erforderlich wird, auch der in der Krise maximal erzielbare Versorgungsgrad λ_i als Bewertungskriterium herangezogen werden. Es ergibt sich die in Abb. 1 beispielhaft dargestellte Situation.

Abb. 1

BEWERTUNG VON EFFIZIENTEN ENERGIEVERSORGUNGSALTERNATIVEN VOR DEM HINTERGRUND ZWEIER NORMALER UND DREIER KRISENSZENARIEN (SCHEMATISCH)

Strategie Nr.		Szenario 1 mittlere Umwelt	Szenario 2 pessimist. Umwelt	Krisenszenario A 30% Gasausfall konst. Preis	Krisenszenario B 30% Ölausfall	Krisenszenario C Ausfall Stromverbund
1	C	1700	1900	2100	2000	1900
	E	700	710	800	700	750
	λ	-	-	.8	.9	1
2	C	1900	1800	1800	2000	1900
	E	550	490	480	410	550
	λ	-	-	.7	.9	1
3	C	2000	1900	2100	2300	2200
	E	600	550	700	700	750
	λ	-	-	.9	.8	.9

C = Kosten der Versorgung
E = Emissionsindex
λ = Bedarfsdeckungsgrad

Diese Tabelle liefert dem Entscheidungsträger jene Information, die er zur Berücksichtigung von Fragen der Krisenvorsorge im Rahmen der strategischen Planung benötigt. Allgemeiner ist unter jedem Krisenszenario für jede Alternative i wieder eine Trade-off-Situation zwischen den drei Zielen gegeben. So kann etwa im Rahmen einer Preiskrise die 100 %ige Bedarfsdeckung zwar möglich, aber inakzeptabel teuer sein.

4. Charakterisierung und Einsatz von Krisenszenarien

Krisenszenarien sollen unwahrscheinliche, jedoch potentiell besonders bedrohliche Umweltentwicklungen erfassen. Die Frage einer genauen Schätzung der ein Szenario charakterisierenden Parameter tritt in den Hintergrund gegen die Forderung nach möglichst lückenloser Abdeckung aller bedeutsam erachteter Krisen. Die bekannten "weichen" Technologien der Szenariodefinition können über weite Strecken mit Vorteil eingesetzt werden. Da Krisenszenarien weitgehend noch niemals realisierte Umweltkonstellationen abbilden, ist auf interne Konsistenz besonders sorgfältig zu achten. Eine Definition von Eintrittswahrscheinlichkeiten unterbleibt, ebenso werden die Zielerreichungsgrade einer Strategie unter verschiedenen Krisenszenarien nicht in eine gemeinsame Kennziffer aggregiert.

Eine Optimierung des Energieversorgungssystems in bezug auf ein Krisenszenario ist aufgrund der geringen Eintrittswahrscheinlichkeit ohne praktische Bedeutung. Es empfiehlt sich, statt dessen interaktiv vorzugehen und das Ansoff'sche Prinzip des Satisficing anzuwenden, d.h. die Suche dann abzubrechen, wenn eine bezüglich Normal- und Krisenszenarien befriedigende Lösung gefunden wurde. Die Suche kann sich dabei auf die Punkte beschränken, die bezüglich der Tradeoffs von Kosten- und Umweltzielen in einem Normalszenario effizient sind.

5. Rolle des Rationierungsplans

Der Rationierungsplan hat im Falle einer Krise, die mit marktwirtschaftlichen Mitteln nicht zu bekämpfen ist, die Verteilung der knappen Energieformen zu regeln.

Rationierungspläne stellen Akte der Eingriffsverwaltung erster Ordnung dar. Ihr Erlaß ist bereits heute durch Rahmenrichtlinien geregelt. Diese Pläne fixieren u.a. die Grundsätze einer Vorab-Sicherung des "lebenswichtigen" Bedarfs sowie einer möglichst weitgehenden Aufteilung knapper Energien im Verhältnis der Vorkrisen-Situation. Sie sind im Modell abzubilden. Eine darüber hinausgehende Konkretisierung des Krisenplans muß immer mit einiger Willkür behaftet bleiben und wird im Ernstfall auf Basis politischer Präferenzen zu Gunsten des einen oder anderen Verbrauchssektors getroffen. Einen völlig gerechten, in diesem Sinne optimalen Krisenplan kann es nicht geben.

6. Konkretisierung des Modellinhalts

Die Konkretisierung erfolgt am Beispiel der Stadtregion München; als Planungshorizont wird das Jahr 2000 gewählt. Das Modell baut konzeptionell auf die Arbeit von Fendt, 1980 auf. Die Datenbasis wurde mittels einer bei Wilde 1981 beschriebenen kausalen Prognosetechnik erstellt.

Der langfristig-strategischen Aufgabenstellung werden Entscheidungsspielräume im Versorgungs- und Verbrauchssektor erfaßt. Der Aufbau ist modular: die getrennt modellierten Erzeugungs- und Verbrauchssektoren werden über Bedarfsdeckungs-Restriktionen verknüpft.

Die Verbrauchsseite einer Strategie wird in vier Verbrauchsgruppen (Haushalt, Kleinverbrauch, Industrie und Verkehr) gegliedert, die ihrerseits nach Anwendungsfeldern (etwa Warmwasserbereitung Haushalte) disaggregiert sind. Die Leistungen eines Anwendungsfeldes können i. d. R. mittels verschiedener Technologien und Nutzenergiearten erbracht werden (z.B. Gasdurchlauferhitzer oder elektrische Wärmepumpe). Die zugehörigen Technologieanteile sind die prinzipiellen Entscheidungsvariablen des Verbrauchsmodells. Das Spektrum modellmäßig erfaßter Technologien erfaßt neben bekannten, weitverbreiteten Technologien auch die zukunftsträchtigen Technologien der Wärmepumpe und Solarheizung.

Auf der Versorgungsseite werden die Einrichtungen zur Deckung des Bedarfs geplant. Der Anlagenpark eigener Anlagen wird - im Gegensatz zum Fremdbezug - nach Kraftwerkstechnologie und Brennstoff getrennt erfaßt. Anlagen, die Umschaltmöglichkeiten auf Zweitbrennstoff bieten, sind möglich.

Eine Strategie ist durch Festlegung der Technologieanteile und Kapazitäten fixiert. Als Bewertungskriterien unter Normalszenarien verwendet das Modell die Kosten des Energieversorgungssystems und die verursachten Emissionen, alternativ kann ein mit der Schädlichkeit der Substanzen gewichteter Immissionsindex verwendet werden.

Die Strategie braucht von Hand nicht vollständig spezifiziert zu sein. Die Konkretisierung kann in einem linearen Optimierungsmodell für den Normalfall, das obige Bewertungskriterien als Zielfunktion zuläßt, erfolgen.

Für das Krisenmodell werden Technologieanteile und Kapazitäten als fest vorgegeben betrachtet. Abb. 2. veranschaulicht die Situation. Das Krisenmodell berücksichtigt u. a. folgende kurzfristig realisierbaren Anpassungsmöglichkeiten:

- freiwillige, i. d. R. preisinduzierte Bedarfseinschränkungen
- Brennstoffmanagement im Kraftwerk durch Änderung des zu jedem Zeitpunkt der Ganglinie eingesetzten Anlagenparks
- Produktionsbeschränkungen (3-Tage-Woche etc)
- Umschalten flexibler Anlagen auf Zweitbrennstoff (Kapazität der Anlagen wurde bereits im Rahmen der Strategiedefinition festgelegt)
- erzwungener Brennstoffwechsel der Industrie (etwa bei Abschaltklauseln in Gaslieferverträgen)

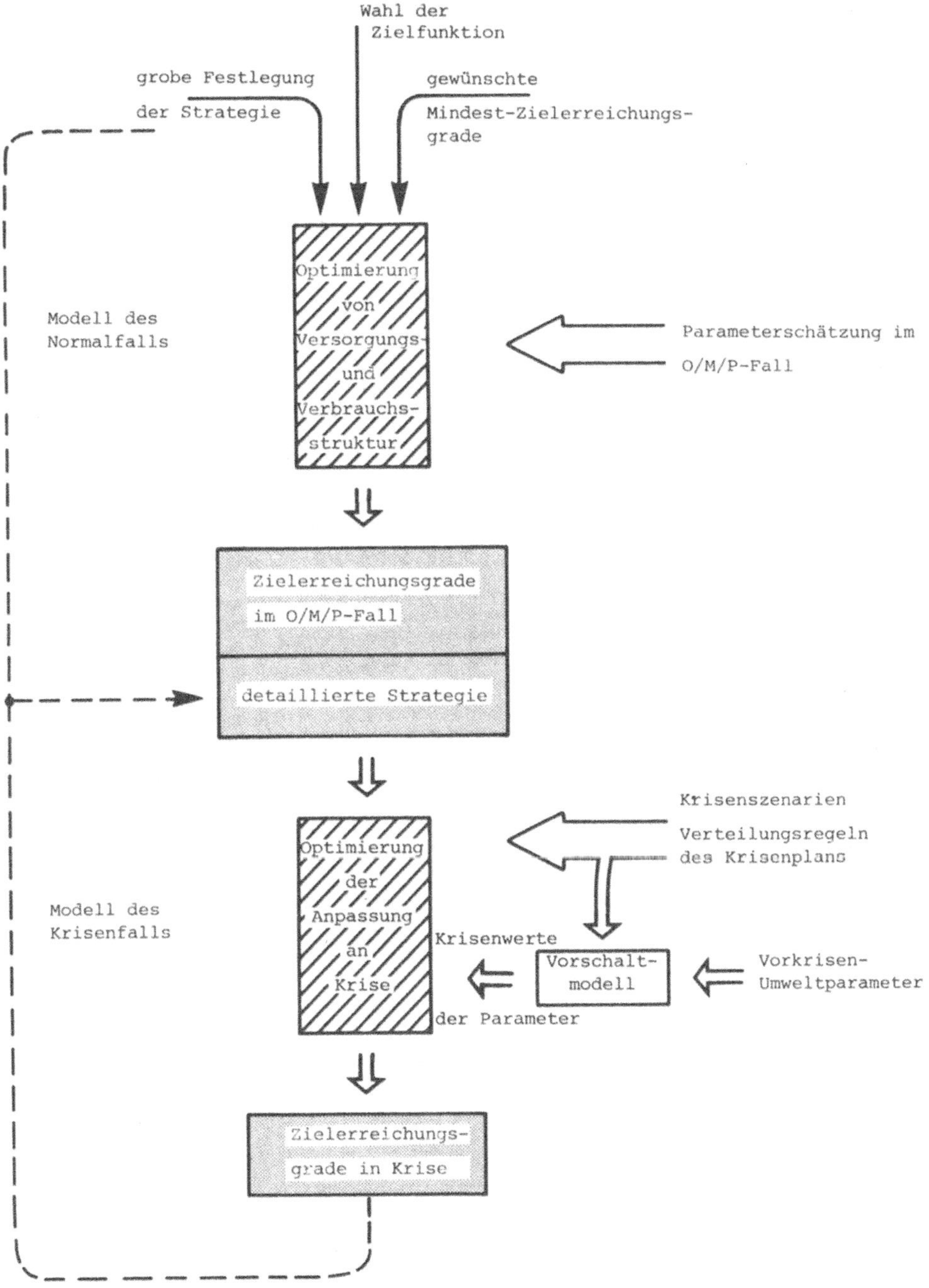

Abb. 2: Ablauf der strategischen Energieplanung bei Berücksichtigung von Krisenszenarien. ⇒ steht für Datenfluß, → für Vorgaben des Planers, - - → Informationsrückkopplung bei Planung nach dem Verfahren der Satisficing und dem heuristischen Prinzip.

- Wahl von Ausweichtechnologien (Heizlüfter)
- kurzfristige Senkung der Wartungszeiten in Kraftwerken
- Maßnahmen der Ganglinienglättung bei Strom/Fernwärme
- Rückgriff auf Krisenreserven von Privatpersonen oder des Staates
- Bedarfssenkungen gemäß Verordnungen des Rationierungsplans (Sonntagsfahrverbote, Rationierung)

Die Verteilungsregeln des Rationierungsplans sind für alle Krisenszenarien und Strategien gleich festgelegt. Dies trägt der Tatsache Rechnung, daß diese Regeln großenteils bereits vor Auftreten der eigentlichen Krise in Gesetzen und Verordnungen definiert sein müssen. Die im Modell verwendeten Aufteilungsregeln gründen sich auf ein System von Prioritätskennziffern zwischen den Endenergieanwendungen. Sie werden mittels des von Saaty/Mariano, 1979 erstmals auf Fragen der Rationierung angewendeten Verfahrens des analytischen Hierarchieprozesses geschätzt. Die Methodik bietet hier die Möglichkeit, die subjektive Schätzung der relativen Bedeutung einzelner Energieanwendungen hierarchisch zu strukturieren und letztlich auf Paarvergleiche zu reduzieren. Besondere Vorteile der Methode liegen in eingebauten Konsistenzprüfungen und der Möglichkeit zur Berücksichtigung und relativen Gewichtung von Subzielen. Abb. 3 illustriert einen Teil der verwendeten Ziel/Mittel-Hierarchie.

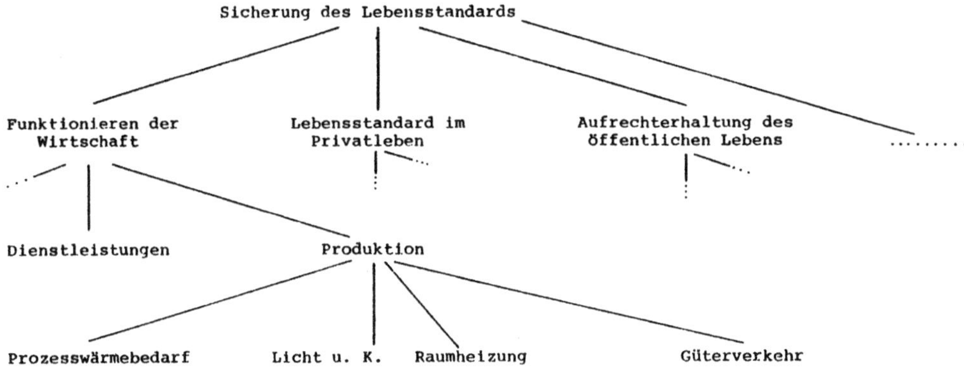

Abb. 3: Ausschnitt aus dem Hierarchiebaum zur Bestimmung der relativen Prioritäten von Anwendungsfeldern mittels des analytischen Hierarchieprozesses

Restriktionen stellen die Konsistenz der Aufteilung sicher.

Durch die Krise werden externe Modellparameter (etwa Strompreise im Fremdbezug) verändert. Die Parameteränderungen werden in getrennten Vorschaltmodellen quantifiziert und in das Modell eingespeist.

Das Krisenmodell bestimmt die gemäß den Vorgaben des Krisenplans optimale Anpassung an die Bedingungen des Krisenszenarios. Die hauptsächliche Zielfunktion, der Bedarfsdeckungsgrad λ, ist quantifiziert als jener Anteil der Vorkrisen-Nutzenergie-Nachfrage, der auch in der Krise noch befriedigt werden kann. Im Rahmen der Tradeoff-Analyse wird eine Optimierung nach Kosten- und Emissionszielen unter Krisenbedingungen ebenfalls nützlich sein. Diese Berechnungen können, da das Krisenmodell linear ist, unkritisch erfolgen. Eine detailierte Aufstellung des Energieverbrauchs nach Energieträgern und Anwendungsgruppen gestattet die Identifikation von Schwachstellen in der geprüften Versorgungsstrategie und gibt Hinweise auf Verbesserungen.

Die Ergebnisse zeigen, daß selbst bei Beschränkung auf effiziente Lösungen erhebliche Entscheidungsspielräume existieren. Eine in den Brennstoffen diversifizierte, mit umschaltbaren Anlagen ausgerüstete Elektrizitäts- und Fernwärmewirtschaft bietet langfristig ein hohes Maß an Krisensicherheit. Kohle bietet sich- insbesondere im Kraftwerkseinsatz - als sehr attraktiver Primärenergieträger an. Angesichts der Entscheidungsspielräume erscheint eine frühzeitige Festlegung der Prinzipien der langfristigen Energiepolitik geboten.

7. Einbindung in ein umfassendes Planungssystem

Das vorliegende Modell ist bewußt auf die Abbildung strategischer Planungszusammenhänge beschränkt. Nur so kann die Abbildung aller systemrelevanter Zusammenhänge bei gleichzeitiger Überschaubarkeit des Modells gewährleistet werden. Die Detaillierung der hier ermittelten Strategien und die Festlegung "strategischer Variablen zweiter Stufe" (Verteilung der Kapazität auf Anlagenstandorte, Leitungsnetzplanung, etc) erfolgt im Rahmen nachgeschalteter Modelle.

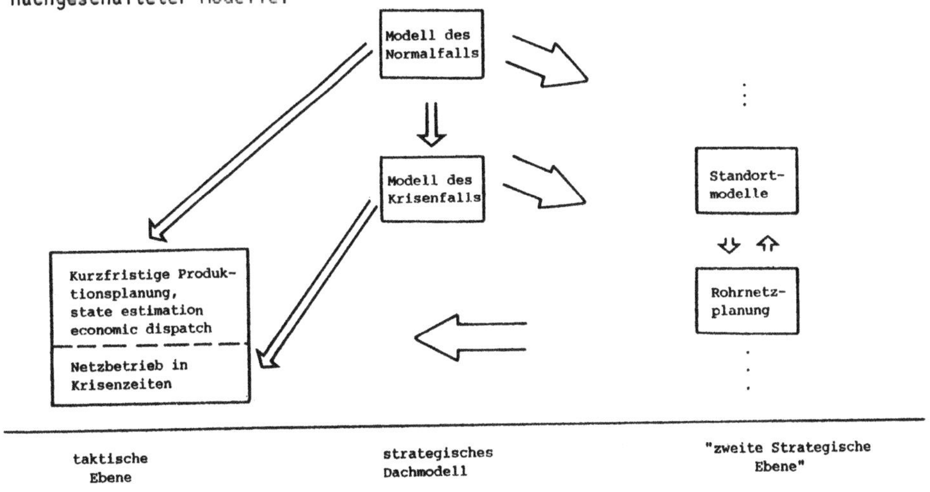

Abb. 4: Einbindung strategischer Energieplanung in ein umfassendes Planungskonzept

Das Modell ist weiterhin im Hinblick auf taktische Fragestellungen zu ergänzen durch ein Modell der kurzfristigen Produktionssteuerung in Kraftwerken und des Betriebs von Verteilnetzen, wobei unter dem Gesichtspunkt der Krisenplanung Fragen der Überlasterkennung und des Lastabwurfs erhöhte Bedeutung zukommt.

8. Zusammenfassung

Erfolgreiche Krisenvorsorge muß im Rahmen langfristig-strategischer Energieplanung stattfinden. Die Bewertung einer Energieversorgungsstruktur sollte daher auch vor dem Hintergrund von Krisenszenarien erfolgen. Sie sollten das Spektrum aller bedeutsamen Krisen möglichst lückenlos abdecken. Durch integrierte Versorgungs- und Verbrauchsplanung wird wichtiger Handlungsspielraum auch für Krisenfälle gewonnen. Der vorgestellte zweistufige Modellansatz erlaubt einerseits die Konkretisierung und Optimierung nur grob spezifizierter Strategien im Rahmen eines Optimierungsmodells für den Normalfall, andererseits die Beantwortung der Frage, welche taktische Flexibilität die Strategie besitzt und wie diese Flexibilität zur Minderung von Krisenfolgen genutzt wird. Durch Aufdeckung der Austauschbeziehung zwischen Wirtschaftlichkeits-, Umwelt- und Sicherheitszielen leistet das Modell wirksame Entscheidungshilfe.

9. Literatur

Fendt, H., Regionale Energieplanung - Ein ökonomisch-ökologischer Optimierungsansatz zur quantitativen Beurteilung energiepolitischer Alternativen einer Stadtregion, Florentz-Verlag, München 1980

Giesen, G., et al, Markal, Ein Mehrperioden-LP-Modell des Energieversorgungssystems, Operations Research Proceedings 1980 Springer-Verlag, Berlin, Heidelberg 1981

Hanssmann, F., Energiemodelle kritisch gesehen, Energiewirtschaftliche Tagesfragen, Heft 6, 1976, S. 291-294

Hanssmann, F., Die Rolle von Entscheidungsmodellen in der strategischen Planung, in: Müller-Merbach, H. (Hrsg.), Quantitative Ansätze in der Betriebswirtschaftslehre, Vahlen-Verlag, München 1978

Saaty, T.L., Mariano, R.S., Rationing Energy to Industries; Priorities and Input-Output Dependence, Energy Systems and Policy, 3, 1979, S. 85-111

Wilde, K.D., Langfristige Marktpotentialprognosen in der strategischen Planung, Mannhold, 1981

Problembeschreibung und Konzeption zur Bedarfsplanung von Personal und Gerät auf Flughäfen

L. Söhngen, Ottobrunn

Zusammenfassung: Der Winter- bzw. Sommerflugplan und vorgegebene Personalstandards (Geräteansätze) für die Abfertigung eines Flugzeugs, die vom Flugzeugtyp, der Bodenzeit und der zu be- bzw. entladenden Fracht und des Gepäcks abhängen, bilden die Datenbasis für die Bedarfsplanung im Bodenverkehrsdienst eines Flughafens.

Der Personalbedarf weist tageszeitlich und kalendertäglich starke Schwankungen auf. Nach der Auswahl einer repräsentativen Planungswoche gilt es, ein optimales, d.h. leerzeitenminimales Schichtsystem (Bestimmungsgrößen: Anfangszeiten, Dauern und Besetzungsstärken der Schichten für Stammpersonal und Aushilfen) zu ermitteln. Für das Stammpersonal muß dann unter Berücksichtigung von Ausfallfaktoren (Urlaub, Krankheit) und Vorschriften der Arbeitszeitordnung ein Schichtfolgerhythmus (Turnus) bestimmt werden. Der Gerätebedarf ist an maximalen Spitzenintervallen eines Flugplans auszurichten.

Summary: The standardized requirements of personnel and equipment needed to dispatch aeroplanes can be calculated statistically dependent on types of aeroplanes, timespan between schedule time arrival and departure, quantity and structure of cargo and baggage. With these values and the air service time table the total requirements changing several times during the day can be calculated. There is a multitude of different patterns regarding the daily requirements of personnel und equipment observable over a period of several months.

The planning problem can be divided in 4 steps:
calculation of standardized values, selection of 7 days (Monday through Sunday) which are characteristic for daily requirements in the air service time table, determination of an optimal system of shift work and of schedules for rotation of employees.
This paper describes a concept to solve these problems.

1. Einführung

Eine Flughafengesellschaft nimmt für den mittelfristigen Planungshorizont (Winter-, Sommerflugplan) - im allgemeinen ohne wesentliche Einflußmöglichkeit - als Verkehrsart Linien-, Charter- oder Frachtflug beabsichtigte Verkehrsereignisse der Luftverkehrsgesellschaften (Starts und Landungen werden separat betrachtet) von einer zentralen Koordinierungsstelle der Deutschen Verkehrsflughäfen in Frankfurt entgegen. Die Flugereignisse auf einem Flughafen sind über die Flug-Nr. (Kurzzeichen der Luftverkehrsgesellschaft, Strecken-Nr.) eindeutig identifizierbar. Neben der Flugnummer wird jedes Flugereignis näher bestimmt durch den Landezeitpunkt bzw. Startzeitpunkt, den Verkehrszeitraum (von (Datum) bis (Datum)),die Verkehrstage Montag bis Sonntag (z.B.: 1, 3, 7), den Flugzeugtyp und die Verkehrsart (i.a. Linie, Charter, Fracht). Diese unternehmensextern vorgegebenen Flugplaninformationen werden für die Bedarfsplanung ergänzt um unternehmensintern erzeugte Daten:

Operations Research Proceedings 1982

- Blockzeit eines Flugzeugs (2 Einzelflug-Nr. Landung und Start werden zu einem Umkehrflug verkettet, wenn die Bodenzeit (Stillstandzeit) des dazugehörigen Flugzeugs einen nach Praktikabilitätsaspekten frei wählbaren Grenzwert (z.B. 90 Min.) unterschreitet. Die realen Blockzeiten betragen bei den meisten Umkehrflügen zwischen 25 und 45 Minuten. Für unverkettete Landungen oder Starts werden abfertigungsrelevante Bodenzeiten definiert.
- Menge und Struktur ein- bzw. auszuladender Fracht, Gepäcks, Post. Bei Linienflügen wird i.a. Fracht, Gepäck und Post transportiert, bei Charterflügen ist nur Gepäck an Bord.
- Anzahl Passagiere (Aussteiger, Einsteiger).
- notwendige Ver- und Entsorgungsleistungen am Flugzeug.

Das Planungsproblem kann wie folgt strukturiert werden: (vergl. Bild 1)

(1) Aufbereitung der Inputdaten, insbesondere Verdichtung der Auslastungsdaten einzelner Flugnummern zu Standards. (SOLL-Vorgabe des Personal- und Geräteeinsatzes nach Anfangszeit, Einsatzdauer und Anzahl Mitarbeiter).
(2) Berechnung des tageszeitlich variablen Personal- und Gerätebedarfs für einzelne Tage (sogenannte Arbeitsverlaufskurven).
(3) Bildung einer repräsentativen Planungswoche (sogenannte typische Woche).
(4) Festlegung eines Personaleinsatzkonzeptes mit der Unterscheidung von Stamm- und Aushilfspersonal.
(5) Bestimmung eines Schichtsystems für die typische Planungswoche mit Festlegung der Anzahl verschiedener Schichttypen, die sich in der Anfangszeit und/oder Dauer unterscheiden sowie ihrer Besetzungsstärken mit Personal.
(6) Berechnung des Netto- und Brutto-Personalbedarfs.
(7) Bestimmung eines Schichtfolgerhythmus, mit dem die Abfolge von freien Tagen und Dienst-Tagen unter Beachtung der Mitarbeiterwünsche, der Arbeitszeitordnung und von Wirtschaftlichkeitskriterien fixiert wird.

Die Strukturierung des Planungsproblems macht deutlich, daß in weiten Teilen personelle Aspekte im Vordergrund stehen. Bei der Geräteplanung kommt es lediglich darauf an, maximale Bedarfsintervalle in einer Flugplanperiode ausfindig zu machen. Wegen des iterativen Planungsprozesses - die Flugplandaten werden laufend aktualisiert und mit Näherrücken des Inkrafttretens des Flugplans stabilisiert -, der großen Datenmenge und wegen der Kompliziertheit des zu lösenden Planungsproblems liegt es nahe, die Möglichkeiten der EDV zu nutzen.

Bild 1 Ablauf der Bedarfsplanung

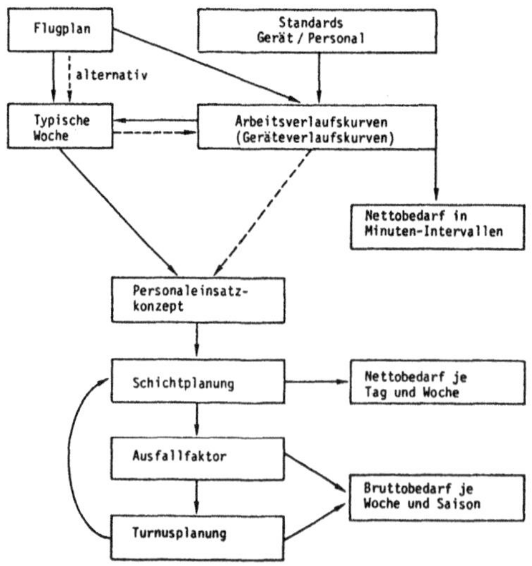

2. Standardisierung des Personal- und Geräteeinsatzes bei Flugzeugabfertigungen

Voraussetzung für die Bedarfsplanung ist es zu wissen, wieviele Mitarbeiter, welcher Qualifikation, wielange (teilweise auch wie oft) mit welchem Gerät bei einer Flugzeugabfertigung benötigt werden. Formalisiert ausgedrückt geht es darum, für jedes Flugereignis eine Standardstabelle mit den Merkmalen, "Standardtyp Personal/Gerät", "Anzahl Mitarbeiter/Einsätze", "Anfangszeit (früheste)", "Endzeit (späteste)", "Dauer (wenn früheste/späteste Einsatzzeiten)" zu erstellen, wobei sich folgende Vorgehensweise anbietet:

1) Ordnung und Klassifizierung der Aufgaben sowie Bestimmung der Einflußgrößen auf den Personal- und Gerätebedarf
2) Berechnung von Planwerten für einzelne Aufgaben
3) Zuordnung von Aufgaben zu Dienstgruppen und Festlegung der Ablauflogik der Aufgaben
4) Berechnung von Standardwerten für den Personal- und Geräteeinsatz einer Dienstgruppe bezogen auf einzelne Flugnummern oder Flugnummerngruppen.

Die Aufgaben bei einer Flugzeugabfertigung können zu 8 Gruppen zusammengefaßt werden:

A 1) Transportaufgaben (Passagiertransport mit Bussen, Fracht-, Post- und Gepäcktransport)
A 2) Ver- und Entsorgungsaufgaben (Frischwasser, Fäkalien, Abfall u.a.)
A 3) Aufgaben nach ON-Block (Geräte positionieren nach Stillstand auf Parkposition)
A 4) Aufgaben bei OFF-Block (Geräte abziehen vor Abrollen von Parkposition)
A 5) Entladen
A 6) Beladen
A 7) Vorbereitungsaufgaben
A 8) Nachbereitungsaufgaben.

Die Aufgabengruppen unterscheiden sich in zwei charakteristischen Merkmalen:

a) Tätigkeitsbeginn und Tätigkeitsende: zeitpunktorientiert oder zeitintervallorientiert. Aufgrund der Abfertigungslogik und unter Kenntnis der Tätigkeitsdauer für eine Aufgabe lassen sich für die Aufgaben A 3) bis A 8) fest definierte Zeitpunkte des Tätigkeitsbeginns angeben. Für die Aufgaben A 1) und A 2) wird ein Zeitintervall mit frühester Anfangs- und spätester Endzeit angegeben, indem eine Aufgabe bei einer Flugzeugabfertigung zu absolvieren ist.
b) Einsatzdauer: determiniert oder probabilistisch.
   Aufgrund entsprechender Zeitmessungen kann in bestimmten Genauigkeitsgrenzen für die Aufgaben A 1) bis A 4), A 7) und A 8) die Dauer eines Einsatzes vorgegeben werden. Wesentlich schwieriger ist dies für die Be- und Entladetätigkeiten A 5) und A 6), da i.a. im voraus die Be- und Entlademenge und ihre Struktur unbekannt sind. Aufgrund vergangenheitsbezogener Abfertigungsanalysen sind hier Wahrscheinlichkeitsaussagen über die Einsatzdauern zu treffen. Einflußgrößen sind die Anzahl Mitarbeiter im Einsatz, der Flugzeugtyp und die verfügbare Blockzeit (Zeitintervall zwischen ON-Block- und OFF-Blockzeit) und die Auslastungsdaten Fracht, Post, Gepäck.
   Ähnliche Unterscheidungen zwischen determinierten und probabilistischen Planwerten sind für den Gerätebedarf und die Anzahl Ansätze von Personal und Gerät bei

einer Flugzeugabfertigung anzustellen. Die Ermittlung probabilistischer Planwerte sei am Beispiel der Einsatzdauer für Frachtbeladung erläutert. Die Vorgehensweise hängt von der Erhebbarkeit und Verfügbarkeit von Daten ab:

- Wahl der Betrachtungsebene: Planwerte für jede einzelne Flugnummer oder für Flugnummerngruppen (Kriterien hierfür: Flugzeugtyp, Zeitintervalle, Verkehrstage, Verkehrsart, Luftverkehrsgesellschaft, z.B. alle Flugnummern mit bestimmtem Flugzeugtyp einer LVG)
- Definition des charakteristischen Auslastungsniveaus (Mittelwert, plus 1-Sigmabereich, Prozentfraktile)
- Angleichung der Dimensionen dokumentierter (EDV-gespeicherter) und für die Planzeitvorgabe zu messender (zu beobachtender) Größen (Regressionsgerade der Frachtstruktur)(Variable: Frachtmenge in kg, Frachtmenge in Stückzahlen)
- Zeitmessungen (Regressionsgerade zwischen Frachtstücken und Zeitbedarf bei Einsatz von zwei oder drei oder vier Mitarbeitern).

So sind in Bild 2 bei 84 % aller Flugereignisse einer Flugnummer ca. 1000 kg <u>oder weniger</u> Fracht zu entladen. 1000 kg entsprechen etwa 50 Frachtstücken. Für die Entladung werden beim Einsatz von drei Mitarbeitern ca. 5 Minuten benötigt.

<u>Bild 2</u> : Exemplarische Darstellung der Ermittlung der Einsatzdauer für Frachtentladung

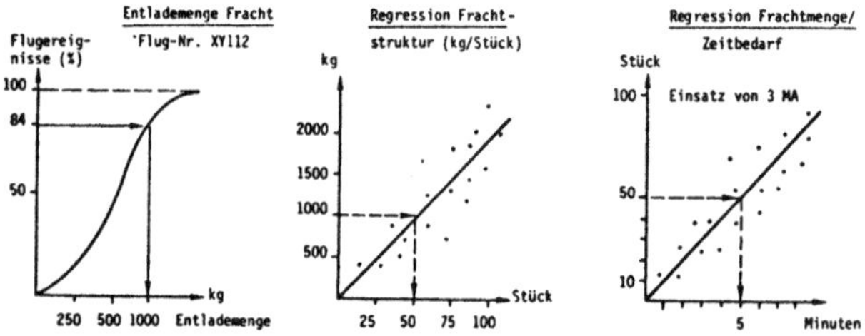

Bei der Verdichtung der Planwerte der einer Dienstgruppe zugeordneten Aufgaben zu Standards sind zwei Typen zu unterscheiden:
- zeitintervallorientierte Standards
- zeitpunktorientierte Standards.

Bei den zeitintervallorientierten Standards werden zwei zeitliche Grenzwerte (frühester Anfang/spätestes Ende) vorgegeben. Innerhalb dieser Grenzen sind die Aufgaben einer bestimmten Plandauer zu erledigen. Bei den intervallorientierten Standards wird einer Dienstgruppe i.a. jeweils nur eine Aufgabe zugeordnet (z.B. nur Frischwasserdienst). Alle Transport- sowie Ver- und Entsorgungsaufgaben gehören zu diesem Standardtyp.

Bei den zeitpunktorientierten Standards wird ein fester Bezugspunkt gewählt (ON-Block- oder OFF-Blockzeit), auf den sich die Zeitangaben (Beginn und Dauer) der Aufgaben einer Dienstgruppe beziehen. Dieser Standardtyp enthält i.a. mehrere Aufgaben. So werden der Dienstgruppe "Vorfelddienst" oftmals die Aufgaben A 3) bis A 8) zugewiesen. Während intervallorientierte Standards identisch sind mit den Planwerten der jeweils zugewiesenen Aufgabe, wird ein zeitpunktorientierter Standard für eine Flugzeugabfertigung durch Verknüpfung der Planwerte der einzelnen Aufgaben einer Dienstgruppe entwickelt. Der Planwert "Personalanzahl" ist häufig nicht für alle Aufgaben einer Flugzeugabfertigung (A 3) bis A 8) identisch. Je häufiger und größer Mitarbeiterzahlen von Aufgabe zu Aufgabe bei einer Flugzeugabfertigung wechseln, umso größere Anforderungen sind an die Einsatzsteuerung zu stellen, die in Orientierung an den vorgegebenen Standardwert Personal zwischen den Parkpositionen der Flugzeuge umzudirigieren hat. Je nach Leistungsfähigkeit der Einsatzsteuerung sind hier jedoch deutliche Grenzen gesetzt, die bei der Bildung von Standards zu berücksichtigen sind. Eine bizarre Kontur der Mitarbeitereinsätze für die Aufgaben bei einer Flugzeugabfertigung muß u.U. begradigt werden, was zur Verschlechterung der Produktivität bei einer Flugzeugabfertigung führt. Als Produktivität einer Flugzeugabfertigung sei der Quotient aus der Summe der Mannminuten (Anzahl · Einsatzdauer) der einzelnen Aufgaben einer Flugzeugabfertigung und der Summe der Mannminuten des Standards definiert. Der schraffierte Bereich des Beispiels in Bild 3 stellt die Planwerte (Mitarbeiterzahl, Einsatzdauer, Einsatzbeginn) der Aufgaben bei einer Flugzeugabfertigung dar. Als Standardwert "Anzahl Mitarbeiter" wird in diesem Fall der maximale Planwert "Anzahl Mitarbeiter" der Aufgabe bei der Flugzeugabfertigung gewählt. Diese Mitarbeiter werden über die gesamte Blockzeit einschließlich der Vor- und Nachbereitungszeit eingesetzt. In diesem fiktiven Beispiel wird eine Produktivität von 71 % erreicht (206/290 Mannminuten).

Bild 3: Zusammenhang zwischen Planwerten einzelner Aufgaben und Standards

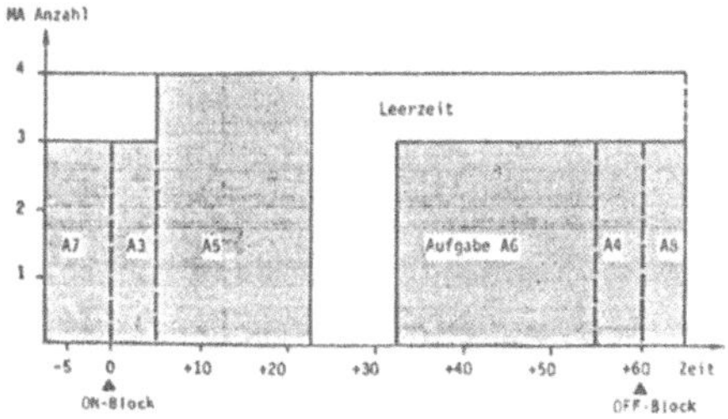

3. Berechnung des Netto-Personal- und Gerätebedarfs für einen beliebigen Flugplantag (Arbeitsverlaufskurven, Geräteverlaufskurven)

Lande- und Startzeiten determinieren die Anfangs- und Endzeiten der Standards der einzelnen Flugereignisse eines Flugplantags. Für die Verdichtung dieser einzelereignisorientierten Bedarfszahlen zu Tagessummenwerten sind in Abhängigkeit von den zeitpunkt- und intervallorientierten Standards unterschiedliche Ansätze zu wählen.

Zeitpunktorientierte Standards liefern eindeutige Angaben zum Beginn, zur Dauer und zur Anzahl der eingesetzten Mitarbeiter. Gliedert man die tägliche Betriebszeit in Minutenintervalle (144 bei 10-Minuten-Intervall je Tag, 288 bei 5-Minuten-Intervallen) ist jeder Standard einem Intervall eindeutig zuzuordnen. Wenn die Intervallweite mit der Rechengenauigkeit der Standards nicht übereinstimmt, (z.B. 5 Minuten zu 1 Minute) kommt es zu Rundungsfehlern, da die Intervallweite die zeitliche Bezugsgröße für die Bedarfsplanung darstellt. Bedarfswerte an Mitarbeitern werden je Zeitintervall aufaddiert. Die Summenwerte der Intervalle bilden den i.a. mehrgipfligen Netto-Personalbedarf eines Tages ab (analog bei Geräten).

Intervallorientierte Standards geben für jedes Flugereignis Zeitgrenzen vor, in denen eine Aufgabe mit einer bestimmten Plandauer zu absolvieren ist. Es muß eine personal- und geräteminimale Reihenfolge berechnet werden, in der die Aufgaben jeweils einer Dienstgruppe während eines Tages erledigt werden. Die Arbeitseinsätze können innerhalb der vorgegebenen Grenzen beliebig gewählt werden. Die Bedarfsplanung mit intervallorientierten Standards führt zu übereinandergelagerten Einsatzreihenfolgen, die formal dem Aufbau der Arbeitsverlaufskurven zeitpunktorientierter Standards entsprechen.

4. Bildung einer typischen Planungswoche

Zur Darstellung und Kennzeichnung des Verkehrsgeschehens auf Flughäfen bieten sich mehrere Möglichkeiten an: Starts und Landungen im Tagesverlauf, Positionsbelegungsdiagramme als Summenkurve der Blockzeiten und die Arbeits- bzw. Geräteverlaufskurven. Flughäfen unterliegen i.a. starken Schwankungen in den täglichen Verkehrsbelastungen. Ein wöchentlich sich wiederholender Belastungszyklus wird durch eher unsystematische saisonale Belastungswellen überlagert. Für die Ermittlung eines Schichtsystems und die Bedarfsplanung ist es notwendig, aus der Vielzahl der unterschiedlichen Tage des Sommerflugplans (ca. 210 Tage) bzw. des Winterflugplans (ca. 150 Tage) jeweils die typischen Wochentage Montag bis Sonntag herauszufiltern. Was ist nun ein typischer Tag im Flugplan ? Definiert man den maximalen Belastungstag als typischen Tag für die Bedarfsplanung, kann man weitgehend sicher sein, allen Bedarfssituationen gewachsen zu sein. Wenn ein solcher maximaler Tag jedoch nur einmal in 7 bzw. 5 Monaten auftritt und der im Niveau nächstfolgende Belastungstag deutlich darunter liegt, wäre es wirtschaftlich unverantwortlich, die Bedarfsplanung hieran zu orientieren.

In erster Näherung reicht es aus, durch Bildung einer Summenhäufigkeitsfunktion der Starts und Landungen je Tag die Verkehrstage des Betrachtungszeitraums zu klassifizieren und zu ordnen. Aus der jeweiligen betrieblichen Gesamtsituation heraus ist zu entscheiden, welcher Tag als charakteristisch für alle Tage eine Zeitperiode (Sommerflugplan bzw. Winterflugplan) gelten soll. Legt man zum Beispiel fest, daß 70 Prozent aller Montage im Sommerflugplan durch den "Typischen Montag" abgedeckt sein sollen(für die übrigen werden kurzfristige dispositive Maßnahmen getroffen), dann heißt das, daß an 20 von 28 Montagen nicht mehr Starts/Landungen stattfinden (aber weniger) als an dem identifizierten "Typischen Montag".

Die pauschale Orientierung an Starts und Landungen vernachlässigt natürlich die unterschiedlichen Belastungsniveaus während eines Tages. Arbeits- und Geräteverlaufskurven zeichnen sich jedoch i.a. durch mehrgipflige Konturen aus, die für die Personal- und Gerätebedarfsplanung von großer Bedeutung sind. Dieser Aspekt muß deshalb in die Auswahl eines typischen Tages einfließen. Bei Zerlegung eines Tages in Zeitintervalle (vergl. Punkt 3), kann für jedes Zeitintervall ein charakteristischer Wert (Starts/Landungen/Personalbedarf u.a.) berechnet werden; alle zusammen bilden einen fiktiven typischen Tag. Als typischer Tag wird jeweils der (die) Verkehrstag (e) definiert, der dem fiktiven Tag am ähnlichsten ist. Zur Definition eines Ähnlichkeitskriteriums wird das Gauss'sche Prinzip der kleinsten Quadrate herangezogen. Mit der Identifizierung der 7 typischen Tage Montag bis Sonntag aus einem vorzugebenden Betrachtungszeitraum ist die typische Woche gebildet.

5. Personaleinsatzkonzept

Mit der typischen Woche liegen sieben - u.U. völlig - verschiedene Arbeitsverlaufskurven jeweils für eine Dienstgruppe mit sehr unterschiedlichen Mitarbeiterbedarfszahlen während eines Tages vor. Die Fläche unter den Arbeitsverlaufskurven muß mit Schichten abgedeckt werden, wobei eine Schicht durch die Anfangszeit, die Dauer und die Personalbesetzungsstärke bestimmt wird (vergl. Bild 4). Durch die Überlagerung von Schichten ergibt sich eine Summenkurve aller Schichten (Schichtverlaufskurve), die dem summarischen Verlauf der Schichtbesetzungen entspricht. Ein deckungsgleicher Verlauf von Arbeits- und Schichtsverlaufskurven wird nur in Ausnahmefällen zu erzielen sein. Je mehr unterschiedliche Schichttypen gebildet werden können, umso besser läßt sich die Schichtverlaufskurve einer Arbeitsverlaufskurve annähern. Schichttypen unterscheiden sich in Anfangszeiten und/oder Schichtdauern. Der Gestaltungsspielraum für ein Schichtsystem (Gesamtheit der Schichttypen und Besetzungsarten für die typische Woche) wird unmittelbar beeinflußt durch das betriebliche Personaleinsatzkonzept. Hierunter ist zu verstehen, ob nur Stammpersonal mit der tariflichen üblichen Wochenarbeitszeit von z.Zt. 40 Stunden eingesetzt werden soll, ob auch Teilzeitkräfte mit festem Arbeitsvertrag und deutlich weniger als 40 Stunden pro Woche eingestellt werden, oder ob auch Personal als Reservepool gehalten wird, auf das im Bedarfsfall stunden- oder tageweise zurückgegriffen werden kann (Stundenkräfte). Für jede Personalgruppe (Stammpersonal, Aushilfskräfte (Teilzeitkräfte, Stundenkräfte) ist ein eigenes Schichtsystem festzulegen, wobei die Freiheitsgrade vom Stammpersonal zu den Stundenkräften deutlich zunehmen. Für Stammpersonal ist i.a. nur eine begrenzte Anzahl von Schichttypen durchsetzbar, wobei eine einheitliche Schichtdauer für alle Schichttypen bevorzugt wird, die sich im Bereich der üblichen tariflichen Arbeitszeit von 8 Stunden pro Tag bewegt. Je flexibler und kürzer die Schichtdauern jedoch in einem Schichtsystem ausfallen, umso besser können schichtsystembedingte Leerzeiten (vergl. Bild 4) vermieden werden. Akzeptable Grenzwerte für Schichtdauern liegen zwischen 4 und 10 Stunden. Noch kürzere zusammenhängende Verfügbarkeitszeiten von Personal sind denkbar, wenn ein Reservepool aus Personal im Unternehmen gebildet wird, das normalerweise nicht im Flugzeugabfertigungsdienst eingesetzt wird, vorübergehend aber vom Arbeitsplatz abgezogen werden kann (insbesondere technische Dienste). Durch den Einsatz von Aushilfskräften können die Vorteile flexibler und kurzer Schichtdauern in hohem Maße genutzt werden. Ob und in welchen quantitativen Anteilen Stammpersonal und Aushilfskräfte zum Einsatz kommen, hängt u.a. von der qualitativen Struktur der Arbeitsverlaufskurven ab (erforderliche Qualifikationen des Personals in Abhängigkeit vom jeweiligen Flugzeugtypmix). Aushilfskräfte, die nur vorübergehend oder in größeren zeitlichen Abständen tätig sind, können nur einen beschränkten Anteil des jeweiligen Gesamtbedarfs der Arbeitsverlaufskurve ausmachen (Schulungs-, Übungs- und Erfahrungsprobleme). Die Relationen der Personalgruppen müssen für jeden neuen Flugplan und die daraus abgeleitete typische Woche neu überdacht werden.

Bild 4 : Zusammenhang zwischen Arbeitsverlaufskurve und Schichtsystem

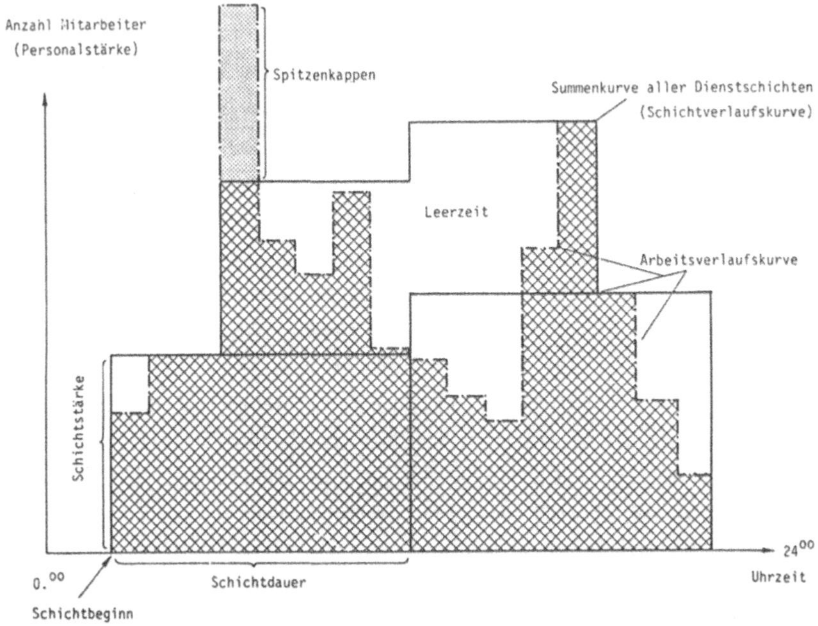

6. Berechnung des Schichtsystems

Unter Berücksichtigung der Arbeitszeitordnung, tariflicher Bestimmungen und der Festlegungen im Personaleinsatzkonzept (Anzahl Stammpersonal und Aushilfen je Tag und u.U. Tageszeiten der Tage der typischen Woche) können alle zulässigen Schichttypen nach dem Merkmal "Schichtdauer" festgelegt werden. Eine vollständige Definition "zulässiger" Schichttypen kann nun so erfolgen, daß für jede Schichtdauer in diskreten Zeitsprüngen (10, 15, 30 Minuten) angepaßt an die tägliche Betriebszeit Schichtanfangszeiten vorgegeben werden. Beispiel (Typ, Anfang, Dauer (STD): 1,8.00,4/2,8.15,4/3,8.30,4/.../20,8.00,7/21,8.15,7/.../132,8.00,9/133,8.15,9// usw.)
Aus der Menge der zulässigen Schichttypen muß eine Teilmenge ausgewählt und so mit Personal besetzt werden, daß die Leerzeiten zwischen Schichtverlaufskurven und Arbeitsverlaufskurven minimal ausfallen. Hierbei ist auf die Einhaltung von Grenzwerten für unterschiedliche Schichttypen im Schichtsystem der einzelnen Personalgruppen Stammpersonal, Aushilfskräfte) zu achten. Die Menge zulässiger Schichttypen läßt sich eindeutig den Personalgruppen zuordnen. Weiterhin sind die vorgegebenen Anteile an

Stammpersonal und Aushilfskräften einzuhalten. Bei der Berechnung des Schichtsystems ist es wegen der Sicherheitszuschläge in den Standards zulässig, extreme kurzzeitige Spitzen (Minuten) des Personalbedarfs zu vernachlässigen (zu kappen) (vergl. Bild 4).

7. Berechnung des Netto- und Bruttopersonalbedarfs

Das Schichtsystem ist als Besetzungstableau für die einzelnen Schichttypen an den 7 Tagen der Typischen Woche darstellbar. Beispiel:

Schichttyp			Besetzungsstärke der Schichten am Tag j							
			Mo	Di	Mi	Do	Fr	Sa	So	
i	Anfang	Dauer d_i	1	2	3	4	5	6	7	
1	6.00	8	8	8	-	8	8	-	-	
2	6.00	9	-	-	7	-	-	12	12	
3	14.00	7	3	4	-	-	-	-	-	
4	14.00	8	-	-	4	4	-	-	-	
5	15.00	9	-	-	-	-	8	8	8	
6	22.00	8	-	-	-	-	4	4	-	
7	22.00	9	8	8	8	8	-	-	4	
MAN_j			19	20	19	20	20	24	24	146

Es gilt : $AZN = SUM_{i=1}^{n}(d_i * SUM_{j=1}^{7} u_{ij}) =$ 1252 Std.

mit AZN : Nettoarbeitszeitsumme je Woche

d_i : Dauer des Schichttyps i

u_{ij} : Besetzung der Schicht i am Tag j

SUM : Summationszeichen

MAN_j: Anzahl Mitarbeiter von Tag j

Durch Division von AZN durch die tarifliche Wochenarbeitszeit (AZ) (40 Std. pro Woche bei Stammpersonal) wird der Nettopersonalbedarf pro Woche (PB_n = 31.3 MA Stammpersonal pro Woche) berechnet, der auch dem Jahresbedarf entspricht, wenn während eines Jahres die Typische Woche unverändert bleibt. Entsprechend ist die Vorgehensweise bei Teilzeitkräften.

Für eine kostenorientierte Personalbedarfsplanung muß der Nettobedarf um einen Ausfallfaktor(Urlaub und Krankheit) erweitert werden. (Bei Stundenkräften entfällt dieser Faktor). Der Ausfallfaktor (AF) errechnet sich wie folgt:

	Anzahl betrieblich notwendiger Arbeitstage	365 auf Flughäfen
abzügl.	freie Tage durch Turnusplanung	104 (125) bei durchschnittlicher Schichtdauer von 8 (9) Stunden
	turnusplanmäßige Arbeitstage pro Jahr (TPA)	261
abzügl.	Urlaubstage (Tarif/Sonderurlaub)	30 (Beispiel)
abzügl.	durchschnittliche Krankentage	20 (Beispiel)
abzügl.	Feiertage	11 (Beispiel)
	effektive Arbeitstage pro Jahr (EFA)	200

AF = TPA : EFA = 1,3

$PB_b = PB_n \cdot AF$ = 40,7 (Bruttopersonalbedarf)

8. Turnusplanung

Eine Turnusplanung auf der Basis eines beliebigen Schichtsystems erfolgt in drei Stufen:

- Adaption der Schichtsystemgrößen an die funktionalen Zusammenhänge eines Turnus
- Entwicklung eines Basisrhythmus der Folge von Arbeitstagen (Schichten) und freien Tagen (Grundstrukturierung des Freizeit-Arbeitszeit-Rhythmus/Basisturnus)
- Zuordnung von Schichttypen zu den Arbeitstagen im Basisturnus.

Vom Nettopersonal (PB_n) sind in der Typischen Woche eine durch das Schichtsystem vorgegebene Anzahl von Schichten [$SUM_{j=1}^{7}$ (MAN_j)] zu absolvieren. Im Turnusplan wird eine geschlossene Kette von Arbeitseinsätzen (Arbeitstagen (Schichten)) und freien Tagen für das vorgesehene Personal bestimmt. Nach einer Anzahl von Wochen wird vom Personal der Durchlauf durch eine Kette wiederholt. Die Länge der Kette und damit eine Systematisierung des Freizeit- und Arbeitszeit-Rhythmus kann jedoch beeinflußt werden. Die maximale Länge eines Turnus entspricht der Anzahl Mitarbeiter (PB_n). Durch Zusammenfassung der Mitarbeiter zu Gruppen einer bestimmten Gruppengröße (GG) läßt sich die Turnuslänge (TL) auf die resultierende Gruppenzahl (GZ) reduzieren. Es gilt: TL = GZ = PB_n : GG (alle Terme ganzzahlig).

Die für einen Turnus einheitliche Gruppengröße muß unter Beachtung betrieblicher Prämissen so gewählt werden, daß eine oder mehrere vollständige Mitarbeitergruppen jede im Schichtsystem anfallende Schichtstärke exakt ausfüllen (U_{ij} : GG = ganzzahlig für alle i,j), d.h. für alle Schichtstärken U_{ij} der Typischen Woche muß ein gemeinsamer ganzzahliger Teiler (=Gruppengröße) gefunden werden. Nur unter dieser Bedingung läßt sich ein rollierender Turnus entwickeln, der sicherstellt, daß das Personal im systematischen Wechsel am im Schichtsystem geforderten Tag und im richtigen Schichttyp bereitsteht. Wie das obige Beispiel zeigt (Punkt 7), ist weder der Nettopersonalbedarf (PB_n) ganzzahlig, noch sind alle Schichtstärken durch einen Teiler (GG > 1) teilbar, d.h. das Schichtsystem muß modifiziert werden, um einen zulässigen Turnusplan erstellen zu können.

Durch Veränderung der Schichtbesetzungsstärken im Schichtsystem läßt sich ein gemeinsamer, ganzzahliger Teiler finden. Jede Erhöhung des Personalansatzes vermehrt den Personalbedarf (PB_n) (vergl. Punkt 5), sichert aber noch nicht die geforderte Ganzzahligkeit. Nach Festlegung der Gruppengröße (GG) und damit der Modifikation und endgültigen Fixierung der Schichtstärken (U_{ij}) ist nur noch über eine Anpassung der Schichtdauern im Schichtsystem ein korrigierter ganzzahliger Personalbedarf (PB_{kor}) zu erhalten.

Inwieweit die Modifikationen des Schichtsystems und des Nettopersonalbedarfs akzeptabel erscheinen, läßt sich durch einen Vergleich mit dem Ausfallfaktor ermitteln. Entspricht der Quotient des korrigierten Personalbedarfs (PB_{kor}) und des ursprünglichen Nettopersonalbedarfs (PB_n) annähernd dem Ausfallfaktor, dann enthält der Turnus soviel Personal zusätzlich, wie für Ausfälle mehr benötigt werden. Durch dispositive (kurzfristige) Umsetzungen im Turnus, der durch eine Anbindung an den Kalender und durch namentliche Benennung des Personals zum Dienstplan wird, ist sicherzustellen, daß das Personal den Erfordernissen des Schichtsystems entsprechend eingesetzt wird.

Mit der Adaption des Schichtsystems wird erreicht, daß ein rollierender Turnus entwickelt werden kann, der die tarifliche Arbeitszeit von z.Zt. 40 Stunden exakt einhält und den betrieblichen Erfordernissen, ausgedrückt im Schichtsystem, gerecht wird. Wenn es dennoch nicht gelingt, einen kompletten Turnus zu erstellen, dann sind die Größen des korrigierten Schichtsystems mit den Vorgaben der Arbeitszeitordnung, tariflicher Bestimmungen u.a. nicht in Einklang zu bringen. Es existiert keine zulässige Lösung. Das Schichtsystem oder die Vorgaben müssen verändert werden. Nach der Modifikation des ursprünglichen Schichtsystems und Wahl der Gruppengröße (GG = 4) könnte im obigen Beispiel ein achtwöchiger Turnusplan mit acht Personalgruppen (GZ = 8) nach Ermittlung des Basisturnus und der Schichtzuordnung folgende Struktur annehmen:

	Mo	Di	Mi	Do	Fr	Sa	So
1	-	-	-	(1)	(1)	(2)	(2)
2	(1)	-	-	-	(5)	(5)	(5)
3	(3)	(3)	-	-	-	(2)	(2)
4	(7)	(7)	(7)	-	-	(2)	(2)
5	(7)	(7)	(7)	(7)	-	-	-
6	(1)	(1)	(4)	(4)	(5)	-	-
7	-	(1)	(2)	(7)	(6)	(6)	(7)
8	-	-	(2)	(1)	(1)	(5)	(5)
MAN_j	20	20	20	20	20	24	24

(1): Schichttyp i=1 nach dem Beispiel in Punkt 7, die Besetzungsstärke entspricht der Gruppengröße (GG=4)

$PB_{kor} : PB_n = 32 : 31.3 = 1{,}02$, es handelt sich hier demnach um einen reinen Netto-Turnusplan. Ausfälle von Personal müßten in diesem Fall durch einen separaten Springerdienst ergänzt werden.

9. Bedarfsplanung als Bestandteil des Managementprozesses

Die verfahrensmäßige Umsetzung des hier skizzierten Konzeptes zur Bedarfsplanung von Personal und Geräte auf Flughäfen ist inzwischen in einem umfangreichen dialoggestützten EDV-Programm-Paket realisiert und praxiserprobt. Das EDV-System mit den Bausteinen: "Standards", "Arbeits/Geräteverlaufskurven mit zeitpunkt- und intervallorientierten Standards" , "Auswahl Typische Woche", "Schichtsystem" und "Turnusplan" (vergl. Bild 1) ist so ausgelegt, daß der Planer bei der Herleitung von Ergebnissen alternativer Planungen weitgehend unterstützt wird, indem aufwendige Datenverarbeitungsprozeduren, komplizierte Rechenvorgänge und das Bereitstellen von Daten von der Rechenanlage übernommen werden. Die Auswahl der Planungsalternativen, ihre Interpretation und ihre sinnvolle Weiterverwendung obliegt dem Systemnutzer. Eine vollständige Nutzung des Systems wird erst dann erreicht, wenn das Verfahren in einen systematischen, kontinuierlichen Prozeß der Planung, Entscheidung und Kontrolle eingebunden wird. So muß beispielsweise die Auswahl der Typischen Woche am realisierten Flugplan überprüft werden, die Definition und quantitative Auslegung von Abfertigungsstandards müssen fortwährend aktualisiert werden. Nur so sind abgesicherte Planungsparameter zu erzielen, die als Eingabegrößen für die Planungsverfahren zu einer Präzisierung und Erhöhung der Zuverlässigkeit der Planungsergebnisse führen.

Methodische Vorgehensweise bei der Personal- und Gerätebedarfsplanung für Bodenverkehrsdienste von Flughafengesellschaften

Gustav Adolf Zölzer, Ottobrunn

1. Einleitung

Die Darstellung der methodischen Vorgehensweise für die Personal- und Gerätebedarfsplanung für Bodenverkehrsdienste bei Flughafengesellschaften beschränkt sich auf die Problembereiche

1. Bildung einer typischen Planungswoche
2. Ermittlung des Arbeitskräfte- und Gerätebedarfs im Verlauf eines Tages
3. Bestimmung eines geeigneten Schichtsystems mit optimalen Schichtstärken

und andeutungsweise auf die

4. Erstellung von Dienstplänen

2. Auswahl einer typischen Planungswoche

Der Planungsflugplan wird aufgrund alternativer Kriterien (Arbeitskräftebedarf, Starts, Landungen, abzufertigende Flugzeuge pro Zeitintervall eines Tages) statistisch ausgewertet. Für jeden Wochentag der Flugplanperiode werden auf diese Weise "statistische Verlaufskurven" berechnet; der Wochentag wird als typisch ausgewählt, dessen Verlaufskurve von der des statistischen Wochentages am geringsten abweicht (Summe der Abweichungsquadrate). Die typische Planungswoche ergibt sich aus den typischen Wochentagen.

3. Ermittlung von Arbeitskräfte-/Geräteverlaufskurven

Je nach Dienstart (z.B. Gepäckabfertigung oder Passagiertransport) sind zwei Ansätze gewählt.

3.1 Summarische Ermittlung

Hierbei liegen eindeutige Angaben über Beginn und Ende sowie Zahl der benötigten Arbeitskräfte bzw. Geräte (Standards) vor, aus denen durch Addition der Arbeitskräfte- bzw. Gerätebedarf pro Zeiteinheit ermittelt wird.

Operations Research Proceedings 1982

3.2 Ermittlung über Einsatzreihenfolgen

Es werden die Angaben über Beginn und Ende sowie Anzahl der Arbeitskräfte bzw. Geräte zunächst über den optimalen (= leerzeitminimalen) Einsatz der Fahrzeuge ermittelt. Die Zeit zwischen dem Ende eines Einsatzes und dem Beginn eines folgenden wird minimiert. Die Zahl der so ermittelten Einsatzketten mit Beginn und Ende des Einsatzes ist die Zahl der benötigten Fahrzeuge (Fahrer).

4. Schichtsystem

Das Schichtsystem wird iterativ mit Hilfe eines LP bestimmt, das zu vorgegebenen Schichtanfängen und -dauern die optimale (= leerzeitminimale) Besetzungsstärke bestimmt:

1. Vorgabe aller möglichen Schichtanfänge und -dauern
2. Berechnung der Schichtstärken mittels LP
3. Elimination unerwünschter Schichten
4. Rücksprung zu 2.

Mit dieser Iteration wird ein optimales Schichtsystem für die Arbeitsverlaufskurve eines Tages, sowie ein einheitliches Schichtsystem für die gesamte Planungswoche ermittelt.

5. Erstellung von Dienstplänen

Aufgrund der zahlreichen, teilweise voneinander abhängigen Parameter (Arbeitskräftebedarf, freie Tage/Arbeitstage, freie Tage im Jahr etc.) und der nicht eindeutig definierbaren Restriktionen für diese Parameter wurde die Methode "Trial and Error" gewählt und in einem Dialogprogramm realisiert.

6. Schlußbemerkung

Die gesamte Konzeption der Personal- und Gerätebedarfsplanung - nicht nur die hier erwähnten Methoden - werden in einem Planungssystem für den Flughafen München realisiert.

OPTIMALE LIQUIDITÄTSDISPOSITION BEI KOMMUNEN IM COMPUTER-DIALOG

Herbert Meier, Nürnberg

Zusammenfassung: Im Referat wird ein modular aufgebautes Dialogsystem zur optimalen Liquiditätsdisposition vorgestellt, mit dem Datenerfassung und -verwaltung, Dokumentation, Optimierungsrechnung, Alternativenrechnung und Abruf der Ergebnisse im Online-Betrieb durchgeführt werden. Die realisierbaren Nutzeffekte des Planungssystems hängen weitgehend von der Genauigkeit ab, mit der die Zahlungsströme prognostiziert werden können. Es werden daher die spezifischen Probleme skizziert, die bei der Entwicklung eines Systems zur tagesgenauen Prognose der Vielzahl heterogener Zahlungsarten von Kommunen auftreten.

Summary: A modular interactive program system for optimal cash management is described. The model consists of subprograms for online data collection and data management, documentation, optimization, evaluation of alternative solutions and output of the results. The systems' benefits depend to a great extent on the accuracy with which the payments can be forecastet. Therefore the specific problems are outlined that arise with the development of a forecasting system in respect of the multitude of different types of payments on issues of the municipal financial management.

Das Referat informiert über die Weiterentwicklung eines computergestützten Planungssystems zur optimalen Liquiditätsdisposition bei Kommunen mit Hilfe der Linearen Programmierung. Das System wurde in einer früheren Entwicklungsstufe bei der DGOR-Tagung 1976 vorgestellt. Aus diesem Grunde wird bezüglich der mathematischen Struktur auf die entsprechende Veröffentlichung verwiesen[1]. Zentraler Bestandteil ist ein LP-Modell, dessen Zielfunktion auf die Maximierung des kurzfristigen Finanzgewinns gerichtet ist. Die Nebenbedingungen sichern die Einhaltung des finanziellen Gleichgewichts durch Anlage bzw. Beschaffung von Geldmitteln und bilden die Konditionen der Dispositionsmöglichkeiten sowie deren zeitliche Verflechtung ab.

Das Dialogsystem umfaßt fünf Funktionsgruppen, die in Unterprogrammen zusammengefaßt und über ein Steuerprogramm miteinander verknüpft sind.

---

1 Steinmann, H. und Paptistella, R., EDV-gestützte Liquiditätsoptimierung in der Kommunalen Verwaltung mit Hilfe der Linearen Programmierung, in Dathe H.N. u.a. (Hrsg.), Proceedings in Operations Research 6, Würzburg 1976, S. 473 ff.

Operations Research Proceedings 1982

a) Datenerfassung und Datenverwaltung

Alle planungsrelevanten Daten sind auf einer Datei gespeichert, deren Updating damit besondere Bedeutung für die Qualität der Planung gewinnt. Für die Dispositionsmöglichkeiten wurden Bildschirm-Formulare entwickelt, die ein benutzerfreundliches Erfassen, Ändern und Löschen von Daten ermöglichen.

b) Dokumentation

Verschiedene Abfragen geben dem Disponenten einen raschen Überblick über die Entwicklung der Liquiditätssituation und komprimierte Darstellung der gespeicherten Daten (Festgeldangebote, Verbindlichkeiten, Kontostände etc.).

c) Optimierungsrechnung

Der Benutzer initiiert die Durchführung von Planungsrechnungen durch die Eingabe von Planungsbeginn und Länge des Planungszeitraums.

d) Alternativrechnungen

Zur Durchführung von Alternativrechnungen in möglichst kurzer Zeit wurde ein Unterprogramm erstellt, das es erlaubt, Werte der Eingabematrix des Linearen Programms direkt zu ändern bzw. ganze Zeilen und Spalten (Dispositionsmöglichkeiten) einzufügen oder zu löschen, ohne Kenntnisse des Benutzers über die interne Verschlüsselung der Variablen vorauszusetzen.

e) Ausgabe der Ergebnisse

Als Ergebnis der Planungsrechnung erhält der Disponent über die konkreten Handlungsvorschläge für jeden Tag des Planungszeitraums hinaus auch den Zielfunktionswert der vorgeschlagenen Lösung. Er verfügt damit über eine wichtige Entscheidungshilfe, da er durch Vergleich der Zielfunktionswerte von Alternativrechnungen die Auswirkungen unterschiedlicher Planannahmen auf das finanzielle Ergebnis eruieren kann.

Die zu realisierenden Nutzeffekte des Planungssystems hängen weitgehend von der Genauigkeit ab, mit der die Zahlungsströme prognostiziert werden können. Durch das Prognosesystem sind tagesgenaue Vorhersagen für eine Vielzahl von Zahlungsarten (Steuern, Zuschüsse, Gebühren, Mieten, Gehälter usw.) zu erstellen, die sich auch hinsichtlich der über sie gespeicherten Informationen stark unterscheiden. Erschwerend wirkt sich dabei die für Prognosezwecke ungeeignete Ausgestaltung des kommunalen Finanzwesens aus. Im Referat wird das weitere Vorgehen zur Entwicklung eines Prognosesystems skizziert.

Planungssysteme in einer Beratungskonzeption zur öffentlichen Innovationsförderung. Ein Beitrag zur Überwindung des Akzeptanzproblems bei Planungs- und Entscheidungsmodellen in der Unternehmenspraxis

Heinz Strebel

Zusammenfassung. Es wird eine Beratungskonzeption zur öffentlichen Innovationsförderung entwickelt, die besonderes Gewicht auf Modellberatung und Oberwinden von Akzeptanzbarrieren gegenüber Planungs- und Entscheidungsmodellen legt.

Summary. This paper presents a consulting concept adjusted to public promotion of innovation in industry. Main attention is given to assistance with introduction of planning and decision models.

1. Akzeptanzprobleme beim Einsatz von Modellen in der Innovationsplanung mittelständischer Unternehmen

Erfahrungen aus der Praxis und empirische Untersuchungen zeigen die Diskrepanz zwischen dem umfangreichen Angebot an Planungs- und Entscheidungsmodellen und dem insgesamt geringen Ausmaß ihres Einsatzes in der Praxis [1)5)11)]. Dabei denke ich nicht nur an Optimierungsmodelle sondern prinzipiell an alle Verfahren, die Führungsinstanzen mit quantitativen Informationen zur Entscheidungsvorbereitung und -durchsetzung versorgen sollen.

Ich will hier keine neuen Klagen über diesen Zustand anstimmen, sondern nach Gründen der beobachteten Modellabstinenz fragen und Möglichkeiten für den Abbau von Akzeptanzproblemen diskutieren. Dabei konzentriere ich mich auf mittelständische Betriebe. Dies ist aus der Sicht des OR wie der gesamten Betriebswirtschaftslehre durchaus reizvoll. Ich nenne nur zwei Gründe:

Operations Research Proceedings 1982

Der erste Grund folgt schon aus der Definition des mittelständischen Betriebes, wenn man diesen Betriebstyp nicht nur formal charakterisiert, nämlich mit einer Spanne der Beschäftigtenzahl, sondern materiell, und zwar anhand der geringen Spezialisierung der Unternehmensleitung[14]. Die Geschäftsleitung (oft nur der "Unternehmer"), erfüllen hier mehrere oder alle Führungsfunktionen und werden dabei nur in beschränktem Maße durch Stäbe unterstützt. Wegen der Vielfalt der Aufgaben und der intensiven Belastung mit Tagesgeschäften ist es hier besonders schwierig, das Interesse der leitenden Personen an Planungsmodellen zu wecken[4].

Der zweite Grund für die Betonung der Akzeptanzprobleme bei mittelständischen Unternehmen liegt in der gesamtwirtschaftlichen Bedeutung dieser Wirtschaftseinheiten (nach dem Statistischen Jahrbuch für 1981 für die Bundesrepublik Deutschland haben 95% aller erfaßten Industriebetriebe mit 48% aller Beschäftigten weniger als 500 Mitarbeiter) und in dem daraus resultierenden Bemühen politischer Instanzen um die Förderung von Innovationsfähigkeit und -tätigkeit gerade im Mittelstand. Gibt es nämlich leistungsfähige Planungsmodelle für das Innovationsmanagement, so könnte deren Einsatz auch öffentlichen Finanzierungshilfen im Rahmen der Innovationsförderung größere Effizienz verschaffen.

Welche Akzeptanzbarrieren sind nun unter den Bedingungen geringer Ressortspezialisierung und Unterstützung durch Stäbe bei mittelständischen Unternehmen besonders augenfällig[5]? Der Modellkonstrukteur oder -promotor scheitert mit seiner Botschaft von vornherein, wenn er sein Modell beim potentiellen Anwender nicht in verständlicher Weise vorbringen kann. Der Anwender will das Modell auch inhaltlich begreifen können; es muß ferner auf sein Entscheidungsproblem zugeschnitten sein und die Beziehungen zwischen Eingabevariablen und Modellergebnissen sollen überschaubar bleiben[7]. Bei alledem wird gefordert, daß der Einsatz des Modells bessere Entscheidungsgrundlagen hervorbringt als man sie ohne Modelleinsatz erwarten kann, und daß dieser zusätzliche Nutzen nicht durch Mehrkosten des Modellentwurfs, der Modellauswertung und -pflege (insbesondere der Beschaffung und Aufbereitung notwendiger Eingabeinformationen) aufgezehrt wird. Gerade auf diesen Nachweis legen mittelständische Unternehmen besonderes Gewicht. Der Schlüssel für den Abbau der spezifischen Akzeptanzbarrieren dieses Betriebstyps ist also eine besondere Modellberatung. Wie könnte eine solche Beratungskonzeption aussehen?

2. Eine Beratungskonzeption zur Überwindung von Akzeptanzproblemen

2.1. Grundgedanken

Modellakzeptanz kann man nur erwarten, wenn die Anwender vom Nutzen systematischer Planung mit Hilfe solcher Modelle überzeugt sind. Ein angemessenes Konzept der Modellberatung steht daher durchaus im Dienste höherer Modellakzeptanz.

Der Nutzen der Modellanwendung bei Innovationen für den Betrieb läßt sich prinzipiell nur am konkreten Projekt nachweisen. Unternehmen, die bisher wenig mit Planungsmodellen umgegangen sind, sollte man dabei zuerst mit einfachen Modellen vertraut machen und hier vor allem solche bevorzugen, die bei Problemerkenntnis und Problemstrukturierung helfen (z.B. Funktionsanalysen, Entwurf von Suchfeldmatrizen, Portfolio-Analyse). Mit dieser Phase des Innovationsprozesses - also seinem Beginn - haben nämlich mittelständische Betriebe oft beträchtliche Schwierigkeiten und sind für guten Rat besonders dankbar. Dies wiederum eröffnet aber die Chance, den Nutzen der Arbeit mit Planungsmodellen zu demonstrieren und somit das Interesse des Beratenen an der Übernahme solcher Instrumente zu wecken.

Der hier skizzierte Gedanke einer Beratung im Einsatz von Planungsmodellen wird von den bisher bekannten Beratungskonzepten nicht abgedeckt. Demnach muß im Interesse der Innovationsförderung ein neuartiges Beratungskonzept entworfen und angeboten werden.

Es erscheint möglich und aussichtsreich, diese Variante der Beratung vorhandenen Institutionen zu übertragen, die ohnehin an der öffentlichen Innovationsförderung mitwirken. Fernziel ist es dabei, in mittelständischen Unternehmen Bereitschaft und Fähigkeit zu Aufnahme und Einsatz von Planungsmodellen auszubilden.

Das vorgestellte Beratungskonzept hat folgende Merkmale:

- Praxisgerechte Modellgestaltung
- Modellgerechte Gestaltung des Informationswesens
- Verbund von Planungsmodellen
- Innovationsfördernde Organisation
- Integriertes System der Innovationsplanung ("Planungssystem")
- Beratung mit Hilfe von Planungssystemen

2.2. Merkmale der Beratungskonzeption

2.2.1. Praxisgerechte Modellgestaltung

Praxisgerechte Modellgestaltung konkretisiert sich in folgenden Modelleigenschaften:

- Die Modelle sind ihrer Struktur nach imstande, Planungs- und Entscheidungsprobleme der Praxis hinreichend realistisch ("strukturähnlich") abzubilden.

- Die Modelle helfen dabei, bei Planungs- und Entscheidungsproblemen die "Problemdurchsicht" zu verbessern, also die Komplexität des Problems zu vermindern, und zwar so weit, daß schließlich geeignete Lösungsalternativen sichtbar werden. Dazu gehört zunächst, daß der Anwender das Modell überhaupt versteht. So fordert schon Little im Kontext mit seinen Decision-Calculus-Modellen "Einfachheit" als unabdingbare Eigenschaft praxisbezogener Entscheidungsmodelle[7)8)].

- Die Modelle ermöglichen es, mit vertretbarem Aufwand "befriedigende" Problemlösungen zu entwickeln. Streben nach Optimallösungen ist schon deshalb vergebliche Liebesmüh, weil Planungsmodelle die Realität nur näherungsweise abbilden können und weil die vorliegenden Daten regelmäßig unsicher sind.

- Die Modelle lassen für den Benutzer erkennen, wie bestimmte Datenänderungen die Vorteilhaftigkeit von Lösungen beeinflussen ("Überschaubarkeit" und "Anpassungsfähigkeit" bei Little[7)]).

- Die Modelle ermöglichen es, Problemlösungen zu entwickeln, die deutlich besser sind als ohne Planungsaufwand (ad hoc) gefundene Lösungen.

Bei alledem muß man beachten, daß Modelle stets auch Regeln zur Informationsverarbeitung sind. Jedes Modell hat einen spezifischen Bedarf an Eingabeinformationen. Ohne diese Informationen ist die praktische Anwendung des Modells illusorisch.

Gerade der letzte Punkt ist unter dem Aspekt der Nutzen-Kosten-Analyse des Modelleinsatzes für die Praxis von erheblichem Gewicht. Arbeitshilfen für mittelständische Unternehmen in Form von Modellen sind jedenfalls nutzlos, wenn die verlangten Eingangsinformationen nicht oder nur mit prohibitivem Aufwand gewonnen werden können. Die Empfehlung solcher Modelle wirkt dann gegenüber Praktikern mit beträchtlichem Erfahrungswissen eher abschreckend und läßt ihnen den Modellberater als unerfahrene Person erscheinen, die ihnen trotz fehlendem "Durchblick" sagen will, was zu tun sei[2].

Der Modellberater sollte zunächst ohnehin vor dem Hintergrund des im Betrieb vorhandenen Informationswesens operieren. Dies zwingt ihn dazu, Modelle für die Praxis so zu gestalten oder abzuwandeln, daß ihr Einsatz einen möglichst geringen zusätzlichen Aufwand zur Informationsgewinnung beansprucht. Ebenso wie der vorher erwähnte Gesichtspunkt der Problemadäquanz verlangt auch der Aspekt der Informationskosten vom Modellberater, eigene methodische "Steckenpferde" im Zaum zu halten. Er sollte vielmehr einen Grundsatz für Angler bedenken: Der Köder muß dem Fisch schmekken, nicht dem Angler. Man kann das Spannungsverhältnis zwischen Modellberater und beratenem Unternehmen auch mit einem Bild aus dem Operationssaal illustrieren: Dem Patienten ist es lieber, von einem guten Chirurgen mit dem Taschenmesser operiert zu werden, als von einem Verkäufer medizinischer Geräte mit dessen Sortiment.

2.2.2. Modellgerechte Gestaltung des Informationswesens

Beim Einstieg in das Arbeiten mit Planungsmodellen sollte man sich zwar so weit wie möglich an das vorhandene Informationswesen halten. Ist dieser gelungen, so muß der Modellberater jedoch auf die Ausgestaltung des Informationswesens drängen.

In der mittelständischen Industrie hat sich das Informations- und Rechnungswesen nämlich als gravierende Schwachstelle erwiesen[12]. Es dient dort vornehmlich der Erfüllung - lästiger - gesetzlicher Dokumentationspflichten, während seine Funktion, aus fallweise oder laufend geführten Dokumentationen Informationen für Planung und Entscheidung zu liefern, verkümmert ist. In diesem Zustand versagt das Informationswesen möglicherweise schon beim Versuch, mit recht einfachen Modellen zu arbeiten.

Soweit Informationen für Modelle aus Dokumentationen des Informationswesens stammen - z.B. Kosten - ergibt sich auch eine - mittelbare - Verknüpfung zwischen Planungsmodellen und Dokumentationen. Die Kette: Planungsmodelle - Informationsbedarf - Dokumentationen verweist auf wesentliche Zusammenhänge beim Versuch, Planungsmodelle in der Unternehmenspraxis einzuführen. Sie sagt Beratern und Anwendern nämlich, welche Informationen das Modell benötigt und welche Dokumentationen ggf. dafür unterhalten werden müssen. Demgegenüber steht die Tatsache, daß etwa in Veröffentlichungen über OR-Modelle im allgemeinen genaue Angaben über die Bereitstellung benötigter Daten fehlen. Auch unterbleibt die Abschätzung des Datenumfangs für realistische Anwendungsfälle[4)10)11)].

Der Informationsbedarf eines Modells und der durch Modelleinsatz erwartete Planungserfolg bilden die Basis zur Nutzen-Kosten-Analyse der Modellanwendung. Dabei vergleicht man im Prinzip den Wert der (zusätzlichen) Informationen aus dem Modelleinsatz - also die erwarteten Veränderungen der Zielerfüllung - mit dem Aufwand für Einrichtung und Unterhalt der Dokumentation und für Entnahme und Verarbeitung der entsprechenden Informationen[13)] (vgl. auch Abb. 1).

2.2.3. Verbund von Planungsmodellen

Beim Entwurf einer Beratungskonzeption zur Innovationsförderung darf man Planungsmodelle nicht als isolierte Hilfsmittel verstehen, sondern man muß sie im Verbund anwenden[1)].

Jeder Innovationsprozeß umfaßt mehrere Phasen, in denen zahlreiche Planungs- und Entscheidungsprobleme auftreten. Diese sind vielfältig miteinander verkettet. Somit muß man auch Entscheidungsmodelle einzelnen Phasen des Innovationsprozesses zuordnen und entsprechend den damit zusammenhängenden Planungs- und Entscheidungsproblemen miteinander verknüpfen. Dem Praktiker, der Modelle zur Verbesserung seines Planungs- und Entscheidungsverhaltens anwenden soll, muß so demonstriert werden, wie ihn diese Arbeitshilfen in Verbindung miteinander und im Kontext mit den einzelnen Phasen des Innovationsprozesses unterstützen können.

Diese Empfehlung steht im Gegensatz zum üblichen Vorgehen - auch in der beratungsorientierten Literatur -, wo Planungs- und Entscheidungshilfen meist einzeln oder katalogartig, aber jedenfalls zusammenhanglos und ohne Zuordnung zu Projektschritten angeboten werden.

2.2.4. Innovationsfördernde Organisation

Einsatz von Planungsmodellen, darauf bezogener Informationsfluß und Führen dafür grundlegender Dokumentationen stehen im Zusammenhang mit der Organisation von Innovationsprozessen. Auch dieser Gedanke ist integraler Bestandteil des vorgestellten Planungskonzeptes.

Man nennt Organisationsstrukturen "innovationsfördernd" oder "innovationsfreundlich", wenn sie ein günstiges Klima für Produktion <u>und</u> Durchsetzen neuer Ideen schaffen. Danach ist eine Organisationsstruktur offenbar dann innovationsfreundlich, wenn sie folgende Merkmale aufweist:

- Es gibt im Innovationsprozeß eine intensive Zusammenarbeit zwischen Geschäftsführung und Stellen (Fachabteilungen) bzw. Mitarbeitern (z. B. Entwicklungsleitern), die das erforderliche technologische Wissen beisteuern. Dabei setzt die Geschäftsleitung als "Machtpromotor" ihre Autorität ein, um das Projekt voranzubringen. Die zuständigen Experten, etwa der Forschung und Entwicklung, tragen hingegen als "Fachpromotoren" mit ihrem Fachwissen und ihrem Interesse an der Aufgabe zum Projektfortschritt bei.

  Diese "Gespannstruktur" erscheint nach wie vor als bester organisatorischer Beitrag zur Innovationsförderung, gerade wenn es um technologische Innovationen geht[16) 15)]. Dabei ist die Initiative der Leitungsinstanzen für den Erfolg des "Gespannmodells" entscheidend. Bei kleineren Unternehmen kommt es also auf das Verhalten der Geschäftsleitung an. (Bei größeren Unternehmen scheinen dagegen die Führungsebenen <u>unterhalb</u> der Spitze den Ausschlag zu geben[3)].)

- Problemlösungen werden systematisch von Problemlösungs<u>gruppen</u> entwickelt, die sich jeweils ein bestimmtes Entscheidungsobjekt vornehmen. Diese Gruppen sind hierarchieübergreifend zusammengesetzt; sie enthalten auch Fachpromotoren und Machtpromotoren.

- Entscheidungen im Innovationsprozeß werden ebenfalls innerhalb solcher Gruppen gefällt, da deren Mitglieder zum behandelten Problem den höchsten Informationsstand und den besten "Durchblick" haben.

- Das Lösen von Planungs- und Entscheidungsproblemen im Innovationsprozeß wird aufgrund genereller Regelungen mit geeigneten Planungsmethoden unterstützt. Die Probleme werden damit durchsichtiger, Planung und Entscheidung gewinnen an Wirksamkeit.

Es gehört zu der Aufgabe des Methodenberaters, auf den Erlaß organisatorischer Regelungen zu dringen, welche die Innovationstätigkeit unterstützen.

2.2.5. Ein integriertes System der Innovationsplanung ("Planungssystem")

Verknüpft man nun Planungsmethoden, Informationen/Dokumentationen auf der Basis organisatorischer Regelungen, mit den verschiedenen Phasen des Innovationsprozesses, so erhält man ein integriertes System der Innovationsplanung (kurz: "Planungssystem").

Bei der Art der Verknüpfung von Planungsmodellen (M), Informationen (I) und Dokumentationen (D) mit Phasen oder Schritten des Innovationsprozesses (P/S) im Planungssystem, kann man M, I, D und P/S recht anschaulich "Dimensionen" des Planungssystems nennen. Bestimmte Kombinationen von P/S mit M-I-D bilden "Bausteine" des Planungssystems. Dies wird nun näher erläutert.

2.2.5.1. Dimensionen des Planungssystems

Innovationsphasen (P/S) sind Abschnitte des Innovationsprozesses, der von der Problemanalyse bis zur Einführung des entwickelten Verfahrens oder Erzeugnisses reicht. Jede einzelne Phase kann ihrerseits wieder verschiedene Ablaufschritte enthalten. Durch noch weitergehende Gliederung wird man schließlich zu den einzelnen Aufgaben vordringen, die man in bestimmter logischer Verknüpfung und zeitlicher Abfolge erfüllen muß, um ein Innovationsvorhaben zum Erfolg zu führen. Die Details einer solchen Gliederung richten sich nach den spezifischen Bedingungen des individuellen Unternehmens. Ein Beispiel gibt etwa VDI[18].

Planungsmodelle (M) verarbeiten Informationen (Informationen als Input) und führen zu neuen Informationen (Informationen als Output). Der Output an Informationen bestimmt ihre Eignung zur Problemlösung. Nach dieser Eignung werden die Modelle einzelnen Phasen und Schritten des Innovationsprozesses zugeordnet. Dabei können bestimmte Planungsmodelle für verschiedene Schritte, Schrittfolgen und sogar für den ganzen Prozeß geeignet sein und erscheinen dann auch mehrfach im Schema des Planungssystems (ein Beispiel ist etwa die Nutzwertanalyse).

Informationen (I) stehen u.a. deshalb im Kontext mit Planungsmodellen, weil jedes Planungsmodell zum praktischen Einsatz gewisse Daten als Input benötigt. Bestimmte Informationen können als Input mehrerer Modellen dienen. Anderseits gewinnt man aus der Anwendung von Modellen auf konkrete Planungs- und Entscheidungsprobleme neue Informationen. Diese dienen nicht nur der Lösung aktueller Probleme, sondern bereichern auch die Dokumentationen, sofern man solche Informationen zugriffsfähig speichert.

Dokumentationen (D) sind systematische Verzeichnisse von Informationen (Daten) in abrufbarer Form. Dokumentationen erfassen also Informationen und liefern Informationen, die - eventuell nach entsprechender Aufbereitung - für Planungsmodelle gebraucht werden. Auch Dokumentationen können in der Ordnung des Planungssystems mehrfach erscheinen, wenn sie Informationen für unterschiedliche Planungs- und Entscheidungsprobleme (unterschiedliche Planungsmodelle) liefern. So sind etwa Kosteninformationen - und damit die Kostenrechnung als Informationsquelle - in vielen Phasen des Innovationsprozesses von Bedeutung.

Betont man bei der Verknüpfung P/S-M-I-D Informationen als Input und Output von Planungsmodellen und deren Nutzen-und Kostenaspekte, so zeigt Abb. 1 wesentliche Grundgedanken des Planungssystems.

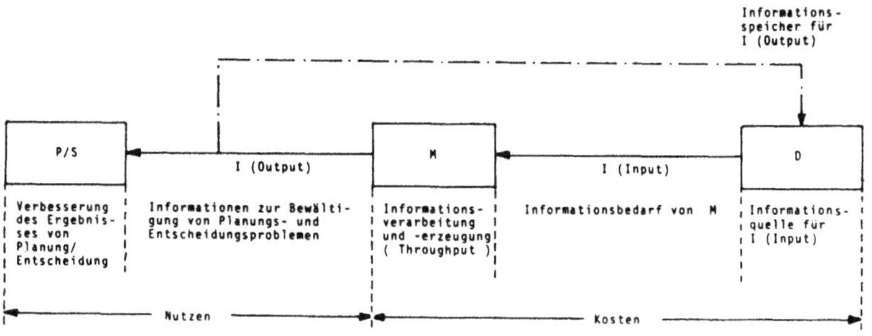

Abb. 1: Informationen als Input und Output von Planungsmodellen unter Nutzen- und Kostenaspekten

Die im Planungssystem enthaltene Verknüpfung von P/S, M, I und D ist nur für die Fertigungsplanung und -steuerung schon recht weitgehend ausgeformt[17)], während das beratungsorientierte Schrifttum über Planungs- und Entscheidungstechniken in der Regel allenfalls Verknüpfungen von P/S und M beachtet, aber kaum Hinweise auf die Verbindungen von M, I und D enthält.

Innerhalb der vier genannten Dimensionen muß jeweils eine Vielzahl von Elementen berücksichtigt werden. Wichtiger als Vollständigkeit der Konzeption und "Allgemeingültigkeit" der spezifischen Ausgestaltung erscheint hier allerdings der Gesichtspunkt der Flexibilität, die es erlaubt, den Grundgedanken des Planungssystems auf betriebsindividuelle Verhältnisse zu übertragen.

2.2.5.2. Bausteine (Module) des Planungssystems

Das beschriebene Planungssystem liefert durch Verknüpfung von Planungsmodellen, Informationen und Dokumentationen Bausteine (Module), die einzelne Phasen, Schritte oder Ausschnitte des Innovationsprozesses methodisch unterstützen sollen. Dies ist unter dem Aspekt der Modellberatung ein ganz wesentliches Merkmal des hier angebotenen Planungssystems.

Im Mittelpunkt des Planungssystems stehen Planungsmodelle als Instrumente zur Bekämpfung von Schwachstellen bei der Innovationsplanung. Daher werden die "Bausteine" auch aus den Planungsmodellen heraus entwickelt. Dies ist in Abb. 2 anhand eines Beispiels dargestellt. Dieses zeigt auch, daß viele Planungsmodelle auf verschiedene Stadien des Innovationsprozesses passen, wobei mit dem Projektfortschritt die Eingangsinformationen vollständiger und zuverlässiger werden.

2.2.6. Beratung mit Hilfe von Planungssystemen

Wie schon eingangs betont, fehlt in vielen mittelständischen Betrieben eine angemessene Innovationsplanung.

Die bisher üblichen Varianten der öffentlichen Förderung können diesen Mangel nicht beheben, weil sie nicht zugleich Beratung im Einsatz von Planungsmodellen sind.

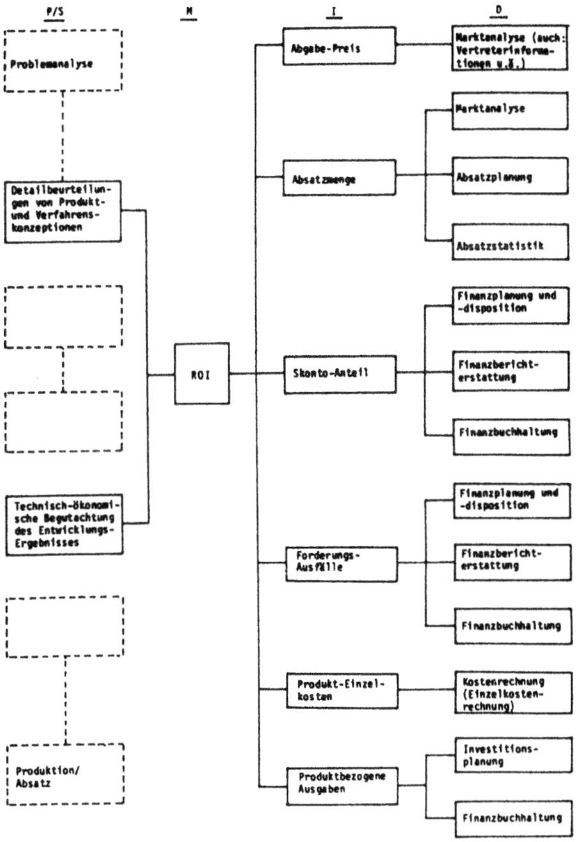

Abb. 2: Beispiel eines Bausteins (mit ROI)

$$\text{ROI} = \frac{\text{Produkt-Umsatz ./. Produkt-Einzelkosten}}{\text{Kapitaleinsatz}} \cdot 100 \text{ (\% Jahr)}$$

Dieser Eigenschaft entbehren auch andere Beratungsformen. Soweit überhaupt methodische Hilfen offeriert werden, verweist man die Unternehmen oft zu sehr auf Eigenstudium (etwa von Unterlagen des Beraters). Dafür fehlen aber beim laufenden Tagesgeschäft Zeit, Geduld und Neigung, weil nämlich oft gerade der Dialog mit dem Berater bei der Problembearbeitung gewünscht wird. Auch inhaltlich qualifizierte Beratungsunterlagen werden dann nicht "angenommen". Anderseits geraten vor allem mittelständische Unternehmen auch an Berater, die mit dem Angebot ihrer "Patentrezepte" der Problemvielfalt in der Praxis nicht voll entsprechen aber gleichwohl versuchen, ihr Instrumentarium zu "verkaufen"[6)9)].

Demgegenüber stellt das skizzierte Planungssystem methodische Hilfen bereit, die auf den gesamten Innovationsprozeß und alle dabei auftretenden Planungs- und Entscheidungsprobleme individuell anwendbar sind. Diese Flexibilität wird erreicht

- Durch entsprechende Aufgliederung des Innovationsprozesses in Phasen, Arbeitsschritte etc.

- Durch Ausbildung von Bausteinen zur methodischen Hilfe bei Planung und Entscheidung im Innovationsprozeß

- Durch die Möglichkeit der Auswahl geeigneter Bausteine nach gründlicher Analyse von Situationen und Problemen des beratenen Unternehmens.

Das modulare Konzept ist zunächst auf die Aufgaben des Innovationsberaters zugeschnitten. Bausteine können aber auch für Schulungsaktivitäten herausgenommen werden. In einem fortgeschrittenen Stadium könnte man schließlich daran denken, das Planungssystem oder Bausteine daraus in die Hand von (beratenen) Unternehmen zu geben, welche dieses Material für die selbständige Entwicklung ihrer Innovationsplanung nutzen. Damit wäre für die Modellakzeptanz in der Unternehmenspraxis schon viel erreicht.

Literatur

1) Brauchlin, E.: Betriebswirtschaftliche Entscheidungslehre, Wirtschaftswissenschaftliches Studium, 10 (1981), S, 305-310

2) Churchman, C.W.: Philosophie des Managements, Freiburg i. Br. 1973

3) Cohns, G.F.: Adopting Innovations in Technological Push Industry, Research Management XXIV (1981) 5, S. 26-31

4) Ellinger, Th.: Der Einsatz von OR-Methoden im Bereich der industriellen Produktionsplanung, in: Fandel, G. u.a. (Hrsg.): Operations Research Proceedings 1980, Berlin, Heidelberg, New York 1981, S. 307-321

5) Hamel, W.: Berücksichtigung von Akzeptanzbarrieren bei der Konstruktion betriebswirtschaftlicher Entscheidungsmodelle, Die Betriebswirtschaft 41 (1981), S. 615-625

6) Kirsch, W.; Roventa, P.; Trux, W.: Wider den Haarschneideautomaten. Über das Dilemma der Beratung, Frankfurter Allgemeine Zeitung (Hrsg.): Blick durch die Wirtschaft, Jg. 25, Nr. 35 v. 19. 2. 1982, S. 3-4

7) Little, J.D.C.: Models and Managers. The Concept of a Decision Calculus, Management Science 16 (1970), S. B 466-B 485

8) Popper, K.: Logik der Forschung, 2. Aufl., Tübingen 1966

9) Rechberg, H.: Dem guten Rat müssen die guten Taten folgen. Zum Dilemma der Unternehmensberatung, Frankfurter Allgemeine Zeitung (Hrsg.): Blick durch die Wirtschaft Jg. 25, Nr. 148 v. 5. 8. 1982, S. 3

10) Scheer, A.-W.: Elektronische Datenverarbeitung und Operations Research im Produktionsbereich - zum gegenwärtigen Stand von Forschung und Anwendung, OR-Spektrum 2 (1980), S. 1-22

11) Stahlknecht, P.: Strategien zur Implementierung von OR-gestützten Planungsmodellen in der Praxis, Die Betriebswirtschaft 38 (1978), S. 39-50

12) Strebel, H. u.a.: Innovation und ihre Organisation in der mittelständischen Industrie, Berlin 1979

13) Strebel, H.: Das betriebliche Rechungswesen als Objekt von Nutzen-Kosten-Untersuchungen, Die Betriebswirtschaft 40 (1980), S. 279-294

14) Strothmann, K.-H.: Die Bedeutung des Technologietransfers für mittelständische Unternehmen, in: Engeleiter, H.-J.; Corsten, H. (Hrsg.): Innovation und Technologietransfer, Festschrift zum sechzigsten Geburtstag von Herbert Wilhelm, Berlin 1982, S. 259-274

15) Thom, N.: Grundlagen des betrieblichen Innovationsmanagements, 2. Aufl., Königstein/Ts. 1980

16) Witte, E.: Organisation für Innovationsentscheidungen. Das Promotorenmodell, Göttingen 1973

17) VDI (Hrsg.): Elektronische Datenverarbeitung bei der Produktionsplanung und -steuerung VI. Begriffszusammenhänge und Begriffsdefinition, Düsseldorf 1976

18) VDI (Hrsg.): Arbeitshilfen zur systematischen Produktplanung, 2. Aufl., Düsseldorf 1978

COST 201 - Ein Europäisches Forschungsvorhaben zur Planung und Optimierung von Nachrichtennetzen

Joachim Dreßler und K.-D. Hackbarth, Darmstadt

Summary. The aim of the European research project COST 201 is to develop a procedure for the determination of a cost-minimal long-term target structure for a telecommunication network. At present, ten European telecommunication administrations are taking part in the project.
The COST organization, its internal structure, the development of the COST 201 project and the progress made so far are outlined. Furthermore, a brief description is given of the opportunities as well as the problems which arise within the framework of this cooperation.

Die Länder der Europäischen Gemeinschaft (EG) unter Einschluß von Skandinavien arbeiten in der EG-Organisation COST (coopération européenne dans le domaine de la recherche scientifique et technique) zusammen. Diese wissenschaftliche Zusammenarbeit erstreckt sich auf Forschungsgebiete im technischen Bereich und findet im Rahmen von Projekten statt.

In einer Vorbereitungsphase, die sich von 1977 bis 1980 erstreckte, wurde das Projekt COST 201 (Methoden zur Planung und Optimierung von Fernmeldenetzen) definiert. Gemäß einer daraus resultierenden gemeinsamen Absichtserklärung (MOU) ist das Hauptziel des Projektes die Festlegung von Optimierungsverfahren für ein Netz mit Analog- und Digitaltechnik unter Berücksichtigung der Verkehrsbelastung und der Zuverlässigkeit im Hinblick auf die Entwicklung eines optimalen Zielnetzes und der besten Verfahrensweise zur Erreichung dieses Netzes. Eine ausführliche Definition des Projektes wurde in 3 sogenannten Schwarzbüchern niedergelegt [1] .

Innerhalb von COST 201 gibt es zwei Arbeitsgremien, einen Verwaltungsausschuß (Management Committee) mit Lenkungsfunktionen und eine Task Force als ausführendes Organ. COST 201 berichtet jährlich dem innerhalb der COST Organisation übergeordneten Gremium, dem Technischen Ausschuß (Fernmeldewesen) [2] .

Die Arbeiten werden in Arbeitssitzungen - meist bei der gastgebenden Verwaltung (CNET Paris) - koordiniert und weiterentwickelt. Die Implementierung zur Verifizierung der mathematischen Verfahren geschieht per Datenübertragung auf einer EDV-Anla-

Operations Research Proceedings 1982

ge beim CNET, an die die Task Force-Mitglieder mit Endgeräten in ihren Heimatländern angeschlossen sind. Als Programmiersprache wurde FORTRAN ausgewählt; als Arbeitssprache in den Gremien und für die Dokumentation dient Englisch.

Derzeit ist die Entwurfs-Phase abgeschlossen und die Algorithmen werden nunmehr implementiert. Über diese Ergebnisse wird in [3] und [4] berichtet werden.

Ergebnis von COST 201 wird eine Optimierungsprozedur sein, welche das Vermittlungs- und das Übertragungsnetz eines Fernmeldenetzes nacheinander behandelt. Iterationen zwischen diesen Teilen werden dafür sorgen, daß trotz der Trennung in ein Netz der Vermittlungsstellen und ein Netz der Übertragungsmedien ein konsistentes Resultat erzielt wird. Da während der Optimierung Dienstgüte-Randbedingungen eingehalten werden müssen, wird hinsichtlich der Gesamtkosten für das Fernmeldenetz eine suboptimale Lösung erreicht. Neben einzelnen Verbesserungen der verwendeten (teils bekannten) Algorithmen besteht die Neuerung der Optimierungsprozedur darin, Dienstgüteparameter einzuhalten und auszubalancieren. So wird z.B. die Netzsicherheit durch verschiedene Maßnahmen wie Überdimensionieren, das Einführen alternativer Leitungsbündel oder das Hinzufügen von Redundanz im Übertragungsnetz eingehalten.

Die beiden Hauptbestandteile der Optimierungsprozedur sind die Vermittlungsnetzoptimierung (VNOP) und die Übertragungsnetzoptimierung (ÜNOP). Im ersten Teil erhält man aus den vorzugebenden Werten über den zukünftigen Verkehr die optimalen Verkehrswege und die entsprechenden Leitungsbündel, wobei ein eventuell vorzugebender Ende-zu-Ende-Verkehrsverlust (EEV) eingehalten werden muß. Im zweiten Teil wird ein optimales Übertragungsnetz entworfen (in dem die Leitungsbündel geführt werden), wobei eine bestimmte Verkehrsgüte im Störungsfall nicht unterschritten werden soll. Beide Prozedurteile sind durch eine Schleife verbunden, mit der die kostenmäßige Abhängigkeit berücksichtigt werden soll.

Das so berechnete Fernmeldenetz wird abschließend noch einmal analysiert um sicherzustellen, daß alle Anforderungen, die innerhalb der Optimierungsprozedur zum Teil nur näherungsweise berücksichtigt worden sind, auch tatsächlich eingehalten werden. Gegebenenfalls müssen Parameter, die die Optimierung beeinflussen, verändert und die Prozedur erneut gestartet werden. Es können aber auch die Eingabegrößen, die mit einer gewissen Unsicherheit behaftet sind (Vorschau-Daten) variiert und deren Auswirkungen getestet werden.

Mit Hilfe dieser Optimierungsprozedur soll es den teilnehmenden Verwaltungen möglich sein, sowohl den Vermittlungs- als auch den Übertragungsteil eines gemischt analog/digitalen Fernmeldenetzes zu optimieren. Dies ist gerade in der Übergangsphase zur Digitaltechnik von besonderer Bedeutung.

In der gemeinsamen Absichtserklärung (MOU) ist sowohl aus zeitlichen als auch aus inhaltlichen Gründen nicht vorgesehen, ein bei den beteiligten Verwaltungen einsetzbares betriebsfähiges Programm zu entwickeln. Die im Projekt gewonnenen Erfahrungen werden es jedoch den Verwaltungen erleichtern, entsprechende Programme zu erstellen.

Literaturhinweise

[1] COST 201 Working Party,
Blackbook 1: Definitions & Terms, Blackbook 2: Network Models,
Blackbook 3: Quality of Service, Reliability & Costing Methods,
Printed by British Telecom, London 1980

[2] COST Project 201
Annual Progress Report 1981/82,
Printed by British Telecom, London 1982

[3] J. Dressler, J.A.C. Gomes, R.J. Mantel, J.-M. Mepuis, E.J. Sara:
A Flexible Procedure for Minimizing the Cost of a Switched Network
Taking into Account Mixed Technologies and End-to-End Blocking
Constraints, Contribution to ITC10, Montreal 1983 (to appear)

[4] P. Lindberg, U. Mocci, A. Tonietti: A Procedure for Minimizing the Cost
of a Transmission Network under Service Availability Constraints in
Failure Conditions, Contribution to ITC10, Montreal 1983 (to appear)

ÜBER DIE BERECHNUNG DER SICHERHEIT EINES VERKEHRSSYSTEMS

Winfried Reinhardt, Hamburg

Zusammenfassung. Wie in allen technischen Systemen ist auch in spurgeführten Verkehrssystemen keine absolute Sicherheit möglich. Durch eine Vielzahl von Verfahren wird aber das Risiko begrenzt, daß es zu einer gefährlichen Situation kommt. Bisher fehlten Angaben über die Größe dieses Risikos. Am Beispiel einer existierenden U-Bahn-Strecke wird ein einfaches Rechenverfahren vorgestellt, welches es gestattet, die Eintrittswahrscheinlichkeit zu berechnen für das gefährliche Ereignis "Einfahren eines Zuges in einen schon besetzten Abschnitt". Es wird der Einfluß quantifiziert, den der Verkehrsprozeß und die Betriebsstörungen auf die Größe "Gefährdungswahrscheinlichkeit" ausüben. Damit liegt erstmals ein Maßstab vor, an welchem Zulassungsbehörden die Sicherheit vorhandener und neuer Verkehrssysteme messen könnten.

Summary. As in all technical systems, absolute safety is also not possible in track-bound transportation systems. However, due to a multitude of procedures, the risk of a dangerous situation occurring is limited. Up to now, no data has been available as to the extent of this risk. Using an existing subway line as an example, a simple arithmetical procedure has been worked out with which it is possible to calculate the probability of the danger of "a train running onto an already occupied section of line" occurring. The effects of the transportation process and operational disturbances on the highest degree of danger probability are quantified. In this way, a yardstick has become available, for the first time, against which licensing authorities can measure the safety of existing and new transportation systems.

1. Einführung

Das gefährlichste Ereignis im Bahnbetrieb ist der Sachverhalt "Einfahren eines Zuges in einen von einem anderen Zug besetzten Blockabschnitt (durch Signale begrenzter Gleisabschnitt)". Zu diesem Geschehen kommt es, wenn folgende zwei Tatsachen zusammentreffen: 1. Ein Abschnitt, in den der Zug einfahren möchte, ist bereits durch einen anderen Zug besetzt und 2. der Zug fährt in den Abschnitt ein. Für beide Ereignisse lassen sich die Wahrscheinlichkeiten ihres Eintretens ermitteln; die Verbundwahrscheinlichkeit beider Ereignisse stellt das Datum "Eintrittswahrscheinlichkeit des gefährlichen Ereignisses" dar.

2. Das Verkehrssystem

Das untersuchte Verkehrssystem ist ein Teilstück der Hamburger U-Bahn mit eingleisigen und zweigleisigen Streckenabschnitten (Abb. 1). Die Schaltung der Signalbegriffe von "Halt" auf "Fahrt frei" erfolgt im Regelfall über Schienenkontakte oder

Operations Research Proceedings 1982

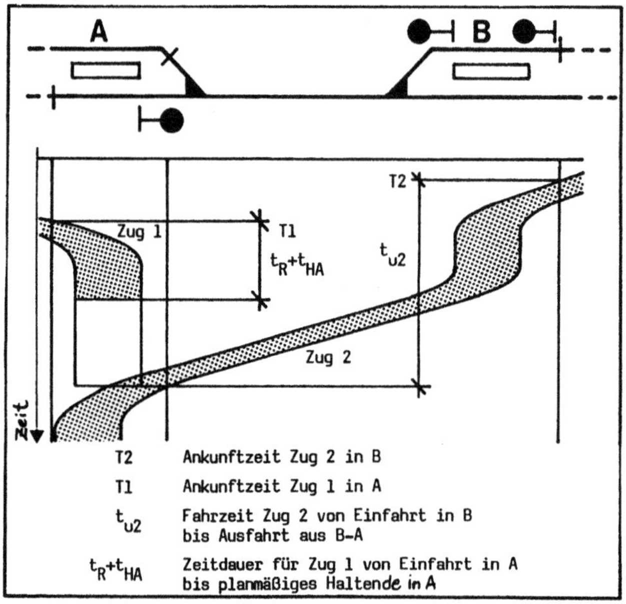

Abb. 1: Zeit-Weg-Darstellung für die durch Besetzung eines Kreuzungsabschnittes verursachte Haltezeitverlängerung des Gegenzuges

durch Besetzung/Freifahren von Gleisabschnitten. So fährt beispielsweise der Zug auf das "Fahrt frei" zeigende Einfahrsignal vor der zweigleisig angelegten Haltestelle B zu. Nach Überfahren des abschnittbegrenzenden Schienenkontaktes am Signal wird der Begriff "Halt" geschaltet. Durch Einfahren in den Haltestellenabschnitt B wird die folgende, eingleisig ausgebildete Strecke für die Weiterfahrt des Zuges angefordert (und für die Gegenfahrt des Zuges aus der folgenden, auch zweigleisig angelegten Haltestelle A heraus gesperrt: Das Ausfahrsignal in A zeigt "Halt"). Wenn zusätzlich die vorausliegenden Abschnitte frei sind, geht das Ausfahrsignal der Haltestelle B auf "Fahrt frei".

3. Der ungestörte Verkehrsprozeß

Aufgrund unvermeidlicher Fahrzeit- und Haltezeitschwankungen eines Zuges kann es vorkommen, daß ein Zug einen Blockabschnitt noch besetzt, wenn ein anderer Zug in den Abschnitt einfahren möchte (ungestörter Verkehrsprozeß). Für den o.a. eingleisigen Abschnitt lassen sich die Bedingungen für diesen Fall der Abschnittsbesetzung wie folgt darstellen (Abb. 1): Ein Zug 2 besetzt den eingleisigen Abschnitt zwischen A und B und zwingt dem Gegenzug 1 in der Haltestelle A eine Haltezeitverlängerung auf, wenn erstens Zug 2 den eingleisigen Abschnitt früher anfordert als der entgegenkommende Zug 1 (bzw. Zug 2 früher in seinen Haltestellenabschnitt B einfuhr als Zug 1 in seinen Haltestellenabschnitt A) und zweitens, wenn Zug 2 die eingleisige Strecke noch nicht geräumt hat bei Abfahrbereitschaft des Zuges 1 in der Haltestelle A. In mathematischer Form lauten die Bedingungen

(1) $T2 < T1$ und

(2) $T2 + t_{u2} > T1 + t_R + t_{HA}$

mit T1(T2) Zeitpunkt der Einfahrt von Zug 1 (Zug 2) in den Richtungsanforderungsabschnitt (Haltestellenabschnitt)

t_{u2} Fahrzeit des Zuges 2 von der Einfahrt in den Richtungsanforderungsabschnitt bis zur Freigabe der eingleisigen Strecke für den Gegenzug

$T1+t_R+t_{HA}$ Zeitpunkt der Abfahrbereitschaft des Zuges 1 an seiner Haltestelle A.

Es konnte durch eine Auswertung der tatsächlichen Fahrzeiten und Haltezeiten eines längeren Zeitraums gezeigt werden, daß die einzelnen Summanden der Formeln jeweils die Zufallsvariable einer Normalverteilung repräsentieren und die Summe (Differenz) der normalverteilten Variablen wieder eine Normalverteilung ergibt mit

$$\text{Mittelwert } \bar{x} = \bar{x}_1 (\pm) \bar{x}_2 (\pm) \cdots \cdots (\pm) \bar{x}_n$$

$$\text{Varianz } \sigma^2 = \sigma_1^2 + \sigma_2^2 + \cdots \cdots + \sigma_n^2 .$$

Die Wahrscheinlichkeit, daß der Zug 1 die Richtung früher anfordert, ist damit

$$P\,(X < 0) = \left(\frac{0 - (TABF2 - TABF\,1 + \mu)}{\sigma}\right)$$

$$= \left(\frac{TABF1 - TABF\,2 - \mu}{\sigma}\right)$$

Φ (Z) = Verteilungsfunktion der standardisierten Normalverteilung

TABF1(TABF2) = fahrplanmäßige Abfahrtzeiten im Endbahnhof 1 (2)

μ = Unterschied der Fahrzeiten der Züge von den Endbahnhöfen bis in den Richtungsanforderungsabschnitt (Haltestellenabschnitt) an den Bahnhöfen A und B

TABF2 - TABF1 $+\mu$ = Erwartungswert der Normalverteilung (s)

σ^2 = Varianz der Normalverteilung (s^2).

Die Wahrscheinlichkeit, daß der Zug 2 den Abschnitt A später als zum Zeitpunkt der Abfahrbereitschaft von Zug 1 in A freigibt, ist

$$P\,(X > 0) = 1 - \left(\frac{0 - (TABF2 + \mu - TABF1)}{\sigma}\right)$$

$$= \left(\frac{TABF2 - TABF1 + \mu}{\sigma}\right)$$

mit Φ (Z) = Verteilungsfunktion der standardisierten Normalverteilung

TABF1(TABF2) = Fahrplanmäßige Abfahrzeit im Endbahnhof 1(2)

μ = Unterschied der Fahrzeiten der Züge von den Endbahnhöfen bis zur Freigabe des eingleisigen Abschnittes B - A durch Zug 2 bzw. bis zur Abfahrbereitschaft von Zug 1 im Bahnhof A

TABF2 - TABF1 $+\mu$ = Erwartungswert der Normalverteilung (s)

σ^2 = Varianz der Normalverteilung (s^2).

Für einen Abfahrtszeitunterschied von 10 Minuten in den Endbahnhöfen (Zug 1 fährt 10 Minuten später ab als Zug 2) ergab sich als Wahrscheinlichkeitswert der früheren Richtungsanforderung des Zuges 2 gegenüber Zug 1 der Wert P = 0,99935 je Fahrt des Zuges zwischen den Signalen (Signalzugfahrt). Als Wahrscheinlichkeitswert der späteren Abschnittsfreigabe durch Zug 2 gegenüber der Abfahrbereitschaft von Zug 1 ergab sich der Wert P = 0,66448 je Signalzugfahrt. Die Wahrscheinlichkeit, daß Zug 1 eine Haltezeitverlängerung erfährt, weil Zug 2 aufgrund von Fahrzeit- und Haltezeitschwankungen den Abschnitt noch belegt hat ist die Verbundwahrscheinlichkeit beider Ereignisse: 0,66448 • 0,99935 = 0,6640. Für andere Abfahrzeitunterschiede sind - unter Verwendung der Verteilungswerte an den Grenzen der Vertrauensbereiche - die Wahrscheinlichkeiten für den Zug 1, den Abschnitt durch Zug 2 besetzt vorzufinden, der Abb. 2 zu entnehmen.

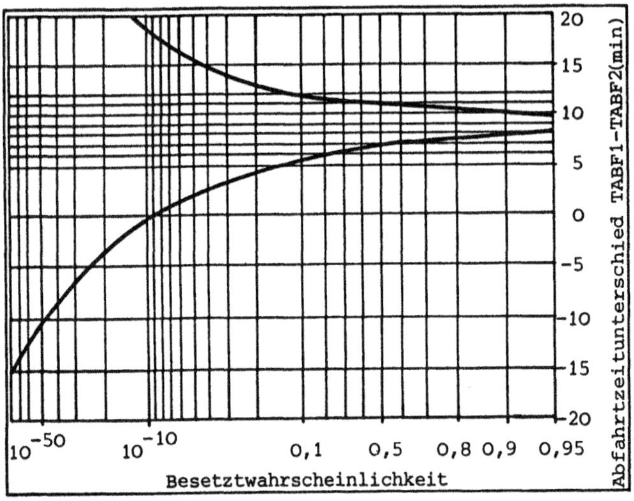

Abb. 2: Besetzungswahrscheinlichkeit im ungestörten Verkehrsprozeß für einen Zug vor einem Kreuzungsabschnitt bei verschiedenen Abfahrtzeitunterschieden der kreuzenden Züge.

4. Der gestörte Verkehrsprozeß

Ein spurgeführtes Verkehrssystem ist eine sehr komplexe technische Einrichtung, in der Störungen unvermeidlich sind. Beim Auftreten von Störungen an Signalen, Weichen, Zügen wird ein Zug am Störungsort i.a. so lange aufgehalten, bis die Störung mehr oder weniger beseitigt ist bzw. durch Hilfsmaßnahmen überbrückt ist. Es ließ sich zeigen, daß die (Zwangs-)Wartezeiten der Züge an den Störungsorten auf der untersuchten Strecke negativ exponentiell verteilt sind mit einem Mittelwert $\bar{t}_w$ von rund sechs Minuten. Diese störungsbedingten Wartezeiten haben zur Folge, daß sich Züge länger als vorgesehen in einem Abschnitt befinden; damit wird auch die Wahrscheinlichkeit beeinflußt, mit der ein anderer Zug diesen Abschnitt besetzt vorfindet. Die o.a. Formeln stellen sich unter Berücksichtigung der störungsbedingten Wartezeit wie folgt dar: Der Abschnitt B wird von einem Zug 1 besetzt vorgefunden, wenn Zug 2 den Abschnitt früher anfordert als Zug 1 und wenn Zug 2 den Abschnitt erst freigibt, nachdem Zug 1 abfahrbereit ist. Zu der Fahrzeit für Zug 2 bis zum Abschnittsfreigabepunkt kommt die störungsbedingte Wartezeit t_w hinzu, so daß die Bedingungen lauten

(3) $T2 < T1$ und

(4) $T2 + t_{u2} + t_w > T1 + t_R + t_{HA}$.

Formel (3) entspricht Formel (1), in Formel (4) tritt neben den Summanden, die eine normalverteilte Zufallsvariable repräsentieren, die Zufallsvariable t_w einer negativen Exponentialverteilung auf. Die Wahrscheinlichkeit, daß Ungleichung (4) erfüllt wird, ist unter Anwendung des Faltungssatzes der Integralrechnung (gesucht ist die Verteilungsdichte der Summe einer normalverteilten Zufallsvariablen und einer negativ exponentiell verteilten Zufallsvariablen) ermittelt zu

$$P(X>0) = \Phi\left(\frac{\mu}{\sigma}\right) + \Phi\left(-\frac{\mu+\sigma^2\lambda}{\sigma}\right)\exp\left(\lambda\left(\mu+\frac{\sigma^2\lambda}{2}\right)\right)$$

mit

$\Phi(Z)$ Verteilungsfunktion der standardisierten Normalverteilung

μ Erwartungswert der Normalverteilung(s)

σ^2 Varianz der Normalverteilung (s^2)

$\lambda = \frac{1}{\bar{t}_w}$ $(\frac{1}{s})$ mit Mittelwert $\bar{t}_w$ der negativ exponentiell verteilten Störungswartezeit.

Aufgrund der Lage der Endbahnhöfe waren durch eine Erhebung folgende Werte festzustellen:

μ= TABF2-TABF1+623,9s; σ^2=3160,2s^2; σ= 56,21 s

$$\lambda = \frac{1}{398{,}8} \left(\frac{1}{s}\right).$$

Für den Fall, daß Zug 2 seinen Endbahnhof 8 Minuten früher verläßt als Zug 1 seinen Endbahnhof, ergibt sich folgende Wahrscheinlichkeit dafür, daß Zug 1 im Bahnhof A zwar abfahrbereit ist, Zug 2 den eingleisigen Abschnitt aber störungsbedingt noch nicht geräumt hat (μ = 143,9s):

$$P = \Phi\left(\frac{143{,}9}{56{,}2}\right) + \Phi\left(-\frac{143{,}9 + 3160{,}2/398{,}8}{56{,}2}\right) \exp\left(\frac{1}{398{,}8}\left(143{,}9 + \frac{3160{,}2}{2398{,}8}\right)\right)$$

$$= \Phi(2{,}56) + \Phi(-2{,}70) \exp(0{,}37)$$

$$= 0{,}99977.$$

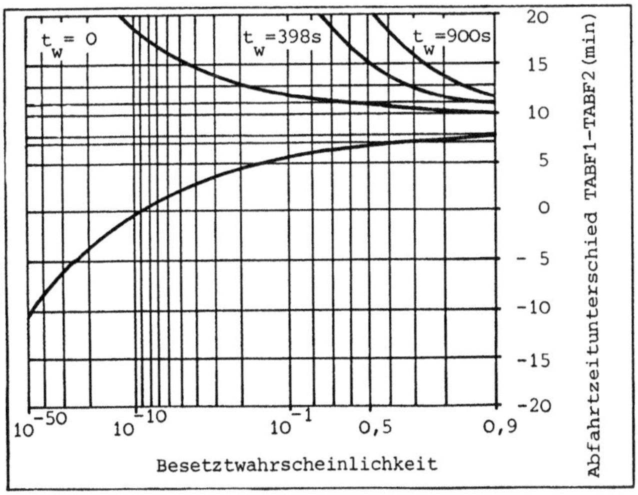

Abb. 3: Besetzungswahrscheinlichkeit im gestörten Verkehrsprozeß für einen Zug vor einem Kreuzungsabschnitt bei verschiedenen Störungswartezeiten der kreuzenden Züge.

Die Wahrscheinlichkeit, daß der Abschnitt vom Zug 1 früher angefordert wurde, war nach Formel (1) 0,99935. Die Eintrittswahrscheinlichkeit für das Ereignis "Ein Zug 1 findet den Abschnitt B-A von einem störungsbedingt wartenden Zug 2 besetzt vor" ist die Verbundwahrscheinlichkeit 0,99935•0,99977 = 0,99912. Den Einfluß von störungsbedingten Wartezeiten verschiedener Dauer auf die Wahrscheinlichkeit, mit der Zug 1 den Abschnitt vom Zug 2 störungsbedingt besetzt vorfindet, zeigt für verschiedene Abfahrtszeitunterschiede Abb. 3.

5. Die Besetzungswahrscheinlichkeit

Die Wahrscheinlichkeit für einen Zug, einen besetzten Abschnitt vorzufinden, ergibt sich aus zwei Anteilen:

1. In den Fällen ohne Störung der Einrichtungen kann aufgrund des Verkehrsprozesses eine Besetzung auftreten.
2. In den Fällen einer Störung kann sich eine Besetzung nach folgenden Tatbeständen ergeben:
   - es kommt aufgrund des ungestörten Verkehrsprozesses zu einer Besetzung, die Störung verlängert die Besetzungszeit,
   - es kommt allein infolge der längeren störungsbedingten Verweildauer des Zuges in einem Abschnitt zu einer Besetzung.

Die Besetztwahrscheinlichkeit ist somit je Signalzugfahrt

$$P_B = (1-P_{HS})\, P_{BV} + P_{HS}\, P_{BS}$$

mit

P_B	Wahrscheinlichkeit für einen Zug, einen Abschnitt besetzt vorzufinden
P_{HS}	Wahrscheinlichkeit des Auftretens einer haltezeitverursachenden Störung
P_{BV}	Besetzungswahrscheinlichkeit im ungestörten Verkehrsprozeß
P_{BS}	Besetzungswahrscheinlichkeit im gestörten Verkehrsprozeß.

Für kreuzende Züge ist die Wahrscheinlichkeit für einen Zug 1, auf den von einem Gegenzug besetzten Abschnitt B-A zu treffen, für verschiedene störungsbedingte Wartezeiten, verschiedene Abfahrtzeitunterschiede und verschiedene Störungsraten in Abb. 4 angegeben.

6. Die Gefährdungswahrscheinlichkeit

Nähert sich ein Zug einem besetzten Abschnitt, kommt es zu einer Gefährdung, wenn der Zug in den besetzten Abschnitt einfährt. Die Wahrscheinlichkeit für das Vorfinden eines besetzten Abschnittes wurde ermittelt. Im folgenden wird die Wahrscheinlichkeit je Signalzugfahrt festgestellt, mit der ein Zug in einen Abschnitt einfährt. Die Ursache für das (unerlaubte) Einfahren in einen Abschnitt liegen begründet im Versagen des Triebfahrzeugführers (kein Bremskommando), im Versagen der mit dem haltzeigenden Signal gekoppelten automatischen Bremseinrichtung (Fahrsperre) oder im Versagen der Bremsen. Da Bremsen als hochzuverlässig angesehen werden, er-

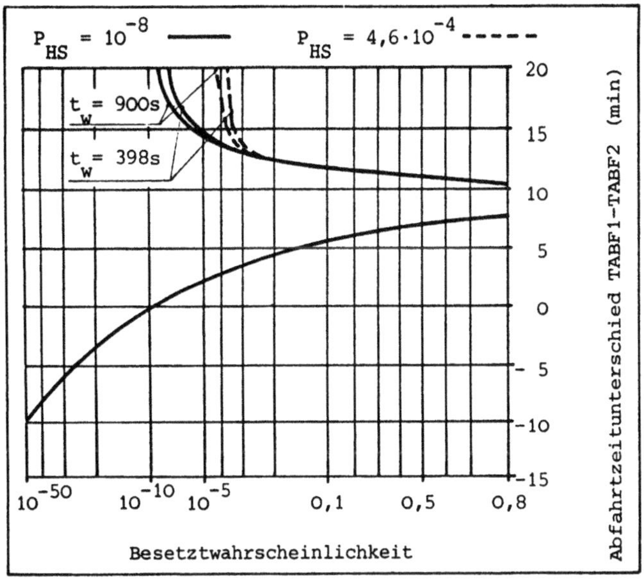

Abb. 4: Besetztwahrscheinlichkeit für einen Zug, auf den von einem Gegenzug besetzten Abschnitt B-A zu treffen.

gibt sich als Wahrscheinlichkeitswert für das Einfahren in den besetzten Abschnitt, die Gefährdungswahrscheinlichkeit, das Produkt

$$P_G = P_B \cdot P_T$$

P_G Gefährdungswahrscheinlichkeit

P_B Besetzungswahrscheinlichkeit

P_T Versagenswahrscheinlichkeit des Triebfahrzeugführers und der Fahrsperre.

Für die menschliche Versagenswahrscheinlichkeit wird der in der Literatur angegebene Wert von 10^{-4} je Signalzugfahrt verwendet, der sich für die untersuchte Strecke bestätigen ließ. Für die Fahrsperreneinrichtung wurde überschläglich eine Versagensrate von 10^{-6} je Zugfahrt über das haltzeigende Signal ermittelt. Der Wert P_T ist somit 10^{-10} je Signalzugfahrt. Anhand der vom Fahrplan vorgegebenen Daten ergeben sich unter Beachtung der tatsächlichen Störungsraten folgende Gefährdungswahrscheinlichkeiten:

1. Einfahren eines Zuges in den von einem Vorauszug besetzten Haltestellenabschnitt A (festgestellte Störungsrate für den Vorauszug je Signalzugfahrt $2,8 \cdot 10^{-4}$)
   $P_G = 7,4 \cdot 10^{-15}$

2. Einfahren eines Zuges in den vom Gegenzug besetzten Abschnitt B-A
   $P_G = 4,3 \cdot 10^{-12}$ (Störungsrate $1,7 \cdot 10^{-4}$).

7. Ausblick

Das vorgestellte Verfahren zur Berechnung der Gefährdungswahrscheinlichkeit in einem realen Verkehrssystem gestattet es, mit einfachen Berechnungen einen Sicherheitskennwert für den Betrieb eines spurgeführten Verkehrssystems zu bestimmen, und zwar durch die Ermittlung der Eintrittswahrscheinlichkeit für das Ereignis "Einfahren eines Zuges in einen schon besetzten Gleisabschnitt". Mit Hilfe der vorgestellten Formeln lassen sich weiterhin die Auswirkungen bestimmter alternativ vorzusehender Maßnahmen auf die Gefährdungswahrscheinlichkeit (voraus)berechnen. Da es für Teilbereiche des Betriebes spurgeführter Bahnen möglich ist, Sicherheitskennwerte zu berechnen, könnte zukünftig ein Risikogrenzwert vorgegeben werden, an welchem sich die Sicherheit von Verkehrssystemen messen ließe.

MODIFIZIERBARES PERSONAL PROGNOSE MODELL - MOPPED

Berend Krüger; Peter Schaar; Hamburg

Zusammenfassung. Das im Senatsamt für den Verwaltungsdienst in Hamburg entwickelte Modifizierbare-Personal-Prognose-Modell (MOPPED) gestattet die Simulation der Entwicklung von Personalkörpern in Abhängigkeit von einer vorgegebenen Stellenentwicklung. Bei der Änderung des Personalbestandes durch Stromgrößen werden letztere weitgehend disaggregiert. Bei der modellhaften Erfassung von sozialen Verhaltensmustern werden stochastische Elemente berücksichtigt. Das Modell ist vielseitig einsetzbar. Erste Anwendung: Planungsrechnungen für den Personalkörper des gehobenen allgemeinen Verwaltungsdienstes in Hamburg.

Summary. Developped in the realm of the Senatsamt für den Verwaltungsdienst in Hamburg, MOPPED allows to simulate the development of a body of personnel depending on a given time path of the number of employments available. The model comprises all main components of fluctuation. By modelling employment patterns the stochastic elements of individual decision making are taken account of. MOPPED is highly modularized and can be applied to different problems of planning personnel. It has been used to simulate scenarios concerning the development of parts of the public personnel.

1. Vorbemerkung

Als personalwirtschaftliche Planungshilfe für die Praxis der öffentlichen Verwaltung konzipiert, ist MOPPED kein wissenschaftlich "reines" Modell. Heuristisches Vorgehen bei der Problemlösung führte zur Verwendung sowohl von Elementen der Mikrosimulation als auch des systems dynamics approach.

Die Fragestellung lautet allgemein: Welches Anpassungspotential kennzeichnet einen Personalkörper, dessen Elemente bestimmten sozialen Verhaltungsmustern folgen, wenn Randbedingungen (z. B. der Personalbedarf) und/oder die Verhaltensmuster sich im Zeitablauf ändern?

Da die öffentliche Verwaltung diese Frage in der Vergangenheit häufig nur durch "trial and error" mit hohen sozialen Kosten beantwortet hat, schien die Entwicklung eines Simulationsmodells für die Vielzahl der Problemstellungen angezeigt.

Operations Research Proceedings 1982

2. Kurzdarstellung - Modellansatz

Anforderungen der Handhabbarkeit für die Praxis führten zur direkten Erfassung tatsächlicher Handlungsparameter (z. B. Regelungen für Teilzeitbeschäftigung). Dies bringt eine hohe Differenzierung des Grundmodells mit sich. Ein system dynamics Ansatz ist nur innerhalb von Teilelementen möglich; als Gesamtansatz hätte er den direkten Zugriff auf Handlungsparameter nur über Umrechnungen (Module) ermöglicht. Der Einsatz von Mikrosimulation führt hier zu größerer Realitätsnähe des Modells, nicht zuletzt wegen der Ganzzahligkeitseigenschaft von personalwirtschaftlichen Ereignissen (Stichwort: Kopfzahl).

Abbildung 1

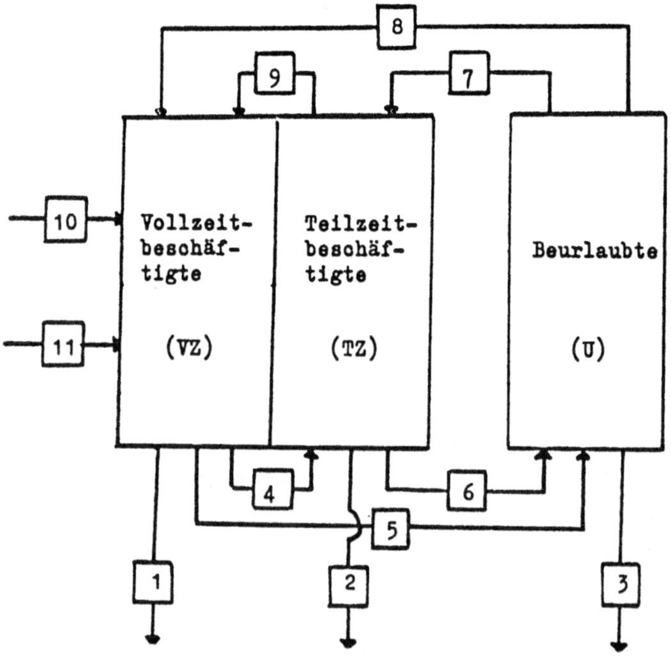

MOPPED ist ein relativ differenziertes Fortschreibungsmodell für einen größeren Personalbestand, der in der Ausgangssituation bestimmten Verteilungen hinsichtlich Alter, Geschlecht, Umfang der Beschäftigung (Vollzeit - Vz -; Teilzeit - Tz -) unterliegt - s. Abb. 1 -. Wegen der beamtenrechtlichen Besonderheiten wird in der ersten Anwendung neben dem aktiven Bestand (Tz + Vz) noch ein passiver Bestand an Beurlaubten (U) geführt. Der Bestand verändert sich durch externe Ströme: Abgänge (1, 2, 3) und Zugänge (aus der Ausbildung 1o; sonstige Zugänge 11). Das teilweise durch Beschäftigungsbedingungen (Beamtenrecht, Arbeitsrecht) reglementierte soziale Verhalten führt im Zeitablauf zu internen Strömen zwischen den Teilbeständen (4, 5, 6, 7, 8, 9): Beurlaubte kehren zurück in Vz oder Tz (7, 8); neue Beurlaubungen erhöhen U (5, 6), Bewegungen zwischen Vz und Tz (4, 9) runden das Bild ab.

Die Ströme 1 bis 11 sind dabei i.d.R. in Teilströme disaggregiert: z. B. werden die Ströme (1, 2, 3) unterteilt nach Verursachungen in Abgänge wegen

- Erreichen der Altersgrenze
- Tod bzw. Erwerbsunfähigkeit
- Kündigung durch Arbeitnehmer
- Kündigung durch Arbeitgeber
- Versetzung/Aufstieg in andere Personalkörper des Arbeitgebers

3. Methoden der Stromabbildung im Modell

Die relative Vielzahl der Teilströme mit Anspruch auf Realitätsnähe ließ sich nur einhalten, wenn das vorhandene empirische Material über die Struktur des Personalbestandes und seine Veränderungen - es wurde in der ersten Anwendung im wesentlichen aus der Personalstrukturdatei der Verwaltung der Hansestadt Hamburg gewonnen - jeweils die Methodik der Stromabbildung bestimmte.

Aufgrund der empirischen Datenbasis wurden z. B. Altersabgänge über Abgangsquoten, d. h. einen systems dynamics Ansatz, erfaßt: Über den Zeitraum der flexiblen Altersgrenze gelten in der ersten Anwendung folgende Abgangsquoten:

62. Lebensjahr	o,25
63. "	o,33
64. "	o,5
65. "	1,o

Geschlechtsspezifische Verhaltensunterschiede und eine Konzentration der Altersabgänge auf bestimmte Abschnitte der flexiblen Grenze waren nicht erkennbar. Sie lassen sich ggf. durch Modifikation der Quoten und Bestände nach Maßgabe empirischer Erkenntnisse oder Regelungsvorhaben modellhaft berücksichtigen.

Innerhalb der modellhaften Darstellung der internen Ströme werden Elemente der Mikrosimulation verwendet: Das Beamtenrecht (1. Anwendungsfall) sieht für Kinderbetreuung auf Antrag die Möglichkeit der Beurlaubung bzw. Reduzierung des Umfangs der Beschäftigung für befristete Zeiträume vor. Das Entscheidungsverhalten der Personen wird im MOPPED nach einem standardisierten Muster berücksichtigt. Die zeitliche Abfolge von Entscheidungen und die Wahrscheinlichkeiten für die Alternativenwahl lassen sich anhand eines Entscheidungsbaumes - s. Abb. 2 - verdeutlichen. Dieser ist dadurch gekennzeichnet, daß innerhalb eines bestimmten Lebenszeitraumes für jede Person eine bestimmte - sich innerhalb des Zeitraums von Jahr zu Jahr ändernde - Wahrscheinlichkeit gegeben ist, zwischen

- Vollzeitbeschäftigung
- Beurlaubung oder
- Teilzeitbeschäftigung

zu entscheiden.

Je nachdem, wie diese Entscheidung ausfällt, wird unterstellt, daß die betreffende Person als Beurlaubte bzw. Teilzeitbeschäftigte einen bestimmten Zeitraum lang diesen Status beibehält.

Abbildung 2

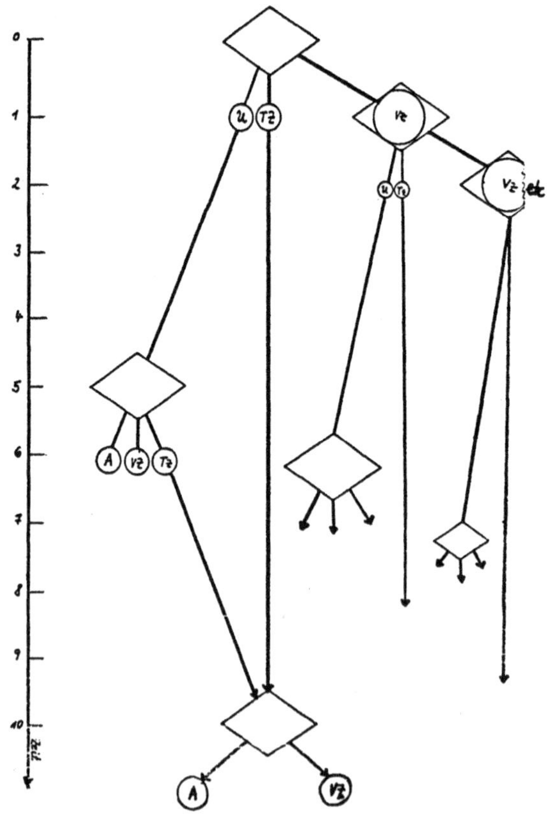

Nach Ablauf der vorgegebenen Frist sind die Beurlaubten erneut vor eine Entscheidung über

- Vollzeitbeschäftigung,
- Teilzeitbeschäftigung oder
- Beendigung des Beamtenverhältnisses

die Teilzeitbeschäftigte vor die Wahl zwischen

- Rückkehr in Vollzeitbeschäftigung,
- Beurlaubung oder
- Beendigung des Dienstverhältnisses

gestellt.

Je nach betrachtetem Personalkörper werden die - nach Geschlecht und Alter spezifizierten - Übergangsquoten und die Eintrittswahrscheinlichkeiten unterschiedlich sein.

4. Eigenschaften des Simulationsmodells

Das "Strömungsverhalten" des Personalbestandes im Zeitablauf hängt von einer Vielzahl von Einzelfaktoren ab. Im Modell sind die wesentlichen Faktoren durch Verhaltensannahmen erfaßt. Dabei resultiert das Verhalten innerhalb gewisser Grenzen aus stochastischen Prozessen. Um dem Zufallselement Rechnung zu tragen, muß die mögliche Entwicklung durch MOPPED mehrfach simuliert werden. Eine hinreichende Zahl von Durchläufen ergibt sowohl Erwartungswerte für zukünftige Prognoseergebnisse, z. B. den Bedarf von Einstellungen von Berufsanfängern (N), als auch Hinweise auf die Sensitivität der Ergebnisse in bezug auf stochastisch beschriebene Verhaltensmuster.

Die Ergebnisse der Simulation zeigen, daß das Verhältnis der Streuung der Stichprobenergebnisse zur Größe des betrachteten Personalbestandes mit zunehmender Größe dieser Personalkörper abnimmt. Mit zunehmendem Prognosezeitraum nimmt der Variationskoeffizient der Stichprobenergebnisse zu.

Ausgangspunkt für MOPPED war die Frage nach der zeitlichen Entwicklung von Neueinstellungen (N) und damit der Bemessung der Ausbildungskapazität für einen bestimmten Personalkörper (gehobener allgemeiner Verwaltungsdienst). MOPPED erwies sich aber auch als Planungshilfe für eine Vielzahl anderer Problemstellungen:

Aufgabe der Personalplanung ist es, Bedarf und Bestand zu synchronisieren. MOPPED konzentriert sich auf die Prognose von Bestandsentwicklungen. Bedarfsentwicklungen werden exogen vorgegeben. Die Bestandsentwicklung ist abhängig von endogenen Prozessen (Verhalten der Personen) und exogenen Vorgaben (Bedarfsentwicklung, Stellenbestand). MOPPED ermöglicht es, sowohl die Bedarfs- als auch die Verhaltensvorgaben zu variieren. Zukünftige Disparitäten zwischen Bedarf und Bestand und daraus resultierende Handlungsnotwendigkeiten lassen sich frühzeitig erkennen. Für die notwendigen Entscheidungen kann MOPPED Szenarien alternativer Entwicklungen zeigen, die direkte oder indirekte Verhaltensänderungen berücksichtigen.

5. Anwendungsmöglichkeiten

Die mögliche Vielfalt von Fragestellungen kann hier nur andeutungsweise beschrieben werden. Sie läßt sich entsprechend den in MOPPED berücksichtigten Parametern verlängern und mit unterschiedlichen Bedarfsentwicklungen kombinieren. Beispiele:

Änderungen der gesetzlichen Altersgrenze (G)

- Wie ändert sich die Bedarfsentwicklung, wenn G um x Jahre variiert wird?
- Wie stark muß die Änderung von G ausfallen, um eine bestimmte Bestandsentwicklung zu erzeugen?
- Welche Konsequenzen hat die Änderung von G auf die Entwicklung von N (oder auf die Zahl der Empfänger von Altersversorgung)?

Änderung des Umfangs von Teilzeitbeschäftigung

- Wie wirkt eine veränderte Inanspruchnahme von Teilzeitbeschäftigung sich auf die Bestandsentwicklung (den Neueinstellungsbedarf) aus?
- Welche möglichen Änderungen in der Bestandsentwicklung lassen sich möglichen Änderungen der rechtlichen Bedingungen für die Inanspruchnahme von Teilzeitbeschäftigung zuordnen (Induktionspotential)?
- Wie wirken sich Veränderungen der Altersstruktur bzw. geschlechtsspezifischen Zusammensetzung des Bestandes auf die Zahl der Teilzeitbeschäftigten aus?

MOPPED zeigt die möglichen Szenarien zeichnerisch und in Tabellenform.

Abbildung 3

NEUEINSTELLUNGSBEDARF IM STANDARDMODELL UND IN VARIATION 3 *)

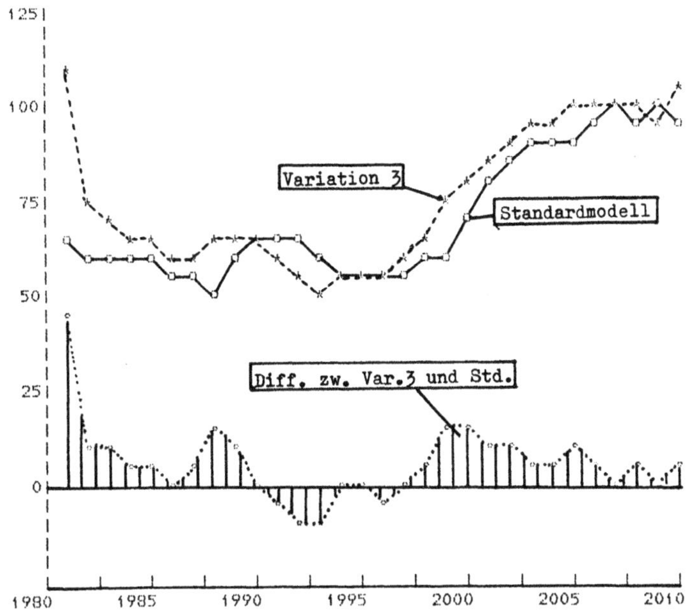

*) Senkung der "flexiblen Altersgrenze" um 2 Jahre

VARIATION 4: TEILZEITBESCHAEFTIGUNGSMOEGLICHKEIT AB 56.LJ

VORAUSBERECHNUNG DES PERSONALBESTANDES, DER ABGAENGE UND DES NEUEINSTELLUNGSBEDARFS
IM GEHOBENEN ALLGEMEINEN VERWALTUNGSDIENST (BEAMTE)
DER FREIEN UND HANSESTADT HAMBURG VON 1981 BIS 1995 *)

	1981	1982	1983	1984	1985	1986	1987	1988	1989	1990	1991	1992	1993	1994	1995
STELLENZAHL:	2460	2460	2460	2460	2460	2460	2460	2460	2460	2460	2460	2460	2460	2460	2460
PERSONALBESTAND INS.	2584	2608	2631	2650	2665	2670	2669	2665	2660	2649	2638	2628	2622	2621	2620
-VOLLBESCHAEFTIGTE	2422	2406	2392	2379	2369	2363	2358	2353	2352	2356	2362	2370	2374	2374	2374
-TEILZEITBESCH.	76	108	136	161	181	193	204	214	215	207	196	180	171	171	171
-BEURLAUBTE	86	94	104	110	115	114	107	98	92	86	81	78	77	76	74
AUS VZ- IN TZ-BESCH.	34	34	35	37	34	32	31	32	29	26	23	24	25	28	31
AUS VZ-BESCH.IN URL.	22	24	25	22	21	21	18	16	16	15	15	15	16	15	13
AUS URL.IN VZ-BESCH.	5	5	5	5	5	7	8	8	7	7	7	6	6	5	5
AUS URL.IN TZ-BESCH.	5	5	5	5	5	7	8	8	7	7	7	6	6	5	5
AUS TZ- IN VZ-BESCH.	0	1	4	4	4	8	8	8	8	8	9	11	12	11	10
ABGAENGE INSGESAMT	94	90	89	92	93	97	98	99	105	112	114	113	102	97	101
-ALTERSABGAENGE	34	27	26	30	31	32	32	33	40	49	50	49	38	32	37
NEUEINSTELLUNGSBED.	80	74	73	71	68	62	57	56	60	62	62	62	57	56	60

KONZEPTION VON GEMEINSCHAFTSTARIFEN IM ÖPNV MIT WEGEWAHLMODELLEN

Rainer Müller und Willi Weißkopf, Nürnberg

Zusammenfassung. Gemeinschaftstarife im öffentlichen Personennahverkehr (ÖPNV) sollen freizügiges Umsteigen zwischen den Verkehrssystemen verschiedener Verkehrsunternehmen ermöglichen. Sie sind so zu konzipieren, daß alle beteiligten Verkehrsunternehmen keine Verluste und möglichst wenig Fahrgäste Nachteile erleiden. Es wird gezeigt, wie Tarifzonenmodelle und Fahrpreissysteme mit Hilfe von Wegewahlmodellen beschrieben und ausgewertet werden können.

Summary. Cooperative fares in public transit should allow to change the transport systems of different transit authorities without restrictions. They should be planned such that losses for all transit authorities involved and disadvantages for the most part of passengers are avoided. It will be shown how to describe and evaluate models of fare zones and fare systems by the use of traffic assignment models.

1. Einführung

Im folgenden wird eine Methode erläutert, die auf der Basis hinreichend guten Datenmaterials, das den Einsatz von Wegewahlmodellen erlaubt, die Kalkulation von Gemeinschaftstarifen ermöglicht. Sie wurde im Rahmen der Arbeiten zur Vorbereitung einer Tarifkooperation im Großraum Nürnberg entwickelt und angewandt.

Die planerische Umsetzung der Zielvorgaben erfolgte auf der Basis der im Gesamtverkehrsplan Großraum Nürnberg erarbeiteten Daten und Methoden (hier des Wegewahlmodells). Hierdurch wurde die systematische Analyse und Bewertung unterschiedlichster tariflicher Alternativen möglich. Die dargestellten Arbeitsweisen sind auf andere Räume mit ähnlichen Zielvorstellungen übertragbar, sofern die Daten eines geeichten Wegewahlmodells vorliegen.

2. Wegewahlmodelle

Von besonderem Interesse bei der Verkehrsplanung ist das Verhalten der Verkehrsteilnehmer in den zur Verfügung stehenden Verkehrsnetzen. Um dieses Verhalten bei unterschiedlichen Planungsvarianten besser beurteilen zu können, wurden in den vergangenen Jahren eine Reihe sog. Wegewahlmodelle entwickelt. Sie bestehen aus einem bewerteten Graphen G und einer Fahrtenmatrix (N_{kl}), die zwischen den Knoten k und l eine gewisse Nachfrage N_{kl} vorgibt. Die Knoten k und l repräsentieren sog. Verkehrszellen, die das Untersuchungsgebiet überdecken. Der Knoten k ist Quelle, der Knoten l Ziel der "Fahrten" N_{kl}. Als Ergebnis liefert ein Wegewahlmodell eine Verteilung der Nachfra-

Operations Research Proceedings 1982

ge N_{kl} auf mögliche Wege zwischen den Knoten k und l, d.h. jedem Weg i wird eine Last $F_i \geq 0$ zugeordnet, so daß $\sum_{i \in P_{kl}} F_i = N_{kl}$ ist. (P_{kl} = Menge der Wege zwischen k und l).

Jeder Weg i geht im Graphen G durch einen Bogen a. Hierdurch ist eine Inzidenzmatrix (I_{ai}) bestimmt, wobei $I_{ai} = 1$ ist, wenn der Bogen a vom Weg i durchlaufen wird; sonst ist $I_{ai} = 0$. Somit kann jedem Bogen a seine sog. Bogenlast f_a zugeordnet werden. Es gilt nämlich $f_a = \sum_{i \in P} I_{ai} F_i$. (P = Menge aller Wege).

Die bekannten Wegewahlmodelle unterscheiden sich im wesentlichen durch die Methode der Aufteilung der Nachfrage N_{kl} auf die Weglasten F_i. Ein häufig verwendeter Ansatz lautet: $F_i = (N_{kl} \exp(-\beta c_i)) / \sum_{j \in P_{kl}} \exp(-\beta c_j)$, wobei c_i die Reisezeit für den Weg i angibt und β ein zu eichender Parameter ist. In vielen Fällen gilt auch $c_i = c_i(\underline{f})$, wobei $\underline{f}$ der Vektor der Bogenbelastungen f_a ist (siehe hierzu z.B. [1]).

3. Bildung von Tarifzonen

Die gebräuchlichsten Tarifarten im ÖPNV sind leistungsorientierte Streckentarife und Einheitstarife. Bei der Konzeption neuer Gemeinschaftstarife sollen die Vorzüge beider Tarifarten, nämlich Leistungsgerechtigkeit und Benutzerfreundlichkeit, verbunden werden. Hierzu wird das Kooperationsgebiet in disjunkte bzw. überlappende Tarifzonen unterteilt. Die Fahrpreise werden so festgelegt, daß sie sich aus der Anzahl der benutzten Tarifzonen ableiten lassen. Dieses Verfahren hat sich in vielen Ballungsräumen bewährt. Allerdings unterscheiden sich die heute bestehenden Tarifkooperationen teilweise erheblich bzgl. ihrer Flächen- und Fahrpreisstruktur. (vergl. Bild 1).

Im folgenden gehen wir davon aus, daß das Kooperationsgebiet in Tarifzonen aufgeteilt ist. Somit kann jedem (im Wegewahlmodell erfaßten) Weg i die Zahl der benutzten (= durchlaufenen) Tarifzonen n_i zugewiesen werden.

So wurde beispielsweise das Gebiet von Erlangen/Fürth/Nürnberg/Schwabach mit 7 Tarifzonen überdeckt. Die in Bild 2 dargestellten Histogramme geben für jede Tarifzonennutzzahl den prozentualen Anteil des Quellverkehrs der betreffenden Tarifzone an.

Es erweist sich als sinnvoll, die Menge der Fahrten in Klassen gleicher Tarifzonennutzung mit folgender Kenngröße einzuteilen:

$$T_k = \sum_{n_i = k} F_i, \text{ wobei } \sum_k T_k = \sum_{k,l} N_{kl} = :N \text{ ist.}$$

Somit werden insgesamt $\sum_i n_i F_i = \sum_k k\, T_k$ Tarifzonen benutzt.

Bei jeder Fahrt i werden n_i Tarifzonen genutzt oder $n_i - 1$ Tarifzonengrenzen überschritten. Sei G die Menge aller Bogen, die eine Tarifzonengrenze überschreiten, dann gilt:

$$(1)\quad \sum_{a \in G} f_a = \sum_k (k-1)\, T_k = \sum_k k\, T_k - N = \sum_i n_i F_i - N$$

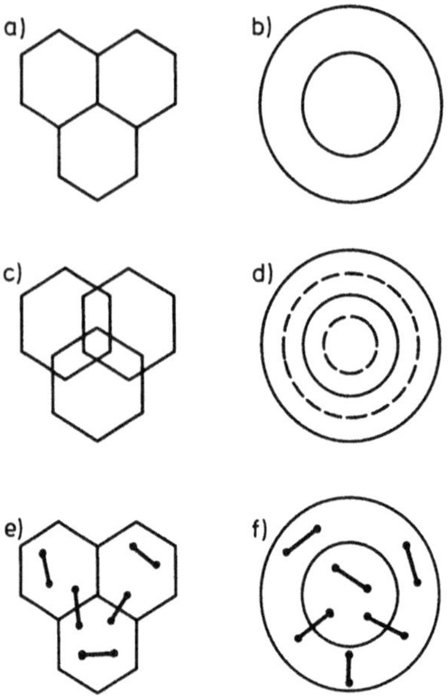

Bild 1: Gebräuchliche waben- und ringförmige Tarifzoneneinteilungen a)+b) mit hart aneinanderstoßenden Grenzen, c)+d) mit Überlappungen, e)+f) mit überlagerten Kurzstrecken, die preislich vergünstigt sind.

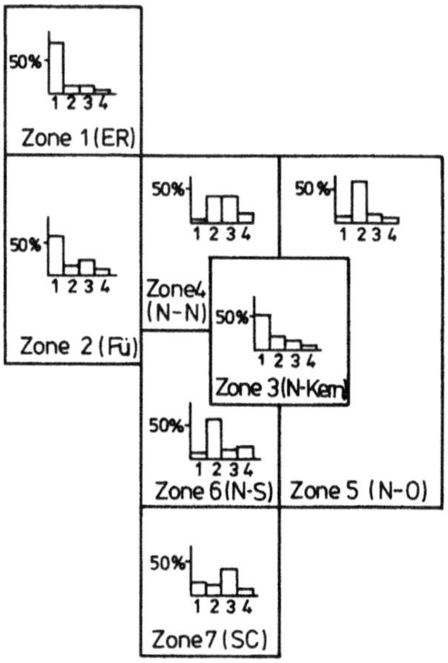

Bild 2: In 7 Tarifzonen unterteiltes Stadtgebiet von Erlangen/Fürth/Nürnberg/Schwabach mit Tarifzonennutzungen des Quellverkehrs jeder Tarifzone

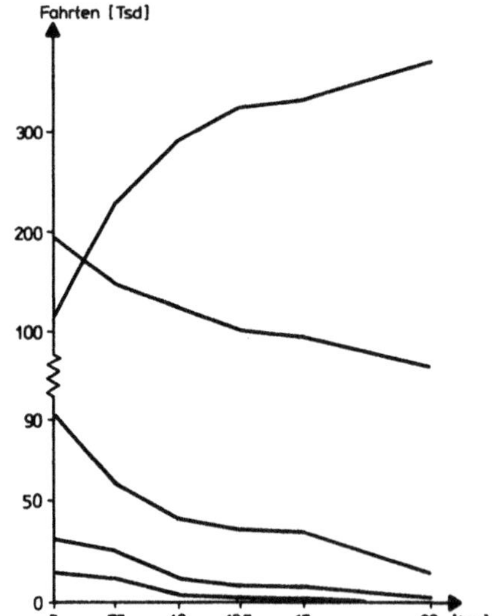

Bild 3: Beispiele für die Abhängigkeit der Tarifzonennutzungszahlen T_k von der Größe der Tarifzonen. Der Kooperationsraum wurde mit 6 wabenförmigen Zoneneinteilungen mit unterschiedlichen Wabendurchmessern (Abszisse) überdeckt.

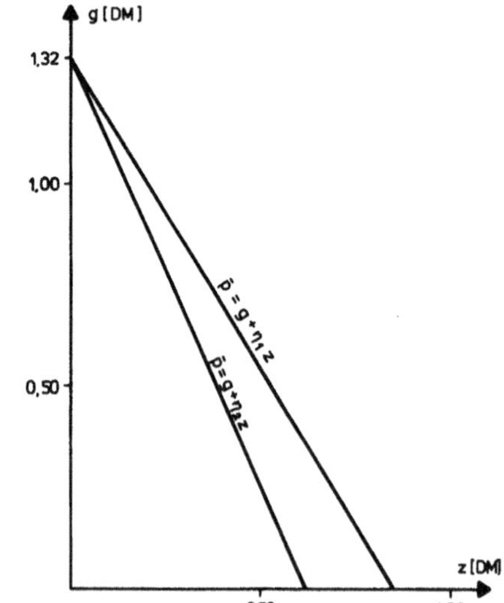

Bild 4: "Einnahmeneutralitätslinien" verschiedener Fahrpreissystematiken bei einer Tarifzoneneinteilung; hier für den Bartarif.

Formel (1) bringt die Gesamtzahl der Tarifgrenzüberschreitungen in Zusammenhang mit der Gesamtzahl der Tarifzonennutzungen.

Für jedes Tarifzonenmodell ergibt sich eine charakteristische Kenngröße,

$$(2) \quad \eta_1 = \frac{\sum_i n_i F_i}{N} = \frac{\sum_{a \in G} f_a + N}{N}$$

die die mittlere Tarifzonennutzung angibt. Je nach Größe der gewählten Tarifzonenflächen ergeben sich unterschiedliche Zonennutzungszahlen T_k und Kenngrößen η_1.(s. Bild 3)

Formel (2) zeigt, daß der Kennwert η_1 auf zwei Arten ermittelt werden kann, nämlich entweder durch ein Wegewahlmodell (dann sind n_i und F_i und somit auch N bekannt) oder durch Zählungen (dann ist $\sum_{a \in G} f_a$ bestimmbar; N kann allerdings nicht in jedem Falle ermittelt werden, so daß der zweite Ansatz nur in wenigen Ausnahmefällen einsetzbar sein dürfte).

4. Fahrpreisbildung

Liegen die Tarifzonen fest, so ist zu bestimmen, wie sich aufgrund der Tarifzonennutzung während einer Fahrt der Fahrpreis berechnet. Wir betrachten im folgenden zwei wichtige Beispiele von Fahrpreismodellen.

Fahrpreismodell 1: Der Fahrpreis p_i^1 für die Fahrt i soll sich aus einem Grundpreis g und einem Zonenpreis z errechnen. Es soll gelten: $p_i^1 = g + n_i z$, d.h. für jede durchfahrene Zone ist jeweils der Zonenpreis z zu entrichten. Außerdem muß der Grundpreis g für jede Fahrt bezahlt werden.

Fahrpreismodell 2: Hier soll gelten:

$$p_i^2 = \begin{cases} g + 2z, & n_i \leq 2 \\ g + n_i z, & n_i > 2 \end{cases}$$

d.h. für jede Fahrt ist der Grundpreis und mindestens der zweifache Zonenpreis zu bezahlen.

Unterstellt man, daß sich die Nachfrage nicht ändert, dann können Grund- und Zonenpreis so bestimmt werden, daß die "Alteinnahmen" gesichert bleiben. Sind E die "Alteinnahmen" aus einer bestimmten Fahrkartenart und N die zugehörigen Fahrten, dann ist $\bar{p} = E/N$ der Durchschnittspreis einer Fahrt mit der (alten) Fahrkartenart. Es gilt dann

Fahrpreismodell 1 $E = g\,N + z \sum_i n_i F_i$ oder $\bar{p} = g + \eta_1 z$

Fahrpreismodell 2 $E = g\,N + z \left(\sum_k k\,T_k + T_1\right)$ oder $\bar{p} = g + \eta_2 z$,
wobei $\eta_2 = \left(\sum_k k\,T_k + T_1\right)/N$ ist.

Die Faktoren η_1 und η_2 sind Kennwerte, die die Tarifzonengliederung und die Fahrpreissystematik charakterisieren und den Fahrpreis über g bzw. z festlegen. Dabei ist eine der Variablen g bzw. z vorzugeben. (Vergl. Bild 4).

Andererseits lassen sich g und z auch so bestimmen, daß für möglichst wenige Benutzer tarifliche Veränderungen auftreten. Da wir voraussetzen, daß die Einnahmen konstant bleiben, ist der Mittelwert der tariflichen Abweichungen gleich Null, denn es gilt z.B. für Fahrpreismodell 1:

$\sum_i a_i F_i = \sum_i (g + n_i z) F_i$ oder $\sum_i (a_i - g - n_i z) F_i = 0$, wobei a_i der "Altpreis" für die Fahrt auf dem Weg i ist. Die Forderung, daß sich möglichst wenige Benutzer tariflich verändern sollen, läßt sich mathematisch wie folgt formulieren:

(3) Minimiere $\sum_i (a_i - g - n_i z)^2 F_i$

d.h. die Varianz der Preisabweichungen soll möglichst klein werden. Mit diesem Optimierungsansatz lassen sich g bzw. z eindeutig ermitteln.

Der Ansatz eignet sich auch, um die Tarifzonengrenzen möglichst "benutzeroptimal" festzulegen.

5. Ausblick

Mit den aufgezeigten Methoden wurden für den Großraum Nürnberg ca. 80 Tarifzonenmodelle und Fahrpreissysteme überprüft und in einem Bewertungsverfahren einander gegenübergestellt (siehe [2]). Die Bewertung berücksichtigte Fahrgastkriterien wie Bedienungsfreundlichkeit und Tarifgerechtigkeit und Aspekte der Verkehrsunternehmen wie Praktikabilität und Nachfrageneutralität. Tarifgerechtigkeit und Nachfrageneutralität wurden mit Kennwerten aus der Verteilung des tariflichen "Vorher-Nachher-Vergleichs" umschrieben. Zur Ermittlung dieser Kennwerte konnten ebenfalls die Daten des Wegewahlmodells herangezogen werden.

Den beschließenden politischen Gremien wurden die drei "besten" Modelle, die sich aus der Bewertung ergaben, zur Diskussion vorgeschlagen.

Literatur

[1] R. Müller, Bestimmung optimaler Parameter bei Wegewahlmodellen vom Gleichgewichtstyp mit Gradientenverfahren, Dissertation, Erlangen 1980

[2] Verkehrs- und Tarifkooperation im Großraum Nürnberg, Grundzüge der Tarifgestaltung und ihre Auswirkungen; Herausgeber: Arbeitsgemeinschaft DB/VAG zur Verbesserung der Verkehrs- und Tarifkooperation im Großraum Nürnberg, Nürnberg 1982

COMPUTERUNTERSTÜTZTE PERSONALPLANUNG
IM PFLEGEBEREICH VON KRANKENHÄUSERN

Michael Grütz, Nürnberg

Zusammenfassung: Personalplanung im Pflegebereich konzentriert sich hier auf den Personalbedarf, der in Abhängigkeit von realisierbaren Dienstplänen zu bestimmen ist. Diese müssen derart gestaltet werden, daß die zum jeweiligen Zeitpunkt auftretenden Pflegebedürfnisse der Patienten ohne unzumutbare zeitliche Verschiebung befriedigt werden können. Für die Lösung dieses Problems wird ein computerunterstütztes Planungsverfahren auf der Grundlage der Linearen Programmierung vorgeschlagen, dessen interaktiver Einsatz die Organisation der Personalbedarfsplanung in Form eines Verhandlungsprozesses möglich macht.

Summary: This paper focusses one part of the nurse manpower planning: the staffing decision. The aim is to find working hours regulations by which the day-time dependent patient-needs concerning nursing care can be met. For this problem a computer-aided solution based on Linear Programming is suggested. The interactive use of the tool is shown by an example of a negotiation process.

1. Ein Schicht-Planungsmodell für Arbeitssituationen mit tageszeitabhängigem Pflegebedarf

Die Arbeitsbelastung im Pflegedienst ist nicht gleichmäßig über die Tagesstunden verteilt, sondern variiert entsprechend der tageszeitlich wechselnden Pflegebedürftigkeit der Patienten. In gleicher Weise wirkt sich die Ablaufplanung des gesamten Krankenhausbetriebes, insbesondere die Arbeitszeitregelung im Diagnostik- und Therapiebereich, auf den Pflegedienst aus. Die tageszeitliche Verteilung des Arbeitsanfalls im Pflegedienst läßt sich auf der Grundlage von arbeitswissenschaftlichen Verfahren als Profil etwa wie in Abb. 1 (Meyer/Grütz 1982) angeben. Ziel einer tageszeitabhängigen Personalplanung ist eine Dienstzeitgestaltung, die das Arbeitskräftebedarfsprofil derart abdeckt, daß unter Berücksichtigung arbeitsrechtlicher sowie tarifvertraglicher Vorschriften eine Minimierung von zeitweisen Überdeckungen des Profils erfolgt. Die große Zahl möglicher Schichtalternativen, die sich durch unter-

Operations Research Proceedings 1982

schiedliche Schichtdauern und unterschiedliche Schichtbeginnzeitpunkte ergibt, läßt die Festlegung der Dienstzeiten zu einem komplexen Planungsproblem werden, für dessen Lösung sich Modelle der Linearen Programmierung eignen. Das Prinzip des Modellaufbaus beruht auf einem LP-Ansatz, dessen Nebenbedingungen u.a. die folgende Form aufweisen (ausführlich siehe Grütz 1981 und 1982)

$$\sum_{j=1}^{n} a_{ij} x_j \geq b_i \qquad (i = 1,2, \ldots ,m) \qquad (1)$$

Darin gibt m die Anzahl der betrachteten Zeitintervalle an und jeder Spaltenvektor $\underline{a}_j$, dessen Elemente a_{ij} mit 0 oder 1 vorzugeben sind, stellt jeweils eine der n zulässigen Schichtalternativen dar. Ist $a_{ij} = 1$, so bedeutet dies, daß in der Schicht j während des i-ten Zeitintervalls (z.B. Stunde) gearbeitet wird. Andernfalls wird $a_{ij}=0$ gesetzt. Die Entscheidungsvariable x_j (alle $x_j \geq 0$; ganzzahlig) verkörpert die Anzahl der Pflegekräfte, die (im Ergebnis der Modellrechnung) für die Schicht j eingeteilt werden. Schließlich sind im Beschränkungsvektor $\underline{b}$ mit den Elementen b_i die Zahl der Pflegekräfte vorzugeben, die im Zeitintervall i benötigt werden. Die Zielfunktion lautet:

$$\sum_{j=1}^{n} c_j \; x_j \longrightarrow \min! \qquad (2)$$

Über die Koeffizienten c_j lassen sich darin die u.U. unterschiedlichen Kosten einer Arbeitskraft, die in der Schicht j tätig ist, berücksichtigen und damit die Gesamtkosten des Personals minimieren.

Dieses Modell des "shift scheduling" reicht zur Abbildung der Arbeitsstruktur des Pflegeprozesses nicht aus. Zusätzlich müssen die vorgeschriebenen Pausen eingeplant werden. Dieses Problem wurde u.a. durch Hinzunahme weiterer Restriktionen bei der Implementation des Gesamtmodells berücksichtigt (Grütz 1981), das folgende Optionen bereit hält:

- Favorisierung von Schichtalternativen (z.B. unterschiedliche Nachtschichtdauern)
- Beschränkung der Personalanzahl einer Schichtalternative
- Freie Pausenplanung durch Angabe eines Pausenbereichs

- Berücksichtigung präferierter Pausenzeiten
- Wahlweise Möglichkeit zur teilweisen Unterdeckung des Profils ("Abfeilen der Spitzen des Profils")
- Wahlweise Möglichkeit der Annäherung an das Profil mit geringster Summe von Abweichungen,
- Berechnung des Arbeitskräftebedarfs für unterschiedliche Wochenarbeitszeiten (z.B. Teilzeitkräfte)
- Unterstützung bei der Suche einer ganzzahligen Lösung
- Bestimmung alternativer optimaler Lösungen.

Eine kompakte Modellformulierung führte zu einer geringen Zeilen- und Spaltenanzahl (ca. 80 Zeilen, ca. 130 Spalten) und damit zu kurzen Rechenzeiten, was eine interaktive Implementation möglich macht.

2. Personalbedarfsplanung als computerunterstützter Verhandlungsprozeß

Wesentliche Aufgabe der Personalplanung im Krankenhaus ist die Personalbedarfsbestimmung, die hier als Verhandlungsprozeß zwischen Beschäftigten, Krankenhausleitung, Krankenkassen und Patienten (in alphabetischer Ordnung) verstanden werden soll. Für den Pflegebereich wird auf der Grundlage von arbeitswissenschaftlichen Untersuchungen, die u.a. zum Profil von Abb. 1 führten, im folgenden ein Beispiel für einen solchen Verhandlungsprozess aufgezeigt, wobei die in Abb. 2 dargestellten Ebenen denkbar sind.

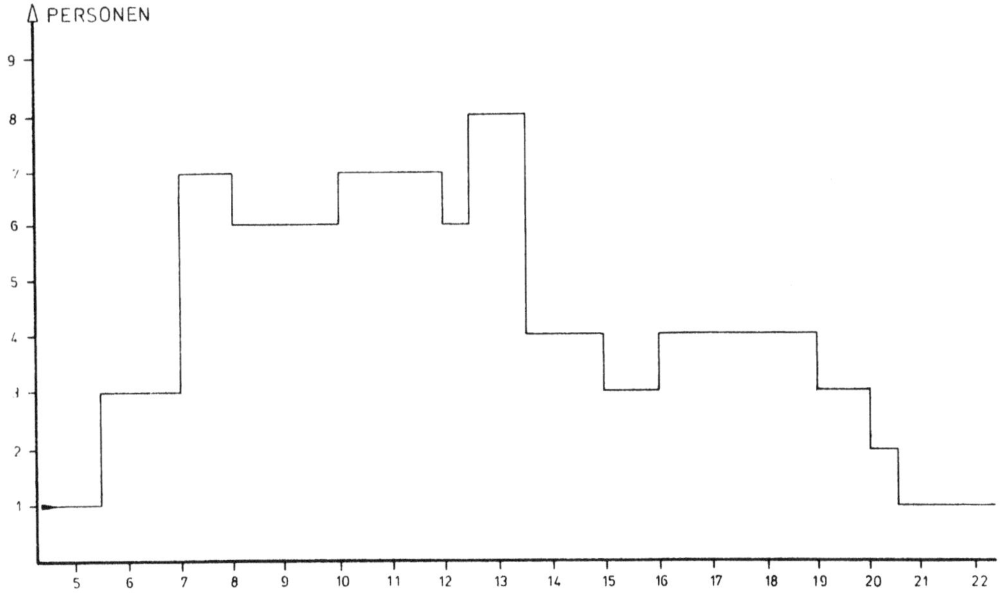

Abbildung 1

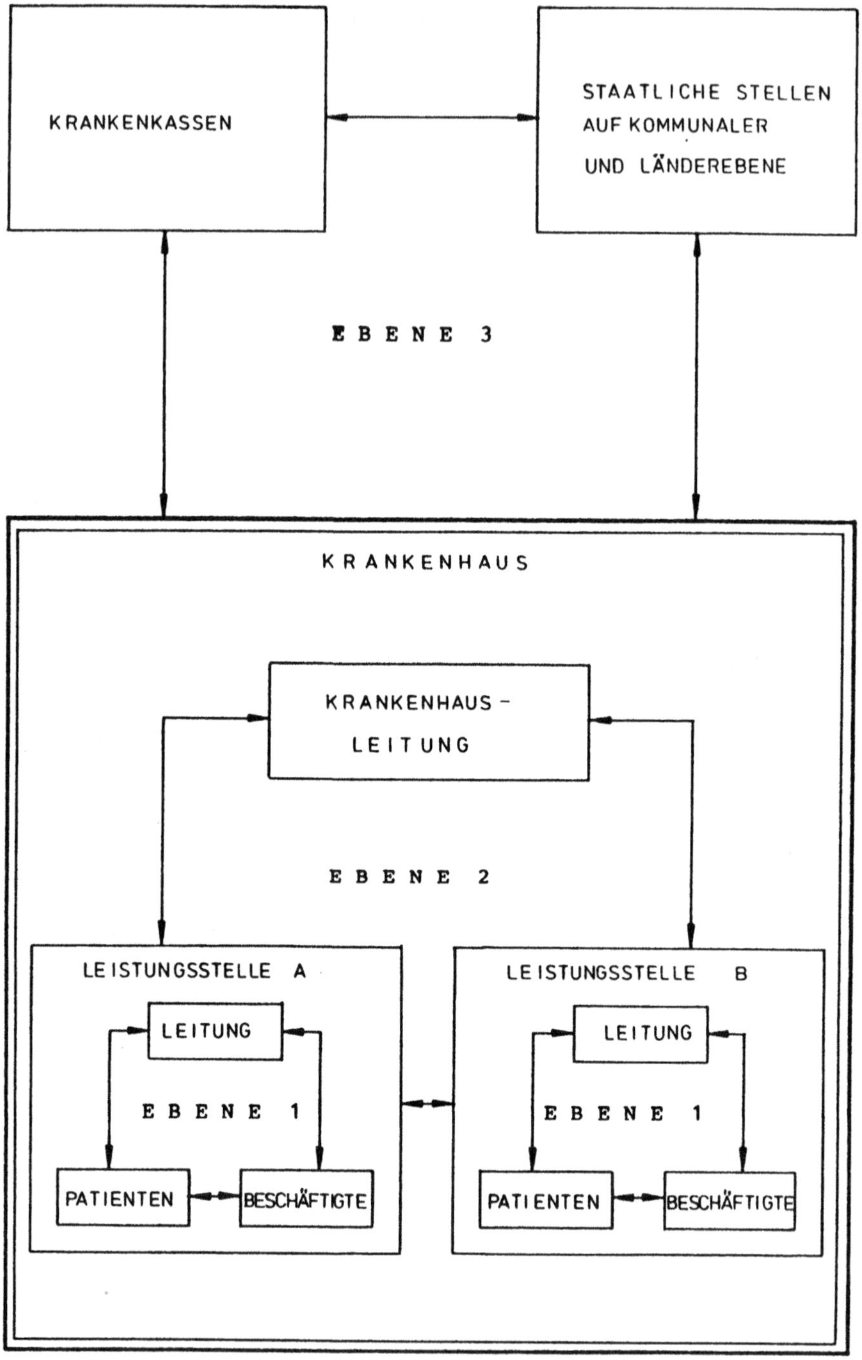
KRANKENKASSEN
STAATLICHE STELLEN
AUF KOMMUNALER
UND LÄNDEREBENE
EBENE 3
KRANKENHAUS
KRANKENHAUS-
LEITUNG
EBENE 2
LEISTUNGSSTELLE A
LEITUNG
EBENE 1
PATIENTEN
BESCHÄFTIGTE
LEISTUNGSSTELLE B
LEITUNG
EBENE 1
PATIENTEN
BESCHÄFTIGTE

ABBILDUNG 2

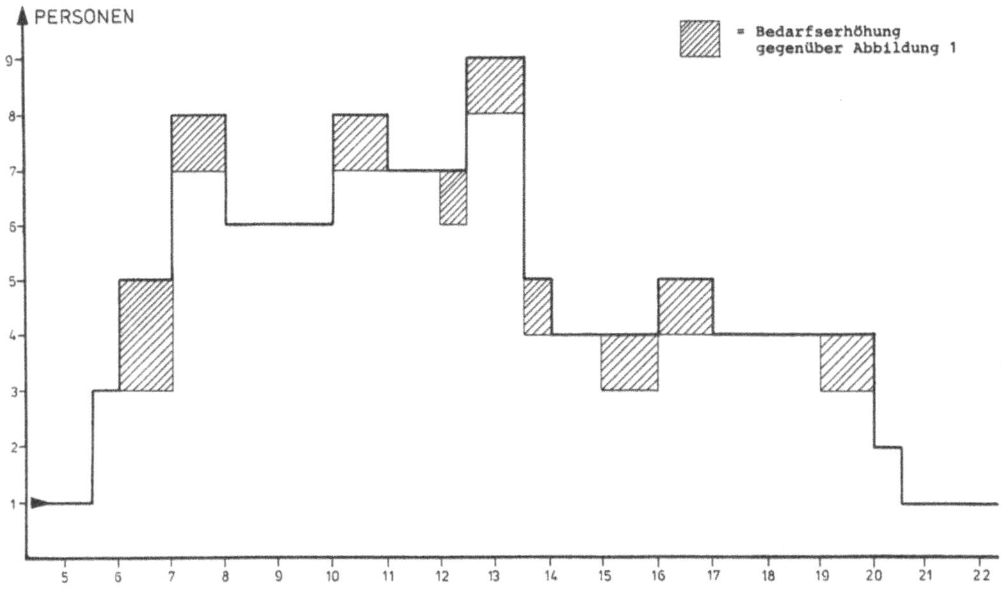

Abbildung 3

Zunächst sollen durch Verhandlungen innerhalb einer Leistungsstelle die Interessen von Patienten und Beschäftigten mit einer in aller Regel dazu gegenläufigen Kostenminimierung zum Ausgleich gebracht werden. Konkret fordere der Vertreter der Patienten, daß der Ermittlung des werktäglichen Netto-Personalbedarfs nicht das Pflegebedarfsprofil der Abb.1, dessen Grundlage die Bildung von Erwartungswerten über den statistischen Verteilungen des tageszeitabhängigen Pflegebedarfs darstellt, sondern das Profil von Abb. 3 zugrunde zu legen ist, das stattdessen von einem 70% - Quantil ausgeht. Das Profil von Abb. 3 gewährleistet eine Wahrscheinlichkeit von 70% für die tatsächliche Ausführung der zufallsbedingt auftretenden Pflegebedürfnisse der Patienten und ermöglicht somit eine bessere Pflegequalität als bei der Erwartungswertbetrachtung (ausführlich s. Meyer/Grütz 1982).

Mit Hilfe des vorgeschlagenen Modells kann diese Forderung nun sofort in einen Dienstzeitplan umgerechnet werden, aus dem der Netto-Personalbedarf direkt folgt. Dabei wird vorgegeben, daß die Schichten 7 oder 8

Stunden dauern sollen und an beliebiger Stelle darin jeweils eine 1/2-stündige Pause auftreten soll. Das Ergebnis mit dem für die beschriebene Situation minimalen Personalbedarf von 14 Personen, die zusammen je Tag (Montag bis Freitag) 95,5 Stunden (ohne Pausen gerechnet) arbeiten, zeigt Tab. 1.

Angesichts des Dienstplanes der Tab. 1 mögen nun die Beschäftigten der betreffenden Station speziell die errechnete Pausenregelung kritisieren. Ihnen mißfällt, daß einige Pausenbeginne zu dicht auf die Schichtbeginne folgen bzw. Pausenenden zu dicht vor den Schichtenden liegen. Sie fordern daher, daß jeweils Abstände von mindestens 2 1/2 Stunden einzuhalten sind, d.h. die Pausen mehr in die Schichtmitte zu verlagern sind. Wird diese Voraussetzung, neben denjenigen, die zum Ergebnis der Tab.1 geführt haben, zusätzlich in einer erneuten Modellrechnung berücksichtigt, so erhält man die neue Lösung gemäß Tab. 2. Nunmehr beträgt der minimale Personalbedarf 15 Personen, die täglich (Montag bis Freitag) insgesamt 101 Stunden (ohne Pausen gerechnet arbeiten).

Die Pflegeleitung sieht ihrerseits keine Veranlassung, einen eigenen Vorschlag auszuarbeiten, da insbesondere durch den Einsatz der Linearen Programmierung als mathematischem Optimierungsverfahren gewährleistet ist, daß unter den beschriebenen Voraussetzungen keine kostengünstigere Lösung zu erreichen ist. Die Pflegeleitung entschließt sich daher, mit der Lösung der Tab. 2 in die Verhandlungen der zweiten Ebene einzutreten.

Analog zur Ebene der Leistungsstellen mögen die Verhandlungen der 2. und 3. Ebene verlaufen, bei denen auch Ablaufänderungen, die zu modifizierten Profilverläufen führen, sowie der Einsatz von Teilzeitkräften erwogen werden. Eine Zusammenfassung der (Zwischen-) Ergebnisse der Verhandlungen zeigt Abb. 4. Der Wochenendbedarf bleibt unberücksichtigt, er kann in analoger Weise Gegenstand eines Verhandlungsprozesses sein. Die Ergebnisse enthalten auch nicht Zusatzpersonal zum Ausgleich von Urlaub, Krankheit usw. (Bofinger 1981).

In dieser Hinsicht sind Ergebnisse einer empirischen Untersuchung von großer Bedeutung, die Revans beim 10. Internationalen Krankenhaussymposion in Berlin (1982) vorgestellt hat: Durch die Einbeziehung von Pflegepersonal in Kommunikations- und Entscheidungsprozesse - wie hier vorgesehen - konnten die Abwesenheitsraten selbst erheblich gesenkt und die Akzeptanz neuer Methoden zur Problemlösung verbessert werden.

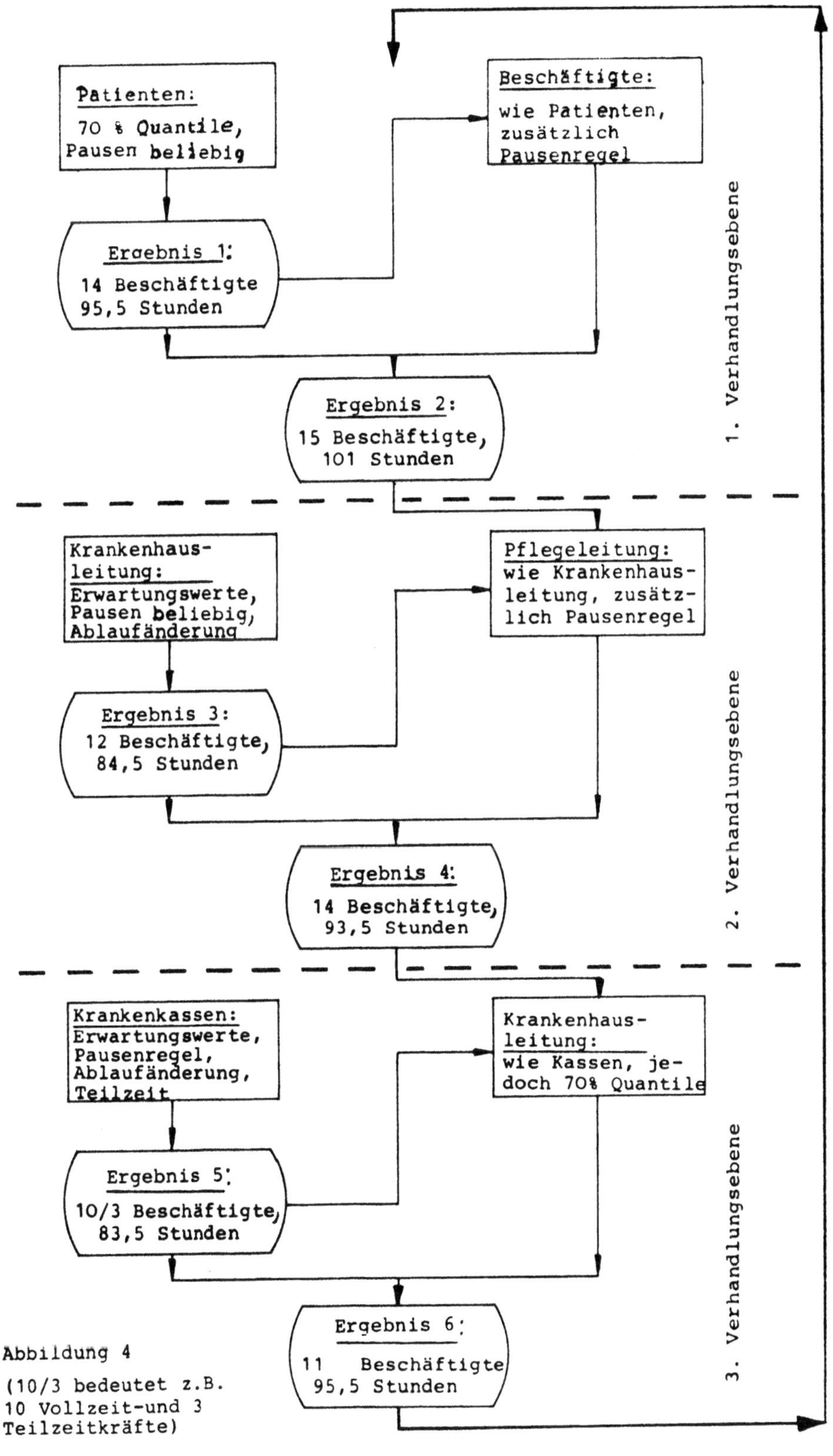

Abbildung 4

(10/3 bedeutet z.B. 10 Vollzeit-und 3 Teilzeitkräfte)

Schichtdauer von...bis...Uhr		Pausendauer von...bis...Uhr		Personen	Arbeitszeit ohne Pausen [h]
5.30	13.30	8.00	8.30	2	15
6.00	13.00	8.30	9.00	2	13
6.00	13.00	9.00	9.30	1	6,5
7.00	14.00	9.00	9.30	1	6,5
7.00	14.00	12.00	12.30	2	13
12.00	19.00	13.30	14.00	1	6,5
12.30	20.30	13.30	14.00	1	7,5
13.00	20.00	15.00	15.30	1	6,5
13.00	20.00	17.00	17.30	1	6,5
15.00	22.00	18.00	18.30	1	6,5
22.00	6.00	-		1	8
Tabelle 1			Summen:	14	95,5

Schichtdauer von...bis...Uhr		Pausendauer von...bis...Uhr		Personen	Arbeitszeit ohne Pausen [h]
5.30	12.30	8.00	8.30	2	13
6.00	13.00	8.30	9.00	2	13
6.00	14.00	10.00	10.30	1	7,5
7.00	14.00	11.00	11.30	3	19,5
9.00	16.00	12.00	12.30	1	6,5
12.30	19.30	15.00	15.30	1	6,5
12.30	20.30	15.00	15.30	1	7,5
13.00	20.00	15.30	16.00	1	6,5
13.00	20.00	17.00	17.30	1	6,5
15.00	22.00	18.00	18.30	1	6,5
22.00	6.00	-		1	8
Tabelle 2			Summen:	15	101

Literaturverzeichnis

Grütz, M.: Personalplanung im Pflegebereich von Krankenhäusern mit Hilfe eines Computers, Arbeitspapier Nr. 81-5 der Forschungsgruppe Medizinökonomie, Nürnberg 1981.

Grütz, M.: Personalplanung für den Pflegebereich im Allgemeinkrankenhaus mit Methoden des Operations Research, WiSt-Wirtschaftswissenschaftliches Studium-11 (1982), S. 88 ff.

Meyer, M./ Grütz, M.: Personalbedarfsplanung im Krankenhaus als Verhandlungsprozeß, Zeitschrift für Arbeitswissenschaft 36 (8NF) (1982), S. 107 ff.

Bofinger, W.: Ausfallzeiten und Personalbedarf, Schwäbisch Hall 1981.

Kurz- und mittelfristige Gesamtplanung im Krankenhaus mit Hilfe der Simulation

Reinhart Schmidt, Kiel

Zusammenfassung. Integrierte Entscheidungen über die Personal- und Sachkapazität im Krankenhaus sowie über die damit verbundenen Kosten sind recht komplex. Deshalb ist eine modellgestützte, interaktive Unterstützung bei solchen Entscheidungen empfehlenswert. Das von dem Verfasser entwickelte System HIOB basiert wahlweise auf einer deterministischen oder stochastischen Simulation. Das zugrunde liegende Mehrperiodenmodell ist flexibel im Hinblick auf Abteilungsgliederung und Personalstruktur. Die Modellstruktur wird beschrieben, außerdem werden Implementierungsprobleme, Datenbedarf und Anwendungsmöglichkeiten diskutiert.

Summary. Within hospitals integrated decisions on the composition of personnel and material resources and on the implied costs are very complex. Therefore a model-based interactive support of such decisons is recommendable. The system HIOB is based upon deterministic or stochastic simulation, as one chooses. The underlying multiperiod model is flexible regarding the structuring of the hospital's departments and staff. In the paper the model structure is described, furthermore problems of implementation, data requirements, and possible applications are discussed.

1. Problemstellung

Auch für Krankenhäuser ergibt sich wie bei anderen Unternehmen aufgrund der Abhängigkeiten zwischen den verschiedenen Teilplänen, Abteilungen und Perioden die Notwendigkeit einer integrierten Planung. Ein Blick in die Literatur (|5|, |7| und |8|) zeigt, daß Gesamtplanung im Krankenhaus ein bisher vernachlässigtes Gebiet darstellt. Das Vordringen von Unternehmensmodellen in der Industrie läßt jedoch erwarten, daß auch Krankenhäuser eine modellgestützte Gesamtplanung betreiben werden. Deshalb erörtert man in jüngster Zeit Probleme der Gesamtplanung im Krankenhaus (|1|, |7|). Aufgrund der Komplexität und der stochastischen Prozesse im Krankenhaus scheinen Simulationsmodelle geeigneter als Optimierungsmodelle, um zu einem anwendbaren System zu kommen (vgl. |6|). Im folgenden soll die Gesamtplanungsproblematik anhand von HIOB (Hospital-Input-Output-Budgetierungssystem) behandelt werden. Bei diesem Planungssystem geht es um eine Planung auf kurze bzw. mittlere Sicht, nicht jedoch um eine direkte Steuerung des Krankenhauses. Diese Art von Planung beinhaltet in erster Linie eine Kapazitäts-, also Strukturplanung, nicht dagegen eine Ablaufplanung. Dennoch können Ablaufaspekte aufgrund der stochastischen Ankunfts- und Abfertigungsprozesse nicht ganz vernachlässigt werden.

Operations Research Proceedings 1982

2. Modellstruktur

2.1. Deterministisches Modell

Das deterministische Simulationsmodell ist ein Mehrperiodenmodell auf Monatsbasis. Für das Verständnis des Modells sind folgende Indizes bzw. Laufgrenzen wichtig:

- A Abteilungsindex
- G Personalgruppenindex
- T Monatsindex
- KAMAX Anzahl klinischer Abteilungen
- ZAMAX Gesamtzahl von Abteilungen einschließlich zentraler Abteilungen
- PERART Anzahl von Personalgruppen
- MAXMON Anzahl der Monate.

Die Laufgrenzen für die Indizes werden im folgenden nicht angegeben, da aus dem Sachzusammenhang unmittelbar ersichtlich ist, welche Grenze einzuhalten ist. Zunächst werden die klinischen Abteilungen betrachtet. Dabei kann eine beliebige Aggregation oder Disaggregation von Kliniken oder Stationen vorgenommen werden. Der auf die klinische Abteilung A des Krankenhauses im Monat T zukommende Patientenstrom sei mit ZUPAT(A,T) bezeichnet. Aus diesem Strom wird für jeden Tag t eines Monats unter Zugrundelegung eines Anteilswertes ANKVER(t) ein Tageswert berechnet. Ob alle in t ankommenden Patienten aufgenommen werden, hängt von der freien Bettenkapazität ab. Den Ausgangspunkt für die vorhandene Kapazität bildet die Planbettenzahl BETT(A,T), die um zusätzlich aufgestellte oder aufzustellende Betten ZUAUF(A,T) verändert werden kann. Über negative Werte von ZUAUF lassen sich auch Bettenreduktionen abbilden. Auch können Betten verschoben werden. Somit ergeben sich die aufgestellten Betten:

(1) AUBETT(A,T) = BETT(A,T) + ZUAUF(A,T).

Es wird angenommen, daß ein im Monat T aufgenommener Patient eine Verweildauer VERDAU(A,T) aufweist. Eine Untergliederung nach Fallgruppen wird hier aus Vereinfachungsgründen nicht vorgenommen, wäre jedoch - unter Inkaufnahme entsprechend höherer Rechenzeiten - grundsätzlich möglich. Für jeden Tag eines Monats wird nun geprüft, ob unter Berücksichtigung der aufgenommenen Patienten des Vormonats und der bisherigen

Tage des laufenden Monats Bettenkapazität frei ist. Dabei könnte - hier jedoch nicht realisiert - auch eine Notfallreserve (vgl. |3|) zu berücksichtigen sein. Die Summation über alle Mitternachtsbestände des Monats ergibt die Pflegetage PFLTAG(A,T).

Aufgrund der bisherigen Berechnungen ergibt sich der wahrscheinlich als eine Zielgröße (vgl. |4|) anzusehende Bettennutzungsgrad:

(2) AUSLAS(A,T) = PFLTAG(A,T) / (AUBETT(A,T) * TAGE(T))

In (2) ist TAGE(T) die Zahl der Tage in T. Eine Abweisungsquote kann berechnet werden.

Das Personal wird in eine beliebige Zahl von Personalgruppen unterteilt. Für das Personal der Gruppe G in der Abteilung A wird für den Monat T ein Bedarfskoeffizient PERSOP(G,A,T) je Patient und Tag angenommen. Damit können betriebs- und abteilungsindividuelle "Anhaltszahlen" verwendet werden. Der mittlere Personalbedarf ergibt sich dann als

(3) PERBE(G,A,T) = PERSOP(G,A,T) * PFLTAG(A,T) / TAGE(T)

Dem Personalbedarf wird der Ist-Personalbestand PEREIN(G,A,T) gegenübergestellt, wobei das gesamte Personal PERIST(G,T) über einen Zuteilungsfaktor PERZU(G,A,T) der Abteilung A zugewiesen wird:

(4) PEREIN(G,A,T) = PERZU(G,A,T) * PERIST(G,T)

Änderungen des Personalbestandes in einer Abteilung können also entweder durch Veränderung des gesamten Personals einer Gruppe im Krankenhaus oder durch Verschiebungen zwischen den Abteilungen vorgenommen werden. Aus der Differenz von Personalbedarf und Personalbestand wird eine im Mittel abzuleistende Überstundenmenge (gemessen als Personenzahl zu acht Stunden) berechnet:

(5) PERUEB(G,A,T) = PERBE(G,A,T) - PEREIN(G,A,T) $\geq$ 0

Die Personalkosten PERKOS (G,A,T) berechnen sich dann unter Berücksichtigung eines Zuschlagsfaktors für Überstunden UESTFA (UESTFA > 1) und eines durchschnittlichen Gehalts GEHALT(G,T):

(6) PERKOS(G,A,T) = (PEREIN(G,A,T) + PERUEB(G,A,T) * UESTFA) * GEHALT(G,T)

Der medizinische Verbrauch wird über einen monetären Verbrauchswert VERBR(A,T) an die Pflegetage gekoppelt:

(7) MEDVER(A,T) = PFLTAG(A,T) * VERBR(A,T)

Bei den übrigen Kosten (ohne Abschreibungen und Zinsen) wird zwischen outputvariablen und outputfixen Kosten unterschieden. Dabei werden aus der Kostenrechnung abgeleitete Werte SONSTV(A,T) je Pflegetag und SONSTF(A,T) je Bett angenommen. Die variablen Kosten SOVAR und die fixen Kosten SOFIX betragen dann:

(8) SOVAR(A,T) = PFLTAG(A,T) * SONSTV(A,T)

(9) SOFIX(A,T) = AUBETT(A,T) * SONSTF(A,T)

Neben den klinischen Abteilungen existieren die Ambulanz und zentrale Abteilungen. Während sich die Belastung der Ambulanz analog zu den klinischen Abteilungen direkt aus einem Patientenstrom ergibt, erfolgt die Inanspruchnahme der medizinischen Zentralabteilungen und von sonstigen zentralen Abteilungen indirekt aufgrund eines Beanspruchungskoeffizienten: Dabei nimmt ein Patient der Abteilung I die Abteilung J mit BEAN(I,J) Arbeitstagen in Anspruch (BEAN ist in der Regel <1). Für die Ambulanz und die zentralen Abteilungen werden rein formal dieselben Symbole wie in (1) bis (9) verwendet. Die Kosten der zentralen Abteilungen werden nach Pflegetagen bzw. nach Ambulanzpatienten auf die klinischen Abteilungen bzw. die Ambulanz umgelegt. So erhält man einen abteilungsspezifischen Plan-Pflegesatz je Monat PPSATZ(A,T). Da alle Werte u.a. auch für die klinischen Abteilungen insgesamt berechnet werden, kann man selbstverständlich auch den zur Zeit üblichen einheitlichen Pflegesatz ermitteln. In der abteilungsspezifischen Kostenplanung muß andererseits ein wesentlicher Fortschritt gesehen werden.

Den Nutzungskosten, die um Abschreibungen leicht ergänzt werden könnten, werden die Erlöse des Krankenhauses auf Basis eines erwarteten bewilligten Pflegesatzes PFSATZ(A,T) gegenübergestellt, der natürlich auch für alle klinischen Abteilungen gleich sein kann:

(10) UMSATZ(A,T) = BERTAG(A,T) * PFSATZ(A,T)

In (10) ist BERTAG die aus den Patientenzahlen abgeleitete Zahl der Berechnungstage. Zusatzleistungen (vgl. dazu |5|) könnten über eine künstliche Aufteilung von Abteilungen berücksichtigt werden.

2.2. Stochastisches Modell

Im stochastischen Modell wird realitätsnäher als im deterministischen Modell berücksichtigt, daß in bezug auf die Patientenströme und die Verweildauern Risikoerwartungen vorliegen. Die Patientenankunftszahl ZUPAT(A,T) wird als Modalwert aufgefaßt, und es können je Abteilung und Monat Unter- und Obergrenze für die unsichere Ankunftsmenge als Abweichungsprozentsatz vom Modalwert spezifiziert werden. Über die drei Parameter ist - hier - eine Dreiecksverteilung festgelegt, andere Verteilungsannahmen sind selbstverständlich möglich. Die analoge Vorgehensweise wird für die Verweildauer VERDAU(A,T) gewählt. Grundsätzlich könnten auch andere Variablen in Form von Zufallsvariablen modelliert werden, hier werden jedoch in einem ersten Schritt nur die Ankunfts- und Abfertigungsprozesse des stochastischen Produktionssystems "Krankenhaus" als zufallsabhängig angesehen.

Eine Besonderheit des stochastischen Modells liegt in der Möglichkeit, bedingte Entscheidungen in Abhängigkeit von der jeweiligen Realisation treffen zu können. Solche Entscheidungen werden beispielhaft für Betten und Personal zugelassen. Der Entscheidungsträger kann kritische Werte festlegen, bei deren Überschreiten Betten oder Personal verschoben oder in ihrem Gesamtbestand verändert werden.

Die Outputgrößen des Systems sind aufgrund der Input-Output-Beziehungen auch Zufallsgrößen mit empirischen, sich aus der Simulation ergebenden Verteilungen. Man erhält also auch - ggf. in Abhängigkeit von den unterstellten Entscheidungsregeln - empirische Verteilungen für die Kosten, insbesondere für kostendeckende Plan-Pflegesätze.

3. Probleme der Implementierung, des Datenbedarfs und Anwendungsmöglichkeiten

3.1. Implementierung als interaktives System

Das System HIOB ist auf der PDP 10 des Rechenzentrums der Universität Kiel als Dialogsystem implementiert. Es wurde in Zusammenarbeit mit L. Ahrens in FORTRAN programmiert. Im Hinblick auf die Benutzerfreundlichkeit wurde auf folgendes geachtet:

- Volle Parametrisierung des Programmsystems
- Datenverwaltung über Menü-Tabellen
- Dateneingabe im Dialog oder über den Aufruf von auf andere Weise entstandenen Dateien.

Nach dem Start des Programms wird folgende Menü-Tabelle präsentiert:

```
-1-  MODELL RECHNEN
-2-  ALTES MODELL LADEN
-3-  SPEICHERN DES JETZIGEN MODELLS
-4-  ERGÄNZEN DER DATEN AUS ASCII-FILE
-5-  SCHREIBEN ASCII-FILE
-6-  SETZEN DER DRUCK-OPTIONEN
-7-  DATENMANIPULATIONEN
-8-  RESET DER INPUTDATEN
-9-  ENDE (EXIT TO MONITOR)
```

Im Falle des Aufrufs "Datenmanipulation" können sämtliche Inputdaten im Dialog geändert werden. Ein umfangreicher Ausgangsdatensatz ist als "altes Modell" nicht in einer Datei, sondern in einem Unterprogramm gespeichert.

Die Tabellen mit Input- und Outputdaten enthalten auch Gesamtwerte je Jahr und Gesamtwerte je Monat für das gesamte Krankenhaus.

Bei Wahl der stochastischen Variante wird die Zahl der Iterationen erfragt. Sodann werden für jede auszugebende Größe Mittelwert und Standardabweichung ausgegeben (vgl. Tabelle 1).

TABELLE 1 : MITTELWERT UND STANDARDABWEICHUNG FUER AUSLASTUNG DER BETTEN- UND SONSTIGEN SACHKAPAZITAET

	MONAT					
ABT.	1	2	3	4	5	6
1	77.7	84.4	89.5	82.7	86.4	75.3
	2.6	2.5	2.4	2.0	3.5	3.2
2	78.6	81.7	79.4	83.7	85.4	83.2
	1.7	1.3	1.8	1.8	3.0	2.4
3	81.7	75.0	88.0	78.3	83.4	77.2
	1.5	2.8	4.7	2.6	3.3	2.5
4	90.0	89.1	87.7	91.1	86.1	87.7
	0.9	1.5	3.1	1.8	1.3	1.9
5	88.8	81.8	85.5	87.8	88.8	83.3
	2.3	2.5	1.5	1.2	1.4	1.4
6	83.7	86.4	89.9	87.1	81.3	85.5
	1.3	1.5	2.6	1.4	2.8	1.9
7	89.5	89.3	87.0	88.1	89.0	89.4
	1.6	2.3	1.2	1.9	2.8	2.3
8	85.8	85.5	83.7	84.0	83.6	83.8
	5.1	3.8	3.9	3.0	3.0	3.2
	84.5	84.1	86.3	85.4	85.5	83.2
	0.9	1.2	1.4	0.7	1.9	0.8

Zusätzlich kann für bestimmte, wählbare Größen eine Tabelle verlangt werden, in der die Überschreitungswahrscheinlichkeiten von vorher im Dialog spezifizierten kritischen Werten enthalten sind (vgl. Tabelle 2).

TABELLE 2: WAHRSCHEINLICHKEIT FUER DIE UEBERSCHREITUNG EINES KRITISCHEN WERTES DES AUSLASTUNGSGRADES VON BETTEN- UND SONST. SACHKAPAZITAET

ABTEI-LUNG	KRIT. WERT	1	2	3	4	5	6
1	85.0	0.0	30.0	95.0	10.0	65.0	0.0
2	85.0	0.0	0.0	0.0	10.0	55.0	10.0
3	85.0	0.0	0.0	75.0	0.0	40.0	0.0
4	85.0	100.0	100.0	85.0	100.0	85.0	95.0
5	85.0	100.0	15.0	55.0	100.0	100.0	20.0
6	85.0	15.0	75.0	90.0	95.0	15.0	60.0
7	85.0	100.0	100.0	95.0	100.0	95.0	90.0
8	85.0	55.0	60.0	30.0	30.0	40.0	45.0
	85.0	30.0	30.0	80.0	70.0	55.0	5.0
9	75.0	100.0	100.0	100.0	100.0	100.0	100.0
10	75.0	100.0	100.0	100.0	100.0	100.0	100.0
11	75.0	100.0	100.0	100.0	100.0	100.0	100.0
12	75.0	100.0	100.0	100.0	100.0	100.0	100.0
13	75.0	100.0	100.0	100.0	100.0	100.0	100.0
14	75.0	100.0	100.0	100.0	100.0	100.0	100.0
15	75.0	100.0	100.0	100.0	100.0	100.0	100.0
16	75.0	100.0	100.0	100.0	100.0	100.0	100.0
17	75.0	0.0	0.0	0.0	0.0	0.0	0.0
	75.0	100.0	100.0	100.0	100.0	100.0	100.0

Eine Änderung der Modellstruktur (vgl. dazu |2|) ist in HIOB nur über Programmänderungen möglich. Dies ist die bei standardisierten Programmen übliche Verfahrensweise.

3.2. Datenbedarf und Datenbeschaffung

Da in HIOB ein ganzes Krankenhaus in den wesentlichen Mengen- und Wertgrößen abgebildet wird, entsteht zweifellos ein großer Datenbedarf. Deshalb wurde diesem Problem bei der Implementierung durch Gewährleistung von Datenflexibilität besondere Beachtung geschenkt. Angesichts der Vereinfachung durch Modelle und angesichts der Prognosefehler ist es nicht erforderlich, jede Zahl im Detail aus einer Kosten- und Leistungsrechnung abzuleiten. Andererseits stellen eine ausgebaute Kosten- und Leistungsrechnung sowie ein verfügbares Personal- und Anlageninformationssystem eine gute Voraussetzung für die Datenbeschaffung dar.

3.3. Anwendungsmöglichkeiten

Das vorliegende Planungssystem wurde aus der Oberzeugung heraus entwickelt, daß eine Krankenhausleitung eine integrierte Planung eigentlich nur modellgestützt betreiben kann. Mit Hilfe eines solchen Systems ist es möglich, die Auswirkungen alternativer Umweltentwicklungen auf das Krankenhaus zu erfassen und Anpassungsmaßnahmen zu simulieren. Insbesondere können Pflegesatzprojektionen und -verhandlungen unterstützt werden. Aus dem Vergleich der Ergebnisse für unterschiedliche Entscheidungsprämissen können Anhaltspunkte für eine wirtschaftliche Betriebsführung gewonnen werden. Soweit es sich um quantifizierbare Ziele handelt (vgl. dazu |4|), kann deren voraussichtliche Erfüllung überprüft werden.

Die stochastische Modellversion kann dabei helfen, die wirtschaftlichen Risiken besser zu bewerten. Die Hauptprobleme einer Anwendbarkeit liegen in der derzeit mangelhaften Verfassung des Rechnungswesens und dem Konflikt zwischen medizinischen und wirtschaftlichen Zielen.

<u>Literatur:</u>

|1| Hansen, K.: Medizinisch-ökonomische Entscheidungsvorbereitung mit Hilfe der Systemforschung im schrumpfenden Krankenhausbetrieb. In: Bratschitsch, R., und W. Schnellinger (Hrsg.): Unternehmenskrisen - Ursachen, Frühwarnung, Bewältigung, Stuttgart 1981, S. 255 - 280.

|2| Heidötting, M.: MARS - Der Einsatz eines computergestützten Planungssystems am Beispiel eines Krankenhauses. In: Stahlknecht, P. (Hrsg.), Online-Systeme im Finanz- und Rechnungswesen, Berlin-Heidelberg-New York 1980, S. 491 - 506.

|3| Meyer, M.: Spielanleitung für das Krankenhausmanagementspiel KLIMA 4. Arbeitsbericht Nr. 82-2 der Forschungsgruppe Medizinökonomie, Universität Erlangen-Nürnberg, Januar 1982.

|4| Roos, N.P., J.R., Schermerhorn, L.L. Ross Jr.: Hospital Performance: Analysing Power and Goals. In: Journal of Health and Social Behavior, Vol. 15, No. 2, Juni 1974, S. 78 - 92.

|5| Rüschmann, H.-H.: Vergleichende Analyse verschiedener Ansätze zu einer sozioökonomischen Modellierung von Gesundheitssystemen. In: Forschungsberichte des BMA, Bonn 1982.

|6| Schmidt, R.: Anwendungsmöglichkeiten betriebswirtschaftlicher Planungsmodelle im Gesundheitswesen. In: P. Herder-Dorneich, G. Sieben, T. Thiemeyer (Hrsg.): Wege zur Gesundheitsökonomie I, Gerlingen 1981, S. 239 - 268.

|7| Schmidt, R.: Gesamtplanung im Krankenhaus. Referat anläßlich des 6. Bosch-Colloquiums über Gesundheitsökonomie, Mai 1981.

|8| Vraciu, R.A.: Programming, Budgeting, and Control in Health Care Organisations: The State of the Art. In: Health Services Research 14 (1979), No. 2, S. 126 - 149.

Das Simulationsmodell "Rettungswesen"
-Analyse und Planung von Rettungssystemen-

Gernot Riediger, Köln
Wilfried Siegener, Karlsruhe

Zusammenfassung. Im Bereich des Rettungsdienstes werden zunehmend Maßnahmen notwendig, um einerseits das Leistungsniveau zu verbessern und andererseits die Kosten möglichst gering zu halten. Als Entscheidungshilfe wurde im Auftrag der Bundesanstalt für Straßenwesen ein Simulationsmodell entwickelt, durch das die Auswirkungen von Änderungen abgeschätzt werden können. Neben Veränderungen in der Infrastruktur (Rettungswachenanzahl, Rettungsmittelausstattung etc.) können neue Strategien (wie z. B. Rendezvoussystem) auf ihre Zweckmäßigkeit überprüft werden. Neben einer Programmbeschreibung werden Anwendungsergebnisse aus mehreren Rettungsdienstbereichen vorgestellt.

Summary. In the field of emergency medical services there is an increasing necessity to take measures which, on the one hand, improve the services as such and, on the other hand, keep the costs as low as possible. The Federal Road Research Institute had an EMS simulation model developed, as a decision aid, which makes it possible to estimate the impact of changes. Apart from changes in the infrastructure (number of EMS stations, rescue equipment etc.) it is also possible to examine the usefulness of new strategies (e.g. the rendezvous strategy). A description of the program and the results of its application in several EMS areas are presented.

1. Organisations- und Leistungsprobleme im Rettungswesen

Etwa 1 Mrd DM Umsatz jährlich werden im Rettungswesen in der Bundesrepublik Deutschland getätigt. Etwa 6,5 Mio Patienten werden dabei bedient, 2 Mio davon sind zeitlich dringliche Notfälle, wiederum 300.000 davon so schwerwiegend, daß sie einer intensiven klinischen Behandlung unterzogen werden müssen.

Das Rettungssystem - also die organisierte Notfallrettung - bietet zur Bewältigung dieser Aufgaben folgende Leistungen an:

Notrufannahme (jederzeitige Annahme eines Notrufes und dessen Bearbeitung),
Krankentransport (Transport von pflegebedürftigen Kranken und Verletzten),
Rettungsdienst (Versorgung und Transport von Notfallpatienten bei Lebensbedrohung),
Notarztdienst (Versorgung von lebensbedrohlich Erkrankten oder Verletzten durch einen Notarzt),

Operations Research Proceedings 1982

Hubschrauberrettung (Versorgung und Transport lebensbedrohlich Verletzter oder Erkrankter durch einen Notarzt und durch die Luft).

Zur Leistungserstellung hat sich eine bestimmte Aufbauorganisation entwickelt:

Das Meldesystem (Über spezielle Meldeeinrichtungen (Notrufsäulen, Notruftelefone) oder das Telefon (privates, öffentliches) gehen Notrufe unmittelbar an eine zentrale, zu jeder Zeit besetzte Notrufanahme.)
Das Leit- und Kommunikationssystem (In der ständig besetzten Rettungsleitstelle werden bei Notfällen die Einsatzentscheidungen gefällt und die Einsatzabläufe überwacht.)
Das Betriebssystem (Hier werden die für die Leistungserstellung notwendigen personellen und sachlichen Ausstattungen vorgehalten. Für jede der Aufgaben des Rettungswesens sind spezielle Rettungsmittel entwickelt: Für Krankentransport (KTW), für die nichtärztliche Notfallhilfe (Rettungswagen RTW), für die ärztliche Notfallhilfe (Notarztwagen NAW) und für die ärztliche Luftrettung (Rettungshubschrauber RTH).)

Die Leistungserstellung wird durch die folgenden Zielvorstellungen bestimmt:

1. Bediensicherung: Das Rettungssystem stellt sicher, daß alle Leistungen zu jeder Zeit an jedem Ort erbracht werden können. Es soll dabei jeder gemeldete Bedarf befriedigt werden.
2. Zeitminimierung: Alle Leistungen sollen schnellstmöglich nach Bedarfseintritt erbracht werden. Maßgeblich ist dabei die Zeitspanne zwischen Notfalleintritt und dem Eintreffen des Rettungsmittels am Notfallort.

Diese beiden Zielvorstellungen bestimmen den Aufbau, die Ausstattung und die Leistung des Rettungssystems. Bei der Vorhaltung und Stationierung von Rettungsmitteln für eine optimale Bedienung eines Gebietes ist außerdem die Zufälligkeit des örtlichen und zeitlichen Auftretens von Notfällen zu berücksichtigen.

Das so organisierte System ist in den meisten Ländern der Bundesrepublik Deutschland durch Gesetz oder Verordnungen und in entsprechenden Rettungsdienstplänen festgeschrieben. Als Randbedingung ist dabei vorgegeben, daß Ausstattung und Betrieb unter dem Gesichtspunkt größtmöglicher Wirtschaftlichkeit zu gestalten sind. Da im versuchsweisen Aufbau des Rettungssystems keine detaillierten Planungsregeln (z. B. in Abhängigkeit von der Gebietsstruktur) für die optimale Gestaltung bekannt waren, wurden seitens der zuständigen Stellen einige Planungsrichtwerte vorgegeben. So soll beispielsweise die Vorhaltung eines Rettungsmittels (ein KTW bzw. ein RTW) für jeweils 12.000 bis 20.000 Einwohner vorgesehen werden. Vom Eingang einer Notmeldung bis zum Eintreffen des Rettungsmittels am Notfallort sollen nicht mehr als 5 bis 8 Minuten (Nordrhein-Westfalen) verstreichen. Für ländliche Räume (z. B. in Bayern) sind diese Zeitrichtwerte auf 12 bis 15 Minuten Anfahrzeit heraufgesetzt. Bei zeitlich nicht so dringlichen Krankentransporten können jedoch gewisse Dispositionszeiten durchaus in Kauf genommen werden.

Die Optimierung eines Systems unter solchen Vorgaben ist naturgemäß schwierig. Dies gilt hier in besonderem Maße, da der Nutzen der Leistungserbringung (verhinderte Todesfälle, gerettete Verletzte) bislang nicht quantifizierbar ist. Dies macht Entscheidungen zwischen den konkurrierenden Zielvorstellungen einer Leistungsmaximierung auf der einen Seite und einer Kostenminimierung auf der anderen Seite äußerst schwierig. Der Kostendruck unter den im Laufe der Zeit nahezu aller Haushalte gelangen, zwingt jedoch zu Entscheidungen. Die Bundesanstalt für Straßenwesen, eine wissenschaftliche Einrichtung des Bundesministers für Verkehr, hat daher das IVT - Ingenieurbüro für Verkehrstechnik in Karlsruhe beauftragt, ein Instrument zu entwickeln, das derartige Entscheidungshilfen bieten kann.

2. Das Simulationsmodell Rettungswesen

2.1 Aufgabenstellung

Die Aufgabe bestand somit darin, ein Modell zu entwickeln, mit dem die Auswirkungen von Änderungen im Rettungssystem mit hoher Genauigkeit im Hinblick auf leistungsrelevante Merkmale als auch kostenbestimmende Größen im voraus abgeschätzt werden können. Folgende Veränderungsmöglichkeiten müssen überprüft werden können:

- Veränderung der Infrastruktur im Rettungsdienst (z. B. Ort und Anzahl Rettungswachen, Art und Umfang der Rettungsmittelausstattung)
- Veränderungen in der Organisation (z. B. zentrale oder dezentrale Einsatzlenkung, Art der Einsatzstrategie (Rendezvoussystem etc.))
- Veränderungen im Versorgungssystem (z. B. Standorte und Aufnahmezeiten von Krankenhäusern und Unfallstationen)
- Veränderungen im Einsatzaufkommen (z. B. Rückgang des Einsatzaufkommens, Anteil der Notarzteinsätze).

2.2 Systemanalyse

Als erster Arbeitsschritt zur Erstellung des Simulationsmodells war eine detaillierte Analyse des Systems "Rettungswesen" notwendig, mit dem Ziel, alle relevanten Elemente zu erfassen und deren Verknüpfungen festzustellen. Als räumliche Abgrenzung wurde der Bereich einer Rettungsleitstelle festgelegt. Zunächst wurde davon ausgegangen, daß Meldedaten über das reale Einsatzaufkommen für einen hinreichend langen Zeitraum vorliegen. Die Modellbildung bezieht sich somit auf den wesentlichen Entscheidungsprozeß, beginnend mit dem Meldungseingang in der Rettungsleitstelle bis zur Übergabe des Patienten im Versorgungssystem. In Abb. 1 sind alle wesentlichen Ereigniszeitpunkte und Teilzeiten innerhalb der gesamten Rettungskette angegeben.

Aus der Systemanalyse ergeben sich für die Modellbildung unter anderem folgende wesentlichen Anforderungen:

- Notfalleinsätze und Krankentransporte sind nicht grundsätzlich trennbar, da für beide Aufgaben sehr häufig dieselben Rettungsmittel verwendet werden.
- Die räumlich-zeitlichen Abläufe im Rettungsdienst und damit seine Leistungsfähigkeit werden nicht nur von der vorgehaltenen Infrastruktur, sondern auch von der angewandten Einsatzstrategie für die Rettungsmittel bestimmt.

2.3 Modell

Auf der Basis der Systemanalyse wurde das Simulationsmodell "Rettungswesen" erstellt, das als Programmpaket aus fünf hierarchisch voneinander abhängigen Einzelprogrammen besteht:

Programmname	Speicherbedarf Worte à 36 Bit	Anzahl der Anweisungen	Programmsprache
NETZDAT	50.000	400	FORTRAN FTN 10R1.1
MELDAT	5.000	120	SIMULA 3R8
SIMDAT	83.000	1.600	SIMULA 3R8
SIMULATION	87.000	2.770 400	SIMULA 3R8 ASSEMBLER ASM15R1
ANALYSE	81.000	3.000	FORTRAN FTN 10R1.1

Das Programm NETZDAT verarbeitet die bereitgestellten Netzdaten und baut daraus das Modellnetz in Form eines invertierten dualen Graphen auf, der zur Weiterverwendung in den anderen vier Programmen einen besonders günstigen Zugriff auf die Netzzusammenhänge ermöglicht. Es war im Sinne einer "netzgetreuen" Modellbildung, wenn angestrebt wurde, die Fahrzeuge in der Simulation in einem dem tatsächlichen geometrischen Straßennetz möglichst angenäherten Modellnetz fahren zu lassen (Möglicher Maximalwert: Knotenanzahl $\leq$ 1.600, Kantenanzahl $\leq$ 4.700).

Das Programm MELDAT dient dazu, die Meldedaten bereitzustellen und die externen Knotennummern von Einsatzort und Transportziel auf die korrespondierenden internen Knotennummern (über eine Hash-Tabelle) umzuwandeln. Die Meldedaten beinhalten: Zeitpunkt Eingang der Meldung, Einsatzklasse (zur Charakterisierung der Dringlichkeit des Einsatzes), benötigte Rettungsmitteltypen (Wunschtypen), Einsatzort, Transportziel.

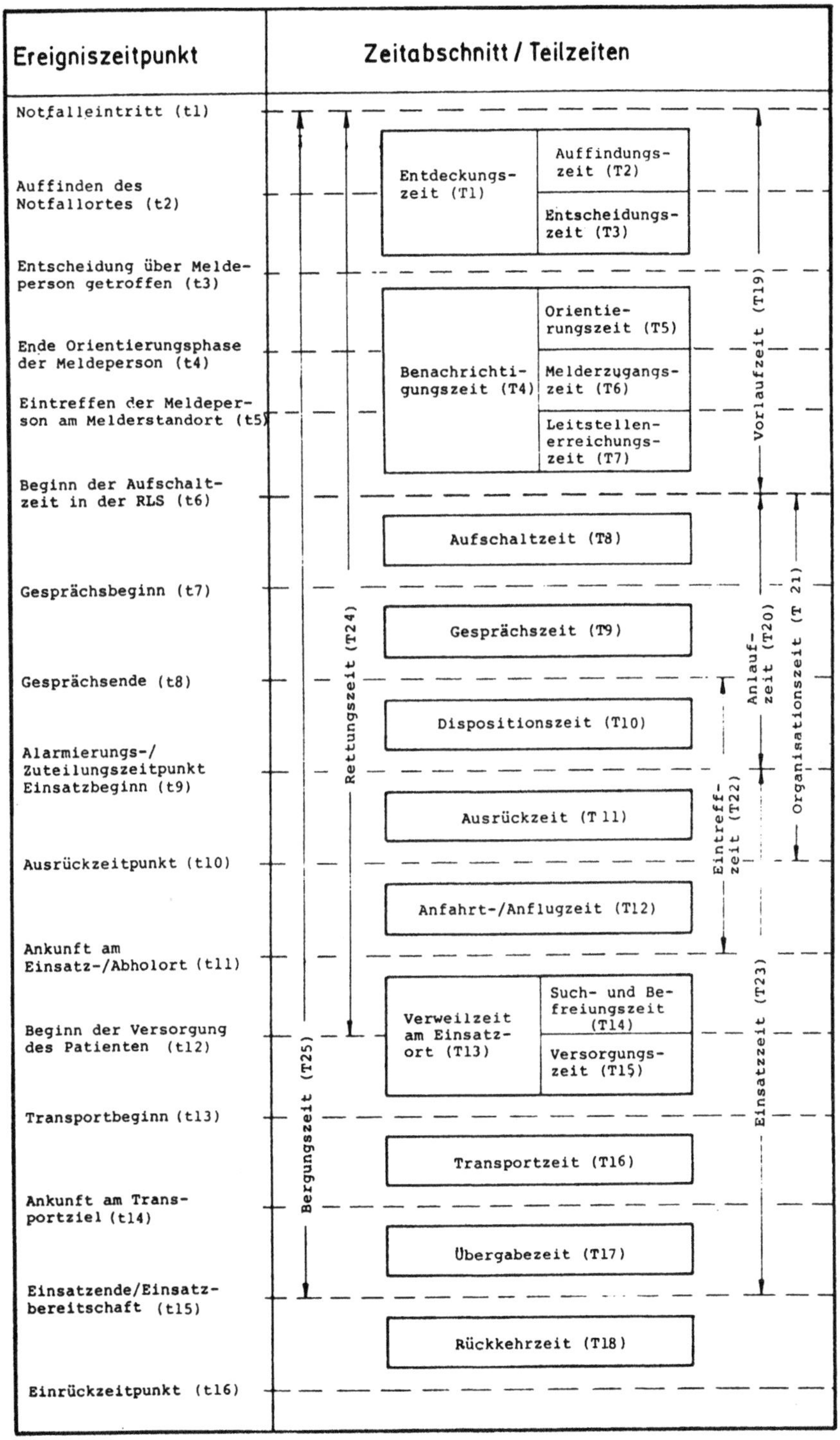

Abb. 1: Zeitdefinitionen im Rettungsablauf

Im Programm SIMULATION findet der eigentliche Entscheidungs- und Ablaufprozeß statt. Das mit dem Modell simulierte Einsatzgeschehen ergibt sich als Summe einzelner Einsatzabläufe, die durch programmierte Algorithmen gesteuert und gegenseitig beeinflußt werden. Dies geschieht in den getrennten Programmbausteinen (Module) EINSATZ, DISPONENT und RETTUNGSMITTEL, deren Wirkungsweise an einem vereinfachten Einsatzablauf mit nur einem beteiligten Rettungsmittel exemplarisch erläutert werden kann:

Meldung bis Alarmierung: Die eingelesene Meldung mit dem angegebenen Rettungsmittelwunschtyp reiht sich zum angegebenen Zeitpunkt in die Gesprächswarteschlange ein (Beginn der Aufschaltzeit) und wird über den Programmbaustein EINSATZ von einem freien, d. h., nicht mit einem Gespräch belegten Funktisch abgefragt (Gesprächsbeginn). Das Modul EINSATZ erzeugt eine Gesprächszeit, nach deren Ablauf (Gesprächsende) der Funktisch für ein neues Gespräch wieder freigegeben wird. Zum Zeitpunkt Gesprächsende erstellt der Baustein EINSATZ einen Zuteilungswunsch (Inhalt: Wunschtyp, Einsatzort, ggf. Transportziel), reiht diesen in Abhängigkeit der Dringlichkeit des Einsatzes in die entsprechende Zuteilungswarteschlange ein und aktiviert den Baustein DISPONENT. Zu diesem Zeitpunkt fragt der DISPONENT alle Zuteilungswarteschlangen, entsprechend der Reihenfolge der Dringlichkeit, auf vorhandene Zuteilungswünsche hin ab. Sofern die Bearbeitung des Zuteilungswunsches (unter Berücksichtigung der Einsatzstrategie) und damit die Suche des DISPONENTEN nach dem benötigten Rettungsmittel sofort zum Erfolg führt, entsteht keine Dispositionszeit und es kann die Alarmierung des verfügbaren Rettungsmittels an seinem momentanen Standort erfolgen. Dabei wird der Weg zum Einsatzort und ggf. das Transportziel als sogenannter Fahrbefehl ebenfalls vom Modul DISPONENT an das Modul RETTUNGSMITTEL übermittelt.

Ausrücken bis Freimeldung: Dieser Programmbaustein verarbeitet und veranlaßt nun in festgelegter Reihenfolge (durch Fahrentscheidungen) alle stationären und mobilen Aktivitäten (Ausrücken, Anfahren, Verweilen) des alarmierten Rettungsmittels einschließlich der Berechnung der zugehörigen Zeitabschnitte. Nach Ablauf der Verweilzeit (Zeitpunkt Transportbeginn) erhält das Rettungsmittel vom Modul EINSATZ den Transportbescheid und sucht sich für den Transport den kürzesten Weg zum angegebenen Transportziel oder zum zeitlich nächstliegenden Krankenhaus. Nach Ablauf der vom Modul RETTUNGSMITTEL errechneten Transportzeit erfolgt die Übergabe (mit einer Übergabezeit) am Transportziel und anschließend die Freimeldung (Statusänderung) an den Baustein DISPONENT (Freimeldezeitpunkt).

Rückfahrt: Das Modul RETTUNGSMITTEL bestimmt den kürzesten Weg zu seiner Wache, wo es nach Beendigung der Rückfahrt (mit der Rückkehrzeit) ankommt (Einrückzeitpunkt). Alle Ablaufdaten der durchgeführten Einsatzfahrt werden dem Modul EINSATZ mitgeteilt.

Die Zeitdauern "Gesprächszeit", "Ausrückzeit", "Verweilzeit" und "Übergabezeit" werden aus Wahrscheinlichkeitsverteilungen (von Beobachtungsdaten abgeleitet) zufällig erzeugt. Für die Fahrzeiten werden in Abhängigkeit von der Einsatzklasse und vom Rettungsmittel unterschiedliche Geschwindigkeitsfunktionen angesetzt. Die Zeitdauern "Aufschaltzeit", "Dispositionszeit" und "Wartezeit" sind Ergebnisse aus den Einsatzabläufen.

Weiterhin wird im Modul DISPONENT vorausgesetzt, daß zu jedem Zeitpunkt eine genaue Information über den Standort aller Rettungsmittel und deren Zustand vorliegt.

Das Programm SIMULATION kann eine Vielzahl von vorhandenen oder denkbaren Einsatzstrategien modellhaft nachvollziehen. Bei der Disposition bereits vorliegender Meldungen wird die Strategieart im wesentlichen durch folgende Kriterien bestimmt:

Vorrang der Bedienungsqualität: Es sollen in Abhängigkeit von der Einsatzart nur Rettungsmittel mit der geforderten Bedienungsqualität eingesetzt werden.
Vorrang der Schnelligkeit: Es soll bei Notfällen möglichst schnell irgendein Rettungsmittel eintreffen, auch wenn es nicht die geforderte Qualität besitzt und ein zusätzliches Rettungsmittel angefordert werden muß.

Für eine möglichst gute Versorgung der zu erwartenden Notfälle kann durch eine entsprechende Strategie die räumliche Verteilung der einsatzbereiten Rettungsmittel beeinflußt werden. Es bestehen u.a. folgende Möglichkeiten: Das Rettungsmittel bleibt am Transportziel. Das Rettungsmittel fährt zu einer nicht ausreichend besetzten Wache. Das Rettungsmittel fährt zu einem Stellplatz außerhalb seiner Wache.

Das Programm ANALYSE dient zur Auswertung der Einsatzdaten. Die Ergebnisdaten lassen sich unterteilen in

- Daten zur Beschreibung der Leistungsfähigkeit (wie z. B. Eintreffzeit, Dispositionszeit)
- Daten zur Bestimmung der Kosten (wie z. B. Fahrleistungen, Dienststunden)

Sämtliche Ergebnisdaten können sowohl zusammengefaßt für den gesamten Untersuchungsbereich als auch getrennt für einzelne Rettungswachen, aufgeteilt nach Rettungsmitteln dargestellt werden. Weiterhin ist eine Unterteilung nach Einsatzarten (z. B. Notfälle, Krankentransporte) möglich. Die Informationen können für den gesamten Zeitraum und für unterschiedliche Zeitbereiche (wie z. B. nur Werktage bzw. während bestimmter Tagesstunden) zusammengefaßt werden.

2.4 Anwendungsbeispiele

In den Anwendungen wird jeweils zunächst der "Ist-Zustand" simuliert, um über die Beobachtungswerte hinaus umfangreiche Vergleichsdaten zu erhalten, mit denen sinnvolle Veränderungen festgelegt und deren Auswirkungen verglichen werden können.

Aus den Bereichen Karlsruhe, Unterfranken, Ludwigsburg und Berlin liegen bereits Ergebnisse für den Einsatz des Modelles vor. Die Anwendungsfälle zeigen, daß die Vorgehensweise durchaus erfolgversprechend ist. Dies nicht nur durch theoretische Nachweise mit Hilfe des Simulationsmodelles, sondern inzwischen sind auch einige Ergebnisse umgesetzt worden. So sind in einem Fall durch entsprechende Maßnahmen über 200.000 DM jährliche Kostenersparnisse bei gleichzeitigem Leistungserhalt des Rettungsdienstes erzielt worden. In einem anderen Fall wird der jährliche Einsparungseffekt auf DM 650.000 angenommen. In einem dritten Fall konnten mit einer Strategieänderung 10 % Kostenersparnisse bei gleichzeitiger Leistungsverbesserung nachgewiesen werden. In einem weiteren Anwendungsfall wurde gezeigt, welche Auswirkungen für den Rettungsdienst durch eine zentrale Einsatzlenkung gegenüber der derzeit praktizierten dezentralen Einsatzlenkung zu erwarten sind.

EIN DIALOGSYSTEM ZUR ANALYSE VON HYPERTONIE-FRÜHERKENNUNGSMASSNAHMEN

Kurt Heidenberger und Viktor Wohlmannstetter, Nürnberg

Die Analyse von Maßnahmen zur Erfassung, angemessenen diagnostischen Einordnung und Behandlung von Hypertonikern (Personen mit überhöhtem Blutdruck) ist vor allem aus folgenden Gründen von Bedeutung:

- in der Bundesrepublik leiden zwischen 7 % und 27 % der Bevölkerung an Hypertonie (der Prozentsatz hängt von der jeweiligen Unterpopulation ab);
- Hypertonie ist ein Hauptrisikofaktor bei der Entstehung von Herz-Kreislauferkrankungen;
- die Erkrankung kann wirkungsvoll therapiert werden;
- eine gründliche Diagnostik und anschließende Therapie für alle Hypertoniker wäre zu teuer.

Der Vortrag stellt ein Dialogsystem vor, das darauf abzielt, Einsichten zu vermitteln, nicht jedoch konkrete Planungskennziffern zu liefern. Es entstand aus der Idee heraus, zum einen die aus verschiedenen empirischen Studien zusammengetragenen "weichen" Daten sinnvoll zu nutzen (z.B. evtl. Experten anzuregen, Schätzwerte über Schlüsselparameter abzugeben) und zum anderen den Einfluß von Modell- und Datenwahl auf die Handlungsempfehlungen interaktiv zu demonstrieren.

Das Computerprogramm gestattet u.a. folgende Probleme zu untersuchen:

- welche Untergruppen der betrachteten Population sollten unter Berücksichtigung gruppenspezifischer Diagnosestrategien erfaßt werden, um ein gegebenes Budget am wirkungsvollsten zu verwenden;
- wie beeinflussen verschiedene Wirksamkeits-Maße die Früherkennungsstrategien;
- wie wirkt sich eine "individualistische" gegenüber einer "kollektivistischen" Betrachtungsweise auf das Vorsorgeprogramm aus;

Operations Research Proceedings 1982

- inwieweit und weshalb weichen individuelle Strategien, die der Entscheidungsträger im Dialog entwickelt, von den Strategien ab, die der Rechner anbietet (der Benutzer hat z.B. die Möglichkeit, die Ergebnisse der implementierten heuristischen Algorithmen zu übertreffen).

Das Dialogprogramm kann eingesetzt werden:

- auf verschiedenen Ebenen (z.B. auf Gemeindeebene, um lokale Maßnahmen zu analysieren);

- für mindestens 3 Benutzergruppen: Entscheidungsträger, Fachärzte (die medizinische Parameter verändern u. diskutieren) und Studenten der Medizinökonomie;

- allgemein als Rahmen, um über verschiedene Faktoren eines Hypertoniefrüherkennungsprogramms quantitativ zu diskutieren, die bislang qualitativ und subjektiv berücksichtigt wurden.

Literaturhinweise

Heidenberger K. (1981) Kosten-Effektivitätsuntersuchung zur Früherkennung von Hypertonie auf der Grundlage des Trifon-Gafni-Modells. Arbeitsbericht Nr. 81-1 der Forschungsgruppe Medizinökonomie am Lehrstuhl für Betriebswirtschaftslehre und Operations Research, Universität Erlangen-Nürnberg

Heidenberger K. (1982) Gruppenspezifische Auswahl von Diagnosestrategien im Bereich der Hypertoniefrüherkennung. Ein Modell der linearen 0/1-Programmierung. OR Spektrum 4: 91-104

Trifon R., Gafni A. (1979) The economics of preventive medicine: the case of hypertension. Operations Research, Statistics and Economics Mimeograph, Series No. 239, Technion Israel Institute of Technology, Haifa, Israel

Wohlmannstetter V. (1982) Implementierung des erweiterten Trifon-Gafni-Modells als Instrument des computerunterstützten Entscheidungstrainings für die gruppenspezifische Auswahl von Diagnosestrategien. Diplomarbeit, Betriebswirtschaftliches Institut, Universität Erlangen-Nürnberg.

Optimale Zuordnungen und Matchings: Anwendungen, Grundlagen und Verfahren

Ulrich Derigs, Bonn

Zusammenfassung. Die Bestimmung optimaler Matchings in Graphen kann als eine zentrale Problemklasse der Graphentheorie und der ganzzahligen Programmierung bezeichnet werden. Daher sind Probleme dieser Art schon seit geraumer Zeit extensiv in diesen Disziplinen untersucht worden. Jedoch erst in jüngster Zeit ist diese Problemklasse auch für OR-Praktiker attraktiv geworden, nachdem verschiedene praktische Probleme auf Matchings führten.
Nachdem wir die verschiedenen Matchingprobleme klassifiziert haben und einige Anwendungen aufgezeigt haben, diskutieren wir in dieser Arbeit zunächst die kombinatorischen und polyedrischen Grundlagen für Matchingverfahren. Anschließend geben wir eine Übersicht über existierende effiziente Matchingimplementierungen.

Summary. Matching Problems can be seen as one of the corner stone problems in Graph Theory as well as in Integer Programming. Therefore these problems have attracted researchers for many years. Only quite recently also OR-practitioners have found considerable interest in this topic since it turned out that problems of the matching type arise in different practical problems. After classifying different matching problems and stating some practical applicaitons we will discuss the combinatorial and polyhedral background and foundation of matching algorithms and then survey existing efficient matching implementations.

1. Einleitung

Das allgemeine Matching-Problem kann folgendermaßen formuliert werden:
Bestimme für n gegebene Objekte eine optimale Kombination in "Paare" und "Singles". Dieses kombinatorische Optimierungsproblem wird in der Regel zur besseren Veranschaulichung als Graphenproblem behandelt:
Sei $G = (V,E)$ ein ungerichteter Graph wobei $V = \{1, 2, ..., n\}$ die Menge der Objekte repräsentiert und eine Kante $(i,j) \in E$ wenn immer Objekt i und Objekt j kombiniert werden können. Weiterhin sind Kantengewichte c_{ij} gegeben, die den Wert/die Kosten einer Kombination von Objekt i und j angeben sowie Knotengewichte d_i, die den Wert/die Kosten angeben, die entstehen wenn Objekt i allein (als "Single") bleibt.
Eine Menge $M \subseteq E$ von Kanten heißt (perfektes) Matching in G wenn an jedem Knoten höchstens (genau) eine Kante aus M inzidiert. Sei mit $\mathcal{M}(\mathcal{M}_p)$ die Menge der (perfekten) Matchings in G bezeichnet. Für $M \in \mathcal{M}$ definieren wir dann mit V(M) die Menge der Knoten, die mit einer Kante aus M inzidieren sowie

$$(1) \qquad c(M) = \sum_{(i,j) \subset M} c_{ij} + \sum_{i \notin V(M)} d_i$$

Operations Research Proceedings 1982

Wir können dann die folgenden Standard Matching Probleme unterscheiden:

(CMP) Kardinalitäts-Matching-Problem (CMP)
$\max \{ |M| \mid M \in \mathcal{M}\}$

(WMP) Maximales-Matching-Problem (WMP)
$\max \{ c(M) \mid M \in \mathcal{M}\}$

(PMP) Minimales-Perfektes-Matching-Problem (PMP)
$\min \{ c(M) \mid M \in \mathcal{M}_p\}$

Es läßt sich leicht zeigen [7], daß WMP und PMP äquivalent sind, d.h. zu jedem WMP läßt sich ein PMP konstruieren so daß die Optimallösung von PMP auch die von WMP liefert und umgekehrt. Wir werden daher im folgenden nur PMP als Standardproblem behandeln. Der Grund für die Wahl von PMP ist dabei die spezielle Bedeutung eines Spezialfalles.
Falls G ein vollständiger bipartiter Graph ist, so ist das entsprechende PMP äquivalent zum sogenannten *Zuordnungsproblem*, das darin besteht bei gegebener $n \times n$ Kostenmatrix C eine Permutation $\varphi: N \to N$ zu bestimmen für die

$$(2) \qquad c(\varphi) = \sum_{i=1}^{n} c_{i,\varphi(i)} \quad \text{minimal ist.}$$

Es kann weiter gezeigt werden, daß PMP in allgemeinen Graphen äquivalent zum *symmetrischen Zuordnungsproblem* ist, bei dem eine Permutation zusätzlich die Bedingung $\varphi(i) = j \Rightarrow \varphi(j) = i$ für alle $i \in N$ erfüllen muß.
Die oben definierten Matchingprobleme haben Erweiterungen in zweifacher Hinsicht erfahren:
Zum einen werden statt (1) andere Zielfunktionen betrachtet wie etwa Engpaß-Zielfunktion [33] [14], das Stable Marriage Konzept [31] oder Mehrfachzielfunktionen [44][50] (siehe in diesem Zusammenhang auch [8], [12]). Man spricht dann auch von den oben angeführten Problemen als *Summenprobleme*. Zum anderen wird die zulässige Menge M dahingehend erweitert, daß mehr als eine Kante an den Knoten inzidieren dürfen (*degree constraint subgraph problem* [32]) und Kanten mehrfach gezählt werden (*b-Matching Problem* [45]). Zur Abgrenzung von diesen Erweiterungen bezeichnet man die eingeführte Klasse von Matching Problemen auch als *1-Matching Probleme*.
Im folgenden ist eine Auswahl von Matchinganwendungen aus der OR-Literatur stichwortartig aufgelistet.

- Optimale Codierung eines Off-Line-Druckers [39]
  (Summen-Zuordnungsproblem)
- optimale Taktzeit bei Fließbandvorgängen [29]
  (Engpaß-Zuordnungsproblem)
- optimale Personalzuordnung [50]
  (Zuordnungsproblem mit Mehrfachzielfunktion)

- perfekte Gaussche Elimination [21]
  (CMP für "dünne" bipartite Graphen)
- optimales Scheduling von zwei Prozessoren [28]
  (CMP für nichtbipartite Graphen)
- optimale Einsatzpläne für (Schul-)Busse und Fahrer [2]
  (WMP in nichtbipartitem Graph)
- optimale Steuerung eines mechanischen Plotters [46]
  (PMP in vollständigem nichtbipartitem Graph)
- optimale Kombination von Strecken zu Buslinien [34]
  (WMP in nichtbipartitem Graph)
- optimale Kombination von Ölfeldern zur gemeinsamen Förderung [20]
  (PMP in nichtbipartitem Graph)

Weiterhin findet PMP noch als Unterproblem Verwendung in

- einer effizienten Heuristik zur Lösung von symmetrischen Rundreiseproblemen [9][13]
- einem effizienten Verfahren zur Lösung des Chinesischen Postbotenproblems [24][13]
- einem Relaxationsansatz zur Lösung von Set Partitioning Problemen [42].

Wir möchten jedoch an dieser Stelle die Vermutung äußern, daß die steigende Verfügbarkeit und Effizienz von Matching Software zu vielfältigen neuen Anwendungen von Matchings führen wird. Die mangelnde Verfügbarkeit und hohe Komplexität (im Sinne von "schwierig zu implementieren") hatte etwa dazugeführt, daß in [34] das Problem zwar als klassisches Matchingproblem erkannt und formuliert wurde, dann aber doch mit Set-Partitioning-Verfahren angegangen wurde.
Wir wollen im folgenden kurz die kombinatorischen und "polyedrischen" Grundlagen von Verfahren zur Lösung von CPM und PMP darstellen und einen Überblick über effiziente Verfahren geben.

2. Kombinatorische Grundlagen und Verfahren

In diesem Abschnitt wollen wir einige rein kombinatorisch motivierte Optimalitätskriterien formulieren und die darauf basierenden Verfahren skizzieren.

Definition Ein Pfad oder Kreis P in G heißt alternierend bzgl. eines Matchings M wenn die Kanten von P abwechselnd in M bzw. nicht in M sind.

Satz [5] Ein Matching M löst CMP genau dann, wenn kein bzgl. M alternierender Weg existiert, der zwei ungematchte Knoten verbindet ("erweiternder Pfad")

Falls P erweiternder Pfad bzgl. M ist, so erhält man ein Matching mit einer um 1 größeren Kardinalität durch Vertauschen von Matching- und Nichtmatchingeigenschaft für die Kanten des Pfades. Diesen Vorgang und das neue Matching bezeichnen wir mit $M \oplus P$.

Dieser Satz führt dann auf das folgende Verfahren

Basis-Algorithmus zur Lösung von CMP

Start: $M = \emptyset$

Schritt 1: Bestimme erweiternden Pfad P bzgl. M
falls keiner existiert ⟶ Stop!
sonst ⟶ Schritt 2

Schritt 2: $M := M \oplus P$ ⟶ Schritt 1

In bipartiten Graphen können die erweiternden Wege dabei mit dem Markierungsverfahren von FORD u. FULKERSON [27] bestimmt werden. Das Problem der effizienten Bestimmung von erweiternden Wegen im nichtbipartiten Fall wurde zuerst von EDMONDS [22] gelöst. Er führte dazu neben dem Konzept der "*alternierenden Bäume*" auch das Konzept des "*Schrumpfens*" von ungeraden Kreisen zu sogenannten Pseudoknoten ein. Auf diese Weise ist es möglich, in $O(|E|)$ Schritten von einem vorgegebenen Startknoten aus einen erweiternden Weg zu bestimmen, bzw. zu entscheiden, daß dieser Knoten in der optimalen Lösung ungematcht bleibt. Dieser Ansatz führt auf Implementierungen mit Zeitkomplexität $O(|V|^3)$ und $O(|V| \cdot |E|)$ (cf [30], [38]). Verfahren mit Zeitkomplexität $O(|V|^{5/2})$ sind in [26], [35], [41] entwickelt worden. Bei diesen Ansätzen wird parallel über mehrere Pfade gleichzeitig erweitert. Einen numerischen Vergleich verschiedener CMP-Implementierungen findet man in [16], [18]. Ein effizientes FORTRAN-Verfahren ist in [7] aufgelistet.

Definition Sei $G = (V,E)$ ein ungerichteter Graph mit Kantenbewertung c_{ij} für $(i,j) \in E$ und M ein Matching in G. Für einen alternierenden Pfad oder Kreis P sei mit

$$l(P) = c(P \setminus M) - c(P \cap M)$$

die *Länge* von P definiert.

Mit dieser Definition gilt $c(M \oplus P) = c(M) + l(P)$.

Satz [15] Ein perfektes Matching M in G löst PMP genau dann, wenn kein alternierender Kreis P mit negativer Länge existiert ("negativer alternierender Kreis").

Dieser Satz führt auf den folgenden

Basis-Algorithmus zur Lösung von PMP

Start: $M \in \mathcal{M}_p$

Schritt 1: Bestimme negativen alternierenden Kreis P bzgl. M
falls keiner existiert — Stop!
sonst ⟶ Schritt 2

Schritt 2: $M := M \oplus P$ ⟶ Schritt 1

Definition Sei $M \in \mathcal{M}$ und $\mathcal{P}(M)$ die Menge aller erweiternden Pfade bzgl. M. Ein Pfad $P_0 \in \mathcal{P}(M)$ mit

$$l(P_0) \leq l(P) \quad \text{für alle } P \in \mathcal{P}(M)$$

heißt *kürzester erweiternder Pfad.*

Satz [15] Sei $M \in \mathcal{M}$ und existiere kein negativer alternierender Kreis bzgl. M und sei $P_0 \in \mathcal{P}(M)$ kürzester erweiternder Pfad. Dann existiert kein negativer alternierender Kreis bzgl. $M \oplus P$.

Dieser Satz führt auf einen zweiten

Basis-Algorithmus zur Lösung von PMP

Start: $M := \emptyset$

Schritt 1: $M \in \mathcal{M}_p$ —> Stop
sonst bestimme kürzesten erweiternden Pfad $P_0 \in \mathcal{P}(M)$ —> Schritt 2

Schritt 2: $M = M \oplus P_0$ —> Schritt 1

3. Polyedrische Kombinatorik

PMP kann in folgender Weise als Boole'sches Optimierungsproblem formuliert werden

$$\min \sum_{(i,j) \in E} c_{ij} \cdot x_{ij} \quad \text{unter}$$

$$\sum_{j\,:\,(i,j) \in E} x_{ij} = 1 \quad \text{für alle} \quad i \in V$$

$$x_{ij} \in \{0,1\} \quad \text{für alle} \quad (i,j) \in E$$

Falls G ein bipartiter Graph ist, kann die Ganzzahligkeitsbedingung durch die Nichtnegativitätsbedingung

$$x_{ij} \geq 0 \quad \text{für alle} \quad (i,j) \in E$$

abgeschwächt werden und PMP wird zu einem Linearen Programm. Im nichtbipartiten Fall ist dies nur möglich, wenn gleichzeitig ein Satz von zusätzlichen Restriktionen eingefügt wird (cf [23]). Dies sind zum einen die sogenannten *Blüten-Ungleichungen*

$$\text{(I)} \qquad \sum_{(i,j)\,:\,i,j \in R} x_{ij} \leq 1/2\,(|R| - 1) \quad \text{für alle} \quad R \in \mathcal{R}$$

oder alternativ die sogenannten *Schnitt-Ungleichungen*

$$\text{(II)} \qquad \sum_{\substack{(i,j)\,:\,i \in R \\ j \notin R}} x_{ij} \geq 1 \quad \text{für alle} \quad R \in \mathcal{R}$$

wobei $\mathcal{R} := \{R \subseteq V \mid |R| \geq 3, \text{ ungerade}\}$.

PMP wird somit ebenfalls im nichtbipartiten Fall in ein Lineares Programm überführt, allerdings mit einer bzgl. $|V|$ exponentiell wachsenden Anzahl von Restriktionen.

Die entsprechenden dualen Programme lauten

(DI) $\max \sum_{j \in V} y_j - \sum_{R \in \mathcal{R}} 1/2(|R| - 1) \cdot y_R$ unter

$$y_i + y_j - \sum_{R:\, i,j \in R} y_R \leq c_{ij} \quad \text{für } (i,j) \in E$$
$$y_R \geq 0 \quad \text{für } R \in \mathcal{R}$$

bzw.

(DII) $\max \sum_{j \in V} y_j + \sum_{R \in \mathcal{R}} y_R$ unter

$$y_i + y_j + \sum_{\substack{R:\, i \in R \\ j \notin R}} y_R + \sum_{\substack{R:\, i \notin R \\ j \in R}} y_R \leq c_{ij} \quad \text{für alle } (i,j) \in R$$

$$y_R \geq 0 \quad \text{für alle } R \in \mathcal{R}$$

Bezüglich einer gegebenen dual zulässigen Lösung y (für DI resp. DII) bezeichnen wir alle Kanten, die die duale Restriktion mit Gleichheit erfüllen als *zulässig* und mit $E^=$ die Menge der zulässigen Kanten. Die Komplementaritätsbedingungen für die einzelnen Programm-Paare führen dann auf folgendes System von Optimalitätsbedingungen

(01) $M := \{(i,j) \in E \mid x_{ij} > 0\} \in M_p$

(02) y ist dual zulässig

(03) $M \subseteq E^=$

(04_I) $M \cap \{(i,j) \mid i,j \in R\} = 1/2(|R| - 1)$ für $R \in \mathcal{R}$ mit $y_R > 0$

bwz.

(04_{II}) $M \cap \{(i,j) \mid i \notin R,\ j \in R\} = 1$ für $R \in \mathcal{R}$ mit $y_R > 0$

Es gilt nun, daß (04_I) und (04_{II}) nur in Kombination mit (01) äquivalent sind. Es ist nun so, daß alle effizienten Verfahren zur Lösung von PMP im nichtbipartiten Fall eine weitere Bedingung während des gesamten Verfahrens und am Schluß verifiziert haben (müssen).

(05) Jede Menge $R \in \mathcal{R}$ mit $y_R > 0$ ist *hypomatchable* in $G^= = (V,E^=)$.

Dabei heißt eine ungerade Knotemenge $R \in \mathcal{R}$ *hypomatchable in einem Teilgraphen* von G, wenn es zu jedem beliebig ausgewählten Knoten $r \in R$ genügend Kanten im Teilgraphen gibt, so daß alle Knoten in $R \setminus \{r\}$ durch diese Kanten paarweise gematcht werden (cf [25]). Diese Bedingung ist sehr einschneidend, da hier auch für eine Menge von Nichtmatchingkanten gefordert wird, daß die entsprechenden dualen Nebenbedingungen mit Gleichheit erfüllt sind. Dies erhöht etwa auch den Aufwand bei Sensitivitätsanalysen [17], [49].

4. Methoden zur Lösung von PMP

4.1 Simplex-Methoden

Da sowohl im bipartiten wie auch im nichtbipartiten Fall PMP als gewöhnliches LP formuliert werden kann, ist eine Lösung per SIMPLEX-Verfahren im Prinzip unter Verwendung von Regeln, die das Kreisen verhindern, in endlich vielen Schritten möglich. Wir wollen diesen Ansatz zunächst für den bipartiten Fall diskutieren. Den zulässigen Basislösungen des zugeordneten LP entsprechen dabei *Gerüste* im zugrundeliegenden Graphen. Da von den $2\cdot|V|-1$ Basisvariablen stets $|V|-1$ den Wert Null haben, ist jede zulässige Basislösung hochgradig degeneriert. In [4] ist eine Teilklasse von Gerüsten (sogenannte "alternating basis trees") und spezielle Pivotauswahlregeln definiert worden. Es konnte gezeigt werden, daß das Simplexverfahren unter Verwendung dieser speziellen Basen ohne zu Kreisen eine Optimallösung erzeugt. Empirische Untersuchungen zeigten, daß dieser Ansatz zu einer erheblich geringeren Anzahl von Pivotoperationen führen. Es ist jedoch weiterhin möglich, daß das Verfahren für eine (exponentiell) lange Zahl von Iterationen auf einer Zuordnung stehen bleibt. Dieser Effekt wird in der engl. Literatur mit "Stalling" bezeichnet. In [10] wurde zur gleichen Zeit unter dem Namen "strongly feasible basis" die gleiche Klasse von Gerüsten ausgezeichnet. Allerdings konnten Pivot-Auswahlregeln angegeben werden, die das Stalling verhindern. Jedoch erst in [47] konnten Auswahlregeln gefunden werden, die zu einem polynomialen Simplexverfahren für Zuordnungsprobleme führten.
Im allgemeinen nichtbipartiten Fall ist, wie schon ausgeführt, die Anzahl der Restriktionen sehr groß und eine zulässige LP-Basis wird denkbar unhandlich. In [36] wurde daher versucht, eine Klasse von gut strukturierten Basen mit geeigneten Pivotauswahlregeln zu definieren, auf die man sich dann wie im bipartiten Fall beschränken kann. Dies ist jedoch bisher nur teilweise gelungen. Es konnte eine Klasse ausgezeichnet werden mit den Eigenschaften, daß

- die Klasse stets eine optimale Basis enthält,
- Austauschregeln existieren, die nicht aus der Klasse herausführen.

Die Endlichkeit des Verfahren konnte jedoch (noch) nicht gezeigt werden.

4.2 Primal-duale Verfahren

Dieser Ansatz zur Behandlung allgemeiner Linearer Programme hat zur Entwicklung effizienter Verfahren für eine ganze Reihe von Graphen- und Netzwerk-Optimierungsproblemen geführt. Eine gute Darstellung und Übersicht findet man etwa in [43]. Der generelle Ansatz läßt sich dabei kurz folgendermaßen beschreiben:
Ausgehend von einer dual zulässigen Lösung wird versucht, eine für das primale Problem zulässige Lösung nur unter Verwendung von Variablen zu konstruieren, die die Komplementaritätsbedingungen erfüllen ("zulässige Variablen"). Kann dieses eingeschränkte Optimierungsproblem nicht zufriedenstellend gelöst werden, so kann die

Optimallösung des dazu dualen Problems Auskunft darüber geben, wie die vorgegebene Duallösung in einer nächsten Iteration zu modifizieren ist. In der Regel sind dabei bei Graphenproblemen die eingeschränkten Probleme "einfacher" lösbar. So erhält man bei Anwendung dieses Prinzips auf das PMP als eingeschränktes Primalproblem jeweils ein CMP, das mit dem Verfahren von Edmonds gelöst werden kann. Dabei liefert das Verfahren von Edmonds gleichzeitig auch die optimale Duallösung und somit eine Update-Formel für die Dualvariablen. Es zeigt sich dabei, daß bei Verwendung der Schnittungleichungen, diese Updating-Formel einfacher ist, als bei Verwendung der Blütenungleichungen. Dieser Ansatz hat sowohl im bipartiten Fall ("Ungarische Methode", [37]) wie auch im nichtbipartiten Fall (BLOSSOM-Algorithmus, [23]) zu den ersten effizienten Matching-Algorithmen geführt.
Für beide Fälle sind eine Reihe von $O(|V|^3)$ Implementierungen entwickelt worden [19], [38], [40].

4.3 Primale-Nichtsimplex-Verfahren

Für den bipartiten Fall (cf [1]) und nichtbipartiten Fall (cf [11]) sind Verfahren entwickelt worden, die ausgehend von einem perfekten Matching dieses sukzessive durch Austausch über negative Kreise verbessern. Die Verfahren haben dabei gleichzeitig eine (nicht zulässige) duale Lösung zur Hand, die zusammen mit dem perfekten Matching alle anderen Optimalitätbedingungen erfüllt. Matching und duale Lösung werden dann solange verändert, bis auch (02) erfüllt ist.
Auch dieser Ansatz führte zu $O(|V|^3)$ Implementierungen [40].

4.4 Kürzeste-Erweiternde-Wege-Verfahren

Für den bipartiten Fall in [48], für den nichtbipartiten Fall in [15] sind Markierungsverfahren entwickelt worden, die zielstrebig mittels DIJKSTRA- bzw. DIJKSTRA-ähnlicher Markierungsmethoden sukzessive kürzeste erweiternde Pfade bestimmen.
Beide Verfahren benutzen auch eine dual zulässige Lösung, die jeweils die Komplementaritätsbedingungen erfüllt und mit Hilfe der Pfadlängen aktualisiert wird. Man kann beide Methoden auch als primal-duale-Verfahren interpretieren, bei denen eine Reihe von dual-updates kummuliert werden [3]. Es sind $O(|V|^3)$ Implementierungen entwickelt worden, die den anderen Lösungsansätzen überlegen sind [19], [7]. Insbesondere bei Sensitivitätsanalysen zeigt dieser Ansatz große verfahrenslogische und numerische Vorteile [17].

5. Abschließende Bemerkungen

Wir haben eine Reihe von Matchingverfahren vorgestellt. Es zeigt sich dabei, daß die SIMPLEX-Methode bisher nur beim Zuordnungsproblem eingesetzt werden kann - dort allerdings zu besten Ergebnissen führt. Im nichtbipartiten Fall muß man auf mehr kombinatorisch begründete Verfahren zurückgreifen. Es ist ganz interessant in diesem Zusammenhang, daß man zeigen kann, daß bei Verwendung einer geeigneten Startlösung ("Big-M-Methode") für das primale Verfahren mit Verwendung der gleichen "tie-breaking"-Regeln alle drei kombinatorischen Verfahren dieselbe Folge von (nicht optimalen) Matchings generieren.

6. Literatur

[1] M. Balinski and R.E. Gomory: A Primal Method for the Assignment and Transportation Problem, Manage. Sci., 10 (1966), 578-593.

[2] M. Ball, L. Bodin and R. Dial: A Matching Based Heuristic for Scheduling Mass Transit Crews and Vehicles, to appear in Transportation Science.

[3] M. Ball and U. Derigs: An Analysis of Alternate Strategies for Implementing Matching Algorithms, Report 82226 OR, Institut für Ökonometrie und Operations Research, Universität Bonn, (1982).

[4] R.S. Barr, F. Glover and D. Klingman: The Alternating Basis Algorithm for Assignment Problems, MP 13 (1977), 1-13.

[5] C. Berge: Two Theorems in Graph Theory, Proc. Natl. Acad. Sci. USA, 43 (1957), 842-844.

[6] R.E. Burkard: Numerische Erfahrungen mit Summen- und Bottleneck-Zuordnungsproblemen. In: L. Collatz, G. Meinardus und H. Werner (Hrsg.): Numerische Methoden bei graphentheoretischen und kombinatorischen Problemen. Birknäuser, Basel-Stuttgart 1975, 9-25.

[7] R.E. Burkard and U. Derigs: Assignment and Matching Problems: Solution Methods and FORTRAN-Programs, Lecture Notes in Economics and Mathematical Systems, Berlin, 184 (1980).

[8] R.E. Burkard, W. Hahn and U. Zimmermann: An Algebraic Approach to Assignment Problems, Math. Prog. 12 (1977), 318-327.

[9] N. Christofides: Worst Case Analysis of a New Heuristic for the Travelling Salesman Problem. Working Paper, Carnegie Mellon University, Pittsburgh 1976.

[10] W.H. Cunningham: A Network Simplex Method, Math. Prog. 11 (1976), 105-116.

[11] W.H. Cunningham and A. Marsh: A Primal Algorithm for Optimum Matching, Math. Prog. Study 8 (1976), 50-72.

[12] U. Derigs: A Generalized Hungarian Method for Solving Minimum Weight Perfect Matching Problems with Algebraic Objective, Discrete Appl. Math. 1 (1979), 167-180.

[13] U. Derigs: Die Anwendung von "Matchings" bei der Lösung von Routing Problemen, OR Proceedings 1980, (1981), 275-281.

[14] U. Derigs: On two Methods for Solving the Bottleneck Matching Problem. In: K. Iracki et al. (Ed.): Optimization Techniques, Part 2, Lecture Notes in Control and Information Sciences, 23 (1980), 176-184.

[15] U. Derigs: A Shortest Augmenting Path Method for Solving Minimal Perfect Matching Problems, Networks 11 (1981), 379-390.

[16] U. Derigs: The Cardinality Matching Problem - Methods and Computation -, in: Regards sur la theorie des graphes, ed. by P. Hansen and D. de Werra, Lausanne, (1980), 199-203.

[17] U. Derigs: Shortest Augmenting Paths and Sensitivity Analysis for Optimal Matchings, Report 82222 OR, Institut für Ökonometrie und Operations Research Universität Bonn, (1982).

[18] U. Derigs and A. Heske: A Computaitonal Study on Some Methods for Solving the Cardinality Matching Problem, Angew. Inf. Appl. Inf. 22 (1980), 149-154.

[19] U. Derigs and G. Kazakidis: On two Methods for Solving Minimal Perfect Matching Problems, Proceeding of the Second Danish/Polish Mathematical Programming Seminar, ed. by J. Krarup and S. Walukiewicz, (1980), 85-100.

[20] M. Devine: A Model for Minimizing the Cost of Drilling Dual Completion Oil Wells, Manage. Sci. 20 (4) (1973), 532-535.

[21] I.S. Duff: A Survey of Sparse Matrix Research, Proc. IEEE, 65 (4) (1977), 500-535.

[22] J. Edmonds: Paths, Trees and Flowers, Can. J. Math., 17 (1965), 449-467.
[23] J. Edmonds: Maximum Matching and a Polyhedron with 0,1 Vertices, J. Res. Natl. Bur. Stand., 69B (1965), 125-130.
[24] J. Edmonds and E.L. Johnson: Matching, Euler Tours, and the Chinese Postman, Math. Prog., 5 (1973), 88-124.
[25] J. Edmonds and W. Pulleyblank: Facets of 1-Matching Polyhedra, in: Hypergraph Seminar, Lecture Notes in Mathematics, 411 (1974), 214-242.
[26] S. Even and O. Kariv: An $O(n^{2.5})$ Algorithm for Maximum Matching in General Graphs, Proc. Sixteenth Annual Symp. on Foundations of Computer Science, Berkeley, California: IEEE (1975), 100-112.
[27] L.R. Ford and D.R. Fulkerson: Flows in Networks, Princeton University Press, Princeton N.J., (1962).
[28] M. Fujii, T. Kasami and K. Ninamiya: Optimal Sequencing of Two Equivalent Processors, J. SIAM, 17 (1969), 784-789.
[29] D.R. Fulkerson, I. Glickberg and O. Gross: A Production Line Assignment Problem, the RAND Corp., RM-1102, (1953).
[30] H. Gabow: An Efficient Implementation of Edmonds' Algorithm for Maximum Matching on Graphs, J. ACM, 23 (1975), 221-234.
[31] D. Gale and L.S. Shapley: College Admissions and the Stability of Marriage, Amer. Math. Monthly, 69 (1962), 9-14.
[32] A.J. Goldman: Optimal Matchings and Degree Constrained Subgraphs, JNBS 68B (1964), 27-29.
[33] O. Gross: The Bottleneck Assignment Problem: An Algorithm, Proc., RAND Symposium on Mathematical Programming, Rand Publication R-351, Philip Wolfe (ed.), (1960), 87-88.
[34] D. Hasselström: Connecting Bus-Routes at a Point of Intersection, AB VOLVO Working Paper, (1976).
[35] J.E. Hopcroft and R.M. Karp: An $n^{5/2}$ Algorithm for Maximum Matchings in Bipartite Graphs, SIAM J. Comput., 2 (1973), 225-231.
[36] E. Koch: Ramifications of Matching Theory, Dissertation, Waterloo (1981).
[37] H.W. Kuhn: The Hungarian Method for the Assignment Problem, Naval Res. Logist. Quart., 2 (1955), 83-97.
[38] E.L. Lawler: Combinatorial Optimization: Networks and Matroids, Holt, Rinehart and Winston, New York (1976), 217-263.
[39] R.E. Machol: An Application of the Assignment Problem, OR 9 (1961), 585-586.
[40] A.B. Marsh: Matching Algorithms, Dissertation, Baltimore (1979).
[41] S. Micali and V.V. Vazirani: An $O(\sqrt{|V|} \cdot |E|)$ Algorithm for Finding Maximum Matching in General Graphs, Proc. Twenty-First Annual Symposium on the Foundations of Computer Science, Long Beach, California: IEEE (1980), 17-27.
[42] G. Nemhauser and G. Weber: Optimal Set Partitioning, Matchings and Lagrangian Duality, NRLQ 26 (1979), 553-563.
[43] C.H. Papadimitriou and K. Steiglitz: Combinatorial Optimization, Prentice Hall, Englewood Cliffs, N.J., (1976).
[44] M.A. Pollascheck: Personal Assignment by Multiobjective Programming, ZOR 20 (1976), 161-17/.
[45] W. Pulleyblank: Faces of Matching Polyhedra, Thesis, Faculty of Mathematics, University of Waterloo, (1973).
[46] E.M. Renigold and R.E. Tarjan: On a Greedy Heuristic for Complete Matching, SIAM J. Comput., 10 (1981), 676-681.
[47] E. Roohy-Laleh: Improvements of the Theoretical Efficiency of the Network Simplex Method, Dissertation, Ottawa, (1981).
[48] N. Tomizawa: On some Techniques useful for Solution of Transportation Network Problems, Networks 1 (1972), 179-194.
[49] G. Weber: Sensitivity Analysis of Optimal Matchings, Networks 11 (1981), 41-56.
[50] G. Zülch and Ch. Niessner: Entwicklung eines Optimierungsverfahrens zur qualitativen Personaleinsatzplanung im Bereich der industriellen Fertigung. Arbeitsbericht des Forschungsinstituts für Rationalisierung, Aachen (1979).

MIP-SOFTWARE MIT FLEXIBLER ZEILENVERWALTUNG

Heiner Müller-Merbach, Darmstadt

Die kommerzielle Software zur gemischt-ganzzahligen Optimierung (Mixed Integer Programming - MIP) ist durch eine weitgehend einheitliche algorithmische Grundstruktur geprägt, vgl. Land und Powell [1979] und Peeters [1981]. Diese Grundstruktur ist durch folgende fünf Merkmale gekennzeichnet: (i) Das Lösungsprinzip basiert auf der vollständigen impliziten Enumeration (vom Typ Branch & Bound). (ii) Die Verzweigungen (Branching) werden durch obere und untere Begrenzungen für einzelne Variablen generiert. (iii) Für jeden Zweig wird das korrespondierende kontinuierliche Optimierungsproblem gelöst, und zwar mit einem revidierten Simplex-Verfahren. (iv) Die revidierten Simplex-Verfahren arbeiten mit der "Basisinversen", deren Größe durch die Anzahl der Zeilen des LP-Modells fest definiert ist. (v) Die unter (ii) genannten Begrenzungen der Variablen werden als "upper bounds" bzw. als "lower bounds" verarbeitet, so daß für sie keine zusätzlichen Restriktionen (Zeilen im LP-Modell) erforderlich sind.

In der kommerziellen MIP-Software werden keine Schnittebenen (Cutting Planes) verwendet. Ferner läßt diese Software keine schiefwinkligen Verzweigungen zu, wie sie von Brocklehurst [1976] vorgeschlagen wurden,vgl. auch Müller-Merbach [1976, 1983 b]. Sowohl Schnittebenen als auch schiefwinklige Verzweigungen betreffen jeweils mehrere Variablen gemeinsam und bedürfen daher der Einfügung zusätzlicher Restriktionen (Zeilen) in das LP-Modell. Daher erfordern sie solche revidierten Simplex-Verfahren, bei denen die Zeilenzahl variierbar ist. Diese Variierbarkeit erfordert eine Abkehr von der Basisinversen, die definitionsgemäß in ihrer Größe fixiert ist.

Ersetzt man die "Basisinverse" als Grundbaustein der revidierten Simplex-Verfahren durch die "Kerninverse", so ergibt sich die Flexibilität der Zeilenverwaltung automatisch. Das nachträgliche Hinzufügen von Zeilen wird dadurch ebenso unproblematisch, wie es das Hinzufügen von Spalten schon bei der "Basisinversen" ist und bei der "Kerninversen" erhalten bleibt.

Die Kerninverse umfaßt nur diejenigen Zeilen eines LP-Modells, deren (im jeweiligen Lösungszustand) gegenwärtigen Basisvariablen ursprüngliche Nichtbasisvariablen waren, und diejenigen Spalten, deren gegenwärtigen Nichtbasisvariablen ursprüngliche Basisvariablen waren. Einzelheiten zur Kerninversen wurden von Müller-Merbach [1966, 1982, 1983 a] beschrieben.

Operations Research Proceedings 1982

Es ist unsicher, ob das Arbeiten mit Schnittebenen den Änderungsaufwand lohnt, der für eine Umstellung der revidierten Simplex-Verfahren von der Basisinversen auf die Kerninverse erforderlich ist. Anders scheint es bei den Enumerationsverfahren mit schiefwinkligen Verzweigungen nach Brocklehurst zu sein. Das schiefwinklige Verzweigen ermöglicht nach bisheriger Erfahrung wesentliche Verkleinerungen der Enumerationsbäume.

Literatur

- Brocklehurst, E.R.: Generalized Branch and Bound: A Method for Integer Linear Programs, in: Operational Research '75, hrsg. von K.B. Haley. Amsterdam: North-Holland 1976, S. 141 - 161.
- Land, A., und S. Powell: Computer Codes for Problems of Integer Programming, in: Annals of Discrete Mathematics 5 (1979), S. 221 - 269.
- Müller-Merbach, Heiner: Neuere Ergebnisse der Operations Research, in: Tagungsbericht vom III. Internationalen Kolloquium über Anwendungen der Mathematik in den Ingenieurwissenschaften (III. IKM) in Weimar 1965. Berlin: VEB 1966, S. 257 - 266.
- Müller-Merbach, Heiner: Modifiziertes B+B bei ganzzahliger Optimierung, in: DGOR-Bulletin Nr. 7/September 1976, S. 4.
- Müller-Merbach, Heiner: Core Inverse Versus Basis Inverse: A Symmetric Concept for Revised Simplex Techniques, in: SIGMAP Newsletter No. 31/June 1982, S. 24 - 26.
- Müller-Merbach, Heiner: Das Stufenkonzept des Algorithmenentwurfs, dargestellt am Beispiel der linearen Optimierung, in: Operations Research Proceedings 1982. Berlin, Heidelberg, New York: Springer 1983 a.
- Müller-Merbach, Heiner: An Obliquely Angled Branch and Bound Technique for Integer Programming, erscheint demnächst, 1983 b.
- Peeters, H.: The User Interface and Performance of Commercial Mixed Integer Programming Software, in: Operations Research-Spektrum 2 (1981), H. 4, S. 235 - 249.

Ein verbesserter Ansatz zur Lösung des Bottleneck-Transshipment-Problems

Joachim Daduna, Hamburg

Das Bottleneck-Transshipment-Problem ist ein kombinatorisches Problem, bei dem gleichzeitig eine Zeit- und eine Kapazitätskomponente zu berücksichtigen ist. Der von Ohse vorgeschlagene Algorithmus liefert für diese Probleme nicht immer eine optimale Lösung. Es wird ein Verfahren zur Ermittlung einer unteren Schranke beschrieben und gezeigt, wie gegebenenfalls die Engpaßzeit durch Flußumlegungen gesenkt werden kann. Diese verbesserte Vorgehensweise ermöglicht es, entweder die Optimalität einer Lösung nachzuweisen oder zumindest die maximale Abweichung vom Optimum anzugeben.

The Bottleneck-Transshipment-Problem is a combinatorial problem considering components of time as well as of capacity simultaneously. The algorithm, proposed by Ohse, does not always produce an optimal solution for these problems. A method to calculate a lower bound is described and it is demonstrated how to reduce the bottleneck-time by removing flows, if occasion arises. By this revised procedure we are enabled either to prove the optimality of a solution or to specify the maximum deviation from the optimum at least.

1. Einführung

Gegeben sei ein Digraph $G = (V = V_a \cup V_1 \cup V_b, E;\ t, \lambda, \kappa)$. Wir definieren für jeden Knoten $i \in V$ sowohl eine Angebots- als auch eine Nachfragemenge, mit:

$$a_i > 0 \text{ und } b_i = 0 \qquad i \in V_a$$

$$a_i = b_i = 0 \qquad i \in V_1$$

$$a_i = 0 \text{ und } b_i > 0 \qquad i \in V_b$$

E sei die Menge der Pfeile (i,j) mit $i,j \in V$. Den Pfeilen (i,j) sei eine Zeitbewertung $t(i,j) := t_{ij}$ und eine untere bzw. obere Kapazitätsbewertung $\lambda(i,j) := \lambda_{ij}$ bzw. $\kappa(i,j) := \kappa_{ij}$ zugeordnet. x_{ij} seien die von i nach j transportierten Mengen.

Die mathematische Formulierung des *kapazitierten Transshipment-Problems* (TrShP) lautet:[1]

$$(1) \qquad Z(x) = \sum_{(i,j)\in E} t_{ij} x_{ij} \rightarrow \min!$$

unter den Nebenbedingungen

$$(2) \quad \sum_{h\in \mathcal{V}(i)} x_{hi} + \sum_{j\in \mathcal{N}(i)} x_{ij} = a_i - b_i \qquad i \in V$$

$$(3) \quad 0 \leq \lambda_{ij} \leq x_{ij} \leq \kappa_{ij} \qquad i,j \in V$$

1 Zur Beschreibung des TrShPs s. u.a. Orden (1956) und Domschke (1981).

Operations Research Proceedings 1982

mit $\mathcal{N}(i)$:= Menge der *unmittelbaren Nachfolger* des Knoten i
$\mathcal{V}(i)$:= Menge der *unmittelbaren Vorgänger* des Knoten i

Ausgehend vom kapazitierten TrShP können wir das *(kapazitierte) Bottleneck-Transshipment-Problem* (bTrShP) formulieren.
Unkapazitierte bTrShPe werden nicht betrachtet. Sie können durch die Ermittlung kürzester Wege zwischen allen Knoten $i \in V_a$ und $j \in V_b$ in *einstufige (klassische) Bottleneck-Transportprobleme* (bTPP) transformiert werden und mit den bekannten Verfahren[1] zur Lösung von bTPPen bearbeitet werden.

Gesucht wird für das bTrShP eine Lösung, deren *längster Weg*, über den Güter von einem Angebots- zu einem Nachfrageort transportiert werden, so kurz wie möglich ist.

Auf den ersten Blick scheint dieses Problem einfach zu lösen zu sein. Doch bei genauer Betrachtung zeigt sich, daß es sich um ein kombinatorisches Problem handelt, bei dem *gleichzeitig* zwei Komponenten zu berücksichtigen sind, die *Zeitkomponente* (oder Länge des Weges) und die *Kapazitätskomponente*.

Sei durch $t(w_{ij}) = \sum_{(k,l)\in w_{ij}} t_{kl}$

mit $i \in V_a$ und $j \in V_b$ die *Zeit eines Weges* von i nach j und mit $x(w_{ij})$ die *Stärke eines Flusses* auf diesem Weg gegeben, und sei W' ein sowie W die Menge aller zulässigen Transportpläne für das bTrShP, lautet die mathematische Formulierung:

$$(4) \qquad BT(W') = \text{Max}\ \{t(w_{ij}) \mid x(w_{ij}) > 0 \wedge w_{ij} \in W'\} \rightarrow \text{min!}$$

unter den Nebenbedingungen (2) und (3)

2. Das Lösungsverfahren von Ohse

Im folgenden wird das Verfahren von Ohse (1978) dargestellt. Der Digraph $G = (V,E;t,\lambda,\kappa)$ wird um eine Quelle q und eine Senke s erweitert mit

$$\kappa_{qi} = a_i \qquad t_{qi} = 0 \qquad \forall\ (q,i) \text{ mit } i \in V_a$$
$$\kappa_{is} = b_i \qquad t_{is} = 0 \qquad \forall\ (i,s) \text{ mit } i \in V_b$$

Weiterhin setzen wir $\lambda_{ij} = 0 \ \ \forall\ (i,j) \in E$.

Sei F^*_{max} der in G mögliche *maximale Fluß* von q nach s, der sich aus dem Minimum aller q von s trennenden *minimalen Schnitte*[2] ergibt (zum max-flow min-cut theorem vgl. Ford und Fulkerson (1974, S. 11)), so soll für die im folgenden betrachteten Graphen gelten:

---

1 Vgl. hierzu u.a. Srinivasan und Thompson (1976), Finke und Smith (1979), Derigs und Zimmermann (1979).

2 Der minimale Schnitt in einem Graphen wird häufig ebenfalls als Engpaß (bzw. bottleneck) bezeichnet. Es wird, bezogen auf die hier betrachteten Probleme, der Begriff Engpaßzeit (bzw. bottleneck-time) nur für *Wege* (von q nach s) in Graphen verwendet.

(5) $F = \sum_i a_i = \sum_i b_i \leq F^*_{max}$

Ausgehend von einem Teilgraphen $G^{f=0}$, welcher diejenigen Pfeile enthält, die den kürzesten Weg von q nach s bilden, wird G^f schrittweise solange erweitert, bis ein Teilgraph $G^{f=\bar{f}}$ mit $F(G^{\bar{f}}) = F$ erreicht ist. Die Berechnung des maximalen Flusses in G^f (mit $0 \leq f \leq \bar{f}$) erfolgt mittels des Algorithmus von Ford und Fulkerson (1974, S.17 ff).

Das eigentliche Problem bei der Lösung von bTrShPen besteht in der Vorgehensweise bei der Erweiterung des vorhandenen Graphen G^f. Im Gegensatz zum (kostenminimierenden) TrShP wird nicht der Fluß betrachtet, der über einen *einzelnen Pfeil* läuft, sondern der *Fluß eines Weges* w_{qs}. Dies bedeutet, daß bei jeder Flußerweiterung ein Weg fixiert wird, der Bestandteil des Transportplanes ist.

Ohse (1978) bestimmt jeweils einen *nächstlängeren Transportweg*. Er geht dabei wie folgt vor:

Schritt 1: Bestimme die Knotenmengen V_m, V_o, V_u mit:
V_m := Menge der markierten Knoten
V_u := Menge der unmarkierten Knoten
$V_o := V - \{ V_m \cup V_u \}$

Schritt 2: Bestimme die maximale Entfernung zwischen q und i ($\forall i \in V_m$) sowie zwischen j und s ($\forall j \in V_u$) in $G^f / \{(k,l) \in E \mid x_{kl} = \kappa_{kl}\}$.[1]

Gesucht wird nun, unter Einbeziehung der in Schritt 2 ermittelten Entfernungen, der kürzeste Weg von q nach s, der den minimalen Schnitt S umgeht.

Schritt 3: Bestimme den *nächstlängeren* Weg

$$w_{qs} = w_{qr_1} + w_{r_1r_2} + w_{r_2s} = \min_{i \in V_m; j \in V_u} \{w_{qi} + w_{ij} + w_{js}\}$$

Anhand eines Beispiels kann gezeigt werden, daß diese Vorgehensweise nicht immer zu einer optimalen Lösung des bTrShPs führt. Gegeben sei der Digraph $G = (V,E;t,\kappa)$ in Abb. 1.

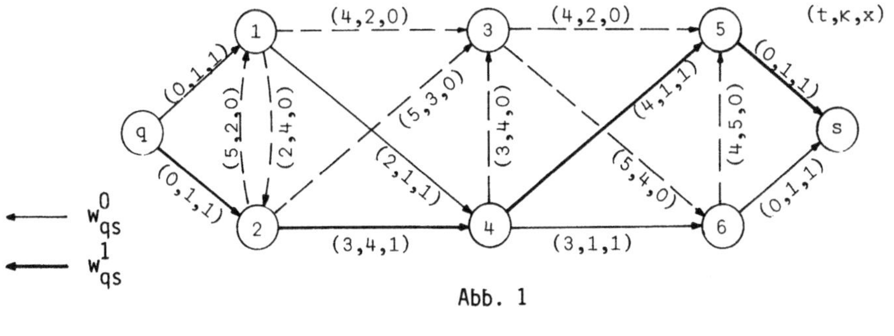

Abb. 1

1 Bei Berechnung der längsten Wege in $G^f / \{(k,l) \in E \mid x_{kl} = \kappa_{kl}\}$ ist darauf zu achten, daß eventuell vorhandene Zyklen nicht mehrmals durchlaufen werden.

In G^0, bestehend aus dem kürzesten von q nach s führenden Weg $w_{qs}^0 = (q,1,4,6,s)$ mit $t(w_{qs}^0) = 5$, erhalten wir einen Fluß der Stärke 1. Als nächstlängeren Weg bestimmen wir $w_{qs}^1 = (q,2,4,5,s)$ mit $t(w_{qs}^1) = 7$ und damit die Engpaßzeit, da $F = \Sigma a_i = \Sigma b_j$ erfüllt ist. Die optimale Lösung dieses Problems ist der Transportplan $w_{qs}^a = (q,1,4,5,s)$ und $w_{qs}^b = (q,2,4,6,s)$ mit $x(w_{qs}^a) = x(w_{qs}^b) = 1$ sowie $t(w_{qs}^a) = t(w_{qs}^b) = 6 = BT^*$.

3. Die Ermittlung einer unteren Schranke

Eine Verbesserung des vorliegenden Verfahrens wird durch die Bestimmung einer *unteren Schranke* $\underline{BT}$ erreicht. Hierdurch wird entweder ein Optimalitätsnachweis ermöglicht, oder es kann zumindest eine Abschätzung der maximalen Abweichung vom Optimum angegeben werden.

Aus Gründen der Vereinfachung setzen wir voraus, daß Bedingung (5) erfüllt ist. Andernfalls wäre die folgende Beschreibung aufgrund erforderlicher Fallunterscheidungen zu umfangreich.
Die Bestimmung einer unteren Schranke erfolgt analog zu den einstufigen bTPPen. Für jeden Knoten i ($i \in V_a$) und j ($j \in V_b$) wird isoliert eine untere Schranke $\underline{BT}_i$ bzw. $\underline{BT}_j$ ermittelt, die durch die Länge desjenigen Weges gegeben ist, der mindestens in Anspruch genommen werden muß, um das Angebot in den nächstliegenden Bedarfsorten auszuliefern, bzw. damit ein Nachfrager seinen Bedarf decken kann. Im Gegensatz zum bTPP ist diese Ermittlung aufwendig, da k-kürzeste Wege von jedem Angebots- zu allen Nachfrageknoten bzw. von jedem Nachfrage- zu allen Angebotsknoten gesucht sind.

Analog zum einstufigen, kapazitierten bTPP darf für die Pfeile $(i,\hat{i})$ mit $\hat{i} \in \mathcal{N}(i)$ der Gesamtfluß $x(i,\hat{i})$ aller über einen Pfeil $(i,\hat{i})$ verlaufenden Wege die Kapazität $\kappa_{i\hat{i}}$ nicht überschreiten. Dagegen wird für die Pfeile des Restweges $w_{\hat{i}j}$ nur der Fluß über den jeweils untersuchten Weg berücksichtigt. (Entsprechendes gilt für die Pfeile $(\hat{h},j)$ mit $\hat{h} \in \mathcal{V}(j)$ bei der Ermittlung von $\underline{BT}_j$.) Durch die Fixierung von Flüssen auf dem ersten Pfeil eines Weges ergeben sich keine Einschränkungen der Kombinationsmöglichkeiten, da diese frühestens für Pfeile des Weges $w_{\hat{i}j}$ bzw. $w_{i\hat{h}}$ eintreten können.

Die Vorgehensweise kann wie folgt beschrieben werden:

<u>Schritt 0:</u> $\underline{BT} := 0$

<u>Schritt 1:</u> Bestimme k-kürzeste Wege von einem Knoten $i \in V_a$ zu der Knotenmenge V_b.
Markiere Knoten i, setze $x_{hl} := 0 \quad \forall (h,l) \in E$.

<u>Schritt 2:</u>

(1) Bestimme den maximalen Fluß F_{Max} auf dem kürzesten, noch nicht untersuchten Weg w_{ij}.

$F_{Max} = \min \{(\kappa_{i\hat{1}} - x_{i\hat{1}}); \min \{\kappa_{hl} \mid (h,l) \in w_{\hat{1}j} : b_j\}$ mit $\hat{1} \in \mathcal{N}(i)$

$\kappa_{i\hat{1}} = x_{i\hat{1}} \rightarrow$ (1) ; $b_j = 0 \rightarrow$ (1)

(2) Reduziere die Angebotsmenge in i und die Nachfragemenge in j um F_{Max} und setze $x_{i\hat{1}} := x_{i\hat{1}} + F_{Max}$

Schritt 3:

$a_i > 0$ → Schritt (2)

$a_i \leq 0$ Die Länge des zuletzt untersuchten Weges w_{ij} ist die untere Schranke BT_i

$\underline{BT} < BT_i \rightarrow \underline{BT} := BT_i$

Schritt 4: Wähle einen unmarkierten Knoten i und beginne mit Schritt 1. Sind alle Knoten $i \in V_a$ markiert gehe zu Schritt 5.

Schritt 5: Kehre den Richtungssinn der Pfeile (h,l) in (l,h) um $\forall$ $(h,l) \in E$. Bestimme k-kürzeste Wege von einem Knoten $j \in V_b$ zu jedem Knoten $i \in V_a$. Markiere Knoten j, setze $x_{hl} := 0$ $\forall$ $(h,l) \in E$.

Schritt 6 - Schritt 8: Analog zu Schritt 2 - Schritt 4

Als Ergebnis erhalten wir die untere Schranke der Engpaßzeit $\underline{BT}$.
Die Bestimmung einer unteren Schranke wollen wir an einem Beispiel (s. Abb. 2) darstellen. Für i = 1 ergeben die Wege $w_{15} = (1,3,5)$ und $w_{16} = (1,3,6)$ mit $t(w_{15}) = t(w_{16}) = 6$ sowie $\kappa(w_{15}) = 1$ bzw. $\kappa(w_{16}) = 2$. Da $b_5 = b_6 = 1$ müssen beide Wege in Anspruch genommen werden, wir erhalten $BT_1 = 6$. Die weiteren Wege können (ohne Angabe der Bewertungen) Abb. 3 entnommen werden.

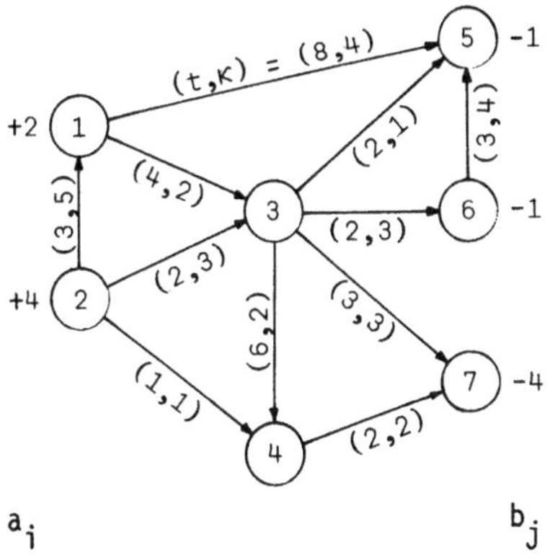

Abb. 2

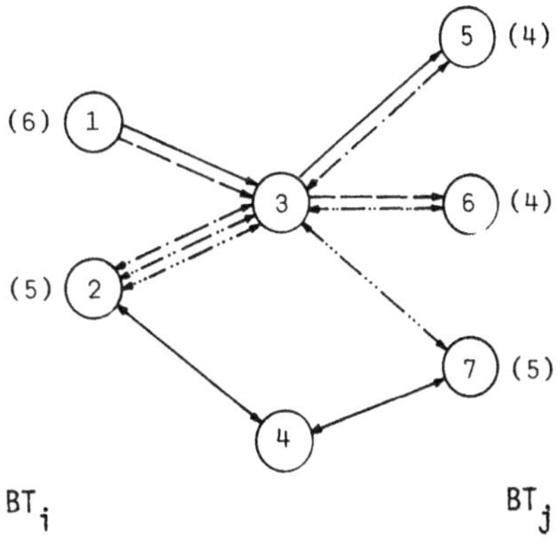

Abb. 3

4. Bestimmung einer verbesserten Lösung durch Flußumlegung

Mittels des Verfahrens von Ohse (1978) wird zunächst ein *zulässiger Transportplan* und damit eine *obere Schranke* $\overline{BT}$ für die Engpaßzeit ermittelt. Gilt $\underline{BT} = \overline{BT}$ ist eine optimale Lösung bestimmt. Andernfalls ist zu prüfen, inwieweit durch Flußumlegung die Engpaßzeit herabgesetzt werden kann.

Ist es nicht möglich, sofort eine verbesserte Engpaßzeit zu erzielen, so ist zu untersuchen, ob zunächst der Fluß über den (einen) *Engpaßweg* $w(\overline{BT})$ reduziert werden kann. In einem zweiten Schritt wird nochmals geprüft, ob $\overline{BT}$ zu verbessern (oder $x(\overline{BT})$ zu reduzieren) ist.

Sei i in w^1_{qs} und w^2_{qs} enthalten und es gelte $t(w^1_{qs}) = \overline{BT} \vee t(w^2_{qs}) = \overline{BT}$ sowie $t(w^1_{qs}) \neq t(w^2_{qs})$.

Dann gilt ferner:

(6) $\quad t(w^a_{qs}) = t(w^1_{qi}) + t(w^2_{is}) < \overline{BT} \wedge t(w^b_{qs}) = t(w^2_{qi}) + t(w^1_{is}) \leq \overline{BT}$

oder

(7) $\quad t(w^a_{qs}) = t(w^1_{qi}) + t(w^2_{is}) \leq \overline{BT} \wedge t(w^b_{qs}) = t(w^2_{qi}) + t(w^1_{is}) < \overline{BT}$

Tritt in (6) bzw. (7) die Gleichheitsbedingung ein, muß

(8) $\quad t(w^a_{qs}) = t(w') := \text{Max}\,\{t(w^1_{qs}), t(w^2_{qs})\} \Rightarrow x(w^a_{qs}) < x(w')$

bzw.

(9) $\quad t(w^b_{qs}) = t(w') := \text{Max}\,\{t(w^1_{qs}), t(w^2_{qs})\} \Rightarrow x(w^b_{qs}) < x(w')$

erfüllt sein, damit der Fluß über den (einen) Engpaßweg reduziert wird.

Entstehen durch Aufspaltung des Flusses mehr als zwei neue Wege, gelten die Bedingungen (6) - (9) entsprechend. In diesem Zusammenhang werden auch diejenigen Wege als "neue Wege" angesehen, die schon im Transportplan enthalten sind, bei denen aber eine Flußänderung erfolgt..

Für das Beispiel in Abb. 2 ermitteln wir einen zulässigen Transportplan. Abb. 4 zeigt den Graphen G^1 mit den Wegen $w^0_{qs} = (q,2,4,7,s)$ und $w^1_{qs} = (q,2,3,6,s)$ mit $t(w^0_{qs}) = 3$, $x(w^0_{qs}) = 1$, $F(G^0) = 1$, $t(w^1_{qs}) = 4$, $x(w^1_{qs}) = 1$ und $F(G^1) = 2$.

In den nächsten Schritten werden die folgenden Wege in den Transportplan aufgenommen:

$w^2_{qs} = (q,2,3,5,s),\quad t(w^2_{qs}) = 4,\quad x(w^2_{qs}) = 1,\quad F(G^2) = 3$

$w^3_{qs} = (q,2,3,7,s),\quad t(w^3_{qs}) = 5,\quad x(w^3_{qs}) = 1,\quad F(G^3) = 4$

$w^4_{qs} = (q,1,3,7,s),\quad t(w^4_{qs}) = 7,\quad x(w^4_{qs}) = 2,\quad F(G^4) = 6$

Ein zulässiger Transportplan mit $\overline{BT} = 7$ ist ermittelt.

Die Engpaßzeit kann in zwei Schritten durch Flußumlegungen in Knoten 3 herabgesetzt werden.

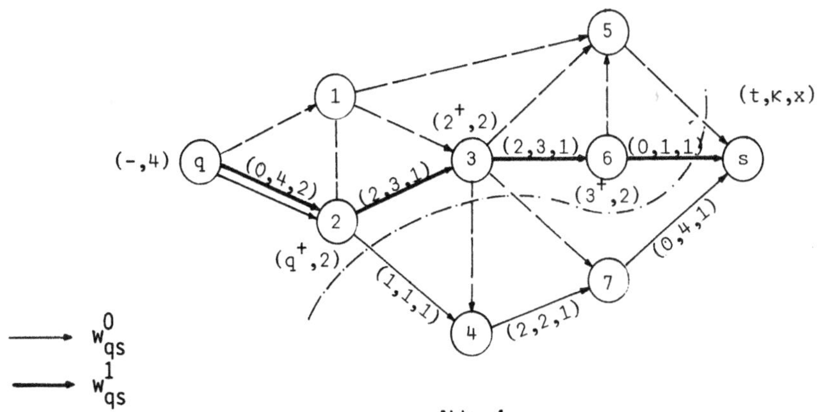

Abb. 4

<u>Schritt 1:</u> Der Fluß über w^4_{qs} und w^1_{qs} wird wie folgt auf drei Wege umgelegt:

$w^4_{qs} = (q,1,3,7,s)$, $t(w^4_{qs}) = 7$, $x(w^4_{qs}) = 1$ (Flußreduzierung)

$w^a_{qs} = (q,1,3,6,s)$, $t(w^a_{qs}) = 6$, $x(w^a_{qs}) = 1$

$w^3_{qs} = (q,2,3,7,s)$, $t(w^3_{qs}) = 5$, $x(w^3_{qs}) = 2$ (Flußerhöhung)

<u>Schritt 2:</u> Der Fluß über w^4_{qs} und w^2_{qs} wird wie folgt auf zwei Wege umgelegt:

$w^b_{qs} = (q,1,3,5,s)$, $t(w^b_{qs}) = 6$, $x(w^b_{qs}) = 1$

$w^3_{qs} = (q,2,3,7,s)$, $t(w^3_{qs}) = 5$, $x(w^3_{qs}) = 1$ (Flußerhöhung).

5. Schlußbemerkungen

Für das gegebene Beispiel ist der Wert der verbesserten Lösung identisch mit der unteren Schranke, d.h. ein optimaler Transportplan ist ermittelt.
Weichen aber <u>BT</u> und der nach einer Flußumlegung bestimmte Zielfunktionswert voneinander ab, kann zumindest eine Aussage über eine maximale Abweichung vom Optimum gemacht werden. Der Zielfunktionswert ist in diesem Fall eine verbesserte obere Schranke.
Daß trotz einer Flußumlegung eine optimale Lösung nicht gefunden wird, kann zwei Gründe haben:

1. Es kann möglicherweise durch ungünstige Fixierungen neuer Wege das Erreichen einer optimalen Lösung verhindert werden.
2. Der ermittelte zulässige Transportplan enthält Wege, die entweder von vornherein oder trotz Flußumlegungen das Auffinden einer optimalen Lösung ausschließen.

Literatur

Derigs, U., Zimmermann, U. (1979): An Augmented Path Method for Solving Linear Bottleneck Transportation Problem. in: Computing <u>22</u> (1979) 1 – 15.

Domschke, W. (1981): Logistik: Transport. Oldenbourg, München - Wien 1981.

Domschke, W. (1982): Logistik: Rundreisen und Touren. Oldenbourg, München - Wien 1982.

Finke, G.; Smith, P.A. (1979): Primal Equivalents to the Threshold Algorithm. in: OR-Verfahren 31 (1979), S. 185 - 198.

Ford, L.R.; Fulkerson, D.R. (1974): Flows in Networks. 6th ed. Princeton University Press, Princeton (New Jersey) 1974.

Ohse, D. (1978): Das Zeit-Umlade- oder Bottleneck-Transshipmentproblem. In: Brockhoff, K. u.a. (Hrsg.): Proceedings in OR. Physica, Würzburg - Wien 1978, S. 409 - 419.

Orden, A. (1956): The Transshipment Problem. In: MS 2 (1956), S. 276 - 285.

Srinivasan, V.; Thompson, G.L. (1976): Algorithm for Minimizing Total Cost, Bottleneck Time, and Bottleneck Shipment in Transportation Problems. In: NRLQ 23 1976, S. 567 - 595.

ZUR POLYEDRISCHEN CHARAKTERISIERUNG DES AZYKLISCHEN SUBGRAPHPROBLEMS

Michael Jünger, Bonn

Zusammenfassung. Das azyklische Subgraphproblem ist die Aufgabe, in einem gegebenen gerichteten Graphen (Digraphen) $D = (V,A)$ mit Kantengewichten c_a, $a \in A$ eine Kantenmenge $B \subseteq A$ maximalen Gewichts $\sum_{a \in B} c_a$ zu bestimmen, die keinen gerichteten Zyklus enthält. Wir definieren einen Polytopen $P_{AC}(D)$, dessen Ecken den zulässigen Lösungen des azyklischen Subgraphproblems für $D = (V,A)$ entsprechen. Wegen der NP-Vollständigkeit des Problems ist es unwahrscheinlich, daß eine algorithmisch brauchbare vollständige Facettialbeschreibung von $P_{AC}(D)$ gefunden werden kann. Es ist jedoch möglich, eine nichtredundante partielle Beschreibung dieses Polytopen aus facetteninduzierenden linearen Ungleichungen anzugeben, aus der sich unter anderem die polynomiale Lösbarkeit des Problems für eine große Klasse von Digraphen (schwach azyklische Digraphen) herleiten läßt. Dies generalisiert ein Resultat von Lucchesi für planare Digraphen. Aber auch für beliebige Digraphen $D = (V,A)$ liefert diese partielle Beschreibung von $P_{AC}(D)$ eine Grundlage zur Entwicklung von Schnittebenenverfahren, die im Rahmen eines Branch-and-Bound-Ansatzes die praktische Lösung großer verwandter Anwendungsprobleme (z. B. Triangulationsproblem, Reihenfolgeprobleme) ermöglichen.

Abstract. The acyclic subgraph problem can be formulated as follows. Given a directed graph (digraph) $D = (V,A)$ with arc weights c_a, $a \in A$, find a set of arcs $B \subseteq A$ containing no directed cycle and having maximum total weight $\sum_{a \in B} c_a$. We define a polytope $P_{AC}(D)$ whose vertices correspond to the feasible solutions of the acyclic subgraph problem for $D = (V,A)$. Due to the NP-completeness of the problem an algorithmically exploitable complete facial description of $P_{AC}(D)$ is unlikely to be found. However, it is possible to present a nonredundant partial description of the polytope by a system of facet inducing linear inequalities which implies the polynomial solvability of the problem for a large class of digraphs (weakly acyclic digraphs). This generalizes a result of Lucchesi for planar digraphs. But also for arbitrary digraphs $D = (V,A)$ this partial description of $P_{AC}(D)$ yields a basis for the development of cutting plane procedures which, combined with branch-and-bound techniques, allow the practical solution of related large-scale real-world problems (e. g. triangulation problem, scheduling problem).

Literatur

M. Grötschel, M. Jünger and G. Reinelt: On the acyclic subgraph polytope. WP 82215-OR, Institut für Operations Research, Universität Bonn, 1982.

Operations Research Proceedings 1982

Zur optimalen Lösung grosser Triangulationsprobleme

Gerhard Reinelt, Bonn

Zusammenfassung: Das Triangulationsproblem ist die Aufgabe, die Zeilen und Spalten einer gegebenen quadratischen Matrix gleichzeitig so zu permutieren, daß die Summe der Einträge oberhalb der Hauptdiagonalen maximal wird. Dieses (NP-vollständige) Problem taucht u.a. bei Strukturanalysen einer durch eine Input-Output-Tabelle beschriebenen Volkswirtschaft auf. Die bisher in der Literatur angegebenen Verfahren waren nicht in der Lage, größere I/O-Tabellen (wie z.B. die 44-Sektor-Tabelle des statistischen Amtes der Europäischen Gemeinschaften oder die nationalen 56-Sektor-Tabellen des Deutschen Instituts für Wirtschaftsforschung) optimal zu triangulieren. Es wird ein neues Verfahren aus der polyedrischen Kombinatorik vorgestellt, das die partielle Kenntnis der Facettialstruktur eines zugeordneten Polytopen ausnutzt. Die praktischen Erfahrungen mit einer Computer-Implementierung, welche die oben erwähnten Probleme sehr schnell löste, werden diskutiert.

Abstract: The triangulation problem consists in finding a simultaneous permutation of the rows and columns of a given quadratic matrix such that the sum of the entries above the main diagonal is maximized. This (NP-complete) problem is relevant to the structural analysis of an economy described by an input-output-table. Previous methods in the literature were not able to optimally triangulate large-scale I/O-tables (e.g. the 44x44 table of the statistical Office of the European Communities and the 56x56 tables of the Deutsches Institut für Wirtschaftsforschung). A new algorithm based on polyhedral combinatorics is presented that exploits the partial knowledge of the facial structure of a related polytope. We discuss the practical performance of a computer implementation which efficiently solved the problems mentioned above.

Literatur:

[1] M. Grötschel, M. Jünger and G. Reinelt: Facets of the linear ordering polytope. WP 82217-OR, Institut für Operations Research, Universität Bonn, 1982.

[2] M. Grötschel, M. Jünger and G. Reinelt: A cutting plane algorithm for the linear ordering problem. WP 82219-OR, Institut für Operations Research, Universität Bonn, 1982.

Operations Research Proceedings 1982

CONNECTIVITY OF N-FACTOR DESIGNS AND THEIR SUBDESIGNS

Lothar Butz, Bonn

Zusammenfassung: Es wird gezeigt, wie die Zusammenhangseigenschaft eines n-Faktor-Designs mittels eines zugeordneten Digraphen charakterisiert werden kann. Ferner wird untersucht, wie sich Zusammenhangseigenschaften auf induzierte Subdesigns übertragen.

Summary: It is shown how connectivity of an n-factor design can be characterized by means of an associated digraph. Furthermore we will study how connectivity properties carry over to induced subdesigns.

I

Consider a linear statistical model of the form

(1) $\quad x = B\alpha + e$,

x is a p-dimensional random vector whose components denote the observable outcomes of the experiments contained in the design to be described. α is a q-dimensional vector of unknown parameters about which one wishes to obtain information by means of the experiments. e is a p-dimensional random vector whose components measure the observational errors in the experiments. B is a given 0-1, matrix of dimension $p \times q$, each row of B determines one experiment of the design. The columns of B are arranged into n nonempty blocks, each of which corresponds to a different factor influencing the experiments. These factors are denoted by $F_1,\dots,F_n$, factor F_i has m_i possible effects on the experiments ($1 \leq i \leq n$, $m_i \geq 2$). The parameter vector α contains exactly one component for each effect of each factor, accordingly α is subdivided into vectors $\alpha^i = (\alpha_1^i,\dots,\alpha_{m_i}^i)^T$ corresponding to the factors F_i, i. e. $\alpha = ((\alpha^1)^T,\dots,(\alpha^n)^T)^T$. We write B in the form $B = (B^1,\dots,B^n)$ where each $p \times m_i$ submatrix B^i is the appropriate block of columns for factor F_i, consequently we have $\Sigma_{i=1}^n m_i = q$ and $B\alpha = \Sigma_{i=1}^n B^i\alpha^i$. Now (1) yields $E(x) = \Sigma_{i=1}^n B^i\alpha^i$ (E is the expectation operator). The rows of the submatrices are taken to be unit vectors of dimension m_i. Now the p experiments of the design determined by B are defined by means of the following: The k-th experiment is set up by combining level j_1 of factor F_1, level j_2 of factor F_2 and so on through level j_n of factor F_n if and only if the k-th row vector of B^i equals the j_i-th unit vector of $\mathbb{R}^{m_i}$ for $i = 1,\dots,n$ ($1 \leq k \leq p$). It follows that

(2) $\quad E(x_{j_1\dots j_n d}) = \Sigma_{i=1}^n \alpha_{j_i}^i$

where the indices are taken to indicate that the experiment in question is the d-th

Operations Research Proceedings 1982

experiment in which for $i = 1,\dots,n$ level F_i is applied. Obviously $1 \le j_i \le m_i$ for all $i \in \{1,\dots,n\}$. Taking $d_{j_1\dots j_n}$ to be the number of experiments in the design with the same combination $j_1,\dots,j_n$ of factor levels, the index d in (2) must satisfy $1 \le d \le d_{j_1\dots j_n}$. From (2) it is also clear that a purely additive model without interactions between the effects of different factors is considered. In what follows the rows of B are considered to be arranged according to the lexicographical order of the index tuples $(j_1,\dots,j_n,d)$. This assumption guarantees that B is uniquely determined by means of the $m_1 \times\dots\times m_n$ "matrix" $D = ((d_{j_1\dots j_n}))$.

II

We call an experimental design given by a non-negative integer $m_1 \times\dots\times m_n$ matrix D an *n-factor design* (also denoted by D to simplify matters). As an *example* consider an experimental design for testing m_1 sorts of vines against m_2 qualities of soil and m_3 different climatic conditions, where the observations are obtained by measuring the farmer's profit per experimental unit (of equal size). Obviously it would take a lot of effort to try out all possible combinations. Therefore one is interested in studying designs which allow for estimability of functions of the parameters although only a rather small number of experiments has to be carried out, cf.[3].

Usually a specified factor of main interest to the designer is called *treatment factor* and the remaining factors *blocking factors*. One often does not care about the parameters of the blocking factors, they are just included in the model in order to account for heterogeneity in the experimental environment. Lack of uniqueness prevents a direct calculation of the paramaters contained in the vector a, but one may aim at linear functions of the form $\varphi(a) = f^T a$, $f \in \mathbf{R}^q$. φ is called *estimable* in the above model (1), if there exists a linear combination of the observations whose expectation equals φ, i. e. if there is a $w \in \mathbf{R}^p$ such that $E(w^T x) = f^T a$. It is easy to show (cf. [2]) that this holds if and only if φ vanishes for every a in the kernel of B.

$\varphi(a) = \Sigma_{i=1}^n (f^i)^T a^i$ where $f^i \in \mathbf{R}^{m_i}$ for $i = 1,\dots,n$ is called an F_k-*contrast*, if $\Sigma_{j=1}^n f_j^k = 0$ and $f^i = 0_{m_i}$ (zero vector of $\mathbf{R}^{m_i}$) for all $i \in \{1,\dots,n\}-\{k\}$. A design D given by a 0,1-matrix B of the form described above is said to be F_k-*connected* if every F_k-contrast is estimable and *completely connected* if it is F_k-connected for all $k \in \{1,\dots,n\}$. F_n-contrasts are also called *treatment contrasts*.

(3) Lemma: Let $\varphi(a) = \Sigma_{i=1}^n (f^i)^T a^i$ $(f^i \in \mathbf{R}^{m_i})$ be an estimable function of the parameters in the model (1), where B is the matrix of an n-factor design D. Then it follows that

$$\Sigma_{j=1}^{m_i} f_j^i = \Sigma_{j=1}^{m_{i^*}} f_j^{i^*} \qquad \text{for all } i, i^* \in \{1,\dots,n\}.$$

For the proof, cf. [2]. In view of lemma (3) it is clear that any estimable linear function in the parameters of a sole factor F_i must be an F_i-contrast. On the other hand, for F_i-connected designs all F_i-contrasts must be estimable (by definition). In [1] it has been shown that completely connected designs in a certain sense have the best possible estimability properties.

For several reasons research on connectivity plays an important role in the theory of experimental designs. It is easy to see that for a given index i all F_i-contrasts are estimable if and only if all *elementary* F_i-contrasts

$$a_j^i - a_{j^*}^i \qquad (j,j^* \in \{1,\dots,m_i\}, \qquad j \neq j^*)$$

are estimable (each F_i-contrast can be written as a linear combination of elementary F_i-contrasts). Thus estimability of all elementary F_i-contrasts is guaranteed for F_i-connected n-factor designs and only for these.

III

If in the experimental design given by D each combination of blocking factor levels occurs with exactly one treatment, then the design can be represented by an $m_1 \times \dots \times m_{n-1}$ matrix $Y = ((y_{j_1 \dots j_{n-1}}))$ with $y_{j_1 \dots j_{n-1}} \in \{1,\dots,m_n\}$,

$$y_{j_1 \dots j_{n-1}} = k \iff d_{j_1 \dots j_{n-1} k} > 0 \ .$$

We now define the following digraph associated to D by

$$G = (V,E) \ ,$$

$$V = \{1,\dots,m_n\} \ ,$$

$$E = \bigcup_{\upsilon=2}^{n-1} \{(y_{j_1 \dots j_\upsilon 1 \dots 1} \, , \, y_{j_1 \dots j_{\upsilon-1} 1 \dots 1})_j \mid j = \Sigma_{i=1}^{\upsilon-1} m_i + j_\upsilon \, ,$$
$$2 \le j_\upsilon \le m_\upsilon \text{ and } 1 \le j_i \le m_i \quad \text{for} \quad i = 1,\dots,\upsilon-1 \} \ .$$

The indices of the arcs in the set E are used to assign a vector label $g(\tau) \in \mathbb{Z}^t$ $(t = \Sigma_{i=2}^{n-1} m_i)$ to each chain τ in the digraph:

$$g(\tau) = \sum_{e_j \in E(\tau^+)} u^j - \sum_{e_j \in E(\tau^-)} u^j \ ,$$

here u^j denotes the j-th unit vector of $\mathbf{R}^t$, $u^0 = 0_t$, and $E(\tau^+)$ is the set of those arcs in the chain τ , whose orientation agrees with the orientation of τ , $E(\tau^-)$ contains the remaining arcs of the chain.

(4) Theorem: D is a connected design if and only if its associated digraph $G = (V,E)$ is connected and contains $\Sigma_{i=2}^{n-1} m_i - n + 2$ cycles with linearly independent vector labels.

This theorem can be extended to the case of general n-factor designs, i. e. to designs defined by an arbitrary non-negative integer $m_1 \times \ldots \times m_n$ matrix $D = ((d_{j_1 \ldots j_n}))$, however, for the general case the associated digraph and also the condition on its cycles becomes somewhat more involved. It should be noted that the above theorem contains as a apecial case a result by Wynn [4] who considered *row-column designs* with only two columns. Row-column designs are three-factor designs of the kind treated in the theorem, namely designs $D = ((d_{j_1 j_2 j_3}))$ which can be defined by means of a $m_1 \times m_2$ matrix $Y = ((y_{ij}))$ where $y_{ij} = k$ if and only if $d_{ijk} = 1$ (i. e. for any combination of blocking factor levels there is exactly one experiment in the design).

As an example consider a row-column design which is defined by

$$Y = \begin{bmatrix} 1 & 6 & 9 & 7 & 4 & 10 \\ 3 & 2 & 8 & 5 & 5 & 9 \\ 2 & 8 & 11 & 11 & 3 & 7 \end{bmatrix}$$

that is we have $m_1 = 3$, $m_2 = 6$, $m_3 = 11$. Obviously, the design is connected if and only if the row-column design determined by the transposed matrix Y^T is connected (replacing Y by Y^T is merely interchanging the roles of the blocking factors F_1 and F_2). The connectivity criterion is easier to check if m_2 is small, therefore we look at the graph associated with the design defined by Y^T:

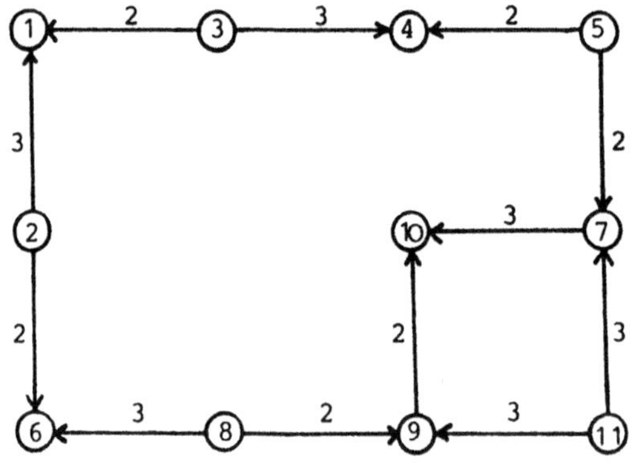

It is easy to see that for each cycle σ in the above digraph the vector label $g(\sigma)$ is a multiple of $(0, 1, -1)^T$, hence the present row-column design is not connected.

In the case considered by Wynn all arcs in the digraph have the same label $j=2$. The connectivity criterion reduces therefore to the existence of a cycle with $E(\sigma^+) \neq E(\sigma^-)$ ("unbalanced" cycle).

In [2] there is a detailed discussion of several variants of graph theoretical characterizations, in particular for the case of general three-factor designs. Also methods for reducing the digraphs in question and aspects of algorithmic treatment are presented.

IV

Finally we want to study the relationship between a multi-factor design and its induced subdesigns. Let

$$S \subseteq \{1,\dots,n\}\ ,\quad s = |S| < n\ ,$$

$$\bar{S} = \{1,\dots,n\} - S\ ,$$

and consider the matrix

$$D_S = ((d^S_{j_1\dots j_s}))\ ,\qquad \text{where } d^S_{j_1\dots j_s} = \Sigma_{i\in\bar{S}}\ \Sigma^{m_i}_{j_i=1}\ d_{j_1\dots j_n}\ ,$$

i. e. the s-factor design D_S with factors F_i , $i \in S$, *induced* by an n-factor design D .

(5) Theorem: Let an n-factor design D be given and let $i \in \{1,\dots,n\}$. Consider the (n-1)-factor design D_{S_i} induced by D where $S_i = \{1,\dots,n\}-\{i\}$. Then the following holds: D is a completely connected design if and only if D is F_i-connected and D_{S_i} is completely connected.

(6) Theorem: For an arbitrary n-factor design consider an $|S|$-factor design D_S , where $S \subseteq \{1,\dots,n\}$ with $i \in S$, $|S| \geq 2$. Then the following holds: If D is an F_i-connected design, then so is D_S .

(7) Theorem: All induced k-factor designs of a completely connected n-factor design are also completely connected $(2 \leq k < n)$.

References:

[1] L. Butz, A note on estimability characterizations of completely connected designs for multi-way elimination of heterogeneity, *Zeitschrift für Angewandte Mathematik und Mechanik*, 62 (1982) T364 - T365

[2] L. Butz, *Connectivity in Multi-factor Designs - A Combinatorial Approach*, Heldermann Verlag, Berlin 1982 (Research and Education in Mathematics, Vol. 3)

[3] O. Krafft, *Lineare statistische Modelle und optimale Versuchspläne*, Vandenhoeck & Ruprecht, Göttingen 1978 (Studia Mathematica, Band XXX)

[4] H.P. Wynn, The combinatorial characterization of certain connected 2 x J x K three-way layouts, *Communications in Statistics - Theory and Methods* A 6 (1977) 945 - 953

VERFAHREN ZUR LÖSUNG NICHTLINEARER OPTIMIERUNGS-AUFGABEN

Reiner Horst, Darmstadt

Zusammenfassung. In der Praxis des Operations Research treten in zunehmendem Maße nichtlineare Optimierungsprobleme auf. Für den Nichtspezialisten, der gleichwohl nichtlineare Optimierungsaufgaben zu lösen hat, werden in dieser kurzen Übersicht die heute am effizientesten erscheinenden Algorithmen diskutiert. Im einzelnen wird dabei eingegangen auf (a) Grundzüge der Verfahren, (b) Konvergenzverhalten, (c) Aufwand pro Iterationsschritt, (d) Empfindlichkeit gegen ungenaue Lösung von Teilproblemen, Rundungsfehler etc., (e) Literatur zu Software und vergleichenden Tests. Es werden dabei jeweils getrennt besprochen Methoden für Probleme ohne Nebenbedingungen, für Probleme mit linearen und für Probleme mit nichtlinearen Nebenbedingungen.

Summary. In the last years the demand for nonlinear programming methods has substantially increased in practice. In this brief survey, we attempt to discuss the most efficient and promising methods available today in a way that is understandable and of benefit for the non-specialist who has to solve nonlinear programming problems. The following points are briefly treated: (a) outline of the methods, (b) convergence, (c) amount of work in each iteration, (d) sensibility against inexact solutions of subproblems, round-off errors etc., (e) literature on software and tests. Methods for unconstrained, linearly constrained and nonlinearly constrained problems are separately discussed.

1. Einleitung, Bewertung von Algorithmen

Zu diesem Vortrag wurde von nicht in der Spezialforschung stehenden Vertretern des Operations Research aufgefordert. Er richtet sich daher insbesondere an die Nichtspezialisten, die in der Praxis nichtlineare Optimierungsaufgaben zu lösen haben der Form

$$\begin{aligned} &\min f(x) \\ &g_i(x) \leq 0 \qquad i=1,\ldots,m, \\ &h_j(x) = 0 \qquad j=1,\ldots,r. \end{aligned} \tag{1}$$

Der Einfachheit halber sei dabei angenommen, daß alle auftretenden Funktionen f, g_i, h_j auf dem $\mathbb{R}^n$ zweimal stetig differenzierbar seien (auf die in den letzten Jahren sehr intensiv untersuchten Optimierungsaufgaben nichtdifferenzierbarer Funktionen kann im Rahmen dieses kurzen Überblicks nicht eingegangen werden). Der durch die Nebenbedingungen definierte zulässige Bereich sei mit $M := \{x \in \mathbb{R}^n \mid g_i(x) \leq 0 (i=1,\ldots,m), h_j(x) = 0 (j=1,\ldots,r)\}$ bezeichnet.

Der Anwender sucht - möglichst kurz und von mathematischem "Ballast" befreit - Information zu den folgenden vier Fragen:

Operations Research Proceedings 1982

1. Wie - in Grundzügen - arbeiten die wichtigsten Algorithmen?
2. Was leisten sie für meine Aufgabenstellungen?
3. Welche Methoden sind die besten oder zumindest gut brauchbar?
4. Wo findet man zugehörige Software und Testergebnisse?

Es soll auf jede dieser Fragen kurz eingegangen werden. Die für den Anwender vielleicht interessanteste, aber auch schwierigste ist Frage 3 nach dem besten Algorithmus. Gibt es doch verschiedene, teilweise gegenläufige Bewertungskriterien für Lösungsmethoden, deren relative Bedeutung weitgehend von Struktur und Größe der zu lösenden Aufgaben und den verlangten Genauigkeitsanforderungen abhängt. Einige dieser Kriterien sind K1 bis K4:

K1. Konvergenzgeschwindigkeit (vereinfacht, vgl. |9|, |12|):
Die vom Verfahren erzeugte Folge $\{x^k\} \subset \mathbb{R}^n$ konvergiere gegen einen im Rahmen der Möglichkeiten der Algorithmen (vgl. Abschnitt 2) als Lösung akzeptablen Punkt x^*. Die Geschwindigkeit mit der sich $\{x^k\}$ der Lösung nähert kann durch eine Fehlerfolge $\{r_k\} \subset \mathbb{R}$ gemessen werden (meist $r_k = \|x^k - x\|$ oder $r_k = |f(x^k) - f(x^*)|$). Man unterscheidet insbesondere lineare Konvergenz ($\lim_{k\to\infty} \frac{r_{k+1}}{r_k} = \beta$, $0<\beta<1$), quadratische Konvergenz ($\lim_{k\to\infty} \frac{r_{k+1}}{(r_k)^2} < \infty$) und superlineare Konvergenz ($\lim_{k\to\infty} \frac{r_{k+1}}{r_k} = 0$). Linear konvergente Verfahren verkleinern in Lösungsnähe den Fehler pro Iteration näherungsweise um den Faktor β und sind für β nahe bei 1 praktisch unbrauchbar. Quadratisch konvergente Algorithmen verdoppeln näherungsweise pro Schritt die Zahl der exakten Dezimalstellen. Häufig läßt sich die genaue Konvergenzordnung nicht bestimmen, aber nachweisen, daß die relative Fehlerverkleinerung pro Iterationsschritt über alle Grenzen anwächst (superlineare Konvergenz).

K2. Globale Konvergenz (u.a. |4|, |9|):
Die unter K1 angegebenen Begriffe zur Konvergenzgeschwindigkeit liefern (näherungsweise) eine Aussage über den Gesamtverlauf des Verfahrens nur für hinreichend nahe bei x^* gewählte Startpunkte x^0. Es gibt superlinear konvergente Algorithmen, die für "schlechte" x^0 überhaupt nicht konvergieren. Eine weitere Fundamentalforderung ist daher Konvergenz der Iterationsfolge (zumindest aller ihrer Teilfolgen) gegen einen akzeptablen Lösungspunkt x^* für beliebige Startpunkte $x^0 \varepsilon M$ (oder $x^0 \varepsilon \mathbb{R}^n$) (Globale Konvergenz).

K3. Rechenaufwand pro Iterationsschritt (|2|, |3|, |4|, |9|):
Mit zunehmendem Aufwand pro Iterationsschritt wird trivialerweise sich auch der dadurch erzielbare Fortschritt, also die Konvergenzgeschwindigkeit erhöhen lassen. Konvergenzgeschwindigkeit und Rechenaufwand pro Iteration stellen i.a. daher gegenläufige Ziele dar. Zu Buche schlagen die Anzahl der Funktionswertberechnungen, insbe-

sondere bei den Aufgaben, in denen die Funktionswerte sich als Lösungen von Differentialgleichungen, Ergebnisse numerischer Integration, Monte-Carlo Simulation u.ä. berechnen. Bei Algorithmenvergleichen anhand vieler Testprobleme gilt die (insgesamt) benötigte Zahl von Funktionswertberechnungen heute als eines der wichtigsten Vergleichskriterien.

K4. Unempfindlichkeit (u.a. |1|, |2|, |3|, |4|, |9|):
Einige Verfahren, die von ihrer theoretischen, Rundungsfehler und ungenaue Ausführung von Teilschritten (insbesondere eindimensionaler Minimierung) vernachlässigenden Konzeption her sehr effizient erscheinen, erweisen sich in der Praxis als nicht konkurrenzfähig, weil bei der unvermeidlich fehlerhaften Ausführung von Subalgorithmen, wegen Eingabedaten- und Rundungsfehlern die theoretisch günstigen Eigenschaften weitgehend verloren gehen. Der geringeren Empfindlichkeit gegen solche unvermeidlichen Fehler (Robustheit, Stabilität) kommt also große Bedeutung zu.

Es gibt einige Institute, in denen ständig Algorithmen implementiert, getestet und verbessert werden. Bei den in den letzten Jahren veröffentlichten Testergebnissen haben sich trotz teilweise schwer vereinbar erscheinender Bewertungskriterien einige Algorithmen übereinstimmend als besonders brauchbar oder zumindest vielversprechend herausgeschält (vgl. |1|, |2|, |3|, |4|, |6|). Man kann heute global und superlinear konvergente Verfahren erwarten, die recht unempfindlich sind und eine erstaunlich geringe Anzahl von Funktionswertberechnungen benötigen.

2. Unentbehrliches aus der Theorie (|9|):

Die (1) zugeordnete Lagrangefunktion

$$L(x;u,v) = f(x) + \sum_{i=1}^{m} u_i g_i(x) + \sum_{j=1}^{r} v_j h_j(x) \tag{2}$$

ist definiert für $x \in \mathbb{R}^n$, $u = (u_1,\ldots,u_m)^T \in \mathbb{R}^m$, $v = (v_1,\ldots,v_r)^T \in \mathbb{R}^r$. Jeder Nebenbedingung in (1) wird ein Lagrange-Multiplikator u_i bzw. v_j zugeordnet. Mit (1) lassen sich die Optimalitätsbedingungen 1. Ordnung (Kuhn-Tucker-Bedingungen) und 2. Ordnung formulieren:

Kuhn-Tucker-Bedingungen:
$(x^*, u^*, v^*) \in \mathbb{R}^{n+m+r}$ erfüllt die K.-T.-Bedingungen (Optimalitätsbedingungen 1. Ordnung), falls gilt

$$\begin{aligned} & g_i(x^*) \leqq 0 \ (i=1,\ldots,m), \ h_j(x^*) = 0 \ (j=1,\ldots,r) \\ & u_i^* \geqq 0 \ (i=1,\ldots,m), \ u_i g_i(x^*) = 0 \ (i=1,\ldots,m), \\ & \nabla_x L(x^*;u^*, v^*) = \nabla f(x^*) + \sum_{i=1}^{m} u_i^* \nabla g_i(x^*) + \sum_{j=1}^{r} v_j^* \nabla h_j(x^*) = 0. \end{aligned} \tag{3}$$

Hierbei ist $\nabla_x L(x^*;u^*, v^*)$ der Gradient der Lagrangefunktion bezüglich x im Punkt (x^*, u^*, v^*).

Optimalitätsbedingung 2. Ordnung:

$(x^*, u^*, v^*) \in \mathbb{R}^{n+m+r}$ erfüllt die Optimalitätsbedingungen 2. Ordnung, falls für die Matrix $\nabla_x^2 L(x^*;u^*, v^*)$ der zweiten Ableitungen der Lagrangefunktion bezüglich x in (x^*, u^*, v^*) gilt

$$d^T \nabla_x^2 L(x^*, u^*, v^*) d > 0 \tag{4}$$

für alle $d \in \mathbb{R}^n$ mit $d^T \nabla g_i(x^*) = 0$, $d^T \nabla h_j(x^*) = 0$ $(i \in \{1,\ldots,m\} | u_i^* > 0\}$, $j=1,\ldots,r)$.

Für die Anwendung von Algorithmen sind (3) und (4) von fundamentaler Bedeutung. Es gilt nämlich (vereinfacht):

A1. Die Algorithmen der nichtlinearen Optimierung konvergieren gegen einen Punkt x^*, in dem (3), in vielen Fällen auch (4) oder (4) mit dem $\geq$-Zeichen statt $>$-Zeichen erfüllt ist.

A2. Gibt es zu einem Punkt $x^* \in \mathbb{R}^n$ Punkte $u^* \in \mathbb{R}^m$, $v^* \in \mathbb{R}^r$, so daß in (x^*, u^*, v^*) (3) und (4) erfüllt sind, dann ist x^* isolierter lokaler Minimalpunkt von f über M.

Man kann von Algorithmen der nichtlinearen Optimierung höchstens Konvergenz gegen einen lokalen Minimalpunkt erwarten, statt gegen den gesuchten globalen (für wichtige Funktionenklassen sind lokale Minimalpunkte jedoch stets global, vgl. |9|, |12|).

Für das Verständnis der Konzeption einiger der effizientesten Lösungsverfahren ist folgende Interpretation der Bedingungen (3), (4) nützlich: Sind u^*, v^* und die in x^* aktiven (mit dem Gleichheitszeichen erfüllten) Nebenbedingungen bekannt, dann sind (3), (4) (unter gewissen Regularitätsbedingungen) hinreichend dafür, daß $L(x; u^*, v^*)$ über der Menge der Tangentialrichtungen an die aktiven Nebenbedingungen in x^* einen strengen lokalen Minimalpunkt besitzt. Dieser Zusammenhang zwischen Minimum der Lagrangefunktion bezüglich x und Lösung der Aufgabe (1) wird noch deutlicher durch die bekannte Sattelpunktsaussage

A3. Gilt in $(x^*, u^*, v^*) \in \mathbb{R}^n \times \mathbb{R}_+^m \times \mathbb{R}^r$ $L(x^*;u,v) \leq L(x^*;u^*, v^*) \leq L(x;u^*, v^*)$ (5)
für alle $x \in \mathbb{R}^n$, $u \in \mathbb{R}_+^m$, $v \in \mathbb{R}^r$, so ist x^* globaler Minimalpunkt von f über M.

3. Probleme ohne Nebenbedingungen, Schrittweiten

Unrestingierte Aufgaben $\min_{x \in \mathbb{R}^n} F(x)$ mit einer sogenannten "merit function" $F: \mathbb{R}^n \to \mathbb{R}$ treten auf als Ausgangsproblem $(F(x) = f(x))$, insbesondere aber im Rahmen von Algorithmen zur Lösung restringierter Aufgaben (1) ($F(x) = P(x,r)$-"Penaltyfunktion mit Parameter r"-, $\Gamma(x) = \phi(x,u,v,s)$-"erweiterte Lagrangefunktion mit Parameter s").

Gebräuchliche Algorithmen erzeugen eine Iterationsfolge $\{x^k\} \subset \mathbb{R}^n$ gemäß

$$x^o \varepsilon \mathbb{R}^n, \; x^{k+1} = x^k + \alpha_k d^k, \tag{6}$$

wobei $d^k \varepsilon \mathbb{R}^n$ eine Abstiegsrichtung von F in x^k ist ($F(x^{k+1})<F(x^k)$ bei passender Wahl von α_k, $(d^k)^T \nabla F(x^k)<0$) und α_k eine $F(x^{k+1})<F(x^k)$ sichernde Schrittweite.

3.1. Schrittweitenbestimmung (x^k, d^k gegeben):

Die ursprüngliche theoretische Beschreibung vieler Algorithmen fordert die Idealschrittweite

$$\alpha_k \text{ aus } f(x^k+\alpha_k d^k) = \min_{\alpha \geq 0} (x^k+\alpha d^k). \tag{7}$$

(7) ist nur in Ausnahmefällen exakt lösbar (z.B. quadratische konvexe F). Für die verwendeten Näherungsverfahren gilt

S1. (u.a. |1|, |10|): Bei Einhaltung gewisser Fehlerschranken (klassische von Armijo, Goldstein) wird (unter schwachen Voraussetzungen an d^k) durch ungenaue Lösung von (7) die Konvergenz eines übergeordneten Verfahrens (6) nicht zerstört, möglicherweise aber die Konvergenzgeschwindigkeit verringert.

S2. (u.a. |1|, |3|, |4|, |10|): Es wurden den Eigenschaften verschiedener Zielfunktionen jeweils angepaßte endliche Schrittweitenverfahren entwickelt, bei deren Anwendung die superlineare Konvergenz der modernen übergeordneten Algorithmen erhalten bleibt.

Am gebräuchlichsten sind Einschachtelungsverfahren (sukzessive Verkleinerung von Intervallen durch Funktionswertberechnungen an Zwischenpunkten aus Fibonacci-Zahlen oder Teilung nach dem Goldenen Schnitt, u.a. |1|, |9|), die Bisektionsmethode (Intervallhalbierung durch Ableitungsberechnung in den Intervallmitten, |9|), Interpolationsverfahren (sukzessive Minimierung geeigneter quadratischer oder kubischer Interpolationspolynome, |1|, |3|) und Kombinationen dieser Methoden (s. auch |10|).

3.2. Bestimmung der Abstiegsrichtungen

Aufgrund des Taylor-Satzes (quadratische Approximation um x^*)

$$F(x) \approx F(x^*) + \nabla F(x^*)^T (x-x^*) + \frac{1}{2} (x-x^*)^T \nabla^2 F(x^*)(x-x^*) \tag{8}$$

zeigen Algorithmen zur unrestringierten Optimierung in hinreichender Nähe eines strengen lokalen Minimalpunkts einer zweimal stetig differenzierbaren Funktion $F: \mathbb{R}^n \to \mathbb{R}$ näherungsweise das gleiche Verhalten wie bei der Minimierung einer quadratischen Funktion $\frac{1}{2} x^T Q x$ ($Q \varepsilon \mathbb{R}^{n \times n}$ symmetrisch, positiv definit) in Umgebung des Ursprungs. Die Konvergenzgeschwindigkeit für das quadratische Problem läßt sich i.a. auch für beliebige F nachweisen.

Klassisch sind das Gradientenverfahren ($d^k = -\nabla F(x^k)$, Verfahren steilsten Abstiegs; global konvergent, recht unempfindlich, geringe Zahl von Funktionswertberechnungen pro Schritt, aber nur linear konvergent mit einem Konvergenzfaktor nahe bei 1, falls größter und kleinster Eigenwert von $\nabla^2 F(x^*)$ sehr unterschiedlich ("lange, schmale Täler"), u.a. |9|), das (modifizierte) Newtonverfahren ($d^k = -\nabla^2 F(x^k)^{-1} \nabla F(x^k)$, α_k nach (7) oder $\alpha_k \equiv 1$; quadratische Konvergenz, löst quadratische Probleme in einem Schritt, aber nicht global konvergent, zu großer Aufwand pro Iteration).

Heute gebräuchliche Verfahren stellen einen Kompromiß zwischen Gradienten- und Newtonverfahren dar. Sie lösen das quadratische Problem in n Schritten als Methoden konjugierter Richtungen ($d^i Q d^j = 0$ für $i \neq j$) oder Quasi-Newton Verfahren ($d^k = -M^k \nabla F(x^k)$, $M^k \varepsilon \mathbb{R}^{n \times n}$ positiv definit und aus M^{k-1} und $\nabla F(x^k)$ berechenbar mit $M^n = Q^{-1}$). Lokal beste konjugierte Richtungen erhält man sukzessive aus $-\nabla F(x^k)$ mit Hilfe der Gram-Schmidt-Orthogonalisierung (konjugierte Gradienten von Hestenes und Stiefel, |9|); die einfachste Übertragung auf nichtquadratische Probleme stammt von Fletcher und Reeves. (Beschreibung u.a. in |1|, |3|, |4|, |9|).
Ein einfaches Quasi-Newton Verfahren, das auch konjugierte Richtungen erzeugt, wurde von Davidon, Fletcher und Powell angegeben (DFP-Methode). Heute wird die etwas kompliziertere, aber gegen Fehler und ungenaue Schrittweiten wesentlich unempfindlichere Quasi-Newton Methode von Broyden, Fletcher, Goldfarb und Shanno (BFGS-Verfahren) vorgezogen (Beschreibung u.a. in |1|, |3|, |4|, |9|).
Diese Methoden konjugierter Richtungen und Quasi-Newton Verfahren konvergieren global und superlinear ("n-Schritt quadratisch"). Das BFGS-Verfahren wird als wenig empfindlich (mit geeigneter Schrittweite) meist vorgezogen. Die empfindlicheren Methoden konjugierter Richtungen werden wegen ihres geringeren Rechenaufwands pro Iteration insbesondere bei großen Problemen (häufig strukturbedingt modifiziert) verwendet. Hinweise zur Software findet man in |1|, |3|, |4|.

4. Probleme mit linearen Nebenbedingungen

Verfahren zur Minimierung nichtlinearer Zielfunktionen unter linearen Nebenbedingungen sind nur geringfügig komplizierter als die Methoden zur unrestringierten Minimierung. Sie erzeugen Iterationsfolgen des Typs (6), wobei jetzt d^k Abstiegsrichtung ($(d^k)^T \nabla f(x^k) < 0$) und zulässige Richtung ($x^k + \alpha d^k \varepsilon M$ für ein $\alpha > 0$) sein, die Schrittweite einen zulässigen Punkt $x^k + \alpha_k d^k$ ergeben muß ($0 \leq \alpha_k \leq \bar{\alpha}_k$ mit leicht bestimmbaren $\bar{\alpha}_k$).

Neben den klassischen Gradientenprojektionen werden zur Bestimmung einer zulässigen Abstiegsrichtung d^k heute insbesondere lineare Subprobleme gelöst des Typs $\min (d^k)^T \nabla f(x^k)$ unter linearen Nebenbedingungen, die Zulässigkeit und Beschränktheit von d^k sichern, konjugierte oder Quasi-Newton-Richtungen erzeugen und das bei den älteren Algorithmen bisweilen beobachtete, Konvergenz verhindernde oder verlangsamende Zickzack-Laufen ausschließen.

Die numerischen Eigenschaften der Verfahren entsprechen weitgehend denen der Methoden zur unrestringierten Minimierung (globale, superlineare Konvergenz; Bevorzugung der recht unempfindlichen BFGS-Methode etc.), (Literatur: |2|,|3|, |9|,|13|).

Besonders einfach werden diese Methoden für quadratische, konvexe Zielfunktionen. Wegen der (bis auf eine Komplementaritätsbedingung) Linearität der Kuhn-Tucker-Bedingungen stehen hierfür auch eine Reihe von der linearen Optimierungsverfahren ähnliche Methoden zur Verfügung (u.a. |2|, |3|, |5|, |8|).

5. Probleme mit nichtlinearen Nebenbedingungen

Zu den ersten und intensiv untersuchten Verfahren gehören Strafkosten-(Penalty-)methoden. Durch Addition eines mit Penaltyparametern $r_k > 0$ multiplizierten Strafterms $p(x)$, der das Verlassen von M "bestraft", wird (1) auf eine Folge von unrestringierten (oder linear restringierten) Aufgaben min $\{f(x)+r_k p(x)\}$ zurückgeführt, deren Längen für $r_k \to \infty$ gegen die gesuchte Lösung von (1) konvergiert. Es gibt eine Fülle von verschiedenen Strafkostenmethoden ("innere", "äußere", "gemischte", "exakte" etc.). Das vielleicht bekannteste Beispiel ist

$$p(x) = \sum_{j=1}^{r} h_j(x)^2 + \sum_{i=1}^{m} (\min(0,g_i(x)))^2.$$

Heute werden Strafkostenverfahren nur noch empfohlen zur Berechnung von nicht sehr genauen (Ausgangs-)Näherungen. Für wachsende r_k erweisen sich die zugehörigen unrestringierten (linear restringierten) Subprobleme nämlich als zunehmend schlecht konditioniert (|2|, |3|, |4|, |9|).

Multiplikator-("augmented Lagrangian"-)verfahren versuchen die Nachteile der Strafkostenverfahren zu vermeiden durch Ersetzen von $f(x)+r_k p(x)$ durch Parameter s enthaltende "erweiterte Lagrangefunktionen" $\phi(x;u,v,s)$, deren Minimierung über $x \in \mathbb{R}^n$ bei geeigneten "updating"-Formeln für u,v die Lösung von (1) und die zugehörigen Lagrangemultiplikatoren u^*, v^* schon für endliches s liefert (|2|, |3|, |4|).

Die zur Zeit am besten beurteilten Verfahren beruhen auf einer möglichst unmittelbaren Minimierung der Lagrangefunktion, die durch die Optimalitätsbedingungen und die Sattelpunktsaussage aus Abschnitt 2 nahegelegt wird (vgl. Abschnitt 2).
Das Verfahren von Robinson konstruiert eine Folge $\{(x^k,u^k,v^k)\}$ durch sukzessives Lösen der linear restringierten Aufgabe

$$\min_x \{f(x) + \sum_{i=1}^{m} u_i^k(g_i(x)-g_i(x^k)-\nabla g_i(x^k)^T(x-x^k) + \sum_{j=1}^{k} v_j(h_j(x)-h_j(x^k)-\nabla h_j(x^k)(x-x^k))\} \quad (9a)$$

unter den Nebenbedingungen

$$g_i(x^k)+\nabla g_i(x^k)^T(x-x^k) \leqq 0 \ (i=1,\dots,m),$$
$$h_j(x^k)+\nabla h_j(x^k)^T(x-x^k) = 0 \ (j=1,\dots,r). \qquad (9b)$$

durch ein Verfahren, das gleichzeitig die zu (9a), (9b) gehörenden Lagrangemultiplikatoren berechnet (z.B. |6|). Diese sind u^{k+1}, v^{k+1}; die Lösung von (9a), (9b) ist x^{k+1}. (Es ist leicht zu sehen, daß (9a),(9b) äquivalent ist zu $\min_x L(x;u^k,v^k)$ unter (9b). Das Robinson-Verfahren konvergiert quadratisch, wenn (x^o,u^o,v^o) hinreichend nahe bei (x^*, u^*, v^*) gewählt sind, aber nicht global.

Eine vielversprechende, aber noch nicht hinreichend getestete global und quadratisch konvergente Methode von Best, Bräuninger, Ritter und Robinson |6| startet mit einem Strafkostenverfahren und schaltet in Lösungsnähe um auf das Robinson-Verfahren.

Das nach ausführlichen Tests heute übereinstimmend als effizientest angesehene Verfahren wurde von Wilson, Han und Powell entwickelt und vielfältig modifiziert. Es bestimmt $x^{k+1} = x^k+\alpha_k d^k$, wobei d^k Lösung ist des quadratischen Problems.

$$\min_d \{\tfrac{1}{2} d^T M d + \nabla f(x^k)^T d\}$$
$$g_i(x^k) + \nabla g_i(x^k)^T d \leqq 0 \qquad (i=1,\dots,m), \qquad (10)$$
$$h_j(x^k) + \nabla h_j(x^k)^T d = 0 \qquad (j=1,\dots,r).$$

Hierbei ist M eine Quasi-Newton Näherungsmatrix (BFGS-Formel) für $\nabla_x^2 L(x^k,u^k,v^k)$; u^{k+1},v^{k+1} sind die Lagrange-Multiplikatoren von (10). Die Schrittweite α_k wird durch eine geeignete Näherung des eindimensionalen Problems (7) bestimmt. Es gibt einige Modifikationen und Verbesserungen des Verfahrens (|2|, |3|, |4|, |7|, |14|).

6. Literatur

Es kann hier nur eine kleine, subjektive Auswahl angegeben werden, die für den Anwender geeignet erscheint.

6.1. Neuere Bücher zu Praxis, Tests, Software:

|1| Fletcher, R.: Practical Methods of Optimization, Vol. I: Unconstrained Optimization, Wiley, Chichester, 1980.

|2| Fletcher, R.: Practical Methods of Optimization, Vol. II: Constrained Optimization, Wiley, Chichester, 1981.

|3| Gill, P.E., Murray, W., Wright, M.H.: Practical Optimization, Academic Press, London-New York, 1981.

|4| Schittkowski, K.: Nonlinear Programming Codes, Information , Tests, Performance. Lecture Notes in Economics and Mathematical Systems 183, Springer, Berlin-Heidelberg-New York, 1980

6.2. Arbeiten, auf die im Test unmittelbar bezogen wird und/oder die noch nicht in der unter 6.1. angegebenen Literatur berücksichtigt sind:

|5| Benveniste, R.: A quadratic programming algorithm using conjugate search direction, Mathematical Programming 16, 63-80, 1979.

|6| Best, M.J. Bräuninger, I., Ritter, K., Robinson, S.M.: A globally and quadratically convergent algorithm for general nonlinear programming problems, Computing 26, 141-153, 1981.

|7| Chamberlain, R.M., Powell, M,J.D., Lemarechal, C., Pedersen, H.C.: The watchdog technique for forcing convergence in algorithms for constrained optimization, Mathematical Programming Study 16, 1-17, 1982.

|8| Gill, P., Murray,W., Saunders, M., Wright, M.: The design and implementation of a quadratic programming algorithm. Report SOL 82-1, Systems Optimization Laboratory, Stanford University 1982.

|9| Horst, R.: Nichtlineare Optimierung, Carl Hanser, München 1979.

|10| Murray, W., Wright, M.: Computation of the search direction in constrained optimization algorithms, Mathematical Programming Study 16, 62-83, 1982.

|11| Murtagh, B.A., Saunders, M.A.: Large-scale linearly constrained optimization, Mathematical Programming 14, 41-72, 1978.

|12| Orthega, J.M., Rheinboldt, W.C.: Iterative Solutions of Nonlinear Equations in Several Variables, Academic Press, New York, 1970.

|13| Ritter, K.: Global and superlinear convergence of a class of variable metric methods, Mathematical Programming Study 14, 178-205, 1981.

|14| Schittkowski, K.: On the convergence of a sequential quadratic programming method with an augmented Lagrangian line search function, Report SOL, 82-4, Systems optimization laboratory, Stanford University, 1982.

Das Stufenkonzept des Algorithmenentwurfs, dargestellt am Beispiel der Linearen Optimierung

Heiner Müller-Merbach, Darmstadt

Kurzfassung: In der Mathematik sind im Laufe ihrer Geschichte zahlreiche Algorithmen entwickelt worden. Durch die zunehmende Verfügbarkeit von elektronischen Rechenanlagen in den letzten drei Jahrzehnten haben sich die Aktivitäten im Algorithmenentwurf noch intensiviert. Gleichzeitig sind die Anforderungen an die Algorithmen gestiegen, insbesondere in Bezug auf größere Datenmengen und höhere Präzision. Es erstaunt daher, daß der Prozeß des Algorithmenentwurfs nur wenig Forschungsinteresse gefunden hat. Diesbezüglich können wertvolle Anleihen bei den Ingenieurwissenschaften gemacht werden, in denen intensiv an Konstruktionslehren gearbeitet wird. Am Beispiel der Linearen Optimierung soll hier gezeigt werden, wie sich Entwurfsprinzipien, die in der technischen Konstruktionslehre seit langem verwendet werden, auch für den Algorithmenentwurf nutzbar gemacht werden können. Dazu dient insbesondere ein Stufenkonzept in Verbindung mit morphologischen Klassifizierungen.

Summary: Numerous algorithms were developed during the history of mathematics. The activities in algorithm design were intensified with the increasing availability of electronic computers. At the same time, the standards of algorithms grew, in particular with respect to larger quantities of data and increased precision. However, it is with surprise that the process of algorithm design found little interest as yet. In regard to algorithm design, much can be learned from engineering in which great attention was paid to design methodology. In this paper, linear programming shall be taken as an example on which principles of design methodology - as taken from engineering - shall be applied to algorithm design. In particular, a step concept shall be presented in connection with morphological classification.

1. Der Entwurf von Algorithmen: Ein Entscheidungsprozeß

Algorithmenentwurf bedeutet: Treffen von Entscheidungen. Das Treffen von Entscheidungen bedeutet: Auswahl unter mehreren Möglichkeiten. Die Auswahl setzt voraus, daß die bestehenden Möglichkeiten explizit und übersichtlich dargestellt und hinsichtlich ihrer Vorteile und Nachteile beurteilt sind.

In der Entwurfslehre der Ingenieurwissenschaften haben sich zahlreiche systematisierende Hilfsmittel bewährt. Dazu zählt die morphologische Klassifizierung, die auf Zwicky [1966] zurückgeht, vgl. auch Ropohl [1972] und Müller-Merbach [1976 a, 1976 b und 1976 c]. Ingenieurwissenschaftliche Konstruktionslehren wurden u.a. von Pahl und Beitz [1976] und von Koller [1976] veröffentlicht. Wedekind und Ortner [1980], die sich mit dem systematischen Konstruieren von Datenbankanwendungen beschäftigen, nennen noch weitere technische Konstruktionslehren.

Bei morphologischen Klassifizierungen in Konstruktionsprozessen geht es insbesondere um zwei Ziele:

(i) Es sollen die prinzipiell voneinander unabhängigen Entwurfsentscheidungen getrennt werden. Sie seien hier als "Stufen" bezeichnet; häufig werden auch Begriffe wie "Funktionen", "intensionale Merkmale", "Komponenten" etc. verwendet.

(ii) Für jede Stufe (jedes intensionale Merkmal) sollen sodann - möglichst vollstän-

Operations Research Proceedings 1982

dig - die Realisationsmöglichkeiten ("Merkmalsausprägungen", "extensionale Merkmale") herausgearbeitet und hinsichtlich ihrer Eigenschaften bewertet werden.

Die zweidimensionale Zerlegung stellt die Analyseaufgabe eines jeden systematischen Entwurfsprozesses dar. Ihr steht die Syntheseaufgabe gegenüber. Dabei werden einzelne Realisationsmöglichkeiten der Stufen ausgewählt und mit denen der anderen Stufen zusammengesetzt, bis schließlich vollständige Algorithmen entstehen. Der Syntheseprozeß vollzieht sich zumeist in Zyklen, in denen auf vorhergehende Stufen (der Analyseaufgabe) zurückgesprungen werden kann.

Eine Stufung der intensionalen Merkmale bedeutet gleichzeitig die Festlegung einer Hierarchie. Häufig ist eine Hierarchie nicht möglich, wenn nämlich die intensionalen Merkmale gleichgewichtig sind; in solchen Fällen sollte auch nicht von "Stufen" gesprochen werden, sondern allgemein von "intensionalen Merkmalen". Ist dagegen eine Stufung möglich, erleichtert das die Lösung der Syntheseaufgabe, da man hier weitgehend in einer vorgegebenen Richtung fortschreiten kann.

Im folgenden soll am Beispiel der Linearen Optimierung gezeigt werden, wie ein Algorithmus (aus der Menge der revidierten Simplex-Verfahren) entwickelt werden kann.
Es sei von der Aufgabe ausgegangen, eine Standard-Software für große Modelle und große EDV-Anlagen (bzw. mittlere Modelle und mittelgroße EDV-Anlagen) zu entwickeln.
Es wird dabei die folgende Notation (links in Summenschreibweise, rechts in Matrizenschreibweise) verwendet:

Maximiere z

$$z + \sum_{j=1}^{j=n} c_j x_j = d \qquad\qquad z + c'x = d$$

$$y_i + \sum_{j=1}^{j=n} a_{ij} x_j = b_i \qquad\qquad y + Ax = b$$

$$y_i,\ x_j \geq 0 \qquad\qquad y,\ x \geq 0$$

2. Die Analyseaufgabe: Die stufenweise Zerlegung

In den anschließenden Unterabschnitten sei nun die hierarchisch gestufte Zerlegung des zu entwickelnden revidierten Simplex-Verfahrens skizziert, wobei allerdings nicht alle Details ausdiskutiert werden können, insbesondere nicht in den späteren Stufen. Die Bildung hierarchischer Stufen (im Gegensatz zu gleichgewichtigen intensionalen Merkmalen) ist hier dadurch möglich, daß die einzelnen Entwurfsentscheidungen von grundsätzlich unterschiedlicher Bedeutung für den Gesamtalgorithmus sind. Von höchster Bedeutung sind der Umfang und die Darstellung der Inversen und - im Anschluß daran - die Entscheidung über die aktualisiert gehaltenen Teile des Modells und deren Organisation. In der Bedeutung nachgeordnet sind dann Fragen der Pivot-

Auswahl, der Re-Inversion, der Rundungsfehlerkontrolle, der Behandlung spezieller Modellstrukturen und schließlich der EDV-Speicherung der Daten.

2.1. Umfang der Inversen: Basisinverse oder Kerninverse?

Die zentrale Entwurfsentscheidung für ein revidiertes Simplex-Verfahren besteht in der Frage nach der Inversen. Sie bildet das Zentrum für alle Aktualisierungsrechnungen. In der LP-Standardliteratur und in der LP-Standard-Software wird üblicherweise mit der "Basisinversen" gearbeitet. Dem ist das Konzept der "Kerninversen" gegenüberzustellen, vgl. Müller-Merbach [1966, 1967, 1983].

In jeder Simplex-Iteration wird eine Basisvariable gegen eine Nichtbasisvariable ausgetauscht. Es befinden sich daher jeweils genausoviele ursprüngliche Nichtbasisvariablen in der Basis wie ursprüngliche Basisvariablen aus der Basis verdrängt worden sind. Ihre Zahl sei mit p bezeichnet. Die ursprünglichen Nichtbasisvariablen, die gegenwärtig in der Basis sind, seien nun zu dem Vektor $x^{(1)}$ zusammengefaßt, der Rest zu dem Vektor $x^{(2)}$. Entsprechend seien die aus der Basis verdrängten ursprünglichen Basisvariablen zu dem Vektor $y^{(1)}$ zusammengefaßt, der Rest zu dem Vektor $y^{(2)}$. Die Koeffizientenmatrix A läßt sich analog aufspalten, was in dem folgenden Tableau der Ausgangslösung (links) dargestellt ist. Die Rechenregeln für die auf den gegenwärtigen Lösungszustand bezogenen Teilmatrizen sind in dem Tableau der gegenwärtigen Lösung (rechts) zusammengefaßt; diese Regeln sind unter dem Begriff des "block pivoting" bekannt.

	$x^{(1)}$	$x^{(2)}$
$y^{(1)}$	A_{11}	A_{12}
$y^{(2)}$	A_{21}	A_{22}

Tableau der Ausgangslösung

	$y^{(1)}$	$x^{(2)}$
$x^{(1)}$	$A_{11}^* := A_{11}^{-1}$	$A_{12}^* := A_{11}^{-1}A_{12}$
$y^{(2)}$	$A_{21}^* := -A_{21}A_{11}^{-1}$	$A_{22}^* := A_{22} - A_{21}A_{11}^{-1}A_{12}$

Tableau der gegenwärtigen Lösung

Die Matrix $A_{11}^* = A_{11}^{-1}$ sei im folgenden als "Kerninverse" bezeichnet. Sie reicht aus, um sämtliche anderen Teile der Matrix zu aktualisieren. Dabei lassen sich die genannten Rechenregeln auch auf einzelne Zeilen, einzelne Spalten und sogar einzelne Elemente der Matrix beschränken. Die Rechenregeln für A_{12}^* und A_{22}^* gelten analog für die rechte Seite, die für A_{21}^* und A_{22}^* analog für die Zielfunktion.

Der Kerninversen steht die Basisinverse gegenüber. Sie umfaßt im wesentlichen die Teilmatrizen A_{11}^* und A_{21}^* sowie eine Einheitsmatrix. Sie hat gegenüber der Kerninversen den folgenden Inhalt:

Basisinverse:

	$y^{(1)}$	$y^{(2)}$
$x^{(1)}$	A^*_{11}	0
$y^{(2)}$	A^*_{21}	I

Kerninverse:

	$y^{(1)}$
$x^{(1)}$	A^*_{11}

In der LP-Literatur und in den LP-Standardprogrammen wird üblicherweise mit der Basisinversen gearbeitet. Eine Trennung in die Bereiche von $x^{(1)}$ und $y^{(2)}$ (mit entsprechender Sortierung der Variablen) ist dabei nicht erforderlich. Die Basisinverse hat eine konstante Größe, die mit der Zeilenzahl des Modells übereinstimmt. Das erleichtert die Datenorganisation.

Andererseits enthält die Basisinverse in der Teilmatrix A^*_{21} aktualisierte Daten, die nicht notwendigerweise in aktualisierter Form benötigt werden. Die Kerninverse A^*_{11} reicht für alle weiteren Rechnungen völlig aus. Das Arbeiten mit der Kerninversen erfordert allerdings (logische) Sortiervorgänge bezüglich der Zeilen und Spalten, was als Nachteil gesehen werden kann. Ein ästhetischer Vorzug der Kerninversen, der allerdings auch zahlreiche praktische Vorteile bietet, liegt in der Symmetrie der Rechenregeln. Diese Eigenschaft kann u.a. dafür genutzt werden, bestimmte EDV-Unterprogramme doppelt verwenden zu können, so daß die EDV-Programme tendenziell kleiner werden. Ein weiterer Vorteil liegt in der größeren Flexibilität hinsichtlich nachträglich eingeführter Zeilen, vgl. Müller-Merbach [1983]. Die grundlegende Entwurfsentscheidung für revidierte Simplex-Verfahren liegt also in der Frage, ob die Basisinverse oder die Kerninverse zur Grundlage aller weiteren Rechenregeln gemacht werden soll.

2.2. Darstellung der Inversen: Explizit-Form, Produkt-Form, LU-Form oder $U^{-1}L^{-1}$-Form

Prinzipiell unabhängig vom Umfang der Inversen (Basisinverse oder Kerninverse) läßt sich die Frage der Darstellung der Inversen behandeln. Hier bieten sich vier Formen an:

(i) Die klassische Form der Inversen ist die Explizit-Form. Sie enthält die Inverse in ihrem vollständig aktualisierten Zustand. Sie ist - im mathematischen Sprachgebrauch - die eigentliche Inverse. Für ihre Berechnung werden bei einer Matrix im Rang p rund $O(p^3)$ Operationen benötigt, soweit eine dünne Besetzung mit Nichtnullelementen den Rechenaufwand nicht erheblich reduziert. Aus Gründen der häufig dünnen Besetzung der Koeffizientenmatrix A, aus Gründen des Rechenaufwandes und vor dem Ziel der kompakten (und möglichst unveränderten) Datenspeicherung hat die Explizit-Form für revidierte Simplex-Verfahren nie eine praktische Bedeutung erlangt.

(ii) Nur rund $O(\frac{1}{2}p^3)$ Operationen werden für die Produkt-Form der Inversen benötigt. Sie spielte schon seit den ersten LP-Standardprogrammen eine zentrale Rolle und war insbesondere für das Arbeiten mit Magnetbändern geeignet. Bei dieser Form werden jeweils die aktualisierten Pivot-Spalten der einzelnen Simplex-Iterationen gespeichert, und zwar auf dem Aktualisierungsgrad der jeweiligen Iteration. Die Pivot-Spalte der ersten Iteration behält damit den Aktualisierungsgrad der Ausgangslösung, und nur die Pivot-Spalte der jeweils letzten Iteration wird in dem voll aktualisierten Zustand gespeichert. Spätere Änderungen dieser Spalten sind nicht erforderlich, so daß sie sich kompakt speichern lassen. Sie werden nur "passiv" verarbeitet, also jeweils nur aus dem Speicher gelesen. Bei Dantzig [1963] werden diese Spalten als k-Vektoren bezeichnet, bei Hadley [1962] dagegen als η-Vektoren, entsprechend auch in zahlreichen LP-Standardprogrammen als Eta-Vektoren.

(iii) Jüngeren Datums ist die LU-Form, die die Entwicklung von LP-Standardprogrammen der 70er Jahre geprägt hat. Zur Berechnung der LU-Form der Inversen werden nur $O(\frac{1}{3}p^3)$ Operationen benötigt. Diese Form der Inversen besteht aus zwei Dreiecksmatrizen, einer unteren (lower) und einer oberen (upper), daher der Name. Die untere Matrix enthält (ähnlich wie die Produkt-Form) die einzelnen Pivot-Spalten auf dem Aktualisierungsgrad der jeweiligen Iteration, allerdings nur für diejenigen Zeilen, die jeweils noch nicht Pivot-Zeile gewesen waren. Demgegenüber enthält die obere Dreiecksmatrix die entsprechenden Teile der Pivot-Zeilen, auch wieder auf dem Aktualisierungsgrad der jeweiligen Iteration, ferner nur diejenigen Spalten umfassend, die noch nicht Pivot-Spalten gewesen waren. Mit zunehmender Zahl an Iterationen werden also die Spalten der unteren Dreiecksmatrix und die Zeilen der oberen Dreiecksmatrix kürzer. Die LU-Form geht auf Gauß (1777 - 1855) zurück, wurde aber erst um 1970 für die revidierten Simplex-Verfahren entdeckt.

(iv) Invers zu der LU-Form ist die $U^{-1}L^{-1}$-Form. Für die Berechnung der Inversen in dieser Form werden $O(\frac{2}{3}p^3)$ Operationen benötigt. Sie wurde erstmals von Müller-Merbach [1965]für revidierte Simplex-Verfahren vorgeschlagen. Diese Form besteht ebenfalls aus zwei Dreiecksmatrizen. Die untere Dreiecksmatrix enthält jeweils die Pivot-Zeilen auf dem Aktualisierungsgrad der jeweiligen Simplex-Iteration, und zwar nur für diejenigen Spalten, die bereits Pivot-Spalten gewesen waren. Die obere Dreiecksmatrix enthält analog dazu die Pivot-Spalten auf dem Aktualisierungsgrad der jeweiligen Simplex-Iteration, allerdings nur für diejenigen Zeilen, die schon Pivot-Zeilen gewesen waren. Die Zeilen bzw. Spalten dieser beiden Matrizen werden also mit dem Fortschritt des Verfahrens größer, nicht aber kleiner wie bei der LU-Form.

Die Produkt-Form, die LU-Form und die $U^{-1}L^{-1}$-Form zeichnen sich gegenüber der Explizit-Form dadurch aus, daß in jeder Iteration nur neue Spalten oder nur neue Zeilen und Spalten hinzugefügt werden, ohne daß bereits vorhandene Teile der Inversen geändert werden. Die vorhandenen Teile der Inversen werden vielmehr nur "passiv" verarbeitet. Das hat große Vorzüge hinsichtlich der Datenorganisation.

Alle vier Darstellungsformen eignen sich sowohl für die Basisinverse als auch für die Kerninverse. Jedoch entspricht die Produkt-Form in ihrer Spaltenorganisation vom Grundkonzept her eher der Basisinversen. Demgegenüber besteht durch die Symmetrieeigenschaft der Kerninversen eine besondere strukturelle Verwandtschaft zur LU-Form und zur $U^{-1}L^{-1}$-Form.

In den folgenden drei Bildern ist der Wachstumsprozeß der Produkt-Form, der LU-Form und der $U^{-1}L^{-1}$-Form skizziert, jeweils von links nach rechts bzw. von links oben nach rechts unten. Bei der ersteren kommt pro Iteration jeweils eine neue Spalte hinzu, bei der LU-Form jeweils ein (kleiner werdender) "Winkel" aus Zeile und Spalte, bei der $U^{-1}L^{-1}$-Form jeweils ein (größer werdender) Winkel aus Zeile und Spalte.

Produkt-Form

LU-Form

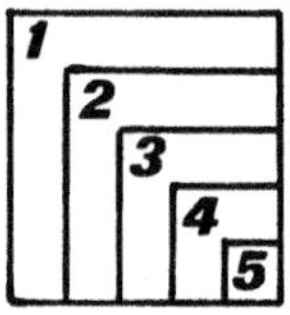

$U^{-1}L^{-1}$-Form

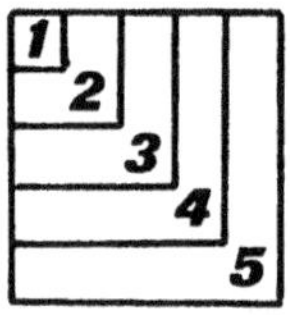

Wenn die Entscheidung über den Umfang der Inversen (Basisinverse oder Kerninverse; Stufe 1) getroffen ist, dann läßt sich auf der Stufe 2 die Darstellungsform der Inversen wählen.

2.3. Aktualisiert gehaltene Teile von A, b und c'

In enger Beziehung zu den Stufen 1 und 2 ist die Frage zu sehen, welche Teile der Koeffizientenmatrix A, der rechten Seite b und der Zielfunktion c' über die Simplex-Iteration hinweg aktualisiert gehalten und welche anderen Teile jeweils nur bei Bedarf aus den Zahlen der Ausgangslösung aufbereitet werden sollen. Für die Koeffizientenmatrix A läßt sich diese Frage als Folge der Entscheidung auf der Stufe 1 prinzipiell rasch beantworten. Beim Arbeiten mit der Kerninversen wird jeweils A^*_{11} aktualisiert zu halten sein, während beim Arbeiten mit der Basisinversen zusätzlich auch A^*_{21} aktualisiert gehalten werden muß. Dieses sind Mindestforderungen. Es ist beim Arbeiten mit der Kerninversen ebenfalls möglich, zusätzlich auch A^*_{21} aktualisiert zu halten. Es kann sogar sinnvoll sein, darüber hinaus auch A^*_{12} aktualisiert zu halten; das wurde beispielsweise von Müller-Merbach [1965] zur Diskussion gestellt. Grundsätzlich erscheint es allerdings vorteilhaft, den aktualisiert gehaltenen Teil der Koeffizientenmatrix möglichst klein zu belassen, also über die Kerninverse bzw. Basisinverse nicht hinauszugehen.

Bezüglich der rechten Seite b ist es ebenfalls üblich, diese grundsätzlich aktualisiert zu halten. Das liegt insbesondere an den üblichen Pivot-Auswahlregeln. Bei ihnen werden erst die Pivot-Spalten gewählt, dann die Pivot-Spalte auf den aktualisierten Stand gebracht, schließlich mit ihr und der rechten Seite die Pivot-Zeile ausgewählt. Da die für die Aktualisierung der rechten Seite erforderliche Pivot-Spalte somit vorliegt, bietet sich die jeweilige Aktualisierung der rechten Seite geradezu an. Allerdings ist es keineswegs zwingend, die gesamte rechte Seite aktualisiert zu halten. Denkbar wäre es auch, jeweils nur den zu dem Vektor $x^{(1)}$ gehörenden Teil aktualisiert zu halten und den zu $y^{(2)}$ gehörenden Teil jeweils neu zu berechnen.

Bezüglich der Zielfunktion c' wird sowohl in der LP-Literatur als auch in den LP-Standardprogrammen das Halten in aktualisierter Form nicht vorgesehen. Vielmehr wird die Zielfunktion in jeder einzelnen Simplex-Iteration neu aus der Ausgangslösung berechnet, und zwar in zwei Teilen. Der erste Teil bezieht sich auf die Variablen $y^{(1)}$; diese Zielfunktionskoeffizienten werden üblicherweise als Simplex-Multiplikatoren bezeichnet. Mit ihrer Hilfe wird sodann derjenige Teil der Zielfunktion berechnet, der zu den Variablen $x^{(2)}$ gehört. Es kann demgegenüber vorteilhaft sein, auch die Zielfunktion, zumindest den Teil der Simplex-Multiplikatoren, jeweils in aktualisierter Form zu halten. Dazu würde in jeder Simplex-Iteration die explizit berechnete Pivot-Zeile erforderlich sein. Ihre Berechnung (aus dem Zustand der Ausgangslösung heraus) erfordert im Prinzip die gleiche Anzahl an Operationen wie die Berechnung der Zielfunktion (aus dem Zustand der Ausgangslöung heraus); in der Praxis kann der Aufwand jedoch bedeutend geringer sein, da die Zielfunktion üblicherweise stärker mit Nichtnullelementen besetzt ist als der Durchschnitt der einzelnen Zeilen der Koeffizientenmatrix.

Das Minimum der aktualisiert gehaltenen Teile besteht (je nach Entscheidung in der Stufe 1) aus der Kerninversen bzw. Basisinversen. Das Maximum umfaßt die aktualisierte Haltung der gesamten Matrix A*, der gesamten rechten Seite b*, und der gesamten Zielfunktion c'*, wie es für das nichtrevidierte Simplex-Verfahren üblich ist. Für jedes revidierte Simplex-Verfahren ist zwischen diesen beiden Extremen eine Entscheidung zu treffen.

2.4. Organisation der aktualisiert gehaltenen Teile, insbesondere der Matrix A*

Im Anschluß an die Stufen 1 bis 3 ist die Organisation der aktualisiert gehaltenen Teile zu klären. Für die rechte Seite und für die Zielfunktion ergeben sich dabei keine besonderen Probleme. Für die aktualisiert gehaltenen Teile von A* bestehen drei Organisationsmöglichkeiten, die sich prinzipiell sowohl für die Basisinverse als auch für die Kerninverse eignen und sich auch mit den vier verschiedenen Darstellungsformen der Inversen (Stufe 2) kombinieren lassen.

(i) Bei der Matrix-Organisation werden alle Koeffizienten zeilengerecht und spaltengerecht gespeichert. Dabei ist nur dafür Sorge zu tragen, daß keine Doppeleintragungen auftreten können; beispielsweise sind bei der LU-Form und bei der $U^{-1}L^{-1}$-Form in jeweils beiden Dreiecksmatrizen die Diagonalelemente besetzt, in jeweils einer der beiden Matrizen allerdings nur mit Einsen, deren explizite Speicherung nicht erforderlich ist. Für dünn besetzte Matrizen ist die Matrix-Organisation ineffizient.

(ii) Eine kompakte Speicherung ist durch die Spalten-Organisation (oder dazu analoge Zeilen-Organisation) möglich, was bei den meisten LP-Standardprogrammen ausgenutzt wird. Insbesondere solche Darstellungsformen der Inversen, bei denen die Spalten nur noch "passiv" verarbeitet werden, bieten sich als Spalten-Organisation an.

Das gilt insbesondere für die Produkt-Form der Basisinversen. Aber auch die LU-Form der Basisinversen wird üblicherweise nach Spalten organisiert. (Die dazu analoge Zeilen-Organisation spielt für die bisherigen Konzepte der revidierten Simplex-Verfahren keine Rolle.)

(iii) Für symmetrische Konzepte, insbesondere für die LU-Form und die $U^{-1}L^{-1}$-Form der Kerninversen, bietet sich die Winkel-Organisation an. Sie bezieht sich auf die Teile der Zeilen und Spalten, die in jeder Iteration zur Kerninversen hinzukommen. Insbesondere die Winkel mit der nach rechts unten zeigenden Spitze bieten sich an, unabhängig ob die LU-Form (der Winkel zeigt nach links oben; mittleres Bild im Abschnitt 2.2) oder die $U^{-1}L^{-1}$-Form (der Winkel zeigt nach rechts unten) zur Anwendung kommt.

Faßt man die Stufen 1 bis 4 zusammen, so erscheinen zwei Konzepte in geschlossener Harmonie:

- Konzept 1 - Spalten-Orientierung: Basisinverse, Produkt-Form, aktualisierte Haltung der Basisinversen, Spalten-Organisation.
- Konzept 2 - Symmetrischer Aufbau, Winkel-Orientierung: Kerninverse, LU-Form oder $U^{-1}L^{-1}$-Form, aktualisierte Haltung der Kerninversen, Winkel-Organisation.
- Die neuere LP-Standard-Software erscheint diesbezüglich in einer gewissen Disharmonie, und zwar durch die LU-Form. Ihr Konzept besteht in der Kombination: Basisinverse, LU-Form, aktualisierte Haltung der Basisinversen, Spalten-Organisation.

2.5. Weitere Stufen der Analyseaufgabe

Auf den weiteren Stufen, die hier aus Raumgründen nicht mehr im Detail diskutiert werden können, geht es um die folgenden Entwurfsentscheidungen, wobei die Reihenfolge der Stufen nicht mehr so zwingend wie bei den ersten vier Stufen ist.

Stufe 5: Es gibt eine große Anzahl an Auswahlregeln für die Pivot-Spalte und die Pivot-Zeile. Sie unterscheiden sich einerseits in ihrem Rechenaufwand und andererseits in ihrer Effizienz, gemessen an der erforderlichen Anzahl der durchzuführenden Iterationen.

Stufe 6: Wichtige Entwurfsentscheidungen sind ferner für die Häufigkeit und die Durchführung von Re-Inversionen zu treffen. Zahlreiche Vorschläge aus der Literatur sind zu diesem Punkt einander gegenüberzustellen. Mit den Re-Inversionen werden zwei Zwecke verfolgt, erstens eine Reduktion der Datenmenge der Basisinversen bzw. Kerninversen, zweitens eine Verringerung der Rundungsfehler.

Stufe 7: Im Verlauf von Simplex-Iterationen entstehen Rundungsfehler, die die Lösung des jeweiligen Problems prinzipiell gefährden. Daher müssen die Rundungsfehler durch unterschiedliche Maßnahmen kontrolliert und eingeschränkt werden. Dafür gibt es zahlreiche Möglichkeiten, die in gegenseitiger Abstimmung realisiert werden können, vgl. Müller-Merbach [1970].

Stufe 8: Eine Vielzahl von Entwurfsentscheidungen ist hinsichtlich der Ausnutzung spezieller Modellstrukturen zu treffen. Diese beziehen sich auf die Behandlung von (primalen und dualen) unteren und oberen Grenzen der einzelnen Variablen, auf (primale und duale) variable Grenzen von Variablenpaaren, von (primalen und dualen) unteren und oberen Grenzen von Variablengruppen, ferner um Blockstrukturen im Sinne der Dekompositionsprinzipien, etc. Die Entscheidungen auf dieser Stufe haben zwar für das zu entwerfende Simplex-Verfahren keine grundsätzliche Bedeutung, sondern spielen nur eine Randrolle. Für die Effizienz des Verfahrens bezüglich bestimmter Modelltypen kann diese Stufe jedoch von sehr entscheidender Bedeutung sein.

Stufe 9: Ein breiter Entscheidungsbereich betrifft ferner die EDV-Organisation der Daten, wobei die einzelnen Gruppen der Daten zu trennen sind, insbesondere bezüglich aktiver und passiver Verarbeitung, bezüglich Ausgangslösung und aktueller Lösung, bezüglich spaltenweiser und zeilenweiser Verkettung etc. Die Entscheidungen auf dieser Stufe sind den Grundentscheidungen der Stufen 1 bis 4 weit nachgeordnet, spielen aber dennoch für die Gesamteffizienz eines Verfahrens eine große Rolle.

Mit diesen neun Stufen sind die wichtigsten Gebiete der algorithmischen Entwurfsentscheidungen angesprochen. Zusätzliche Entscheidungen sind für die vorbereitenden Programme (die "Matrix-Generatoren") und für die nachbereitenden Programme (die "Report-Generatoren") zu treffen, seien aber hier aus der überwiegend algorithmischen Betrachtung herausgelassen. Weitere Entwurfsentscheidungen betreffen mögliche "Anschlußprogramme", etwa die MIP-Software (mixed integer programming), vgl. Müller-Merbach [1983], auf deren Betrachtung hier ebenfalls verzichtet sei.

3. Ausblick

Der Entwurf von Algorithmen, insbesondere von Standard-Software, ist eine Konstruktionsaufgabe, die den ingenieurmäßigen Konstruktionsaufgaben vergleichbar ist. Eine systematische Vorgehensweise erscheint dabei nützlich, wie sie auch in den Ingenieurwissenschaften immer stärker Eingang findet. Eine zentrale Rolle innerhalb dieser Systematik spielt die Zerlegung der Gesamtaufgabe in Teilaufgaben (Stufen) und die explizite Darstellung der möglichen Entscheidungen zu jeder Stufe, was auch als Prinzip der morphologischen Klassifizierung bezeichnet wird. Dieses Prinzip wurde hier am Beispiel der linearen Optimierung dargestellt, in einer anderen Arbeit am Beispiel der heuristischen Verfahren, vgl. Müller-Merbach [1981]. Es ist die Überzeugung des Autors, daß durch eine Systematik, wie sie hier vorgetragen wurde, nicht nur wirkungsvollere Algorithmen entstehen, sondern auch der Prozeß des Algorithmenentwurfs rationalisiert, beschleunigt und in seinen Kosten reduziert werden kann.

Literatur

● Dantzig, George B.: Linear Programming and Extensions. Princeton, N.J.: Prince-University Press 1963.
● Hadley, G.: Linear Programming. Reading, Mass.: Addison Wesley 1962.
● Koller, Rudolf: Konstruktionsmethode für den Maschinen-, Geräte- und Apparatebau. Berlin, Heidelberg, New York: Springer 1976.
● Müller-Merbach, Heiner: Die symmetrische revidierte Simplex-Methode der linearen Planungsrechnung, in: Elektronische Datenverarbeitung 7 (1965), H. 3, S. 105 - 113.
● Müller-Merbach, Heiner: Neuere Ergebnisse des Operations Research (Erfahrungen mit neuen numerischen Methoden), in: Tagungsbericht vom III. Internationalen Kolloquium über Anwendungen der Mathematik in den Ingenieurwissenschaften (III. IKM) in Weimar 1965. Berlin: VEB 1966, S. 257 - 266.
● Müller-Merbach, Heiner: Lineare Planungsrechnung mit parametrisch veränderten Koeffizienten der Bedingungsmatrix, in: Ablauf- und Planungsforschung 8 (1967), H. 3, S. 341 - 354.
● Müller-Merbach, Heiner: On Round-Off Errors in Linear Programming. Berlin, Heidelberg, New York: Springer 1970.
● Müller-Merbach, Heiner: The Use of Morphological Techniques for OR-Approaches to Problems, in: Operational Research '75, hrsg. von K.B. Haley. Amsterdam, New York, Oxford: North-Holland 1976 a, S. 127 - 139.
● Müller-Merbach, Heiner: Morphologie heuristischer Verfahren, in: Zeitschrift für Operations Research 20 (1976 b), H. 2, S. 69 - 87.
● Müller-Merbach, Heiner: Ansätze zu Entwurfsmethodologien für Algorithmen der kombinatorischen Optimierung, in: Proceedings in Operations Research 6, hrsg. von H.N. Dathe et al. Würzburg: Physica 1976 c, S. 655 - 667.
● Müller-Merbach, Heiner: Heuristics and their Design: A Survey, in: European Journal of Operational Research 8 (1981), H. 1, S. 1 - 23.
● Müller-Merbach, Heiner: MIP-Software mit flexibler Zeilenverwaltung (in diesem Band) 1983.
● Pahl, G., und W. Beitz: Konstruktionslehre - Handbuch für Studium und Praxis. Berlin, Heidelberg, New York: Springer 1976.
● Ropohl, Günter: Grundlagen und Anwendungsmöglichkeiten der morphologischen Methode in Forschung und Entwicklung, in: Wirtschaftswissenschaftliches Studium 1 (1972), H. 11, S. 495 - 499, und H. 12, S. 541 - 546.
● Wedekind, Hartmut, und Erich Ortner: Systematisches Konstruieren von Datenbankanwendungen. München, Wien: Hanser 1980.
● Zwicky, Fritz: Entdecken, Erfinden, Forschen im Morphologischen Weltbild. München, Zürich: Droemer-Knaur 1966.

AN ALGORITHM FOR DECISION ORIENTED FACTOR AND PROCESS EVALUATION AND ITS IMPLEMENTATION

Gerhard Knolmayer, Kiel

Zusammenfassung. Zunächst wird die Interpretation der Dualwerte in LP-Programmplanungsmodellen als entscheidungsorientierte Faktor- und Prozeßbewertungen in Erinnerung gerufen und auf die Problematik dieser Interpretation in den (praktisch häufigen) primal degenerierten Optimallösungen hingewiesen. Sodann wird ein Kriterium für die Aussagefähigkeit der Dualwerte angegeben, das sich an der Vorzeichenstruktur der Koeffizienten des Optimaltableaus orientiert und ein auf Dualsimplexiterationen beruhender Algorithmus zur Bestimmung aussagefähiger Dualwerte dargestellt. Schließlich wird über Erfahrungen aus der Implementierung dieses Algorithmus in der ECL von MPSX/370 berichtet.

Summary. The interpretation of dual values in product mix models as decision oriented factor and process evaluations is recalled and problems of interpreting dual values in primal degenerate optima are discussed. A criterion for the meaningfulness of dual values is given which regards the signs of the coefficients in the degenerate rows of the optimal tableaus. An algorithm using dual simplex iterations to determine meaningful dual values is described. Finally, experiences with an implementation of this algorithm in the ECL of MPSX/370 are given.

1. Introduction

Optimal dual values of linear programs have been object of much interest in economic theory as well as in business practice. Therefore it is not surprising that the dual solution is sometimes regarded at least as important as the primal solution (cf. /1/;/18/,p.104).

In product mix models, which will serve as the economic background of the discussion, rows are used to restrict or to coordinate the use of production factors whereas the columns may describe selling, producing, purchasing and storing processes (/13/,p.97). Dual structural variables belong to the rows of the primal problem and dual surplus variables belong to the columns of the primal problem. Dual structural variables evaluate production factors and dual surplus variables evaluate processes in a decision oriented way. After solving the primal, the optimal dual values are found in or may be easily derived from the objective function row.

Operations Research Proceedings 1982

In this paper the influence of primal degeneracy on the interpretation of the optimal dual values is discussed. In certain model structures primal degeneracy is by no means the exception but rather the usual case (/13/,p.263;/16/,p.30;/20/). Rows with a 0 in the transformed RHS are called degenerate rows.

In the next section, the usual interpretation of dual values in a nondegenerate optimal solution is described and it is shown that this interpretation does not hold in case of primal degeneracy. Therefore, section 3 gives a procedure which regards several tableaus to obtain the information available in a primal nondegenerate optimum. In section 4 some variants of the algorithm and problems arising from its implementation in connection with standard software such as MPSX/370 are discussed.

2. The interpretation of dual values

2.1. Dual structurals

It is well known that in maximization problems the value of the objective function is a piecewise linear, concave function of the RHS-value of each constraint (/3/;/4/,p.130). The accompanying dual value can be interpreted as the derivative of this function. This interpretation is restricted to an interval for which the given basis remains optimal and which can be computed by using the actual coefficients of the RHS and of the accompanying slack variable (cf. e.g. /5/,p.75). While in the interior of a linear section of the graph the left- and right-hand-derivative coincide, this is not true at kinks which exclusively result from primal degenerate solutions. Therefore, dual values may lose their usual interpretation at a degenerate primal optimum. Inspection of the formula for computing the interval shows that a dual value is meaningful as right-hand-derivative (left-hand-derivative) if in the column considered no negative (positive) coefficient exists in the degenerate rows (/11/;/12/;/13/,p.254). It is often not recognized that enlarging a capacity may result in an improvement even at a primal degenerate optimum.

The observation that many optimal dual values may exist for a certain constraint has led to the notion of "many-sided shadow prices" /6/. However, "price" is an economic and not a mathematical notion. Although one may mathematically obtain many optimal dual values, at most two values for each dual structural are meaningful from an economic point of view /12/.

2.2. Dual surplus variables

Dual values of positive primal structurals are zero. In a nondegenerate primal optimum, a positive dual value of a process ("reduced cost") gives the amount by which the objective function coefficient of a process must be improved to be realized. In a primal degenerate solution, this value may not be meaningful because the primal structural may enter the basis at a degenerate row and remain at zero. To allow the usual interpretation, a tableau is required in which the primal structural variable regarded does not possess positive coefficients in degenerate rows. In this case, the pivot element of a regular simplex iteration would be in a nondegenerate row and the primal structural would receive a positive value; only the accompanying dual value is meaningful.

2.3. Cost ranges for positive primal structurals

Recently, the problem of determining valid cost ranges for positive primal structurals in degenerate optima has been discussed. In the algorithm proposed, the cost coefficient of each structural regarded is parametrically varied /7/. The cost range is determined as the union of cost ranges derived indiscriminately from several optimal tableaus. This procedure will be quite expensive if meaningful ranges for a large number of positive structurals have to be determined. In a more efficient procedure one determines a possible bound only from columns without positive coefficients in the degenerate rows. All these columns are generated if all meaningful dual values are determined.

2.4. Alternative optima

Standard software flags nonbasic columns with zero reduced costs (cf. e.g. /10/,p.113) because they lead to an alternative primal optimum if this optimum is primal nondegenerate. However, in primal and dual degenerate optima this information may be misleading (/13/,p.257). Meaningful values for dual variables avoid this misinterpretation.

3. An algorithm for determining several dual solutions

A possible way to find all meaningful dual values would be to determine all tableaus for the primal degenerate optimum. One of the algorithms for determining all vertices of a convex polyhedron (cf. /2/;/14/;/15/;/22/) could be adapted for this task. However, only dual feasible solutions are of interest and not all of them are usually necessary to find all meaningful dual values. The algorithm for determining all neighbouring extreme points of a degenerate extreme point in a convex polyhedron (/8/,p.28) cannot be used because dual feasibility would not be secured and no right-hand-derivatives for resources were found.

In the algorithm implemented, dual simplex iterations with degenerate rows as pivot rows are used to find another primal and dual feasible tableau (/8/,p.21;/12/;/13/,p.253;/21/,p.74). Dual simplex iterations are usually carried out to reduce primal infeasibility while maintaining dual feasibility. In the application discussed, the primal solution remains unchanged and dual feasibility is maintained. If the dual value of the pivot column is nonzero, another dual solution arises. The pivot element of a dual simplex iteration is always negative. Thus, all coefficients in the pivot row and especially the coefficient whose sign is inappropriate for the evaluation currently aspired change their sign. The order in which the dual simplex iterations are performed becomes relevant because the information aspired should be found by looking at a small number of tableaus.

The algorithm could successively select <u>one</u> certain dual variable to become meaningful. In each dual simplex iteration the inappropriate sign in the pivot row and in the column selected is changed; the sequence of dual values obtained for the selected column is nonincreasing resp. nondecreasing. If one is interested in both meaningful values of a dual structural, one may have to generate several tableaus in reverse order until the starting tableau is reached again without obtaining any new information. Therefore, it appears more promising not to select a certain dual value to be determined in the next step but to select the pivot row in such a way that as many inappropriate signs as possible are changed at once. In columns for which both meaningful values are missing, those coefficients are regarded as unsuited of which the sign occurs less often. After each dual simplex iteration it is checked whether one of the interesting dual values has become meaningful. If this is the case, one has obviously reached a tableau which has not yet been regarded. If on the other hand no dual variable has become meaningful the first time, the next pivot row is chosen from the set of rows with an unsuited sign in a specified column to avoid cycling. As soon as any meaningful dual value is found the first time, the standard procedure is recalled.

4. The implementation in ECL

The implementation of the algorithm is straightforward if a full tableau for nonbasic variables is available and some "communication" between the user and the code can be realized. However, none of the advanced codes carries the full tableau and most of these codes do not allow easy communication with the user. On the other hand, one of the most commonly used packages, IBM's MPSX/370, is surrounded by an PL/I-based "Extended Control Language" (ECL) /9/ which allows the user to communicate with the internal arrays of MPSX/370. Many interesting applications using ECL have been described /19/. Therefore an attempt was undertaken to implement the algorithm in ECL[1)].

The implemented ECL-program starts by reading status information and solution values into PL/I-structures by several SOLUTION-calls. The dual solution given by MPSX/370 is stored for a comparison with the meaningful dual values. MPSX/370 may end with artificial variables in degenerate rows: for a meaningful analysis one must try to make these variables nonbasic. Access to the coefficient matrix is available in ECL via the procedures TRANCOL or TRANROW (/10/,p.130). To avoid the generation of the full tableau with several million coefficients in large problems, selection lists are used to sequentially retrieve the necessary information. However, this may result in a large number of TRANCOL-calls. The TRANCOL-output always presents the variables in the order of the input deck and is therefore not compatible with the internal position of the basic variables (H-Region) which could be

---

[1)] The author is indebted to the Deutsche BP Aktiengesellschaft for providing access to its EDP-system and to Mr. Otto Scheele for his support in implementing the algorithm.

returned via DPLALG (/10/,p.258). The positions of the basic variables and the degenerate rows in the TRANCOL-output usually change after each iteration. Thus, after each iteration a TRANCOL-call for the transformed RHS and a SELIST-call for the names of the basic variables is necessary.

The coefficients of the pivot row and the actual dual values are provided by the procedure TRANROW. Unfortunately, no single MPSX/370-procedure comparable to FORCE (which forces a certain variable to become member of the basis via a regular simplex iteration; cf. /10/, p.105) is available for performing a dual simplex iteration. FORCE cannot even be used if the pivot column of the dual simplex iteration has been determined because the outgoing variable cannot be defined. The procedure DUAL cannot be used because from the view of optimization no additional iterations are necessary. Furthermore, perturbing the actual RHS or using parametric programming or deleting a basic variable from the previous basis may result in several iterations instead of the one iteration needed. One possible way is to compute the pivot element of the dual simplex iteration and to use the procedure INSERT to modify the existing basis by defining the incoming and the outgoing variable. INSERT can be used in-core but requires calling INVERT after each dual simplex iteration. (This is an example for the disadvantage resulting from the absence of "symmetrical" concepts in the design of mathematical programming software /17/). A lot of additional data handling is necessary to keep information about the current status of the search. The implementation is tedious for an unexperienced user because the communication with MPSX/370 places several (not very well documented) restrictions on the PL/I-code. The ECL-program can be obtained from the author.

5. Outlook

The algorithm described allows a decision oriented factor and process evaluation even in degenerate optima. A lot of numerical and qualitative misinformation (e.g. about alternative optima) can only be avoided if several optimal tableaus are regarded. The supplementation of standard software along the lines described is highly recommended to encourage the use of dual values and sensitivity analysis in linear programming.

References:

/1/ Aucamp, D.C., Steinberg, D.I., The Computation of Shadow Prices in Linear Programming, J.Opl.Res.Soc. 33 (1982) 557 - 565.

/2/ Balinski, M.L., An algorithm for finding all vertices of convex polyhedral sets, J.Soc.Indust.Appl.Math. 9 (1961) 72 - 88.

/3/ Balinski, M.L., Baumol, W.J., The Dual in Nonlinear Programming and its Economic Interpretation, Rev.Econ.Stud. 35 (1968) 237 - 256.

/4/ Baumol, W.J., Economic Theory and Operations Analysis, 4th ed., Englewood Cliffs 1977.

/5/ Dinkelbach, W., Sensitivitätsanalysen und parametrische Programmierung, Berlin Heidelberg New York 1969.

/6/ Eilon, A., Flavell, R., Note on "Many-sided Shadow Prices", Omega 2 (1974) 821 - 823.

/7/ Evans, J.R., Baker, N.R., Degeneracy and the (Mis)Interpreation of Sensitivity Analysis in Linear Programming, Dec.Sci. 13 (1982) 348 - 354.

/8/ Gal, T., Postoptimal Analyses, Parametric Programming, and Related Topics, New York et al. 1979.

/9/ IBM (Ed.), IBM Mathematical Programming System Extended/370 (MPSX/370), Control Languages, SH19-1094-2, 1979.

/10/ IBM (Ed.), IBM Mathematical Programming System Extended/370 (MPSX/370), Program Reference Manual, SH19-1095-3, 1979.

/11/ Juhnke, F., Zur Rolle der Dualität bei linearen Optimierungsaufgaben, in: Mathematisch-ökonomische Methoden und Modelle, Berlin 1977, 233 - 259.

/12/ Knolmayer, G., How Many-Sided are Shadow Prices at Degenerate Primal Optima?, Omega 4 (1976) 493 - 494.

/13/ Knolmayer, G., Programmierungsmodelle für die Produktionsprogrammplanung, Basel Boston Stuttgart 1980.

/14/ Manas, M., Nedoma, J., Finding All Vertices of a Convex Polyhedron, Num.Math. 12 (1968) 226 - 229.

/15/ Mattheiss, T.H., Rubin, D.S., A Survey and Comparison of Methods for Finding All Vertices of Convex Polyhedral Sets, Math.Ops.Res. 5 (1980) 167 - 185.

/16/ Mitra, G., Theory and Application of Mathematical Programming, London et al. 1976.

/17/ Müller-Merbach, H., Das Stufenkonzept des Algorithmenentwurfs, dargestellt am Beispiel der linearen Programmierung, This Proceedings.

/18/ Orchard-Hays, W., Advanced Linear-Programming Computing Techniques, New York et al. 1968.

/19/ Slate, L., Spielberg, K., The Extended Control Language of MPSX/370 and possible applications, IBM Syst.J. 17 (1978) 64 - 81.

/20/ Strum, J.E., Note on "Two-sided shadow prices", J.Acc.Res. 7 (1969), 160 - 162.

/21/ Varga, J., Praktische Optimierung, Budapest 1974.

/22/ Winkels, H.-M., Die Bestimmung aller Lösungen eines linearen Restriktionssystems und Anwendungen, Arbeitsbericht Nr. 15 ds Instituts für Unternehmungsführung und Unternehmensforschung, 2. Aufl., Bochum 1980.

Wie kann man sich 5-dimensionale Lösungsmengen anschauen?

Heinz-Michael Winkels, Bochum
und
Richard Colman, Bochum

Zusammenfassung: Gegeben sei ein lineares Restriktionssystem der Form $A \cdot x \leqq b$, $x \geqq 0$ mit beliebig vielen Restriktionen und fünf Variablen. Es wird ein Verfahren angegeben, mit dem die Lösungsmenge dieses Systems durch Computergraphiken veranschaulicht werden kann. Der Algorithmus basiert im wesentlichen auf 2-parametrischer linearer Optimierung und Eckpunktbestimmung 3-dimensionaler Polyeder. Er eignet sich beispielsweise für Sensitivitätsanalysen bei der linearen Optimierung sowie für die Visualisierung effizienter Bereiche bei der linearen Optimierung mit mehreren Zielfunktionen.

Summary: Let $A \cdot x \leqq b$, $x \geqq 0$ denote a system of linear inequalities with five variables. A method is presented for the visualization of the solution set of this system. Essentially, the algorithm is based on the 2-parametric linear programming technique and the determination of all vertices of 3-dimensional polyhedra. For example, it can be used for sensitivity analysis in linear optimization and for visualization of efficiency regions in multiple objective linear optimization.

1. Einführung

Gegeben sei ein lineares Restriktionssystem der Form $A \cdot x \leqq b$, $x \geqq 0$ mit einer beliebigen $(m \times 5)$-Matrix A und einem m-Tupel b.

Beispiel:

$$\begin{aligned}
3 \cdot x_1 + 2 \cdot x_2 - 1 \cdot x_3 - 1 \cdot x_4 - 1 \cdot x_5 &\leqq -1 \\
3 \cdot x_1 + 2 \cdot x_2 + 4 \cdot x_3 - 2 \cdot x_4 - 3 \cdot x_5 &\leqq -3 \\
3 \cdot x_1 + 0 \cdot x_2 - 4 \cdot x_3 + 1 \cdot x_4 + 1 \cdot x_5 &\leqq 10 \\
\tfrac{9}{4} \cdot x_1 + 4 \cdot x_2 + 3 \cdot x_3 + 2 \cdot x_4 + 0 \cdot x_5 &\leqq 21 \\
1 \cdot x_1 + 2 \cdot x_2 + 1 \cdot x_3 + 0 \cdot x_4 - 2 \cdot x_5 &\leqq 0 \\
x_1 \geqq 0,\ x_2 \geqq 0,\ x_3 \geqq 0,\ x_4 \geqq 0,\ x_5 &\geqq 0
\end{aligned}$$

Ein solches lineares Restriktionssystem kann sich beispielsweise ergeben, wenn man bei der Sensitivitätsanalyse der linearen Optimierung feststellen will, inwieweit gewisse variable Kosten, Deckungsbeiträge oder Kapazitätsgrenzen gemeinsam variieren dürfen, ohne daß qualitative Veränderungen des optimalen Produktionsprogrammes eintreten [1], [2].

Eine andere Interpretationsmöglichkeit besteht darin, die Variablen x_i als Kriterien wie Gewinn, Umsatz, Kapazitätsauslastungen und den Verbrauch gewisser Produktionsmengen

Operations Research Proceedings 1982

zu deuten und das Restriktionssystem als Beschreibung eines Bereiches (Facette) möglicher effizienter Konstellationen [4].
Wir wollen in diesem Aufsatz zeigen, wie man den Lösungsbereich rein graphisch analysieren kann. Obwohl sich ähnliche Überlegungen auch auf den beliebigen n-dimensionalen Fall übertragen lassen, beschränken wir uns hier auf den interessantesten Fall der Dimension 5. Der Algorithmus ist in BASIC programmiert worden für einen Mikrocomputer vom Typ TRS 80. Die hier aufgeführten Graphiken sind mit Hilfe eines Matrixdruckers (C. Itoh) erstellt worden.

2. Der Algorithmus

Der erste Schritt besteht darin, den möglichen Bereich für die zwei interessantesten Variablen zu ermitteln. Diese mögen x_4 und x_5 sein. Faßt man x_4 und x_5 als Parameter auf, so ergibt sich mit Hilfe der 2-parametrischen linearen Optimierung der in Abb. 1 angegebene zulässige Bereich (d.h. die Projektion des Lösungsbereiches auf die x_4-x_5 Ebene). Dieses 2-dimensionale Polyeder kann man nun diskretisieren, indem x_4 und x_5 auf gewisse Werte fixiert werden. Damit ergibt sich eine Reihe von Restriktionssystemen mit drei Variablen (da x_4 und x_5 fest sind), für die die Ecken und Kanten zu berechnen sind (siehe Tab. 1, ferner [4], [5]) und die in Abb. 2 dann dargestellt werden. Falls eines dieser Polyeder, z.B. $x_4 = 2$, $x_5 = 5$ besonders interessant sein sollte, kann es näher untersucht werden durch Drehen um die x_1- oder x_2-Achse (Abb. 3) oder Projektionen auf die Hauptebenen (Abb. 4). Eine weitere Option wären Querschnitte bei beliebigen x_1-, x_2- oder x_3-Werten.

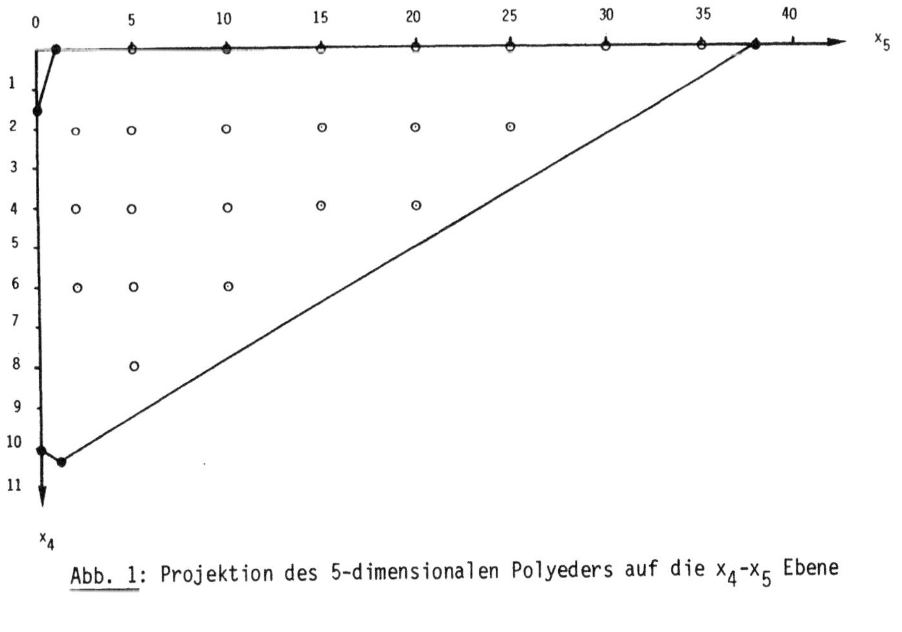

Abb. 1: Projektion des 5-dimensionalen Polyeders auf die x_4-x_5 Ebene

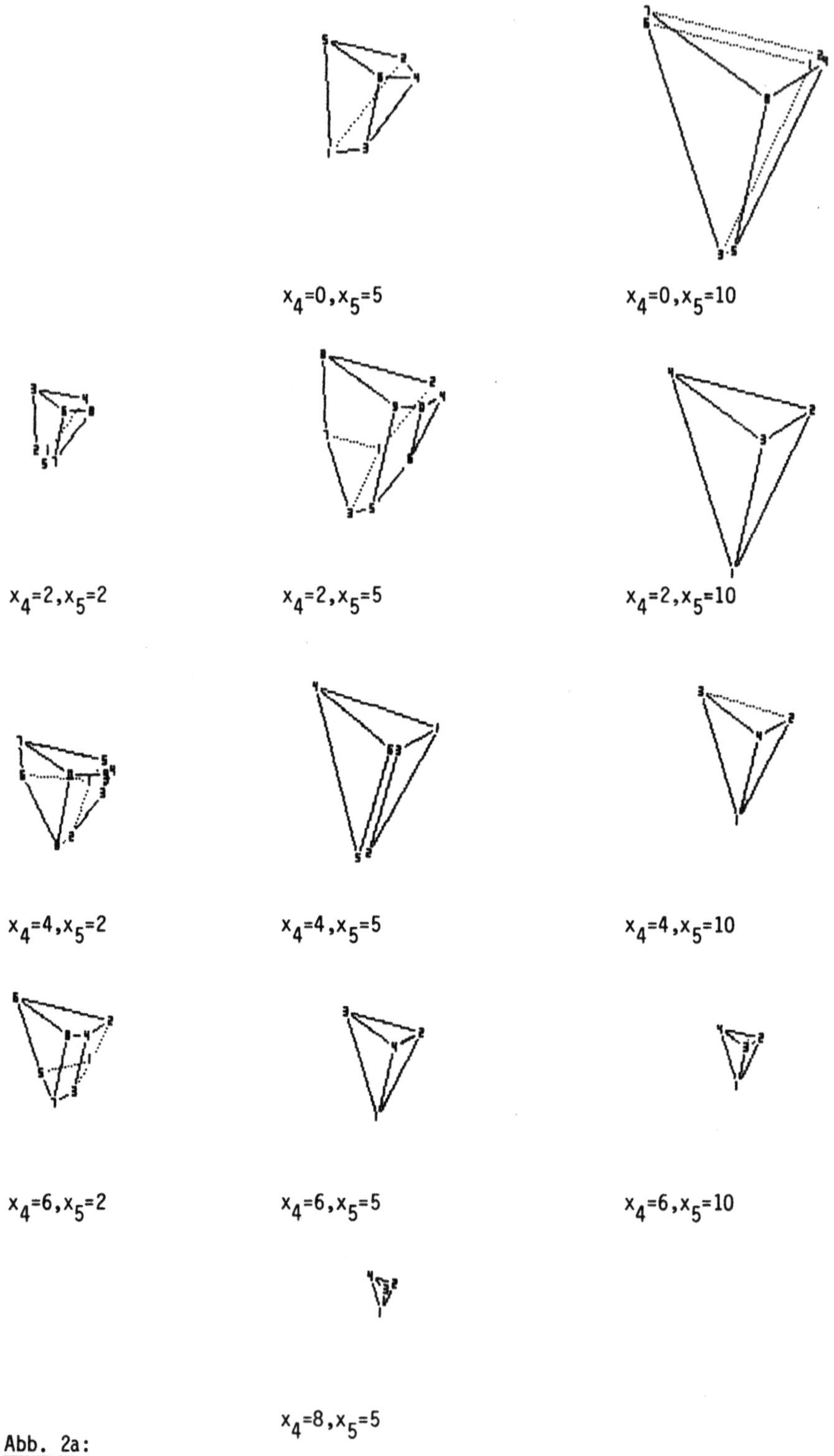
x4=0,x5=5
x4=0,x5=10
x4=2,x5=2
x4=2,x5=5
x4=2,x5=10
x4=4,x5=2
x4=4,x5=5
x4=4,x5=10
x4=6,x5=2
x4=6,x5=5
x4=6,x5=10
x4=8,x5=5

<u>Abb. 2a:</u>

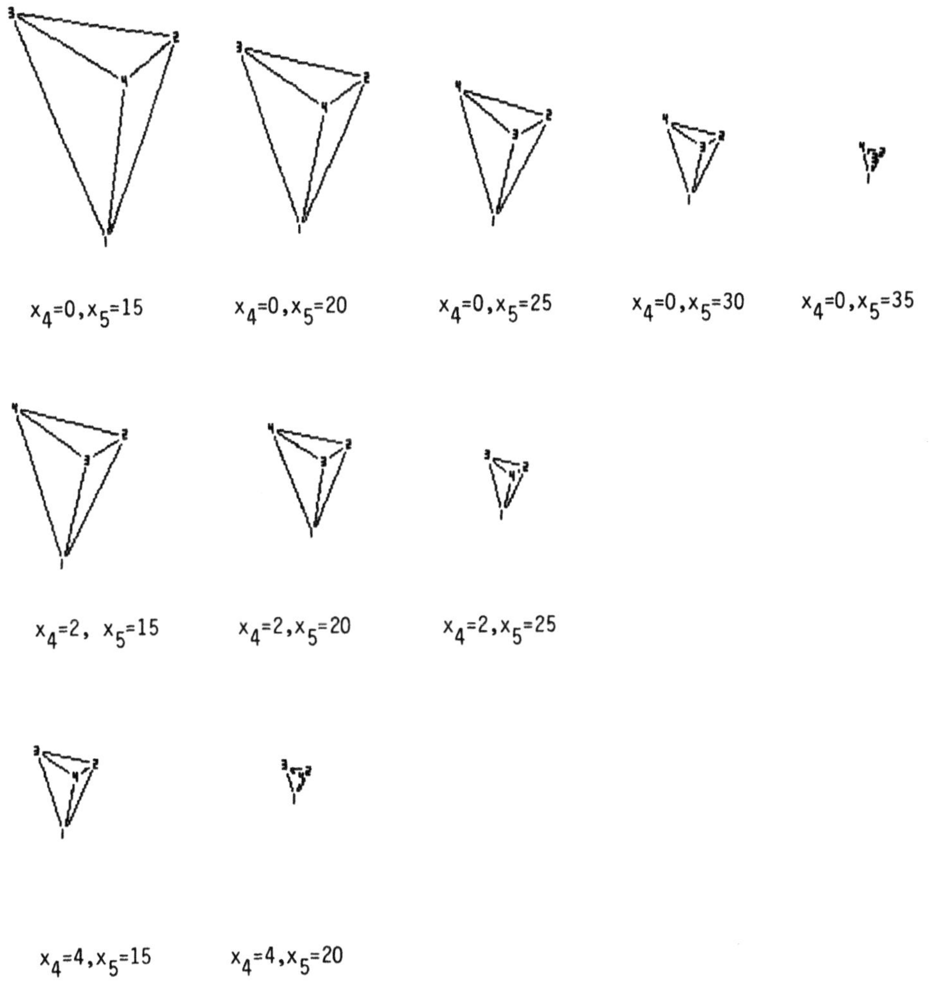

Abb. 2b: Projektionen des 5-dimensionalen Polyeders bei fixierten x_4- und x_5-Werten

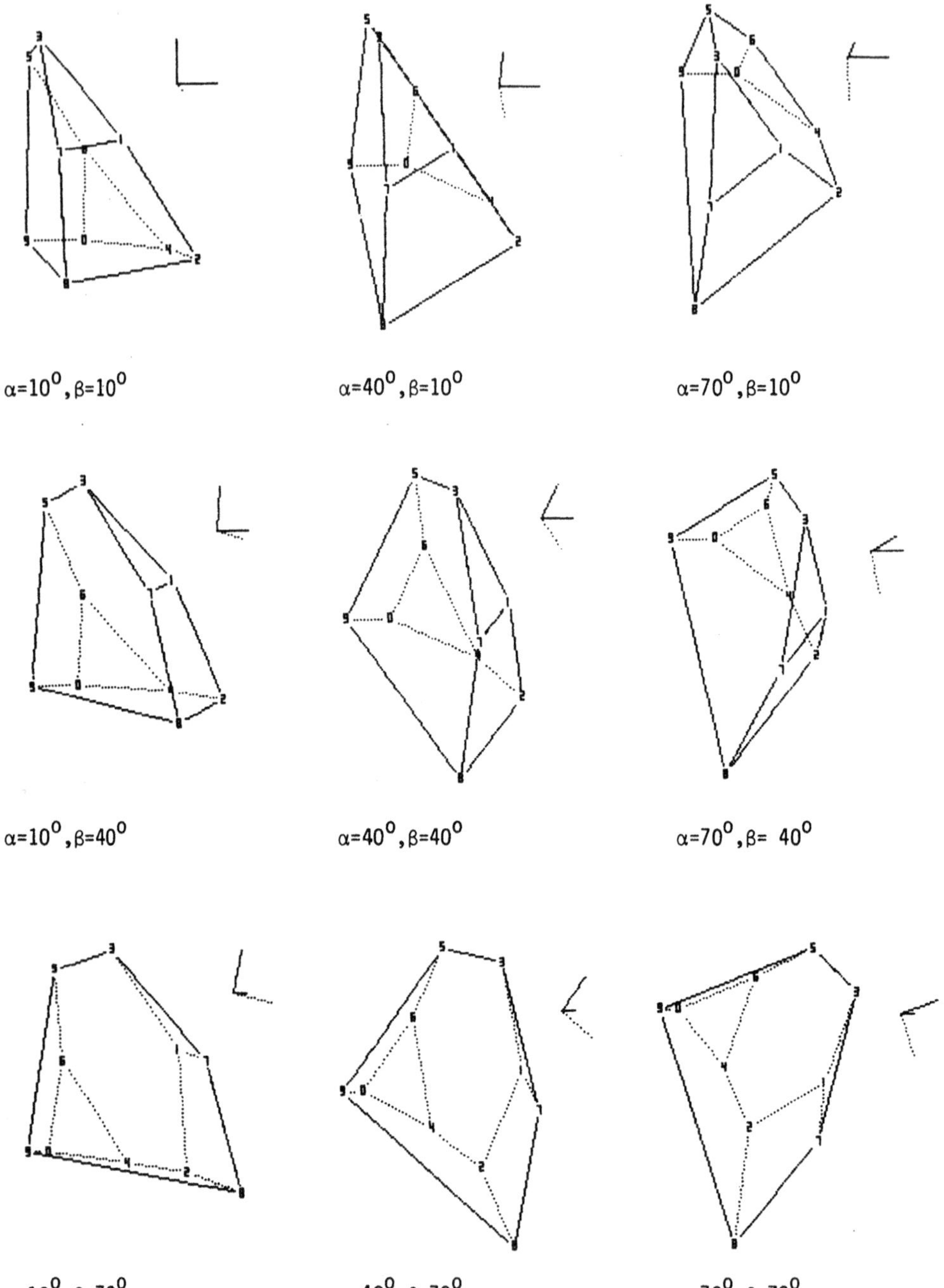

Abb. 3: Das Polyeder für $x_4=2$ und $x_5=5$, gedreht um die x_1-Achse (α) und um die x_2-Achse (β)

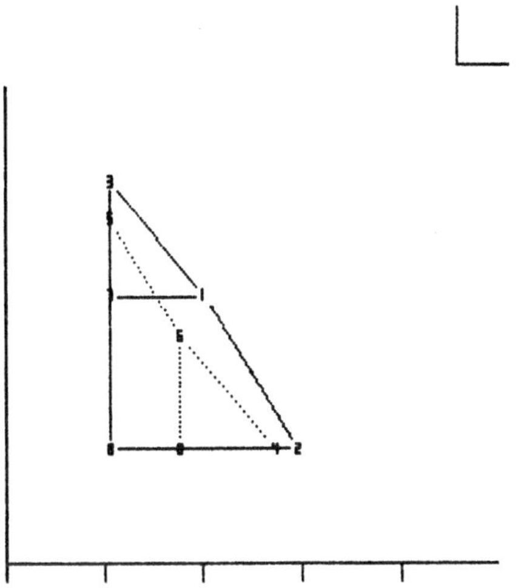

projiziert auf die x_1-x_2-Ebene

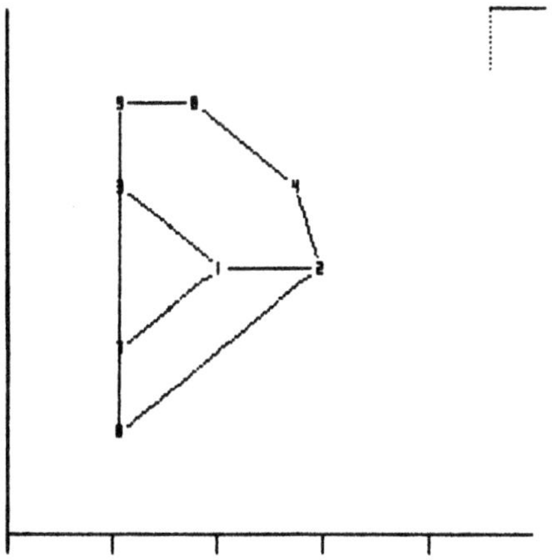

projiziert auf die x_1-x_3-Ebene

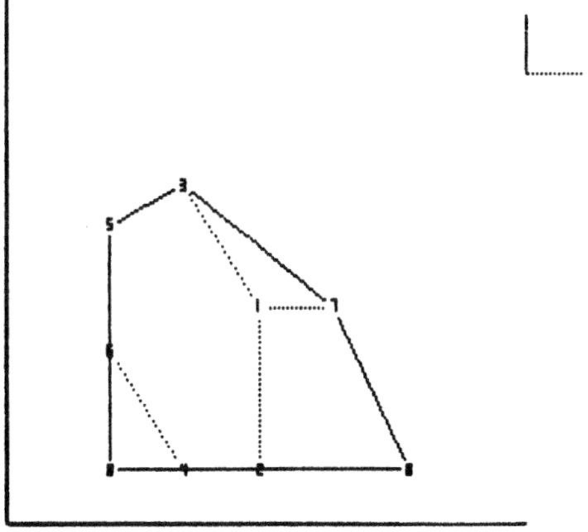

projiziert auf die x_2-x_3-Ebene

Abb. 4: Das Polyeder für $x_4=2$ und $x_5=5$

X1	X2	X3		
3.00	2.00	-1.00	<=	6.00
3.00	2.00	4.00	<=	16.00
3.00	0.00	-4.00	<=	3.00
2.25	4.00	3.00	<=	17.00
1.00	2.00	1.00	<=	10.00
-1.00	0.00	0.00	<=	0.00
0.00	-1.00	0.00	<=	0.00
0.00	0.00	-1.00	<=	0.00

1. Ecke:	(1.33 ,	2.00 ,	2.00)
2. Ecke:	(2.67 ,	0.00 ,	2.00)
3. Ecke:	(0.00 ,	3.50 ,	1.00)
4. Ecke:	(2.33 ,	0.00 ,	1.00)
5. Ecke:	(0.00 ,	3.00 ,	0.00)
6. Ecke:	(1.00 ,	1.50 ,	0.00)
7. Ecke:	(0.00 ,	2.00 ,	3.00)
8. Ecke:	(0.00 ,	0.00 ,	4.00)
9. Ecke:	(0.00 ,	0.00 ,	0.00)
10. Ecke:	(1.00 ,	0.00 ,	0.00)

1. Hyperebene:	2 1 3 5 6 4 2
2. Hyperebene:	2 8 7 1 2
3. Hyperebene:	4 6 10 4
4. Hyperebene:	1 7 3 1
5. Hyperebene:	redundant
6. Hyperebene:	3 7 8 9 5 3
7. Hyperebene:	2 4 10 9 8 2
8. Hyperebene:	6 5 9 10 6

Tab. 1: Polyederberechnung für $x_4 = 2$, $x_5 = 5$

Für weitere technische Einzelheiten unserer Methode verweisen wir auf [5].

3. Literatur

[1] Ciriani, T., 1972, The Free Parametrization for Linear Programming with Bounded Variables. Rendiconti del Seminario Matematico della Università di Padova, Vol. 47, 77-107

[2] Gal, T., 1979, Postoptimal Analyses, Parametric Programming, and Related Topics. McGraw Hill, New York

[3] Winkels, H.-M., 1981, Visualization and Discretization for Convex Polyhedral Sets. Working Papers on Economathematics No. 8104, Abteilung für Wirtschaftswissenschaft und Abteilung für Mathematik, Ruhr-Universität, D-4630 Bochum

[4] Winkels, H.-M., 1982, Visualizing the Neighbourhood of an Efficient Solution. Working Papers on Economathematics No. 8205, Abteilung für Wirtschaftswissenschaft und Abteilung für Mathematik, Ruhr-Universität, D-4630 Bochum

[5] Winkels, H.-M.; Colman, R., Visualization of 5-dimensional Polyhedra. Working Papers on Economathematics No. 8209, Abteilung für Wirtschaftswissenschaft und Abteilung für Mathematik, Ruhr-Universität, D-4630 Bochum

ZUR STABILITÄT SEPARABEL-INFINITER LINEARER OPTIMIERUNGSPROBLEME

Rainer Colgen , Frankfurt am Main

Zusammenfassung. Wir betrachten Stabilitätsaussagen (hinreichende und notwendige Bedingungen für die oberhalbstetige Abhängigkeit der Menge der Optimalpunkte vom Parameter) für separabel-infinite lineare Optimierungsprobleme. Diese von Charnes, Gribik und Kortanek eingeführte Klasse von Optimierungsaufgaben, die u.a. Anwendungen in der Ökonomie finden, umfaßt sowohl semi-infinite lineare Programme als auch die zugehörigen dualen Programme; die dualen Programme zu separabel-infiniten linearen Programmen gehören wiederum zu dieser Klasse.

Summary. We are concerned with stability properties (sufficient and necessary conditions for the upper semicontinuous dependence of the set of optimal solutions on the parameter) for separably-infinite linear optimization problems. This class of optimization problems - introduced by Charnes, Gribik, and Kortanek - which allow applications e.g. in economics contains semi-infinite linear programs as well as the corresponding dual programs; the duals of separably-infinite linear programs belong to this class, too.

Wir beschäftigen uns mit separabel-infiniten linearen Optimierungsproblemen, die auf Charnes, Gribik und Kortanek [2] zurückgehen:

Seien $p \in \mathbb{R}^m$, $q \in \mathbb{R}^n$, $A \in \mathbb{R}^{m,n}$, T_1 und T_2 kompakt, $a_1 : T_1 \longrightarrow \mathbb{R}^m$, $b_1 : T_1 \longrightarrow \mathbb{R}$, $a_2 : T_2 \longrightarrow \mathbb{R}^n$ und $b_2 : T_2 \longrightarrow \mathbb{R}$ stetig.

Minimiere $\langle p,x\rangle + \Sigma(\rho_j \, b_2(t_j) : j = 1,\dots,n)$
unter den Nebenbedingungen
$x \in \mathbb{R}^m$, $\rho \in \mathbb{R}^n_+$, $t_j \in T_2$, $j = 1,\dots,n$,
$\langle a_1(s),x\rangle \leq b_1(s)$ für alle $s \in T_1$,
$Ax - \Sigma(\rho_j \, a_2(t_j) : j = 1,\dots,n) = q$.

Diese Klasse von Optimierungsproblemen, die u.a. in der Ökonomie Anwendung finden, umfaßt sowohl semi-infinite lineare Optimierungsprobleme als auch die zu diesen dualen; sie zeichnet sich dadurch aus, daß sie gegenüber Dualitätsbildung abgeschlossen ist [2].

Wir untersuchen Stabilitätseigenschaften für separabel-infinite lineare Optimierungsprobleme in Abhängigkeit vom Parameter

$\pi := (p,q,A,a_1,b_1,a_2,b_2)$;

dabei wird die Parametermenge mit der Topologie der gleichmäßigen Kon-

Operations Research Proceedings 1982

vergenz versehen, wie dies in der Theorie der parametrischen semi-infiniten linearen Optimierung üblich ist [1]. Hier beschäftigen wir uns mit der oberhalbstetigen Abhängigkeit der Menge der Optimalpunkte vom Parameter. Wir erhalten zunächst das folgende Resultat:

Ist π_o ein Parameter, für den $S(\pi_o)$, die Menge der Optimalpunkte für π_o, nichtleer ist, ist ferner die Menge der zulässigen Punkte in π_o unterhalbstetig vom Parameter abhängig und

$$S_1(\pi_o): = \{x \in \mathbb{R}^m : \text{es existiert } \rho \in \mathbb{R}^n_+ \text{ mit } (x,\rho) \in S(\pi_o)\}$$

kompakt, und existiert schließlich $y \in \mathbb{R}^n$, so daß gilt

$$\langle a_2(t), y\rangle < 0 \quad \text{für alle } t \in T_2,$$

so hängt die Menge der Optimalpunkte in π_o oberhalbstetig vom Parameter ab.

Der Beweis dieser Aussage wird im wesentlichen mit Methoden aus der Theorie der parametrischen semi-infiniten linearen Optimierung [1] geführt, die geeignet zu modifizieren sind.

Schließlich läßt sich mit der Beweismethode für das entsprechende Resultat für semi-infinite Optimierungsprobleme [3] beweisen, daß die Kompaktheit von $S_1(\pi_o)$ für die oberhalbstetige Abhängigkeit der Optimalmenge vom Parameter in π_o notwendig ist.

Literatur:

1. Brosowski,B., Parametric semi-infinite optimization, Frankfurt am Main - Bern, 1982.
2. Charnes, A.; P.R. Gribik; K.O. Kortanek, Separably-infinite programs, Zeitschrift für Operations Research, Volume 24, 1980, 33 - 45.
3. Colgen,R., Necessary conditions for upper semicontinuity in parametric semi-infinite programming, preprint.

ENTSCHEIDUNGSTHEORIE AUS BETRIEBSWIRTSCHAFTLICHER SICHT

Franz Eisenführ, Aachen

Zusammenfassung. Der Vergleich zwischen dem Anspruch der präskriptiven Entscheidungstheorie und ihrer bisherigen praktischen Bedeutung läßt vermuten, daß die Theorie noch keinen befriedigenden Stand erreicht hat. Es sind vier Richtungen zu erkennen, in denen sie weiterentwickelt und ergänzt werden sollte, um zu einem nützlichen und weithin akzeptierten Mittel zur Findung rationaler Entscheidungen zu werden. Diese sind: (1) Entwicklung einer Methodologie der Entscheidungshilfe, (2) Komplettierung des Bestands an Entscheidungsmodellen, insbesondere durch Verfahren, die unvollständige Informationen über Wahrscheinlichkeiten oder Präferenzen verarbeiten, (3) Entwicklung von Verfahren zur Unterstützung rationaler Gremienentscheidungen, (4) Einbeziehung von Erkenntnissen der deskriptiven Entscheidungstheorie, insbesondere über Bedingungen und Formen fehlerhaften menschlichen Urteils- und Entscheidungsverhaltens.

Summary. Prescriptive decision theory claims to be a useful tool to aid managers and other decision makers in complex problems. But until now this instrument is rarely applied. It seems that the theory has to be developed and supplemented in the following directions: (1) creating a methodology of decision aid, (2) completing the tool box, especially by methods processing incomplete information on probabilities and preferences, (3) developing methods for rational group decisions, and (4) integrating the findings of descriptive theory about human judgement and choice, especially its deficiencies and biases.

Methodologie

Auf dem Weg vom konkreten Problem zu einer modellunterstützten Lösung muß der Entscheider folgende Schritte vollziehen: (1) Ziele und Attribute definieren, (2) Alternativen generieren, (3) den allgemeinen Modelltyp auswählen, (4) Unsicherheiten und Erwartungen artikulieren, (5) Zielsystem und Entscheidungsregeln spezifizieren, (6) Alternativen bewerten und (7) die Modellergebnisse interpretieren. Die Entscheidungstheorie fühlt sich bisher nur für die Schritte 4 und 5 zuständig. Sie gibt keine Hilfe bei der Strukturierung eines Problems und der Auswahl zwischen den angebotenen Instrumenten.

Komplettierung des Instrumentariums

Für Risikoentscheidungen bei einfacher Zielsetzung bietet die Theorie das Bernoulliprinzip an, das praktisch schwer handhabbar ist. Einfachere Methoden und solche, die weniger hohe Informationsansprüche stellen, erscheinen als praxisrelevanter, sind aber nicht in das entscheidungstheoretische Instrumentarium integriert. In der deutschen Lehrbuchliteratur sind bisher auch die Verfahren zur Ermittlung multiattributiver Nutzenfunktionen nicht rezipiert worden. Das gleiche gilt auch - mit wenigen Ausnahmen - für interaktive Verfahren und für Verfahren, die unvollständige Wahrscheinlichkeits- bzw. Präferenzaussagen auswerten. Diesen Verfahren dürfte unter dem Aspekt der Anwendbarkeit jedoch eine besondere Bedeutung zukommen.

Operations Research Proceedings 1982

Gremienentscheidungen

Praktisch alle wichtigen Entscheidungen werden von mehreren Personen getroffen, auch wenn der formelle Letztentscheid bei einer Person liegt. Die Entscheidungstheorie hat sich mit der Rationalität von Mehrpersonenentscheidungen, d. h. mit der rationalen Lösung interindividueller Entscheidungskonflikte, kaum befaßt. In der deutschen Lehrbuchliteratur wird nur auf den Sozialwahl-Ansatz bezug genommen, der in der Sackgasse des Unmöglichkeitstheorems von Arrow endet. Dieser Ansatz erscheint für Entscheidungen in zielgerichteten Organisationen schon deshalb als problematisch, weil er die divergierenden Entscheidungsprämissen der einzelnen Individuen als gegeben hinnimmt und nicht problematisiert. Wichtig erscheint es, Methoden zur Offenlegung und Aggregation der individuellen Entscheidungsprämissen zu entwickeln. Hat man gemeinsame Wahrscheinlichkeits- und Präferenzaussagen des Gremiums, so kann man daraus eine gemeinsame Lösung gewinnen oder wenigstens die Alternativenmenge reduzieren. Eine besondere Bedeutung dürften auch hier die Verfahren mit unvollständiger Information gewinnen, da sie nicht zu einer gewaltsamen Aggregation der individuellen Entscheidungsprämissen zwingen, sondern auf dem Konsensbereich arbeiten, der sich aus den individuellen Aussagen ergibt.

Deskriptive Entscheidungstheorie

Erkennbar ist eine Tendenz der Hinwendung zur deskriptiven Theorie. In der deutschen Lehrbuchliteratur beschränkt man sich jedoch überwiegend auf die Darstellung eines begrifflichen und konzeptuellen Rahmens. Empirisches Material und empirisch gehaltvolle Hypothesen der deskriptiven Theorie werden nur spärlich aufgenommen. Eine stärkere Beschäftigung insbesondere mit den vorliegenden Erkenntnissen über Defekte des menschlichen Urteilsvermögens und über Ursachen und Ausprägungen besonders irrationalen Verhaltens könnte für die präskriptive Theorie wertvoll sein. Sie würde Hinweise darauf liefern, in welchen Problemsituationen eine Modellunterstützung von Entscheidungen besonders notwendig ist, welche Verzerrungen bei intuitiven Wahrscheinlichkeits- und Präferenzaussagen typischerweise auftreten, und in welcher Weise entscheidungstheoretische Modelle und Verfahrensweisen angepaßt werden müßten, um Akzeptanzbarrieren zu überwinden.

Neueste deutsche Lehrbücher

Die Durchsicht der neuesten deutschen Lehrbuchliteratur zur Entscheidungstheorie - allein sieben Neuerscheinungen im Zeitraum 1981/82 - zeigt, daß in jeder der genannten Richtungen erste Ansätze erkennbar sind.

Literaturhinweise

Bitz, Michael (1981) — Entscheidungstheorie. Hagener Universitätstexte, Verlag Vahlen, München.

Dinkelbach, Werner (1982) — Entscheidungsmodelle. De Gruyter Lehrbuch, Walter de Gruyter, Berlin, New York.

Farquhar, Peter H. (1977) — A Survey of Multiattribute Utility Theory and Applications, in: Starr/Zeleny (eds.), Multiple Criteria Decision Making. TIMS Studies in the Management Sciences, vol. 6, North-Holland Publishing, Amsterdam, S. 59-89.

Hogarth, Robin M. (1980) — Judgement and Choice. The Psychology of Decision. John Wiley & Sons, Chichester etc.

Janis, Irving L./ Mann, Leon (1977) — Decision Making. A Psychological Analysis of Conflict, Choice and Commitment. The Free Press, New York.

Kahle, Egbert (1981) — Betriebliche Entscheidungen. Lehrbuch zur Einführung in die betriebswirtschaftliche Entscheidungstheorie. Oldenbourgs Studienlehrbücher der Wirtschafts- und Sozialwissenschaften. R. Oldenbourg Verlag, München, Wien.

Keeney, Ralph L. (1982) — Decision Analysis: An Overview. in: Operations Research, Vol. 30, S. 803-838.

Keeney, Ralph L. / Raiffa, Howard (1976) — Decisions with Multiple Objectives: Preferences and Value Tradeoffs. John Wiley & Sons, New York.

Kofler, E./ Menges,G. (1976) — Entscheidungen bei unvollständiger Information. Lecture Notes in Economics and Mathematical Systems. Springer, Berlin.

Laux, Helmut (1982) — Entscheidungstheorie. Heidelberger Lehrtexte Wirtschaftswissenschaften. Bd. I: Grundlagen, Bd. II: Erweiterung und Vertiefung. Springer Verlag, Berlin, Heidelberg, New York.

Müller-Merbach, Heiner (1977) — Quantitative Entscheidungsvorbereitung. Erwartungen, Enttäuschungen, Chancen, in: DBW 37, S. 11 - 23.

Pfohl, Hans-Christian/ Braun, Günther E. (1981) — Entscheidungstheorie. Normative und deskriptive Grundlagen des Entscheidens. Studienbibliothek Betriebswirtschaft. Verlag Moderne Industrie, Landsberg.

Rehkugler, Heinz/ Schindel, Volker (1981) — Entscheidungstheorie. Erklärung und Gestaltung betrieblicher Entscheidungen. Fachbuchreihe für Studium, Fortbildung, Praxis. Florenz, München.

Saliger, Edgar (1981) — Betriebswirtschaftliche Entscheidungstheorie. Eine Einführung in die Logik individueller und kollektiver Entscheidungen. Oldenbourgs Studienlehrbücher der Wirtschafts- und Sozialwissenschaften. R. Oldenbourg Verlag, München, Wien.

Ulvila, Jacob W./ Brown, Rex V. (1981) — Decision Analysis comes of age. Unpubl. Paper. Decision Science Consortium, Inc., Falls Church, Virginia.

Weber, Martin — Entscheidungen bei Mehrfachzielen. Verfahren zur Unterstützung von Individual- und Gruppenentscheidungen. Gabler Verlag, in Druck.

Winkler, Robert L. (1982) — Research directions in decision making under uncertainty, in: Decision Sciences , 13, S.517-533.

Über einige Weiterentwicklungen der ELECTRE-Verfahren

Heinz-Michael Winkels, Bochum

Zusammenfassung. Gegeben sei ein allgemeines Multikriteria-System mit endlicher Alternativenmenge, Ungenauigkeit der Bewertungen und eventuell mit Unsicherheit bzgl. möglicher Umweltzustände. Es wird ein allgemeines Verfahren beschrieben zur Konstruktion einer graduellen Präferenzrelation (Prävalenzrelation) auf der Alternativenmenge und anschließenden Auswahl der besten Lösungen. Die Vorgehensweise kombiniert die graduelle Logik mit der Schwellenwerttechnik und integriert ferner eine Robustheitsanalyse in die klassische Methode ELECTRE I. Das Verfahren wird an einem Anwendungsbeispiel illustriert: Der Auswahl eines Mikrocomputers.

Summary. We consider general multicriteria systems with a finite number of alternatives, imprecisions of evaluations and, eventually uncertainty with respect to possible states of the world. A general approach for constructing a fuzzy outranking relation and a subsequent choice of the best alternatives is presented. The approach combines fuzzy logic with the threshold technique, and integrates a robustness analysis into the classical ELECTRE I method. The algorithm is illustrated by means of an application: The choice of a micro-computer.

1. Einführung

Ein allgemeines diskretes Multikriteria-System ist charakterisiert durch

- eine endliche Menge $X = \{x^1,\dots,x^k\}$ von Alternativen
- eine endliche Menge $C = \{c_1,\dots,c_l\}$ von Kriterien
- eine endliche Menge $S = \{s_1,\dots,s_p\}$ von Umweltzuständen
- endliche Skalen $Z_j = \{z_j^1,\dots,z_j^{n_j}\}$ von reellen Zahlen $z_j^1 < z_j^2 < \dots < z_j^{n_j}$ bezüglich Kriterium $c_j : j = 1,\dots,l$.
- eine Orientierung $opt_j \in \{\max,\min\}$ auf jeder Skala $Z_j : j = 1,\dots,l$; im Falle $opt_j = \max$ bedeutet dabei ein Anwachsen von $z_j \in Z_j$ eine Verbesserung im Sinne der Präferenzvorstellungen des Entscheidungsträgers, im Falle $opt_j = \min$ das Gegenteil.
- Dichtefunktionen ${}_if_{jq}$ auf der Skala Z_j, welche die Bewertungsverteilung von Alternative x^i bezüglich Kriterium c_j und Umweltzustand s_q angeben.

Beispiel

Sei X eine Menge von möglichen konjunkturpolitischen Entscheidungen der Bundesregierung; die Kriterien: Vollbeschäftigung, Geldwertstabilität, außenwirtschaftliches Gleichgewicht und ökonomisches Wachstum; die Umweltzustände: mögliche Entwicklungen der Weltwirtschaft, insbesondere der Energiepreise; die Skalen: reelle Zahlen zur Messung der

Operations Research Proceedings 1982

Arbeitslosenrate, der Inflationsrate, der Abweichung vom Import-Export Gleichgewicht und der Wachstumsrate; die Orientierungen: min, min, min, und max; und schließlich die Bewertungen: Prognosen zur Auswirkung der einzelnen Entscheidungen auf die Kriterien in Abhängigkeit von den möglichen Entwicklungen der Weltwirtschaft und der Energiepreise.

Im Falle $p > 1$ handelt es sich um ein diskretes Multikriteria-System mit Unsicherheit (bzgl. der Umweltzustände). Falls für jede Dichtefunktion ${}_if_{jq}$ ein Element ${}_iz_{jq} \in Z_j$ existiert, so daß ${}_if_{jq}({}_iz_{jq}) = 1$ ist, spricht man von einem Multikriteria-System mit genauen Bewertungen, anderenfalls von vorhandener Bewertungsungenauigkeit.

Verfahren zur Lösung von Multikriteria-Entscheidungsproblemen beruhen im allgemeinen auf einer Präferenzrelation R auf der Menge der Alternativen, wobei diese Präferenzrelation die Präferenzvorstellungen des Entscheidungsträgers widerspiegeln soll.

Bei den klassischen Ansätzen der Entscheidungstheorie läßt sich R mit einer BOOLEschen $(k \times k)$-Matrix $R = ({}_iR_{i'})$ $({}_iR_{i'} \in \{0,1\})$ modellieren, wobei ${}_iR_{i'} = 1$ bedeutet, daß die Alternative x^i mindestens so gut wie die Alternative $x^{i'}$ im Sinne der Präferenzvorstellungen des Entscheidungsträgers ist.

Man unterscheidet Multikriteria-Ansätze dann danach, ob schlechte Ausprägungen in einem Kriterium durch gute Ausprägungen in anderen Kriterien kompensierbar sind oder nicht. [1]. Verfahren ohne Kompensation beruhen im wesentlichen auf der Elimination dominierter Alternativen (${}_iR_{i'} = 1$ genau dann, wenn x^i in jedem Kriterium so gut wie $x^{i'}$ ist), auf der Elimination von Alternativen, die gewisse Anspruchsniveaus nicht erfüllen (${}_iR_{i'} = 1$ genau dann, wenn x^i und $x^{i'}$ vorgegebene Anspruchsniveaus erfüllen) oder auf dem Ordnen der Alternativen gemäß einer Kriterienhierarchie (lexikographisches Ordnen) (${}_iR_{i'} = 1$ genau dann, wenn x^i im Sinne der Kriterienhierarchie besser ist als $x^{i'}$).

Im Gegensatz dazu beruhen Verfahren mit vollständiger Kompensation auf der Existenz einer (Nutzen-, Wert- oder Qualitäts-) Funktion $U : X \to \mathbb{R}$, so daß gilt: ${}_iR_{i'} = 1$ genau dann, wenn $U(x^i) \geq U(x^{i'})$ ist. Die wesentlichen Ansätze sind hier Mittelbildungen, Scoringmethoden und die Verfahren der multiattributiven Nutzentheorie. [1]

Da die Präferenzmodelle der vollständigen Kompensation grundsätzlich vollständige Vergleichbarkeit und Transitivität der Präferenzvorstellungen voraussetzen und da ferner die Präferenzmodelle ohne Kompensation im allgemeinen nur schwache Entscheidungshilfen leisten, sind als Kompromiß zwischen den beiden Extrema die sogenannten Prävalenzverfahren entstanden [2], [3], [5], [6]. Es handelt sich dabei um Methoden mit partieller Kompensation, welche die Möglichkeit der Unvergleichbarkeit von Alternativen zulassen und ferner die Existenz von Wahrnehmungsschwellen berücksichtigen.

Bei BOOLEschen Relationen $R = ({}_iR_{i'})$ $({}_iR_{i'} \in \{0,1\})$ ist die Unvergleichbarkeit von zwei Alternativen x^i und $x^{i'}$ dadurch gekennzeichnet, daß ${}_iR_{i'} = 0 = {}_{i'}R_i$ ist. Prävalenzrelationen verallgemeinern die klassischen Präferenzmodelle nun dadurch, daß die Präferenzstruktur graduell sein darf. Sie läßt sich dann mittels einer graduellen Matrix

$\hat{R} = ({}_{i}R_{i'})$ $(0 \leqq {}_{i}R_{i'} \leqq 1)$ darstellen, wobei ${}_{i}R_{i'}$ den Glaubwürdigkeitsgrad angibt für die Hypothese:

"Für den Entscheidungsträger ist die Alternative x^i prävalent zur Alternative $x^{i'}$."

Der Begriff der Prävalenz ist dabei durch die folgenden Eigenschaften charakterisiert:

- ${}_{i}R_{i'} = 1$ bedeutet: x^i ist mindestens so gut wie $x^{i'}$ bezüglich aller Kriterien (Verallgemeinerte Dominanz).
- Es existiert ein Schwellenwert $\bar{r} \leqq 1$, so daß ${}_{i}R_{i'} \geqq \bar{r}$ bedeutet: x^i ist mindestens so gut wie $x^{i'}$ (Präferenz).
- Es existiert ein zweiter Schwellenwert $\underline{r}$: $0 \leqq \underline{r} < \bar{r} \leqq 1$, so daß ${}_{i}R_{i'} \leqq \underline{r}$ und ${}_{i'}R_{i} \leqq \underline{r}$ bedeutet: Die Alternativen x^i und $x^{i'}$ sind (auf der Basis der vorhandenen Informationen) unvergleichbar (Unvergleichbarkeit).

Prävalenzrelationen erweitern die klassischen Präferenzmodelle also dadurch, daß zwischen den Begriffen der Unvergleichbarkeit, Präferenz, Indifferenz $({}_{i}R_{i'} \geqq \bar{r}$ und ${}_{i'}R_{i} \geqq \bar{r})$ und Dominanz graduelle Übergänge ermöglicht werden. Prävalenzverfahren sind nun Entscheidungshilfe-Verfahren, die auf Prävalenzrelationen beruhen. Solche Verfahren unterscheiden zwei Phasen.

Phase 1: Konstruktion einer Prävalenzrelation zur Modellierung der Präferenzvorstellungen eines Entscheidungsträgers.

Phase 2: Ordnen, Sortieren oder Selektieren der Alternativen auf der Grundlage der Prävalenzrelation zum Zwecke der Entscheidungshilfe.

2. Die Konstruktion von Prävalenzrelationen mittels gradueller Logik

Die Konstruktion einer Prävalenzrelation ist durch folgende Grundprinzipien charakterisiert:

- Verwende einfache Vergleiche zur Bestimmung grundlegender Präferenzeigenschaften.
- Benutze vom Entscheidungsträger akzeptierbare einsichtige Regeln für die Erweiterung grundlegender Präferenzeigenschaften zu komplexeren Präferenzeigenschaften.
- Vermeide eine zu starke logische Extrapolation durch die Einbeziehung von Unvergleichbarkeit.

Es kommt also darauf, dem Entscheidungsträger lieber einen Entscheidungsspielraum zu belassen, anstatt eine Entscheidung mit mathematischer Willkür zu diktieren.

Es gibt eine Vielzahl von Möglichkeiten, Prävalenzrelationen zu konstruieren [5], [6]. In diesem Aufsatz soll ein sehr allgemeines Verfahren vorgestellt werden, daß sich im Gegensatz zu den meisten anderen Konstruktionsverfahren auch axiomatisch fundieren läßt [3].

Schritt 1 Berücksichtigung der Bedeutung der Skalenwerte

Der erste Schritt bezieht sich lediglich auf die Bedeutung der Skalenwerte $z_j \in Z_j$ für $j = 1,\ldots,l$. Zunächst wird eine graduelle Relation $\hat{P}^j$ auf der Skala Z_j definiert, so daß ${}_{\nu}\hat{P}^{j}_{\mu}$ den Glaubwürdigkeitsgrad angibt für die Hypothese

"Für den Entscheidungsträger ist der Skalenwert z_j^{ν} mindestens so gut wie der Skalenwert z_j^{μ}."

Zur Konstruktion von $\hat{P}^j$ benutzt man Indifferenzschwellen $IS_j(z_j) \geqq 0$ und Präferenzschwellen $PS_j(z_j) \geqq IS_j(z_j)$, so daß im Falle der Orientierung opt_j = max gilt:

$${}_{\nu}\hat{P}^{j}_{\mu} = 1 \text{ falls } z_j^{\mu} \leqq z_j^{\nu} + IS_j(z_j^{\nu})$$

$${}_{\nu}\hat{P}^{j}_{\mu} = 0 \text{ falls } z_j^{\mu} \geqq z_j^{\nu} + PS_j(z_j^{\nu})$$

${}_{\nu}\hat{P}^{j}_{\mu}$ stetig abfallend von 1 nach 0

falls $z_j^{\nu} + IS_j(z_j^{\nu}) \leqq z_j^{\mu} \leqq z_j^{\nu} + PS_j(z_j^{\nu})$.

Sodann werden graduelle Relationen $\hat{I}^j$ auf Z_j : j = 1,...,l definiert, welche erhebliche Differenzen von Skalenwerten hervorheben sollen. Hier ist ${}_{\nu}\hat{I}^{j}_{\mu}$ der Glaubwürdigkeitsgrad der Hypothese

"Für den Entscheidungsträger ist der Skalenwert z_j^{ν} erheblich schlechter als der Skalenwert z_j^{μ}."

Zur Definition von $\hat{I}^j$ benutzt man außer der Präferenzschwelle $PS_j(z_j)$ noch eine Vetoschwelle $VS_j(z_j) \geqq PS_j(z_j)$, so daß (für opt_j = max) gilt:

$${}_{\nu}\hat{I}^{j}_{\mu} = 0 \text{ falls } z_j^{\mu} \leqq z_j^{\nu} + PS_j(z_j^{\nu})$$

$${}_{\nu}\hat{I}^{j}_{\mu} = 1 \text{ falls } z_j^{\mu} \geqq z_j^{\nu} + VS_j(z_j^{\nu})$$

${}_{\nu}\hat{I}^{j}_{\mu}$ stetig ansteigend von 0 nach 1

falls $z_j^{\nu} + PS_j(z_j^{\nu}) \leqq z_j^{\mu} \leqq z_j^{\nu} + VS_j(z_j^{\nu})$.

Schritt 2 Berücksichtigung der Genauigkeit der Bewertungen

In diesem Schritt gehen wir von der Bedeutung der Skalenwerte über zur Konstruktion von Präferenzeigenschaften auf der Alternativenmenge bezüglich fester Kriterien und Umweltzustände. Dabei wird dann die Bewertungsungenauigkeit berücksichtigt.

Zuerst konstruieren wir graduelle Präferenzrelationen P^{jq} auf X, so daß ${}_iP_{i'}^{jq}$ der Glaubwürdigkeitsgrad der Hypothese ist:

"Bezüglich Kriterium c_j und Umweltzustand s_q ist x^i für den Entscheidungsträger mindestens so gut wie $x^{i'}$."

Die einfachste Definition ergibt sich hier über den durchschnittlichen Glaubwürdigkeitsgrad:

$${}_iP_i^{jq} = 1 \qquad \text{für } i = 1,\ldots,k \quad \text{und}$$

$${}_iP_{i'}^{jq} = \sum_{\nu=1}^{n_j} \sum_{\mu=1}^{n_j} {}_if_{jq}(z_j^{\nu}) \cdot {}_{i'}f_{jq}(z_j^{\mu}) \cdot {}_{\nu}\hat{P}^{j}_{\mu} \qquad \text{für } i,\ i' = 1,\ldots,k;\ i \neq i'.$$

Analog werden dann graduelle Inkompensationsrelationen I^{jq} auf X definiert, so daß ${}_iI_{i'}^{jq}$ der Glaubwürdigkeitsgrad ist für die Hypothese:

"Bezüglich Kriterium c_j und Umweltzustand s_q ist für den Entscheidungsträger x^i inkompensierbar schlechter als $x^{i'}$."

Mit dem durchschnittlichen Glaubwürdigkeitsgrad ergibt sich wiederum:

$${}_iI_i^{jq} = 0 \qquad \text{für } i = 1,\dots,k \quad \text{und}$$

$${}_iI_{i'}^{jq} = \sum_{\nu=1}^{n_j} \sum_{\mu=1}^{n_j} {}_if_{jq}(z_j^\nu) \cdot {}_{i'}f_{jq}(z_j^\mu) \cdot {}_\nu \bar{I}_\mu^j \qquad \text{für } i,i' = 1,\dots,k \text{ und } i \neq i'.$$

Schritt 3 Aggregation/Akkumulation

Im dritten Schritt aggregieren wir nun die Präferenzrelationen P^{jq} und akkumulieren die Inkompensationsrelationen I^{jq}. Zunächst konstruieren wir eine graduelle Concordance-Relation C auf X, wobei ${}_iC_{i'}$ den Glaubwürdigkeitsgrad angibt für die Hypothese:

"Unter der Annahme globaler Kompensierbarkeit ist für den Entscheidungsträger x^i mindestens so gut wie $x^{i'}$."

Zur Konstruktion der Concordance-Relation nehmen wir an, daß Kriteriengewichte w_j : $j = 1,\dots,l$ und subjektive Wahrscheinlichkeiten π_q : $q = 1,\dots,p$ für die Umweltzustände bekannt seien. ($w_j, \pi_q > 0$; $\Sigma w_j = 1$; $\Sigma\pi_q = 1$)

Die einfachste Definition für ${}_iC_{i'}$ ergibt sich dann durch das gewichtete Mittel

$${}_iC_{i'} := \sum_{j=1}^{l} \sum_{q=1}^{p} w_j \cdot \pi_q \cdot {}_iP_{i'}^{jq} \qquad \text{für } i,i' = 1,\dots,k\,.$$

Parallel dazu müssen die Inkompensationsrelationen I^{jq} akkumuliert werden. Dazu konstruieren wir eine graduelle Discordance-Relation D auf X, wobei ${}_iD_{i'}$ den Glaubwürdigkeitsgrad angibt für die Hypothese

"Für den Entscheidungsträger können Nachteile der Alternative x^i im Vergleich zu Vorteilen der Alternative $x^{i'}$ nicht durch Vorteile von x^i kompensiert werden."

Zur Definition von ${}_iD_{i'}$ benutzen wir graduelle Logik. Dazu sei der logische UND-Operator durch das Produkt der Glaubwürdigkeitsgrade definiert und der logische NICHT-Operator durch das Komplement der Glaubwürdigkeitsgrade zu 1.

Zunächst bezeichne für $i,i' = 1,\dots,k$

${}_i\bar{D}_{i'} := 1 - {}_iD_{i'}$ den globalen Kompensationsgrad und

${}_i\bar{I}_{i'}^{jq} := 1 - {}_iI_{i'}^{jq}$ den lokalen Kompensationsgrad für Kriterium c_j und Umweltzustand s_q.

Im Sinne der graduellen Logik haben wir dann:

$$H({}_i\bar{D}_{i'}) = H({}_i\bar{I}_{i'}^{11}) \text{ UND } \dots H({}_i\bar{I}_{i'}^{jq}) \text{ UND } \dots H({}_i\bar{I}_{i'}^{lp}),$$

wobei H(...) die zu (...) gehörende logische Hypothese bezeichnet. Also:

$$1 - {}_iD_{i'} = {}_i\bar{D}_{i'} = \prod_{j=1}^{l} \prod_{q=1}^{p} (1 - {}_iI_{i'}^{jq}) \qquad \text{für } i,i' = 1,\dots,k\,.$$

Schritt 4 Logische Kombination

Im letzten Schritt kombinieren wir nun die Concordance- und die Discordance-Relation im logischen Sinne zur Prävalenzrelation R.

Wegen H(R) = H(C) UND (NICHT H(D)) ergibt sich mit gradueller Logik:

$$ {}_iR_{i'} = {}_iC_{i'} \cdot {}_i\bar{D}_{i'} = {}_iC_{i'} \cdot (1-{}_iD_{i'}) \qquad \text{für } i,i' = 1,\ldots,k. $$

3. Die Auswahl der besten Alternativen

Auf der Grundlage der konstruierten graduellen Prävalenzrelation R benutzen wir i.f. eine Verallgemeinerung des klassischen ELECTRE I-Verfahrens zur Auswahl der besten Alternativen.

Betrachten wir zunächst $r\in[0,1]$. Dann können wir von R eine BOOLEsche Relation $R^r = ({}_iR^r_{i'})$ ableiten, indem wir definieren: ${}_iR^r_{i'}=1$ genau dann, wenn ${}_iR_{i'} \geqq r$. Bezüglich R^r kann man nun Alternativen x^i und $x^{i'}$ als äquivalent ansehen, wenn es $i_1,\ldots,i_n$ gibt mit $i_1 = i,\ldots,i_n = i'$ und ${}_{i_\nu}R^r_{i_{\nu+1}} = 1$ für $\nu = 1,\ldots,n-1$. Die Äquivalenz entspricht einer transitiven Erweiterung der von R^r induzierten Indifferenzrelation.

Wir erhalten nun verschiedene Indifferenzklassen, deren Repräsentanten mit $i_1,\ldots,i_n$ bezeichnet seien. Sei $\bar{R}^r = ({}_\nu\bar{R}^r_\mu)$ die BOOLEsche Matrix der von R^r auf die Indifferenzklassen induzierten Präferenzrelation, also:

${}_\nu\bar{R}^r_\mu = 1$ genau dann, wenn es ein zu i_ν äquivalentes Element i gibt und ein zu i_μ äquivalentes Element i', so daß ${}_iR^r_{i'} = 1$ ist.

$\bar{R}^r$ ist nun die BOOLEsche Relation eines zyklenfreien Graphen für den wir den Kern $\bar{K}^r$ bestimmen können [2]. Dieser ist durch die beiden folgenden Eigenschaften eindeutig bestimmt:

- Für $\nu,\mu\in\bar{K}^r$ gilt ${}_\nu\bar{R}^r_\mu = 0$ (Innere Stabilität)
- Für $\mu\notin\bar{K}^r$ gibt es $\nu\in\bar{K}^r$ mit ${}_\nu\bar{R}^r_\mu = 1$ (Äußere Stabilität).

Sei K^r die Vereinigung aller Äquivalenzklassen in $\{1,\ldots,k\}$, deren Repräsentant zu $\bar{K}^r$ gehört.

In ELECTRE I bestimmt man eine Auswahlmenge dann dadurch, daß bezüglich jeder Kern-Äquivalenzklasse genau ein Element aus K^r ausgewählt wird.

Wir erweitern nun dieses Verfahren, indem wir eine Kernstruktur K, eine Äquivalenzstruktur Ä und einen Kerngrad grad bestimmen.

Zunächst sei $r_1,\ldots,r_n$ eine absteigende Sequenz von Akzeptanzschwellen für Glaubwürdigkeitsgrade, z.B. $r_1 = 1$, $r_2 = 0.95,\ldots,r_n = 0.5$. Dann ist K eine BOOLEsche $(n\times k)$-Matrix mit ${}_\lambda K_i = 1$ genau dann, wenn x^i zum Kern bzgl. R^{r_λ} gehört, genauer: $i\in K_{r_\lambda}$. Die Äquivalenzstruktur Ä ist entsprechend eine $(k\times k)$-Matrix, bei der ${}_i\ddot{A}_{i'}$ den ersten Glaubwürdigkeitsgrad angibt, bei dem i und i' äquivalent werden:

$$ {}_i\ddot{A}_{i'} := \max\{r_\lambda : \text{i und i' sind äquivalent bzgl. } R^{r_\lambda}\}. $$

Schließlich kann man einen Kerngrad für jede Alternative ableiten, indem man setzt

$$\mathrm{grad}(x^i) := \sum_{\lambda=1}^{n} r_\lambda \cdot {}_\lambda K_i .$$

Als Auswahlmenge bietet sich jetzt die Menge der Alternativen mit den größten Kerngraden an. Die Sensitivität einer solchen Auswahl läßt sich dabei an der Kernstruktur ablesen: Ist die Auswahlmenge relativ stabil bezüglich abnehmender akzeptabler Glaubwürdigkeitsgrade, so ist der Entscheidungsvorschlag robust, anderenfalls empfiehlt es sich, die Auswahlmenge so lange zu erweitern, bis Robustheit vorliegt.

4. Beispiel: Auswahl eines Mikrocomputers

1980 beabsichtigte einer unserer Kollegen, sich einen Mikrocomputer zu kaufen und fragte uns um Rat. Nachdem wir den Markt einigermaßen analysiert und verschiedene Anspruchsniveaus unseres Kollegen berücksichtigt hatten, sollte die endgültige Wahl zwischen den folgenden sieben Typen stattfinden: TRS(80)(TRS), MZ80K(MZ8), CBM(16K)(CBM), APPLE I(APL), DAI(DAI), SORCERER(SOR), und ABC80(ABC). Unser Kollege hatte die folgenden Ziele: (1) Der Rechner sollte über eine gute Standardausführung verfügen, um persönlichen (Hobby-)Ansprüchen zu genügen. (2) Er sollte für einen späteren Zeitpunkt gute Erweiterungsmöglichkeiten aufweisen, um auch Forschungszwecken zu genügen. (3) Es sollte genügende Software (auf dem Markt oder von Kollegen) vorhanden sein. Um diese Zielvorstellungen zu erfassen, benutzten wir die folgenden sieben Kriterien:

PMA: Preis der Minimalausstattung in DM, also Preis des Mikros plus Recorder; wir setzten voraus, daß ein Fernseher vorhanden sei.

GRA: Graphikqualität, ein qualitatives Kriterium für die Spannbreite: "Keine Graphik" bis "Hochauflösende Graphik mit 16 Farben".

BAS: Qualität des vorhandenen BASIC, ein qualitatives Kriterium für die Spannbreite von "Integer BASIC" bis "Extended BASIC mit FORMAT-Anweisung, Double Precision, Sprache"

HWQ: Qualität der Standard-Hardware, d.h. Tastatur, Bildschirm, ROM-Shacht, Lautsprecher, Uhr, Hitzeentwicklung etc.

PSE: Preis der Standard-Erweiterung in DM, d.h. Erweiterung zu einem komfortablen System mit Disketten-Laufwerken, Matrix-Drucker mit Parallel-Interface sowie maximaler RAM-Erweiterung.

EMH: Angebot zur Erweiterung der Standard-Hardware, ein qualitatives Kriterium zur Berücksichtigung von Telefon-Anschluß, Graphik-Tablet, Graphik-Erweiterung etc.

SWA: Softwareangebot, auf dem Markt oder existierende kompatible Software von Kollegen.

Die Entscheidungssituation konnte dann mit Hilfe des in Tab. 1 aufgeführten Multikriteria-Systems modelliert werden, wobei die Bewertungen gemeinsam geschätzt wurden. Hier treten natürlich keine Umweltzustände und keine Bewertungsungenauigkeiten auf (das war eine der vielen vereinfachenden Annahmen). Der nächste Schritt bestand darin, die Schwellenwerte für jede Skala grob zu schätzen. Dabei setzten wir der Einfachheit

x^i \ c_j	PMA	GRA	BAS	HWQ	PSE	EMH	SWA
TRS	1510	2	5	3	4360	1	4
MZ8	2100	5	6	4	5125	0	1
CBM	2200	3	3	3	4880	2	3
APL	2810	9	5	5	3250	4	4
DAI	2550	10	9	2	4825	0	0
SOR	2810	7	3	6	4044	2	2
ABC	2990	2	7	5	4200	0	1
opt_j	min	max	-max	max	min	max	max
Skala	1000	1	1	1	3000	0	0
Z_j	1050				3025		
	.	.	.	.	.	.	.
	.	.	.	.	.	.	.
	.	.	.	.	.	.	.
	4000	10	10	10	6000	6	6

Tab. 1 Bewertungsmatrix

c_j	PMA	GRA	BAS	HWQ	PSE	EMH	SWA
$IS_j(z_j)=$	200	1	1	1	300	1	1
$PS_j(z_j)=$	400	2	2	2	600	2	2
$VS_j(z_j)=$	1000	4	4	3	1500	3	3
w_j	12/37	6/37	3/37	9/37	4/37	2/37	1/37

Tab. 2 Schwellenwerte und Gewichte

halber konstante Schwellenwerte voraus (Tab. 2). Der Befragungsprozeß hierfür dauerte keine fünf Minuten. Etwas schwieriger wurde dann die Bestimmung der Kriteriengewichte. Hier erhielten wir von unserem Kollegen folgende Information (> heißt: wichtiger als, ~ heißt: genauso wichtig wie):

{PMA, GRA, BAS, HWQ} > {PSE, EMH} > SWA; PSE > EMH, PMA > HWQ > GRA > BAS, {GRA, BAS, HWQ} > PMA, HWQ ~ {GRA, BAS}. (ca. 10 Minuten)

Mit Hilfe der Ackoff/Arnoff/Churchman-Technik [4] ergaben sich hieraus die Gewichte in Tab. 2. Unser Computer-Programm für das hier dargelegte Verfahren (damals noch in einfacherer Version) lieferte die in Tab. 3 und 4 dargestellten graduellen Relationen und schließlich die ebenfalls in Tab. 4 aufgeführte Kernstruktur, die Äquivalenzstruktur und den Kerngrad. Aufgrund der Kernstruktur gelangten wir schließlich zu dem in Abb. 1

Preference relation for PMA

	TRS	MZ8	CBM	APL	DAI	SOR	ABC
TRS	1.00	1.00	1.00	1.00	1.00	1.00	1.00
MZ8	0.00	1.00	1.00	1.00	1.00	1.00	1.00
CBM	0.00	1.00	1.00	1.00	1.00	1.00	1.00
APL	0.00	0.00	0.00	1.00	0.79	1.00	1.00
DAI	0.00	0.00	0.15	1.00	1.00	1.00	1.00
SOR	0.00	0.00	0.00	1.00	0.79	1.00	1.00
ABC	0.00	0.00	0.00	1.00	0.00	1.00	1.00

Preference relation for GRA

	TRS	MZ8	CBM	APL	DAI	SOR	ABC
TRS	1.00	0.00	1.00	0.00	0.00	0.00	1.00
MZ8	1.00	1.00	1.00	0.00	0.00	0.00	1.00
CBM	1.00	0.00	1.00	0.00	0.00	0.00	1.00
APL	1.00	1.00	1.00	1.00	1.00	1.00	1.00
DAI	1.00	1.00	1.00	1.00	1.00	1.00	1.00
SOR	1.00	1.00	1.00	0.00	0.00	1.00	1.00
ABC	1.00	0.00	1.00	0.00	0.00	0.00	1.00

Preference relation for BAS

	TRS	MZ8	CBM	APL	DAI	SOR	ABC
TRS	1.00	1.00	1.00	1.00	0.00	1.00	0.00
MZ8	1.00	1.00	1.00	1.00	0.00	1.00	1.00
CBM	0.00	0.00	1.00	0.00	0.00	1.00	0.00
APL	1.00	1.00	1.00	1.00	0.00	1.00	0.00
DAI	1.00	1.00	1.00	1.00	1.00	1.00	1.00
SOR	0.00	0.00	1.00	0.00	0.00	1.00	0.00
ABC	1.00	1.00	1.00	1.00	0.00	1.00	1.00

Preference relation for HWQ

	TRS	MZ8	CBM	APL	DAI	SOR	ABC
TRS	1.00	1.00	1.00	0.00	1.00	0.00	0.00
MZ8	1.00	1.00	1.00	1.00	1.00	0.00	1.00
CBM	1.00	1.00	1.00	0.00	1.00	0.00	0.00
APL	1.00	1.00	1.00	1.00	1.00	1.00	1.00
DAI	1.00	0.00	1.00	0.00	1.00	0.00	0.00
SOR	1.00	1.00	1.00	1.00	1.00	1.00	1.00
ABC	1.00	1.00	1.00	1.00	1.00	1.00	1.00

Preference relation for PSE

	TRS	MZ8	CBM	APL	DAI	SOR	ABC
TRS	1.00	1.00	1.00	0.00	1.00	0.99	1.00
MZ8	0.00	1.00	1.00	0.00	1.00	0.00	0.00
CBM	0.17	1.00	1.00	0.00	1.00	0.00	0.00
APL	1.00	1.00	1.00	1.00	1.00	1.00	1.00
DAI	0.42	1.00	1.00	0.00	1.00	0.00	0.00
SOR	1.00	1.00	1.00	0.00	1.00	1.00	1.00
ABC	1.00	1.00	1.00	0.00	1.00	1.00	1.00

Preference relation for EMH

	TRS	MZ8	CBM	APL	DAI	SOR	ABC
TRS	1.00	1.00	1.00	0.00	1.00	1.00	1.00
MZ8	1.00	1.00	0.00	0.00	1.00	0.00	1.00
CBM	1.00	1.00	1.00	0.00	1.00	1.00	1.00
APL	1.00	1.00	1.00	1.00	1.00	1.00	1.00
DAI	1.00	1.00	0.00	0.00	1.00	0.00	1.00
SOR	1.00	1.00	1.00	0.00	1.00	1.00	1.00
ABC	1.00	1.00	0.00	0.00	1.00	0.00	1.00

Preference relation for SWA

	TRS	MZ8	CBM	APL	DAI	SOR	ABC
TRS	1.00	1.00	1.00	1.00	1.00	1.00	1.00
MZ8	0.00	1.00	0.00	0.00	1.00	1.00	1.00
CBM	1.00	1.00	1.00	1.00	1.00	1.00	1.00
APL	1.00	1.00	1.00	1.00	1.00	1.00	1.00
DAI	0.00	1.00	0.00	0.00	1.00	0.00	1.00
SOR	0.00	1.00	1.00	0.00	1.00	1.00	1.00
ABC	0.00	1.00	0.00	0.00	1.00	1.00	1.00

Tab. 3

Incompensation relation for PMA

	TRS	MZ8	CBM	APL	DAI	SOR	ABC
TRS	0.00	0.00	0.00	0.00	0.00	0.00	0.00
MZ8	0.23	0.00	0.00	0.00	0.00	0.00	0.00
CBM	0.47	0.00	0.00	0.00	0.00	0.00	0.00
APL	1.00	0.53	0.27	0.00	0.00	0.00	0.00
DAI	1.00	0.02	0.00	0.00	0.00	0.00	0.00
SOR	1.00	0.53	0.27	0.00	0.00	0.00	0.00
ABC	1.00	0.92	0.73	0.00	0.01	0.00	0.00

Incompensation relation for GRA

	TRS	MZ8	CBM	APL	DAI	SOR	ABC
TRS	0.00	0.50	0.00	1.00	1.00	1.00	0.00
MZ8	0.00	0.00	0.00	1.00	1.00	0.00	0.00
CBM	0.00	0.00	0.00	1.00	1.00	1.00	0.00
APL	0.00	0.00	0.00	0.00	0.00	0.00	0.00
DAI	0.00	0.00	0.00	0.00	0.00	0.00	0.00
SOR	0.00	0.00	0.00	0.00	0.50	0.00	0.00
ABC	0.00	0.50	0.00	1.00	1.00	1.00	0.00

Incompensation relation for BAS

	TRS	MZ8	CBM	APL	DAI	SOR	ABC
TRS	0.00	0.00	0.00	0.00	1.00	0.00	0.00
MZ8	0.00	0.00	0.00	0.00	0.50	0.00	0.00
CBM	0.00	0.50	0.00	0.00	1.00	0.00	1.00
APL	0.00	0.00	0.00	0.00	1.00	0.00	0.00
DAI	0.00	0.00	0.00	0.00	0.00	0.00	0.00
SOR	0.00	0.50	0.00	0.00	1.00	0.00	1.00
ABC	0.00	0.00	0.00	0.00	0.00	0.00	0.00

Incompensation relation for HWQ

	TRS	MZ8	CBM	APL	DAI	SOR	ABC
TRS	0.00	0.00	0.00	0.00	0.00	1.00	0.00
MZ8	0.00	0.00	0.00	0.00	0.00	0.00	0.00
CBM	0.00	0.00	0.00	0.00	0.00	1.00	0.00
APL	0.00	0.00	0.00	0.00	0.00	0.00	0.00
DAI	0.00	0.00	0.00	1.00	0.00	1.00	1.00
SOR	0.00	0.00	0.00	0.00	0.00	0.00	0.00
ABC	0.00	0.00	0.00	0.00	0.00	0.00	0.00

Incompensation relation for PSE

	TRS	MZ8	CBM	APL	DAI	SOR	ABC
TRS	0.00	0.00	0.00	0.60	0.00	0.00	0.00
MZ8	0.08	0.00	0.00	1.00	0.00	0.55	0.29
CBM	0.00	0.00	0.00	1.00	0.00	0.16	0.02
APL	0.00	0.00	0.00	0.00	0.00	0.00	0.00
DAI	0.00	0.00	0.00	1.00	0.00	0.10	0.00
SOR	0.00	0.00	0.00	0.11	0.00	0.00	0.00
ABC	0.00	0.00	0.00	0.33	0.00	0.00	0.00

Incompensation relation for EMH

	TRS	MZ8	CBM	APL	DAI	SOR	ABC
TRS	0.00	0.00	0.00	1.00	0.00	0.00	0.00
MZ8	0.30	0.00	0.00	1.00	0.00	0.00	0.00
CBM	0.00	0.00	0.00	0.00	0.00	0.00	0.00
APL	0.30	0.00	0.00	0.00	0.00	0.00	0.00
DAI	0.00	0.00	0.00	1.00	0.00	0.00	0.00
SOR	0.00	0.00	0.00	0.00	0.00	0.00	0.00
ABC	0.00	0.00	0.00	1.00	0.00	0.00	0.00

Incompensation relation for SWA

	TRS	MZ8	CBM	APL	DAI	SOR	ABC
TRS	0.00	0.00	0.00	0.00	0.00	0.00	0.00
MZ8	1.00	0.00	0.00	1.00	0.00	0.00	0.00
CBM	0.00	0.00	0.00	0.00	0.00	0.00	0.00
APL	0.00	0.00	0.00	0.00	0.00	0.00	0.00
DAI	1.00	0.00	1.00	1.00	0.00	0.00	0.00
SOR	0.00	0.00	0.00	0.00	0.00	0.00	0.00
ABC	1.00	0.00	0.00	1.00	0.00	0.00	0.00

Concordance Matrix

	TRS	MZ8	CBM	APL	DAI	SOR	ABC
TRS	1.00	0.84	1.00	0.43	0.76	0.59	0.68
MZ8	0.54	1.00	0.92	0.65	0.76	0.43	0.89
CBM	0.50	0.76	1.00	0.35	0.76	0.49	0.57
APL	0.68	0.68	0.68	1.00	0.85	1.00	0.92
DAI	0.59	0.43	0.64	0.57	1.00	0.57	0.65
SOR	0.57	0.59	0.68	0.57	0.69	1.00	0.92
ABC	0.65	0.51	0.59	0.65	0.43	0.78	1.00

Discordance Matrix

	TRS	MZ8	CBM	APL	DAI	SOR	ABC
TRS	0.00	0.50	0.00	1.00	1.00	1.00	0.00
MZ8	1.00	0.00	0.00	1.00	1.00	0.55	0.29
CBM	0.47	0.50	0.00	1.00	1.00	1.00	1.00
APL	1.00	0.53	0.27	0.00	1.00	0.00	0.00
DAI	1.00	0.02	1.00	1.00	0.00	1.00	1.00
SOR	1.00	0.76	0.27	0.11	1.00	0.00	1.00
ABC	1.00	0.96	0.73	1.00	1.00	1.00	0.00

Outranking relation

	TRS	MZ8	CBM	APL	DAI	SOR	ABC
TRS	1.00	0.42	1.00	0.00	0.00	0.00	0.68
MZ8	0.00	1.00	0.92	0.00	0.00	0.19	0.63
CBM	0.27	0.38	1.00	0.00	0.00	0.00	0.00
APL	0.00	0.32	0.49	1.00	0.00	1.00	0.92
DAI	0.00	0.43	0.00	0.00	1.00	0.00	0.00
SOR	0.00	0.14	0.49	0.50	0.00	1.00	0.00
ABC	0.00	0.02	0.16	0.00	0.00	0.00	1.00

Equivalence structure

	TRS	MZ8	CBM	APL	DAI	SOR	ABC
TRS	1.00	0.00	0.00	0.00	0.00	0.00	0.00
MZ8	0.00	1.00	0.00	0.00	0.00	0.00	0.00
CBM	0.00	0.00	1.00	0.00	0.00	0.00	0.00
APL	0.00	0.00	0.00	1.00	0.00	0.50	0.00
DAI	0.00	0.00	0.00	0.00	1.00	0.00	0.00
SOR	0.00	0.00	0.00	0.50	0.00	1.00	0.00
ABC	0.00	0.00	0.00	0.00	0.00	0.00	1.00

Kernel structure:

acp.	TRS	MZ8	CBM	APL	DAI	SOR	ABC
1.00	1	1	0	1	1	0	1
0.95	1	1	0	1	1	0	1
0.90	1	1	0	1	1	0	0
0.85	1	1	0	1	1	0	0
0.80	1	1	0	1	1	0	0
0.75	1	1	0	1	1	0	0
0.70	1	1	0	1	1	0	0
0.65	1	1	0	1	1	0	0
0.60	1	1	0	1	1	0	0
0.55	1	1	0	1	1	0	0
0.50	1	1	0	1	1	1	0
grad	1.00	1.00	0.00	1.00	1.00	0.06	0.24

Tab. 4

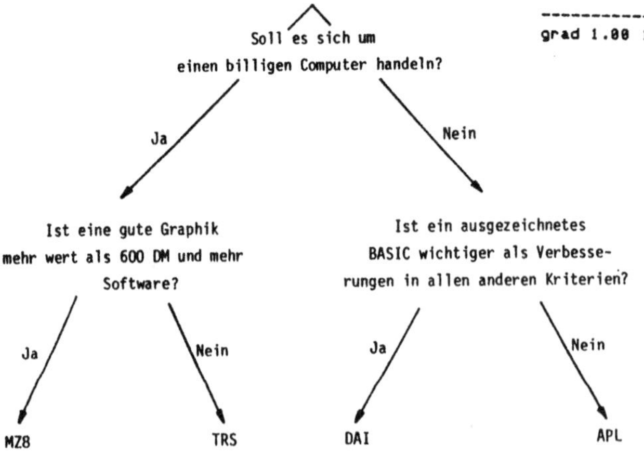

Abb. 1
Der Entscheidungsvorschlag

aufgeführten Entscheidungsvorschlag (der sich übrigens auch bei Gewichtungsänderungen als sehr stabil erwies). Unser Kollege war mit diesem Vorschlag zufrieden; er fand, daß ihn unsere Methode mit äußerst geringem Datenaufwand auf die wesentlichen Punkte seines Entscheidungsproblems gelenkt hatte, und er über diese nun noch in Ruhe nachdenken konnte. Es sei nur der Vollständigkeit halber erwähnt, daß die endgültige Entscheidung dann zwischen TRS und APL zugunsten von APL getroffen wurde.

5. Schlußbemerkungen

Prävalenzverfahren stellen ein relevantes Hilfsmittel der Entscheidungshilfe bei Multikriteria-Entscheidungssituationen dar und haben sich in einer Vielzahl von praktischen Anwendungen bewährt [5]. Für das hier vorgestellte sehr allgemeine und axiomatisch fundierte Prävalenzverfahren ist ein Computerprogramm in BASIC erstellt worden [4], und zwar für einen Mikrocomputer vom Typ TRS 80 (Level II). Dabei erfolgt die Dateneingabe und das Schätzen der Schwellenwerte, der Gewichte und der qualitativen Wahrscheinlichkeiten im Dialog mit dem Rechner, so daß beim Benutzer keinerlei mathematischer Hintergrund erforderlich ist. Gegenwärtig wird dieses Computerprogramm erweitert für eine Robustheitsanalyse bezüglich der geschätzten Parameter, also der Schwellen, der Gewichte und der Wahrscheinlichkeiten. In Erweiterung des hier dargestellten Verfahrens ergeben sich dann graduelle Kernstrukturen und Erwartungswerte in der Äquivalenzstruktur.

6. Literatur

[1] Eisenführ, F., 1982, Entscheidungstheorie aus betriebswirtschaftlicher Sicht. Referat zur 11. Jahrestagung der DGOR, 22. - 24. Sept. 1982

[2] Roy, B., 1980, Selektieren, Sortieren und Ordnen mit Hilfe von Prävalenzrelationen: Neue Ansätze auf dem Gebiet der Entscheidungshilfe für Multikriteria-Probleme. (Deutsche Bearbeitung und Erweiterung: H.-M. Winkels und A. Jaeger) Zfbf 32, 465-497

[3] Winkels, H.-M., 1982, An Axiomatic Approach for Constructing Outranking Relations. Working Papers on Economathematics No. 8201, Abteilung für Wirtschaftswissenschaft und Abteilung für Mathematik, Ruhr-Universität, D-4630 Bochum

[4] Winkels, H.-M.; Colman, R., 1982, An Interactive Algorithm for Constructing and Using Outranking Relations. Working Papers on Economathematics No. 8219, Abteilung für Wirtschaftswissenschaft und Abteilung für Mathematik, Ruhr-Universität, D-4630 Bochum

[5] Winkels, H.-M.; G. Wäscher, 1981, Outranking Approaches: An Integrated Survey and a Bibliography. Working Papers on Economathematics No. 8107, Abteilung für Wirtschaftswissenschaft und Abteilung für Mathematik, Ruhr-Universität, D-4630 Bochum

[6] Winkels, H.-M.; G. Wäscher, 1981, Konstruktion von Prävalenzrelationen. In: Fandel, G. et. al. (Hrsg.) Operations Research Proceedings 1980. Springer, Berlin-Heidelberg, 106 - 112

EFFIZIENZPROJEKTIONEN ALS GRAPHISCHE ENTSCHEIDUNGSHILFE FÜR LINEARE MULTIKRITERIA-MODELLE

(Kurzfassung)

Heinz-Michael Winkels, Bochum

Zusammenfassung. Sei $C\cdot x \rightarrow$ Max!, $A\cdot x \leqq b$, $x \geqq 0$ ein lineares Optimierungssystem mit mehrfacher Zielsetzung. Es wird gezeigt, wie mit den bekannten Techniken der 1- und 2-parametrischen linearen Optimierung in einfacher Weise signifikante Computergraphiken erzeugbar sind. Es ergeben sich Bilder, die für alle Konstellationen von Anspruchsniveaus in ein oder zwei Kriterien effiziente Lösungsprofile angeben.

Summary. Let $C\cdot x \rightarrow$ Max!, $A\cdot x \leqq b$, $x \geqq 0$ denote a multiple objective linear programming system. A method is presented for deriving significant computer graphics by means of the well known techniques of one and two parametric linear programming. Figures are generated which indicate efficient solution profiles for every constellation of aspiration levels in one or two criteria.

Gegeben sei ein lineares Optimierungssystem mit mehrfacher Zielsetzung

$$\sum_{j=1}^{n} {}_iC_j\cdot x_j \rightarrow \text{max!} \quad : i = 1,\dots,l$$

$$\sum_{j=1}^{n} {}_kA_j\cdot x_j \leqq b_k \quad : k = 1,\dots,m \qquad \text{(I)}$$

$$x_j \geqq 0 \quad : j = 1,\dots,n\ .$$

Durch die Einführung von Kriteriengewichten $w_1,\dots,w_l \geqq 0$ und Anspruchsniveaus $v_1,\dots,v_l \in \mathbb{R}$ läßt sich dieses Multikriteria-System (I) zurückführen auf das gewöhnliche Maximierungssystem:

$$\sum_{i=1}^{l}\sum_{j=1}^{n} w_i\cdot {}_iC_j\cdot x_j \rightarrow \text{max!}$$

$$\sum_{j=1}^{n} {}_iC_j\cdot x_j \geqq v_i \quad : i = 1,\dots,l$$

$$\sum_{j=1}^{n} {}_kA_j\cdot x_j \leqq b_k \quad : k = 1,\dots,m \qquad \text{(II)}$$

$$x_j \geqq 0 \quad : j = 1,\dots,n\ .$$

In diesem System können die Gewichte w_i : $i = 1,\dots,l$ und die Anspruchsniveaus v_i :

Operations Research Proceedings 1982

$i = 1,\dots,l$ als Parameter aufgefaßt werden. Bezüglich einer festen Gewichtung $w = (w_1^*,\dots,w_l^*)$ gilt dabei der folgende bekannte Satz:

Satz: Ist x eine optimale Lösung von (II) bzgl. $v = (v_1,\dots,v_l)$, so ist x eine effiziente Lösung von (I).

Eine Konsequenz dieses Satzes ist, daß sich jede effiziente Lösung von (I) durch Variation der Anspruchsniveaus erzeugen läßt.

Es kommt im weiteren nun darauf an, die Anzahl der in (II) auftretenden Parameter auf eine handliche Größe zu verringern.

Die einfachste Möglichkeit hierzu besteht darin, zunächst die Gewichte festzusetzen und ferner alle Anspruchsniveaus bis auf ein einziges, etwa v_i. Damit erhalten wir ein klassisches lineares Optimierungssystem mit einem einzigen Parameter in der rechten Seite. Mit der bekannten Technik der einparametrischen linearen Optimierung läßt sich dann jedem Parameter v_i innerhalb eines vorgegebenen Parameterbereiches $[v_i^{min}, v_i^{max}]$ eine optimale Lösung $x(v_i)$ und somit ein effizientes Kriterienprofil $z(v_i) = C \cdot x(v_i)$ zuordnen.

Eine andere einfache Möglichkeit, die Anzahl der Parameter in (II) auf einen einzigen zu reduzieren, besteht darin, zwei zulässige Anspruchsniveaus $v^o = (v_1^o,\dots,v_l^o)$ und $v^{oo} = (v_1^{oo},\dots,v_l^{oo})$ zu benutzen. Fixieren wir wiederum die Gewichte und betrachten nur noch Anspruchsniveaus auf der Verbindungslinie von v^o und v^{oo}, so ergibt sich wieder ein Optimierungssystem mit einem einzigen Parameter t in der rechten Seite, der dieses Mal die Schrittweite von v^o nach v^{oo} angibt.

Diese beiden genannten prinzipiellen Möglichkeiten lassen sich natürlich auch auf den Fall von zwei Parametern übertragen.

Mit Hilfe ein- oder zwei-parametrischer linearer Optimierung ist es nun also möglich:

(1) jedem Punkt auf der Verbindungslinie von zwei Profilen von Anspruchsniveaus eine effiziente Lösung zuzuordnen, welche diesem Punkt als Anspruchsniveau genügt,

(2) jedem Anspruchsniveau in einem Kriterium eine effiziente Konstellation der anderen Kriterien zuzuordnen,

(3) jedem Paar von Anspruchsniveaus in zwei Kriterien eine effiziente Konstellation der anderen Kriterien zuzuordnen,

(4) jedem Punkt zwischen drei Profilen von Anspruchsniveaus eine effiziente Lösung zuzuordnen, welche diesem Punkt als Anspruchsniveau genügt.

Diese Technik läßt sich nun sofort benutzen, um die gesamte effiziente Spannbreite eines oder zweier Kriterien zu visualisieren (siehe Winkels [1]). Ferner lassen sich Effizienzprojektionen in interaktiven Verbesserungsschritten verwenden, um darzustellen, wie sich Kriterienausprägungen sukzessive beim Übergang von einer Ausgangslösung zu einer Kompromißlösung verändern (siehe Winkels [1] oder Winkels/Meika [2]).

Für die eindimensionalen Effizienzprojektionen sind Computer-Programme in FORTRAN 77 und in PASCAL erstellt worden und auf einer CYBER 175 implementiert. Der Algorithmus dient als Unterprogramm in einem allgemeinen Multikriteria-Baukasten-System [1] und ferner zur Verbesserung des interaktiven Gradientenverfahrens von Geoffrion [2]. Für weitere technische Einzelheiten verweisen wir auf [1] und [2]. Gegenwärtig wird die zweidimensionale Effizienzprojektion ebenfalls in PASCAL fertiggestellt und außerdem eine BASIC-Version für einen Mikrocomputer vom Typ Genie III.

Literatur

[1] Winkels, H.-M., 1982, A Graphical Subroutine for Multiobjective Linear Programming. Working Papers on Economathematics No. 8206, Abteilung für Wirtschaftswissenschaft und Abteilung für Mathematik, Ruhr-Universität, D-4630 Bochum, eingereicht zur Publikation in OR-Spektrum.

[2] Winkels, H.-M.; Meika, M., 1982, An Integration of Efficiency Projections into the Geoffrion Approach for Multiobjective Linear Programming. Working Papers on Economathematics No. 8207, Abteilung für Wirtschaftswissenschaft und Abteilung für Mathematik, Ruhr-Universität, D-4630 Bochum, erscheint in European Journal of Operational Research.

ZUR ANALYSE VEKTORIELLER LINEARER ENTSCHEIDUNGSMODELLE

Reinhard Weber, Saarbrücken

Entscheidungsmodelle mit mehreren Zielfunktionen, Vektoroptimierungsprobleme genannt, sind in den letzten Jahren sowohl unter formal-analytischen als auch unter entscheidungstheoretischen Gesichtspunkten, insbesondere seitens der Betriebswirtschaftslehre, untersucht worden. Darüber hinaus wurden Lösungsansätze, sowohl Kompromißprogramme als auch interaktive Verfahren, zur Lösung vektorieller Entscheidungsmodelle mit hauptsächlich linearen Zielfunktionen diskutiert und bereits auf reale Problemstellungen angewandt. Exemplarisch sei hier auf die zusammenfassenden Darstellungen von Isermann [1979] und Dinkelbach [1982] verwiesen.

Das Zielsystem eines Entscheidungsträgers beinhaltet bekanntlich Nutzenfunktionen, die mehr oder weniger von Approximierungs- und Satisfizierungswerten, sowie sonstigen Schwellen- bzw. Fühlbarkeitsgrenzen gekennzeichnet sind. Berücksichtigt man also in einem linearen Vektoroptimierungsproblem solche Werte - dies kann unter anderem zu stückweise linearen Zielfunktionssystemen führen - so resultiert hieraus eine im allgemeinen nichtlineare und zum Teil nicht konkave Aufgabenstellung. Ziel dieses Beitrages ist daher die formale Analyse von Vektoroptimierungsproblemen, die aus vektoriellen linearen Entscheidungsmodellen bei der zusätzlichen Berücksichtigung unterschiedlicher Ziele, insbesondere Satisfizierungs- und Approximierungsziele, resultieren. Dabei geht es auch um monotone bzw. streng monotone Transformationen von Vektoroptimierungsproblemen. Darüber hinaus zeigt sich in diesem Zusammenhang, daß die bisherigen Lösungsansätze seitens der Theorie der unscharfen Mengen zur Lösung multikriterieller Entscheidungsmodelle, die unter anderem von Zimmermann [1978] und Leberling [1981] aufgestellt wurden, keine neuen Ansätze zur Lösung solcher Aufgabenstellungen darstellen (vergleiche die Ausführungen von Dyson [1980] und insbesondere Weber [1982a]).

Nachfolgende im Bildbereich betrachtete Funktionsverläufe können dabei einem Satisfizierer (A) bzw. Approximierer (B) unterstellt werden. Diese Nutzenfunktionen wurden teilweise bereits in der Literatur diskutiert. z_i'' bezeichnet hierbei das nicht zu unterschreitende (vgl. (A)) bzw. angestrebte (vgl. (B)) Zielniveau der i-ten linearen Zielfunktion $z_i(x)$, z_i' das mindestens zu erreichende (unterer Schwellenwert) bzw. z_i''' das nicht zu überschreitende Zielniveau (oberer Schwellenwert) und $\mu_i(x)$ die betrachtete Nutzenfunktion.

Operations Research Proceedings 1982

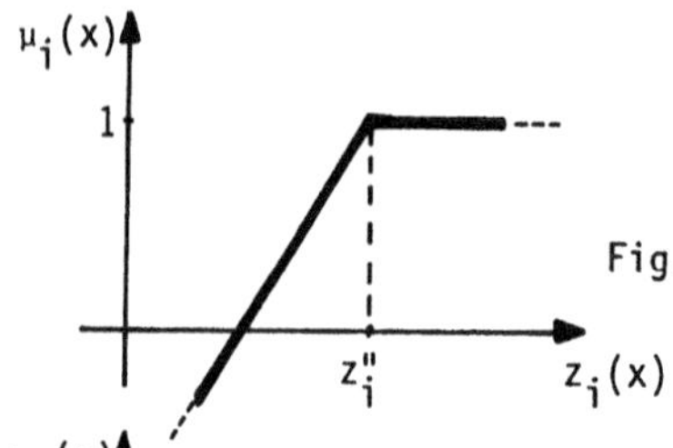

Fig.1A

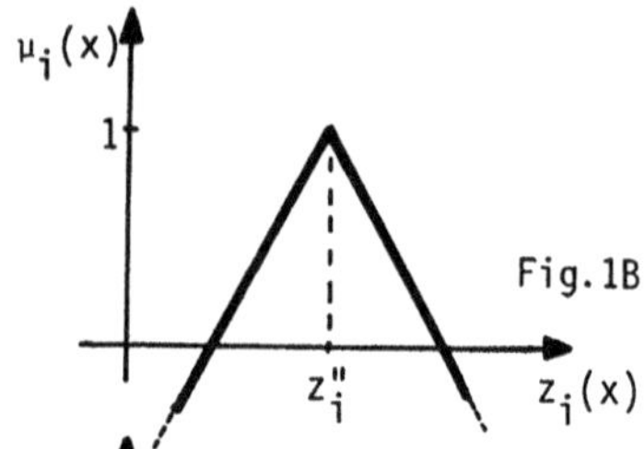

Fig.1B

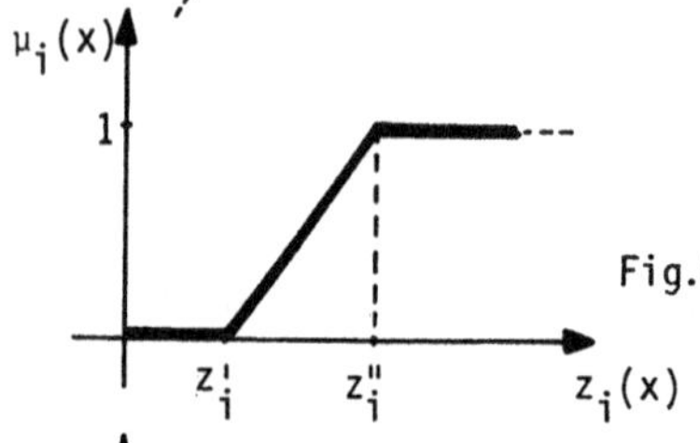

Fig.2A

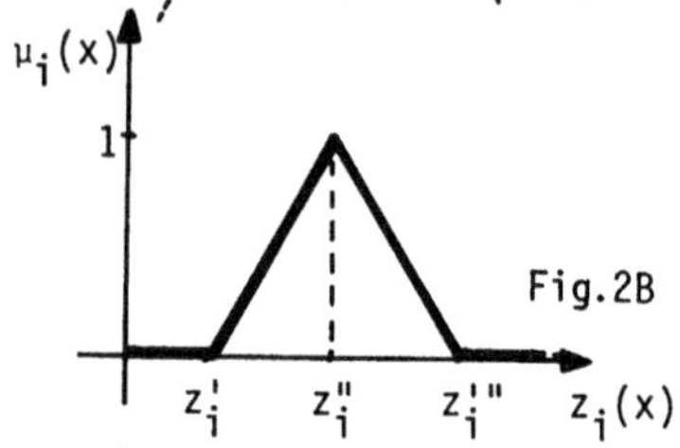

Fig.2B

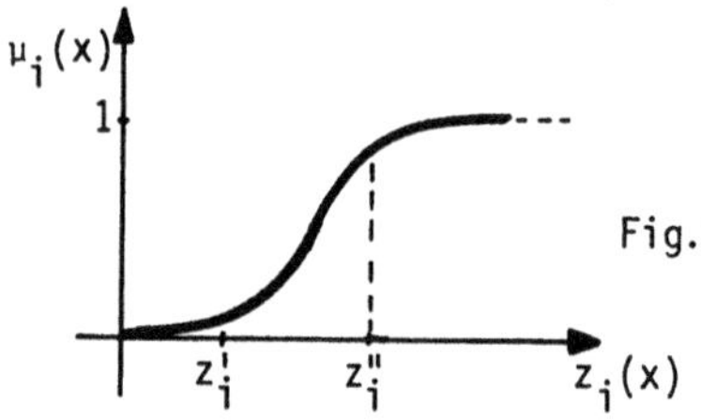

Fig.3A

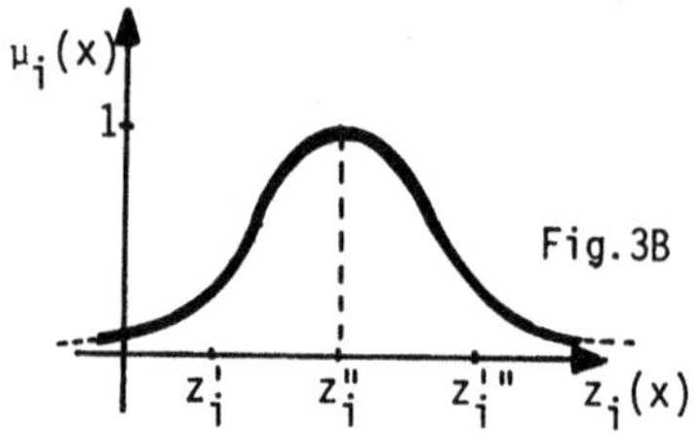

Fig.3B

Die Normierung auf eins ist dabei rein willkürlich gewählt worden. Während Nutzenfunktionen mit einem Schwellenwert (Fig.1A/B) von z.B. Isermann [1974] untersucht wurden, beschäftigt sich die Theorie der unscharfen Mengen mit dem Vorhandensein von mehreren Schwellenwerten (Fig.2A/B und Fig.3A/B), also nichtlinearen, nicht konkaven sondern lediglich quasi- bzw. pseudokonkaven als auch monotonen Kurvenverläufen. Zu weiteren Ausführungen hierzu vgl. Weber [1982b].

Literatur

Dyson, R.G.: Maximin Programming, Fuzzy Linear Programming and Multi-Criteria Decision Making. JORS 31 [1980] 263-267.

Dinkelbach, W.: Entscheidungsmodelle. Berlin, de Gruyter 1982.

Isermann, H.: Lösungsansätze zum Entscheidungsproblem des Satisfizierers bei mehrfacher Zielsetzung. Proceedings in Operations Research 3 [1974] 64-74.

Isermann, H.: Strukturierung von Entscheidungsprozessen bei mehrfacher Zielsetzung. OR-Spektrum 1 [1979] 3-26.

Leberling, H.: On Finding Compromise Solutions in Multicriteria Problems Using the Fuzzy Min-Operator. FUSS 6 [1981] 105-118.

Weber, R.: Entscheidungsprobleme bei Unsicherheit und mehrfacher Zielsetzung. Königstein/Ts., Hain 1982a.

Weber, R.: Pseudomonotonic Multiobjective Programming. Discussion Papers, Department of Economics, University of Saarland. B 8203. Saarbrücken 1982b.

Zimmermann, H.-J.: Fuzzy Programming and Linear Programming with Several Objective Functions. FUSS 1 [1978] 45-55.

Zur Lösbarkeit von Vorentscheidungsproblemen

Reinhard H. Schmidt, Göttingen

Zusammenfassung: In dem Beitrag wird untersucht, ob sich Vorentscheidungsprobleme mit dem Instrumentarium der Entscheidungstheorie lösen lassen. Betrachtet werden die Vorentscheidung über die (optimale) Informationsbeschaffung und die über die (optimale) Veränderung der Komplexität des Entscheidungskalküls. Die Gegenüberstellung der formalen Strukturen der beiden Vorentscheidungskalküle zeigt weitgehende Entsprechungen. Anders als die Informationsentscheidung läßt sich die Komplexionsentscheidung jedoch nicht sinnvoll interpretieren und lösen, solange nur eine Sequenz aus Vor- und Sachentscheidung betrachtet wird und solange beide Entscheidungen von derselben Person getroffen werden. Der Grund für diese Unmöglichkeit ist ein logischer Zirkel im Komplexionskalkül. Abschließend wird gezeigt, wie sich der Zirkel vermeiden und der Komplexionskalkül auch praktisch sinnvoll deuten und lösen läßt.

Summary: The paper analyses parallels and differences between two fundamental problems of meta-decision theory, namely the choice of an (optimal) information system and the choice of an (optimal) modification or simplification of the decision model. It is demonstrated that the formal structures of the two meta-decision problems correspond exactly. However, due to a logical circle the problem of model selection cannot be interpreted and solved as long as one sequence of meta-decision and action choice is considered and as long as one person makes both decisions. In the concluding section, it is shown how the circularity can be avoided, thus giving an operational meaning to the problem of model selection and indicating ways towards practical solutions.

I. Problemstellung

Es gibt Sachentscheidungen und Vorentscheidungen. Bei Sachentscheidungen geht es darum, für ein in vorgegebener Weise beschriebenes Entscheidungsproblem nach einer bestimmten Entscheidungsregel die optimale(n) Handlungsmöglichkeit(en) auszuwählen. Bei Vorentscheidungen geht es darum, zu entscheiden, ob die Sachentscheidung unmittelbar getroffen werden soll oder ob erst die wahrgenommene Entscheidungssituation verändert werden soll. Zwei Veränderungen kommen in Betracht:[1)]

(1) Der Entscheider könnte zusätzliche Information beschaffen, ehe er die Sachentscheidung trifft. Diese Vorentscheidung heißt Informationsentscheidung. Sie soll zu einem "Informationsoptimum" führen.

(2) Der Entscheider könnte seinen Kalkül verändern, ehe er die Sachentscheidung trifft. Mit 'Kalkül' werden die Regeln bezeichnet, die die Erfassung und die Lösung eines Entscheidungsproblems betreffen. Häufig, wenn auch nicht immer, lassen sich Entscheidungskalküle nach ihrer Komplexität ordnen. Daher spricht die deutsche Literatur von der Komplexionsentscheidung. Sie soll zu einem "Komplexionsoptimum" führen.

Operations Research Proceedings 1982

Die beiden genannten Vorentscheidungen sind Gegenstand der Meta-Entscheidungstheorie. In ihr wird seit Jahren diskutiert, ob es die Entscheidungstheorie erlaubt, in exakter Weise bestimmte optimale Vorentscheidungen zu treffen. Bezüglich der Informationsentscheidung besteht nahezu Konsens, daß sie entscheidungstheoretisch exakt getroffen werden kann. Bezüglich der Komplexionsentscheidung divergieren die Meinungen. Von einigen Autoren werden dabei die Entsprechungen zur Informationsentscheidung nicht gesehen, während andere den prinzipiellen Unterschied, der trotz formaler Entsprechungen besteht, nicht zu erkennen scheinen.[2)] Die Entsprechungen und Unterschiede sollen im folgenden herausgearbeitet werden, um zu zeigen, daß es für das Komplexionsproblem zwar nicht wie für das Informationsproblem exakte und zugleich praktisch nützliche Lösungen gibt, daß sich aber Wege zu organisationstheoretisch relevanten pragmatischen Lösungen finden lassen.

II. Die formale Struktur von Vorentscheidungen

1) Die formale Struktur von Entscheidungen

Ein Entscheidungsproblem kann gekennzeichnet werden durch

- eine Menge von Handlungsalternativen: $A=(a_1,\dots a_m)$,
- eine Menge von Umweltzuständen: $S=(s_1,\dots s_n)$,
- ein Wahrscheinlichkeitsmaß für die Umweltzustände: $p(s)$, $s \in S$,
- eine Menge von Ergebnissen, die je einem Paar von Handlungsalternativen und Umweltzuständen zugeordnet sind:

  $$X=(x=x|a,s),\ a\in A,\quad s\in S\ ,$$
- eine Bewertungsfunktion, die über die Ergebnisse definiert ist: $U(x|a,s)$,
- eine Zielfunktion, die die Auswirkung einer Handlungsmöglichkeit auf die Zielerreichung mißt, und
- eine Zielvorschrift, in der Regel die Vorschrift "max!".

Für die kurze Kennzeichnung eines gegebenen Entscheidungsproblems genügt der Vektor

(1) $$V = (A,S,p,U)\ .$$

Eine Sachentscheidung besteht darin, die optimale Handlungsmöglichkeit $a^* \in A$ zu bestimmen. a^* ist, bei Geltung der Bernoullikriteriums, als Lösung von (2) definiert; a^* maximiert den Zielfunktionswert Z:

(2) $$Z^* = Z(a^*) = \max_{a\in A} \sum_{s\in S} U(x|a,s)p(s) = \sum_{s\in S} U(x|a^*,s)p(s)\ .$$

Das Entscheidungsproblem (1) bzw. (2) ist insofern vereinfacht, als A, S und p als gegeben angesehen werden. Sie ergeben sich aus einem Informationssystem. Es sei mit η bezeichnet. Auch der Kalkül wird als gegeben angenommen. Er sei mit κ bezeichnet. Ausführlicher kann daher statt (1) geschrieben werden:

(3) $$\bar{V} = (A,S,U,\eta,\kappa)\ .$$

2) Die formale Struktur der Informationsentscheidung

Ein Entscheidungsproblem sei in der Form (3) gegeben. Zielsetzung sei die Maximierung des erwarteten Nutzens. Handlungsmöglichkeiten, Umweltzustände und Ergebnisse seien bekannt. Unsicher ist nur, welcher Umweltzustand eintreten wird. Information ist alles, was die Eintrittswahrscheinlichkeiten verändert. Es gibt ein Informationssystem η, das die Signale $y \in Y$ zu beobachten erlaubt. $p(y|s)$ sind die Wahrscheinlichkeiten dafür, daß das Informationssystem das Signal y abgibt, wenn s der Zustand ist. Mit Hilfe des Theorems von Bayes lassen sich die bedingten Wahrscheinlichkeiten dafür errechnen, daß der Zustand s vorliegt, wenn das Signal y gegeben wird. Da diese Wahrscheinlichkeit von der Beschaffenheit des Informationssystems abhängt, kann man sie ausführlicher mit $p(s|y,\eta)$ bezeichnen.

Wie der Wert eines Informationssystems berechnet wird, ist bekannt. Geht aus dem Informationssystem η das Signal y ein, wird die bedingt optimale Handlungsmöglichkeit a^* mit dem (bedingten) Zielfunktionswert $Z^*(y)$ ausgewählt:

$$(4)\quad Z^*(y) = Z(a^*|y,\eta) = \max_{a\in A} \sum_{s\in S} U(x|a,s)p(s|y,\eta) = \sum_{s\in S} U(x|a^*,s)p(s|y,\eta) \quad .$$

Da unsicher ist, welches Signal eingeht, wenn man das Informationssystem benutzt, ist der Erwartungswert über die möglichen Signale zu bilden, um den Zielfunktionswert $Z^*(\eta)$ zu berechnen, der dem Informationssystem zugeordnet werden kann:

$$(5)\quad Z^*(\eta) = \sum_{y\in Y} Z^*(y)p(y|\eta) = \sum_{y\in Y} \max_{a\in A} [\sum_{s\in S} U(x|a,s)p(s|y,\eta)]\, p(y|\eta) \quad .$$

$Z^*(\eta)$ ist mit Z^* zu vergleichen, und die Differenz kann den Kosten des Informationssystems gegenübergestellt werden. Wie zuerst Marschak (1954) bewiesen hat, ist im Rahmen der genannten Voraussetzungen der Wert kostenloser Information nie negativ, weil ja auch nach Informationszugang immer noch die Handlungsmöglichkeit ergriffen werden kann, die auch ohne zusätzliche Information ergriffen worden wäre.

Um den späteren Vergleich mit dem Komplexionsproblem vorzubereiten, ist Gleichung (5) umzuformen. Welche Handlungsmöglichkeit nach Informationszugang gewählt wird, weil sie optimal erscheint, hängt von dem Signal und von dem Informationssystem ab. Da die zustandsbedingten Wahrscheinlichkeiten für das Auftreten der Signale und die Wahrscheinlichkeiten für die Zustände als bekannt gelten, lassen sich auch die bedingten Wahrscheinlichkeiten dafür ausrechnen, daß eine Handlungsmöglichkeit gewählt wird, wenn ein Zustand s vorliegt. Sie sind $p(a|s,\eta)$. Statt (5) läßt sich dann auch schreiben (Laux, 1982, S. 301):

$$(6)\quad Z^*(\eta) = \sum_{s\in S} [\sum_{a\in A} U(x|a,s)p(a|s,\eta)]\, p(s) \ .$$

Da der Erwartungswert in der eckigen Klammer jeweils für ein $s \in S$ gilt, läßt er sich direkt berechnen. Es liegt nun nahe, eine weitere - scheinbare - Vereinfachung vorzunehmen und zu schreiben:

(7) $$Z^*(\eta) = \sum_{a \in A} E[U(x|a,s)]\, p(a|\eta) \;.$$

Darin bezeichnen die $p(a|\eta)$ die unbedingten Wahrscheinlichkeiten dafür, daß bei Benutzung des Informationssystems η eine Handlungsmöglichkeit gewählt wird. Die Interpretation von (7) ist einfach: Der erwartete Nutzen, wenn eine Handlungsmöglichkeit gewählt wird, wird mit der Wahrscheinlichkeit dafür gewichtet, daß diese Handlungsmöglichkeit gewählt wird. Die Schwierigkeit bei Gleichung (7) besteht jedoch darin, daß nicht offensichtlich ist, mit welchen Wahrscheinlichkeiten die in die Durchschnittsbildung eingehenden bedingten Erwartungswerte zu berechnen sind. Die Erwartungswerte in (7)hängen ja von den Eintrittswahrscheinlichkeiten der Zustände ab,während bei denen in (6) die Zustände jeweils gegeben sind. Daher ist jeder der Erwartungswerte in (7) möglicherweise ein Durchschnitt. Er ist zu berechnen als

(8) $$E[U(x|a,s)] = \sum_{y^* \in Y^*} \sum_{s \in S} U(x|a,s)\, p(s|y^*,\eta) \frac{p(y^*|\eta)}{\sum_{y^* \in Y^*} p(y^*|\eta)} \;.$$

Der durch die Wahl einer Handlungsmöglichkeit bedingte Erwartungswert in (7) wird als gewogener Durchschnitt der entsprechenden durch die Signale y^* bedingten Erwartungswerte ausgedrückt. Diese lassen sich mit den durch die Signale y^* bedingten Zustandswahrscheinlichkeiten berechnen. Die y^* sind diejenigen Signale, die die betrachtete Handlungsmöglichkeit optimal erscheinen lassen. Der Bruch in (8) gibt die Gewichte an, mit denen die einzelnen signal-bedingten Erwartungswerte in die Durchschnittsbildung eingehen, die den von der Wahl einer Handlungsmöglichkeit bedingten Erwartungswert ergibt. Der Nenner des Bruches ist gleich $p(a|\eta)$; daher kann man (7) und (8) nicht als Vereinfachung von (5) ansehen. Aber Gleichung (7) hat einen klaren Sinn. Das wird für den späteren Vergleich mit dem Komplexionsproblem wichtig werden.

Ebenso läßt sich $Z^*(\eta)$ unmittelbar als gewogener Durchschnitt aller möglichen Ergebnisse ausdrücken. Die Gewichte sind die verbundenen Wahrscheinlichkeiten dafür, daß eine Handlungsmöglichkeit a gewählt wird und daß ein Zustand s eintritt. Diese Wahrscheinlichkeiten $p(a,s|\eta)$ hängen von den Eigenschaften des Informationssystems ab.

(9) $$Z^*(\eta) = \sum_{a,s \in A \times S} U(x|a,s)\, p(a,s|\eta) \;.$$

3) Die formale Struktur der Komplexionsentscheidung

Wie wirkt sich eine Kalküländerung aus, und wie sind diese Auswirkungen zu messen und zu bewerten? Eine mögliche Folge der Kalküländerung ist, daß statt der Handlungsmöglichkeit a^* eine andere Handlungsmöglichkeit a' gewählt wird. Bewertet werden Kalküle anhand der Auswirkungen, die ihre Anwendung gegebenenfalls auf die Zielerreichung hätte. Der Maßstab ist immer der komplexeste Kalkül[3]. Gemessen an ihm ist jede Kalküländerung als Vereinfachung zu betrachten, deren Auswirkung, die Wahl von $a'(\kappa)$, innerhalb des komplexesten Kalküls bewertet wird. Um Komplexionsentscheidungen von

Informationsentscheidungen zu trennen, werden die Wahrscheinlichkeiten für die Zustände als unverändert behandelt. Zwei Fälle sind zu unterscheiden: Im ersten Fall sei mit Sicherheit bekannt, zu welcher Alternativenwahl die Kalküländerung führt. Der Zielfunktionswert $Z'(\kappa)$ bei verändertem (vereinfachtem) Kalkül ist

$$(10) \qquad Z'(\kappa) = \sum_{s \in S} U(x|a',s)p(s) \; .$$

Die Differenz zwischen Z^* und $Z'(\kappa)$ ist nie negativ. Dieser Verlust infolge der Vereinfachung kann möglicherweise einer Ersparnis an Entscheidungskosten gegenübergestellt werden. Im zweiten Fall sei nicht sicher, welche Handlungsmöglichkeit mit dem veränderten Kalkül gewählt wird. a' wird dann eine Zufallsvariable, die - je nach den Bedingungen des konkreten Entscheidungsproblems in anderer Weise - von κ abhängt.

Die Zielgröße $Z'(\kappa)$ läßt sich jedenfalls als Erwartungswert der möglichen Ergebnisse, berechnet mit den Wahrscheinlichkeiten ihres Eintreffens, $p(a,s|\kappa)$, ausdrücken. Diese verbundenen Wahrscheinlichkeiten für die Wahl von a und das Eintreten von s sind auch von dem Kalkül abhängig. Man erhält

$$(11) \qquad Z'(\kappa) = \sum_{a,s \in AxS} U(x|a,s)p(a,s|\kappa) \; .$$

Die Formel (11) entspricht genau der Formel (9) bei der Informationsentscheidung. Im Falle sicherer Erwartungen über die Alternativenwahl mit dem veränderten Kalkül vereinfacht sich $p(a,s|\kappa)$ zu $p(s)$, und Formel (11) reduziert sich auf Formel (10). Die verbundenen Wahrscheinlichkeiten lassen sich in Produkte von bedingten und bedingenden (unbedingten) Wahrscheinlichkeiten auflösen. Man erhält dann analog zu (6) :

$$(12) \qquad Z'(\kappa) = \sum_{s \in S} \Big[\sum_{a \in A} U(x|a,s)p(a|s,\kappa)\Big] p(s) \qquad \text{und analog zu (7) :}$$

$$(13) \qquad Z'(\kappa) = \sum_{a \in A} \Big[\sum_{s \in S} U(x|a,s)p(s|a)\Big] p(a|\kappa) = \sum_{a \in A} E[U(x|a,s)]p(a|\kappa) \; .$$

Da die Wahrscheinlichkeiten im komplexesten Kalkül durch die Kalküländerung nicht verändert werden - wie sollte der umgekehrte Fall auch gedeutet werden? - und da auch bei der Bewertung des veränderten Kalküls nicht von dem wahren Zustand, sondern nur von der gegebenen Wahrscheinlichkeitsverteilung $p(s)$ für das Eintreten der Zustände ausgegangen werden kann, können und müssen in (12) und (13) in den eckigen Klammern die unbedingten Wahrscheinlichkeiten verwendet werden. Man sieht dann, daß beide Formeln identisch sind.

Die Gegenüberstellung der beiden Vorentscheidungskalküle zeigt weitgehende Entsprechungen. Der Informationsentscheidungskalkül ist jedoch inhaltlich bestimmter. Daher läßt sich auch aus den formalen Entsprechungen nicht der Schluß ziehen, daß beide Vorentscheidungskalküle in gleicher Weise geeignet wären, die Probleme zu lösen, die sie lösen sollen. Der Frage nach der praktischen Verwendbarkeit und - als einem dafür nötigen ersten Schritt - der Frage nach möglichen Interpretationen der Vorentscheidungskalküle wenden wir uns nun zu.

III. Der logische Zirkel bei Vorentscheidungskalkülen

In der Literatur sind die Versuche, Vorentscheidungen mit Hilfe der Entscheidungstheorie exakt zu lösen, mit logischen Argumenten angegriffen worden. Eines der Argumente lautet, daß solche Versuche einen logischen Zirkel enthalten:[4] Um rational entscheiden zu können, ob man eine Information kaufen soll, muß man wissen, was ihr Inhalt ist. Wenn man das aber wisse, brauche man die Information nicht mehr zu kaufen. Um rational entscheiden zu können, ob es vorteilhafter ist, ein Entscheidungsproblem mit einem einfacheren oder mit einem komplexeren Kalkül zu formulieren und zu lösen, müsse man auch den komplexeren Kalkül anwenden. Wenn man das aber getan habe, könne man gleich die nach dem komplexeren Kalkül bestimmte optimale Handlungsmöglichkeit wählen. Man braucht dann das Ergebnis der Vorentscheidung nicht und kann auch die beabsichtigte Einsparung an Entscheidungskosten nicht mehr erreichen.[5]

Bei der Informationsentscheidung trifft der Vorwurf des logischen Zirkels nicht zu. Er beruht auf einem Mißverständnis, denn ein Entscheider muß nicht wissen, welches Signal er wirklich bekommen wird, sondern es genügt, daß er das Informationssystem kennt, wenn er rational über die Informationsbeschaffung entscheiden will. Wenn er dann ein Signal aus dem Informationssystem erhalten hat, stellt sich für ihn das Entscheidungsproblem anders dar als vorher.

Bezüglich der Komplexionsentscheidung läßt sich der Vorwurf der Zirkularität so nicht entkräften. Eine exakte Lösung des Komplexionsproblems setzt voraus, daß der Entscheider die im Lichte des komplexesten Kalküls optimale Handlungsmöglichkeit bestimmt hat. Wenn er die aber kennt, hat er keinen Anlaß mehr zu vereinfachen, und er kann durch eine Vereinfachung auch keine Ersparnis an Entscheidungskosten mehr erreichen.

Trotz der oben herausgestellten formalen Entsprechungen zwischen den beiden Vorentscheidungskalkülen gibt es also einen gravierenden Unterschied hinsichtlich der praktischen Verwendbarkeit zur Problemlösung. Daß das Informationsproblem lösbar ist, liegt daran, daß die in dem Formalismus auftauchenden Symbole $p(a|s,\eta)$ und $p(s|\eta)$ einer direkten Interpretation im Rahmen der gesetzten Annahmen zugänglich sind, während die Interpretation von $p(a|s,\kappa)$ und $p(a|\kappa)$ im Komplexionskalkül modellimmanent nicht möglich ist. Bei der in der Entscheidungstheorie vorherrschenden Betrachtung <u>einer</u> Sequenz aus Vorentscheidung und Sachentscheidung, die von <u>derselben Person</u> getroffen werden, ist nicht erkennbar, was mit der Wahrscheinlichkeit für die Wahl einer Handlungsmöglichkeit gemeint sein kann, und es ist zudem unklar, warum a' eine Zufallsvariable sein sollte. Entsprechend unklar ist, wie $p(a|\kappa)$ quantifiziert werden kann. Ist aber a' eine sichere Größe, reduziert sich das Problem auf die triviale Form (10), und der Vorwurf der Zirkularität trifft voll zu. Daß ein Entscheider eine positive Entscheidung zur Veränderung der Komplexität seines Kalküls getroffen hat, löst keine Folgen aus, die dazu führen, daß er sein

Entscheidungsproblem anders sieht. Dem Komplexitätskalkül fehlt das empirische Moment, das im Informationskalkül durch das Informationssystem repräsentiert wird.

IV. Zur Operationalisierung des Komplexionskalküls

Angesichts der offensichtlichen Notwendigkeit, Entscheidungsprobleme zu vereinfachen, wäre es allzu resignativ, nur die logische Unmöglichkeit einer entscheidungstheoretisch richtigen Vorentscheidung über die Kalkülkomplexität, insb. über die Sinnhaftigkeit von Vereinfachungen zu betonen. Die erarbeiteten Einsichten in die formalen und logischen Eigenschaften der beiden Vorentscheidungskalküle zeigen, daß sich ein Ausweg anbietet, wenn man das fehlende empirische Element in den Komplexionskalkül einfügt. Dazu ist es allerdings nötig, den Kontext der einmaligen Entscheidungen mit einem Entscheider, der Vor- und Sachentscheidungen trifft, zu verlassen. Die im folgenden anzuführenden drei Beispiele [6] für operationale Deutungen des Komplexionskalküls sind daher auch zugleich organisationstheoretisch relevant.

1. Beispiel: Repetitive Entscheidungen

Betrachtet man nicht eine einzelne Sachentscheidung, sondern viele "ähnliche" Sachentscheidungen, kann man anhand einiger möglichst repräsentativer Einzelfälle exakt ausrechnen, wie sich eine Kalkülvereinfachung auf die Zielerreichung auswirken würde. Man gewinnt damit quasi-empirische Aussagen über Kombinationen von Kalkülen und Problemtypen. Diese Aussagen lassen sich dann verwenden, um mit einem modifizierten Komplexionskalkül abzuschätzen, wie sich die Vereinfachung bei den anderen ähnlichen Entscheidungsproblemen auswirkt und ob die Auswirkung die Ersparnis an Entscheidungskosten überwiegt. Wegen des notwendigen Analogieschlusses kann es sich ergeben, daß die Vorentscheidung falsch getroffen wird. Sie ist nur annäherungsweise, nicht aber exakt richtig. Doch der Vorwurf des logischen Zirkels trifft nicht zu. Die Ersparnis ist wirklich erreichbar.

Die mit dem ersten Beispiel geschilderte Modifikation des Komplexionsproblems ist freilich gängige Praxis bei der Untersuchung von Entscheidungskalkülen. Es sollte nur darauf hingewiesen werden, daß sich diese Praxis im Rahmen der Meta-Entscheidungstheorie erfassen läßt. [7]

2. Beispiel: Organisatorische Aufspaltung

Das fehlende empirische Element läßt sich auch gewinnen, wenn man den Fall betrachtet, daß eine Person die Sachentscheidung trifft und eine andere die Vorentscheidung. Der Vorentscheider kann ausrechnen, wie es sich auf seine Zielerreichung auswirkt, wenn der Sachentscheider verschieden komplexe Kalküle verwendet. [8]
Das empirische Element im Vorentscheidungskalkül sind in diesem Falle die Verhaltensannahmen darüber, wie der Sachentscheider wirklich entscheidet. Daraus ergibt

sich auch der stochastische Charakter der Beziehung zwischen Kalkül und gewählter Handlungsmöglichkeit.

Der Einwand der Zirkularität des Vorentscheidungskalküls ist bei dem betrachteten Fall jedoch nicht leicht auszuräumen: Wenn der Vorentscheider die Auswirkung einer Kalküländerung bestimmen kann, indem er sie mit der seiner Meinung nach besten Handlungsmöglichkeit vergleicht, kann er dem Sachentscheider in vielen Fällen direkt vorgeben, welche Handlungsalternative gewählt werden soll, statt ihn indirekt durch die Vorgabe des Kalküls zu steuern. Außer in den Sonderfällen, in denen die direkte Kommunikation über die wirklich beste Handlungsmöglichkeit und über den komplexesten Kalkül ausgeschlossen ist, läßt sich die Ersparnis an Entscheidungskosten nicht erreichen, weil die Berechnung des Werts der Kalkülvereinfachung immer mindestens so teuer ist wie die Ermittlung der besten Handlungsmöglichkeit durch den Vorentscheider.[9]

3. Beispiel: Kalküle als Informationssysteme

Das dritte Beispiel faßt Elemente der beiden vorher angeführten Beispiele zusammen: Ein Vorentscheider bestimmt anhand einiger exemplarischer Entscheidungsprobleme und gemäß seiner Zielsetzung, wie es sich auswirkt, wenn eine andere Person als Sachentscheider zur Lösung anderer - aber ähnlicher - Entscheidungsprobleme einen weniger komplexen Kalkül verwendet. In diesem Fall sind wieder Eigenschaften von Kalkülen in abgegrenzten Klassen von Anwendungen zu untersuchen, über die Repräsentativität der betrachteten Einzelfälle ist zu befinden, und es müssen Annahmen bezüglich des Entscheidungsverhaltens des Sachentscheiders getroffen werden. Der oben in den Gleichungen (12) und (13) angegebene Formalismus ist unmittelbar anwendbar, auch wenn sich bei der Ermittlung der empirischen Daten immer Fehler einschleichen können. Anders als in dem zweiten genannten Beispiel bietet sich wirklich die Möglichkeit, Entscheidungskosten einzusparen, denn der Vorentscheider braucht nur den optimalen Kalkül zu bestimmen, ohne daß er für jede einzelne Sachentscheidung die optimale Handlungsalternative kennen muß. Die Komplexität des anzuwendenden Kalküls oder der Kalkül selbst können als Teil eines Informationssystems dem Sachentscheider als verbindlich vorgegeben werden. Der modifizierte Komplexitätskalkül bietet eine Möglichkeit, die Auswirkungen von Vereinfachungen und der mit ihr verbundenen Delegation konzeptionell präzise zu erfassen und sie auch empirisch zu bestimmen.[10]

Eine wichtige Anwendung der dargestellten Grundidee ist darin zu sehen, daß der modifizierte Komplexionskalkül eine Möglichkeit bietet, die in der betriebswirtschaftlichen Literatur alte Diskussion über die Vor- und Nachteile bestimmter Verfahren des betrieblichen Rechnungswesens von einem neuen Gesichtspunkt her aufzugreifen: Rechenverfahren sind in der Regel als vereinfachte Kalküle interpretierbar, deren Vor- und Nachteile anhand der Konsequenzen abzuschätzen sind, die sich ergeben, wenn Sachentscheider die durch die Kalküle erzeugten Zahlen bei der Auswahl von Handlungsmöglichkeiten verwenden.[11]

Anmerkungen

1) Ein weiteres Vorentscheidungsproblem betrifft die Frage, ob ein Entscheider sein Problem selbst lösen oder delegieren soll; vgl. dazu ausführlich Laux (1979).

2) Die Entsprechung wird am stärksten bei Teichmann (1972) und am wenigsten bei Zentes (1976) herausgestellt. Die Arbeit von Bitz (1977) nimmt eine Mittelstellung ein.

3) Wenn nicht mit dem komplexesten Kalkül verglichen wird, können sich Fehler - im Lichte des komplexesten Kalküls - gegenseitig kompensieren, vgl. Demski-Feltham (1976), S. 60.

4) Das andere Argument, das aus Raumgründen hier nicht diskutiert werden kann, lautet, daß der Versuch, entscheidungstheoretisch "richtige" Vorentscheidungen zu treffen, zu einem infiniten Regreß führen müßte; vgl. dazu Zentes (1976), S. 248f m.w.Nachw.

5) Vgl. z.B. Bitz (1977), S. 425.

6) Als weiteres Beispiel wäre die Delegationsentscheidung, wie sie Laux (1979) formuliert, anzuführen. Aber auch damit wäre die Liste möglicher Beispiele nicht abgeschlossen.

7) So auch Zentes (1976), S. 250.

8) Vgl. v.a. Demski-Feltham (1976), S. 27f und S. 42-60, sowie Laux (1979).

9) So auch Laux (1979), S. 42 und S. 87. Demski-Feltham umgehen diese Schwierigkeit durch die Annahme, daß der Vorentscheider keine Entscheidungskosten habe; vgl. S. 15.

10) Die Verknüpfung der Elemente Delegation, Vereinfachung und Informationsbewertung erfolgt in den beiden voll entwickelten Konzeptionen von Laux und Demski-Feltham in verschiedener Weise: Bei Laux beschafft der, an den delegiert wird, Informationen, die er u.U. in vereinfachter Weise in einem Kalkül in Entscheidungen umsetzt. Bei Demski-Feltham erhält der Sachentscheider, an den delegiert wird, von dem Vorentscheider die Informationen über das Ergebnis eines Kalküls, z.B. der Kostenrechnung. Diese Ergebnisse setzt er dann - wieder möglicherweise mit einem vereinfachten Kalkül - in Sachentscheidungen um.

11) Vgl. dazu den konzeptionellen Ansatz von Demski-Feltham (1976), S. 61-88, und eine Anwendung in Lehmann-Schmidt (1982).

Literatur:

Bitz, M., Die Strukturierung ökonomischer Entscheidungsmodelle, Wiesbaden 1977

Demski, J.S., Feltham, G.A., Cost Determination. A Conceptual Approach, Ames 1976

Laux, H., Grundfragen der Organisation. Delegation, Anreiz und Kontrolle, Berlin u.a. 1979

Laux, H., Entscheidungstheorie. Band I, Grundlagen, Berlin u.a. 1982

Lehmann, M., Schmidt, R.H., Bankkosten und Bankpreise im Massengeschäft, in: Kredit und Kapital, 15. Jg. (1982), Heft 3 (im Druck)

Marschak, J., Towards an Economic Theory of Organization and Information, in: Thrall/Coombs/Davis, eds., Decision Processes, New York 1954, S. 187-220

Teichmann, H., Die optimale Komplexion des Entscheidungskalküls, in: Zeitschrift für betriebswirtschaftliche Forschung, 24. Jg. (1972), S. 519-539

Zentes, J., Die Optimalkomplexion von Entscheidungsmodellen, Köln u.a. 1976

Der einfache Bedienungskanal mit gruppenweiser Abfertigung und zustandsabhängigen Bedienungsraten

Thomas Hanschke, Mainz

Zusammenfassung. In dieser Arbeit stellen wir ein Bedienungsmodell für gruppenweise Abfertigungen und zustandsabhängige Bedienungsraten vor. Die Gleichgewichtswahrscheinlichkeiten des zugehörigen Warteschlangenprozesses genügen einer homogenen Differenzengleichung der Ordnung n+1. Das Problem besteht darin, n+1 Anfangswerte zu finden, so daß die zugehörige Lösung eine Wahrscheinlichkeitsverteilung darstellt. Es wird ein verallgemeinerter Kettenbruchalgorithmus vorgestellt, mit dem sich diese Werte berechnen lassen.

Summary. In this paper we present a queueing model for bulk departures and state-dependent service rates. The steady state probabilities of the underlying queueing process satisfy an (n+1)-th order homogeneous difference equation. The problem is, to find n+1 initial values such that the corresponding solution forms a probability distribution. For determining these values we make use of a generalized continued fraction algorithm.

1. Modellbeschreibung

Gegenstand dieser Arbeit ist ein Bedienungssystem, bei dem die ankommenden Kunden gruppenweise bedient werden. Der jeweilige Umfang der Gruppe ist n ($n \geq 1$), sofern mindestens n Kunden zur Bedienung anstehen. Andernfalls werden soviele Kunden gleichzeitig bedient wie gerade vorhanden sind. Die aufeinanderfolgenden Bedienungszeiten seien unabhängige exponentiell-verteilte Zufallsgrößen, deren Parameter β von der Anzahl der gerade im System verweilenden Kunden abhängen soll. Wir setzen $\beta=\beta_k$, falls sich zum Zeitpunkt der Bedienung k Kunden im System aufhalten. Für Anwendungen besonders wichtig ist der Fall

$$\beta_k = \beta\, k^{\gamma}(1+o(1)) \text{ für } k\to\infty,\ \gamma\geq 0,\ \beta>0. \tag{1.1}$$

Der Input sei ein Poissonprozeß mit dem Parameter $\alpha>0$.

Uns interessiert der Prozeß $\{X_t; t\geq 0\}$, der für jeden Zeitpunkt $t\geq 0$ angibt, wieviele Kunden sich im System aufhalten. Unter den genannten Voraussetzungen ist $\{X_t;\ t\geq 0\}$ ein homogener, irreduzibler und regulärer Markovprozeß mit der Menge der natürlichen Zahlen als Zustandsraum. Der Prozeß ist für $\gamma>0$ ohne Einschränkungen, für $\gamma=0$ dagegen nur unter der Zusatzbedingung $\alpha/(n\beta)<1$ ergodisch. Man prüft leicht nach, daß die Grenzwahrscheinlichkeiten $\pi_k=\lim_{t\to\infty} P(X_t=k)$, $k\geq 0$, den Gleichungen

Operations Research Proceedings 1982

(1.2) $\alpha\pi_{k-1}-(\alpha+\beta_k)\pi_k + \beta_{k+n}\pi_{k+n}=0 \quad (k=1,2,\ldots)$

mit der Nebenbedingung

(1.3) $-\alpha\pi_0 + \sum_{j=1}^{n} \beta_j\pi_j = 0$

genügen. Bekanntlich hat die Differenzengleichung (1.2) n+1 linear unabhängige Lösungen, so daß die Nebenbedingung (1.3) zur Charakterisierung der Grenzverteilung allein nicht ausreicht. Es stellt sich damit das Problem, Anfangswerte $\pi_0,\ldots,\pi_n$ zu bestimmen, so daß $\pi_k > 0 \ \forall\ k$ und $\sum_i \pi_i < \infty$ gilt. Wir werden zeigen, daß dies mit Hilfe eines verallgemeinerten Kettenbruchalgorithmus geschehen kann.

2. Differenzengleichungen und verallgemeinerte Kettenbrüche

Unter einem verallgemeinerten Kettenbruch der Dimension n versteht man ein (n+1)-Tupel $(a^{(0)}, a^{(1)}, \ldots, a^{(n)})$ reeller Zahlenfolgen mit $a_k^{(0)} \neq 0 \ \forall\ k$. Für ein $\lambda \geq 0$ bezeichne $[A_\lambda^{(0)}, A_\lambda^{(1)}, \ldots, A_\lambda^{(n)}]$ dasjenige Fundamentalsystem der Differenzengleichung

(2.1) $f_{k+n+1}=a_{k+\lambda}^{(n)}f_{k+n}+a_{k+\lambda}^{(n-1)}f_{k+n-1}+\ldots+a_{k+\lambda}^{(0)}f_k \quad (k=0,1,\ldots),$

welches aus den kanonischen Anfangswerten

(2.2) $A_{\lambda,k}^{(j)} = \delta_{kj} \quad (k,j=0,1,\ldots,n)$

hervorgeht. Der Kettenbruch heißt λ-konvergent, wenn die n Grenzwerte

(2.3) $d_\lambda^{(j)} = \lim_{k\to\infty} A_{\lambda,k}^{(j-1)}/A_{\lambda,k}^{(n)} \quad (j=1,\ldots,n)$

existieren und endlich sind. Von unbedingter Konvergenz spricht man, wenn der Kettenbruch für alle $\lambda \geq 0$ konvergiert. Konvergiert er nur für fast alle λ, nennt man ihn bedingt konvergent.

Die Menge $\mathbb{L}$ aller Lösungen von (2.1) bildet einen (n+1)-dimensionalen Vektorraum über $\mathbb{R}$. Van der Cruyssen [1] konnte beweisen, daß, wenn der Kettenbruch $(a^{(0)},a^{(1)},\ldots a^{(n)})$ 0-konvergent ist, Teilräume S_1 und S_2 von $\mathbb{L}$ existieren mit

i) $\mathbb{L} = S_1 \oplus S_2$

ii) $\dim S_1 = n$; $\dim S_2 = 1$,

iii) $\forall\ f \in S_1$ und $f' \in S_2$ gilt: $\lim_{k\to\infty} f_k/f'_k=0$.

f' nennt man maximale Lösung von (2.1). Unter der Voraussetzung, daß der Kettenbruch unbedingt konvergiert, lassen sich alle Lösungen $f \in S_1$ folgendermaßen charakterisieren:

$$(2.4) \quad f \in S_1 \iff f_{k+n} + \sum_{j=1}^{n} d_k^{(j)} f_{k+j-1} = 0 \quad (k=0,1,\ldots).$$

3. Die adjungierte Gleichung

Mit der Differenzengleichung (2.1), $\lambda=0$, eng verwandt ist die folgende:

$$(3.1) \quad g_k = a_k^{(n)} g_{k+1} + a_{k+1}^{(n-1)} g_{k+2} + \ldots + a_{k+n}^{(0)} g_{k+n+1} \quad (k=0,1,2,\ldots)$$

Man nennt sie die zu (2.1) adjungierte Gleichung. Charakteristisch für diese Gleichungen ist, daß der Ausdruck

$$(3.2) \quad \phi(f,g)(k) = \sum_{i=0}^{n} (a_k^{(i)} g_{k+1} + a_{k+1}^{(i-1)} g_{k+2} + \ldots + a_{k+i}^{(0)} g_{k+i+1}) f_{k+i},$$

wobei f und g je eine Lösung von (2.1) und (3.1) bedeuten, nicht von k abhängt. Wir benutzen diesen Zusammenhang, um ein spezielles Fundamentalsystem von (3.1) zu definieren. Dazu nehmen wir an, daß der Kettenbruch $(a^{(0)}, a^{(1)}, \ldots, a^{(n)})$ unbedingt konvergiert. Zu jeder Basis $f^{(1)}, \ldots, f^{(n)}$ von S_1 bilden wir Lösungen $g^{(1)}, \ldots, g^{(n)}$ von (3.1), indem wir für ein beliebiges $\lambda \geq 0$ (und damit für alle)

$$(3.3) \quad \phi(f^{(i)}, g^{(j)})(\lambda) = \delta_{ij} \quad (i,j=1,\ldots,n)$$

fordern. Mit den Methoden der linearen Algebra kann man leicht zeigen, daß dieses System von Gleichungen unendlich viele Lösungen besitzt und daß die auf diese Weise gefundenen Lösungen $g^{(j)} (j=1,\ldots,n)$ von (3.1) linear unabhängig sind. Den von den Lösungen $g^{(j)} (j=1,\ldots,n)$ aufgespannten Teilraum bezeichnen wir mit S_1^*. Mit S_2^* soll die Menge aller Lösungen von (3.1) gemeint sein, die dem folgenden Gleichungssystem genügt:

$$(3.4) \quad a_\lambda^{(i-1)} g_{\lambda+1} + a_{\lambda+1}^{(i-2)} g_{\lambda+2} + \ldots + a_{\lambda+i-1}^{(0)} g_{\lambda+i} = d_\lambda^{(i)} g_\lambda \quad (i=1,\ldots,n)$$

Da in diesem Fall die Koeffizienten von (2.4) zu denen von (3.2) proportional sind, gilt $\forall\, g \in S_2^*$ und $\forall\, i \in \{1,\ldots,n\}$ stets $\phi(f^{(i)}, g) = 0$, während aber für jedes $g' \in S_1^*$ wegen (3.2) $\phi(f^{(i)}, g') = \phi(f^{(i)}, \Sigma_{j=1}^{n} \lambda_j g^{(j)}) = \Sigma_{j=1}^{n} \lambda_j \phi(f^{(i)}, g^{(j)})$ für mindestens ein i ungleich Null sein muß. Der Durchschnitt von S_1^* und S_2^* besteht also nur aus der trivialen Lösung, so daß der gesamte Lösungsraum der adjungierten Gleichung gerade die direkte Summe von S_1^* und S_2^* ist.

4. Die Berechnung der Anfangswerte

Definiere

$$a_k^{(0)} = \begin{cases} 1 & k < n \\ -\beta_{k+1}\alpha^{-1} & k \geq n \end{cases}$$

$$(4.1)\quad a_k^{(j)} = 0 \text{ für } k \geq 0,\ j=1,\dots,n-1$$

$$a_k^{(n)} = 1+\beta_{k+1}\alpha^{-1} \quad \text{für } k \geq 0$$

Den Konvergenznachweis für diesen Kettenbruch verschieben wir auf Kapitel 5. Die zu diesem Kettenbruch gehörenden Differenzengleichungen lauten:

$$(4.2)\quad f_{k+n+1} = (1+\beta_{k+1}\alpha^{-1})f_{k+n} - \begin{cases} -f_k & \text{für } k=0,\dots,n-1 \\ \beta_{k+1}\alpha^{-1}f_k & \text{für } k \geq n \end{cases}$$

$$(4.3)\quad g_k = (1+\beta_{k+1}\alpha^{-1})g_{k+1} - \beta_{k+n+1}\alpha^{-1}g_{k+n+1} \quad (k=0,1,\dots)$$

Man stellt fest, daß die zweite Gleichung mit Gleichung (1.2) zusammenfällt. Wir beschränken uns zunächst auf den Fall $\gamma=0$. Wegen der Annahme $\beta_k \to \beta$ handelt es sich in beiden Fällen um Poincaré'sche Differenzengleichungen. Bekanntlich hängt das asymptotische Verhalten der Lösungen von (4.2) und (4.3) von den Absolutbeträgen der Wurzeln der charakteristischen Gleichungen

$$(4.4)\quad z^{n+1} - (1+\beta\alpha^{-1})z^n + \beta\alpha^{-1} = 0 \text{ bzw.}$$

$$(4.5)\quad \beta\alpha^{-1}z^{n+1} - (1+\beta\alpha^{-1})z + 1 = 0$$

ab. Die Wurzeln der einen Gleichung sind die Reziproken der Wurzeln der anderen. Gleichung (4.5) ist vom Typ $G(z)=z$, wobei $G(z)$ eine wahrscheinlichkeitserzeugende Funktion darstellt. Nach einem Satz von L.Takács [4] gibt es im Fall $G'(1)=(n+1)\beta\alpha^{-1}/(1+\beta\alpha^{-1}) > 1$, der ja wegen der Ergodizität von $\{X_t; t \geq 0\}$ vorliegt, genau eine Wurzel vom Betrag kleiner Eins. Alle übrigen Wurzeln liegen auf dem Rand oder außerhalb des Einheitskreises. Für die adjungierte Gleichung (4.4) gilt genau das Umgekehrte. Mit Satz II und III aus Kreuser [2] kann man nun schließen, daß die zur betragsgrößten Wurzel gehörende Lösung von (4.2) maximal ist und daß für alle $f \in S_1$ gilt:

$$(4.6)\quad \limsup_{k\to\infty} \sqrt[k]{|f_k|} \leq 1$$

bzw.

(4.7) $|f_k| < (1+\varepsilon)^k$ für fast alle k, $\varepsilon>0$.

Aus (3.3) folgt weiter

$$1=|\sum_{i=0}^{n}(a_k^{(i)}g_{k+1} + a_{k+1}^{(i-1)}g_{k+2} +\ldots+ a_{k+i}^{(0)}g_{k+i+1})f_{k+i}|$$

$$=|\sum_{i=0}^{n}(a_{k+i}^{(0)}f_{k+i} + a_{k+i}^{(1)}f_{k+i+1} +\ldots+ a_{k+n}^{(n-i)}f_{k+n})g_{k+i+1}|$$

$$\le \sum_{i=0}^{n}|(a_{k+i}^{(0)}f_{k+i} + a_{k+i}^{(1)}f_{k+i+1} +\ldots+ a_{k+n}^{(n-i)}f_{k+n})| \max_{0\le i\le n}|g_{k+i+1}|.$$

Da die Koeffizienten $a_k^{(i)}$ wegen der Voraussetzung $\beta_k\to\beta$ beschränkt sind, gilt somit für alle Lösungen $g\in S_1^*$:

$$\lim_{k\to\infty}\max_{0\le i\le n}|g_{k+i+1}|\ge 1$$

so daß die gesuchte Lösung $\pi=(\pi_k)_{k=0}^{\infty}$ von (4.3) aus S_2^* sein muß. Ihre Anfangswerte bestimmen sich aus dem Gleichungssystem (3.4). Wenn man $\lambda=0$ setzt und die spezifischen Werte (4.1) für die $a_k^{(j)}$ dort einsetzt, bekommt man:

(4.8) $\pi_j = d_o^{(j)}\pi_o$ $(j=1,\ldots,n)$.

Die noch unbekannte Größe π_0 kann entweder aus der Nebenbedingung (1.3) oder aus der Normierungsvorschrift $\sum_i\pi_i=1$ berechnet werden.

Falls $\gamma>0$ ist, handelt es sich bei der Gleichung (4.2) nicht mehr um eine Poincaré'sche Differenzengleichung. Doch auch in diesem Fall gelangt man zu derselben Formel (4.8), wenn man anstelle der Sätze II und III den Satz VI der Kreuser'schen Arbeit [2] verwendet.

5. Konvergenzbeweis

Wir haben jetzt noch den Konvergenzbeweis für den Kettenbruch (4.1) zu erbringen. Perron [3] , § 3 Theorem IV, hat bewiesen, daß ein verallgemeinerter Kettenbruch bedingt konvergiert, wenn für fast alle k

(5.1) $\sum_{j=1}^{n-1}|a_k^{(j)}| \le |a_k^{(n)}|-1$

und außerdem

$$(5.2) \qquad \sum_{k=1}^{\infty} \prod_{i=1}^{k} (|a_i^{(n)}|-1) = \infty$$

ist. Der Vergleich von (4.1) mit (5.1) ergibt, daß die erste Bedingung schon für alle $k \geq n$ erfüllt ist. (5.2) ist gleichbedeutend mit der Frage nach der Divergenz der Reihe

$$\sum_{k=1}^{\infty} \prod_{i=1}^{k} \frac{\beta_{i+1}}{\alpha}.$$

Da $\alpha, \beta_k > 0 \ \forall\ k$ angenommen war, kann diese Reihe nur divergieren. Wir müssen nun noch zeigen, daß der Kettenbruch auch 0-konvergent ist. Nach Perron [3] , S.4o6, gilt:

$$A_{k+\lambda}^{(j)} = A_{\lambda,k}^{(0)} A_{\lambda}^{(j)} + A_{\lambda,k}^{(1)} A_{\lambda+1}^{(j)} + \ldots + A_{\lambda,k}^{(n)} A_{\lambda+n}^{(j)} \quad (j=0,1,\ldots,n),$$

wobei wir für $A_{0,k}^{(j)}$ jetzt $A_k^{(j)}$ geschrieben haben. Wenn man beide Seiten durch $A_{\lambda,k}^{(n)}$ dividiert und den Grenzübergang $k \to \infty$ durchführt, erhält man

$$\lim_{k\to\infty} \frac{A_{k+\lambda}^{(j)}}{A_{\lambda,k}^{(n)}} = d_{\lambda}^{(1)} A_{\lambda}^{(j)} + d_{\lambda}^{(2)} A_{\lambda+1}^{(j)} + \ldots + d_{\lambda}^{(n)} A_{\lambda+n-1} + A_{\lambda+n}^{(j)} \quad (j=0,1,\ldots,n;\ \lambda \geq n)$$

und auch

$$\lim_{n\to\infty} \frac{A_{k+\lambda}^{(j)}}{A_{k+\lambda}^{(n)}} = \frac{d_{\lambda}^{(1)} A_{\lambda}^{(j)} + d_{\lambda}^{(2)} A_{\lambda+1}^{(j)} + \ldots + d_{\lambda}^{(n)} A_{\lambda+n-1}^{(j)} + A_{\lambda+n}^{(j)}}{d_{\lambda}^{(1)} A_{\lambda}^{(n)} + d_{\lambda}^{(2)} A_{\lambda+1}^{(n)} + \ldots + d_{\lambda}^{(n)} A_{\lambda+n-1}^{(n)} + A_{\lambda+n}^{(n)}} \quad (j=0,1,\ldots,n-1;\ \lambda \geq n)$$

Der Kettenbruch ist also 0-konvergent, wenn der Nenner des letzten Ausdrucks nicht verschwindet. Um dies zu zeigen, multiplizieren wir ihn zunächst mit der Wahrscheinlichkeit π_λ. Aus (3.4) folgt:

$$d_{\lambda}^{(1)} A_{\lambda}^{(n)} \pi_\lambda + d_{\lambda}^{(2)} A_{\lambda+1}^{(n)} \pi_\lambda + \ldots + d_{\lambda}^{(n)} A_{\lambda+n-1}^{(n)} \pi_\lambda + A_{\lambda+n}^{(n)} \pi_\lambda =$$

$$a_{\lambda}^{(0)} \pi_{\lambda+1} A_{\lambda}^{(n)} + (a_{\lambda}^{(1)} \pi_{\lambda+1} + a_{\lambda+1}^{(0)} \pi_{\lambda+2}) + \ldots +$$

$$(a_{\lambda}^{(n-1)} \pi_{\lambda+1} + a_{\lambda+1}^{(n-1)} \pi_{\lambda+2} + \ldots + a_{\lambda+n-1}^{(0)} \pi_{\lambda+n}) A_{\lambda+n-1}^{(n)} + \pi_\lambda A_{\lambda+n}^{(n)}$$

Nach dem Hinweis in Kapitel 3 hängt dieser Ausdruck nicht von λ ab und erhält, wenn man $\lambda=0$ setzt und die Anfangsbedingungen (2.2) berücksichtigt, den Wert π_0. Da der Warteprozeß als ergodisch vorausgesetzt war, gilt $\pi_k > 0 \ \forall\ k$, so daß der Nenner einen von Null verschiedenen Wert hat. Damit ist die Formel (4.8) bewiesen.

Literaturverzeichnis

[1] Van der Cruyssen, P.: Linear Difference Equations and Generalized Continued Fractions. Computing 22, 269-278 (1979).

[2] Kreuser, P.: Über das Verhalten der Integrale homogener linearer Differenzengleichungen im Unendlichen. Dissertation Tübingen, Borna-Leipzig (1914).

[3] Perron, P.: Über die Konvergenz der Jacobi-Kettenalgorithmen mit komplexen Elementen. Stzbr. Akad.München (math.-phys.) 37, 4o1-482 (19o7).

[4] Takács, L.: Introduction to the Theory of Queues. Oxford University Press, New York (1962).

VERALLGEMEINERTE KONTROLLGRENZEN BEI ERSATZPROBLEMEN

Karl-Walter Gaede, München

Zusammenfassung. Betrachtet werden Systeme (im Sinne der Zuverlässigkeitstheorie) mit einem endlichen geordneten Zustandsraum J und Markovscher Verschlechterung. Bei periodischen Inspektionen kann über einen auch teilweisen Ersatz des Systems entschieden werden. Eine verallgemeinerte Kontrollgrenze liege vor, wenn es auf J eine isotone reelle Funktion F derart gibt, daß im Zustand i ein Ersatz genau dann vorgenommen wird, wenn F (i) positiv ist. Es wird untersucht, unter welchen Bedingungen verallgemeinerte Kontrollgrenzen optimal sind bei Verwendung von diskontierten Gesamtkosten. Modellerweiterungen werden diskutiert.

Summary. We consider systems (in the sense of reliability theory) with an ordered finite state space J and Markovian deterioration. At times t = 0,1,2,... one can take actions consisting in full or partial replacement of the system. We study conditions that there is an optimal policy with respect to expected discounted costs of the following kind: Replace in state i iff F(i) is positive where F is an isotonic real function.
We discuss possibilities for extending this model.

1. Einleitung.

Bei vielen Modellen der Zuverlässigkeitstheorie, so etwa bei kohärenten Strukturen (siehe [1]), geht man davon aus, daß die Zustände i eines Systems eine endliche geordnete Menge J bilden. Dabei bedeute $i \leq j$, daß der Zustand i mindestens so gut wie der Zustand j ist. Allerdings wird man nur in Sonderfällen mit einer linearen Ordnung auskommen, wie z.B. bei m-von-n-Systemen mit gleichartigen Komponenten. Wir betrachten hier periodisch inspizierte Systeme mit Markovscher Verschlechterung. Nach jeder Inspektion darf entschieden werden, ob Ersatz vorgenommen wird oder nicht. In Verallgemeinerung der üblichen Ersatzprobleme ist hier nicht nur der Ersatz des gesamten Systems erlaubt sondern auch der Ersatz von gewissen Teilen des Systems. Ist der Zustandsraum linear geordnet und ist nur vollständiger Ersatz des Systems erlaubt, so ist es hinsichtlich der erwarteten diskontierten Gesamtkosten bei geeigneten Annahmen über die Kostenstruktur am günstigsten (siehe z.B. [3]) folgende Politik zu verfolgen: Im Zustand i wird genau dann nicht ersetzt, wenn $i \leq i^*$ gilt, wobei i^* ein passend zu bestimmender Zustand ist.

Operations Research Proceedings 1982

Man nennt i^* auch Kontrollgrenze und die beschriebene Politik eine Kontrollgrenzen-Politik. Ob im Zustand i ersetzt wird oder nicht, hängt also vom Ergebnis des Vergleichs von i und i^* ab.

Bei nicht linear geordneten Zustandsmengen, wird es i.A. Zustände geben, die nicht mit einem Zustand i^* vergleichbar sind. Deshalb kann man obige Politik nicht direkt übertragen. Auch Modifikationen, die für alle mit i^* nicht vergleichbaren Zustände dieselbe Entscheidung liefern, dürften kaum sachgerecht sein. Dagegen bietet sich folgende andere Beschreibung von Kontrollgrenzen sofort für eine Verallgemeinerung an:
Im Zustand i wird genau dann nicht ersetzt, wenn $F(i) \leq 0$ ist, wobei F eine geeignet zu bestimmende <u>isotone</u> reelle Funktion auf J ist.

Bei nicht linear geordneten Zustandsmengen J werden hierdurch <u>verallgemeinerte Kontrollgrenzen</u> beschrieben.

Hier wird gezeigt, daß derartige verallgemeinerte Kontrollgrenzen existieren, wenn man die üblichen Voraussetzungen für den Fall linear geordneter Zustandsräume mit ausschließlicher Möglichkeit, das gesamte System zu ersetzen, in natürlicher Weise modifiziert für die Verallgemeinerung auf nicht linear geordnete Zustandsräume und die Möglichkeit, das System auch teilweise zu erneuern. Abschließend werden einige Möglichkeiten der Modellerweiterung aufgezeigt.

2. Modellbeschreibung.

Ein System sei jeweils in einem der Zustände $i \in J$, wobei die Zustandsmenge J endlich und mit einer Ordnung versehen sei. Dabei bedeute $i \leq j$, daß der Zustand i mindestens so gut ist wie der Zustand j. In J gebe es genau ein mit 0 bezeichnetes bestes Element, d.h. es gelte $0 \leq i$ für alle $i \in J$.
In den Zeitpunkten $t=0,1,2,\ldots$ wird nach Beobachtung des Zustands i entschieden, in welchen Zustand $k \leq i$ das System überführt wird. Überführung von i nach i bedeute, daß das System unverändert gelassen wird. (Die Überführung von i nach k stelle man sich als Ersatz einer gewissen Teilmenge der Komponenten des Systems vor.) Dabei fallen <u>Ersatzkosten</u> $r(i,k)$ an, die folgende Annahmen erfüllen sollen:

$$r(i,i)=0; \quad r(i,k)\geq 0; \quad r(i',k)\geq r(i,k) \quad \text{falls } k\leq i\leq i' \qquad \text{(A 1)}$$

jeweils für alle $i,i',k \in J$.

Zusätzlich gelte:
Ist $i\leq i'$ und $k'\leq i'$ aber $k'\nleq i$, so gibt es ein k mit $k\leq i$, $k\leq k'$ und $r(i,k)\leq r(i',k')$. (A 2)

Bemerkung: (A 2) ist z.B. erfüllt, wenn die Überführung von i nach k durch Ersatz von z_μ Komponenten der μ-ten Art erfolgt, $(\mu=1,2,..,m)$, und die Ersatzkosten eine isotone nichtnegative Funktion von $(z_1,..,z_m)$ sind.

Wir unterstellen eine Markovsche Verschlechterung des Systems. D.h. vom Zustand k (nach evtl.Ersatz) zur Zeit t erfolgt ein Übergang in den Zustand j zur Zeit t+1 mit der Wahrscheinlichkeit P(k,j).Die P(k,j) seien die Komponenten einer stochastischen Matrix P mit folgender Eigenschaft

Ist h eine isotone reelle Funktion auf J, (A 3)
so ist auch $i \mapsto \sum_{j\in J} P(i,j)h(j)$ eine isotone Funktion auf J.

Bemerkung: Dies ist die übliche Forderung an die Art der Verschlechterung. Ihre Hintergründe findet man ausführlich in [4].
Während der Periode t bis t+1 sollen außerdem Ausfallkosten a(k) anfallen, wenn zur Zeit t (nach evtl.Ersatz) der Zustand k herrscht, wobei gelte

$$a(k)\leq a(k'), \text{ falls } k\leq k' \text{ für alle } k,k'\in J. \qquad (A\ 4)$$

Ersatzkosten und Ausfallkosten seien zu Beginn der jeweiligen Inspektionsperiode fällig. Mit dem Diskontfaktor α, $(0<\alpha<1)$, ergeben sich die minimalen erwarteten diskontierten Gesamtkosten v(i) bei unbeschränktem Planungshorizont und Start im Zustand i als

$$v(i)=\min_{k\leq i}\{r(i,k)+a(k)+\alpha\sum_{j\in J}P(k,j)v(j)\} \text{ für alle } i\in J. \qquad (1)$$

3. Ergebnisse.
Wir benötigen folgenden
HILFSSATZ: Unter den Voraussetzungen (A 1) bis (A4) ist v eine isotone Funktion auf J.
Beweis: Man verwendet die übliche Iteration $v(i)=\lim_{t\to\infty} v^t(i)$ mit

$$v^0(i)=0, \quad v^{t+1}(i)=\min_{k\leq i}\{r(i,k)+a(k)+\alpha\sum_j P(k,j)v^t(j)\} \qquad (2)$$

jeweils für alle $i\in J$ und t=0,1,2,.. Mit Induktion zeigt man, daß alle v^t isoton sind und somit v isoton ist.: v^0 ist isoton. Sei also v^t isoton. Wir zeigen, daß dann auch v^{t+1} isoton ist.Dazu sei k' ein Minimisator der rechten Seite in (2), wenn man dort i durch i' ersetzt mit $i\leq i'$. Wir können nun wegen (A 1) und (A 2) ein k mit $k\leq i, k\leq k'$ und $r(i,k)\leq r(i',k')$ wählen; denn für $k'\leq i$ liefert k=k' nach (A 1) das Gewünschte, während für $k'\nleq i$ nach (A 2) ein solches k existiert. Damit wird

$$\begin{aligned} v^{t+1}(i') &= r(i',k')+a(k')+\alpha\sum_j P(k',j)v^t(j) \\ &\geq r(i,k)+a(k)+\alpha\sum_j P(k,j)v^t(j)\geq v^{t+1}(i), \end{aligned}$$

wobei in der ersten Ungleichung neben $r(i',k')\leq r(i,k)$ noch (A 3) und (A 4) zusammen mit $k\leq k'$ verwendet werden, während die zweite Ungleichung mit $k\leq i$ aus (2) folgt.

Um zu ermitteln, ob es ausgehend vom Zustand i günstiger ist, das System in einen Zustand $k\neq i$ zu überführen oder es ungeändert zu lassen, bilden wir die Differenz der dabei entstehenden erwarteten diskontierten minimalen Gesamtkosten, wobei wir $r(i,i)=0$ verwenden:

$$F_k(i)=a(i)+\alpha\sum_j P(i,j)v(j) -\{r(i,k)+a(k)+\alpha\sum_j P(k,j)v(j)\}. \qquad (3)$$

Bemerkung: Ein Ersatz von i nach k ist also genau dann günstiger, als das System ungeändert zu lassen, wenn $F_k(i)>0$ ist. Wir setzen nun voraus, daß die Funktion $a(\cdot)$ schneller wächst als jede der Funktionen $r(\cdot,k)$:

Für $k\leq i\leq i'$ gilt $r(i',k)-r(i,k)\leq a(i')-a(i)$. (A 5)

Behauptung: Aus (A 1) bis (A 5) und $k\leq i\leq i'$ folgt $F_k(i)\leq F_k(i')$, d.h. die Isotonie der Funktionen F_k.

Beweis: $i\mapsto a(i)-r(i,k)$ ist nach (A 5) isoton. Da v nach dem Hilfssatz isoton ist, folgt mit (A 3), daß der zweite Term rechts in (3) bezüglich i isoton ist. Da die beiden übrigen Terme nicht von i abhängen, ist die Isotonie von F_k gezeigt.

Mit
$$F(i):=\max_{k\leq i} F_k(i)$$
erhalten wir folgenden

SATZ: Gelten die Voraussetzungen (A 1) bis (A 5), so ist F eine isotone Funktion. Es ist, ausgehend vom Zustand i, genau dann günstiger einen Ersatz vorzunehmen als das System unverändert zu lassen, wenn $F(i)>0$ ist. (Siehe Ergänzung.)

Beweis: Für $i\leq i'$ gilt

$$F(i)=\max_{k\leq i}F_k(i)\leq\max_{k\leq i} F_k(i')\leq\max_{k\leq i} F_k(i')=F(i')$$

wobei in die erste Ungleichung die oben bewiesene Behauptung eingeht. Die zweite Aussage des Satzes ist klar wegen der Bemerkung zu (3).

Für alle Zustände i mit $F(i)>0$, in denen also ein Ersatz vorgenommen werden muß, liefert der Satz keine Auskunft über den optimalen Zielzustand $\bar{k}(i)$. Aus (3) ersieht man, daß es genau dann günstiger ist, von i nach k statt nach k' zu gehen, wenn $F_k(i)>F_{k'}(i)$ ist. Also ist $\bar{k}(i)$ Maximisator von $\max_{k\leq i} F_k(i)$:

Nähere Aussagen über $\bar{k}(i)$ erhält man erst durch zusätzliche Annahmen über die Kostenstruktur. Ein besonders übersichtliches Resultat liefert folgende Voraussetzung:

Für alle $k \leq k' \leq i$ gilt (A 6)

$$r(i,k)-r(i,k') \leq a(k')-a(k).$$

Aus (3) ersieht man dann sofort das

Korollar: Gelten die Voraussetzungen (A 1) bis (A 4) und (A 6), so ist $F(i)=F_0(i)$. Eine optimale Politik heißt also:

Im Zustand i das System total erneuern (bzw. unverändert lassen), wenn $F_0(i)>0$ (bzw. $F_0(i) \leq 0$) ist.

3. Schlußbemerkungen: Wie üblich kann man wieder mittels Iteration nachweisen, daß v(i) monoton von den Eingangsgrößen r, a, α und P abhängt, soweit die Bedingungen (A 1) bis (A 4) erfüllt bleiben. Die hier dargestellten Ergebnisse lassen sich übertragen auf den Fall, daß jeweils nicht das ganze System sondern nur Teilsysteme in zyklischer Reihenfolge inspiziert werden dürfen. (Zur Modellbeschreibung siehe man [2]).

Obiger Satz läßt sich in bekannter Weise (siehe [3], Seite 147) auf das Durchschnittskostenkriterium übertragen. D.h. unter den Bedingungen (A 1) bis (A 5) ist auch für dieses Kriterium eine verallgemeinerte Kontrollgrenzen-Politik optimal. Auch das Korollar bleibt gültig. Hier tritt nur auf der rechten Seite von (3) an die Stelle von v eine andere isotone Funktion.

Ergänzung: Herr Dr.A. Pfeifer, Darmstadt, gab mir während der Jahrestagung dankenswerterweise folgenden Hinweis:

Auf (A 5) scheint man nicht verzichten zu können, wenn man die Isotonie von F sichern will. Andererseits ist (A 5) sehr einschneidend; denn aus (A 1) bis (A 5) folgt schon, daß die vollständige Erneuerung stets mindestens so gut wie jede andere Strategie ist.

Literatur.

1. Barlow, R.E., Proschan, F. (1975) Statistical Theory of Reliability and Life Testing (Probability Models). Holt, Rinehart and Winston, New York.

2. Gaede, K.-W. (1980) Abschätzungen bei Ersatzstrategien. Oper. Research Proceedings 1980, Springer, Berlin, Heidelberg,246-250.

3. Ross, S. (1979) Multivalued state component systems. Ann.Prob.7: 379-383.

4. Stoyan, D. (1977) Qualitative Eigenschaften und Abschätzungen stochastischer Modelle, Oldenburg, München, Wien.

OPTIMALE ERNEUERUNGSSTRATEGIEN BEI NICHT MONOTONEN AUSFALLRATEN

Uwe Jensen, Stuttgart

Zusammenfassung: Der Zustand eines Systems werde bis zu seinem Ausfall durch einen Markov Prozeß beschrieben. Eine vorsorgliche Wartungserneuerung kann zu einer Stoppzeit τ durchgeführt werden. Ist die Ausfallrate nicht monoton, so wird die optimale Erneuerungsstrategie nach dem Durchschnittskostenkriterium i.a. keine control-limit-rule sein. Es werden Bedingungen angegeben, unter denen eine optimale Politik bestimmt werden kann.

Summary: The state of a system, which is subject to random failure, is described by a Markov process. Preventive replacements are possible at any stopping time τ. If the failure rate is not a monotone function, the optimal replacement policy that minimizes long-run cost per unit time is in general no control-limit-rule. Conditions are given, under which the optimal policy can be determined.

1. Modellbeschreibung

Der Zustand eines technischen Systems werde durch einen Markov Prozeß $(X_t)_{t\in\mathbb{R}_+}$ beschrieben. Die Zufallsvariable V gibt den Ausfallzustand an. Vorsorgliche Wartungserneuerungen mit Kosten c, c>0 können zu einer Stoppzeit τ vorgenommen werden. Nach einem Ausfall wird zu Kosten c+k, k>0 ein gleichwertiges System eingesetzt. Gesucht ist die Stoppzeit τ^*, die den Grenzwert K_τ der mittleren Kosten je Zeiteinheit minimiert

$$K_\tau = \frac{c + k\cdot P(\zeta=\tau)}{E\tau}, \quad K^* = \inf K_\tau .$$

Dabei ist $\zeta = \inf(t\,|\,X_t \geq V)$ die Lebensdauer des Systems, falls keine Wartungserneuerung vorgenommen wird.

2. Voraussetzungen

a) Der Zustandsprozeß $(X_t)_{t\in\mathbb{R}_+}$ sei ein reellwertiger, homogener, stark Markovscher, rechtsseitig stetiger Prozeß mit monoton nicht fallenden Pfaden (vgl. Heyer, 1979).

b) $0 < E\zeta < \infty$.

c) $\frac{1}{h}\cdot P(\zeta \leq t+h\,|\,X_t = x,\ \zeta > t)$ konvergiere für $h\to 0+$ punktweise, gleichmäßig beschränkt gegen die Ausfallrate $\varrho(x)$.

Operations Research Proceedings 1982

3. Ergebnisse

Ist die Ausfallrate isoton, so ist eine sogenannte control-limit-rule (CLR) optimal (vgl. Jensen, 1981), d.h. eine Erneuerung wird vorgenommen, wenn das System ausfällt oder bei Erreichen eines vorher bestimmten Zustandes, je nachdem, was zuerst geschieht. Daß eine solche CLR für nicht monotone Ausfallraten nicht optimal sein muß, läßt sich leicht zeigen. Unter einer abgeschwächten Monotoniebedingung können jedoch optimale Strategien angegeben werden.

Satz 1: Sei $M_x = \{y \in \mathbb{R}_+ | Q(y) \geq x\}$, $\rho_x = \min(\inf(t | X_t \in M_x), \zeta)$. Gilt dann

(M) $X_t \in M_x \Rightarrow X_{t+h} \in M_x$ für alle $t,h,x \geq 0$ f.s.,

so ist die Stoppzeit ρ_{x^*} mit $x^* = \inf(x | E\int_0^{\rho_x} \{x - Q(X_t)\}dt \geq \frac{c}{k})$ optimal.

In bestimmten Fällen, wie z.B. der Alterserneuerungsstrategie mit $X_t = t$, ist bekannt, daß die optimale Politik auch für nicht monotone Ausfallraten eine CLR ist (siehe Berg, 1976). Unter Beschränkung auf CLR's läßt sich die optimale Strategie wie folgt bestimmen.

Satz 2: Sei $M = \{x \in \mathbb{R}_+ | A(x) = \frac{c}{k}, x = \inf(y | y \geq x, A(y) \geq \frac{c}{k})\}$ mit

$A(x) = E\int_0^{\tau_x} \{Q(x) - Q(X_t)\}dt$ und $\tau_x = \min(\inf(t | X_t \geq x), \zeta)$.

Ist Q stetig und M abgeschlossen, so ergibt sich für das Durchschnittskostenminimum

$K_C = \inf K_{\tau_x}$ unter Berücksichtigung aller CLR's

$$K_C = \min(K_\zeta, \inf_{x \in M} k \cdot Q(x)).$$

Literatur:

Berg, M.: A proof of optimality for age replacement policies. J. Appl. Prob. 13 (1976), 751-759.

Heyer, H.: Einführung in die Theorie Markoffscher Prozesse. Mannheim 1979.

Jensen, U.: Zustandsabhängige Erneuerungsstrategien - Ein Modell aus der Instandhaltungstheorie. Op. Res. Proc. 1980, 251-252, Springer-Verlag, Berlin 1981.

ALLGEMEINE ERNEUERUNGSPROZESSE UNTER BERÜCKSICHTIGUNG VON BEREITSTELLUNGSZEITEN

Karl Bosch, Hohenheim

Zusammenfassung. Untersucht werden Erneuerungsprozesse, bei denen die Betriebsdauern der Ersatzelemente von dem Einsatzzeitpunkt (Bereitstellungszeit) abhängen. Dieses Modell enthält als Spezialfälle die gewöhnlichen Erneuerungsprozesse sowie Prozesse mit warmer oder heißer Reserve oder mit Minimalreparaturen.

Summary. Considered are renewal processes, in which the life time distribution depends on the standby time of the unit. Special cases of this model are processes with cold, warm or hot standby redundant systems without repair or processes with minimal repair.

1. Das allgemeine Modell

Falls ein sich in Betrieb befindendes Element zum Zeitpunkt y ausfällt, soll es unmittelbar und ohne Zeitverlust durch ein anderes Element ersetzt werden. Dabei besitze die (restliche) Betriebsdauer X dieses Ersatzelements eine Verteilungsfunktion, die von der Einsatzzeit (Wartezeit) $W=y$ abhängt durch

$$P(X \leq x | W=y) = G(x,y) \; .$$

Die mittlere Betriebszeit in Abhängigkeit von y ist

$$\mu(y) = \int_0^{\infty} x G(dx,y) \; . \tag{1}$$

In $G(x,y)$ können z.B. Verschleißerscheinungen während einer Bereitstellungszeit oder durch technischen Fortschritt bedingte Verbesserungen berücksichtigt werden.

Das zur Startzeit $t=0$ eingesetzte Element besitze die Lebensdauer X_1 mit der Verteilungsfunktion $G(x,0)$. Die Betriebszeiten der einzelnen Elemente bezeichnen wir der Reihe nach mit X_i, $i=1,2,\dots$.
Dann gilt für die Verteilungsfunktion F_n der Summe $S_n = \sum_{i=1}^{n} X_i$ die Darstellung

$$F_1(t) = P(S_1 \leq t) = G(t,0) \; ;$$

Operations Research Proceedings 1982

$$F_n(t) = P(S_n \le t) = \int_0^t P(S_n \le t \mid S_{n-1}=u)\,dF_{n-1}(u) \tag{2}$$

$$= \int_0^t G(t-u,u)\,dF_{n-1}(u) \qquad \text{für } n=2,3,\ldots\ .$$

Ferner erhält man

$$P(X_n \le x) = \int_0^\infty P(X_n \le x \mid S_{n-1}=u)\,dF_{n-1}(u) \tag{3}$$

$$= \int_0^\infty G(x,u)\,dF_{n-1}(u) \qquad \text{für } n=2,3,\ldots\ .$$

Wegen (1) gilt

$$E(X_n) = \int_0^\infty E(X_n \mid S_{n-1}=y)\,dF_{n-1}(y) \tag{4}$$

$$= \int_0^\infty \mu(y)\,dF_{n-1}(y) \qquad \text{für } n=2,3\ldots\ .$$

Aus (4) folgt unmittelbar

$$E(S_n) = \mu(0) + \int_0^\infty \mu(y)\,d\sum_{i=1}^{n-1} F_i(y)\ . \tag{5}$$

Wegen $S_n = S_{n-1} + X_n$ gilt ferner

$$E(S_n) = E(S_{n-1}) + E(X_n) = \int_0^\infty (y + \mu(y))\,dF_{n-1}(y) \tag{6}$$

$$\text{für } n=2,3,\ldots\ .$$

A_n sei das Ereignis, daß das n-te Element zu seinem Abrufzeitpunkt (noch) betriebsbereit ist. Wegen $P(\bar{A}_n) = P(X_n \le 0)$ ergeben sich aus (3) die Wahrscheinlichkeiten

$$P(A_1) = 1 - G(0,0)\ ;$$

$$P(A_n) = 1 - \int_0^\infty G(0,y)\,dF_{n-1}(y) \qquad \text{für } n=2,3\ldots\ . \tag{7}$$

Für Zuverlässigkeitsuntersuchungen sind folgende Fälle interessant:

<u>a) Gesamtzahl der Elemente $N<\infty$.</u>

Die Zuverlässigkeit im Intervall $[0,T]$ lautet

$$Z(T) = 1 - F_N(T)\ .$$

Für den Erwartungswert der Lebensdauer des Gesamtsystems erhält man aus (5) und (6)

$$E(S_N) = \int_0^\infty t dF_N(t) = \mu(0) + \int_0^\infty \mu(y) \sum_{i=1}^{N-1} F_i(dy) \qquad \text{für } N \geq 2. \quad (8)$$

b) Der Fall $N=\infty$.

Durch Anwendung der in der Erneuerungstheorie üblichen Beweismethoden erhält man für den Erwartungswert der bis zum Zeitpunkt t notwendigen Erneuerungen unmittelbar die Darstellung

$$H(t) = \sum_{n=1}^{\infty} F_n(t) = G(t,0) + \int_0^t G(t-u,u)dH(u) . \qquad (9)$$

Falls die in (9) dargestellte Reihe im Punkt t nicht konvergiert, ist $H(t)=\infty$. Im Falle der Konvergenz nennen wir die Funktion H die Erneuerungsfunktion. Die mittlere Lebensdauer des Gesamtsystems beträgt

$$m = \lim_{N\to\infty} E(S_N) = \mu(0) + \int_0^\infty \mu(y)dH(y) . \qquad (10)$$

Falls das in (10) dargestellte Integral nicht existiert, gilt $m=\infty$. Die mittlere Lebensdauer des Systems ist dann beliebig groß, wenn nur genügend viele Ersatzelemente zur Verfügung stehen. Falls das Integral in (10) existiert, folgt die Gleichung aus bekannten Ergebnissen der Integrationstheorie [vgl. Bauer, S. 62]. In diesem Fall kann die mittlere Lebensdauer des Gesamtsystems den Wert m nicht übersteigen, auch wenn noch so viele Ersatzelemente zur Verfügung stehen.

Satz 1: Es sei $\mu(y) = ay + b$ mit $a,b \in \mathbb{R}$, $a \neq 0$.
Dann gilt

$$E(S_n) = b \cdot \frac{(1+a)^n - 1}{a} ; \qquad E(X_n) = b(1+a)^{n-1} \qquad \text{für } n=1,2,\ldots .$$

Beweis: 1) $n=1$: $E(S_1) = E(X_1) = \mu(0) = b$.
2) für $n>1$ gilt wegen (6)

$$E(S_n) = \int_0^\infty (ay+b+y)dF_{n-1}(y) = (a+1)\int_0^\infty y dF_{n-1}(y) + b$$
$$= (a+1) \cdot E(S_{n-1}) + b .$$

Hieraus folgt unmittelbar die Behauptung.

Bemerkung: Für $a=0$ gilt $E(X_n)=b$; $E(S_n)=n \cdot b$.

Beispiel 1: Das zur Zeit y eingesetzte Element besitze eine in $[0,y+1]$ gleichmäßig verteilte Lebensdauer.

Hier gilt

$$G(x,y) = \begin{cases} 0 & \text{für } x \le 0 \, ; \\ \frac{x}{y+1} & \text{"} \quad 0 \le x \le y+1 \, ; \\ 1 & \text{"} \quad x \ge y+1 \, . \end{cases}$$

Wegen

$$\mu(y) = \int_0^{y+1} \frac{x\,dx}{y+1} = \frac{1}{2}(y+1)$$

folgt aus Satz 1

$$E(S_n) = \left(\frac{3}{2}\right)^n - 1 \; ; \quad E(X_n) = \frac{1}{2}\cdot\left(\frac{3}{2}\right)^{n-1} \; , \; n=1,2,\ldots \; .$$

In den folgenden Abschnitten soll dieses Modell auf Spezialfälle angewandt werden.

2. Kalte Reserve (gewöhnliche Erneuerungsprozesse)

Falls die Elemente während der Bereitstellungszeit keinem Verschleiß ausgesetzt sind, erhält man mit

$$G(x,y) = F(x) \quad \text{für alle } y$$

als Spezialfall gewöhnliche Erneuerungsprozesse.

3. Warme Reserve

Zum Zeitpunkt $t=0$ seien alle Ersatzelemente in einer vorgegebenen Reihenfolge bereitgestellt. Während der Bereitstellungszeit können die Elemente ausfallen, wobei evtl. Ausfallzeitpunkte durch die Verteilungsfunktion $A(y)$ beschrieben werden. Nach dem Ausfall des arbeitenden Elements wird sofort auf das nächste Ersatzelement umgeschaltet. Falls dieses Element nicht mehr betriebsbereit ist, soll sofort auf das nächste weitergeschaltet werden. Im Falle der Einsatzbereitschaft zum Abrufzeitpunkt y besitze die Zufallsvariable der restlichen Betriebszeit die Verteilungsfunktion $B(x,y)$. In diesem Modell werden also Umschaltungen auf defekte Ersatzelemente mitgezählt. Hier gilt die Darstellung

$$P(X \le x \mid W=y) = G(x,y) = A(y) + [1 - A(y)]\cdot B(x,y) \, . \tag{11}$$

Beispiel 2 (Exponentialverteilungen). Es sei $A(y) = 1 - e^{-\mu y}$; $B(x,y) = 1 - e^{-\lambda x}$ für alle y. Damit gilt

$G(x,y) = 1 - e^{-(\lambda x + \mu y)}$;

$$\mu(y) = \frac{1}{\lambda} e^{-\mu y} .$$

Aus (9) folgt durch Differentiation nach elementaren Umformungen

$$H(t) = \frac{\lambda}{\mu}(e^{\mu t} - 1) .$$

4. Heiße Reserve

Bei der heißen Reserve werden die Elemente während ihrer Bereitstellung genauso stark beansprucht wie während der Einsatzzeit. Ist F die Verteilungsfunktion der Lebensdauer eines neuen Elements, so gilt mit den Bezeichnungen aus Abschnitt 3

$$A(y) = F(y) \; ; \quad B(x,y) = \frac{F(x+y) - F(y)}{1 - F(y)} \; ;$$

$$G(x,y) = F(x+y) \; ; \quad \mu(y) = \int_0^\infty xF(dx+y) .$$

Aus $G(t-u,u) = F(t)$ folgt unmittelbar

$$F_n(t) = P(S_n \leq t) = F^n(t) \; , \; n=1,2,\ldots .$$

Wegen $S_n = \max_{i=1,2,\ldots,n} X_i$ ist dieses Ergebnis plausibel.
Hieraus folgt

$$H(t) = \frac{F(t)}{1 - F(t)} .$$

Ist T die kleinste Zahl mit $F(T)=1$, so folgt

$$\lim_{N\to\infty} E(S_N) = \lim_{N\to\infty} \int_0^T [1 - F^N(t)]dt = T .$$

Mit genügend vielen Ersatzkomponenten kann dann erreicht werden, daß die mittlere Lebensdauer des Gesamtsystems der maximalen Lebensdauer der einzelnen Komponente beliebig nahe kommt. Im Falle $T=\infty$ gilt $\lim_{N\to\infty} E(S_N) = \infty$.

Beispiel 3 (gleichmäßige Verteilung in [0;1]).
Mit $F(t)=t$, $0\leq t\leq 1$ erhält man aus (3) nach elementarer Rechnung

$$P(X_n \leq x) = 1 - \frac{(1-x)^n}{n} \; , \; 0\leq x\leq 1 \; ;$$

$$E(X_n) = \frac{1}{n(n+1)} \quad \text{für } n = 1,2,\ldots .$$

Ferner gilt

$$P(A_n) = 1 - P(X_n \le 0) = \frac{1}{n}, \quad n = 1,2,\ldots$$

$$E(S_N) = \sum_{n=1}^{N} E(X_n) = 1 - \frac{1}{N+1};$$

$$H(t) = \frac{t}{1-t} \qquad 0 \le t \le 1 .$$

Beispiel 4 (Exponentialverteilung) $F(t) = 1 - e^{-\lambda t}$

Es ist

$$\mu(y) = \frac{1}{\lambda} e^{-\lambda y};$$

$$H(t) = e^{\lambda t} - 1 .$$

Elementare Rechnung liefert

$$P(A_n) = \int_0^\infty [1 - G(0,y)]dF_{n-1}(y) = \frac{1}{n} .$$

Aus $E(X_n|A_n) = \frac{1}{\lambda}$, $E(X_n|\bar{A}_n) = 0$ folgt

$$E(X_n) = E(X_n|A_n)\cdot P(A_n) + 0 = \frac{1}{\lambda\cdot n} .$$

Damit gilt

$$E(S_N) = \frac{1}{\lambda} \sum_{n=1}^{N} \frac{1}{n} .$$

5. Minimalreparaturen

Barlow-Hunter (1960) behandelten folgende Erneuerungsstrategie: nach einem Ausfall wird das Element in den Zustand versetzt, in dem es ohne den Ausfall gewesen wäre (Minimalreparatur). Dieses Modell erhält man bei der heißen Reserve ohne Berücksichtigung der ausgefallenen Ersatzelemente; falls also ein Umschalten nur auf nichtausgefallene Elemente möglich ist. Hier gilt

$$P(X \le x | W=y) = G(x,y) = \frac{F(x+y) - F(y)}{1 - F(y)};$$

$$\mu(y) = \frac{1}{1 - F(y)} \int_0^\infty xF(dx+y);$$

$$F_n(t) = \int_0^t \frac{F(t) - F(u)}{1 - F(u)} dF_{n-1}(u) \quad , n=2,3,\ldots .$$

Wegen $\frac{F(t) - F(u)}{1 - F(u)} \le F(t)$ gilt $F_n(t) \le F^n(t)$, $n=1,2\ldots$.

Ist T die kleinste Zahl mit F(T)=1, so gilt auch hier

$$\lim_{N\to\infty} E(S_N) = \lim_{N\to\infty} \int_0^T [1 - F_N(t)]dt = T.$$

Satz 2: F besitze die Dichte f. Dann gilt

a) $F_n'(t) = f_n(t) = \dfrac{f(t)\cdot[\ln \frac{1}{1-F(t)}]^{n-1}}{(n-1)!}$, n=1,2,... ;

b) $H'(t) = h(t) = \dfrac{f(t)}{1 - F(t)}$;

c) $H(t) = \ln \dfrac{1}{1 - F(t)}$.

Beweis: Aus den obigen Formeln folgt

$$f_n(t) = f(t)\cdot \int_0^t \frac{f_{n-1}(u)}{1 - F(u)}\, du \ ; \ n=2,3\ldots .$$

Durch vollständige Induktion folgt hieraus unmittelbar a).
b) folgt aus $h(t) = \sum_{n=1}^{\infty} f_n(t)$ und c) durch Integration $H(t) = \int_0^t f(u)du$.

Bemerkung: Die Erneuerungsdichte h(t) ist gleich der Ausfallrate. Barlow-Hunter (1960) haben dieses Ergebnis mit anderen Methoden abgeleitet.

Beispiel 5 (gleichmäßige Verteilung in [0;1]).

Wegen $\mu(y) = \dfrac{1}{1 - y} \displaystyle\int_0^{1-y} u\,du = \frac{1}{2}\cdot(1-y)$ folgt aus Satz 1

$$E(S_n) = 1 - \frac{1}{2^n} \ ; \ E(X_n) = \frac{1}{2^n} \ , \ n = 1,2,\ldots .$$

Ferner gilt $H(t) = \ln \dfrac{1}{1 - t}$.

Aus den Ergebnissen der Abschnitte 4 und 5 folgt unmittelbar der

Satz 3: Bei der heißen Reserve sollen die Elemente, die während der Bereitstellungszeit ausgefallen sind, nicht aussortiert werden. Dann stellt $\dfrac{F(t)}{1 - F(t)} - \ln \dfrac{1}{1 - F(t)}$ den Erwartungswert der Anzahl derjenigen Ersatzelemente dar, auf die bis zum Zeitpunkt t umgeschaltet wird, ohne daß sie noch betriebsbereit sind.

Literatur

Barlow, R., Hunter L.: Optimum Preventive Maintenance Policies, OR 8 (1960), pp.90-100.

Bauer, H.: Wahrscheinlichkeitstheorie und Grundzüge der Maßtheorie, 3. Auflage, Berlin - New York 1978.

Monotonie und Konvexität in der Dynamischen Optimierung

Karl Hinderer, Karlsruhe

Zusammenfassung. Der Übersichtsvortrag betrifft Bedingungen für die Monotonie oder Konkavität (Konvexität) der endlichstufigen Wertfunktionen und für die Monotonie von Maximisatoren. Es werden einige Verallgemeinerungen bekannter Resultate gegeben.

Summary. The survey is concerned with conditions for monotonicity or concavity (convexity) of finite-stage value functions and for monotonicity of maximizers. A few generalizations of known results are presented.

Einführung.

Bekanntlich besitzen nur wenige dynamische Programme "explizite" Lösungen. Daher interessiert man sich für Strukturaussagen, insbesondere zur Verwendung bei der numerischen Lösung. Die Struktureigenschaften "Monotonie" und "Konkavität (Konvexität)" stehen seit jeher bei allgemeinen Modellen im Mittelpunkt des Interesses.

2. Bezeichnungen.

S und A sind Zustandsraum bzw. Aktionenraum, $D \subset S \times A$ ist die Restriktionenmenge, P ist das stochastische Übergangsgesetz, r ist die Gewinnfunktion, V_0 ist die terminale Gewinnfunktion, $\beta > 0$ ist der Diskontierungsfaktor, V_n ist die Wertfunktion für das n-stufige Problem, W_n die Funktion auf der rechten Seite der als gültig angenommenen Wertiteration.

3. Prinzip zur rekursiven Herleitung von Eigenschaften der Wertfunktionen.

Aufgrund der Form der Wertiteration hat jede Wertfunktion V_n eine gewisse Eigenschaft (E) - etwa Isotonie - falls grob gesprochen folgendes gilt:

(a) V_0 und r haben die Eigenschaft (E).

(b) (E) bleibt erhalten bei: (b_1) Integration bzgl. P, (b_2) Multiplikation mit β, (b_3) Addition, (b_4) Supremum-Bildung.

In der Regel wird (a) einfach voraussgesetzt und (b_2) und (b_3) sind meistens unproblematisch, während (b_4) u. a. Forderungen an D stellt.

4. Monotonie der Wertfunktionen.

Es lassen sich leicht hinreichende Bedingungen für Isotonie bzgl. einer schwachen Ordnung $\leq_S$ auf S (d. h. einer transitiven und reflexiven Relation) angeben. Interessant wird das Resultat erst durch Anwendung auf konkrete Fälle mit verschiedener Wahl von $\leq_S$ (z. B. der direkten-Summen-Ordnung für stückweis monotone Funktionen, vgl. Kalin's

Operations Research Proceedings 1982

quasikonvexe Funktionen) und bei Verifizierbarkeit der stochastischen Monotonie von P.

5. Konkavität der Wertfunktionen.

Zwei bekannte Bedingungen lassen sich zusammenfassen und verallgemeinern durch Verwendung des Begriffs der $\leq_s$-konvexen Funktion, welcher u. a. konvexe, konkave und affine Funktionen enthält. Im allgemeinen braucht man Zusatzbedingungen an P, dagegen darf D beliebig (konvex) sein. Numerisch interessant ist die Konkavität von $W_n(s,.)$, welche mitgeliefert wird.

6. Konvexität der Wertfunktionen.

Das Problem ist nicht "dual" zur Konkavität. Man benötigt Zusatzbedingungen an D. Konvexität von $W_n(s,.)$ führt zu bang-bang-Maximisatoren.

7. Monotonie geeignet ausgewählter Maximisatoren.

Diese Problemstellung hat in den letzten Jahren besonderes Interesse gefunden, u. a. Arbeiten von Topkis, Serfozo, Kalin, Tijms, C. C. White, D. J. White. Auswahl eines Maximisators als schwach minimales Element. Wesentlich ist die Eigenschaft von r, isotone Differenzen zu haben. Oft Zurückführung auf Konkavität oder Konvexität von V_n. (Vorsicht im Fall $S \subset \mathbb{R}^n$, $n > 1$).

8. Details werden an anderer Stelle veröffentlicht.

9. Literatur (Auswahl)

1. Hinderer, K.: On the structure of solutions of stochastic dynamic programs. Preprint 1982.
2. Kalin, D.: Über Markoffsche Entscheidungsmodelle mit halbgeordnetem Zustandsraum. OR-Verfahren 33, 233-245(1979).
3. Sebastian, H.-J., Sieber, N.: Diskrete Dynamische Optimierung. Leipzig: Akademische Verlagsgesellschaft Geest und Portig 1981.
4. Serfozo, R.F.: Monotone optimal policies for Markov decision processes. Math. Program. Study 6, 202-215(1976).
5. Topkis, D.M.: Minimizing a submodular function on a lattice. Operation Res. 26, 305-321(1978).
6. White, C.C.: Monotone control laws for noisy, countable-state Markov chains. Europ. J. Oper. Res. 5, 124-132(1978).
7. White, D.J.: Negatively isotone optimal policies for random walk type Markov decision processes. OR-Spektrum 4, 41-45(1982).

ÜBER ε-OPTIMALE POLITIKEN FÜR STATIONÄRE STOCHASTISCHE ENTSCHEIDUNGSPROZESSE

Rolf van Dawen und Manfred Schäl, Bonn

Zusammenfassung. Diese Arbeit behandelt stationäre Markoffsche Entscheidungsmodelle mit abzählbarem Zustandsraum und dem Gesamtgewinnkriterium R. Das Ziel der Arbeit ist der Nachweis von ε-optimalen stationären Politiken f^∞ im folgenden Sinne: $R(f^\infty) \geq \sup R - \varepsilon b$ für eine nichtnegative Fehlerfunktion b. Hierzu wird eine Methode von ORNSTEIN [2] verallgemeinert, mit der man aus punktweise ε-optimalen Politiken eine gleichmäßig ε-optimale Politik konstruieren kann. Diese Verallgemeinerung ermöglicht es, allgemeinere Konvergenzbedingungen für den Gesamtgewinn und günstigere Fehlerfunktionen zu verwenden, wobei zusätzlich das von KERTZ [1] eingeführte Konzept "ε-optimal mit maximaler Optimalität" benutzt wird. Weiterhin werden Bedingungen für die Existenz von punktweise ε-optimalen stationären Politiken angegeben.

Summary. This paper is concerned with stationary Markov decision models with countable state space and the expected total reward criterium R. The aim of the paper is to prove the existence of uniformly ε-optimal stationary policies f^∞ in the following sense: $R(f^\infty) \geq \sup R - \varepsilon b$, for some nonnegative loss function b. For this we extend a method by ORNSTEIN [2] to construct uniformly ε-optimal policies with the help of pointwise ε-optimal policies. With this generalization it is possible to allow for more general convergence conditions on the total reward and to choose more favourable loss functions. Furthermore we will use the concept "ε-optimal with maximal optimality" as introduced by KERTZ [1]. In the last section we will give conditions for the existence of pointwise ε-optimal stationary policies.

1. Das Modell

S sei der abzählbare Zustandsraum, A(i) die Menge der zulässigen Aktionen in $i \in S$, $A = \{(i,a): i \in S, a \in A(i)\}$, $p: A \times S \to [0,1]$ das Bewegungsgesetz mit $\Sigma_{j \in S} p_{ij}(a) = 1$ für alle $(i,a) \in A$ und $r: A \times S \to [-\infty, +\infty)$ die Gewinnfunktion. Es sei $\mathbb{N} = \{1,2,..\}$, $\mathbb{N}_0 = \mathbb{N} + \{0\}$, $\bar{\mathbb{N}}_0 = \mathbb{N}_0 + \{\infty\}$ und $H_t = S \times S \times ..$ (t+1 Faktoren) für $t \in \bar{\mathbb{N}}_0$. Eine Politik δ ist eine Folge von Funktionen $(\delta_t, t \in \mathbb{N}_0)$ mit $\delta_t(i_0,\ldots,i_t) \in A(i_t)$ für $(i_0,\ldots,i_t) \in H_t$. Eine Entscheidungsfunktion f ist eine Funktion auf S mit $f(i) \in A(i)$ für $i \in S$ und definiert eine stationäre Politik $f^\infty = (f,f,..)$. $\Delta(\mathbf{F})$ bezeichnet die Menge aller Politiken (Entscheidungsfunktionen). Jede Politik $\delta \in \Delta$ und jeder Zustand $i \in S$ definiert ein Wahrscheinlichkeitsmaß $P_{i,\delta}$ auf H_∞ und einen stochastischen Prozeß $\{X_t, t \in \mathbb{N}_0\}$, wobei X_t den Zustand des Systems zur Zeit t beschreibt. Wir schreiben $a^+ = \max(a,o)$, $a^- = \min(a,o)$ für jede erweitert reelle Zahl und setzen

$R_l(\delta,i) = E_{i,\delta} \sum_{t=o}^{\infty} r^l(X_t, \delta_t(X_0,\ldots,X_t))$ sowie $v_l(i) = \sup_{\delta \in \Delta} R_l(\delta,i)$ für $l = +,-$.

Operations Research Proceedings 1982

Generalannahme: $v_+(i) < +\infty$ für alle $i \in S$.

Damit ist für jeden Zustand $i \in S$ der erwartete Gesamtgewinn einer Politik $\delta \in \Delta$ $R(\delta,i) = R_+(\delta,i)+R_-(\delta,i)$ und die optimalen Auszahlungen $v(i) = \sup_{\delta \in \Delta} R(\delta,i)$ wohldefiniert.

2. Die Fehlerfunktion

Sei T die Menge der (unvollständigen) Stoppzeiten $\tau: H_\infty \to \overline{\mathbb{N}}_0$. Wir schreiben

$$V(i) = \sup_{\delta \in \Delta} \inf_{t \in \mathbb{N}} \sup_{\tau \in T, \tau \geq t} E_{i,\delta} v(X_\tau) \cdot 1_{[\tau<\infty]}.$$

Bemerkung: 1) Es gilt $o \leq V \leq v_+$.
2) Ist $V = o$, so sind alle Politiken equalizing, denn
$\overline{\lim}_{t\to\infty} E_{i,\delta}\, v(X_t) \leq V(i)$ für alle $\delta \in \Delta, i \in S$.
Im weiteren benötigen wir die folgende Bedingung an die Fehlerfunktion.

(A) Sei b eine nichtnegative Funktion auf S mit
(a) $\Sigma_{j \in S}\, p_{ij}(a) \cdot b(j) \leq b(i)$ für alle $(i,a) \in A$,
(b) $V \leq b$.

Beispiel: Bedingung A ist für die in der Literatur bekannten Funktionen $v_+, v_+ + 1$ und für die hier neu eingeführten Funktionen V, V+1 erfüllt, wobei V nach Bem. 1 günstiger als v_+ ist.

3. Das Hauptergebnis

Wir setzen $S^* = \{i \in S \mid \exists \delta \in \Delta \text{ mit } R(\delta,i)=v(i)\}$ und $S_b = \{i \in S \mid b(i)=o\}$. Für die Formulierung des Satzes brauchen wir noch die folgenden Bedingungen

(B) Die Funktion $a \to r(i,a) + \Sigma_{j \in S} p_{ij}(a) v(j)$ nimmt auf A(i) ihr Supremum an, d.h. es gibt eine conserving Aktion in A(i), für alle $i \in S_b$.

(C) $\sup_{\delta \in \Delta} R(\delta,i) = \sup_{f \in \mathbb{F}} R(f^\infty,i)$ für alle $i \in S$.

Satz 1: Ist A,B und C erfüllt, dann gibt es zu jedem $\varepsilon > o$ ein $f \in \mathbb{F}$, so daß
(a) $R(f^\infty,i) = v(i)$ für alle $i \in S^*$,
(b) $R(f^\infty,i) \geq v(i) - \varepsilon \cdot b(i)$ für alle $i \in S - S^*$.

VAN DER WAL [3] hat ein ähnliches Ergebnis, das nicht aus Satz 1 gefolgert werden kann (und umgekehrt).

4. Punktweise ε-optimale stationäre Politiken (Bedingung C)

Der nächste Satz besagt, daß Bed. C bereits dann erfüllt ist, falls dies für das eingebettete negative Modell (mit Gewinnfunktion r^- anstelle von r) gilt.

Satz 2: Bed. C gilt, falls $\sup_{f\in\mathbb{F}} R_-(f^\infty,i) = v_-(i)$ für alle $i\in S$.

Für endlichen Zustandsraum haben wir außerdem das folgende Resultat.

Satz 3: Ist S endlich, so gilt Bed. C, falls in jedem Zustand $i\in S$ mit $v(i)=0$ eine conserving Aktion existiert.

Literaturverzeichnis:

1. Kertz, R.P., Renewal plans and persistent optimality in countable additive gambling (1981). To be published in Math.of Oper.Res.
2. Ornstein, D., On the existence of stationary optimal strategies. Proc.Amer.Math. Soc. 20, 563 - 569 (1969).
3. van der Wal, J., On stationary strategies. Eindhoven Univ. of Technology. Dept. of Math. (1981).

DENUMERABLE MARKOV DECISION CHAINS: SENSITIVE OPTIMALITY CRITERIA

Arie Hordijk, University of Leiden
Rommert Dekker, University of Leiden

Summary: Assuming compact metric action spaces and the usual continuity properties of the immediate costs and of the transition probabilities we regard the existence of average and/or sensitive optimal stationary policies. We generalize results from the unichain case to the multichain case. It appears that the simultaneous Doeblin condition is not sufficient. However, the continuity of the ergodic potential guarantees not only average but also bias and Blackwell optimality. Relations between these conditions and uniform strong ergodicity are discussed. An extension is also made to the unbounded costs case.

Zusammenfassung: Für Markoffsche Entscheidungsprozesse mit abzählbarem Zustandsraum und kompaktem metrischen Aktionenraum betrachten wir unter den üblichen Stetigkeitsannahmen für die einstufigen Kosten und die Übergangswahrscheinlichkeiten die Existenz von durchschnitts- und/oder sensitiv optimalen stationären Strategien. Wir verallgemeinern Ergebnisse vom Fall einer ergodischen Klasse auf den Fall mehrerer ergodischer Klassen. Es zeigt sich, daß die simultane Doeblin-Bedingung nicht hinreichend ist. Doch die Stetigkeit des ergodischen Potentials garantiert nicht nur Durchschnittsoptimalität, sondern auch Bias- und Blackwell-Optimalität. Beziehungen zwischen diesen Bedingungen und gleichmäßiger starker Ergodizität werden diskutiert. Auch wird eine Erweiterung auf den Fall unbeschränkter Kosten gegeben.

We consider Markov decision chains with a denumberable state space and compact metric action spaces.

We assume the usual continuity properties of the immediate costs and of the transition probabilities. In [2] the existence of a finite solution to the average cost optimality equations and the existence of an average cost optimal stationary policy was shown for the case where the underlying Markov chains have a single ergodic set. In this paper we generalize both results to the multichain case. A counterexample shows that for the multichain case the simultaneous Doeblin condition (See [4]) is not sufficient. However, the continuity of the ergodic potential suffices.

Under this assumption the Markov decision problem can also be solved for more sensitive optimality criteria as bias - and Blackwell - optimality. Recently the existence of optimal policies have been studied for rather general decision processes ([1] and [5]), however, we remark that for the computation of optimal policies the stronger result of the existence of finite solutions of the optimality equations is necessary.

In [3] the existence of finite solutions of the optimality equations is shown for the communicating case. They use fixed-point arguments. In [8] the existence is proved for the multichain case and the results are closely related to ours.

Operations Research Proceedings 1982

Consider the following Markov decision chain $(\mathbb{N}, A(i), p_{iaj}, r_{ia})$
with: $\mathbb{N} = \{0,1,2,\ldots\}$ - the state space

$A(i)$ - set of actions available in state i

r_{ia} - the immediate reward obtained in state i, when choosing action a

p_{iaj} - the transition probability from state i to j, when choosing action a

and with the usual assumptions:

(a) $A(i)$ is a compact metric set $\forall i \in \mathbb{N}$

(b) r_{ia} and p_{iaj} are continuous on $A(i)$ $\forall i \in \mathbb{N}$, $\forall j \in \mathbb{N}$

Let $F = \prod_{i=1}^{\infty} A(i)$ be the set of stationary policies

For each $f \in F$ we have $P(f)$ - stochastic matrix with $p_{if(i)j}$ as (i,j)-th element

$r(f)$ - vector with $r_{if(i)}$ as i-th component

Define $\Pi(f) = \lim_{N\to\infty} \frac{1}{N} \sum_{k=1}^{N} P^k(f)$

We assume further that

(c) $\forall f \in F$: $\Pi(f)$ is a stochastic matrix, i.e. $\sum_j \Pi_{ij}(f) = 1$ $\forall i \in \mathbb{N}$

(d) $\sup_{f\in F} \|r(f)\|_\infty < \infty$

Let $V^\alpha(f)$ be the α - discounted return

$$V^\alpha(f) = \sum_{k=0}^{\infty} \alpha^k P^k(f) r(f)$$

We shall use the interest-rate $\rho = \frac{1-\alpha}{\alpha}$ in stead of the discountfactor α.
In the sequel we study the following optimality criteria:

f_0 is ρ-discounted optimal if $V^\rho(f_0) \geq V^\rho(f)$ $\forall f \in F$.

f_0 is average-optimal if $\Pi(f_0)r(f_0) \geq \Pi(f)r(f)$ $\forall f \in F$, where $\Pi(f)r(f)$ is the average reward, also denoted by $g(f)$

f_0 is n-discount optimal $(n = -1,0,1,\ldots)$ if $\liminf_{\rho\downarrow 0} \rho^{-n}[V^\rho(f_0) - V^\rho(f)] \geq 0$ $\forall f \in F$.

(see [7]). It can be shown that -1 - discount optimality is equivalent to average optimality.

f_0 is Blackwell-optimal if $\forall i \in \mathbb{N}$, $f \in F$ $\exists \rho(i,f)$ s.t. $V_i^\rho(f_0) \geq V_i^\rho(f)$ for $0 \leq \rho \leq \rho(i,f)$.

It is wellknown that Blackwell optimality implies n - discount optimality for all n.
The so called optimality-equations are

$$(A)\ldots \begin{cases} g_i = \max\limits_{a\in A(i)} \sum_j p_{iaj}\, g_j & \text{and} \\ v_i = \max\limits_{a\in A_1(i)} \left[r_{ia} - g_i + \sum_j p_{iaj}\, v_j\right] & \text{with } A_1(i) = \left\{a \in A(i) \mid g_i = \sum_j p_{iaj}\, g_j\right\} \end{cases}$$

We need some further notation:

$$\text{let } D(f) = \lim_{\alpha\uparrow 1} \sum_{k=0}^{\infty} \alpha^k [P^k(f) - \Pi(f)]$$

$D(f)$ is called the ergodic-potential operator or the deviationmatrix.
We now introduce our main assumption:

$$(e) \begin{cases} \sup\limits_{f\in F} \|D(f)\|_\infty < \infty \\ D_{ij}(f) \text{ and } \|D_i(f)\|_\infty \text{ are continuous on } F,\ \forall i,j \in \mathbb{N}". \end{cases}$$

A consequence is that we can introduce

$$R_\rho(f) = \left[I - \frac{1}{1+\rho} P(f)\right]^{-1} = (1+\rho)[(1+\rho)I - P(f)]^{-1}$$

$$\underset{(e)}{=} (1+\rho) \left[\frac{\Pi(f)}{\rho} + \sum_{k=0}^{\infty} (-1)^k \rho^k D^{k+1}(f)\right]$$

$R_\rho(f)$ is called the ρ - potential operator or the ρ - resolvent. Due to (e) every term of one of the Laurent-series is continuous on F.
$R_\rho(f)$ makes it possible to express $V^\rho(f)$ in a Laurent-series for ρ round zero:

$$V^\rho(f) = R_\rho(f)\, r(f) = (1+\rho) \left[\frac{\Pi(f) r(f)}{\rho} + \sum_{k=0}^{\infty} (-1)^k \rho^k D^{k+1}(f)\, r(f)\right]$$

From this expression it is easily seen that, n - discount optimality corresponds with lexicografical optimality of the first $n + 2$ terms of the Laurent-series.

Regard now a general Laurent series a_ρ

$$a_\rho = \sum_{k=-1}^{\infty} a_k \rho^k, \text{ with}$$

a_k vectors s.t. $\lim\limits_{k\to\infty} \|a_k\|_\infty^{\frac{1}{k}} < \infty$.

We say that a_ρ is nonnegative ($a_\rho \succcurlyeq 0$) if $\liminf\limits_{\rho\downarrow 0} \rho^{-n} \sum\limits_{k=-1}^{\infty} a_{k,i}\, \rho^k \geq 0 \quad \forall i,\ n \in \mathbb{N}$

The ρ - resolvent R_ρ seen as an operator working on a_ρ, has an important property Which can be proven by probabilistic arguments.

Proposition 1. $R_\rho(f)$ is monotone i.e. if
$a_\rho \succcurlyeq 0 \Rightarrow R_\rho(f)\, a_\rho \succcurlyeq 0 \quad \forall f \in F$.

This leads to our main theorem

Theorem 1. Assume (a), (b), (c), (d) and (e). There exists a policy $f_0 \in F$ s.t.

(T1.) $R_\rho(f)\, r(f) \preccurlyeq R_\rho(f_0)\, r(f_0) \qquad \forall f \in F$.

(T2.) $r(f) + \frac{1}{1+\rho} P(f)[R_\rho(f_0) r(f_0)] \preccurlyeq R_\rho(f_0)\, r(f_0) \qquad \forall f \in F$.

From (T1.) it follows that f_0 is Blackwell-optimal
From (T2.) it follows that $g = \Pi(f_0)\, r(f_0)$ and
$v = D(f_0)\, r(f_0)$ together are solutions of the optimality equations (A).

2. RECURRENCE CONDITIONS

We will now look to conditions implying condition (e).

(e') $\exists c < \infty, \quad \exists \beta < 1 \quad$ s.t. $\|P^n(f) - \Pi(f)\|_\infty \le c\beta^n \quad \forall f \in F$.

We call (e'): the uniform strong ergodicity condition.

Under this condition we can write $D(f) = \sum_{n=0}^{\infty} [P^n(f) - \Pi(f)]$

It can be shown that (e') $\Rightarrow$ (e).

The question arises:
what is the relation between this condition and the Doeblin-condition? In the case there is only one matrix P we have:
Doeblin condition: $\exists$ finite set K, $\exists n \in \mathbb{N}$, $\exists\, c > 0$ s.t.
(see [4] p91) $\quad p^n_{iK} \ge c \qquad \forall i \in \mathbb{N}$.
and
strong ergodicity: $\|P^n - \Pi\|_\infty \to 0 \qquad$ if $n \to \infty$.
(see [6])
Denote by $\nu(f)$ the number of ergodic sets under $p(f)$ and let $\nu = \sup_{f \in F} \nu(f)$.
It can be proven that
Doeblin condition and aperiodicity implies strong ergodicity

Conversely, it is easily seen that
Strong ergodicity and $\nu(f) < \infty$ implies the Doeblin condition.
Then the question is: can this equivalence be generalized to a collection of matrices?
The corresponding conditions are:

(1) simultaneous Doeblin condition: $\exists$ finite set K $\exists n_0 \in \mathbb{N}$, $\exists c > 0$ s.t.
(see [4] p52) $p^{n_0}_{iK}(f) \geq c \quad \forall i \in \mathbb{N} \quad \forall f \in F$

(2) uniform strong ergodicity $\sup_{f \in F} \| P^n(f) - \Pi(f) \|_\infty \to 0 \quad n \to \infty$
(this is equivalent with (e')).

Again uniform ergodicity and $\nu < \infty$ implies the simultaneous Doeblin condition. But the reverse doesn't hold.

<u>Counter example</u>

denotes action 1
denotes action 2

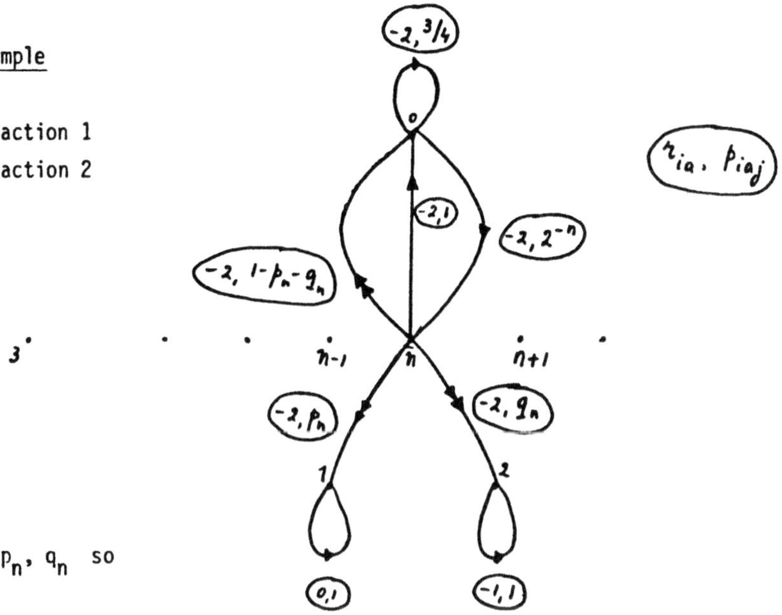

We choose p_n, q_n so that
$p_n \to 0$, $q_n \to 0$ and
$p_n/q_n \to \infty$ if $n \to \infty$

Regard the following policies $f_n(i) = \begin{cases} 1 & i \neq n \\ 2 & i = n \end{cases}$, $\quad f_\infty(i) = 1 \ \forall i \in \mathbb{N}$

$f_n \to f_\infty$ if $n \to \infty$

and $\Pi(f_n)\, r(f_n) = \dfrac{-q_n}{p_n+q_n} \underset{n\to\infty}{\to} 0$.

$\Pi(f_\infty)\, r(f_\infty) = -2$: The simultaneous Doeblin condition holds.

Let $K = \{0,1,2\}$, then $p_{iK}(f) = \sum_{j \in K} p_{ij}(f) \geq 3/4 \quad \forall i \in \mathbb{N}$, $\forall f \in F$

No continuity of the stationary matrix $\Pi(f)$ indeed, $\Pi_{\circ\circ}(f_n) = 0$ and $\Pi_{\circ\circ}(f_\infty) > 0$.

We make two conclusions from this example.
Firstly, the simultaneous Doeblin condition does not garantee the existence of an average optimal policy.
Secondly, the simultaneous Doeblin condition does not guarantee that the stationary matrices $\Pi(f)$ are continuous in f .
Since uniform strong ergodicity implies that the stationary matrices are continuous in f , we also conclude that it does not follow from the simultaneous Doeblin condition.

In [2] it is shown that in the unichain case (where each $P(f)$ has no disjoint sets) the equivalence between (1) and (2) holds as in the single matrix case.
It is easily seen that condition (2) with $\nu(f) < \infty$ $\forall f \in F$ implies condition (1).
In a recent technical report ([8]) Zijm proved that in the multichain case the simultaneous Doeblin condition together with aperiodicity and continuity of $\nu(f)$ are sufficient for uniform strong ergodicity.

3. UNBOUNDED IMMEDIATE REWARDS

The following example shows that our conditions can be too restricted, especially when the immediate rewards are unbounded. Consider the waiting-line model with controllable input, which was studied in Chapter 5 of [4].

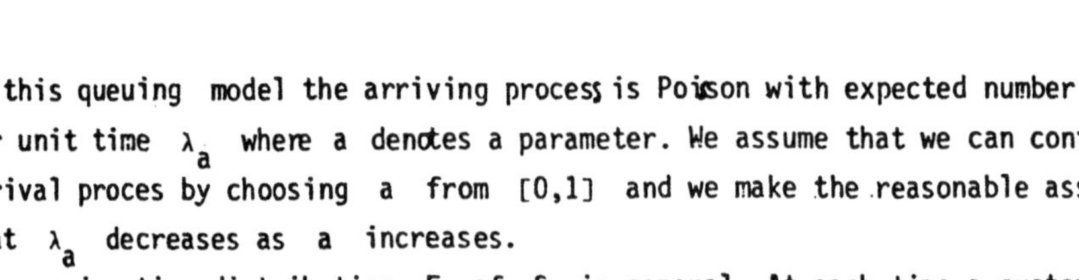

In this queuing model the arriving process is Poisson with expected number of arrivals per unit time λ_a where a denotes a parameter. We assume that we can control the arrival proces by choosing a from $[0,1]$ and we make the reasonable assumption that λ_a decreases as a increases.
The service time distribution F of S is general. At each time a customer completes service, the parameter a may be changed.
We will be looking at the embedded Markov chain.
The state space becomes $E = \{0,1,2,\dots\}$ and the transition probabilities satisfy

$$p_{iaj} = \begin{cases} 0 & \text{if } j < i-1 \\ k_{j-i+1}(a) & \text{if } j \geq i-1 \end{cases} \quad \text{with } k_r(a) = \int_0^\infty \frac{e^{-\lambda_a s}(\lambda_a s)^r}{r!}\, dF(s) \ .$$

Furthermore we assume that $\lambda_0 ES < 1$ and $r_{ia} = r_a - c(i-1)\ ES$
In this model r is unbounded in the state variable i, hence the assumptions of Theorem 1 are not fulfilled. In the sequel we generalize our assumptions.
Suppose there is a vector μ, $\mu(i) \geq 1 \ \forall i \in \mathbb{N}$ s.t.

(b') $r_{ia}, p_{iaj}, \sum_j p_{iaj}\mu_j$ are continuous on $A(i) \ \forall i \in \mathbb{N}$.

Using this μ we define a norm: $\|x\|_\mu = \sup_{i \in \mathbb{N}} \frac{|x_i|}{\mu_i}$, $\|P\|_\mu = \sup_{i \in \mathbb{N}} \frac{\sum_j p_{ij}\mu_j}{\mu_i}$

and we make the following assumptions:

(d') $\sup_{f \in F} \|r(f)\|_\mu < \infty$

(e") $\begin{cases} \sup_{f \in F} \|D(f)\|_\mu < \infty \qquad \sup_{f \in F} \|P(f)\|_\mu < \infty \\ D_{ij}(f) \text{ and } \|D_i(f)\|_\mu \text{ are continuous on } F \text{ for all } i,j \in \mathbb{N}; \end{cases}$

Remark that by substituting $\mu(i) = 1 \ \forall i \in \mathbb{N}$, we have again the former assumptions. Hence the prime-assumptions are less restricted and include important models, seen from our example.

Theorem 2. Under the conditions (a), (b'), (c), (d'), (e") there exists a policy $f_0 \in F$ s.t. (T1) and (T2) hold. I.e. there exists a Blackwell-optimal policy f_0 satisfying the optimality equations. To conclude we return to our waiting line model

Proposition 2. If there exists a real constant $c > 1$ s.t. $\int_0^\infty e^{-\lambda_a(c-1)s} dF(s) < c$ $\forall a \in [0,1]$
then the waiting line model satisfy the conditions of Theorem 2.

REFERENCES

[1] H. Deppe, Durchschnittskosten in semiregenerativen Entscheidungsmodellen. Dissertation, Rheinische Friedrichs-Wilhelms-Universität Bonn (1981)

[2] A. Federgruen, A. Hordijk and H.C. Tijms, Denumberable state semi-Markov decision processes with unbounded costs, average costs criterion, Stoch. Proc. Appl. 9 (1975) pp 223-245.

[3] A. Federgruen, P.J. Schweitzer and H.C. Tijms. Denumerable semi-Markov decision processes with unbounded rewards. Research working paper no. 355A Gradutate School of Business Columbia University (1981).

[4] A. Hordijk, Dynamic programming and Markov potential theory. Mathematical Centre Tract, 51, Mathematical Centre, Amsterdam (1974).

[5] A. Hordijk, F.A. van der Duyn Schouten. On the existence of average optimal policies in Markov decision drift processes with general state and action space. Report no. 81-32. Institute of Applied Mathematics and Computer Science. University of Leiden (1981).

[6] D. Isaacson and G.R. Luecke, Strongly ergodic Markov chains and rates of convergence using spectral conditions. Stoch. Proc. and their Applic. 7 (1968) pp 113-121.

[7] A.F. Veinott, Discrete dynamic programming with sensitive discount optimality criteria, Ann. Math. Statist. 37 (1966), pp 1635-1660.

[8] W.H.M. Zijm, The optimality equations in multichain denumerable state Markov decision process with the average cost criterion: the bounded cost case. Report AE 2/82 Faculty of Actuarial Science & Econometrics. University of Amsterdam (1982).

On uniformly nearly-optimal Markov strategies

Jan van der Wal, Eindhoven

Summary. In this paper the following result is proved. In any total reward countable state Markov decision process a Markov strategy π exists which is uniformly nearly-optimal in the following sense: $v(i,\pi) \geq v^*(i) - \varepsilon - \varepsilon u^*(i)$ for any initial state i. Here v^* denotes the value function of the process and u^* denotes the value of the process if all negative rewards are neglected.

Zusammenfassung. In dieser Arbeit wird das folgende Ergebnis bewiesen. In jedem Markoffschen Entscheidungsprozeß mit abzählbarem Zustandsraum und dem Kriterium des Gesamtertrages existiert eine Markoffsche Strategie, die im folgenden Sinne gleichmäßig fast optimal ist: $v(i,\pi) \geqq v^*(i)-\varepsilon-\varepsilon u^*(i)$ für jeden Anfangszustand i. Dabei ist v^* die Wertfunktion des Prozesses und u^* die Wertfunktion, falls alle negative Erträge durch Null ersetzt sind.

1. Introduction.

Consider a Markov decision process (MDP) with countable state space S and arbitrary action space A, with a σ-field containing all one-point sets. If in state $i \in S$ action $a \in A$ is taken two things happen: a (possibly negative) immediate reward $r(i,a)$ is earned and the system moves to a new state j, $j \in S$, with probability $p(i,a,j)$, where $\Sigma_j\, p(i,a,j) = 1$. The functions $r(i,a)$ and $p(i,a,j)$ are assumed to be measurable in a. Three sets of strategies will be distinguished, namely the set Π of all (possibly randomized and history dependent) strategies satisfying the usual measurability conditions, the set M of all nonrandomized Markov strategies, and the set F of all nonrandomized stationary strategies. So $F \subset M \subset \Pi$. The set of all functions from S into A, also called policies, will be denoted by F as well. For each strategy $\pi \in \Pi$ and each initial state i one may define in the usual way a probability measure $\mathbb{P}_{i,\pi}$ on $(S \times A)^\infty$ and a stochastic process $\{(X_n,A_n),\ n = 0,1,\dots\}$ where X_n denotes the state of the system at time n and A_n the action chosen at time n. Expectations with respect to $\mathbb{P}_{i,\pi}$ are denoted by $\mathbb{E}_{i,\pi}$.

Now the total expected reward $v(i,\pi)$ when the process starts in $i \in S$ and strategy $\pi \in \Pi$ is used can be defined

$$v(i,\pi) := \mathbb{E}_{i,\pi} \sum_{n=0}^{\infty} r(X_n,A_n) \ , \tag{1.1}$$

whenever the expectation at the right hand side is well-defined. To guarantee this

Operations Research Proceedings 1982

the following assumption is made.

General convergence condition.

For all $i \in S$ and $\pi \in \Pi$

$$u(i,\pi) := \mathbb{E}_{i,\pi} \sum_{n=0}^{\infty} r^+(X_n,A_n) < \infty , \tag{1.2}$$

where $r^+(i,a) := \max\{0 , r(i,a)\}$, $i \in S$, $a \in A$.
The value of the total reward MDP is defined by

$$v^*(i) := \sup_{\pi\in\Pi} v(i,\pi) . \tag{1.3}$$

Further the value of the MDP where only the positive rewards are counted is denoted by u^*, so

$$u^*(i) := \sup_{\pi\in\Pi} u(i,\pi) . \tag{1.4}$$

Van Hee [1] proved that under the general convergence condition one can restrict, pointwise, the attention to Markov strategies, i.e. $v^*(i) = \sup_{\pi \in M} v(i,\pi)$.
In [3] it is proved that if in each state i for which $v^*(i) \le 0$ a conserving action exists (i.e. an action satisfying $r(i,a) + \Sigma_j\, p(i,a,j)\, v^*(j) = v^*(i)$), then for each $\varepsilon > 0$ a stationary strategy exists satisfying for all $i \in S$

$$v(i,f) \ge v^*(i) - \varepsilon u^*(i) . \tag{1.5}$$

In this paper the following result will be proved.

Theorem 1.

For each $\varepsilon > 0$ a Markov strategy π exists satisfying for all $i \in S$

$$v(i,\pi) \ge v^*(i) - \varepsilon - \varepsilon u^*(i) . \tag{1.6}$$

This theorem extends Van Hee's result in showing that there exist not only pointwise nearly-optimal Markov strategies but even uniformly nearly-optimal Markov strategies. Furhter note that for this theorem to hold neither conditions on the action space nor conditions on the reward structure are needed.

In Van Hee, Hordijk and Van der Wal [2] an example is given which shows that a Markov strategy π satisfying $v(\pi) \ge v^* - \varepsilon(e + |v^*|)$ need not exist.
Further it is clear from negative dynamic programming (then $u^* = 0$) that also a Markov strategy π satisfying $v(\pi) \ge v^* - \varepsilon u^*$ need not exist. This suggests that the statement in Theorem 1 is fairly strong.

The proof of the theorem is similar to the proof of (1.5) in Van der Wal [3]. It will be given in Section 2.

First we introduce a few more notations. If in an expression the argument corresponding to the state is deleted, then the function on S is meant. So for example v^* is the function with i-th coordinate $v^*(i)$. Often these functions are treated as columnvectors.

Let f be any policy then the immediate reward function r(f) and the transition probability function P(f), which will be treated as a columnvector and a matrix respectively, are defined by

$$r(f)(i) = r(i\,,f(i)) \quad , \quad i \in S\,, \tag{1.7}$$

$$P(f)(i,j) = p(i\,,f(i),j) \quad , \quad i,j \in S\,. \tag{1.8}$$

Further we define on suitable subsets of real-valued functions on S the operators L(f) by

$$L(f)v = r(f) + P(f)v\,. \tag{1.9}$$

Finally define S^- and S^+ by $S^- := \{i \in S \mid v^*(i) \le 0\}$ and $S^+ := \{i \in S \mid v^*(i) > 0\}$.

2. The proof of Theorem 1.

Roughly the proof goes as follows.
First choose some $\varepsilon > 0$ and define policies f_n, $n = 0,1,\ldots$ satisfying

$$L(f_n)v^* \ge v^* - \varepsilon 2^{-(n+1)}e\,. \tag{2.1}$$

These policies consitute a Markov strategy $\hat{\pi}$, $\hat{\pi} = (f_0,f_1,\ldots)$.
Let now $\hat{\Pi}$ be the set of all strategies which on S^- act according to $\hat{\pi}$. I.e., if at some time n the system occupies some state $i \in S^-$, then the action $f_n(i)$ has to be taken. Then, as will be shown,

$$\sup_{\pi\in\hat{\Pi}} v(\pi) \ge v^* - \varepsilon e\,. \tag{2.2}$$

So fixing nearly conserving actions on S^- in the manner described above has not much influence on what can be gained.

Next we construct a new MDP with a state space $S \times T$, $T = \{0,1,\ldots\}$ and state dependent action sets. To be more precise, the action set in the states (i,t), $i \in S^-$, is taken to be the singleton $\{f_t(i)\}$ whereas in the states (i,t), $i \in S^+$ the action set is not restricted. Further, only transitions from states (i,t) to states (j,t+1) are possible. So one might say that time is included in the state definition.

After some manipulation this newly defined MDP satisfies the conditions in Van der Wal [3]. I.e., in each state where the value is nonpositive there is a conserving action (as the action space there is a singleton). Hence, in this model there exists a uniformly nearly-optimal stationary strategy in the sense of (1.5). This strategy corresponds to a Markov strategy in $\hat{\Pi}$ for the original MDP and this strategy will satisfy (1.6) (for a slightly larger ε).

To start with let $\hat{\pi} = (f_0, f_1, \ldots)$ be the Markov strategy defined by (2.1), and define for $t = 1,2,\ldots$ the strategy $\hat{\pi}^t = (f_t, f_{t+1}, \ldots)$. Further define τ to be the time of the first switch from S^- to S^+ or vice versa:

$$\tau(i_0, i_1, \ldots) = \begin{cases} \text{if } i_0 \in S^- \text{ then } \inf\{n \mid i_n \in S^+\} \\ \text{if } i_0 \in S^+ \text{ then } \inf\{n \mid i_n \in S^-\} \end{cases}$$

for all $i_1, i_2, \ldots \in S$, and where $\inf \emptyset := \infty$.
We need the following result:

<u>Lemma 2.1</u>. For all $i \in S^-$

$$\hat{v}(i\ ,\ \hat{\pi}^t) := \mathbf{E}_{i,\hat{\pi}^t} \left[\sum_{n=0}^{\tau-1} r(X_n, A_n) + v^*(X_\tau) \right] \geq v^*(i) - \varepsilon 2^{-t} . \tag{2.3}$$

<u>Proof</u>. Define the following MDP characterized by $\hat{S}$, $\hat{A}$, $\hat{p}$ and $\hat{r}$, with $\hat{S} = S^-$, $\hat{A} = A$ and

$$\begin{cases} \hat{p}(i,a,j) = p(i,a,j) \quad , \quad i,j \in S^- \ , \\ \hat{r}(i,a) \quad = r(i,a) + \sum_{j \in S^+} p(i,a,j)\, v^*(j) \quad , \quad i \in S^- . \end{cases} \tag{2.4}$$

Clearly the expression at the left hand side of (2.3) is equal to the total expected reward for strategy $\hat{\pi}^t$ in the transformed MDP. Denoting all objects in the transformed MDP by a hat we have (with $\hat{v}(\hat{\pi}^t)$ defined on S^- only)

$$\begin{aligned} \hat{v}(\hat{\pi}^t) &= \lim_{n\to\infty} \hat{L}(f_t)\, \hat{L}(f_{t+1}) \ldots \hat{L}(f_{t+n})\, 0 \\ &\geq \lim_{n\to\infty} \inf \hat{L}(f_t)\, \hat{L}(f_{t+1}) \ldots \hat{L}(f_{t+n})\, v^* \quad \text{(since } v^* \leq 0 \text{ on } S^-) \\ &\geq \lim_{n\to\infty} \inf \hat{L}(f_t) \ldots \hat{L}(f_{t+n-1})\, v^* - \varepsilon 2^{-t-n-1} e \geq \ldots \geq v^* - \varepsilon 2^{-t} e . \end{aligned}$$ □

Next, let $\hat{\Pi}$ be the set of strategies using $\hat{\pi}$ on S^-, then

<u>Lemma 2.2</u>.

$$\sup_{\pi \in \hat{\Pi}} v(\pi) \geq v^* - 2\varepsilon e .$$

<u>Proof</u>. The line of proof is very similar to the one in the proof of Lemma 3.3 in [3]. Let $\pi^{(n)}$, $n = 1,2,\ldots$ be a strategy satisfying $v(i, \pi^{(n)}) \geq v^*(i) - \delta 2^{-n}$ for all $i \in S^+$. Then also

$$\mathbf{E}_{i,\pi^{(n)}} \left[\sum_{k=0}^{\tau-1} r(X_k, A_k) + v^*(X_\tau) \right] \geq v^*(i) - \delta 2^{-n} .$$

Now let π^* be the strategy which on S^+ uses $\pi^{(k)}$ during the k-th stay in S^+, assuming a restart upon re-entry, and on S^- uses $\hat{\pi}$ not resetting the clock at a (re)entry time. We will show that this strategy π^* satisfies $v(\pi^*) \geq v^* - 2\varepsilon e - \delta e$. Therefore define τ_n to be the time of the n-th switch from S^+ to S^- or vice versa, i.e. let $\xi = (i_0, i_1, \ldots)$ be any path in S^∞ then $\tau_1(\xi) = \tau(\xi)$ and $\tau_n(\xi) = \tau(i_{\tau_{n-1}(\xi)}, i_{\tau_{n-1}(\xi)+1}, \ldots)$, $n \geq 2$. Then, since $\tau_n \geq n$,

$$v(\pi^*) = \lim_{n\to\infty} \mathbb{E}_{i,\pi^*} \sum_{k=0}^{\tau_n - 1} r(X_k, A_k) .$$

Now assume $i \in S^+$, then for $n = 1,2,\ldots$

$$\mathbb{E}_{i,\pi^*} \sum_{k=0}^{\tau_{2n+1}-1} r(X_k,A_k) \geq \mathbb{E}_{i,\pi^*} \left[\sum_{k=0}^{\tau_{2n+1}-1} r(X_k,A_k) + v^*(X_{\tau_{2n+1}}) \right] =$$

$$= \mathbb{E}_{i,\pi^*} \sum_{k=0}^{\tau_{2n}-1} r(X_k,A_k) + \sum_{j\in S^+} \mathbb{P}_{i,\pi^*}(\tau_{2n} < \infty, X_{\tau_{2n}} = j) \cdot$$

$$\cdot \mathbb{E}_{j,\pi^{(n+1)}} \left[\sum_{k=0}^{\tau-1} r(X_k,A_k) + v^*(X_\tau) \right] \geq$$

$$\geq \mathbb{E}_{i,\pi^*} \sum_{k=0}^{\tau_{2n}-1} r(X_k,A_k) + \sum_{j\in S^+} \mathbb{P}_{i,\pi^*}(\tau_{2n} < \infty, X_{\tau_{2n}} = j)(v^*(j) - \delta 2^{-n-1}) \geq$$

$$\geq \mathbb{E}_{i,\pi^*} \left[\sum_{k=0}^{\tau_{2n}-1} r(X_k,A_k) + v^*(X_{\tau_{2n}}) \right] - \delta 2^{-n-1} =$$

$$= \mathbb{E}_{i,\pi^*} \sum_{k=0}^{\tau_{2n-1}-1} r(X_k,A_k) + \sum_{j,t} \mathbb{P}_{i,\pi^*}(\tau_{2n-1} = t, X_{\tau_{2n-1}} = j) \cdot$$

$$\cdot \mathbb{E}_{j,\hat{\pi}^t} \left[\sum_{k=0}^{\tau-1} r(X_k,A_k) + v^*(X_\tau) \right] - \delta 2^{-n-1} \geq$$

$$\geq \mathbb{E}_{i,\pi^*} \sum_{k=0}^{\tau_{2n-1}-1} r(X_k,A_k) + \sum_{j,t} \mathbb{P}_{i,\pi^*}(\tau_{2n-1} = t, X_{\tau_{2n-1}} = j) \cdot$$

$$\cdot (v^*(j) - \varepsilon 2^{-t}) - \delta 2^{-n-1} \geq$$

$$\geq \mathbb{E}_{i,\pi^*} \left[\sum_{k=0}^{\tau_{2n-1}-1} r(X_k,A_k) + v^*(X_{\iota_{2n-1}}) \right] - \delta 2^{-n-1} - \varepsilon 2^{-2n+1} \geq$$

$$\geq \ldots \ \mathbb{E}_{i,\pi^*}\left[\sum_{k=0}^{\tau-1} r(X_k,A_k) + v^*(X_\tau)\right] - \delta[2^{-n-1} + 2^{-n} + \ldots + 2^{-2}] +$$

$$+ \varepsilon[2^{-2n+1} + 2^{-2n+3} + \ldots + 2^{-1}] > v^*(i) - \delta - 2\varepsilon/3 \ .$$

Hence $v(i,\pi^*) \geq v^*(i) - \delta - 2\varepsilon/3$ for all $i \in S^+$.
Further one may show that for all $i \in S^-$

$$v(i,\pi^*) \geq \mathbb{E}_{i,\hat{\pi}}\left[\sum_{k=0}^{\tau-1} r(X_k,A_k) + v^*(X_\tau) - \delta - 2\varepsilon/3\right] \geq$$
$$\geq v^*(i) - \delta - 5\varepsilon/3 > v^*(i) - \delta - 2\varepsilon \ . \tag{2.5}$$

Since $\delta > 0$ can be chosen arbitrarily the proof is complete. □

The estimates are not as sharp as possible. E.g., in (2.5) the term $2\varepsilon/3$ can be replaced by $\varepsilon/3$ since all actions on S^- are taken $\tau \geq 1$ units of time later. By being more careful, and not using Lemma 2.1, one may even prove that $\sup_{\pi\in\hat{\Pi}} v(\pi) \geq v^* - \varepsilon e$. But for our purpose Lemma 2.2 is quite sufficient.

So the value of the MDP has not been affected very much by the restriction to strategies from $\hat{\Pi}$.

Now let us extend the process with a time parameter. So consider the MDP with state space $S \times T$, $T = \{0,1,\ldots\}$, action space A and further

$$\begin{cases} r((i,t),a) = r(i,a) \ , \\ p((i,t),a,(j,t+1)) = p(i,a,j) \ , \ i,j \in S, \ a \in A, \ t \in T \ , \\ p((i,t),a,(j,s)) = 0 \text{ if } s \neq t+1 \ . \end{cases}$$

The part of this new MDP with initial states $\{(i,0)\}$ now corresponds to the original MDP. In order that a strategy for the initial states $\{(i,0)\}$ yields a strategy in $\hat{\Pi}$ we restrict the action space in the states (i,t) with $i \in S^-$ to the singletons $\{f_t(i)\}$. Then, as one easily verifies, (cf. Lemma 2.2) we have $v^*((i,t)) \geq v^*(i) - 2^{1-t}\varepsilon$. This newly defined MDP does not yet satisfy the condition that in each state with nonpositive value a conserving action exists, which is needed to be able to apply result (1.5). To have this condition satisfied the immediate rewards are slightly increased in the states (i,t) with $i \in S^+$. Define

$$\begin{cases} \tilde{r}((i,t),a) := r((i,t),a) + 2^{1-t}\varepsilon \ , \ i \in S^+ \ , \\ \tilde{r}((i,t),a) := r((i,t),a) \qquad \qquad , \ i \in S^- \ . \end{cases}$$

Then clearly (we use tildes for objects in the MDP with rewards $\tilde{r}$) for all $i \in S^+$

$$\tilde{v}^*((i,t)) \geq v^*((i,t)) + 2^{1-t}\varepsilon \geq v^*(i) > 0 \ .$$

So, if $\tilde{v}((i,t)) \le 0$ then $i \in S^-$ and thus the action set in state (i,t) is a singleton whence this action is also conserving. Thus the result in Van der Wal [3] applies, stating the existence of a stationary strategy, g say, satisfying

$$\tilde{v}(g) \ge \tilde{v}^* - \delta\tilde{u}^* , \tag{2.6}$$

where $\delta > 0$ is some arbitrarily chosen constant. This stationary strategy g corresponds to a Markov strategy $\pi_g \in \hat{\Pi}$ for the original MDP, namely the strategy $\pi_g = (g_0, g_1, \ldots)$ with $g_t(i) = g((i,t))$.
As we will show π_g satisfies $v(\pi_g) \ge v^* - \varepsilon_0(e + u^*)$ where ε_0 depends on ε and δ. Therefore observe that

$$\tilde{v}((i,0),g) \le v(i,\pi_g) + \sum_{t=0}^{\infty} 2^{1-t}\varepsilon = v(i,\pi_g) + 4\varepsilon \tag{2.7}$$

and that similarly

$$\tilde{u}^* \le u^* + 4\varepsilon e . \tag{2.8}$$

Also, by Lemma 2.2,

$$\tilde{v}^*((i,0)) \ge v^*((i,0)) \ge v^*(i) - 2\varepsilon . \tag{2.9}$$

So by subsequently using (2.7), (2.6), (2.9) and (2.8) we obtain for all $i \in S$

$$\begin{aligned} v(i,\pi_g) &\ge \tilde{v}((i,0),g) - 4\varepsilon \ge \tilde{v}^*((i,0)) - \delta\tilde{u}^*((i,0)) - 4\varepsilon \\ &\ge v^*(i) - 2\varepsilon - \delta u^*(i) - 4\delta\varepsilon - 4\varepsilon \ge v^*(i) - \varepsilon_0(1 + u^*(i)) , \end{aligned}$$

with $\varepsilon_0 = \max\{6\varepsilon + 4\delta\varepsilon, \delta\}$.
Clearly ε_0 can be made arbitrarily small by a suitable choice of ε and δ so the proof of Theorem 1 is complete.

References.

[1] Hee, K.M. van (1978), Markov strategies in dynamic programming, Math. Oper. Res. 3, 37 - 41.

[2] Hee, K.M. van, A. Hordijk and J. van der Wal (1977), Successive approximations for convergent dynamic programming, in Markov decision theory, eds, H.C. Tijms and J. Wessels, Mathematical Centre Tract 93, Mathematisch Centrum, Amsterdam, 183 - 211.

[3] Wal, J. van der (1981), On uniformly nearly-optimal stationary strategies, Eindhoven University of Technology, Dept. of Math., Memorandum COSOR 81 - 14.

A SIMPLEX-LIKE ALGORITHM TO COMPUTE A BLACKWELL-OPTIMAL POLICY

Arie Hordijk, University of Leiden
Rommert Dekker, University of Leiden
Lodewijk Kallenberg, University of Leiden

Summary. In a finite Markov decision process a ρ-optimal policy (ρ being the interest rate) can be found for fixed ρ by solving a linear programming problem. We solve such problems simultaneously for all ρ near enough to 0 by considering the problem not in the field of real numbers but in that of rational functions in ρ and applying a simplex-like algorithm in that field. This finite algorithm produces both a Blackwell-optimal policy, its total discounted reward as rational function in ρ and also the interval $(0,\rho_0]$ in which that policy is ρ-optimal.

Consider a Markov Decision chain with a finite state space E, with in each state i a finite action set A(i). When choosing action a in state i, one receives an immediate reward r_{ia} and a transition to state j is made with probability p_{iaj}. The rewards are discounted with an interest rate ρ corresponding to a discount factor $\alpha = \frac{1}{1+\rho}$.
A decision rule at time t is denoted by π^t and a policy by $R = (\pi^1,\pi^2,\ldots)$.
The deterministic policy f prescribes at time t in state i an action f(i) for all timepoints t.
Let $v_i^\rho(R)$ be the expected discounted reward when starting in state i and using policy R ; let $v_i^\rho = \sup_R v_i^\rho(R)$ be the i-th component of the value-vector.
A policy R^* is ρ-discounted optimal if $v_i^\rho(R^*) = v_i^\rho \ \forall\, i \in E$ and Blackwell-optimal if there is a $\rho_0 > 0$ such that $v_i^\rho(R^*) = v_i^\rho \ \forall\, i \in E$, and $\forall\, \rho \in (0,\rho_0]$.
It is known (cf. Blackwell [1]) that there exists a Blackwell-optimal policy and (cf. Kallenberg [3]) that for fixed ρ the value-vector V^ρ and a ρ-optimal policy f_ρ can be computed by solving the following coupled pair of linear programming problems using the simplex method:

(1) $\min \Sigma_j V_j$ s.t. $\Sigma_j(\delta_{ij} - \frac{1}{1+\rho} p_{iaj})v_j \geq r_{ia} \quad \forall\, a \in A(i),\ \forall\, i \in E$; and

(2) $\max \Sigma_i\Sigma_a r_{ia}x_{ia}$ s.t. $\Sigma_i\Sigma_a(\delta_{ij} - \frac{1}{1+\rho} p_{iaj})\, x_{ia} = 1,\ \forall j \in E,\ x_{ia} \geq 0\ \forall i \in E,\ a \in A(i)$.

Moreover, the value-vector can be written for ρ small enough as a vector of rational functionsin ρ or also Laurent series in ρ . (cf. Veinott [4]).

The objective is to find a deterministic Blackwell-optimal policy f_0 and the ρ-interval on which this policy is ρ-discounted optimal . More precisely to compute the largest possible ρ_0 such that there exists a deterministic policy f_0 with $V_i^\rho(f_0) = V_i^\rho$

Operations Research Proceedings 1982

$\rho \in (0,\rho_0]$ $\forall i \in E$.

Let $\mathbb{R}(\rho)$ be the field of rational functions in ρ. Define a complete ordering of $\mathbb{R}(\rho)$ as follows: if f,g are rational functions in ρ then $f \prec g$ whenever there is a positive $r = r(f,g) \in \mathbb{R}$ such that $f(\rho) < g(\rho)$ $\forall \rho \in (0,r]$. It is clear that the behaviour near zero of the rational functions determines the order relation.

One can now admit rational functions as variables in (1) and (2) using the order relation in $\mathbb{R}(\rho)$ instead of $\mathbb{R}$, and then proceed as follows. Multiply the constraints of (2) by $(1+\rho)$ and change the objective function of (1) accordingly. Next introduce artificial variables and construct the simplex tableau belonging to (2) with as elements rational functions (at first they are only polynomials in ρ). Just as in the discounted case carry out pivotsteps in order to obtain first a feasible solution and eventually a final tableau: look for negative (in the order relation for $\mathbb{R}(\rho)$) dual variables and choose a column according to any pivotrule; determine the smallest quotient between the transformed righthandside and positive column elements for the pivot element; compute then the new elements of the tableau (the pivotting itself requires only multiplication and division of rational functions), and proceed with pivotting until there are no negative (relative "$\prec$") dual variables left.
The final tableau yields a Blackwell-optimal policy f_0: choose in each state i that action $f_0(i)$ for which the corresponding variable in the simplex tableau satisfies $X_{if_0(i)} \succ 0$. It follows from the structure of the simplex tableau that all elements of the tableau can be written with the same denominator and that the degree of the polynomials is bounded by the number of states.

Observe that the final tableau is optimal for a fixed ρ-value if all dual variables for that ρ-value are positive (as real numbers) and therefore the Blackwell-optimal policy f_0 is also ρ-discounted optimal for that fixed ρ-value.
By checking the positivity of the dual variables, one may determine the interval $(0,\rho_0]$ for which the policy f_0 is also ρ-discounted optimal. Since the common denominator is positive for all positive ρ's, it remains only to find the first positive zero-point of the polynomials in the dual variables, which can be done numerically in a finite number of steps.

References:

[1] Blackwell, D., "Discrete Dynamic Programming", Ann. Math. Statist., Vol. 33 (1962), pp 719-726.

[2] Hordijk, A, R.Dekker and L.C.M. Kallenberg, "A Simplex-like Algorithm to Compute a Blackwell-optimal Policy", Report no. 81-37, Institute of Applied Mathematics and Computer Science, University of Leiden, The Netherlands.

[3] Kallenberg, L.C.M., "Linear Programming and Finite Markovian Control Problems", Ph. D. dissertation, University of Leiden, The Netherlands.

[4] Veinott, A.F. Jr., "Markov Decision Chains", in G.B. Dantzig & B.C. Eaves (eds.) Studies in Mathematics, Vol. 10: Studies in Optimization. The Math. Assoc. of Amer.

THE ADAPTIVE CONTROL OF A REPLACEMENT MODEL WITH UNKNOWN DISTRIBUTION OF SHOCKS

Michael Kolonko, Karlsruhe

Zusammenfassung. Wir betrachten ein Ersetzungsmodell mit zwei möglichen Aktionen: Beibehaltung oder Ersetzung der Maschine. Zwischen den Inspektionen ist die Maschine einer zufälligen Anzahl von "Shocks" ausgesetzt. Ist diese Verteilung bekannt, so existieren einfache Kontrollgrenzen-Pläne, die den erwarteten Gesamtgewinn maximieren. Ist die Verteilung unbekannt, so wird sie vor jeder Entscheidung geschätzt und die entsprechende Kontrollgrenze zugrundegelegt. Sind die Schätzungen mit zusätzlichen Kosten verknüpft, so wird man von einem gewissen Punkt an auf weitere Schätzungen verzichten. Es lässt sich eine obere Grenze für die Anzahl der Schätzungen angeben, die nicht überschritten werden sollte.

Summary. We consider a replacement model with two possible actions: keep the machine or replace it. Between inspections the machine is subject to a random number of shocks. If the distribution is known simple control limit rules exist maximizing the total expected reward. If the distribution is unknown it is estimated on each step and the control limit corresponding to the estimated value is used. We consider additional costs for estimation. Then it is reasonable to stop adaptation at some time and consider the last estimated value as "true" value. We give a bound for the number of adaptations which should not be exceeded.

1. Introduction

We consider a machine which is inspected at fixed points of time. At each inspection the current "state" $s \in \mathbb{N}_0$ of the machine is observed. The state s represents the age and the accumulated damage of the machine. Then a decision has to be made whether to keep the present machine (= action a_0) or to replace it by one of the same type (= action a_1) in order to prevent a costly breakdown. A breakdown is caused by "shocks" which occur between inspections. After a breakdown the machine is immediately replaced such that the next inspection finds a new machine (= state 0). The number $w \in \mathbb{N}_0$ of shocks between two inspections is the realization of an i.i.d. sequence of random variables with distribution μ_ϑ. $\vartheta \in \Theta$ is assumed to be unknown. Given the last state s and the number w of shocks that have occured since the last inspection, the next state will either be s+w+1 (the new operating state) or 0 (i.e. there was a breakdown). This will happen with probability p(s,w) and 1-p(s,w), respectively. From breakdowns, preventive replacements and operating periods of the machine we get the following reward $\tilde{r}$:

Operations Research Proceedings 1982

$$\tilde{r}(s,a_0,s') := \begin{cases} R_{op} & \text{if } s' > s \\ -R_{br} & \text{if } s' = 0 \\ 0 & \text{else} \end{cases}$$

and

$$\tilde{r}(s,a_1,s') := \begin{cases} -R_{re} & \text{if } s' = 0 \\ 0 & \text{else} \end{cases}$$

where $R_{op}, R_{br}, R_{re} \geq 0$.
These one-step rewards are discounted to time 1 by a discount factor $\beta \leq 1$.
Our aim is to maximize the total expected reward over a fixed number N (= horizon) of inspections.
For fixed (= known) ϑ we give conditions under which it is optimal to choose the actions according to a control limit rule (clr), i.e. to replace the machine if its state s is larger than some fixed s_0.
For unknown ϑ the following adaptive plan is well known: after each inspection estimate the unknown parameter and then apply the clr corresponding to the estimated value. If the horizon N is large and if there are additional costs $C > 0$ for each estimation (and adaptation) then it seems reasonable to stop adaptation i.e. to consider some estimated value of ϑ as "good enough" and to use the corresponding clr for the remaining inspections. We give a bound on the number of observations beyond which the costs C are greater than the advantage of further adaptation. This advantage is measured by the regret loss of the "stopped" adaptive plan. Bounds on this regret loss have been developped in Kolonko [1982 a,b] and are applied to our replacement model.

2. Control Limit Rules

As usual let $F := \{f \mid f : \mathbb{N}_0 \to \{a_0,a_1\}\}$ denote the set of all decision rules, then $\delta \in F^\infty$ denotes a Markov plan. The total expected reward for horizon N, plan δ, starting state s and parameter ϑ is defined by

$$V_\vartheta^N(s,\delta) := E_{\vartheta,\delta}\Big[\sum_{k=1}^{N} \beta^{k-1}\, \tilde{r}(X_k,A_k,X_{k+1}) \mid X_1 = s\Big], \quad N \in \mathbb{N}_0.$$

Here X_m, A_m, Y_m denote the m-th state, action and disturbance (= number of shocks) variables. Expectation is taken with respect to $P_{\vartheta,\delta}$, the probability measure belonging to δ and ϑ in a canonical way. Given ϑ, (Y_m) forms an i.i.d. sequence with distribution μ_ϑ. V_ϑ^N is well defined if we assume $\beta < 1$ for $N = \infty$.

Define $Q_\vartheta(s) := \sum_{w=0}^{\infty} \mu_\vartheta(w)\, p(s,w)$ (= probability that state s is followed by a state ≠ 0)
and $\bar{Q}_\vartheta(s) := 1 - Q_\vartheta(s)$. Let

(1) $$q_\vartheta(s'|s,a_0) := \begin{cases} \bar{Q}_\vartheta(s) & \text{if } s' = 0 \\ p(s,s'-s-1)\mu_\vartheta(s'-s-1) & \text{if } s' > s \\ 0 & \text{else} \end{cases}$$

and

$$q_\vartheta(s'|s,a_1) := \begin{cases} 1 & \text{if } s' = 0 \\ 0 & \text{else} \end{cases} .$$

It is well known that we may replace $\tilde{r}$ in V_ϑ^N by

(2) $$r_\vartheta(s,a) := \sum_{s'=0}^{\infty} \tilde{r}(s,a,s')\, q_\vartheta(s'/s,a).$$

We obtain

$$r_\vartheta(s,a_0) = Q_\vartheta(s)\,(R_{op}+R_{br}) - R_{br} \quad \text{and}$$

$$r_\vartheta(s,a_1) = -R_{re}$$

Let $V_\vartheta^N(s) := \sup_\delta V_\vartheta^N(s,\delta)$ for $N \in \bar{\mathbb{N}}$ and $V_\vartheta^0(s) \equiv 0$.
Put

(3) $$V_{\vartheta,i}^N(s) := r_\vartheta(s,a_i) + \beta \sum_{s'=0}^{\infty} q_\vartheta(s'|s,a_i)\, V_\vartheta^{N-1}(s')$$

for i = 0,1. Then the optimality equation holds:

(4) $$V_\vartheta^N(s) = \max_{i=0,1} V_{\vartheta,i}^N(s).$$

Moreover, if $f_\vartheta^N \in F$ is a maximizer of (4) for $N \in \bar{\mathbb{N}}$, then $\delta^N(\vartheta) := (f_\vartheta^N, f_\vartheta^{N-1}, \ldots, f_\vartheta^1, f^{N+1}, \ldots) \in F^\infty$, with $f^n \in F$ arbitrary for $n > N$, is an optimal plan for $N < \infty$. For $N = \infty$ $\delta^\infty(\vartheta) := (f_\vartheta^\infty, f_\vartheta^\infty, \ldots)$ is optimal.
To ensure the existence of clr we assume

(5) $s \to p(s,w)$ is decreasing for all $w \in \mathbb{N}_0$.

Theorem 1

For all $N \in \bar{\mathbb{N}}$ and $\vartheta \in \Theta$:

(a) $s \to V_{\vartheta,0}^N(s)$ is decreasing

(b) $V_\vartheta^N(s) \geq V_\vartheta^N(0) - (R_{op}+R_{br})/\beta$ for all $s \in \mathbb{N}_0$.

We only give an outline of the simple proof:
Put $G:= R_{op} + R_{br}$ and $\Delta_m(s):= \beta[V_\vartheta^m(s) - V_\vartheta^m(0)] + G$.
Note that if (a) and (b) hold for m, then $s \to V_\vartheta^m(s)$ is decreasing by (4) and (a) and $s \to \Delta_m(s)$ is non-negative and decreasing. From (1) - (3) we see that

$$V_{\vartheta,o}^N(s) = \beta V_\vartheta^{N-1}(0) - R_{br} + \Sigma_{w=0}^{\infty} \mu_\vartheta(w)p(s,w)\ \Delta_{N-1}(w+s+1)$$

and

$$\Delta_N(s) \geq \min_{i=o,1} \beta[V_{\vartheta,o}^{N-1}(s) - V_{\vartheta,i}^{N-1}(0)] + G$$

Now the assertion follows for $N < \infty$ by induction from (5). For $N = \infty$ we note that $V_\vartheta^N \to V_\vartheta^\infty$ for $N \to \infty$.
As $V_{\vartheta,1}^N(s) \underline{=} -R_{re} + \beta V_\vartheta^{N-1}(0)$ is independent of s, we see from Theorem 1(a) that for all $N \in \mathbb{N}$, $\vartheta \in \Theta$ there is $s(N,\vartheta) \in \mathbb{N}_0$ such that

$$f_\vartheta^N(s) := \begin{cases} a_0 & \text{if } s < s(N,\vartheta) \\ a_1 & \text{else} \end{cases}$$

is a maximizer of (4). f_ϑ^N is a control limit rule, optimal plans for fixed ϑ can be obtained using f_ϑ^N, see above. Similar results may be found e.g. in Ross (1970) and Dynkin/Yushkevich (1979).

3. Costly Adaptation

Assume that on each step (inspection) m there is available an estimated value $T_m = T_m(Y_1,\ldots,Y_{m-1})$ of the unknown parameter ϑ. For each adaptation of the clr to a change in the estimated value there is an additional cost $C > 0$. As long as we adapt our decisions to (T_m) we use the clr $f_{T_n}^{N-n}$ on the n-th step (with N-n steps remaining) and get a one-step reward r_ϑ - C. On each step we have to decide whether to continue in this way or whether to stop adaptation and use $\delta^{N-n}(T_n) = (f_{T_n}^{N-n}, f_{T_n}^{N-n-1},\ldots)$ in the remaining periods. In the latter case our one-step reward becomes r_ϑ after adaptation is stopped.
Thus we have to extend our model to include the additional stopping decision and the change in the rewards. A plan in this new model consists of two parts: one concerning the actions a_0, a_1 as before and the other concerning the stopping of the adaptation. It is now reasonable to ask if there is a stopping time such that adaptation after that time does not increase the total reward (in the new model including costs C). Such a plan (stopping time) will be called admissible.
We shall restrict ourselves to fixed stopping times $m \in \mathbb{N}$. A more general case will be treated in a forthcoming paper. It is easy to see that m is admissible if

(6) $\quad b(n) \leq C \quad$ for all $n \geq m \quad$ where

$b(n) := \sup_{\vartheta} \sup_s E_{\vartheta} \mid V_{\vartheta}^{N-n}(s,\delta^{N-n}(T_n)) - V_{\vartheta}^{N-n}(s,\delta^{N-n}(T_{n+1}))\mid .$

$b(n)$ is the (maximum) difference in total rewards for stopping adaptation at time n (plan $\delta^{N-n}(T_n)$) and at time n+1 (plan $\delta^{N-n}(T_{n+1})$).
In Kolonko [1982a] bounds for $b(n)$ are given using Lipschitz-conditions and fixed width confidence intervals. Here we shall apply a special case of Kolonko [1982b] using exponentially converging error probabilities (cp. Rênyi [1964]).
We assume that

(7) $\quad \Theta = \{\zeta_0,\ldots,\zeta_K\} \quad$ is finite $\quad$ and

(8) $\quad \mu_{\vartheta} \neq \mu_{\vartheta'} \quad$ for $\quad \vartheta \neq \vartheta'$.

From (5) and (2) we see that $|r_{\vartheta}|$ is bounded by

$$\bar{r} := \max(|\max_{\vartheta} Q_{\vartheta}(0)\ (R_{op}+R_{br}) - R_{br}|,\ R_{re}).$$

Let T_n be a maximum likelihood estimator for ϑ.

Theorem 2

For all $N \in \bar{\mathbb{N}}$, $n < N$ and for all $\vartheta \in \Theta$, $s \in \mathbb{N}_0$

$$E_{\vartheta} \mid V_{\vartheta}^{N-n}(s,\delta^{N-n}(T_n)) - V_{\vartheta}^{N-n}(s) \mid \leq 2r\, \frac{1-\beta^{N-n}}{1-\beta}\, (K-1)\alpha^{n-1}$$

where

(9) $$\alpha := \max_{i\neq j}\ \Sigma_{w=o}^{\infty} \sqrt{\mu_{\zeta_i}(w)\mu_{\zeta_j}(w)} < 1$$

The proof can be found in Kolonko [1982b].

If the ζ_i partition Θ into intervals of equal length ε then it can be shown that the maximum in (9) is attained for $\zeta_i = \frac{1}{2}(1-\varepsilon)$, $\zeta_j = \frac{1}{2}(1+\varepsilon)$ if K is odd and for $\zeta_i = 1/2$, $\zeta_j = 1/2 - \varepsilon$ if K is even.
From Theorem 2 we have

$$b(n) \leq 2r\, \frac{1-\beta^{N-n}}{1-\beta}\, (K-1)(\alpha^{n-1} + \alpha^n),$$

as an admissible stopping time we get

$$m = 1 + (\ln \frac{C}{\bar{r}} + \ln \frac{1-\beta}{4(K-1)})/\ln \alpha$$

4. b(M,ϑ)-Distributed Shocks

Returning to our replacement model let us assume that

$$\mu_\vartheta(w) = b(M,\vartheta)(w) \quad \text{for some } M \in \mathbb{N} \quad \text{and}$$

$$\Theta := \{j/K \mid 0 \leq j \leq K\} \qquad \text{for } K \in \mathbb{N}.$$

Choosing $p(s,w) := p^{s+w}$ for some fixed $p \in (0,1)$ we get

$$Q_\vartheta(s) = p^s(1 - \vartheta + \vartheta p)^M, \quad \text{hence}$$

$$\bar{r} = \max(R_{op}, R_{re}).$$

If K is odd it can be shown that

$$\alpha = (1 - (\tfrac{1}{K})^2)^{M/2}$$

hence m becomes

$$m = 1 + (\ln \frac{C}{r} + \ln \frac{1-\beta}{4(K-1)})(\frac{M}{2} \ln(1 - \frac{1}{K^2}))^{-1}$$

References:

Dynkin E.B., Yushkevich A.A. (1979) Controlled Markov Processes, Springer Verlag, Berlin, Heidelberg, New York.

Kolonko, M. (1982a) Bounds for the Regret Loss in Dynamic Programming under Adaptive Control. To appear in ZOR.

Kolonko, M. (1982b) Uniform Bounds for a Dynamic Programming Model under Adaptive Control Using Exponentially Bounded Error Probabilities. To appear in Proceedings of the Conference "Mathematical Learning Models - Theory and Algorithms -", May 3-7, 1982, Bad Honnef.

Rényi, A. (1964) On the Amount of Information Concerning an Unknown Parameter in a Sequence of Observations. Publ. Math. Inst. Hung. Acad. Sci. 9, Ser. A, 617-625.

Ross, S.M. (1970) Applied Probability Models with Optimization Applications. Holden-Day, San Francisco.

MARKOV DECISION PROCESSES AND SHIP HANDLING: AN EXERCISE IN AGGREGATION

M.J.G. Lenssen,
J. van der Wal,
J. Wessels, Eindhoven

Summary. Operational planning in a general purpose ship terminal is treated. The decisions to be taken concern the weekly manpower capacity and the assignment of manpower and equipment to ships. As a Markov decision problem the model is very big and aggregation is desirable. As a check simulation is used, which leads to an iterative aggregation-disaggregation approach.

Zusammenfassung: Diese Arbeit beschäftigt sich mit der operativen Planung für ein Schiffterminal für Stückgut. Wöchentlich muß über die anzuwerbenden Arbeitskräfte, täglich über deren Zuordnung zu Ladekapazitäten entschieden werden. Dieses Problem wird durch ein Markoffsches Entscheidungsmodell abgebildet. Dessen Größe zwingt zur Aggregation, die mit Hilfe der Simulation überprüft wird.

1. Introduction.

Quite a substantial amount of theoretical research has been done in the area of aggregation in Markov decision processes (Whitt [4], Mendelssohn [2]). Little, however, has been reported on practical experience. The sparse reports on practical use are concerned with problems in which grid size is a measure for the level of aggregation (Mendelssohn [1], Veugen, Van der Wal and Wessels [3]). Realistic planning problems, for instance in the area of production planning, have a tendency to be so complicated that aggregation via sensible grids does not diminish action and state space sufficiently for numerical analysis. In such case the question may arise how to use a form of aggregation which affects the structure of the problem and next, what kind of corrections can be made. It is not very likely that this topic can be treated very generally: probably approaches will be highly dependent on the specific structure of the problem on hand.

In this paper we consider, as an exercise, the production planning problem in a general purpose ship terminal. In that case the production planning problem is a dynamic assignment problem. Manpower and hardware (cranes, fork trucks, etc.) have to be assigned dynamically to ship's holds under some constraints. What is shown in the sequel is a view in passing of work in progress. It is not a definitive answer but

Operations Research Proceedings 1982

it gives an idea of the complexity of the problem and of possible approaches.

The next section is devoted to a short problem description. In section 3 a highly aggregated model is given. In section 4 the results of section 3 are used for a simulation of the real assignment process. In section 5 it is indicated how the simulation results can be used as feedback for the aggregated model.

Acknowledgement. The authors acknowledge gratefully that Dr. K.M. van Hee suggested this problem and helped them a great deal in understanding its different aspects.

2. The ships handling problem.

At a ship terminal in a see harbour ships arrive according to a Poisson process. The terminal has N berths (in the example N = 12). If all berths are occupied, then arriving ships proceed to a terminal of a competiting firm. In fact, we have introduced a first simplification here, since only unloading ships are able to take refuge with a competitor. Each ship has a number of holds (usually up to 5) in which work has to be done. The stevedore has to assign workcrews and equipment to holds under the restriction that two crews cannot work simultaneously on the same hold. So crew assignment is a question of 0 - 1 decisions. Constraints are:

a) The allowed handling time of a ship is expressed in the time required for handling the so called heavy hold, i.e. the hold which requires most work.
b) Work forces are only available during 16 hours a day from Monday till Friday (8.00 - 24.00) and during 8 hours on Saturday (8.00 - 16.00).
c) There are restrictions on the available numbers of crews for the various working periods, the general rule being that the day shift (Saturday excluded) is twice as strong as the evening shift (including the shift on Saturday).
d) The available number of cranes is fixed (27 in the example). Since each crew needs a crane, also the number of crews in each working period is limited.
e) The available work force can be split up in
   - 15 crews who are always available (10 for the day shift and 5 for the evening shift) and who are always paid, also if there is no work to be done;
   - a variable number of crews which can be hired at relatively short notice but always according to the 2 : 1 restriction for day and evening shifts. The hiring of these extra crews takes place according to a complicated system which will be simplified here in such a way that at the beginning of each week a constant number of extra crews can be hired for the whole week. Also the costs are complicated. In the example, the first 15 extra crews are somewhat more expensive than the contracted work force, and they still give 60% of the costs if they are not hired. Above these crews more can be hired at higher rates but without any financial obligation if they are not taken.

f) Other equipment than cranes does not give extra constraints, since fork trucks etc. can be hired at very short notice.

g) Some prior knowledge about arriving ships is available.

This system has interesting medium and long term planning aspects. However, in this paper we confine ourselves to short term planning. In the description as given so far, short term or operational planning boils down to the following two decisions: the weekly decision of how many extra crews to hire and the hourly decisions of how to assign the crews to the holds. For simplicity we take as unit of time a period of 8 hours (one shift): the work in a hold for a crew is measured in these units and crew assignments are made for a whole shift.

3. An aggregated model for the weekly decisions.

When formulating the planning process as a Markov decision process, it quickly becomes clear that the state space should be highly dimensional, the state should contain the remaining number of units of work in each of the holds of each ship in the terminal (so, for 5 holds per ship and 12 berths this already gives a 5×12-dimensional contribution), and further the number of crews available, the time instant within the week, and the information about ships to come. The information about expected ships might consist of estimated arrival times for the next week plus information about the amount of work involved.

The usual form of aggregation would imply the choosing of another time unit, however, even with 2 shifts (a day) as time unit the state space would remain huge. Therefore we have to consider a more structural form of aggregation. A base for aggregation might be the distinction between the two types of decision: the weekly manpower capacity and for each shift the crew assignment. It seems sensible to try to take decisions with respect to manpower capacity on the basis of relatively rough data on manpower requirement and to take assignment decisions for a given manpower capacity. So, let us try to construct a model for the analysis of capacity decisions. A consequence of such a hierarchical set-up for the decisions is that the capacity model should already contain estimations of the effects of the assignment decisions.

For the capacity model the time unit may be one week, with decisions taken on Saturday immediately after the only working period. As unit of work can be taken the number of shifts one crew would need to handle one standard ship. So, as a further simplification, the work in all ships is considered as equal. The information about the numbers of ships to be expected in the forthcoming week is reflected by one of five numbers (9, 13, 17, 21, 25) representing the Poisson arrival process with mean 16. This makes the state space 2-dimensional: remaining amount of work, information. This state space is even rather small, however, it allows the possibility to experiment with other information structures, for instance the expected numbers of arriving ships for each of the next two weeks. The decisions to be allowed may be represented by the number of standard ships which can be handled in one week by the manpower. So the decisions with respect to manpower capacity are also taken in units of standard ship equivalents.

The only remaining difficulties are the determination of the transition probabilities and the one-stage costs. A detailed description would require much space, therefore, we confine ourselves to a rough outline of the difficulties. For costs and transitions it is necessary to know how many ships balk and therefore it is necessary to know how many real ships (occupied berths, not standard ship equivalents) are there at the decision moment and how is the arrival and departure process. The number of ships can be estimated by multiplying the number of standard ship equivalents by a fixed factor, 3/2 for instance. This factor is related to the assignment policy and the same holds for the departure process. Nevertheless, after some assumptions, real numbers can be filled in. Cost factors are manpower capacity and ships turned away. By standard successive approximation the resulting Markov decision process with average costs criterion can be solved efficiently. Table 1 gives the optimal decision rule for an example.

	0	1	2	3	4	5	6	7	8
9	10	10	10	11	12	13	14	14	14
13	12	13	14	15	16	17	17	17	16
17	16	17	18	19	20	20	20	20	20
21	20	20	20	20	20	20	20	20	20
25	20	21	21	22	22	21	21	21	20

Table 1. For each number of ship equivalents present at the beginning of the week (between 0 and 8) and each number of ships expected (between 9 and 25) this table gives the manpower capacity in standard ship equivalents.

The lack of monotonicity in optimal decisions might be explained by the fact that if many berths are occupied at 16.00 h on Saturday then quite a number of the arriving ships will be lost during the weekend and the beginning of the next week, in which case increasing the capacity does not sufficiently influence the number of balking ships.

4. Simulation of the assignments.

It is not clear beforehand whether the solution of the aggregated model for the capacity problem makes it possible to make an assignment fitting the side conditions like allowed handling time. Worse still, it is not clear beforehand whether the parameters of the aggregated model are realistic, so also the value of computed turn-away rates, weekly costs, and crew utilization are dubious. Therefore, the resulting capacity policy is used for the simulation of the detailed handling process.

This detailed handling process still requires decisions to be taken, viz. the assignments. This difficulty is avoided by introducing a simple assignment rule. In this paper we only give one assignment rule, however, the procedure as described in the next section can also be executed for other assignment rules which seem sensible. By comparing the results for different assignment rules a comparison of the different rules can be obtained leading to the choice of a standard rule.

Here we adopt the rule that crews are assigned to all heavy holds first (a ship may have more than one heavy hold). If there are more crews available than there are heavy holds, then the holds which, if not served, become heavy after the shortest time get a crew. If there are less crews than heavy holds, then first the ships with the least number of heavy holds get one assignment. Among the ships with an equal number of heavy holds the lightest ones are preferred. As soon as all ships have one assignment, an extra crew is assigned to each ship with 2 heavy holds, etc.

There may be more crews than holds in some period, this is a source for idleness of manpower. On the other hand, there may be more heavy holds than crews, which is a source for delay compared to the minimal handling time of the ship.

In the simulation (100 weeks in the example) one can measure the average delay of the ships, the average idleness of the crews, and the balk rate of arriving ships.

For the capacity policy of table 1 we display in table 2 some of the simulation results. The average amount of work per ship is taken to be 8 units (shifts). The amount of work in the heavy holds varies between 2 and 8 units with an average of 4 and the number of nonempty holds varies between 1 and 5 with an average of 3.

	Week-end	Mo		Tu			We			Th			Fr			Sa		Total
		D	E	N	D	E	N	D	E	N	D	E	N	D	E	N	D	
Arrivals	373	71	75	78	92	76	88	80	72	78	91	67	73	70	82	89	65	1620
Balking	21	16	4	7	6	1	1	5	5	0	2	0	0	0	0	0	2	70
Departures		142	155		182	143		165	127		165	114		145	117		91	1546
Delay days		17	179		23	195		32	146		26	111		14	57		82	882
Idle days		98	23		169	29		252	56		357	71		387	87		43	1572

Table 2. Number of arrivals, etc. for the various periods in the week for the 100 weeks simulation. D stands for the day shift: 8.00 - 16.00, E for the evening shift 16.00 - 24.00 and N for the night period 0.00 - 8.00.

As we see the balk rate and the number of delay days are higher in the beginning of the week and idleness increases towards the end of the week. This because of the relatively long period during the weekend in which ships arrive but are not served. We also see that, due to the 2 : 1 ratio of the sizes of day and night shifts, delay is large in the evenings whereas idleness is large in the morning.

5. Feed-back of the simulation results.

Summarizing the simulation results displayed in table 2 we observe a balk rate of 4.3% an average delay of .57 days or 7.1% and an average idleness of 11.3%. These data deviate considerably from the data used in the original model where idleness was only .2%, the balk rate only .6% and delay had been assumed not to appear. Only the multiplier 3/2 which translates ships equivalents into occupied berths turned out to fit remarkably well.

Having noticed all this the next step in the analysis is to feed back the simulation results into the original model. The question is how. One has to be careful.

In a first attempt we have fed back the idleness results as follows. For each of the possible numbers of arriving ships (9, 13, 17, 21, 25) an idleness fraction has been deduced from the simulation. The simulation did not contain enough information to obtain these fractions as a function of the decision, much less of both the number of arriving ships and the decision. That the balk rate has been estimated too low originally is an immediate consequence of the underestimation of the idleness. Since the preassumed departure process and the observed departure process in the simulation are very similar, the balk rate will increase automatically if the idleness is increased. So we did not feed back the increased balk rate explicitly. After feeding back the idleness another optimization can be performed, and the new optimal strategy resulting from it can be tested again via simulation. In our experiment we repeated this procedure several times. It turned out that idleness kept increasing (to above 20%), so clearly this was not the right way to feed back the simulation results. What we ignored in this first attempt is that the idleness fraction will decrease if less capacity is assigned and will increase if more capacity is assigned. So a better way to feed back the idleness might be to assume that in the neighbourhood of the optimal decisions idleness is a linear function. These linear functions might be estimated by simulation using strategies neighbouring the optimal strategy. This experiment will be performed shortly.

We expect that this way of feeding back, possibly after some further refinements, will lead to an iterated aggregation-disaggregation approach which is suited very well for the analysis of this specific problem. But in our opinion this way of attacking a problem will be useful in many other situations as well.

References.

[1] Mendelssohn, R., The effects of grid size and approximation techniques on the solution of Markov decision problems. Administrative report no. 20 - H, National Oceanic and Atmospheric Administration, Honolulu 1980.

[2] Mendelssohn, R., An iterative aggregation procedure for Markov decision processes. Oper. Res. 30, (1980), 62 - 73.

[3] Veugen, L.M.M., J. van der Wal, J. Wessels, Aggregation and disaggregation in Markov decision models for inventory control. Memorandum COSOR 82-09, Eindhoven University of Technology, Dept. Math. and Comp. Sci., July 1982.

[4] Whitt, W., Approximations of dynamic programs I, II. Math. Oper. Res. 3, (1978), 231 - 243; 4, (1979), 179 - 185.

Tests on Lumpability for Markovian Manpower Models

Volker Abel, Neubiberg

Summary. Often, the complexity of a manpower system needs to be reduced by amalgamating some grades. If the dynamics of the system is described through a Markov model, the sequence of the original state vector and the sequence of the amalgamated state vector should be consistent. Three tests on the admissibility of amalgamations are presented. One of them is especially designed for the popular hierarchic systems. Two examples, one from the sphere of firms and the other from the sphere of colleges, illustrate the course of action.

Zusammenfassung. Für eine Organisation, deren Personal in viele Stufen eingeteilt ist, stellt sich oft die Frage, welche Stufen man aggregieren kann. Beschreibt man die Dynamik des Personalbestandsvektors durch ein Markov'sches Matrizenmodell, so sollten die Folge des ursprünglichen und die Folge des aggregierten Personalbestandsvektors konsistent sein. Es werden drei verschiedene Tests für eine solche Zulässigkeit von Aggregationen angegeben, wovon einer speziell auf die häufig studierten hierarchischen Personalplanungsmodelle zugeschnitten ist. Je ein Beispiel aus dem Unternehmens- und dem Hochschulbereich veranschaulichen die Vorgehensweise.

1. Introduction

For a discrete-time manpower system with k grades, let $n_i(t)$ be the expected number of persons in grade i, i=1,...,k, at time t, t=0,1,2,.... Within the time unit, a person in grade i moves with probability p_{ij} to grade j, and leaves with probability w_i the system. If a person is hired, he is recruited with probability r_i into grade i. Keeping the system's total size constant, the dynamics is given by

$$n_j(t) = \sum_{i=1}^{k} n_i(t-1) \cdot p_{ij} + r_j \cdot \sum_{i=1}^{k} n_i(t-1) \cdot w_i, \qquad (1)$$

where the first and second term of the right hand side stand for internal movements and replacement of leavers, respectively. In a straightforward matrix notation, we may (1) rewrite as

$$n(t) = n(t-1) \cdot Q \quad , \qquad (2)$$

Operations Research Proceedings 1982

where $n(t) = (n_1(t),...,n_k(t))$ is a row vector, and Q is a stochastic matrix with elements $q_{ij} = p_{ij} + w_i \cdot r_j$. For a more detailed account, see |1|, chapter 4.

For the sake of the system's restructuring or for simplified forecasting there is often a need to amalgamate some grades. We say that the system can be lumped into a new grade structure, if the grades have been amalgamated in such a way that it makes no difference whether we first amalgamate and then apply (2), or if we first apply (2) and then amalgamate. The concept of lumpability is due to Kemeny and Snell (|2|). Exact mathematical conditions for lumping are known (see, e.g., |2| or |3|). However, in applications like manpower modelling,the incorporated probabilities are usually unknown and must be estimated. Then, it must be decided, if the deviations are caused by random or if they are significant.

Let $S = \{1,...,k\}$ be the state space of the original grades, and let $C_1,...,C_u$ be a partition of S where C_r are sets with elements from S. We want to test if an observed manpower system with k grades can be lumped into $C_1,...,C_u$ or not.

In the following, three test procedures are presented. Two of them are applicable for the general Markovian manpower system. The third test exploits the special nature of hierarchic manpower models.

2. Tests on Lumpability

Thomas and Barr (|4|) propose a χ^2-goodness of fit test based on the probabilities q_{ij} which have to be estimated under two restrictions: H_0 (S is lumpable into $C_1,...,C_u$) is valid, and the estimated probabilities must form a stochastic matrix.

Basawa and Prakasa Rao (|5|), p. 74-77) assume that the original Markov chain has a stationary distribution $(\pi_1(\Theta),...,\pi_k(\Theta))$ depending on an unknown parameter Θ. Using the minimum χ-squared estimator for Θ, they derive the asymptotic distribution of the resulting test statistic.

From a computational point of view, both tests are costly. However, one would expect to have simpler tests on lumpability if the model is specialized. A manpower system is called hierarchic, if the transition probabilities p_{ij} vanish for all $i>j$, and all $i<j+1$; i.e., demotions are not possible, as well as promotions skipping a grade. Then, the system has a natural order with grade 1 as bottom and grade k as top

rank. Such models have intensively been studied in the manpower mathematics literature. Abel (|6|) investigated which neighboring ranks can be lumped, and what are the conditions for. The results for the most interesting cases are:

Proposition A: Assume a hierarchic manpower system with $r_1=1$. If $p_{i(i+1)} > 0$ for all $i=1,\dots,k-1$, and if h is the lowest grade such that $w_h=w_{h+1}=\dots=w_k$, then the only possible lumpings are of the form $C_1=\{1\}$, ..., $C_{u-1}=\{u-1\}$, $C_u=\{u,u+1,\dots,k\}$ for $u \geq h$.

Proposition B: Assume we have grades $1=j_1<j_2<\dots<j_u\leq k$ with $r_{j_i} > 0$ for $i=1,\dots,u$, and $r_j=0$ otherwise. A hierarchic manpower system is lumpable into $C_1=\{1,\dots,j_2-1\}$, $C_2=\{j_2,\dots,j_3-1\}$, ..., $C_u=\{j_u,\dots,k\}$ if and only if the leaving probabilities are the same within each new grade C_i. Moreover, $p_{(j_q-1)j_q} = 0$ for $q = 2,3,\dots,u$ is necessary for lumping.

Hence, if the transition probabilities in a hierarchic manpower system are unknown, testing lumpability means testing the equality of several (leaving) probabilities. Hald (|7|, p. 711-712) provides such a test. For example, in the case of recruitment to bottom rank only (proposition A), we have to test H_0: $w_h=\dots=w_k$. The test statistic is

$$\frac{1}{\bar{s}(1-\bar{s})} \sum_{i=h}^{k} m_i(s_i-\bar{s})^2 \quad ,$$

where m_i is the sample size of grade i, s_i is the observed leaving frequency from grade i, and $\bar{s} = \sum_{i=h}^{k} m_i s_i / \sum_{i=h}^{k} m_i$ is the overall leaving frequency. This test statistic is approximately χ^2-distributed with k-h degrees of freedom.

3. Two Examples

Example 1. Vassiliou (|8|) presents data for a firm, called firm S, which has five grades, recruitment to bottom rank only, and is hierarchic. We want to know, if grades 3,4, and 5 can be lumped, i.e. we have to test H_0: $w_3=w_4=w_5$. Assuming that the leaving probabilities are constant from 1955-1966, we get from Vassiliou's data

$$s_3=0.067, \quad s_4=0.062, \quad s_5=0.079.$$

The value of the test statistic then is 9.03. At a significance level of 0.01, the test's critical value is 9.21. That is, the observed data do not contradict the proposed amalgamation of grades 3,4, and 5.

Example 2. Hopkins (191) analyzed personnel flows for Stanford's faculty (School of Humanities and Sciences). We simplify his model by considering the tenured faculty above age 55 only:

Grade	1	2	3	4	5	6	7	8	9
Age	55-58	59-61	62-64	55-58	59-61	62-64	55-58	59-61	62-64
Salary	low	low	low	medium	medium	medium	high	high	high

From Hopkins' table IV (191, p. 464), we see that entries are possible only to grades 1,4, and 7 (recruited from tenured faculty aged 50-54). The transition frequencies are given by the following table:

From Grade \ To Grade	1	2	3	4	5	6	7	8	9
1	0.74	0.24							
2		0.65	0.32						
3			0.65						
4				0.74	0.24				
5					0.65	0.32			
6						0.65			
7							0.74	0.24	
8								0.65	0.32
9									0.65

i.e., $p_{34}=p_{67}=0$. For this model, proposition B must be considered, i.e. only grades 1,2, and 3, grades 4,5, and 6, and grades 7,8, and 9 can be lumped. Necessary and sufficient conditions for these lumpings are $w_1=w_2=w_3$, $w_4=w_5=w_6$, and $w_7=w_8=w_9$, respectively. Since the observed leaving frequencies are $s_1=s_4=s_7=0.02$, $s_2=s_5=s_8=0.03$, and $s_3=s_6=s_9=0.35$, the null hypothesis that these lumpings are valid, is obviously rejected.

Acknowledgment. The author wishes to thank H. Schellhaas for his suggestions concerning this paper's organization.

References

|1| Bartholomew, D.J., and A.F. Forbes: Statistical Techniques for Manpower Planning. Chichester, 1979.

|2| Kemeny, J.G., and J.L. Snell: Finite Markov Chains. Princeton, 1960.

|3| Josifescu, M.: Finite Markov Processes and Their Applications. Chichester, 1980.

|4| Thomas, M.U., and D.J. Barr: An Approximate Test of Markov Chain Lumpability. Journal of the American Statistical Association 72, p. 175-179, 1977.

|5| Basawa, I.V., and B.L.S. Prakasa Rao: Statistical Inference for Stochastic Processes. London, 1980.

|6| Abel, V.: Conditions for Lumping the Grades of a Hierarchical Manpower System. Unpublished manuscript, 1982.

|7| Hald, A.: Statistical Theory with Engineering Applications. New York, 1967.

|8| Vassiliou, P.C.G.: A Markov Chain Model for Wastage in Manpower Systems. Operational Research Quarterly 27, p. 57-70, 1976.

|9| Hopkins, D.S.: Faculty Early Retirement Programs. Operations Research 22, p. 455-467, 1974.

STOCHASTISCHES LAGERHALTUNGSMODELL MIT ABHÄNGIGEM NACHFRAGEPROZESS

Andreas Pfeifer, Darmstadt

Zusammenfassung. Untersucht wird ein periodisches Mehrprodukt-Lagerhaltungsmodell mit abhängigem stochastischem Nachfrageprozeß und allgemeinen Bestellkosten. Bedingungen für die Existenz optimaler Bestellpolitiken werden angegeben. Es werden Struktureigenschaften optimaler Politiken nachgewiesen. Es zeigt sich, daß sich bei unabhängigem Bedarf und speziellen Bestellkosten die in der Literatur bekannten Ergebnisse als Spezialfälle sofort ergeben.

Summary. We consider a periodic review, dynamic multiproduct inventory model with stochastic demand. We allow the demand process to be dependent. Exactly, if d is the demand in the preceding period, then the demand d' in the next period is d' = b+g(d), where b is the outcome of a random variable B, and g is a known function. The cost of ordering consists of linear portions for each product as well as a nonlinear term. Conditions are given for the existence of a strongly optimal ordering policy. Further on such policies will be described. If the demand process is independent and if we specialize the ordering cost, then we get known results.

1. Modellbildung

Wir betrachten ein periodisch kontrolliertes Mehrprodukt-Lagerhaltungsmodell mit abhängigem stochastischem Nachfrageprozeß. Ist d_{alt} der Bedarf in der vorangegangenen Periode, so gelte für den Bedarf d_{neu} in der folgenden Periode

$$d_{neu} = b+g(d_{alt}),$$

wobei $b \geq 0$ die Realisation einer Zufallsvariable und g eine bekannte Funktion ist. Die Bestellkosten K: $\mathbb{R}_+^m \to \mathbb{R}_+$ seien subadditiv und monoton, $m \in \mathbb{N}$ sei dabei die Anzahl der verschiedenen Produkte.

Das Ziel ist nun, die Existenz einer Bestellpolitik nachzuweisen, die die erwarteten diskontierten Gesamtkosten minimiert. Außerdem sollen Eigenschaften dieser optimalen Politik angegeben werden.

Weitere Einzelheiten zur Modellbeschreibung und zu den Ergebnissen sind in |3| zu finden.

Operations Research Proceedings 1982

2. Ergebnisse

Unter gewissen zusätzlichen Voraussetzungen gilt (bei endlichem und unendlichem Planungshorizont):

Es existiert eine kostenminimale Bestellregel.

Die optimalen Gesamtkosten sind monoton auf Teilmengen des Zustandsraums aller möglichen Lagerbestände.

Mit Hilfe dieser Monotonieaussage lassen sich Eigenschaften kostenoptimaler Bestellregeln finden.

Für $g\equiv 0$ erhält man Ergebnisse, die |4| umfassen.

Für $g\equiv 0$ und $m=1$ erhält man die Ergebnisse aus |2|.

3. Literatur

|1| Müller, C. und Witte, Th. (1977). Optimale Bestellpolitiken bei diskreten stochastisch abhängigen Nachfrageverteilungen. Zeitschr. für Oper.Res. 21, 187-196.

|2| Kalin, D. (1979). Zur Optimalität von (z,Z) Strategien bei Berücksichtigung von Bedarfstrends. Math. Operationsforsch. Statist. Ser. Opt. 10, 555-565.

|3| Pfeifer, A. (1982). Multiproduct Inventory Model with Dependent Demand. Preprint. Nr. 672, Fachbereich Mathematik, TH Darmstadt.

|4| Pfeifer, A. (1982). Optimal Policies in Multiproduct Inventory Models. OR Spektrum 4, 79-89.

|5| Waldmann, K.-H. (1980). On the Optimality of (z,Z)-Order-Policies in Adaptive Inventory Control. Zeitschr. f. Oper. Res. 24, 61-67.

Ein χ^2-Anpassungstest für Sieblinien

Tilmann Deutler, Mannheim

Summary. In the quality control of granular materials one often has to decide with a sample taken from a given population whether there is a significant difference between the observed empirical and the given hypothetical grading curve. Test statistics for this problem are to construct from the observed weight proportions of the k screening portions. These proportions are distributed asymptotically normal, whereby approximation formulas for the corresponding expectations and the covariance matrix are given by STANGE (1953); therefore a test statistic can be constructed which under the null hypothesis is asymptotically χ^2-distributed. It is shown how the test is suitable as a goodness of fit test for relative proportions of the total of interesting characteristics in other fields of application also.

Kurzfassung. Für körnige Stoffe ist die Verteilung $\Phi(x)$ der Korngröße x eine wichtige Qualitätskenngröße. $\Phi(x)$ gibt an, wieviel Gewichtsprozent der Körner einer Gesamtheit den Korndurchmesser x unterschreiten.

Eine Methode zur empirischen Bestimmung der Kornverteilung ist die Siebung, bei der man die Stichprobenmenge G [kg] des Stoffes durch einen Satz von k Sieben mit genormter Maschenweite x_i, $i=1(1)k$, siebt, Man bestimmt dann jeweils die Menge G_i [kg] und daraus den Gewichtsanteil $B_i=G_i/G$ [Gew.%], der durch Sieb Nr. i fällt, jedoch durch Sieb Nr. i-1 nicht hindurchgeht. B_1 bzw. B_{k+1} ist der Gewichtsanteil, der durch das engmaschigste Sieb Nr. 1 fällt bzw. auf dem weitmaschigsten Sieb Nr. k liegen bleibt; B_{k+1} ist jedoch wegen $\sum_1^{k+1} B_j=1$ redundant. Die Punkte $(x_i;\sum_1^i B_j)$ ergeben dann die sog. empirische Sieblinie $F(x)$, die eine Schätzung für $\Phi(x)$ darstellt.

In der Qualitätskontrolle körniger Stoffe hat man nun häufig das Problem, die Nullhypothese H_0

$$H_0\colon \Phi(x) = \Phi_0(x)$$

anhand der Sieblinie $F(x)$ für die Stichprobenmenge G aus einer vorgelegten Gesamtheit zu testen, d.h. zu testen, ob sich $F(x)$ signifikant von der Soll-Kornverteilung $\Phi_0(x)$ unterscheidet. Dabei ist $\Phi_0(x)$ analytisch für den interessierenden Korngrößenbereich vorgegeben.

STANGE [4] hat für $k=2$ einen graphischen Test und für $k>2$ einen konservativen Test entwickelt, der auf das vorliegende Problem anwendbar ist. Hier wird nun ein Test für $k\geq 2$ hergeleitet unter den auch bei STANGE [4] getroffenen vereinfachenden Annahmen:

Operations Research Proceedings 1982

(1) Es werden Proben von vorgegebener Teilchenzahl n und nicht, wie in der Praxis üblich, mit vorgegebenem Gewicht g entnommen.

(2) Der Siebvorgang verläuft fehlerfrei, d.h. die beobachteten Gewichtsanteile sind nur mit Stichprobenfehlern behaftet.

(3) Der von Dichte und Gestalt der Körner abhängige durchschnittliche Formfaktor λ zur Umrechnung vom Durchmesser auf das Gewicht der Körner ist bekannt.

Gesamtprobenmenge G und Siebdurchgänge G_i sind als Summen der Einzelgewichte vieler Körner näherungsweise normalverteilt. Gemäß theoretischer Überlegungen, vgl. CRAMER [2], wie auch gemäß empirischer Befunde, vgl. STANGE [3], ist jedoch sogar $B=(B_1,\ldots, B_k)$ mit $B_i=G_i/G$, $i=1(1)k$, näherungsweise normalverteilt. Bei Gültigkeit von H_0 lassen sich $\beta_0:= E(B|H_0)$ und $C_0:= cov(B_i,B_k|H_0)$; $i,j=1(1)k$ gemäß der Formeln von STANGE [3] aus $\Phi_0(x)$ mit Hilfe von λ bestimmen; C_0 ist nichtsingulär.

Unter H_0 ist dann bekanntlich die quadratische Form V,

$$V:= (B-\beta_0)\; C_0^{-1}\; (B-\beta_0)^T \quad ,$$

näherungsweise χ^2_f-verteilt mit $f=k$ Freiheitsgraden, vgl. ANDERSON [1], so daß sich mit V ein χ^2-Anpassungstest für Sieblinien durchführen läßt. Die Bedeutung und Auswirkung der Annahmen (1) bis (3) wird ausführlich erörtert. Weiter wird gezeigt, wie der Test auch in anderen Anwendungsgebieten als Anpassungstest für relative Merkmalsbeträge zu verwenden ist.

Literatur:

[1] Anderson, T.W.: An Introduction to Multivariate Statistical Analysis. New York (1958)

[2] Cramer, H.: Mathematical Methods of Statistics, Abschnitt 17.5, Princeton, 1946

[3] Stange, K.: Über die Beurteilung des Gütegrades von Mischungen bei beliebigen Verteilungsgesetzen für die Korngewichte der einzelnen Mischungskomponenten. Abhandl. der Braunschweig. Wissenschaftl. Ges., 1953

[4] Stange, K.: Zur Beurteilung der Güte einer Mischung aus körnigen Stoffen bei bekannten Siebdurchgangslinien der Komponenten. Chemie-Ingenieur-Technik 27, 1964, 331-337

Kostenoptimale Prüfpläne für die laufende Kontrolle eines qualitativen Merkmals

Michael Behl, Würzburg

Zusammenfassung. Der betrachtete Produktionsprozeß beginnt die Produktion in statistischer Kontrolle mit einem bekannten Ausschußanteil. Nach mit bekanntem Parameter exponentialverteilter Zeit erhöht sich der Ausschußanteil durch Auftreten eines Fehlers um einen bestimmten Wert. Man kann nun (1) auf jegliche Kontrolle der Produktionsanlage verzichten, (2) in festen Abständen die Anlage überprüfen und nötigenfalls reparieren oder (3) in festen Abständen aus der Produktion eine Stichprobe vom Umfang n ziehen, um nur bei mehr als c schlechten Stücken in der Stichprobe die Anlage zu überprüfen und nötigenfalls zu reparieren. Jede der möglichen Vorgehensweisen führt zu einem gewissen mittleren Verlust pro Stück auf lange Sicht. Es existiert stets eine bezüglich dieser Verlustfunktion optimale Vorgehensweise und diese kann mit einem Suchalgorithmus schnell bestimmt werden.

Summary. The process under consideration starts in control with a known fraction defective. There is a single assignable cause, which leads to a known increased fraction defective. The time until the assignable cause occurs has a known exponential distribution. To maintain current control it is possible (1) to go without any control at all, (2) to stop the process after constant time intervalls and search for the assignable cause and undertake a repair if necessary or (3) to draw a sample of size n after constant time intervalls and to stop and search for the assignable cause and undertake a repair if necessary only if the number of defective items in the sample exceeds an acceptance limit c. Each of these control plans yields a well specified mean loss per item in the long run. It is shown that there exists an optimal control plan and, suitably defined, that it is unique. Furthermore it is indicated how to search for this optimal plan.

Der zu überwachende Produktionsprozeß mit einem qualitativen Merkmal beginnt die Produktion in statistischer Kontrolle mit einem bekannten Ausschußanteil $p_I \in [0,1)$. Nach einer gewissen Zeitdauer, die mit bekanntem Parameter exponentialverteilt ist, tritt ein Fehler in der Produktionsanlage auf, und der Ausschußanteil in der Produktion erhöht sich auf $p_{II} \in (p_I,1]$. Zur laufenden Überwachung der Produktionsanlage kann man sich folgender drei Strategien bedienen:

(1) Verzicht auf jegliche Kontrolle der Produktionsanlage,

(2) Überprüfung und nötigenfalls Reparatur der Produktionsanlage in festen Zeitabständen,

(3) Ziehen einer Stichprobe vom Umfang n aus der laufenden Produktion in festen Zeitabständen und nur bei mehr als c schlechten Stücken in der Stichprobe Überprüfung und nötigenfalls Reparatur der Produktionsanlage.

Die Wahl der jeweiligen Vorgehensweise soll im Hinblick auf die entstehenden Kosten

Operations Research Proceedings 1982

erfolgen. Als Kostenfunktion dient dabei der mittlere Verlust pro produziertem Stück auf lange Sicht. In dieser Verlustfunktion werden die durch die Produktion verursachten Gewinne sowie alle durch Stichprobenkontrolle sowie Prüfung und Reparatur der Produktionsanlage entstehenden Kosten berücksichtigt. Durch geeignete Normierung gelingt es, zu einer einfacheren, standardisierten Form der Verlustfunktion überzugehen, die außer von den Prüfplanparametern, über die minimiert werden soll, nur noch von drei relativen Kostenparametern und den Ausschußanteilen p_I und p_{II} bei gutem bzw. schlechtem Zustand des Fertigungsprozesses abhängt.

Mit der standardisierten Verlustfunktion wird für die Strategie (3) mit festem Stichprobenumfang und fester Annahmezahl sowie für die Strategie (2) entweder gezeigt, daß das jeweilige Vorgehen nicht optimal sein kann, oder es wird eine eindeutig bestimmte optimale Länge für das Kontrollintervall als Lösung einer nichtlinearen Gleichung angegeben. Daraus folgt die Existenz und die Eindeutigkeit (leicht eingeschränkt) einer hinsichtlich der ursprünglichen Verlustfunktion optimalen Vorgehensweise zur laufenden Überwachung der Fertigung.

Zur praktischen Bestimmung dieses insgesamt optimalen Prüfplanes müssen die für die einzelnen Strategien jeweils optimalen Prüfpläne bestimmt und die aus ihnen resultierenden Verluste miteinander verglichen werden. Problematisch ist dabei die Strategie (3), für die ein optimaler Stichprobenumfang und eine optimale Annahmezahl zu suchen sind. Dieses Optimierungsproblem ist zwar endlich, eine direkte Suche ist aber dennoch i.a. sehr aufwendig, weil für jedes gemusterte Paar (n,c) die zugehörige optimale Kontrollintervallänge als Lösung einer nichtlinearen Gleichung iterativ berechnet werden muß. Hier hilft die Einführung einer Hilfsfunktion, mit der man ohne Berechnung der optimalen Kontrollintervallänge entscheiden kann, ob der mit einem Paar (n,c) günstigstenfalls erreichbare Verlust kleiner als eine vorgegebene Zahl ist oder nicht.

Für die Fälle $p_I=0$ bzw. $p_{II}=1$ wird damit gezeigt, daß zu jedem überhaupt in Frage kommenden Stichprobenumfang n die Annahmezahl c=0 bzw. c=n-1 am günstigsten ist. Für beide Fälle wird weiter bewiesen, daß der bei festem n für die Strategie (3) minimale mittlere Verlust pro Stück auf lange Sicht in Abhängigkeit von n ein Monotonieverhalten hat, das sicherstellt, daß es entweder genau einen oder zwei benachbarte optimale Stichprobenumfänge gibt.

Im allgemeinen Fall $0< p_I< p_{II}< 1$ können für den optimalen Stichprobenumfang und die optimale Annahmezahl keine derartigen Aussagen bewiesen werden, jedoch verhilft auch hier die oben erwähnte Hilfsfunktion zusammen mit weiteren Sätzen zu einem sehr zielstrebigen Algorithmus für die Suche nach dem optimalen Stichprobenumfang und der optimalen Annahmezahl, bei dem nur noch ein kleiner Teil der in Frage kommenden Stichprobenumfänge und Annahmezahlen überprüft werden muß.

Zu dieser Kurzfassung wird eine ausführliche Langfassung in der Zeitschrift METRIKA erscheinen.

EIN MODELL ZUR BESTIMMUNG KOSTENOPTIMALER PRÜFSTRATEGIEN VOM SKIP-LOT-TYP

Axel Reimann, Berlin

Zusammenfassung: Grundlage der Betrachtungen ist eine Folge von Produktionslosen des gleichen Gutes und festen Umfangs. Für eine solche Losfolge wird ein Modell entwickelt, in dem als Ergebnis einer Kostenoptimierung Prüfstrategien entstehen, die eine Prüfung nur zu solchen Zeitpunkten vorsehen, in denen mangelhafte Lose auf Grund der bisherigen Qualitätsgeschichte zu erwarten sind. Neben Strukturaussagen über optimale Strategien werden numerische Beispiele vorgestellt und an ihnen die Auswirkung von Variationen der Modellparameter auf optimale Strategien diskutiert.

Summary: We consider a sequence of lots containing a fixed number of items which can be classified as defective or nondefective. It is our aim to construct a stochastic model for incoming lot quality for which a cost optimal skip lot procedure in conjunction with a single sampling plan by attributes or with an instruction for total inspection is determined. At first we give some insight into the structure of optimal strategies and secondly some numerical examples are presented and the effects of parameter variations are discussed.

Das betrachtete Entscheidungsmodell ist durch die folgenden vier Komponenten charakterisiert:

- der stochastische Prozeß, auf Grund dessen sich Schlechtanteile in aufeinanderfolgenden Losen realisieren; es wird eine zeithomogene Markoff-Kette unterstellt, deren Zustandsraum aus zwei Alternativen besteht.

- der Entscheidungsraum, der die zulässigen Prüfstrategien beinhaltet und aus drei Teilräumen besteht; zum ersten ist die Nullinspektionsstrategie zugelassen, bei der sämtliche Lose ungeprüft akzeptiert werden; zum zweiten werden Prüfstrategien betrachtet, die zunächst Totalkontrolle vorsehen, in Abhängigkeit vom Prüfergebnis jedoch eine bestimmte Anzahl folgender Lose ungeprüft akzeptieren (Skip-Lot); die interessanteste Teilmenge des Entscheidungsraumes bilden jedoch Strategien, die für die Prüfung der Lose einen einfachen (n,c)-Stichprobenplan für Attributprüfung unterstellen und in Abhängigkeit von den Prüfergebnissen (Annahme bzw. Ablehnung) entsprechende Skip-Entscheidungen nach sich ziehen.

Operations Research Proceedings 1982

- die Kostenstruktur, bezüglich der die verschiedenen Entscheidungen bewertet werden können; der Einfachheit halber werden lineare Kostenverläufe unterstellt.

- die Zielgröße, deren Optimierung auf eine beste (kostenoptimale) Prüfstrategie führt; hierbei wird ein Durchschnittskostenkriterium benutzt, das in ein einfacher handhabbares Ertragskriterium überführt werden kann.

Dieser Ansatz stellt eine wesentliche Verallgemeinerung eines von Sackrowitz/Samuel-Cahn [1974] vorgestellten Modells für die Prozeßkontrolle dar. Aus ihm können Strukturaussagen über optimale Prüfstrategien bei Totalkontrolle unmittelbar abgeleitet werden. Analoge Aussagen sind aber auch für die erheblich komplizierteren Prüfstrategien bei Stichprobenprüfung der Lose möglich (s. Reimann [1980]). Als wesentliche Modellparameter werden dabei der zweite Eigenwert der stochastischen Matrix als Abhängigkeitsmaß und der Quotient der unmittelbaren Kosten bzw. Erträge identifiziert.

Abschließend werden an Hand von Beispielen die Auswirkungen von Variationen der Modellparameter auf die optimalen Strategien diskutiert. Z.B. liefert die Betrachtung des Losumfangs die folgenden, für praktische Anwendungen von Skip-Lot-Prüfsystemen allgemein interessanten Ergebnisse:

Für kleine Lose sind in der Regel Prüfstrategien mit Totalkontrolle und Skip-Entscheidungen optimal (eine hinreichende Abhängigkeitsstruktur des stochastischen Prozesses vorausgesetzt), während für große Lose grundsätzlich eine Stichprobenprüfung jedes Loses optimal ist. Für Lose mittleren Umfangs erweisen sich dann Prüfstrategien mit Stichprobenprüfung und Skip-Entscheidungen als optimal.

Literatur

Lenz, H.-J./Reetz, D./ Reimann, A. : A Stochastic Model for Optimal Inspection of Lots, Frontiers in Statistical Quality Control, Physica-Verlag, Würzburg-Wien, 1981.

Reimann, A. : Optimale Loskontrolle bei Markoff'scher Abhängigkeit der Schlechtanteile, Disk.-Arb. 9/80 am Inst. f. Quantitative Ökonomik und Statistik, FU Berlin, 1980.

Sackrowitz, H./ Samuel-Cahn, E. : Inspection Procedures for Markov Chains, Management Science 21, 1974.

ÜBER KOSTENOPTIMALE MEHRSTUFIGE STICHPROBENPLÄNE

Helmut Schneider, Berlin
Karl-Heinz Waldmann, Berlin

Stichprobenpläne für die Gut-Schlecht-Prüfung finden weltweite Anwendung. Man unterscheidet zwischen einfachen, doppelten, mehrstufigen und sequentiellen Prüfplänen. Die Festlegung der klassischen Prüfpläne orientiert sich fast ausschließlich an der Operationscharakteristik. Kostenüberlegungen sind dabei nicht oder nur von untergeordneter Bedeutung. I. a. basieren die kostenoptimalen Prüfpläne auf dem Minimax-Regret- Kriterium oder dem Bayes-Kriterium. Das erste benötigt die Vorgabe der Kosten, in das zweite geht neben den Kosten noch eine subjektive Information über den unbekannten Ausschußanteil des Loses ein.

Im folgenden betrachten wir bzgl. dem Bayes-Kriterium kostenoptimale Stichprobenpläne. Einem sich unter Kontrolle befindenden Produktionsprozeß werden Lose vom Umfang N entnommen. Die Anzahl X, $0 \leq X \leq N$, der schlechten Stücke im Los sei eine Zufallsvariable mit bekannter Verteilung $\Phi(X)$. Jedem Los können mehrere Stichproben entnommen werden, um über die Annahme oder Ablehnung des Loses zu entscheiden. Die Anzahl i^* der zu entnehmenden Stichproben und die jeweiligen Stichprobenumfänge $n_1,\ldots,n_{i^*}$ sind im voraus nicht bekannt, sondern werden in einem noch zu präzisierenden Sinne optimiert.

Bei einer Stichprobe vom Umfang n fallen Prüfkosten k(n) an, wobei $k:\underline{N}:=\{0,\ldots N\}\to[0,\infty)$ monoton nicht fallend angenommen wird. Wurden i Stichproben vom Gesamtumfang $\bar{n}_i := \sum_{j=1}^{i} n_j$ dem Los entnommen und wurden dabei $y_i := \sum_{j=1}^{i} x_j$ schlechte Stücke beobachtet, so hänge die Wahrscheinlichkeit $q(x_{i+1}|n_1,x_1,\ldots,n_{i+1}) \equiv q(x_{i+1}|\bar{n}_i,y_i,n_{i+1})$, x_{i+1} schlechte Stücke in einer weiteren Stichprobe vom Umfang n_{i+1} zu beobachten, von der "Vorgeschichte" lediglich durch $(\bar{n}_i,y_i,n_{i+1})$ ab. Wird das Los aufgrund der zusammengesetzten Stichprobe $(\bar{n}_i,y_i)$ angenommen, so fallen neben den Prüfkosten Garantiekosten $g(\bar{n}_i)E(\bar{n}_i,y_i)$ an, wobei $g : \underline{N} \to [0,\infty)$ monoton nicht steigend angenommen wird und $E(\bar{n}_i,y_i)$ den erwarteten Schlechtanteil im Restlos bezeichnet (in Abhängigkeit von $\bar{n}_i$, y_i, $\Phi(X)$). Wird das Los aufgrund der zusammengesetzten Stichprobe $(\bar{n}_i,y_i)$ abgelehnt, so fallen neben den Prüfkosten Ablehnungskosten $b(\bar{n}_i)$ an, wobei $b : \underline{N} \to [0,\infty)$ monoton nicht steigend angenommen wird.

Unter einem (z,c_L,c_U)-Stichprobenplan wollen wir die Vorgabe von Abbildungen $z : \underline{N}\times\underline{N} \to \{1,\ldots,N\}$, $c_L,c_U : \underline{N} \to \{-1,\ldots.N\}$ verstehen zusammen mit folgender Entscheidungsvorschrift: Wurden insgesamt $\bar{n}$ Stücke dem Los entnommen und dabei y schlechte Stücke beobachtet, so nehme man das Los an, falls $y \leq c_L(\bar{n})$; lehne das Los ab, falls

Operations Research Proceedings 1982

$y \leq c_U(\bar{n})$; und nehme eine weitere Stichprobe vom Umfang $z(\bar{n},y)$, falls $c_L(\bar{n}) < y < c_U(\bar{n})$.

Für alle $0 \leq \bar{n} \leq N$, $0 \leq y \leq \bar{n}$, $0 < a \leq N-\bar{n}$ seien

$$Q(x|\bar{n},y,a) := \sum_{j=0}^{x} q(j|\bar{n},y,a)$$

$$\Delta E(\bar{n},y) := E(\bar{n},y+1) - E(\bar{n},y)$$

$$\Delta Q(\bar{n},y,a) := \sum_{x=0}^{a-1} (Q(x|\bar{n},y,a) - Q(x|\bar{n},y+1,a))$$

Das beschriebene Entscheidungsmodell läßt sich zurückführen auf ein stationäres Entscheidungsmodell unter Risiko im Sinne von Schäl(1975). Die Optimalität eines (z,c_L,c_U)- Stichprobenplanes (bzgl. dem Gesamtkostenkriterium) läßt sich dann unter der folgenden Voraussetzung beweisen(vgl. Schneider,Waldmann (1982)).

Voraussetzung

Für alle $0 \leq \bar{n} \leq N$, $0 \leq y \leq \bar{n}$, $0 < a \leq N-\bar{n}$ gilt

(a) $Q(x|\bar{n},y+1,a) \leq Q(x|\bar{n},y,a)$, $\quad 0 \leq x \leq a$

(b) $g(\bar{n})\Delta E(\bar{n},y) \geq (\Delta Q(\bar{n},y,a)+ 1)\Delta E(\bar{n}+a,y)g(\bar{n}+a)$

(c) $\Delta E(\bar{n},y) \geq \Delta E(\bar{n},y+1)$

Die Voraussetzung wird ausführlich diskutiert in Schneider, Waldmann(1982). Sie ist z. B. erfüllt, falls $\Phi(X)$ der Familie der Polya Verteilungen angehört.
Anhand numerischer Ergebnisse wird dort außerdem die Effizienz mehrstufiger Prüfpläne gegenüber einfachen Prüfplänen untersucht.

Literatur

Schäl, M. (1975) : Conditions for optimality in dynamic programming and for the limit of n-stage optimal policies to be optimal. Z. Wahrscheinlichkeitstheorie verw. Gebiete, 32, 179-196

Schneider,H. / Waldmann,K.-H. (1982) : Cost optimal **multistage** sampling plans. Freie Universität Berlin, FB 10, Statistik und Versicherungsmathematik

CLUSTERANALYSE MIT BINÄREN MERKMALEN IN EINEM GROSSEN PKW-BESITZER-PANEL

Helmut Braun, Bochum

Der vorliegende Beitrag zeigt eine konkrete Problemstellung aus dem Bereich Marktforschung und stellt einen Lösungsansatz mit statistischen Methoden, insbesondere der Clusteranalyse vor.

Das Dienstleistungsgeschäft an Tankstellen hat in den letzten Jahren immer mehr an Bedeutung gewonnen. Es sichert heute sogar in nicht seltenen Fällen die Lebensfähigkeit der Station. Dem qualitativen Vergleich von Tankstellen und Werkstätten bei verschiedenen Dienstleistungen kommt deshalb ein besonderes Gewicht zu. Im Rahmen eines sogenannten PKW-Besitzer-Panels wurde dafür eine Feldbefragung durchgeführt. Die befragten Personen hatten sich anhand einer Liste von Items über unterschiedliche Bereiche der Autopflege und Wartung jeweils zu entscheiden, ob eine Arbeit ihrer Meinung nach an der Tankstelle genauso gut wie in der Werkstatt ausgeführt werden kann. Die "Ja/Nein"-Entscheidung der Testperson wurde als binäres Merkmal, d.h. als Merkmal mit den Ausprägungen "1/0" erfaßt. Insgesamt führte die Felderhebung zu einer Datenmatrix von 1.085 Zeilen für die Anzahl der befragten Personen und 26 Spalten für die Anzahl der folgenden Dienstleistungen:

1 Motorwäsche
2 Untenwäsche
3 Unterbodenschutz ausbessern
4 Unterbodenschutz erneuern
5 Lackschäden ausbessern
6 Kleine Inspektion
7 Grosse Inspektion
8 Reifen montieren
9 Motor, Vergaser einstellen
10 Batterie einbauen
11 Luftfilter einbauen
12 Radio einbauen
13 Zusatzscheinwerfer montieren
14 Einbau von Zündkerzen
15 Einbau von Scheibenwischern
16 Einbau von Autobirnen
17 Auswechseln von Bremsbelägen
18 Stossdämpfer erneuern
19 Auspuff erneuern
20 Wartung der Batterie
21 Handel mit Gebrauchtwagen
22 Oelwechsel
23 Wagenwäsche als Handwäsche
24 Wagenwäsche in autom. Waschanl.
25 Kleinere Unfallschäden
26 Nichts davon

Operations Research Proceedings 1982

Die Marktforschung interessierte sich bei der Auswertung dieser Datenmatrix für Antworten auf folgende Fragen:

1. Welche Dienstleistungen akzeptiert der Kunde an der Tankstelle ebenso wie in der Werkstatt?

2. Treten bei den Nennungen bestimmte Dienstleistungen in Gruppen auf? Sind typische Arbeiten für Tankstellen erkennbar?

3. Durch welche Charakteristika zeichnen sich Kunden mit bestimmten Dienstleistungsvorstellungen aus?

Eine Häufigkeitsverteilung über die Gesamtheit der Erhebung zeigte, daß ca. sechzig bis siebzig Prozent der Befragten Arbeiten wie Bodenschutz, Wagen- und Motorwäsche, Reifen, Batterie und kleinere Einbauten wie Scheibenwischer, Birnen, Zündkerzen und herausragend den Ölwechsel an Tankstellen akzeptieren. Hingegen wurden die große Inspektion, Beseitigung von kleineren Unfallschäden, Bremsbeläge und Stoßdämpfer erneuern beim Vergleich nur selten bejaht.

Der Einsatz der Clusteranalyse verschaffte dann einen tieferen Einblick in die Struktur des Datenbestandes. Für die Beantwortung der Fragen wurde sowohl nach den Personen (Zeilen) als auch nach den Dienstleistungen (Spalten) geclustert, und zwar mit einem partitionierenden Verfahren, das von einer Abstandsmatrix ausgeht und die Gruppierung nach dem Austauschverfahren lokal optimiert. Da binäre Variablen vorlagen und die Ausprägung Eins für die Untersuchung von Bedeutung war, wurde mit dem TANIMOTO-Abstand (auch JACCARD-Metrik genannt) gearbeitet. Hierbei wird beim paarweisen Vergleich der Zeilen- bzw. Spaltenvektoren die Anzahl der Einsen in den übereinstimmenden Vektorkomponenten zu der Anzahl der überhaupt auftretenden Einsen in Relation gesetzt. Dieses Ähnlichkeitsmaß hat einen Wertevorrat von Null bis Eins und führt bei Subtraktion von Eins zu dem benutzten Abstandsmaß.

In einem Clusterlauf konnten wegen des großen Speicherplatzbedarfs der Abstandsmatrix auf einer IBM-Anlage 370/168 nur maximal 750 Personen betrachtet werden. Ein solcher Lauf benötigte für eine Aufteilung in fünf Cluster mit anschließender graphischer Darstellung der Ergebnisverteilungen 132 CPU-Sekunden. In [1] wird das zugehörige Cluster-Programm beschrieben.

Die Gesamtverteilung der Antworten deutete schon auf Dienstleistungen hin, die an der Tankstelle akzeptiert werden. Das Ergebnis kam noch klarer bei einem Clusterlauf über die sechsundzwanzig Merkmale heraus. In der Lösung mit sechs Clustern wurden die "große Inspektion" und die Antwort "nichts davon" in eigene Gruppen separiert und elf Dienstleistungen gehörten zu dem Cluster, das als Gruppe mit "typischen Arbeiten an der Tankstelle" bezeichnet werden kann. Die "Ja/Nein"-Antwort von zehn dieser elf Merkmale haben wir noch in alle möglichen Kombinationsklassen, d.h. in 1.024 Klassen zerlegt, um die Gruppenstruktur genau zu kennen. In der Befragung waren aber davon nur 296 Kombinationen belegt und davon wiederum nur 12 mit größeren Fallzahlen. Die Kombination "alle 10 Dienstleistungen können an der Tankstelle genauso gut ausgeführt werden wie in der Werkstatt" war mit 343 Fällen am stärksten vertreten.

In der weiteren Betrachtung haben wir dann noch nach Charakteristika der Personen gesucht, die sich für die elf Dienstleistungen an Tankstellen ausgesprochen hatten. An Daten standen uns aus dem Panel persönliche Informationen wie Alter, Geschlecht, als auch Informationen, die die Einstellungen des Befragten zu verschiedenen Aspekten der Tankstelle betrafen, zur Verfügung. Die Clusterlösung mit fünf Personengruppen zeigte interessante charakteristische Größen.

[1] BRAUN, H.: Strukturanalyse eines Tankstellennetzes. In H. SPÄTH (Hrsgeb.): Fallstudien Operations Research Band 1, R. Oldenbourg Verlag München Wien 1978

Untersuchung von Werkstückspektren mit Hilfe der Cluster-Analyse

Christoph Freist und Rolf Granow, Hannover

Zusammenfassung. Die Kenntnis der Struktur des betrieblichen Teilespektrums ist eine wesentliche Hilfe bei zahlreichen planenden und durchführenden Funktionen. Sie kann mit Hilfe der Clusteranalyse aufgedeckt werden. Bei der Ähnlichteilsuche verfolgen die Betriebe zwei unterschiedliche Strategien. Bei der "Bekannten Ähnlichkeit" wird die manuell nicht mehr überschaubare Informationsmenge aufbereitet und gegliedert, sie dient deskriptiven Zwecken. Die "Erwartete Ähnlichkeit" liefert für zu bearbeitende oder zu planende Werkstücke neue Informationen. Sie hat induktiven Charakter. Es werden zwei Beispiele und erste Ergebnisse zur "Bekannten Ähnlichkeit" vorgestellt.

Summary. Many planning and executing functions in a company are supported by the knowledge of the factories part spectrum.The structure of the part spectrum can be evaluated by the cluster analysis. Group technology can be applied in two basically different strategies. Dealing with "known similarity", a lenge amount of information is being structured and described. Dealing with "expected similarity" a new workpiece is expected to behave like a known one. The existing information is used extrapolate on the new one. Two examples for "known similarity" and first results are given.

1. Problemstellung

Die Informationen über Erzeugnisse und Baugruppen stehen heute in steigendem Umfang rechnerverwertbar zur Verfügung. Der Trend zu höherem EDV-Einsatz und preiswerteren Speicherplatzkosten kommt dieser Entwicklung entgegen. Eine systematische Ähnlichteilsuche zur Auswertung der vorhandenen Werkstückinformationen erfolgt jedoch heute kaum, da die geeigneten statistischen Methoden für eine Anwendung im Betrieb nicht ausreichend aufbereitet sind.

Jedes Erzeugnis, das die verarbeitende Industrie herstellt, ist durch eine große Anzahl von Informationen gekennzeichnet. Die Informationen lassen sich drei Informationsebenen zuordnen (Bild 1):

- Systemebene:
  Informationen über Erzeugnisse und Baugruppen, die jeweils aus mehreren Objekten bestehen.

Operations Research Proceedings 1982

- Objektebene:
  Informationen, die spezifisch einem Teil zugeordnet werden wie zum Beispiel "Material", "Größe", "Stückzahl" usw.
- Elementebene:
  Informationen über Elemente, aus denen die Teile synthetisiert werden wie zum Beispiel "Bohrungen","Einstiche" usw.

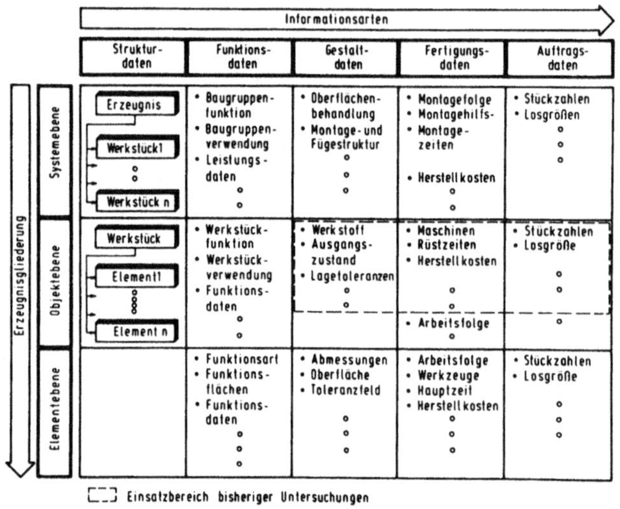

Bild 1
Informationsarten in den Erzeugnisebenen

Die Nutzung der Ähnlichteilsuche ist grundsätzlich in zweifacher Hinsicht möglich:

- Bei der "Bekannten Ähnlichkeit" wird die Informationsmenge, die manuell nicht mehr übersehbar ist, aufbereitet und gegliedert, so daß ein rationales Entscheiden oder Handeln möglich wird. Die Aufdeckung der Ähnlichkeitsstrukturen dient deskriptiven Zwecken.

- Bei der "Erwarteten Ähnlichkeit" möchte man für ein Teil neue Informationen ermitteln. An Hand der schon bekannten Eigenschaften sucht man ähnliche, bereits bearbeitete Objekte, von denen man erwartet, daß man die vormals gemachten Erfahrungen bei der Lösung der ausstehenden Aufgaben nutzen kann. Der Nutzung der "Erwarteten Ähnlichkeit" liegt ein induktives Vorgehen zu Grunde.

Aus Bild 2 sind die beiden Vorgehensweisen beispielhaft zu entnehmen. Bild 3 enthält Aufgaben für beide Vorgehensweisen. Die Fülle der dargestellten Anwendungsmöglichkeiten zeigt deutlich Vernetzungen in der Zielrichtung auf und beinhaltet die einheitlichen Problemstellungen aus Bild 2. Den mit Planen, Konstruieren und Kontrollieren

Beschäftigten kann durch die Ähnlichteilsuche in Teilgebieten bereits eine wirksame Hilfe bei ihrer Arbeit gegeben werden. Eine solche Hilfe ist von besonderer Bedeutung, da die angesprochenen Arbeiten nicht nur selbst Kosten verursachen, sondern die Ergebnisse der Arbeiten in viel größerem Maße Kosten verantworten.

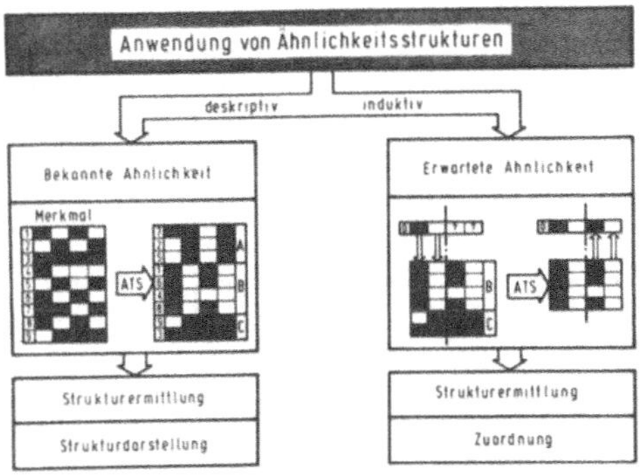

Bild 2 Die Arten der Ähnlichkeit

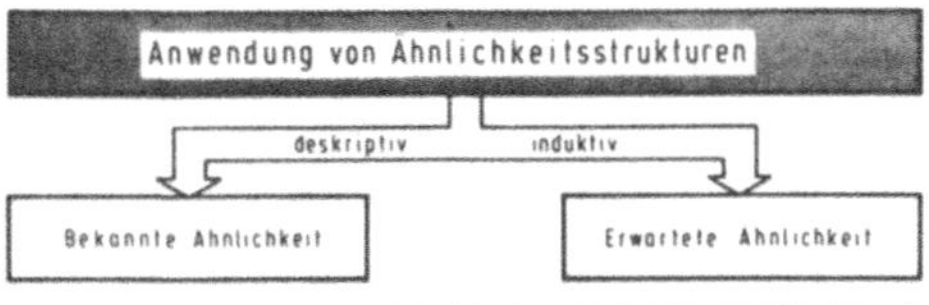

Bekannte Ähnlichkeit		Erwartete Ähnlichkeit
Standardofferten	Offerte	Verwendung vorhandener Offerten
Normung Vorzugsreihenbildung	Konstruktion	Verwendung vorhandener Zeichnungen
Standardarbeitspläne	AV	Verwendung vorhandenen Planungs Know-Hows
Kapazitätsanforderungen des Teilespektrums	Investions-planung	Folgerungen auf andere Fertigungsverfahren
Teilefamilienbildung	Fertigung	Übertragung von Fertigungswissen
Kapazitätsauslastung der Montageeinrichtungen	Montage	Ermittlung des Rationalisierungspotentials

Bild 3 Einsatzgebiete der Ähnlichteilsuche

2. Anwendungen

Eine der Methoden, die im Bereich der Ähnlichteilsuche eingesetzt werden kann, ist die Cluster-Analyse. Ihre Einsatzmöglichkeiten werden mit dem System CLASSIC untersucht/1/. Bei den zur Zeit vorgenommenen Untersuchungen werden zwei Problemstellungen genauer betrachtet. In beiden Fällen handelt es sich um Gebiete der Bekannten Ähnlichkeit, in denen die Clusteranalyse als alleiniges statistisches Verfahren bereits interessante Ergebnisse liefert.

2.1. Investitionsplanung

Die Notwendigkeit einer "sorgfältigen Analyse des zu fertigenden Teilespektrums" im Rahmen der Investitionsplanung wird auch von anderen Autoren festgestellt, ohne daß klar eine Methode alternativ zu dem "in der Praxis am häufigsten angetroffenen Verfahren des 'scharfen Hinsehens' " genannt wird./2/ Die Clusteranalyse kann hier zu einer Informationsverdichtung führen. Nach den bei /1/ genannten Algorithmen aus CLASSIC entstand so für das in Bild 4 beschriebene Teilespektrum die Darstellung in Bild 5, welche für die Auswahl von Bearbeitungsmaschinen von großem Interesse ist.

Objekte
96 rotationssymmetrische Werkstücke

Herkunft
Werkzeugmaschinenbau
Kleinserienfertigung

Auswahlkriterium
ABC-Analyse nach Kapazitätsanforderungen

Merkmale

	Länge [mm]	max. Ø außen [mm]	Oberfläche außen [-]	Oberfläche innen [-]	Toleranz außen [-]	Toleranz innen [-]
Gewicht	2	2	1	1	1	1
Skalenniveau	metr.	metr.	ord.	ord.	ord.	ord.

Bild 4
Daten eines untersuchten Teilespektrums

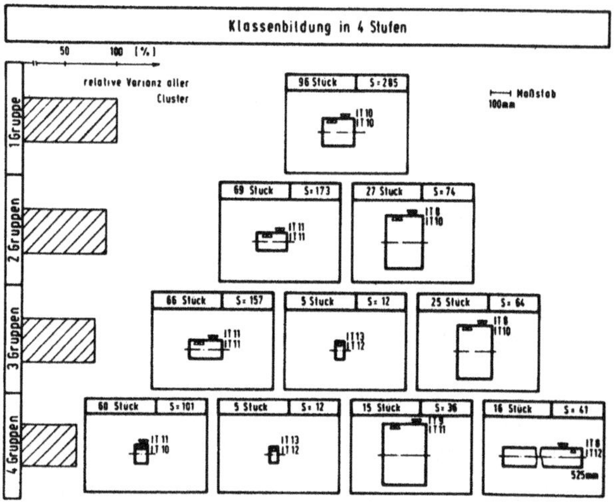

Bild 5
Entwicklung der Partition bei unterschiedlicher Gruppenzahl

Die mit Weighted-Average-Linkage gebildete Hierarchie wurde durch entsprechende Trennung als Ausgangspartition für drei Läufe des Austauschverfahrens genommen. So entstanden die optimierten als Pyramide in Bild 5 dargestellten Partitionen mit einer, zwei, drei und vier Gruppen . In den kleinen Skizzen sind die Mittelwerte der einzelnen Gruppen an einem fiktiven Werkstück verdeutlicht. Neben den geometrischen Rohteilabmessungen sind interessante Informationen über die durchschnittliche Oberflächenbeschaffenheit und die Genauigkeitsanforderungen aufgeführt. Die Entwicklung der Teilestruktur bei wechselnder Klassenzahl erlaubt es, die notwendige Zahl von Maschinen und die an siegestellten Genauigkeitsanforderungen im Rahmen der gezeigten Streuungen abzuleiten. Die Zeichnung zeigt, daß die Anwendung eines einfachen hierarchischen Verfahrens nicht ausreicht, da für eine Zuordnung in homogene Gruppen bestehende Strukturen bei der Änderung

der Klassenzahl wieder aufgebrochen werden müssen.
Bisherige Erfahrungen beim Arbeiten mit CLASSIC zeigen, daß im Bereich der Ähnlichteilsuche ein mehrstufiges Analysieren der Spektren zu guten Ergebnissen führt. Als Veranschaulichung sind in Bild 6 für dasselbe Datenmaterial die Partitionen mit fünf und sechs Gruppen der Feinanalyse eines interessanten Clusters der Fünferpartition gegenübergestellt. Da für die Feinanalyse eine neue Distanzmatrix berechnet wird, stehen bei Verwendung von MIXDIS neue, der ausgesuchten Gruppe angepaßte Abstände für eine weitere Unterteilung zur Verfügung. Im linken Teil von Bild 6 kann so das bisher stark streuende Cluster "2" in zwei recht unterschiedliche Gruppen bezüglich der hier dargestellten Länge aufgegliedert werden. Im rechten Bildteil erfolgt dagegen eine für die Problemstellung nicht mehr so interessante Splittung im Bereich mittlerer Längen.

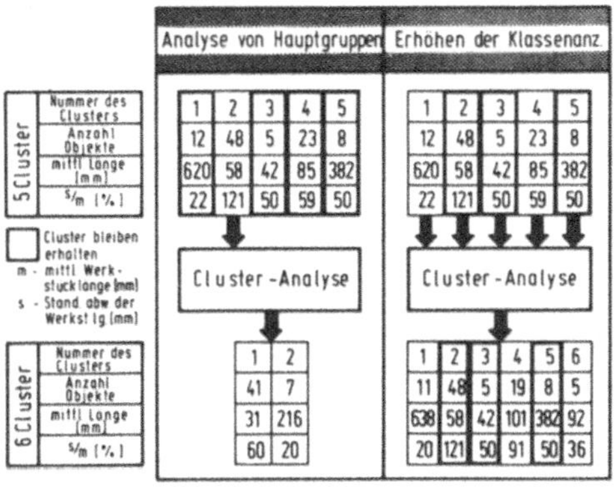

Bild 6

Ein- und mehrstufiges Erzeugen einer Partition mit sechs Clustern

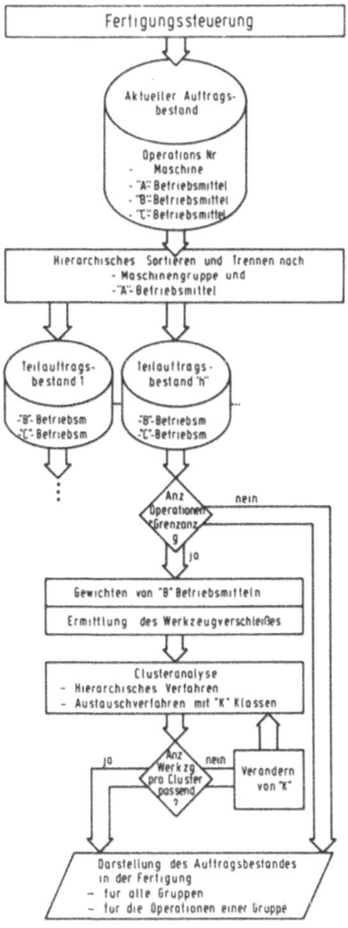

Bild 7

Stellung der Cluster-Analyse bei der Teilefamilienbildung

2.2. Teilefamilienbildung

Auch im Bereich der Fertigungssteuerung kann die Clusteranalyse zur Teilefamilienbildung eingesetzt werden. Im Rahmen der Untersuchungen ging es darum, den Umrüstaufwand an den Bearbeitungsstationen zu minimieren. Singer/3/ widmete sich sehr dem Problem der Umrüstzeitermittlung und schlug vor, die Umrüstdauer von einer Operation zur nächsten als Distanzmaß zu nehmen. Dies hat den Verlust der Symmetrieeigenschaft der Distanzmatrix zur Folge. Als Ergebnisdarstellung schlug /3/ ein Dendrogramm vor.

Nach dem Vergleich hierarchischer und partitionierender Verfahren scheint zumindest bei größeren Datenmengen der Einsatz eines Austauschverfahrens geeignet zu sein. Dazu sollte die zufällig vor der Maschine stehende Warteschlange so umgebildet werden, daß zum einen die Rüstzeit gering ist und gleichzeitig ein hohes Maß an Flexibilität für die Werkstattsteuerung erhalten bleibt. Ziel der mit CLASSIC durchgeführten Untersuchungen ist es daher, Gruppen aufzuzeigen, innerhalb derer eine weitestgehende Flexibilität möglich ist, während das Abarbeiten ganzer Gruppen sicherstellen soll, daß der Umrüstaufwand gering bleibt.

Für den Einsatz der Clusteranalyse im täglichen Betrieb wurde das in Bild 7 dargestellte Ablaufschema entwickelt. Aus ihm geht hervor, daß die Betriebsmittel der Bearbeitungsstationen in "A"-,"B"- und "C"-Betriebsmittel unterteilt werden. Diese Gliederung ist zwar relativ grob, jedoch entspricht sie in etwa den in Betrieben zu erhaltenen Informationen. "A"-Betriebsmittel sind dabei so definiert, daß der Umrüstaufwand so groß ist, daß er durch sehr hohe Homogenität in den anderen Betriebsmitteln nicht kompensiert werden kann. Aus diesem Grund wird hiernach vorsortiert. Innerhalb großer Gruppen wird anschließend die Clusteranalyse durchgeführt, bei der die "B"-Betriebsmittel in der Distanzfunktion stärker gewichtet werden. Wenn man den Werkzeugverschleiß nicht berücksichtigt, kann man in der Distanzfunktion mit rein binärem Datenmaterial auskommen. Sollen Ersatzwerkzeuge mit in die Gruppenbildung eingehen, so muß die Funktion nach heuristischen Gesichtspunkten erweitert werden.

Es wurde auch untersucht, ob sich vorgegebene Randbedingungen mit dem Verfahren bewältigen lassen. So ist für bestimmte NC-Maschinen zu fordern, daß die Zahl der in einer Gruppe verwendeten Werkzeuge nicht die Kapazität des Werkzeugmagazines übersteigt,da sonst die Flexibilität innerhalb der Gruppen geschmälert wird. Durch die Variation der Gruppenzahl im unteren Teil des Konzeptes kann diese Bedingung erfüllt werden, da für das untersuchte Datenmaterial die maximal in einem Cluster der Partition vorkommende Zahl der Werkzeuge monoton mit steigender Clusterzahl abnahm. Bei konstanter Gruppenzahl hat die Wahl der Distanzfunktion einen erheblichen Einfluß.

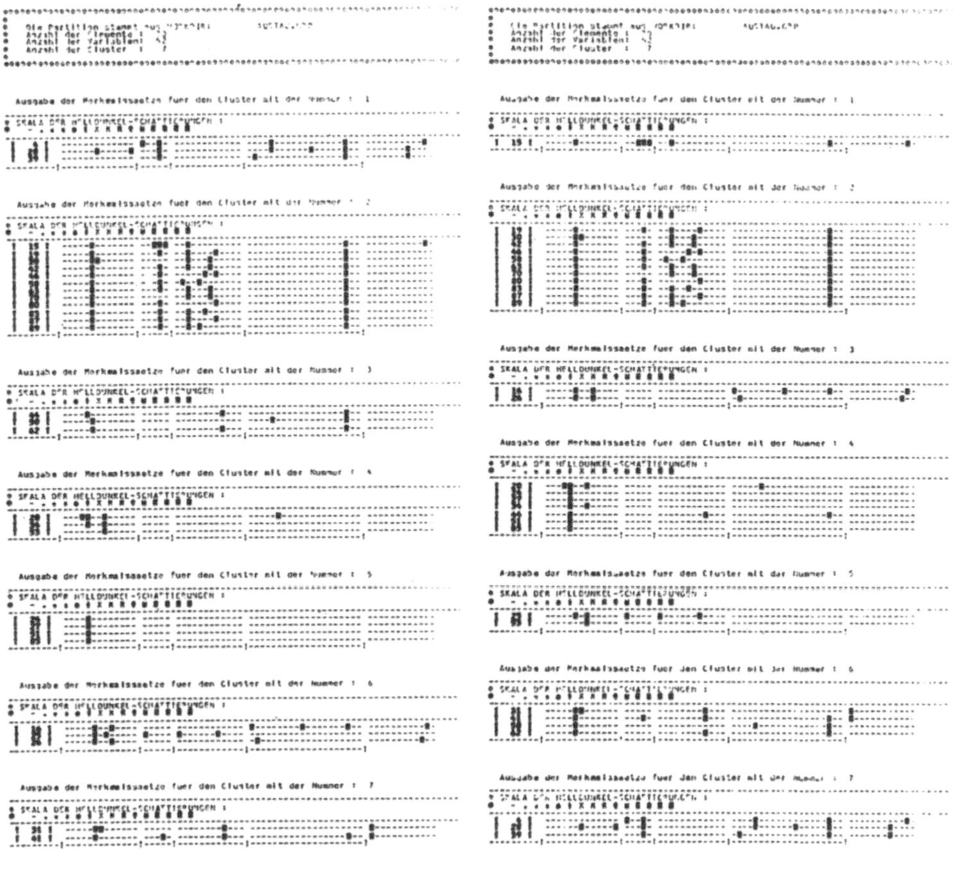

Bild 8 Gegenüberstellung zweier Partitionen

In Bild 8 sind zwei Partitionen derselben Grundmenge gegenübergestellt, deren rein binäre Merkmale, "C"-Werkzeuge kommt vor oder nicht, durch schwarze Kästchen dargestellt werden. Im linken Bildteil deckt die Tanimotodistanzfunktion die Struktur auf und bildet Cluster mit sehr wenig Werkzeugen. Eine heuristische Distanzfunktion, die beim paarweisen Vergleich der Aufträge die Distanz bei Ungleichheit abhängig von der Zahl der eingesetzten Werkzeuge erhöht, erzeugt zum Beispiel die inhomogenere Gruppe "4", jedoch fällt die maximal benötigte Zahl von Werkzeugen pro Cluster von 13 auf 10.

3. Ausblick

Die Untersuchungen zur Ähnlichteilsuche haben gezeigt, daß die Methode der Clusteranalyse in der Lage ist, bei planerischen und durchführenden Funktionen eine Hilfestellung zu leisten. Einem umfangreichen Einsatz in der Industrie steht jedoch die bisher noch nicht vorliegende Erfahrung auf dem System- und Elementniveau als auch die Notwendigkeit zum Einsatz anderer statistischer Verfahren im Wege. Die Entwicklung auf dem EDV-Sektor und der Trend zu kürzeren Produktlebensdauern rechtfertigen jedoch alle Anstrengungen auf diesem Gebiet.

4. Literatur

/1/ C. Freist, R. Granow: Ähnlichteilsuche mit Hilfe der Clusteranalyse. VDI-Z 124 (1982) Nr.11, S. 413 - 421 und Nr. 13, S. 487 - 495

/2/ M. Cziudaj, B. Spieler: Technische und organisatorische Aspekte zur Einführung von NC-Maschinen. fir-mitteilungen 1/81, Aachen

/3/ P. Singer: Dynamische Teilefamilienbildung zur Minimierung der Rüstzeiten. FB/IE 29/1980 Heft 3, S. 169 - 172

ZEITREIHENANALYSE IN DER ERGONOMIE

Dipl.-Math. Hans-Georg Nollau
Prof. Dr.-Ing. Walter Rohmert

Summary: The BOX-JENKINS method is used for modelbuilding of time series of a stress and strain system. The appropriate dialog-programsystem ZERANE is presented and its effectiveness is demonstrated by an example of a time for heart reate frequency.

Ein bedeutsames Problem in der Ergonomie ist die Betrachtung von Belastungs-Beanspruchungs-Systemen, d. h. die Analyse von Zusammenhängen und Abhängigkeiten von Belastungen und Beanspruchungen beim arbeitenden Menschen. Die Belastung als Einflußgröße und die Beanspruchung als Reaktionsgröße sind dabei stochastische Prozesse, für die geeignete Realisierungen als Zeitreihen gemessen werden. Die Auswertung dieser Zeitreihen soll u. a. zur Klärung folgender Fragestellungen beitragen:

- Wie sieht die Abhängigkeitsstruktur der Werte innerhalb einer Zeitreihe aus?
- Wie setzt sich z. B. eine Beanspruchung über den erfaßten Zeitbereich hinaus fort? ("Prognoseproblem")
- Gibt es in dem Prozeß, der durch die betreffende Zeitreihe realisiert wird, periodische Strukturen? (gibt es "Rhythmen"?)
- Gibt es einen gesicherten Zusammenhang zwischen Belastung und Beanspruchung und wie läßt sich dieser Zusammenhang quantitativ erfassen?

Grundlagen und Ausgangspunkt zur Beantwortung solcher Fragen ist die Darstellung der Zeitreihen eines ergonomischen Belastungs-Beanspruchungs-Systems durch mathematische Modell für stochastische Prozesse. Eine hierfür geeignete Modellklasse sind die ARIMA-Modelle der BOX-JENKINS Methode. Zur Entwicklung und Erprobung dieser Modelle wurde das Dialog-Programmsystem ZERANE (Zeitreihenanalyse in der Ergonomie) geschrieben. Es wurde nach neueren software-technologischen und software-ergonomischen Gesichtspunkten entworfen und seither bei der Analyse verschiedener ergonomischer Zeitreihen erfolgreich eingesetzt.

Operations Research Proceedings 1982

Literaturverzeichnis

Box, G. E. P. and Jenkins, G.: Time series analysis, Forecasting and Control. Holden Day, San Francisco 1970. (Neuauflage 1976)

Griese, J.: Software - Ergonomie. Friedr. Vieweg & Sohn Verlagsgesellschaft mbH. Angewandte Informatik 4, 1982

Lesser, W.: Arbeitsphysiologische Untersuchungen des Rollstuhls mit Greifreifenantrieb. Med. - orthop. Tech. 101, 1981, pp 139 - 143

Ling, Robert F.: General Considerations on the Design of an Interactive System for Data Analysis. CACM Volume 23 Number 3, 1980, pp 147 - 154

Rohmert, W. und Mitarbieter: Psycho-physische Belastung und Beanspruchung von Fluglotsen. Beuth - Vertrieb, Berlin/Frankfurt 1973

Weiss, H.: Software - Ergonomie; Windigen Programmierern das Handwerk legen. Verlag Computer Magazin GmbH, Computer Magazin 4, 1982

Estimation of Mean Value Parameters from Temporal Cross-Section Data (RCR-Models)

Karl-Heinz Jöckel, Dortmund

Zusammenfassung. Für die Analyse von Zeitreihenquerschnittsdaten sind in der Literatur Modelle mit zufälligen Regressionskoeffizienten vorgeschlagen worden. Für solche RCR-Modelle mit homoskedastischen Störungen werden verschiedene Schätzverfahren für den Mittelwertparameter diskutiert.
Es wird ein einfaches zweistufiges Verfahren vorgeschlagen, welches Unverzerrtheit der Schätzung (unter Normalität) und schwache Konsistenz (unter relativ schwachen Bedingungen) der Mittelwertschätzung garantiert.

Summary. For the analysis of temporal cross-section situations random coefficient regression models have been proposed in the literature. In such an RCR-model with homoscedastic disturbances several estimation procedures for the mean value parameter are discussed.
For a simple method due to Schach a two-stage procedure is suggested which guarantees unbiasedness (under normality) and weak consistency (under mild assumptions) for the mean value parameter as the number of sectors approaches infinity.

1. Introduction

In the context of regression modelling for temporal cross-section data, e.g. panel data or growth curves the treatment of the regression coefficients as random variables has proven to be rather satisfying. We consider the kind of model proposed by Rao (1965) and extended by Swamy (1971), who also gives some applications.

The main interest of this paper lies on the estimation of the mean value parameter that's to say on the expected values of the random regression coefficients. Several estimation procedures are treated, especially a proposal due to Schach (1982). Schach's estimator is extended to a two-stage procedure which turns out to be unbiased and weakly consistent under mild assumptions.

2. The Model and Some Estimators

Assume that we observe for each cross sectional unit i a vector y_i which represents the development of some target variable over time. Then Swamy (1971) considered the following model

$$y_i = X_i \, b_i + u_i \qquad i = 1,2,\ldots,n \; .$$

Where X_i denotes a non-stochastic (full rank) design matrix of order m_i xp, $m_i \geq p$, $\Sigma\, m_i > n \cdot p$ for the i-th unit, b_i a vector of regression coefficients of dimen-

Operations Research Proceedings 1982

sion p, and u_i represents a disturbance vector with scalar covariance matrix, u_i,u_j being independent for $i \neq j$. To model the heterogeneity among the units it is assumed that the b_i's are random drawing (independent of the disturbances) from some p-dimensional distribution with mean β, and covariance matrix Λ (in short notation: $b_i \sim (\beta,\Lambda)$).

Models of this kind are often called random coefficients regression (RCR) models. We can write the model more compactly (in obvious matrix notation) as

$$\begin{bmatrix} y_1 \\ y_2 \\ \cdot \\ \cdot \\ \cdot \\ \cdot \\ \cdot \\ y_n \end{bmatrix} = \begin{bmatrix} X_1 & & & \\ & X_2 & & \\ & & \ddots & \\ & & & X_n \end{bmatrix} \begin{bmatrix} b_1 \\ \cdot \\ \cdot \\ \cdot \\ b_n \end{bmatrix} + \begin{bmatrix} u_1 \\ u_2 \\ \cdot \\ \cdot \\ \cdot \\ \cdot \\ \cdot \\ u_n \end{bmatrix} \tag{1}$$

where

$$y_i \in \mathbb{R}^{m_i}, \quad X_i \in \mathbb{R}^{m_i \times p} \quad \text{(of rank p)}$$
$$b_i \sim (\beta,\Lambda), \; u_i \sim (0,\sigma^2 \cdot I_{m_i})$$

b_i's and u_j's are independently distributed.

In practical applications, both the mean value parameters $\beta \in \mathbb{R}^p$ and the covariance parameters $\Lambda \in PSD(\mathbb{R}^p)$, $\sigma^2 > 0$ are unknown (here $PSD(\mathbb{R}^p)$ means the space of positive semidefinite symmetric matrices of order p). In this paper - as has already been said - the main interest lies on the estimation of the mean value parameter β.

If we separate the deterministic and the stochastic parts in (1) we end up with a general linear model of the form

$$\begin{aligned} y &= X\beta + v \\ y &= (y_1',\ldots,y_n')', \; X = (X_1',X_2',\ldots,X_n')', \\ v &= (v_1',\ldots,v_n')' \end{aligned} \tag{2}$$

where $v_i = u_i + X_i(b_i - \beta)$, hence

$$v = (v_1',v_2',\ldots,v_n')' \sim (0,\text{diag}(X_1 \Lambda X_1' + \sigma^2 I, X_2 \Lambda X_2' + \sigma^2 I,\ldots,X_n \Lambda X_n' + \sigma^2 I).$$

If Λ and σ^2 were known (up to a common factor), the best linear unbiased estimator $\hat{\beta}$ for β may be expressed as a matrix-weighted sum of the individual OLS estimators of the i-th unit $\hat{\beta}_i = (X_i' X_i)^{-1} X_i' y_i$ via

$$\hat{\beta} = \sum_{i=1}^{n} W_i(\Lambda,\sigma^2)\, \hat{\beta}_i$$

where the weights

$$W_i(\Lambda,\sigma^2) = \left[\sum_{j=1}^{n} (\Lambda + \sigma^2(X_j' X_j)^{-1})^{-1}\right]^{-1} \left(\Lambda + \sigma^2(X_i' X_i)^{-1}\right)^{-1} \tag{3}$$

sum up to unity

$$\sum_{i=1}^{n} W_i(\Lambda,\sigma^2) = I \ . \tag{4}$$

(cf. Swamy(1971)).

$\hat{\beta}$ is just the Aitken estimator under our particular covariance matrix $\Sigma = \text{diag}\ (X_1 \Lambda X_1' + \sigma^2 I,\ X_2 \Lambda X_2' + \sigma^2 I, \ldots, X_n \Lambda X_n' + \sigma^2 I)$. The OLS estimator is of course $\hat{\beta}_{OLS} = \frac{1}{n} \sum_{i=1}^{n} \hat{\beta}_i$, if $X_i = X_1$ for all $i = 2,\ldots,n$; then it may be seen from (3) that the Aitken estimator and the OLS estimator are identical. This is the special case Rao (1965) treated: His approach is designed for experimental situation, where, for example, all the units are measured at the same time. Swamy's extension to the case of not necessarily equal X_i's allows the application of this kind of models also for observational studies where several units have been measured at different time points.

Since, however, Λ and σ^2 are unknown in practice, it seems to be reasonable to estimate them from the data by some estimators $\hat{\Lambda}, \hat{\sigma}^2$ say, and then compute the feasible (or two-stage) generalized least squares estimator

$$\tilde{\beta} = \sum_{i=1}^{n} W_i(\hat{\Lambda},\hat{\sigma}^2)\, \hat{\beta}_i \ . \tag{5}$$

If we assume a multivariate normal distribution for the random vector y, the maximum likelihood principle may be applied to obtain estimators $\hat{\Lambda}_{ML}, \hat{\sigma}^2_{ML}$ for the covariance parameters, cf. Swamy (1971), pp. 112-113, for a derivation of the first order likelihood equations. Of course, then

$$\hat{\beta}_{ML} = \sum_{i=1}^{n} W_i(\hat{\Lambda}_{ML},\hat{\sigma}^2_{ML})\, \hat{\beta}_i \tag{6}$$

is a maximum likelihood (ML) estimator for β.

3. Unbiasedness Results and Schach's Estimators

For studying the bias of $\hat{\beta}_{ML}$ and other similar estimators for β, the following Lemma which we cite without proof from Jöckel (1982), turns out to be extremely useful. The idea for the proof steps back to an argument used by Kakwani (1967).

Lemma: Consider a general linear model $y = X\beta + u$ where the distribution of the disturbance vector is symmetrical about 0. An estimator b for β fullfilling

(i) $b(y) = - b(-y)$ for all y
(ii) $b(y + X\beta) = b(y) + \beta$ for all β

is symmetrically distributed about β. Hence $E_\beta b = \beta$ if the expectation exists.

The symmetrical distribution holds e.g. if y comes from a multivariate normal distribution. Although all the results proven in this paper concerning unbiasedness remain valid for symmetric distribution of v about 0 in our model (2), we shall restrict ourselves (for notational convenience) by making the following assumption (for the rest of paragraph 3)

(N) The vector $y = (y_1', \ldots, y_n')'$ is multivariate normally distributed.

From the Lemma above we get the following

Proposition: In an RCR model as described in (2) let $\hat{\Lambda}, \hat{\sigma}^2$ be estimators for Λ and σ^2, fullfilling the following invariance property

(I) $\hat{\Sigma}(y) = \hat{\Sigma}(-y)$ and $\hat{\Sigma}(y + X\beta) = \hat{\Sigma}(y)$ for all y, β .

Then the estimator $\tilde{\beta} = \sum_{i=1}^{n} W_i(\hat{\Lambda}, \hat{\sigma}^2)\, \hat{\beta}_i$ is symmetrically distributed about β.

If $\hat{\Lambda} \in PSD(\mathbb{R}^p)$, $\sigma^2 > 0$, with probability 1, then $\tilde{\beta}$ is unbiased. The proof is a direct consequence of the Lemma. Requiring $\hat{\Lambda} \in PSD(\mathbb{R}^p)$, $\hat{\sigma}^2 > 0$ seems to be natural. It guarantees that $W_i(\hat{\Lambda}, \hat{\sigma}^2) \in PD(\mathbb{R}^p)$ and thus the existence of $E\,\tilde{\beta}$ in view of (4).

Since it is always possible to construct ML estimators such that (I) in the Proposition is fullfilled, we have the

Corollary 1: If the ML estimators $\hat{\Lambda}_{ML}, \hat{\sigma}^2_{ML}$ are uniquely defined s. th. (I) holds then the ML estimator $\hat{\beta}_{ML}$ for β, see (6), is unbiased.

Since, however, the maximization of the likelihood is numerically cumbersome, we adapt a proposal due to Schach (1982) and estimate β by a scalar weighted sum of the OLS-estimates $\hat{\beta}_i$:

$$\hat{\beta}_c = \sum_{i=1}^{n} c_i \hat{\beta}_i , \quad \sum_{i=1}^{n} c_i = 1 , \quad c_i \geq 0 , \quad c = (c_1,\ldots,c_n)' \quad . \tag{7}$$

The corresponding unbiased estimators for Λ,σ^2 are

$$\hat{\sigma}^2 = \frac{1}{\sum_{i=1}^{n}(m_i-p)} \sum_{i=1}^{n} y_i'(I - X_i(X_i' X_i)^{-1} X_i')y_i$$

$$\hat{\Lambda}_c = \frac{1}{\sum_{i=1}^{n} c_i(1-c_i)} \left[\sum_{i=1}^{n} c_i(\hat{\beta}_i \hat{\beta}_i' - \hat{\beta}_c \hat{\beta}_c') - \hat{\sigma}^2 \sum_{i=1}^{n} c_i(1 - c_i)(X_i' X_i)^{-1}\right]. \tag{8}$$

The asymptotic properties (for $n \to \infty$) of these estimators (e.g. consistency) have been intensively studied by Schach under mild assumptions. It should be mentioned that $\hat{\Lambda}_c \notin \mathrm{PSD}(\mathbb{R}^p)$ may happen. Then a truncation of $\hat{\Lambda}_c$ may be useful. Of course, the estimators (8), to which we shall refer as Schach's estimators, may be used to construct estimators of the form

$$\tilde{\beta}_c = \sum_{i=1}^{n} W_i(\hat{\Lambda}_c,\hat{\sigma}^2) \hat{\beta}_i \ . \tag{9}$$

For the special case $c = (1/n,\ldots,1/n)'$ this has already been proposed by Swamy (1971). Concerning unbiasedness from the Proposition, we have the following Corollary which also covers a result due to Rao (1982).

Corollary 2: $\tilde{\beta}_c$ defined in (9) is distributed symmetrically about β. If $\hat{\Lambda}_c$ is properly truncated such that $\hat{\Lambda}_c \in \mathrm{PSD}(\mathbb{R}^p)$, then $\tilde{\beta}_c$ is also unbiased.

4. The Two-Stage Procedure

Since the determination of the weights c_i for Schach's estimator $\hat{\beta}_c$ defined in equation (7) is a crucial point, we propose a two-stage procedure that is more sensitive to the data. It should be emphazised that we now drop the normality assumption. The procedure runs as follows:

(S1) At the first stage estimate Λ and σ^2 by some estimator $\hat{\Lambda},\hat{\sigma}^2$ such that tr $\hat{\Lambda} \geq 0$. This may, for example, be done by truncating Schach's estimator for $c = (1/n,\ldots,1/n)'$.

(S2) At the second stage choose the weighting vector $\hat{c}$ such that the trace of the covariance of $\hat{\beta}_{\hat{c}}$ with respect to the estimated covariance parameters from the first stage, is minimal, viz.

$$\operatorname{tr} \operatorname{Cov}_{\hat{\Lambda},\hat{\sigma}^2} \hat{\beta}_{\hat{c}} = \min_{\substack{d \in \mathbb{R}^n \\ 1'd=1, d_i \geq 0}} \operatorname{tr} \operatorname{Cov}_{\hat{\Lambda},\hat{\sigma}^2} \hat{\beta}_d . \tag{10}$$

Here $\operatorname{Cov}_{\Lambda,\sigma^2}(\cdot)$ denotes the covariance w.r.t. the parameters Λ,σ^2. Since

$$\operatorname{tr} \operatorname{Cov}_{\Lambda,\sigma^2} \hat{\beta}_d = \sum_{i=1}^{n} d_i^2 \left(\operatorname{tr} \Lambda + \sigma^2 \operatorname{tr}(X_i' X_i)^{-1}\right)$$

the minimum in (10) is achieved at $\hat{c} = (\hat{c}_1,\ldots,\hat{c}_n)'$ with

$$\hat{c}_i = \frac{\dfrac{1}{\operatorname{tr} \hat{\Lambda} + \hat{\sigma}^2 \operatorname{tr}(X_i' X_i)^{-1}}}{\sum_{j=1}^{n} \dfrac{1}{\operatorname{tr} \hat{\Lambda} + \hat{\sigma}^2 \operatorname{tr}(X_j' X_j)^{-1}}} \tag{11}$$

Using the Proposition, we have

<u>Theorem 1</u>: If $\hat{\Sigma}$ obeys condition (I) and the vector of disturbances v in (2) is distributed symmetrically about 0, then the two-stage estimator $\hat{\beta}_{\hat{c}}$ is an unbiased estimator for β.

The rest of the paper is devoted to the study of the consistency of the two-stage procedure, where we consider the case that the number n of cross-sectional units tends to infinity. To make the dependency on n explicit, we will attach a subscript n to all relevant symbols definied before. Schach (1982) has shown that under

(A1) $||(X_i'X_i)^{-1}|| \leq C < \infty$ for all $i = 1,2,\ldots$

(A2) $\max c_{in} \longrightarrow 0$ as $n \longrightarrow \infty$

$\hat{\beta}_{c_n} \longrightarrow \beta$ in probability as $n \to \infty$.

It is possible to show that a similar result holds for the two-stage procedure.

<u>Theorem 2</u>: Let $\hat{\Lambda}_n, \hat{\sigma}_n$ be a sequence of weakly consistent estimators for Λ,σ^2 used at the first stage. Assume that

(C) $\quad 0 < c \leq tr(X_i' X_i)^{-1} \leq d < \infty \quad$ for all $\; i = 1,2,\ldots$

then the two-stage estimator

$$\hat{\beta}_{\hat{c}_n} = \sum_{i=1}^{n} \hat{c}_{in} \hat{\beta}_i$$

is weakly consistent ($\hat{\beta}_{\hat{c}_n} \to \infty$ in probability as $n \to \infty$) where

$$\hat{c}_{in} = \left(\frac{1}{tr\,\hat{\Lambda}_n + \hat{\sigma}_n^2\, tr(X_i' X_i)^{-1}} \right) \left(\sum_{j=1}^{n} \frac{1}{tr\,\hat{\Lambda}_n + \hat{\sigma}_n^2\, tr(X_j' X_j)^{-1}} \right)^{-1} .$$

Remarks: (1) If we choose $\hat{\Lambda}_n, \hat{\sigma}_n^2$ as a truncated version of Schach's estimators for some suitable fixed sequence of constants $c_n = (c_{1n} \ldots, c_{nn})$ the consistency of $\hat{\Lambda}_n, \hat{\sigma}_n^2$ will be given if the following assumptions are made, see Schach (1982):

(A1) and (A2) $\quad$ (see above)

(A3) $\sum_{i=1}^{n} (m_i - p) \to \infty \quad$ as $n \to \infty$.

(A4) The elements of u and $b = (b_1', \ldots, b_n')'$ have finite fourth moments.

(2) The right hand side inequality of condition (C) is of course equivalent to condition (A1).

References:

Jöckel, K.-H. (1981): Iterierte Aitken-Schätzer. Forschungsbericht Nr. 81/8, Abteilung Statistik der Universität Dortmund, to appear in: ASTA.

Kakwani, N.C. (1967): The unbiasedness of Zellner's seemingly unrelated regression equations estimators. JASA 62, 141-142.

Rao, C.R. (1965): The theory of least squares when the parameters are stochastic and its application to the analysis of growth curves.

Rao, U.L.G. (1982): A note on the unbiasedness of Swamy's estimator for the random coefficient regression model. Journal of Econometrics 18, 395-401.

Schach, S. (1982): An elementary method for the statistical analysis of growth curves, to appear in: Metrika.

Swamy, P.A.V.B. (1971): Statistical inference in random coefficient regression models. Springer-Verlag Berlin, Heidelberg, New York 1971.

MODELLIERUNG UND MESSUNG GLOBALER PHÄNOMENE

Günter Menges, Heidelberg

Summary: Four reasons for the importance of the connection "O. R. and global phenomena" are shown. Then, global studies, mainly those presenting themselves in the form of world models, are sketched as such and according to their main field of research. Basic types of modelling global phenomena are presented: distribution modelling, f-sets-modelling (fuzzy sets), and v-sets-modelling. All three types are characterized according to their applicability and to problems of measuring global phenomena.

Ich betrachte zunächst vier Gründe, die es rechtfertigen, sich mit "O. R. und globalen Phänomenen" zu befassen. (1) Auf der Hamburger IFORS-Tagung 1982 wurden die globalen Probleme expressis verbis in das wissenschaftliche Programm von O. R. aufgenommen. (2) Neuere wissenschaftliche Strömungen rücken von der vordem domininierenden neopositivistischen Orientierung ab. (3) Die globalen Probleme sind drängender geworden. (4) Inzwischen ist ein Anfang gemacht, hauptsächlich in Form von "Global 2000" und den OECD-Studien.

Die prinzipielle Aufgabe besteht darin, globalen Phänomenen Modelle zuzuordnen, die im wesentlichen folgende Eigenschaften aufweisen: Anpassungsfähigkeit an Informationen verschiedenster Art, Aufnahmefähigkeit für Bewertungen von Informationen und Reduzierungen mehrstufiger Bewertungen auf eine Grundstufe.

Es werden drei Modellierungs-Grundtypen betrachtet: Verteilungsmodellierung, f-Mengen-Modellierung (fuzzy sets) und v-Mengen-Modellierung. Eigenschaften und Anwendungseignungen dieser drei Grundtypen werden sodann charakterisiert.

Die Verteilungsmodellierung führt in Verbindung mit dem Modellierungs-Hilfsmittel der konvexen Polyeder zu dem LPI-Konzept von Kofler/Menges und hat in diesem Rahmen eine breite Anwendungspalette.
Die f-Mengen-Modellierung dient hauptsächlich der begrifflichen Bestimmung globaler Phänomene.

Die v-Mengen-Modellierung ist für die empirische Behandlung ungenauer relativer Häufigkeiten oder Gewichtungsschemata, unscharfer Indexbildung oder Zielgewichtungen unmittelbar geeignet.

Operations Research Proceedings 1982

Schließlich werden Meßprobleme behandelt. Begriffliche Unschärfen können durch die f-Mengen-Modellierung bearbeitet werden. Die anfallenden empirischen Informationen liegen meist nur in Form von mangelhaft vergleichbaren statistischen Daten oder sogar nur in Form von verbal vergleichenden Aussagen, vagen Schätzungen oder Plausibilitätsbetrachtungen vor. Die hierfür entwickelten (oder zu entwickelnden) Verarbeitungs- und Lösungalgorithmen passen ohne weiteres auf die Simplex-Modellierung (Verteilungs- und v-Mengen-Modellierung), aber nicht ohne weiteres auf die Kubus-Modellierung (f-Mengen-Modellierung).

Literaturverzeichnis

Brans, J. P. (Hrsg.): Operational Research '81. Proceedings of the Ninth IFORS International Conference on Operational Research (Hamburg, Germany). Amsterdam-New York-Oxford 1981.

Gabor, D., U. Colombo, A. King und R. Galli: Beyond the Age of Waste. Science, Technology and the Management of Natural Resources, Energy Materials, Food. A Report to the Club of Rome. Oxford 1976.

Global Future: Time to Act. Report to the President on Global Resources, Environment, and Population. Hrsg.: Council on Environmental Quality und US-Department of State. Washington, D. C., 1981.

The Global 2000 Report to the President. Hrsg.: Council on Environmental Quality und US-Department of State. (Leitung: G. O. Barney.) Washington, D. C., 1980.

Huschens, S. und G. Menges: Multivalente Gewichtungen. In: Beckmann, M. et al. (Hrsg.): Mathematische Systeme in der Ökonomie. Festschrift für R. Henn. Königstein/Ts. 1982 (im Druck).

Kofler, E. und G. Menges: Entscheidungen bei unvollständiger Information. Berlin-Heidelberg-New York 1976.

Meadows, D., D. Meadows, E. Zahn und P. Milling: The Limits to Growth. Washington 1972.

Menges, G.: Grundfragen der internationalen Statistik. Allgemeines Statistisches Archiv, 65 (1981), S. 1 - 23.

Menges, G.: Über einige Aspekte globaler gesellschaftlicher Probleme. Erster Teil: Die Ausgangssituation. Statistische Hefte, 23 (1982), S. 84 - 105.

Mesarović, M. und E. Pestel: Mankind at the Turning Point. New York 1974.

North-South: A Programme for Survival. The Report of the Independent Commission on International Development Issues. (Leitung: W. Brandt) London-Sidney 1980.

Organisation for Economic Co-operation and Development: List of social concerns common to most OECD countries. (The OECD Social Indicator Development Programme 1) Paris 1973.

Organisation for Economic Co-operation and Development: Interfutures. Facing the Future. Mastering the Probable and Managing the Unpredictable. Paris 1979.

Tinbergen, J. (Hrsg.): Reshaping the International Order. Amsterdam 1976.

World Bank: World Development Report 1978, 1979, 1980, 1981. Washington D.C., 1978, 1979, 1980, 1981.

ZUM OPTIMALEN STICHPROBENUMFANG BEI DER STICHPROBENINVENTUR

W. BÜHLER, DORTMUND

Summary: One of the main problems in estimating the value of an inventory by sampling techniques concerns the size of the sample. Sample size depends on two decision parameters: the required precision of the estimator and the required accuracy in approximating the unknown distribution function of the estimator by a cumulative normal distribution. It is shown how the minimum sample size can be determined by jointly varying the accuracy of approximation and the confidence probability.

Problemstellung:

Der Stichprobenumfang bei der Stichprobeninventur ist in der Weise festzulegen, daß

$$W_n\left(\frac{|\tilde{Y}_n - Y|}{\sigma_n} \leq \frac{e_r Y}{\sigma_n}\right) \geq p \qquad (*)$$

gilt. Hierbei bezeichnen

- p die vorgegebene Aussagewahrscheinlichkeit,
- e_r den vorgegebenen relativen Stichprobenfehler bezogen auf den Wert des Teilaufnahmebereichs,
- Y den unbekannten Inventurwert des Teilaufnahmebereichs,
- $\tilde{Y}_n$ den Schätzer für Y,
- n den Stichprobenumfang,
- σ_n die Standardabweichung von Y_n und
- W_n die unbekannte exakte Wahrscheinlichkeitsverteilung von $(\tilde{Y}_n-Y)/\sigma_n$.

Der Schätzer $\tilde{Y}_n$ hängt vom Stichprobenumfang, von der Art der Hochrechnung und der Zufallsauswahl ab. $\tilde{Y}_n$ ist im Falle der freien Hochrechnung sowie unter schwachen Voraussetzungen bei der Differenzen- und kombinierten Verhältnisschätzung näherungsweise normalverteilt. Regelmäßig wird deshalb in (*) W_n durch die Standardnormalverteilung Φ ersetzt und der erforderliche Stichprobenumfang $\bar{n}$ mit Hilfe dieser Näherungsverteilung ermittelt. Auf diese Weise kann allerdings nicht sichergestellt werden, daß der Schätzer $\tilde{Y}_{\bar{n}}$ die gewünschten Genauigkeitseigenschaften besitzt. Gegenstand der Untersuchung ist die Frage, wie der Stichprobenumfang zu wählen ist, damit (*) erfüllt wird.

Vorgehensweise und Ergebnisse:

● Der optimale Stichprobenumfang bei vorgegebener Art der Hochrechnung und Zufallsauswahl hängt ab von der geforderten Güte mit der W_n durch Φ approximiert werden soll und von der Aussagewahrscheinlichkeit $\bar{p}$, für die ein Vertrauensintervall mit Hilfe von Φ ermittelt wird. Durch die Approximationsgüte wird der Mindeststichprobenumfang, durch $\bar{p}$ und die gefordertete Länge des Vertrauensintervalls der erforderliche Stich-

Operations Research Proceedings 1982

probenumfang festgelegt. Der Stichprobenumfang ergibt sich dann als Maximum dieser beiden Stichprobenumfänge.

- Approximationsgüte und Aussagewahrscheinlichkeit $\bar{p}$ werden so abgestimmt, daß das $\bar{p}$-Vertrauensintervall bzgl. Φ zugleich ein p-Vertrauensintervall bzgl. W_n darstellt. Hierbei wird ausgenutzt, daß die Anforderungen an die Approximationsgüte und an die Aussagewahrscheinlichkeit gegenläufige Auswirkungen auf den Stichprobenumfang besitzen: Je größer $\bar{p}$ ist, desto geringer kann die Approximationsgröße gewählt werden und umgekehrt. Zu ermitteln ist diejenige Approximationsgüte, für die der Stichprobenumfang minimal wird (optimaler Stichprobenumfang).

- Der optimale Stichprobenumfang ergibt sich als Lösung eines max-min Problems, das auf die Bestimmung des Schnittpunktes zweier nichtlinearer Funktionen zurückgeführt werden kann.

- Die optimale Approximationsgüte und der optimale Stichprobenumfang werden für die gesamten praktisch relevanten Bereiche ermittelt, in denen Schiefe und Variationskoeffizient der Grundgesamt liegen können. Es zeigt sich, daß für typische Läger der Praxis ein $\bar{p}$-Vertrauensintervall bzgl. Φ mit $\bar{p}$ = 0,965, für sehr ungünstig strukturierte Läger die Wahl $\bar{p}$ = 0,987 in erster Näherung zu einem 0,95-Vertrauensintervall bzgl. W_n führt.

- Die Auswirkungen einer Fehlschätzung der Präsumptivwerte auf den optimalen Stichprobenumfang lassen sich leicht abschätzen.

Literatur:

Ausschuß für wirtschaftliche Verwaltung in Wirtschaft und öffentlicher Hand e.V.: Stichprobenverfahren zur Inventur buchmäßig geführter Vorräte im Lagerbereich, Frankfurt 1979

Cochran, W.G.: Stichprobenverfahren, Berlin 1972

Feller, W.: An Introduction to Probability Theory and its Applications, Vol. II, 2. Aufl., J. Wiley & Sons, New York 1966, Kapitel 16

Institut der Wirtschaftsprüfer: Stichprobenverfahren für die Vorratsinventur zum Jahresabschluß, Die Wirtschaftsprüfung, Jg. 34, 1981, S. 479 - 491

Scherrer, G. und Obermeier, I.: Stichprobeninventur, München 1981

Steinecke, V. und Weinrich, G.: Arbeitsthesen zur Stichprobeninventur, Die Wirtschaftsprüfung, Jg. 32, 1979, S. 653 - 664

An Approximate Procedure for Simultaneous Stratification and Allocation of Finite Populations

Andreas Drexl, Hamburg

Zusammenfassung. In der Statistik kann das Problem der Varianzminimierung einer geschichteten Stichprobe als simultanes Optimierungsproblem über die Schichtgrenzen und Stichprobenumfänge formuliert werden. Wir entwickeln in diesem Beitrag ein heuristisches Verfahren zur näherungsweise optimalen Lösung des Problems für diskrete Grundgesamtheiten. Das Verfahren liefert für das Beispiel von Strecker Lösungen, die in einigen Fällen besser sind als die bisher bekannten Ergebnisse.

Summary. In statistics the problem of minimizing the variance of a stratified sample can be formulated in a simultaneous way being a stratification and an allocation problem. We develop a heuristic procedure to solve the problems for discrete density functions approximately. For the example of Strecker the procedure provides results which in some cases are better than the solutions known so far.

1. Introduction

After a short introduction we formulate in part two of this article a well-known optimization problem for simultaneous (the contrary of successive) stratification and allocation. In part three we describe a procedure (we call it shift procedure) for solving this optimization problem for discrete density functions. Computational results concerning an example from literature will be reported in part four.

The variance of the stratified mean of a random variable can be reduced essentially by dividing the axis of the characteristic into strata and allocating the sample size to these strata. Comparing random sampling (without stratification) with stratified sampling, the latter method produces a more precise estimate with the same sample size. Analogously, the sample size can be reduced by stratification and allocation keeping the same precision of the estimate. In both cases stratification and allocation problems are to be solved.

There has grown up a lot of economic problems, which are interesting in the context of stratified sampling especially from the application viewpoint. The following examples are used by Dalenius (1957, p. 185): The yearly survey of acreages, the quarterly survey of retail turnover and the income statistics. Further examples in agricultural statistics are reported in Wirth/Vestner (1956) as well as Strecker (1957). Applications of stratified sampling in the industrial and the craftsman sector can be found in a publication of the "Statistisches Bundesamt" (1960).

Operations Research Proceedings 1982

Especially since the legalization of the stocktaking by a sample in 1976 there has come into being a wide field of application for stratified surveys in Germany (see for instance Scherrer/Obermeier (1981)).

2. Formulation of the optimization problem

Let us introduce now some notations. The random variable X is distributed discrete over [a,b] ($a < b$) with $f_{lr}(a_{lr})$ being absolute frequencies (values of characteristics or items) and m_l being the number of discrete items in stratum l ($r = 1(1)m_l$, $l = 1(1)L$). We denote the number of strata with L, the strata boundaries with x_l ($l = 0(1)L$; $x_o := a$, $x_L := b$), the sample size in stratum l with n_l ($l = 1(1)L$) and the number of units of stratum l with $N_l(x_{l-1},x_l)$ ($l = 1(1)L$).

With these definitions we obtain the whole of the population

$N = \sum_{l=1}^{L} N_l(x_{l-1},x_l)$, the sample size $n = \sum_{l=1}^{L} n_l$ and $m = \sum_{l=1}^{L} m_l$.

Now we can introduce for discrete populations the stratum weight p_l, the mean μ_l and the variance σ_l^2 in stratum l as follows:

$$p_l(x_{l-1},x_l) = \frac{1}{N_l(x_{l-1},x_l)} \sum_{r=1}^{m_l} f_{lr} \tag{2.1}$$

$$\mu_l(x_{l-1},x_l) = \frac{1}{N_l(x_{l-1},x_l)} \sum_{r=1}^{m_l} a_{lr} f_{lr} \tag{2.2}$$

$$\sigma_l^2(x_{l-1},x_l) = \frac{1}{N_l(x_{l-1},x_l)} \sum_{r=1}^{m_l} (a_{lr} - \mu_l(x_{l-1},x_l))^2 f_{lr} \tag{2.3}$$

In the following we omit the strata boundaries x_{l-1} and x_l as arguments of N_l, p_l, μ_l and σ_l^2 for simplification. Furthermore we use the vector $\tilde{x} = (x_o,x_1,\dots,x_L)$ for denoting the strata boundaries and the vector $\tilde{n} = (n_1,n_2,\dots,n_L)$ for denoting the sample units of the strata.

With stratified sampling we try (as mentioned in the introduction) either to obtain the most reliable result with the same sample size or to reduce sample size with the same precision of the results. The first objective may be formulated as a mathematical optimization problem using the variance of the stratified mean.

As constraints regarding the strata boundaries $\tilde{x} = (x_o,x_1,\dots,x_L)$ and the sample units $\tilde{n} = (n_1,\dots,n_L)$ (2.4) till (2.7) have to be observed:

$$a =: x_o \le x_1 \le \dots \le x_l \le \dots \le x_{L-1} \le x_L := b \tag{2.4}$$

$$\left.\begin{array}{ll} 1 \le n_l \le N_l & (2.5) \\ n_l \text{ integer} & (2.6) \end{array}\right\} \quad l = 1(1)L$$

$$\sum_{l=1}^{L} n_l = n \tag{2.7}$$

Now we can formulate the optimization problem (2.8) for sampling without replacement resp. for discrete density functions in order to minimize the variance of the stratified mean $\bar{x}$:

$$\min_{\tilde{x},\tilde{n}} \left\{ \sum_{l=1}^{L} p_l^2 \frac{\sigma_l^2}{n_l} \frac{N_l - n_l}{N_l - 1} \;\middle|\; (2.4) - (2.7) \right\} \tag{2.8}$$

Since the work of Bühler and Deutler (1975) it is well-known that the discrete non-linear optimization problem (2.8) can be solved to optimality by dynamic programming. Due to numerical problems (time as well as storage requirements - see for instance Drexl (1982)) it is, however, impossible to determine the optimal solutions using this method almost for small problems. Nevertheless there is as far as we know - except for the suggestion of Schneeberger (1971) - no heuristic procedure, with which (2.8) could be solved approximately. We now describe a simple heuristic procedure (called shift procedure) suitable for solving (2.8) for discrete items.

3. The shift procedure

In principle the procedure optimizes simultaneously over $\tilde{x}$ and $\tilde{n}$. This is due to the fact that parallel to the determination of x_l n_l and n_{l+1} are calculated as well. However, it contains also a successive component. Proceeding gradually we change on the one hand the stratum boundary x_l current under investigation and "adapt" on the other hand the sample sizes n_l and n_{l+1} of the strata l and l+1 directly touched upon x_l. That means that we calculate for each x_l' out of the feasible region (limited by the parameter β $(0 \le \beta \le 1)$) $x_{l-1} + (1-\beta)(x_l - x_{l-1}) \le x_l' \le x_l + \beta (x_{l+1} - x_l)$ the sample sizes n_l' and n_{l+1}' corresponding to the proportionality $n_j' \sim p_j \sigma_j$ (underlying the Neyman-allocation) as follows:

$$n_j' := \frac{CN}{\sum_{i=l}^{l+1} p_i \sigma_i} \, p_j \sigma_j, \quad j = l, l+1. \tag{3.1}$$

CN is equal to $\sum_{i=l}^{l+1} n_i$, thus equal to the portion of n belonging to the strata l and l+1. Of course we have to observe n_j' according to (3.1) to fulfill the restriction $1 \le n_j' \le N_j$.

Concerning (3.1) we can see, that during the procedure the vector $\tilde{n}$ is calculated according to the formula of Neyman. At the beginning of the procedure we calculate (for a known vector $\tilde{x}$, see (3.3), (3.4), (3.5)) for all $i \in I \subset \{1,2,\dots,L\}$ with $n_i < 1$ and $j \in J \subset \{1,2,\dots,L\}$ with $n_j > N_j$ a feasible vector $\tilde{n}$ as follows (compared with (3.1) we consider also the finite population correction):

$$\left.\begin{aligned} & n_i = 1 \quad \text{for } i \in I, \\ & n_j = N_j \quad \text{for } j \in J \text{ and} \\ & n_l = \frac{p_l \sigma_l \sqrt{\frac{N_l}{N_l - 1}}}{\sum\limits_{h \notin I \cup J} p_h \sigma_h \sqrt{\frac{N_h}{N_h - 1}}} \left(n - \sum_{h \in I \cup J} n_h\right) \quad \text{for } l \notin I \cup J \end{aligned}\right\} \qquad (3.2)$$

The procedure requires a feasible vector $\tilde{x}$ to be known. By using more than one vector $\tilde{x}$ and improving them with the shift procedure it is more likely to obtain a fairly small objective function value. Therefore, we determine three feasible vectors $\tilde{x}^i$ $(i = 1(1)3)$ as follows: In each case the item a_j with the smallest index j becomes the l-th stratum boundary x_l^i in the vector $\tilde{x}^i$, for which (3.3) (i=1), (3.4) (i=2) and (3.5) (i=3) are just satisfied:

$$\sum_{r=1}^{j} a_r f_r \geq \frac{1}{L} \sum_{\nu=1}^{m} a_\nu f_\nu \qquad (3.3)$$

$$\sum_{r=1}^{j} a_r f_r \geq \frac{\sum\limits_{k=1}^{l} k}{\frac{(L+1)L}{2}} \sum_{\nu=1}^{m} a_\nu f_\nu \qquad l = 1(1)L-1 \qquad (3.4)$$

$$\sum_{r=1}^{j} a_r f_r \geq \frac{\sum\limits_{k=1}^{l} (L+1-k)}{\frac{(L+1)L}{2}} \sum_{\nu=1}^{m} a_\nu f_\nu \qquad (3.5)$$

While the strata formed according to (3.3) contain a constant portion of $\sum_{\nu=1}^{m} a_\nu f_\nu$, the strata formed according to (3.4) resp. (3.5) tend towards "left" resp. "right" on the axis of the characteristic (in comparison with (3.3)). In the discrete case $\tilde{x}$ is feasible, when the strata defined by $\tilde{x}$ contain at least one item.

An algorithmic description of the heuristic procedure for approximately determining $\tilde{x}$ and $\tilde{n}$ with fixed L can be given as follows. Since the description is independent of the question which $\tilde{x}^i$ $(i = 1(1)3)$ to improve, we can do it without the superscript i. With $Z(\tilde{x},\tilde{n})$ we denote the objective function value of (2.8).

<u>Shift procedure:</u>

(1) Determine $\tilde{x} = (x_0, \ldots, x_{l-1}, x_l, x_{l+1}, \ldots, x_L)$ according to (3.3) (resp. (3.4) or (3.5)) as well as $\tilde{n}$ according to (3.2);
$\bar{Z} := Z(\tilde{x},\tilde{n})$.

(2) $l := 0$; $v := 0$.

(3) $l := l+1$; $CN := \sum_{i=1}^{l+1} n_i$;

determine $(x_l^*, n_l^*, n_{l+1}^*)$ such that $Z^* := Z(x_o,\dots,x_l^*,\dots,x_L;n_1,\dots,n_l^*,n_{l+1}^*,\dots,n_L) =$

$\min \{Z(x_o,\dots,x_l',\dots,x_L;n_1,\dots,n_l',n_{l+1}',\dots,n_L) \mid$

$x_{l-1} + (1-\beta)(x_l - x_{l-1}) \le x_l' \le x_l + \beta(x_{l+1} - x_l);$

$n_j' := \min \{N_j;\ \max \{1;\ n_j \text{ according to (3.1)}\}\} \quad , \quad j = l, l+1\};$

if $Z^* < \bar{Z}$ set $\bar{Z} := Z^*$, $x_l := x_l'$, $n_j := n_j'$ $(j=l,l+1)$ and $v := 1$;

if $l < L-1$, go to (3).

(4) If $v > 0$, go to (2).

(5) Stop.

The numerical expense for the calculation of the minimum in step (3) depends mainly on the determination of the variance. Using the displacement theorem for the variance calculation we are able to minimize this expense.

4. Computational results

In the following we report some numerical results, which we obtained using the shift procedure of part three for the solution of the optimization problem (2.8).
Due to numerical results not reported here in detail, we set the parameter $\beta = 0,75$ in order to reach good solutions in a minimal amount of time.

An important characteristic for the judgement of the quality of a stratified sample is the effect of stratification η. We calculate η for vectors $\tilde{x}$ and $\tilde{n}$ as follows:

$$\eta = \frac{\sum_{l=1}^{L} p_l^2 \frac{\sigma_l^2}{n_l} \frac{N_l - n_l}{N_l - 1}}{\frac{\sigma^2}{n} \frac{N-n}{N-1}} \tag{4.1}$$

The following example (see also Bühler/Deutler (1975), Stange (1960), (1961) and Strecker (1957, p. 84)) is concerned with an application of optimal stratification and allocation in agricultural statistics. Figure 1 below gives the values of the items a_r and the relative frequencies h_r. a_r corresponds to the number of broodsows in specified sample areas.
The numerical results which we obtained using a UNIVAC 1100/80 are given in table 1. x_l again denotes the stratum boundary of stratum l; x_l is w.l.o.g. assumed to be an element of $\{a_r + 0.5;\ r = 0,\dots,59\}$. n_l is equal to the number of sample units which have to be chosen from stratum l. The sample to be considered consists of n = 1200 units. In some cases n = 1200 had to be secured by rounding up the non integer values n_l. $q = n/N$ denotes the sampling ratio. A starred number n_l shows that it is $n_l = N_l$.

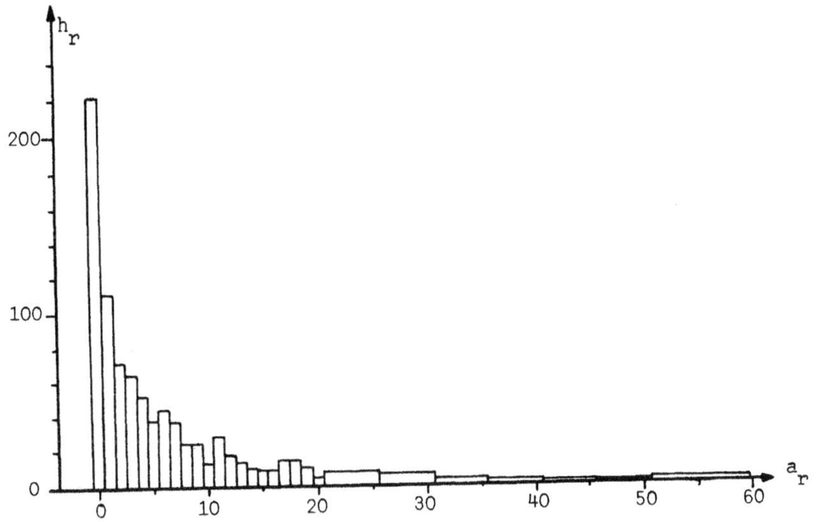

Figure 1

In the "η-column" the numbers (1), (2), (3) show, whether the given solution has been calculated using (3.3) → (1), (3.4) → (2) or (3.5) → (3) for generating a vector $\tilde{x}$.

In order to make the results, which we obtained with our procedure, comparable to those presented in Bühler/Deutler (1975), in the column labelled "B & D" the effects of stratification η for the vectors $\tilde{x}$, $\tilde{n}$ calculated by Bühler and Deutler are given. The values of the B & D column could not be taken from Bühler/Deutler (1975, p. 173 f.), because B & D did not calculate the denominator of (4.1) correctly.

Table 1 contains only the results for the cases, in which our procedure produced a better result than those presented in B & D. In the cases not reported here our procedure provided the same or a higher effect of stratification η.

However, we have to take into account that the populations used by B & D as well as in this paper are not exactly the same. This is due to the fact that we (in contrary to B & D) rounded off the real-valued absolute cumulative frequencies (obtained by multiplying h_r with N) to integer values. So we obtained N = 24000, 12000, 6000 resp. 4000 instead of N = 23999.28, 11999.64, 5999.82 resp. 3999.88.

L	q	x_1 n_1	x_2 n_2	x_3 n_3	x_4 n_4	x_5 n_5	n_6	η	B & D	t
3	0.1	5.5 292	20.5 389	519				0.08316 (2)	0.08441	0.00
	0.3	3.5 151	13.5 245	804				0.04088 (3)	0.04112	0.01
4	0.2	2.5 117	9.5 230	21.5 227	626			0.03289 (2)	0.03339	0.09
	0.3	2.5 114	7.5 148	15.5 134	804*			0.01766 (2)	0.01816	0.24
6	0.2	1.5 70	4.5 92	8.5 101	14.5 108	24.5 172	657*	0.01176 (3)	0.01349	0.36

Table 1: Results for the example of figure 1 (t = time in seconds)

References

(1) Bühler, W.; Deutler, T.: Optimal stratification and grouping by dynamic programming. Metrika 22 (1975), p. 161 - 175.

(2) Dalenius, T.: Sampling in Sweden; Contributions to the methods and theories of sample survey practice. Almquist & Wicksell, Stockholm 1957.

(3) Drexl, A.: Geschichtete Stichprobenverfahren - Optimierung der Schichtgrenzen und Stichprobenumfänge. Hain, Meisenheim/Glan 1982.

(4) Scherrer, G.; Obermeier, I.: Stichprobeninventur. Vahlen, München 1981.

(5) Schneeberger, H.: Optimierung in der Stichprobentheorie durch Schichtung und Aufteilung. Unternehmensforschung 15 (1971), p. 240 - 253.

(6) Stange, K.: Die zeichnerische Ermittlung der besten Schichtung einer Gesamtheit (bei proportionaler Aufteilung der Probe) mit Hilfe der Lorenzkurve. Unternehmensforschung 4 (1960), p. 156 - 163.

(7) Stange, K.: Die beste Schichtung einer Gesamtheit bei optimaler Aufteilung der Probe. Unternehmensforschung 5 (1961), p. 15 - 31.

(8) Statistisches Bundesamt (Ed.): Stichproben in der amtlichen Statistik, Stuttgart - Mainz 1960.

(9) Strecker, H.: Moderne Methoden in der Agrarstatistik. Physica-Verlag, Würzburg 1957.

(10) Wirth, H.; Vestner, E.: Die repräsentative Bodennutzungserhebung in Baden-Württemberg. Allg. Stat. Archiv (1956), p. 140 - 153.

Planung und Zwischenauswertung einer permanenten Inventur mit Stichproben

Barbara Rode, Ingo Strauss, Mannheim

1. Anforderung

In einem Lager für Fertigwaren und in einem Lager für Roh-,Hilfs- und Betriebsstoffe eines Geschäftsbereiches für elektrotechnische Serienerzeugnisse wird die bislang angewandte Stichtagsinventur (1) mit Stichproben umgestellt auf permanente Inventur mit Stichproben. Der durch die Stichprobenaufnahme bedingte Produktionsausfall wird reduziert, wenn diese Aufnahme auf einen grösseren Zeitraum verteilt wird. Die Lagerbuchführung geschieht mit einer EDV-Anlage. Der Gesamtwert wird für jedes Lager getrennt geschätzt.

2. Abgrenzung und Unterteilung der statistischen Grundgesamtheit

Für beide Lager begann die Inventur zum Zeitpunkt t=a und endet am Bilanzstichtag t=e. Während der gesamten Zeit ist jede Lagerposition durch eine eindeutige Identnummer gekennzeichnet. Ihr wird genau ein Element der statistischen Grundgesamtheit G(t) zugeordnet. Diese enthält N(t) Elemente zum Zeitpunkt t ($a \leq t \leq e$) und jedes von ihnen besitzt die Merkmalsausprägung ($i \in G$)

x_i wahrer, aber unbekannter Wert der zugeordneten Position

y_i bekannter Buchwert.

Bei einer körperlichen Überprüfung werden die Buchwerte y durch die festgestellten Werte x ersetzt.

Mit Hilfe der Buchbestände wird zu Beginn der Inventur (t=a) eine Schichteinteilung der aktuellen Grundgesamtheit vorgenommen. Positionen mit Buchwert Null werden zusammengefasst:

$$GO(a) := \{ i: i \in G(a), y_i = 0 \}.$$

Für die weitere Einteilung werden die Positionen nach Werten geordnet:

Operations Research Proceedings 1982

$$G1(a) := \{ i: i \in G(a), \sum_{G1(a)} y_i \leq 0.4 \sum_{G(a)} y_i , 0 < y_i < y_{i+1} \}$$

G2(a) umfasst die restlichen Positionen von G(a) einschliesslich solcher, deren Buchwerte als fehlerhaft erkannt wurden.

Zum Zeitpunkt t=c ($c<e$) werden zur Kontrolle G0,G1,G2 neu bestimmt und diejenigen Positionen zu einer neuen Schicht G3(c) zusammengefasst, die erst nach t=a entstanden sind.

3. Stichprobe und Schätzverfahren

Mit den Daten einer Zufallsstichprobe s wird eine Differenzenschätzung bei Schichtung durchgeführt. G2(e) wird voll aufgenommen. Die restliche Stichprobe wird proportional auf die Schichten G0 und G1 aufgeteilt und die Aufnahme monatlich unterteilt. Der Umfang der Stichprobe ist mit der Schichteinteilung in t=e durch Vorgabe des relativen Fehlers rfe des Schätzwertes bzgl. des wahren Wertes und des Sicherheitsgrades der statistischen Aussage festgelegt.

Im Unterschied zur Stichtagsinventur muss in einem zu beachtenden zeitlichen Abstand zum Bilanzstichtag eine vorläufige Stichprobe ermittelt werden. In t=a bzw. in t=c werden G(a) bzw. G(c) als Näherungen für G(e) verwendet. Ausserdem wird eine Korrelation zwischen x und y von 0.94 angenommen (3,S.20).

In t=c können bereits Stichprobenwerte zur Berechnung des aktuellen Stichprobenumfanges herangezogen werden. Eine erneute, proportionale Aufteilung wird über alle Schichten G0 bis G3 vorgenommen und ggf. durch Nachziehen realisiert.

Für die Hochrechnung in t=e werden Positionen aus $s \cap (G2(a) \setminus G2(e))$ nicht verwendet. Aus G0(e) werden solche Positionen entfernt, deren Buchwert sich nicht verändert hat (2,S.25).

4. Literaturverzeichnis

1 Chr.Poetsch, U.Tiemeier; Aus der Praxis der Stichprobeninventur in einem Industrieunternehmen; OR Spektrum 3; S.101-115 (1981)

2 H.Stenger; praktische Anwendungen von Stichprobenverfahren (Göttingen, Vandenhoeck&Ruprecht, 1980)

3 permanente Inventur mit Stichproben; AWV Fachinformation (2.82)

SENSITIVITÄTSANALYSE DER PROGNOSEN IN ÖKONOMETRISCHEN MEHRGLEICHUNGSMODELLEN

Josef Gruber und Bernd Rosemeyer, Hagen [1]

Zusammenfassung. In diesem Papier wird ein verbessertes Verfahren zur Sensitivitätsanalyse der Prognosen in großen, interdependenten, nichtlinearen ökonometrischen Modellen vorgestellt. Durch Variation einzelner struktureller Koeffizienten kann die Abhängigkeit ("Sensitivität") der prognostizierten Werte der endogenen Variablen von strukturellen Parametern quantifiziert werden. Kennzeichen dieses leicht anwendbaren Prognose-Diagnoseverfahrens, für das Rechnerprogramme vorliegen, sind:

a) Verwendung von Algorithmen zur nachträglichen Änderung von Inversen;
b) Linearisierung nichtlinearer Modelle;
c) Verwendung von Sensitivitäts-Maßzahlen, die die Vergleichbarkeit der Analyseergebnisse verbessern;
d) Verwendung von flexibel handhabbaren arbeitssparenden Auswertungsprogrammen, insbesondere zur beliebigen Reduzierung der Fülle der präsentierten Ergebnisse.

Summary. In this paper an improved method for diagnostic checking of the sensitivity of point forecasts of the endogenous variables with respect to structural coefficients in nonlinear interdependent (econometric) models is presented. Four features of this procedure are:

a) Use of algorithms for calculating inverse matrices without repeated inversions;
b) linearisation of nonlinear models;
c) use of several forecast sensitivity measures for facilitating comparisons of results; and
d) use of computer programs for flexibly managing (reducing etc.) the amount of information supplied to the researcher.

The experiences gained in a large-scale application to the 131-equation quarterly RWI-model of the West German economy are very favourable.

1. Einleitung: Problemstellung und Kennzeichen des verbesserten Prognose-Diagnoseverfahrens für große Gleichungssysteme

In diesem Papier wird ein verbessertes, vergleichsweise einfach anwendbares, Rechenzeit und Arbeitszeit sparendes Verfahren zur Diagnose der Sensitivität der (Punkt-) Prognosen bezüglich struktureller Koeffizienten in großen, interdependenten, nichtlinearen ökonometrischen Modellen vorgestellt. Es ist eine Weiterentwicklung von Vorschlägen für lineare Modelle (Gruber, [1973]). Es wird exemplarisch an zwei Koeffizienten der Konsumfunktion des RWI-Konjunkturmodells illustriert (4. Abschnitt).

---

1 Die finanzielle Förderung dieses Forschungsprojekts durch das Ministerium für Wissenschaft und Forschung, Düsseldorf, wird dankbar anerkannt.

Operations Research Proceedings 1982

Bei der (Punkt- und Intervall-) Prognose der abhängigen Variablen in großen ökonometrischen Modellen treten oft mindestens einige Variablen auf, deren Werte nur mit relativ großen Fehlern prognostiziert werden können und die deshalb oder aus anderen Gründen aus der Sicht des Prognostikers unbefriedigend sind. Eine Ursache dafür kann die vorliegende Struktur (= Konstellation der numerischen Werte) der strukturellen Koeffizienten sein.

Es gilt daher, mit einem möglichst einfachen Diagnoseverfahren auf ökonomisch vertretbare Weise herauszufinden, welche strukturellen Koeffizienten einen besonders großen Einfluß auf die prognostizierten Werte der nur schlecht prognostizierbaren endogenen Variablen haben (immer unter der ceteris-paribus-Voraussetzung, daß die numerischen (Schätz-)Werte aller anderen strukturellen Parameter gegeben sind).

Die Kenntnis der Sensitivität der prognostizierten Werte der endogenen Variablen (insbesondere der nur mit relativ großem Fehler prognostizierbaren) bezüglich struktureller Parameter kann dazu beitragen, die Prognosegüte eines ökonometrischen Modells zu verbessern.

Die Analyse der Prognose-Sensitivität soll nicht auf das "fertige" Mehrgleichungsmodell beschränkt werden. Vielmehr kommt ihr auch in der Spezifikations- und Schätzphase der Modellkonstruktion große Bedeutung zu: Sie kann kausale Zusammenhänge (Wirkungsketten) im System quantitativ offenlegen. Damit kann die Prognose-Sensitivitätsanalyse z.B. zur Auswahl von Gleichungsvarianten herangezogen werden und so möglicherweise die Prognosegüte des Modells verbessern.

Traditionellerweise wird die Sensitivität der Prognosen der endogenen Variablen bezüglich eines oder mehrerer struktureller Koeffizienten analysiert, indem in einer Art Multiplikatoranalyse der Effekt einer Strukturänderung auf den Vektor der prognostizierten Werte der endogenen Variablen auf die "übliche" Weise berechnet wird:

a) Im linearen Modell wird nach jeder Koeffizientenänderung (d.h. für jede Struktur) die Prognoseform gebildet (Matrixinversion usw.). Eine sehr große Zahl von Strukturen muß dabei untersucht werden, um sehr sensitive Beziehungen zwischen prognostizierten Werten der endogenen Variablen und strukturellen Koeffizienten zu entdecken. Selbst wenn man sich auf die Untersuchung des Effekts der Änderung der strukturellen Koeffizienten der gemeinsam abhängigen Variablen beschränkt (also die strukturellen Koeffizienten der prädeterminierten Variablen unverändert läßt), ist in einem aus n Gleichungen bestehenden linearen Modell für <u>jede</u> in die Prognose-Sensitivitätsanalyse einbezogene endogene Variable im Extremfall die Prognoseform von nx(n-1) Strukturen zu berechnen. Bei großem n resultiert dabei ein Rechen- und Auswertungsaufwand, der beachtlich sein kann.

b) Im nichtlinearen Modell, für das keine Prognoseform existiert, wird für jede Struktur der Vektor der Prognosewerte der abhängigen Variablen auf iterative Weise, also im allgemeinen noch aufwendiger als im linearen Modell, berechnet.

Dieses traditionelle Vorgehen hat u.a. zwei Nachteile:

1. Der Rechen- und Auswertungszeitbedarf ist in großen Gleichungssystemen erheblich, insbesondere bei Nichtlinearität.
2. Der Vergleich verschiedener Prognosevektoren mit Effekten von Strukturänderungen ist schwierig, da es i.d.R. an einer Standardisierung, Normierung oder dgl. fehlt.

Vor allem im erstgenannten Nachteil kann der Hauptgrund dafür gesehen werden, daß in großen ökonometrischen Modellen (die fast immer auch nichtlinear und interdependent sind) bisher nur selten Sensitivitätsanalysen der Prognosen der endogenen Variablen bezüglich struktureller Koeffizienten in nennenswertem Umfang gemacht worden sind.

Das neue Diagnoseverfahren hingegen, das hier skizziert wird, vermeidet diese Nachteile weitgehend. Es weist folgende Kennzeichen auf:

a) Verwendung von Algorithmen zur nachträglichen Änderung von Inversen:

Statt der Inversion einer großen Anzahl von Matrizen beim bisherigen Diagnoseverfahren wird nur eine geringe Anzahl von Matrizen (im Idealfall eine) nach einem der in der numerischen Mathematik üblichen Verfahren invertiert. Die zur Prognose-Sensitivitätsanalyse im linearen Modell notwendigen vielen Inversen werden (bis auf wenige Ausnahmen) mit Hilfe eines Algorithmus zur nachträglichen Änderung von Inversen auf einfache Weise berechnet. Dadurch wird im linearen ökonometrischen Gleichungssystem der mit der Prognose-Sensitivitätsanalyse verbundene Rechenaufwand wesentlich reduziert.

b) Linearisierung nichtlinearer Modelle:

Im nichtlinearen Modell kann statt der iterativen Lösung des Gleichungssystems für jede untersuchte Struktur das Gleichungssystem nur für die als Vergleichsbasis gewählte Struktur iterativ gelöst werden. Mit den dabei errechneten Prognosewerten der endogenen Variablen kann dann das nichtlineare Gleichungssystem linearisiert werden. Mit dem linearisierten System wird genau wie im linearen System die Sensitivität der Prognosen bezüglich einer i.d.R. großen Anzahl struktureller Koeffizienten auf recht einfache Weise berechnet.

c) Verbesserte Vergleichbarkeit durch Sensitivitäts-Maßzahlen:

Die Vergleichbarkeit der Sensitivitätsanalyseergebnisse ist verbessert worden, indem neben den Vektoren mit absoluten Effekten von Strukturänderungen andere Sensitivitäts-Maßzahlen verwendet werden, z.B. relative Effekte (= partielle Elastizitäten der Punktprognosen der endogenen Variablen bezüglich struktureller Koeffizienten) und die euklidische Norm von Vektoren mit relativen Prognose-Zuwächsen.

d) Arbeitssparende Auswertungsprogramme:

Mit Hilfe von Auswertungsprogrammen können aus der Fülle der errechneten Prognose-Sensitivitätsanalyseergebnisse diejenigen ausgewählt, ausgedruckt und ausgewertet werden, die für den Wirtschaftsforscher von besonderem Interesse sind (z.B. nur besonders "große" Prognose-Sensitivitätsmaßzahlen und ihre Lokalisation, um Schwachstellen der strukturellen Form des Modells zu diagnostizieren).

2. Technik der Prognose-Sensitivitätsanalyse im linearen Modell

Das Ergebnis der Parameterschätzung im linearen ökonometrischen Modell sei folgende strukturelle Form:

$$(2.1) \quad \hat{C}\hat{y}_t + \hat{B}x_t = 0 \qquad t = 1,\dots,T.$$

Dabei ist

$\hat{y}_t$ der n-Vektor der prognostizierten Werte der endogenen Variablen (Lösungsvektor)

x_t der p-Vektor der prädeterminierten Variablen

$\hat{C}$ die reguläre nxn-Matrix der Schätzwerte der strukturellen Koeffizienten der endogenen Variablen

$\hat{B}$ die nxp-Matrix der Schätzwerte der strukturellen Koeffizienten der prädeterminierten Variablen.

Die zugehörige Prognoseform ist

$$(2.2) \quad \hat{y}_t = -\hat{C}^{-1}\hat{B}x_t.$$

Bei der hier skizzierten Sensitivitätsanalyse der Punktprognosen der endogenen Variablen werden die Schätzwerte einzelner Elemente der Matrizen $\hat{C}$ und $\hat{B}$ abgeändert, und zwar um einen frei wählbaren Prozentsatz oder um den zugehörigen Standardfehler. Untersucht wird die Auswirkung solcher Koeffizientenänderungen auf $\hat{y}_t$, den Vektor der prognostizierten Werte der abhängigen Variablen derselben Periode (statische Prognose-Sensitivitätsanalyse). Dabei unterscheiden wir nachstehend zwei Fälle.

a) Wenn in der Matrix $\hat{B}$ das Element $\hat{b}_{ij}$ (Schätzwert des strukturellen Koeffizienten der j-ten prädeterminierten Variablen in der i-ten Verhaltensgleichung) um Δb_{ij} (frei wählbarer Prozentsatz bzw. Größe des zugehörigen Standardfehlers) abgeändert wird, kann im linearen Modell der additive Zuwachs Δy_t des Vektors der prognostizierten Werte der endogenen Variablen einfach wie folgt berechnet werden:

$$(2.3) \quad \Delta y_t = -\,\Delta b_{ij} \cdot x_{tj} \cdot \hat{c}^{-}_{\cdot i} \,.$$

In (2.3) bezeichnet $\hat{c}^{-}_{\cdot i}$ die i-te Spalte der Kehrmatrix $\hat{C}^{-1}$ zur Matrix $\hat{C}$.

Dem numerischen Ergebnis in (2.3) entspricht für das k-te Element von Δy_t die analytische Darstellung

$$(2.4) \quad \frac{\partial \hat{y}_{tk}}{\partial \hat{b}_{ij}} = -x_{tj} \cdot \hat{c}^{-}_{ki} ,$$

wobei $\hat{c}^{-}_{ki}$ das k-te Element des Vektors $\hat{c}^{-}_{\cdot i}$ in (2.3) bezeichnet ($k = 1,\dots,n$).

b) Wenn in der Matrix $\hat{C}$ das Element $\hat{c}_{ij}$ (Schätzwert des strukturellen Koeffizienten der j-ten endogenen Variablen, die erklärende Variable in der i-ten Verhaltensgleichung ist) um Δc_{ij} abgeändert wird, kann im linearen Modell der additive Zuwachs Δy_t des n-Vektors der prognostizierten Werte der endogenen Variablen wie folgt berechnet werden:

$$(2.5) \quad \Delta y_t = -\frac{\Delta c_{ij}\hat{y}_{tj}}{1+\Delta c_{ij}\hat{c}^{-}_{ji}} \cdot \hat{c}^{-}_{\cdot i} , \text{ wenn } \Delta c_{ij}\hat{c}^{-}_{ji} \neq -1.$$

Eine zu (2.5) gehörende einfache analytische Darstellung $\partial\hat{y}_{tk}/\partial\hat{c}_{ij}$, die (2.4) entspricht, gibt es nicht.
Man erkennt leicht: $(\hat{y}_t + \Delta y_t)$, der Lösungsvektor des abgeänderten Modells (mit dem strukturellen Koeffizienten $\hat{c}_{ij} + \Delta c_{ij}$ statt $\hat{c}_{ij}$ im "ursprünglichen" Modell), kann mit Hilfe von (2.5) berechnet werden, ohne daß das abgeänderte Modell erneut durch eine im allgemeinen rechenzeitaufwendige Matrixinversion gelöst wird. Wenn $\hat{y}_t$, der Lösungsvektor des "ursprünglichen" Modells, vorliegt, erlauben Algorithmen für die "nachträgliche Änderung von Inversen" (vgl. Dück [1970], Schintke [1976]) die rechenzeitsparende Berechnung des additiven Korrekturvektors Δy_t. Die Anwendung eines solchen Algorithmus führt im vorliegenden Fall zu (2.5).

Als Maß für die Sensitivität des prognostizierten Wertes von einzelnen endogenen Variablen (sagen wir der k-ten) bezüglich struktureller Koeffizienten eignen sich
a) der absolute Zuwachs Δy_{tk}, wie in (2.3) und (2.5) angegeben;
b) der relative Zuwachs

$$(2.6) \quad r_{tk,ij} = (\Delta y_{tk}/\hat{y}_{tk}) \cdot 100 \qquad \text{und}$$

c) die Elastizität

$$(2.7) \quad \varepsilon_{tk,ij} = \frac{\Delta y_{tk}}{\Delta b_{ij}} \cdot \frac{|\hat{b}_{ij}|}{|\hat{y}_{tk}|} \quad \text{bzw.}$$

$$(2.8) \quad \varepsilon_{tk,ij} = \frac{\Delta y_{tk}}{\Delta c_{ij}} \cdot \frac{|\hat{c}_{ij}|}{|\hat{y}_{tk}|} .$$

Wenn die Sensitivität der prognostizierten Werte aller endogenen Variablen als Gesamtheit betrachtet wird, eignen sich als Sensitivitätsmaße insbesondere

a) die euklidische Norm des Vektors mit relativen Zuwächsen, dessen k-tes Element in (2.6) gegeben ist, und

b) die euklidische Norm des Elastizitätenvektors, dessen k-tes Element in (2.7) bzw. (2.8) gegeben ist.

An den bisher angegebenen Formeln zur Prognose-Sensitivitätsanalyse erkennt man leicht:

- daß das abgeänderte lineare Gleichungssystem nicht erneut gelöst werden muß, sondern daß mit einer Ausgangslösung ($\hat{y}_t$) die Prognose-Sensitivitätsanalyse für alle interessierenden Strukturen rechenzeitsparend durchgeführt werden kann;
- daß bei fest gewähltem Δb_{ij} bzw. Δc_{ij}, von einem konstanten Faktor abgesehen, der Vektor der absoluten Zuwächse durch die i-te Spalte der Matrix $\hat{C}^{-1}$ bestimmt wird und damit z.B. durch

$$(2.9) \quad \max_k |\hat{c}^-_{ki}| = |\hat{c}^-_{li}| \qquad l \in \{1,\ldots,n\},\ k = 1,\ldots,n$$

die absolut größte Auswirkung auf $\hat{y}_{tl}$ festgelegt ist.
- daß sich bei fest gewähltem Δb_{ij} bzw. Δc_{ij} mit

$$(2.10) \quad \Delta y_{tk} = -\Delta b_{ij}\hat{c}^-_{ki} \cdot x_{tj} \qquad k = 1,\ldots,n$$

bzw.

$$(2.11) \quad \Delta y_{tk} = -\frac{\Delta c_{ij}\hat{c}^-_{ki}}{1+\Delta c_{ij}\hat{c}^-_{ji}} \cdot \hat{y}_{tj} \qquad k = 1,\ldots,n, \quad \Delta c_{ij}\hat{c}^-_{ji} \neq -1$$

die Zeitreihen Δy_{tk} ($k = 1,\ldots,n$) tendenziell wie die Zeitreihen x_{tj} bzw. $\hat{y}_{tj}$ entwickeln, da Δy_{tk} für alle k proportional zu x_{tj} bzw. $\hat{y}_{tj}$ ist.

3. Technik der Prognose-Sensitivitätsanalyse im nichtlinearen Modell

Ob ein nichtlineares Modell linearisiert wird, um die Nachträglichen-Abänderungs-Algorithmen anwenden zu können, oder die Sensitivitätsanalyse durchgeführt wird, indem das Gleichungssystem für jede untersuchte Struktur erneut iterativ gelöst wird, muß von Fall zu Fall entschieden werden. Die Entscheidung hängt von der Größe des Modells, der Art der Nichtlinearität, dem Aufwand bei der iterativen Lösung des nichtlinearen Systems und dem Aufwand zur Überführung in die lineare Form ab.

So können unter Umständen bei wenigen endogenen erklärenden Variablen die Linearisierung des Modells, die Inversion der Matrix $\hat{C}$ und die wiederholte Anwendung von Algorithmen zur nachträglichen Änderung von Inversen zeitaufwendiger sein als wiederholte iterative Lösungen des nichtlinearen Gleichungssystems.

Für das RWI-Modell (nachfrageorientiertes Konjunkturmodell auf der Basis vierteljährlicher Zeitreihen; s. Rau, Heilemann u.a. [1977]; weiterentwickelte Version mit dem Stützbereich 1970/3 bis 1980/2) bot sich beispielsweise der Weg der Linearisierung an. Für die 131 strukturellen Gleichungen (davon etwa 40 nichtlineare Definitionsgleichungen, 3 nichtlineare Verhaltensgleichungen) erfolgt die Linearisierung mittels Taylorentwicklung und Abbruch nach dem linearen Glied. Da die meisten nichtlinearen Definitionsgleichungen lediglich Produkte oder Quotienten von endogenen Variablen enthalten, läßt sich die Linearisierung mittels einfacher Unterprogramme über den Computer leicht durchführen. Als Entwicklungspunkt wird der Lösungsvektor des im ex-post-Bereich iterativ gelösten nichtlinearen Gleichungssystems benutzt. Dadurch kann der Linearisierungsfehler für die Sensitivitätsanalyse vernachlässigt werden.

4. Ein Beispiel

Die Prognose-Sensitivitätsanalyse wird exemplarisch an zwei Koeffizienten der strukturellen Gleichung für den realen privaten Verbrauch im RWI-Modell demonstriert (Bezeichnung: $y_{t,27}$):

$$(4.1)\quad y_{t,27} = c_{27,25}y_{t,25} + c_{27,99}y_{t,99} + b_{27,1} + b_{27,26}x_{t,26} + b_{27,90}x_{t,90} + b_{27,91}x_{t,91} + b_{27,92}x_{t,92}$$

mit

$y_{t,25}$: dem realen verfügbaren Einkommen der privaten Haushalte
$y_{t,99}$: dem kurzfristigen Zins
$x_{t,26}$: dem realen privaten Verbrauch der Vorperiode (= $y_{t-1,27}$)
$x_{t,90}$, $x_{t,91}$, $x_{t,92}$: den drei Saisonhilfsvariablen.

(Wegen der Übereinstimmung mit dem Rechnerausdruck wird auf die Dächer "^" verzichtet. Im Rechnerausdruck wird auch der Zeitindex t weggelassen.)

In Gleichung (4.1) werden die beiden Koeffizienten $c_{27,25}$ und $c_{27,99}$ der unverzögert endogenen Variablen variiert.

Die Tabellen 1 und 2 zeigen die Auswirkungen der Vergrößerung dieser beiden Koeffizienten um ein Prozent (Tabelle 1) und um eine Standardabweichung (Tabelle 2). Ausgedruckt werden über ein Rechnerprogramm im Kopf einer Tabelle (zum festen Zeitpunkt t) die Werte für

- den Koeffizienten c_{ij} (genau: $\hat{c}_{ij}$),
- die Abänderung Δc_{ij},
- die erklärte Variable y_i (genau: $\hat{y}_{ti}$) mit Abkürzung des Variablennamens und
- die erklärende Variable y_j (genau: $\hat{y}_{tj}$) mit Abkürzung des Variablennamens.

Im unteren Teil einer Tabelle werden die errechneten Auswirkungen einer Koeffizientenänderung auf die endogenen Variablen dargestellt. Ausgewiesen werden jeweils

- die Variable y_{tk} mit Abkürzung des Variablennamens,
- der berechnete Wert $\hat{y}_{tk}$,
- die durch Variation von $\hat{c}_{ij}$ um Δc_{ij} bewirkte
  a) absolute Änderung Δy_{tk} ("absoluter Zuwachs")
  b) relative Änderung $r_{tk,ij}$ ("relativer Zuwachs").

Im Beispielsfall wurde im Rechnerprogramm als Schranke vorgegeben, daß nur die endogenen Variablen und die zugehörigen Auswirkungen ausgedruckt werden, die einen relativen Zuwachs größer 2 (für die einprozentige Abänderung) bzw. größer 10 (für die Abänderung um eine Standardabweichung) aufweisen.

Zum Abschluß der Tabelle wird die Norm des 131-Vektors der relativen Zuwächse angegeben.

Wenn bei einer Koeffizientenänderung keine Einzelauswirkung größer als die vorgegebene Schranke ist, wird nur die Norm ausgedruckt, und zwar als letzte Zeile der vorhergehenden Tabelle, die sich auf die Änderung eines anderen Koeffizienten bezieht. Dies ist der Fall bezüglich der prognostizierten Folgen der Variation von $c_{27,99}$.

```
 ABAENDERUNG DES KOEFFIZIENTEN C( 27, 25) UM DELTA C( 27, 25):
--------------------------------------------------------------
*                                                            *
*  C( 27, 25) IST DER KOEFFIZIENT DER VARIABLEN Y( 25)       *
*  IN DER GLEICHUNG FUER DIE VARIABLE Y( 27)                 *
*                                                            *
*  C( 27, 25):          0.3027D+00                           *
*  DELTA C( 27, 25):    0.3027D-02                           *
*  Y( 27):              0.1216D+03     CE70                  *
*  Y( 25):              0.1394D+03     YPV70                 *
--------------------------------------------------------------
*                                                            *
--------------------------------------------------------------
*  AUSWIRKUNG AUF:   I   Y DACH:   I  ABSOLUTE   I  RELATIVE  *
*                    I             I  AENDERUNG: I  AENDERUNG: *
--------------------------------------------------------------
*                    I             I             I            *
*  Y( 48):  BSP70JW  I  0.4722D+01 I  0.1543D+00 I  0.3267D+01 *
*  Y( 68):  EXIM70   I  0.5185D+01 I -0.2521D+00 I -0.4861D+01 *
*  Y( 69):  EXIM     I  0.6049D+01 I -0.3853D+00 I -0.6370D+01 *
*                    I             I             I            *
--------------------------------------------------------------


NORM FUER C( 27, 25):  0.9109D+01


NORM FUER C( 27, 99):  0.1783D+00
```

Tabelle 1: Auswirkungen der Abänderung von $c_{27,25}$ um ein Prozent

Tabelle 1 zeigt für die einprozentige Abänderung von $c_{27,25}$ (für t = 78; 2. Quartal 1979), daß prozentual größere Auswirkungen (als 2) diagnostiziert werden, d.h. daß größere Sensitivität besteht, für die drei endogenen Variablen

- $y_{t,48}$: BSP70JW Wachstumsrate des Bruttosozialprodukts in Preisen von 1970 gegenüber dem Vorjahresquartal, in v.H.,
- $y_{t,68}$: EXIM70 Außenbeitrag, real, in Mrd. DM,
- $y_{t,69}$: EXIM Außenbeitrag, nominal, in Mrd. DM.

Werden die absoluten prognostizierten Werte dieser drei endogenen Variablen betrachtet, so ist keine der Auswirkungen von größerer Bedeutung (vgl. z.B. Senkung des prognostizierten Wertes von EXIM70 von 5,18 auf 4,93).

Insgesamt liefern die relativen Zuwächse von BSP70JW, EXIM70 und EXIM auch den größten Anteil an der Norm (ungefähr 8,5 von 9,1).

Die Norm für $c_{27,99}$ zeigt mit 0,178, daß die einprozentige Variation von $c_{27,99}$ ceteris paribus nur unbedeutende Auswirkungen auf die prognostizierten Werte der 131 endogenen Variablen des RWI-Modells hat.

Bei Variation aller Koeffizienten der endogenen Variablen können anhand einer Tabelle der Normen sofort die Koeffizienten herausgefunden werden, welche die insgesamt größten relativen Änderungen des gesamten Lösungsvektors bewirken. In der Regel sind sie identisch mit den Koeffizienten, die auch die bedeutsamsten Einzelauswirkungen haben.

Tabelle 2 zeigt für die Standardabweichungsvariation von $c_{27,99}$ mit 7,73 als Wert für die Norm zwar größere, aber immer noch unbedeutende Gesamtauswirkungen, während die Norm für $c_{27,25}$ mit 236,64 sehr große relative Zuwächse ("sehr große Sensitivität") der endogenen Variablen ausweist. Im einzelnen zeigt sich auch hier, daß die Sensitivität der prognostizierten Werte von BSP70JW, EXIM70 und EXIM bezüglich der Variation von $c_{27,25}$ am größten ist.

Sie ist so groß, daß die "Zuverlässigkeit" der Punktprognosen fragwürdig wäre, wenn die deterministische Abänderung von einzelnen strukturellen Koeffizienten um einen Standardfehler inhaltlich zu rechtfertigen wäre. Dies ist aber fraglich, da man bedenken sollte, daß die Schätzwerte der strukturellen Koeffizienten (zumindest) einer Gleichung voneinander abhängen: Ein vergrößerter Schätzwert eines Koeffizienten kann mit einem verkleinerten Schätzwert eines anderen Koeffizienten einhergehen; die zugehörigen Zuwächse (siehe (2.4) bis (2.8)) können sich ausgleichen.

ABAENDERUNG DES KOEFFIZIENTEN C(27, 25) UM DELTA C(27, 25):

C(27, 25) IST DER KOEFFIZIENT DER VARIABLEN Y(25)
IN DER GLEICHUNG FUER DIE VARIABLE Y(27)

C(27, 25):	0.3027D+00	
DELTA C(27, 25):	0.7800D-01	
Y(27):	0.1216D+03	CP70
Y(25):	0.1394D+03	YPV70

AUSWIRKUNG AUF:		Y DACH:	ABSOLUTE AENDERUNG:	RELATIVE AENDERUNG:
Y(16):	BLGAJW	0.5644D+01	0.9119D+00	0.1616D+02
Y(33):	IAU70	0.2202D+02	0.2769D+01	0.1257D+02
Y(35):	IAU	0.3070D+02	0.3857D+01	0.1256D+02
Y(48):	BSP70JW	0.4722D+01	0.4002D+01	0.8476D+02
Y(50):	EWAJW	0.1949D+01	0.9970D+00	0.5114D+02
Y(62):	BYU	0.7547D+02	0.8207D+01	0.1087D+02
Y(68):	EXIM70	0.5185D+01	-0.6541D+01	-0.1261D+03
Y(69):	EXIM	0.6049D+01	-0.9998D+01	-0.1653D+03
Y(72):	NYU	0.5844D+02	0.8207D+01	0.1404D+02
Y(115):	DEF	-0.9016D+01	0.1263D+01	-0.1401D+02
Y(124):	SVOST	0.4445D+01	0.1037D+01	0.2334D+02

NORM FUER C(27, 25): 0.2364D+03

NORM FUER C(27, 99): 0.7730D+01

Tabelle 2: Auswirkungen der Abänderung von $c_{27,25}$ um die Standardabweichung

5. Ausblick

Die Prognose-Sensitivitätsanalyse bezüglich struktureller Koeffizienten haben wir bisher im wesentlichen auf das RWI-Konjunkturmodell angewandt. Die Ergebnisse und Erfahrungen, über die andernorts ausführlich berichtet wird, deuten an, daß das hier vorgestellte Sensitivitätsanalyseverfahren für weitverbreitete Anwendung geeignet ist: Es kann in der Hand des Prognostikers ein wichtiges Diagnose-Instrument sein (vielleicht vergleichbar mit verschiedenen datenanalytischen Diagnosehilfen für die Schätzphase der Modellkonstruktion; vgl. Belsley et al. [1980]).
Dies dürfte insbesondere dann gelten, wenn auch weitere Verallgemeinerungen den Praxistest bestehen (z.B. gleichzeitige Abänderung mehrerer Elemente einer Zeile von $\hat{C}$ und/oder $\hat{B}$, Analyse der Wirkungsketten im System, Sensitivitätsanalyse der Koeffizienten der Prognoseform bezüglich struktureller Koeffizienten, Sensitivitätsanalyse von Intervallprognosen, Sensitivitätsanalyse in blockartig gegliederten großen Systemen).

Literatur

Belsley, D.A.; Kuh, E.; Welsch, R.E.;
Regression Diagnostics, John Wiley and Sons, New York, Chichester, Brisbane, Toronto, 1980

Dück, W.;
Numerische Methoden der Wirtschaftsmathematik I, Akademie-Verlag, Berlin, 1970

Gruber, J.;
Elasticities of forecasts of jointly dependent variables with respect to structural coefficients, paper prepared for the European Meeting of the Econometric Society in Oslo, August 28-31, 1973

Rau, R.; Heilemann U.; Korthaus, E.; Münch, H.-J.;
Das RWI-Konjunkturmodell, RWI-Papier Nr. 6, Essen, 1977

Schintke, J.;
Sensitivitätsanalysen im statischen offenen Leontief-Modell, DIW, Beiträge zur Strukturforschung, Heft 42, Duncker & Humblot, Berlin, 1976

Drei Verfahren zur Parameterschätzung in dynamischen ökonometrischen Mehrgleichungsmodellen mit vektorautoregressivem Prozess der Störvariablen - eine Monte-Carlo-Studie

Karsten-Dietmar Freimann und Josef Gruber, Hagen

Zusammenfassung. Mit Hilfe von Simulationstechniken werden die Kleinstichproben-Eigenschaften der (gewöhnlichen) Methode der kleinsten Quadrate, eines Instrumentvariablen-Schätzers und eines dreistufigen Schätzverfahrens untersucht, und zwar in einem interdependenten, dynamischen ökonometrischen Mehrgleichungsmodell mit einem vektorautoregressiven Prozeß erster Ordnung der Störvariablen. Das Ergebnis der Untersuchung stärkt die Position der praktischen Wirtschaftsforscher, die die gewöhnliche Kleinstquadrat-Methode bei der Parameterschätzung verwenden.

Summary. The small sample properties of the ordinary least squares method, of an instrumental variables estimator and of a three-stage estimation procedure are investigated by means of simulation techniques in an econometric model the features of which are the interdependence of the endogenous variables, the existence of lagged endogenous variables and a vector autoregressive process of the disturbances. The result of this investigation supports those researchers who use the OLS method to estimate the parameters.

1. Einführung

Die meisten der heute in der praktischen Wirtschaftsforschung verwendeten ökonometrischen Modelle sind durch interdependente Gleichungen, durch das Vorhandensein von verzögerten endogenen Variablen und durch Autokorrelation der Störvariablen in mindestens einer Gleichung gekennzeichnet. In der Literatur sind zahlreiche Verfahren zur Parameterschätzung zu finden, die in einem solchen Modell konsistent sind; einige Verfahren sind auch asymptotisch effizient. In diesem Zusammenhang sind die Arbeiten von Sargan [11], Amemiya [1], Fair [5] und Dhrymes [3] zu erwähnen. Über die Kleinstichproben-Eigenschaften dieser Schätzer ist jedoch nur wenig bekannt. Die Monte-Carlo-Studien von Cragg [2], Goldfeld und Quandt [6], Hendry [10] und anderen Autoren behandeln hauptsächlich die gewöhnliche Methode der kleinsten Quadrate, die zweistufige Methode der kleinsten Quadrate, die dreistufige Methode der kleinsten Quadrate, die Maximum-Likelihood-Schätzer bei voller und beschränkter Information, Schätzer der k-Klasse und solche Varianten der Methode der kleinsten Quadrate, die für Eingleichungsmodelle mit autokorrelierten Störvariablen entwickelt wurden.

Dieses Papier enthält eine Analyse von Kleinstichproben-Eigenschaften der gewöhnlichen Methode der kleinsten Quadrate, des FIDA-(= Full Information Dynamic Autoregressive) Schätzers (siehe [4]) und eines Instrumentvariablen-Schätzers, der ausschließlich exogene Variablen als Instrumentvariablen benutzt (siehe [9]), im nachstehend beschriebenen Modell. Die Untersuchung wurde mit Hilfe von Simulationsmethoden durchgeführt.

Operations Research Proceedings 1982

2. Das ökonometrische Modell

Die beiden folgenden Gleichungen in Matrix-Schreibweise stellen im wesentlichen das ökonometrische Modell dar, das der Monte-Carlo-Studie zugrunde liegt:

$$(1)\quad \Gamma' y_t + B_1' y_{t-1} + B_0' x_t + u_t = 0$$

$$(2)\quad u_t = R' u_{t-1} + e_t \; .$$

Die G-Vektoren y_t und y_{t-1} in Gleichung (1) enthalten die unverzögerten und um eine Periode verzögerten endogenen Variablen des Modells; der K-Vektor x_t repräsentiert die exogenen Variablen. u_t, u_{t-1} und e_t sind G-dimensionale Zufallsvariablen. Mit Γ, B_1, B_0 und R werden passende Koeffizientenmatrizen bezeichnet. Die ökonomischen Zusammenhänge werden durch Gleichung (1) beschrieben; Gleichung (2) gibt an, daß der Vektor u_t der Störvariablen von (1) durch einen vektorautoregressiven Prozeß erster Ordnung erzeugt wird. In Gleichung (1) sind keine Definitionsgleichungen enthalten.

Folgende Modellannahmen werden gemacht:

(A1) $\{e_t\}$, $t = 0, \pm 1, \pm 2, \ldots$, ist eine Folge von unabhängigen Zufallsvektoren mit $e_t \sim N(0,\Sigma_0)$, wobei Σ_0 eine positiv definite (GxG)-Matrix ist.

(A2) Die Matrix Γ aus (1) ist nichtsingulär und ihre Diagonalelemente sind auf den Wert -1,0 eingeschränkt.

(A3) Alle Eigenwerte der Matrizen R und $\Pi_1 := -B_1\Gamma^{-1}$ sind absolut kleiner als 1,0.

(A4) Die exogenen Variablen sind nichtstochastisch und beschränkt.

(A5) Die Parameter der Gleichungen (1) und (2) sind identifizierbar (siehe [8] oder [12]).

Bei Gültigkeit dieser Voraussetzungen läßt sich u.a. zeigen:

- Der stochastische Prozeß $\{u_t\}$, $t = 0, \pm 1, \pm 2, \ldots$, ist (streng) stationär mit $u_t \sim N(0,\Sigma_1)$, wobei $\Sigma_1 := \sum_{i=0}^{\infty} (R')^i \Sigma_0 R^i$ eine positiv definite Matrix ist.
- Der Vektor y_t der unverzögerten endogenen Variablen von (1) ist G-dimensional normalverteilt, d.h., es gilt:

  $$y_t \sim N(\mu_t,\Sigma_2), \quad t = 0, \pm 1, \pm 2, \ldots$$

  Die Kovarianzmatrix Σ_2 ist positiv definit, und die Realisationen des Prozesses $\{y_t\}$ sind mit Wahrscheinlichkeit 1 beschränkt. Für $\mu_t = \mu$ ist $\{y_t\}$ ebenfalls stationär.

3. Die untersuchten Schätzer

Bezeichnet man mit α_i den L_i-Vektor der strukturellen Koeffizienten, die in der i-ten Gleichung nicht a priori Null gesetzt wurden, und mit Z_i die $(T \times L_i)$-Datenmatrix der in der i-ten Gleichung erscheinenden erklärenden Variablen, so lautet die Formel für den Schätzer der gewöhnlichen Methode der kleinsten Quadrate (= OLS-Schätzer):

$$(3) \quad \hat{\alpha}_i = (Z_i'Z_i)^{-1}Z_i'y_i, \quad i = 1, 2, \ldots, G,$$

wobei der Vektor y_i eine Stichprobe von T Beobachtungen für die i-te endogene Variable enthält. In dem oben beschriebenen Modell ist dieser Schätzer nicht konsistent.

Bei dem zweiten Schätzverfahren, das in diesem Papier betrachtet wird, handelt es sich um ein Instrumentvariablen- (= IV-) Verfahren, dessen Schätzer folgendermaßen lautet:

$$(4) \quad \check{\alpha}_i = (\bar{X}_i'Z_i)^{-1}\bar{X}_i'y_i, \quad i = 1, 2, \ldots, G.$$

Mit $\bar{X}_i$ wird eine $(T \times L_i)$-Matrix bezeichnet, die die L_i Datenreihen der unverzögerten und verzögerten exogenen Variablen von (1) enthält, die als Instrumentvariablen dienen. Es läßt sich zeigen, daß der Instrumentvariablen-Schätzer konsistent ist.

Das FIDA-Schätzverfahren, dessen Kleinstichproben-Eigenschaften ebenfalls untersucht werden, besteht aus folgenden drei Schritten:

1. Schritt: Schätze die Parameter der nicht restringierten reduzierten Form mit Hilfe der gewöhnlichen Methode der kleinsten Quadrate und prognostiziere die endogenen Variablen von (1) nach der Formel: $\tilde{Y} = (\bar{Z}'\bar{Z})^{-1}\bar{Z}'Y$ mit $\bar{Z} := (Y_{-1}, Y_{-2}, X, X_{-1}^*)$, wobei Y, Y_{-1}, Y_{-2}, X und X_{-1}^* Datenmatrizen sind, die zu y_t, y_{t-1}, y_{t-2}, x_t und x_{t-1} gehören. X_{-1}^* besteht aus den Spalten von X_{-1}, die von den Spalten von X linear unabhängig sind.

(Bestimmte Dummy-Variablen in X dürfen nicht in X_{-1}^* erscheinen; jede Datenmatrix enthält hier T-1 Beobachtungen.)

2. Schritt: Schätze die Matrix $A := (\Gamma', B_1', B_0')$ mit Hilfe eines konsistenten Schätzers $\tilde{A}$. Die Schätzfunktionen für die Matrizen R und Σ_0 lauten dann:

$$(5) \quad \tilde{R} = (\tilde{A}'Z_{-1}'Z_{-1}\tilde{A})^{-1}\tilde{A}'Z_{-1}'Z\tilde{A},$$

$$(6) \quad \tilde{\Sigma}_0 = \frac{1}{T-1}(Z\tilde{A}-Z_{-1}\tilde{A}\tilde{R})'(Z\tilde{A}-Z_{-1}\tilde{A}\tilde{R}),$$

wobei $Z := (Y, Y_{-1}, X)$ und $Z_{-1} := (Y_{-1}, Y_{-2}, X_{-1})$.

3. Schritt: Schätze den Vektor $\alpha := (\alpha_1', \alpha_2', \ldots, \alpha_G')'$ nach der Vorschrift:

$$(7) \quad \tilde{\alpha} = [(\tilde{Z}^* - (\tilde{R}'\otimes I_{T-1})Z_{-1}^*)'(\tilde{\Sigma}_0^{-1}\otimes I_{T-1})(\tilde{Z}^* - (\tilde{R}'\otimes I_{T-1})Z_{-1}^*)]^{-1}$$

$$\times [(\tilde{Z}^* - (\tilde{R}'\otimes I_{T-1})Z_{-1}^*)'(\tilde{\Sigma}_0^{-1}\otimes I_{T-1})(y^* - (\tilde{R}'\otimes I_{T-1})y_{-1}^*)],$$

wobei

$$y^* := (y_1', y_2', \ldots, y_G')', \; y_i := (y_{1i}, y_{2i}, \ldots, y_{T-1,i})' \quad \text{für } i = 1,2,\ldots,G,$$

und

$$\tilde{Z}^* := \begin{bmatrix} \tilde{Z}_1 & 0 & \ldots & 0 \\ 0 & \tilde{Z}_2 & \ldots & 0 \\ \vdots & \vdots & \ddots & \vdots \\ 0 & 0 & \ldots & \tilde{Z}_G \end{bmatrix}, \quad \text{wobei } \tilde{Z}_i := (\tilde{Y}_i, Y_{-1,i}, X_i),$$

definiert wurde. Der Index "-1" deutet wiederum einen Lag von einer Periode an. Durch das Symbol "⊗" wird das Kronecker-Produkt gekennzeichnet, I_{T-1} ist die (T-1)x(T-1)-Einheitsmatrix, und $\tilde{Y}_i$ ist eine Teilmatrix mit den Spalten von $\tilde{Y}$ aus Schritt 1, die sich auf unverzögert endogene erklärende Variablen der i-ten Gleichung beziehen.

Dhrymes zeigt (siehe [3]), daß der FIDA-Schätzer im skizzierten Modell konsistent und bei Iteration unter bestimmten Voraussetzungen asymptotisch effizient ist. Testläufe mit einem IBM 3031-Computer zeigten, daß die Konvergenz der Schätzwerte nicht immer erreichbar ist und daß die Iteration sehr viel CPU-Zeit erfordert. Deshalb wurden bei der Monte-Carlo-Studie lediglich die Schätzwerte ohne Iteration betrachtet.

4. Die untersuchten Modellvarianten

Der Monte-Carlo-Studie liegen drei Spezialfälle des oben beschriebenen Modells zugrunde:

Modellvariante I:

(8) $y_{t1} = \gamma_{21} y_{t2} + \beta_{11}^{(1)} y_{t-1,1} + \beta_{21}^{(1)} y_{t-1,2} + \beta_{11}^{(o)} x_{t1} + \beta_{21}^{(o)} x_{t2} + \beta_{41}^{(o)} x_{t4} + u_{t1},$

(9) $y_{t2} = \gamma_{12} y_{t1} + \beta_{12}^{(1)} y_{t-1,1} + \beta_{22}^{(1)} y_{t-1,2} + \beta_{12}^{(o)} x_{t1} + \beta_{32}^{(o)} x_{t3} + \beta_{42}^{(o)} x_{t4} + u_{t2},$

(10) $u_{t1} = r_{11} u_{t-1,1} + r_{21} u_{t-1,2} + e_{t1},$

(11) $u_{t2} = r_{12} u_{t-1,1} + r_{22} u_{t-1,2} + e_{t2},$

(12) $x_{t1} = 1{,}0,$

(13) $x_{tk} = \nu_k x_{t-1,k} + \varepsilon_{tk}, \quad k = 2, 3, 4.$

Gemäß Annahme (A1) gilt: $Cov(e_t, e_{t'}) = 0$ für $t \neq t'$ und $e_t \sim N(0, \Sigma_o)$. Die Matrix Σ_o ist keinen Nullrestriktionen unterworfen. Es wird weiterhin angenommen, daß

$$\varepsilon_{tk} \sim N(0, \sigma^2_{\varepsilon k}), \qquad \sigma_{\varepsilon k} > 0, \qquad k = 2, 3, 4,$$

und

$$Cov(\varepsilon_{tk}, \varepsilon_{tk'}) = 0 \text{ für } k \neq k'; \; Cov(\varepsilon_{tk}, \varepsilon_{t'k}) = 0 \text{ für } t \neq t';$$

$$Cov(\varepsilon_{tk}, e_{t'l}) = 0 \text{ für alle } t, t' = 0, \pm 1, \pm 2, \ldots, \; k = 2, 3, 4, \text{und } l = 1, 2.$$

Um die Stationarität der Prozesse $\{x_{tk}\}$ zu gewährleisten, wird weiterhin vorausgesetzt, daß die Werte der Parameter ν_k, $k = 2, 3, 4$, absolut kleiner als 1,0 sind.

Modellvariante II:

In diesem Modell wurden die Gleichungen (8) und (9) durch folgende Gleichungen ersetzt:

$$(14) \quad y_{t1} = \gamma_{21} y_{t2} + \beta^{(1)}_{11} y_{t-1,1} + \beta^{(o)}_{21} x_{t2} + \beta^{(o)}_{41} x_{t4} + u_{t1},$$

$$(15) \quad y_{t2} = \gamma_{12} y_{t1} + \beta^{(1)}_{22} y_{t-1,2} + \beta^{(o)}_{12} x_{t1} + \beta^{(o)}_{32} x_{t3} + u_{t2}.$$

Modellvariante III:

Wiederum werden die Gleichungen (8) und (9) folgendermaßen ersetzt:

$$(16) \quad y_{t1} = \gamma_{21} y_{t2} + \beta^{(1)}_{11} y_{t-1,1} + \beta^{(1)}_{21} y_{t-1,2} + \beta^{(o)}_{11} x_{t1} + \beta^{(o)}_{21} x_{t2} + \beta^{(o)}_{41} x_{t4} + \beta^{(o)}_{61} x_{t6} + \beta^{(o)}_{81} x_{t8} + \beta^{(o)}_{10,1} x_{t10} + \beta^{(o)}_{12,1} x_{t12} + \beta^{(o)}_{14,1} x_{t14} + u_{t1},$$

$$(17) \quad y_{t2} = \gamma_{12} y_{t1} + \beta^{(1)}_{12} y_{t-1,1} + \beta^{(1)}_{22} y_{t-1,2} + \beta^{(o)}_{12} x_{t1} + \beta^{(o)}_{32} x_{t3} + \beta^{(o)}_{52} x_{t5} + \beta^{(o)}_{72} x_{t7} + \beta^{(o)}_{92} x_{t9} + \beta^{(o)}_{11,2} x_{t11} + \beta^{(o)}_{13,2} x_{t13} + \beta^{(o)}_{14,2} x_{t14} + u_{t2}.$$

Modell III enthält $K = 14$ exogene Variablen, die analog zur Vorschrift von Modell I erzeugt werden. Wie im Modell I enthalten die Parametermatrizen Γ und B_1 in Modell III keine a priori Null gesetzten Elemente.

Die Modelle I bis III unterscheiden sich hauptsächlich durch den Grad der Oberidentifikation: in Modell I sind alle Gleichungen genau identifiziert; in Modell II beträgt der Grad der Oberidentifikation dagegen 2, und in Modell III hat er den Wert 5. Anhand dieser drei Modelle sollte auch untersucht werden, ob die Existenz der Momente des OLS-, des IV- und des FIDA-Schätzers vom Grad der Überidentifikation abhängt. (Siehe hierzu z.B. Sawa [14] oder Sargan [13].)

5. Auswahl der Werte der Modellparameter

Für jeden nicht a priori restringierten Parameter wurde ein zulässiger Wertebereich vorgegeben, aus dem jeweils 10 Werte ausgewählt wurden. Die Intervalle wurden so bestimmt, daß diese Werte den Annahmen (A1) bis (A5) genügten. Die Auswahl der Parameterwertkombinationen für die einzelnen Strukturen, die in den Simulationen berücksichtigt wurden, erfolgte durch eine Zufallsauswahl mit Hilfe von gleichverteilten Zufallszahlen.

6. Die Erzeugung der Daten

Zur Erzeugung der Stichproben, die als Modelldaten verwendet werden sollten, wurden gleichverteilte Zufallszahlen mit Hilfe des Box-Muller-Algorithmus in standardnormalverteilte Zufallszahlen umgewandelt (siehe [7]). Durch lineare Transformation ließen sich daraus Zufallszahlen mit der gewünschten Normalverteilung generieren. Die Stichproben für die exogenen Variablen wurden gemäß der Vorschrift der Gleichungen (12) und (13) erzeugt, während die Daten für die endogenen Variablen mit Hilfe der reduzierten Form gewonnen wurden. Hierbei erwies sich die Verwendung von antithetischen Variablen (siehe z.B. [7]) als sehr nützlich.

7. Verwendete Maßzahlen für einen Vergleich der untersuchten Schätzer

Um einen Vergleich der Güte der drei Schätzer für die strukturellen Koeffizienten, nämlich des OLS-Schätzers, des FIDA-Schätzers und des Instrumentvariablen-Schätzers, zu ermöglichen, wurden folgende empirische Maßzahlen berechnet:

- der Durchschnitt aus den mittleren quadratischen Fehlern der einzelnen geschätzten Parameter (DMQF = durchschnittlicher mittlerer quadratischer Fehler genannt),
- der Durchschnitt aus den Abständen der Mediane der Verteilungen der geschätzten Parameter von den wahren Parameterwerten (mit DMA = durchschnittlicher Medianabstand bezeichnet; der DMA-Wert entspricht der durchschnittlichen Verzerrung eines Schätzers),
- der Durchschnitt aus den Abständen der 0,975-Quantile von den 0,025-Quantilen, berechnet für jeden geschätzten Parameter (DQA = durchschnittlicher Quantilsabstand; der DQA-Wert entspricht der durchschnittlichen Varianz eines Schätzers).

Die nichtparametrischen Maßzahlen DMA und DQA wurden berechnet, weil sie auch dann endliche Werte besitzen, wenn der Erwartungswert und die Varianz der Schätzfunktion nicht existieren.

Die drei Gütemaße wurden für jeden Simulationslauf der Modelle I bis III und für Datenreihenlängen von T = 20, 40 und 60 errechnet.

8. Ergebnisse des Vergleichs

Der Vergleich der Güte der drei Schätzverfahren anhand der obigen Maßzahlen zeigt, [1]

- daß beim FIDA-Schätzer die kleinsten Verzerrungen, gemessen am DMA-Wert, und beim OLS-Schätzer die größten Verzerrungen auftreten.
- daß der OLS-Schätzer offenbar die geringste Streuung, gemessen am DQA-Wert, besitzt. Die durchschnittlichen Quantilsabstände waren beim FIDA- und beim Instrumentvariablen-Schätzer in einigen Fällen sehr groß.
- daß der OLS-Schätzer den beiden anderen Schätzfunktionen (IV, FIDA) nach allen verwendeten Maßzahlen in der Mehrzahl der untersuchten Fälle klar überlegen ist, wenn das Verhältnis der Anzahl der exogenen Variablen im Modell zur Anzahl der unverzögerten und verzögerten endogenen Variablen im Modell groß ist (Modell III).
- daß der OLS-Schätzer offenbar einen endlichen Erwartungswertvektor und eine endliche Kovarianzmatrix besitzt, während die zweiten Momente des FIDA- und des IV-Schätzers wahrscheinlich nicht existieren. Eine Abhängigkeit der Existenz der Momente vom Grad der Überidentifikation ist bei keinem der Schätzverfahren festzustellen.

Aus diesen Ergebnissen läßt sich die Empfehlung ableiten, die strukturellen Koeffizienten des aus den Gleichungen (1) und (2) bestehenden Modells mit Hilfe des OLS-Verfahrens zu schätzen. Der FIDA- und der IV-Schätzer sind hierzu offenbar weniger geeignet.

Diese auf statistischen Gesichtspunkten beruhende Empfehlung zugunsten von OLS wird verstärkt durch andere Kriterien wie z.B. Rechenzeitbedarf und Einfachheit der Methode. Das Ergebnis des Gütevergleichs zeigt, wie unvollständig bzw. irreführend die Information sein kann, die man erhält, wenn man nur die asymptotischen Eigenschaften (Konsistenz, asymptotische Effizienz) eines Schätzers betrachtet.

9. Anwendung der Regressionsanalyse auf die Simulationsergebnisse

Beim Gütevergleich des letzten Abschnitts zeigte sich, daß die Methode der kleinsten Quadrate den beiden übrigen untersuchten Schätzverfahren im untersuchten Modell bei T = 20, 40 und 60 vorzuziehen ist. Um die Abhängigkeit des durchschnittlichen mittleren quadratischen Fehlers des OLS-Schätzers von den Werten der Versuchsparameter quantitativ zu erfassen, wurden Regressionen zu den Simulationsergebnissen von Modell I durchgeführt (Schätzung von "Response Surfaces"). Als Regressand fungierte hierbei DMQF (siehe Abschnitt 7) oder eine Funktion davon; die nicht a priori Null gesetzten Parameter der Gleichungen (8) bis (13) oder Funktionen davon bildeten die Regressoren.

1 Tabellen zu den Untersuchungsergebnissen können bei den Verfassern angefordert werden: Lehrgebiet Statistik und Ökonometrie, Prof. Dr. Dr. Josef Gruber, Fernuniversität Hagen, Postfach 940, 5800 Hagen 1.

Es zeigte sich, daß die Werte des durchschnittlichen mittleren quadratischen Fehlers des OLS-Schätzers in weit stärkerem Maße von den Varianzen und Autokorrelationskoeffizienten der exogenen Variablen sowie von den Varianzen der Störvariablen, d.h. von den Diagonalelementen von Σ_0, abhängen als von den Werten der Elemente der Parametermatrizen Γ, B_1 und R.

Da die a priori nicht Null gesetzten Elemente dieser Matrizen zur Inkonsistenz des Schätzers der gewöhnlichen Methode der kleinsten Quadrate in dem durch (1) und (2) gegebenen Modell führen, waren hier der asymptotischen Theorie zufolge größere Abhängigkeiten zu erwarten. Auch dieses Ergebnis stützt die Empfehlung, die in Abschnitt 7 gegeben wurde.

Literatur

[1] Amemiya, Takeshi: Specification analysis in the estimation of parameters of a simultaneous equation model with autoregressive residuals, Econometrica, Vol. 34 (1966), 283-306.

[2] Cragg, John G.: On the sensitivity of simultaneous-equations estimators to the stochastic assumptions of the models, Journal of the American Statistical Association, Vol. 61 (1966), 136-151.

[3] Dhrymes, Phoebus J.: Full information estimation of dynamic simultaneous equationsmodels with autoregressive errors, discussion paper no. 203 of the University of Pennsylvania (1971).

[4] Dhrymes, Phoebus J./ Erlat, H.: Asymptotic properties of full information estimators in dynamic autoregressive simultaneous equations models, Journal of Econometrics, Vol. 2 (1974), 247-259.

[5] Fair, Ray C.: Efficient estimation of simultaneous equations with autoregressive errors by instrumental variables, Review of Economics and Statistics, Vol. 54 (1972), 444-449.

[6] Goldfeld, Stephen M./ Quandt, Richard E.: Nonlinear models in econometrics, Amsterdam/London (1972).

[7] Hammersley, J.M./ Handscomb, D.C.: Monte Carlo methods, London (1964)

[8] Hatanaka, Michio: Several efficient two-step-estimators for the dynamic simultaneous equations model with autoregressive disturbances, Journal of Econometrics, Vol. 4 (1976), 189-204.

[9] Hendry, David F.: The structure of simultaneous equations estimators, Journal of Econometrics, Vol. 4 (1976), 51-88.

[10] Hendry, David F.: The behaviour of inconsistent instrumental variables estimators in dynamic systems with autocorrelated errors, Journal of Econometrics, Vol. 7 (1979), 295-314.

[11] Sargan, J.D.: The maximum likelihood estimation of economic relationships with autoregressive residuals, Econometrica, Vol. 29 (1961), 414-426.

[12] Sargan, J.D.: The identification and estimation of sets of simultaneous stochastic equations, mimeo. (London School of Economics, London) (1972).

[13] Sargan, J.D.: On the existence of the moments of 3SLS estimators, Econometrica, Vol. 46 (1978), 1329-1350.

[14] Sawa, Takamitsu: Finite-sample properties of the k-class estimators, Econometrica, Vol. 40 (1972), 653-680.

ÄQUIVARIANTE SCHÄTZFUNKTIONEN UND NORMALVERTEILUNGSANNAHME IM LINEAREN MODELL

Heinz Cremers und Werner Fieger, Karlsruhe

Zusammenfassung. Ist im linearen Modell $M=(Y,X\beta,\sigma^2 I,E)$ eine lineare Funktion $\beta \to g(\beta)$ zu schätzen, so minimiert bei konvexer Schadensfunktion die OLS-Schätzfunktion (OLS-SF) das Risiko bekanntlich gleichmäßig in der Klasse $\mathfrak{E}(M,g)$ aller erwartungstreuen SF, wenn Y normalverteilt ist. Wir untersuchen, für welche Matrizen X bei quadratischer Schadensfunktion folgende Aussage gilt: Ist für jede linear schätzbare Linearform g die OLS-SF G zulässig in $\mathfrak{E}(M,g)$ oder minimiert G das Risiko gleichmäßig in der Klasse der äquivarianten SF in $\mathfrak{E}(M,g)$, so ist Y notwendig normalverteilt. Das hierzu angegebene Resultat präzisiert und verallgemeinert bekannte Ergebnisse von Kagan, Linnik, Rao und Shalaevskii. Weiter zeigen wir: Sind die für X angegebenen Bedingungen nicht erfüllt, so minimiert für jede linear schätzbare Linearform g die OLS-SF das Risiko gleichmäßig in der Klasse der äquivarianten SF in $\mathfrak{E}(M,g)$ schon dann, wenn die Komponenten von Y symmetrisch zu ihrem Erwartungswert verteilt sind.

Summary. In a linear model $M=(Y,X\beta,\sigma^2 I,E)$ a linear functional $\beta \to g(\beta)$ is to be estimated; for convex loss it is well-known that the OLS-estimator minimizes the risk uniformly in the class $\mathfrak{E}(M,g)$ of all unbiased estimators, if Y is normally distributed. For squared-error loss we give conditions on the matrix X so that the following in a sense opposite statement holds: Y is normally distributed, if for each linear estimable functional g the OLS-estimator is admissable in $\mathfrak{E}(M,g)$ or minimizes the risk uniformly in the class of equivariant estimators in $\mathfrak{E}(M,g)$. Our result precises and generalizes known results by Kagan, Linnik, Rao, and Shalaevskii. Furthermore we show: If these conditions on X are not satisfied and the components of Y are symmetrically distributed about the mean, for each linear estimable functional g the OLS-estimator already minimizes the risk uniformly in the class of equivariant estimators in $\mathfrak{E}(M.g)$.

§1 Einleitung

A. Notation. Wir betrachten ein lineares Modell $Y=X\beta+\sigma Z$, wobei X eine vorgegebene n×m-Matrix (kurz: $X\in\mathfrak{M}_{n\times m}$), $\beta\in\mathbb{R}^m$ und $\sigma\in\mathbb{R}^1_{>0}$ unbekannte reelle Parameter und $Z=(Z_1,\dots,Z_n)'$ einen Zufallsvektor mit unabhängigen identisch verteilten Komponenten $Z_1,\dots,Z_n$ mit $E(Z_i)=0$, $\text{var}(Z_i)=1$ bezeichnen. Die Verteilung der Z_i sei durch einen Parameter $\eta\in E$ charakterisiert. (Mit $\mathfrak{L}_\eta(Z)$ bezeichnen wir die Verteilung von Z.) Die Verteilung des Zufallsvektors Y wird dann durch den Parameter $\theta=(\beta,\sigma,\eta)\in\Theta=$ $=\mathbb{R}^m\times\mathbb{R}^1_{>0}\times E$ beschrieben. Für dieses lineare Modell schreiben wir auch kurz $M=$ $=(Y,X\beta,\sigma^2 I,E)$. $V(X):=X\,\mathbb{R}^m$ ist der von den Spalten von X aufgespannte Untervektorraum des $\mathbb{R}^n$, $P:=X(X'X)^-X'$ die orthogonale Projektion des $\mathbb{R}^n$ auf V(X) und $Q:=I-P$ die orthogonale Projektion des $\mathbb{R}^n$ auf $V(X)^\perp$. Ist M ein lineares Modell und $g:\mathbb{R}^m\to\mathbb{R}^1$, $\beta\to g(\beta)$, so nennen wir (M,g) ein Schätzproblem; ist speziell $g(\beta)=\gamma'\beta$, $\gamma\in\mathbb{R}^m$, so nennen wir (M,g) ein lineares Schätzproblem und schreiben dafür auch (M,γ). g heißt schätzbar in M, wenn es eine Borel-meßbare Funktion - kurz: eine Schätzfunktion

(SF) - $S: \mathbb{R}^n \to \mathbb{R}^1$ mit $E_\theta(S(Y))=g(\beta)$ für alle $\theta=(\beta,\sigma,\eta)\in\Theta$ gibt; ist S in der Form $S(y)=\ell'y$, $y\in\mathbb{R}^n$, wählbar, so heißt g linear schätzbar in M. g ist linear schätzbar in M $\Leftrightarrow \exists \ell\in\mathbb{R}^n$: $g(\beta)=\ell'X\beta$.

B. Eine SF $S: \mathbb{R}^n \to \mathbb{R}^1$ für ein linear schätzbares $g(\beta)=\gamma'\beta$ (wobei $\gamma=X'\ell$) nennen wir äquivariant im Modell M, wenn gilt

$$\forall y\in\mathbb{R}^n, \beta\in\mathbb{R}^m: \quad S(y+X\beta) = S(y) + g(\beta)$$

(oder gleichbedeutend: $\forall y\in\mathbb{R}^n, a\in V(X)$: $S(y+a)=S(y)+\ell'a$.) Wir setzen für $\gamma\in\mathbb{R}^m$ zur Abkürzung:

$$\mathcal{E}(M,\gamma) := \{S: \mathbb{R}^n \to \mathbb{R}^1 : S \text{ ist SF mit } E_\theta(S(Y))=\gamma'\beta \text{ für } \theta=(\beta,\sigma,\eta)\in\Theta\}$$
$$\mathcal{J}(M,\gamma) := \{S: \mathbb{R}^n \to \mathbb{R}^1 : S \text{ ist äquivariante SF in M für } g(\beta)=\gamma'\beta\}$$

und $\mathcal{JE}(M,\gamma):=\mathcal{E}(M,\gamma)\cap\mathcal{J}(M,\gamma)$. Ist $g(\beta)=\gamma'\beta$ linear schätzbar (also $\gamma=X'\ell$ mit $\ell\in\mathbb{R}^n$), so gilt für eine SF S für g: $S\in\mathcal{J}(M,\gamma) \Leftrightarrow \forall y\in\mathbb{R}^n: S(y)=\ell'Py+S(Qy)$. Da die gewöhnliche Minimum-Quadrat (OLS)-SF G für $g(\beta)=\gamma'\beta$ die Form $G(y)=\gamma'(X'X)^-X'y=\ell'Py$ hat, gilt für eine äquivariante SF S für g: $S = G \Leftrightarrow \forall y\in V(X)^\perp: S(y)=0$.

C. Wir legen unseren Überlegungen die quadratische Schadensfunktion zugrunde: die Güte einer SF S für eine linear schätzbare Funktion $g(\beta)=\gamma'\beta$ beurteilen wir also anhand der Risikofunktion

$$R(\theta,S) = E_\theta([S(Y)-\gamma'\beta]^2), \qquad \theta=(\beta,\sigma,\eta)\in\Theta.$$

Ist $\mathcal{S}$ eine Klasse von SF $S: \mathbb{R}^n \to \mathbb{R}^1$ für g, so nennen wir ein $S_0\in\mathcal{S}$ R-gleichmäßig beste (R-glmb) SF in $\mathcal{S}$ für g, wenn $R(\theta,S_0) \le R(\theta,S)$ für $S\in\mathcal{S}$ und $\theta\in\Theta$ gilt.

§2 Äquivalente lineare Modelle und äquivalente lineare Schätzprobleme

Es bezeichne $\mathfrak{M}_n^{\pm1}$ bzw. $\mathfrak{M}_m$ die Klasse aller orthogonalen $n\times n$-Matrizen mit Elementen aus $\{0,1,-1\}$ bzw. die Klasse aller regulären $m\times m$-Matrizen. Es seien (M_i,g_i), i=1,2, zwei Schätzprobleme, wobei $M_i=(Y_i,X_i\beta_i,\sigma^2 I,E_i)$, $X_1\in\mathfrak{M}_{n\times m}$, $X_2\in\mathfrak{M}_{n\times k}$, sowie g_i linear schätzbar in M_i. Die beiden Schätzprobleme heißen äquivalent (kurz: $(M_1,g_1)\sim(M_2,g_2)$), wenn gilt:

(2.1) $E_1 = E_2$;

(2.2) $\exists U\in\mathfrak{M}_n^{\pm1}, \ell\in\mathbb{R}^n$: (a) $\forall\eta\in E_1=E_2$: $\mathcal{L}_\eta(UZ_1)=\mathcal{L}_\eta(Z_2)$,
(b) $V(UX_1)=V(X_2)$,
(c) $g_1(\beta_1)=\ell'X_1\beta_1$ und $g_2(\beta_2)=\ell'U'X_2\beta_2$.

M_1 und M_2 heißen äquivalent (kurz: $M_1\sim M_2$), wenn (2.1), (2.2)(a) und (2.2)(b) gilt.

(2.3) Satz. Gilt $M_1\sim M_2$, so gibt es zu jedem in M_1 linear schätzbaren $g_1(\beta_1)=\gamma_1'\beta_1$ ein in M_2 linear schätzbares $g_2(\beta_2)=\gamma_2'\beta_2$ mit $(M_1,\gamma_1)\sim(M_2,\gamma_2)$.

(2.4) Satz. Sei $(M_1,\gamma_1)\sim(M_2,\gamma_2)$ und $U\in\mathfrak{M}_n^{\pm1}$ erfülle (2.2)(a)-(c). Für jede SF $S_1: \mathbb{R}^n \to \mathbb{R}^1$ gilt dann mit $S_2(y):=S_1(U'y)$:

(a) $S_1 \in \mathcal{E}(M_1,\gamma_1) \Leftrightarrow S_2 \in \mathcal{E}(M_2,\gamma_2)$;
(b) $S_1 \in \mathcal{J}(M_1,\gamma_1) \Leftrightarrow S_2 \in \mathcal{J}(M_2,\gamma_2)$;
(c) S_1 ist OLS-SF in $(M_1,\gamma_1) \Leftrightarrow S_2$ ist OLS-SF in (M_2,γ_2);
(d) $S_1 \in \mathcal{J}\mathcal{E}(M_1,\gamma_1)$ ist zulässig in $\mathcal{E}(M_1,\gamma_1) \Leftrightarrow S_2 \in \mathcal{J}\mathcal{E}(M_1,\gamma_1)$ ist zulässig in $\mathcal{E}(M_2,\gamma_2)$.
(e) S_1 ist R-glmb SF in $\mathcal{J}\mathcal{E}(M_1,\gamma_1) \Leftrightarrow S_2$ ist R-glmb SF in $\mathcal{J}\mathcal{E}(M_2,\gamma_2)$.

(2.5) Korollar (zu (2.3) und (2.4)). Mit $M_1 \sim M_2$ gilt: In M_1 ist für jedes linear schätzbare $g_1(\beta_1)=\gamma_1'\beta_1$ die OLS-SF G_1 R-glmb SF in $\mathcal{J}\mathcal{E}(M_1,\gamma_1) \Leftrightarrow$ In M_2 ist für jedes linear schätzbare $g_2(\beta_2)=\gamma_2'\beta_2$ die OLS-SF G_2 R-glmb SF in $\mathcal{J}\mathcal{E}(M_2,\gamma_2)$.

§3 Lineare Modelle in Blockgestalt

A. Für die weiteren Überlegungen ist das folgende Lemma grundlegend.

(3.1) Lemma. Sei (M,g) ein Schätzproblem und $S_0 \in \mathcal{J}(M,g)$. S_0 ist R-glmb SF in $\mathcal{J}(M,g) \Leftrightarrow$

$$E_{(0,\sigma,\eta)}(S_0(Y)|QY=t) = 0$$

für $\mathcal{L}_{(0,\sigma,\eta)}(QY)$-fast alle $t \in V(X)^{\perp}$, für jedes $\sigma>0, \eta \in E$.

(3.2) Folgerungen. 1. S_0 ist R-glmb SF in $\mathcal{J}(M,g) \Rightarrow S_0 \in \mathcal{E}(M,g)$.
2. Ist (M,γ) ein lineares Schätzproblem mit $\gamma=X'\ell$, so gilt für die OLS-SF $G(y)=\ell'Py=:k'y$ in M: G ist R-glmb SF in $\mathcal{J}\mathcal{E}(M,\gamma) \Leftrightarrow$

(3.3) $$E_{(0,\sigma,\eta)}(k'Y|QY=t) = 0$$

für $\mathcal{L}_{(0,\sigma,\eta)}(QY)$-fast alle $t \in V(X)^{\perp}$, für jedes $\sigma>0, \eta \in E$.

Mit den Methoden aus Kagan, Linnik, Rao (1973) S. 239 kann gezeigt werden:

(3.4) Lemma. Unter den Voraussetzungen von Folgerung (3.2)2. gilt:
G ist zulässig in $\mathcal{E}(M,\gamma) \Rightarrow$ (3.3).

B. Wir betrachten nun ein lineares Modell $M=(Y,X\beta,\sigma^2 I,E)$, wobei $X \in \mathfrak{M}_{n\times m}$ die Gestalt

(3.5) $$X = \begin{pmatrix} X_1 & & 0 \\ & \ddots & \\ 0 & & X_q \end{pmatrix},$$

$X_j \in \mathfrak{M}_{n_j \times m_j}$, $n_1+\cdots+n_q=n$, $m_1+\ldots+m_q=m$ habe. Die Vektoren $\beta,\gamma \in \mathbb{R}^m$, $\ell,k \in \mathbb{R}^n$ und Y,Z seien entsprechend der Blockgestalt von X zerlegt:
$\beta=(\hat\beta_1,\ldots,\hat\beta_q)'$ mit $\hat\beta_j \in \mathbb{R}^{m_j}$; $\ell=(\hat\ell_1,\ldots,\hat\ell_q)'$ mit $\hat\ell_j \in \mathbb{R}^{n_j}$; $Y=(\hat Y_1,\ldots,\hat Y_q)'$ mit $\hat Y_j \in \mathbb{R}^{n_j}$.
Weiter betrachten wir die linearen Teilmodelle $M_j=(\hat Y_j,X_j\hat\beta_j,\sigma^2 I_{n_j},\hat E)$ und für ein lineares Schätzproblem (M,γ) mit $g(\beta)=\gamma'\beta$ die Teilprobleme $(M_j,\hat\gamma_j)$ mit $g_j(\hat\beta_j):=\hat\gamma_j'\hat\beta_j$, $j=1,\ldots,q$.

(3.6) Lemma.
(a) g ist linear schätzbar in M $\Leftrightarrow g_j$ ist linear schätzbar in M_j für $j=1,\ldots,q$.
(b) $G(y)=k'y$ ist OLS-SF in M für g $\Leftrightarrow G_j(\hat y_j)=\hat k_j'\hat y_j$ ist OLS-SF in M_j für g_j für $j=1,\ldots,q$.

Beim Beweis des folgenden Lemmas wird in Teil (c) Lemma (3.1) verwendet.

(3.7) Lemma. Für eine SF $S: \mathbb{R}^n \to \mathbb{R}^1$ mit der Form $S(y)=\Sigma_{j=1}^q S_j(\hat{y}_j)$, $S_j: \mathbb{R}^{n_j} \to \mathbb{R}^1$, gilt:

(a) $S \in \mathcal{J}(M,\gamma) \Leftrightarrow S_j \in \mathcal{J}(M_j,\hat{\gamma}_j)$ für $j=1,\ldots,q$.

(b) $S \in \mathcal{E}(M,\gamma)$ und $E_{(0,\sigma,\eta)}(S_j(\hat{y}_j))=0$ für $j=1,\ldots,q \Leftrightarrow S_j \in \mathcal{E}(M_j,\hat{\gamma}_j)$ für $j=1,\ldots,q$.

(c) S ist R-glmb SF in $\mathcal{J}(M,\gamma) \Leftrightarrow S_j$ ist R-glmb SF in $\mathcal{J}(M_j,\hat{\gamma}_j)$ für $j=1,\ldots,q$

(3.8) Korollar (zu (3.2)1., (3.6)(b) und (3.7)(c)). Die OLS-SF G ist R-glmb SF in $\mathcal{JE}(M,\gamma) \Leftrightarrow$ die OLS-SF G_j ist R-glmb SF in $\mathcal{JE}(M_j,\hat{\gamma}_j)$ für $j=1,\ldots,q$.

§4 Lineare Modelle in Normalform

A. Ein lineares Modell $M=(Y,X\beta,\sigma^2 I,E)$ mit einer Matrix X der Form $\binom{I}{\Xi}$ heiße lineares Modell in Normalform (NF). Hat X die Gestalt (3.5), wobei

1. jeder Block $X_j, j=1,\ldots,q$, die Form $\binom{I}{\Xi_j}$ hat und
2. jeder Block durch Zeilen- und Spaltenvertauschungen nicht weiter in Blöcke zerlegt werden kann,

so heiße M lineares Modell in Blocknormalform (BNF). In jedem linearen Modell in NF bzw. BNF hat X notwendig vollen Rang. Es gilt der folgende Satz.

(4.1) Satz. Zu jedem linearen Modell gibt es ein äquivalentes lineares Modell in NF und in BNF.

B. Sei (M,γ) ein lineares Schätzproblem, wobei M NF hat und $\gamma=X'\ell$ gelte. Für diesen Fall erhalten wir aus Gleichung (3.3), wenn wir mit $e^{is'QY}$ multiplizieren, den Erwartungswert bilden und $d:=(s'Q)'=Qs \in V(X)^\perp$ setzen:

$$G \text{ ist R-glmb SF in } \mathcal{JE}(M,\gamma) \Rightarrow \forall d \in V(X)^\perp, \eta \in E: E_\eta(k'Ze^{id'Z}) = 0.$$

Mit der logarithmischen Ableitung $\psi_\eta(x):=\frac{\partial}{\partial x}\ln f(x|\eta)$ der charakteristischen Funktion $f(x|\eta):=E_\eta(e^{ix'Z_1})$ schreibt sich die letzte Gleichung in der Form:

$$k_1\psi_\eta(d_1)+\cdots+k_n\psi_\eta(d_n) = 0, \qquad k = (k_1,\ldots,k_n)', \; d = (d_1,\ldots d_n)'.$$

Beachtet man die spezielle Gestalt von X, so folgt:

(4.2) Lemma. Sei (M,γ) ein lineares Schätzproblem, wobei M NF hat mit $X=\binom{I}{\Xi}$, $\Xi=(\xi_1,\ldots,\xi_m) \in \mathfrak{M}_{p\times m}$, $p=n-m$, und $\gamma=X'\ell$ gelte.

(a) Die OLS-SF $G(y)=\ell'Py=:k'y$ ist a) R-glmb SF in $\mathcal{JE}(M,\gamma)$ oder b) zulässig in $\mathcal{E}(M,\gamma) \Rightarrow$

$$(4.3) \quad \forall d=(d_1,\ldots,d_p)' \in \mathbb{R}^p: k_1\psi_\eta(-\xi_1'd)+\cdots+k_m\psi_\eta(-\xi_m'd)+k_{m+1}\psi_\eta(d_1)+\cdots+k_n\psi_\eta(d_p) = 0,$$

wobei $k=(k_1,\ldots,k_n)'$.

(b) Ist für jedes linear schätzbare $g(\beta)=\gamma'\beta$ die OLS-SF G a) R-glmb SF in $\mathcal{JE}(M,\gamma)$ oder b) zulässig in $\mathcal{E}(M,\gamma)$, so gilt (4.3) für alle $k \in V(X)$.

C. Zur Lösung von (4.3) sind folgende Lemmata hilfreich:

(4.4) Lemma (Kagan, Linnik, Rao, 1973). Betrachte die Matrix $\Xi=(\xi_1,\ldots,\xi_m)\in\mathfrak{M}_{p\times m}$, $p\geq 2$ und die Gleichung $\psi_1(\xi_1'd)+\cdots+\psi_m(\xi_1'd)=\chi_1(d_1)+\cdots+\chi_p(d_p)$, die gültig sei für alle $d=(d_1,\ldots,d_p)'\in\mathbb{R}^p$ mit $|d_j|\leq\delta,\delta>0,j=1,\ldots,p$. Ist ξ_{j_0} nicht proportional zu einem anderen $\xi_j, j\neq j_0$ und nicht proportional zu einer Spalte von I_p, so ist ψ_{j_0} ein Polynom vom Grade $\leq$ m.

(4.5) Lemma. Sei ϕ: $\mathbb{R}^1\to\mathbb{R}^1$ eine in 0 differenzierbare Funktion mit $\phi(0)=0$ und $a\in\mathbb{R}^1$ mit $0\neq|a|\neq 1$. Gilt $\phi(at)=a\phi(t)$ für alle $t\in\mathbb{R}^1$, so ist ϕ linear.

§5 Hauptresultate

Wir sagen, ein lineares Modell habe die Eigenschaft (N), wenn für die Matrix $X=\binom{I}{\Xi}$ eines äquivalenten linearen Modells in NF eine der beiden folgenden Bedingungen erfüllt ist:

1. In Ξ gibt es mindestens eine Spalte, die mindestens zwei von 0 verschiedene Elemente enthält.

2. In Ξ gibt es mindestens ein von 0,1 und -1 verschiedenes Element.

Der folgende Satz verallgemeinert das Kagan - Linnik - Rao Theorem (vgl. Kagan, Linnik, Rao (1965) oder Kagan, Linnik, Rao (1973), S. 155) und verschärft das Theorem von Kagan, Shalaevskii (1969) (vgl. auch Humak (1977), S. 40 f.), sowie - durch die 2. Bedingung oben - ein Resultat von Kagan, Linnik, Rao (1973), S. 239/40. Er ergibt sich aus Satz (2.4)(d), Korollar (2.5), den Lemmata (4.2),(4.4) und (4.5), sowie einem Satz von Marcinkiewicz (vgl. Richter (1966)).

(5.1) Satz. M habe die Eigenschaft (N). Ist dann für jede linear schätzbare Funktion $\gamma'\beta$ die OLS-SF G a) R-glmb SF in $\mathfrak{J}\mathfrak{E}(M,\gamma)$ oder b) zulässig in $\mathfrak{E}(M,\gamma)$, so ist Z normalverteilt.

Die beiden Bedingungen der Eigenschaft (N) eines linearen Modells sind - im Gegensatz zu den Bedingungen in den oben genannten Arbeiten - insoweit erschöpfend, daß - mithilfe des Konzeptes der BNF - weiter gezeigt werden kann:

(5.2) Satz. M habe nicht die Eigenschaft (N). Haben die Z_i eine zum Erwartungswert 0 symmetrische Verteilung, so ist für jede linear schätzbare Funktion $\gamma'\beta$ die OLS-SF G R-glmb SF in $\mathfrak{J}\mathfrak{E}(M,\gamma)$.

Beweisskizze. Nach Voraussetzung ist $\mathcal{L}_\eta(Z)=\mathcal{L}_\eta(UZ)$ für $U\in\mathfrak{M}_n^{\pm 1}$. Da M nicht die Eigenschaft (N) hat, gibt es ein zu M äquivalentes lineares Modell $\hat{M}$ in BNF, wobei die Matrizen X_j der Teilmodelle $\hat{M}_j=(\hat{Y}_j,X_j\hat{\beta}_j,\sigma^2 I,E)$ eine der beiden folgenden Formen haben:

$$A=(1),\qquad B=\begin{pmatrix}1&0&\cdots&0\\0&1&\cdots&0\\\vdots&&\ddots&\vdots\\0&\cdots&\cdots&1\\1&1&\cdots&1\end{pmatrix}.$$

Nach Korollar (3.8) ist die Behauptung nur noch zu zeigen für die linearen Modelle $M_A=(Y,A\beta,\sigma^2 I,E)$ und $M_B=(Y,B\beta,\sigma^2 I,E)$. Für M_A ist der Nachweis trivial. Für M_B ist nach Folgerung (3.2)2. Bedingung (3.3) für alle $k\in V(B)$ nachzuweisen. Nun gilt in M_B für die Matrix Q und ein $k\in V(B)$:

$$Q = \frac{1}{n}\begin{pmatrix} 1 & 1 & \cdots & 1 & -1 \\ \cdot & \cdot & & \cdot & \cdot \\ \cdot & \cdot & & \cdot & \cdot \\ \cdot & \cdot & & \cdot & \cdot \\ 1 & 1 & \cdots & 1 & -1 \\ -1 & -1 & \cdots & -1 & 1 \end{pmatrix} \qquad k = \begin{pmatrix} k_1 \\ \cdot \\ \cdot \\ \cdot \\ k_{n-1} \\ \Sigma k_i \end{pmatrix}$$

Es ist also für

$$h(t):=E(k_1(Z_1+Z_n)+\cdots+k_{n-1}(Z_{n-1}+Z_n)\,|\,Z_1+\cdots+Z_{n-1}-Z_n=t)$$

die Beziehung $h(t)\equiv 0$ für alle $t\in V(B)^{\perp}$ nachzuweisen. Wegen $\mathcal{L}_\eta(Z_n)=\mathcal{L}_\eta(-Z_n)$ ist

(5.3) $\quad h(t)=E(k_1(Z_1-Z_n)+\cdots+k_{n-1}(Z_{n-1}-Z_n)\,|\,Z_1+\cdots+Z_n=t).$

Beachtet man, daß sämtliche Permutationen der Komponenten von Z dieselbe Verteilung wie Z haben und summiert man den Ausdruck in (5.3) über alle diese Permutationen, so folgt $h(t)=0$.

(5.4) Beispiel. Wir untersuchen die G- und D-optimalen Versuchspläne zur linearen Regression $y = \beta_1+\beta_2 x$ mit Versuchsbereich $\mathcal{A}=[0,1]$ und n Beobachtungen (vgl. Krafft (1978), S.243 ff.).

Für n=3 hat der G-optimale Versuchsplan die Matrix

$$X = \begin{pmatrix} 1 & 1 \\ 1 & 0 \\ 1 & 1/2 \end{pmatrix}.$$

Dazu äquivalent ist das lineare Modell in NF mit der Matrix

$$X_{äq} = \begin{pmatrix} 1 & 0 \\ 0 & 1 \\ 1/2 & 1/2 \end{pmatrix};$$

also hat das Modell die Eigenschaft (N). Dagegen hat für n=3 ein D-optimaler Versuchsplan die Matrix

$$X = \begin{pmatrix} 1 & 1 \\ 1 & 0 \\ 1 & 1 \end{pmatrix}.$$

Wegen

$$X_{äq} = \begin{pmatrix} 1 & 0 \\ 0 & 1 \\ 1 & 0 \end{pmatrix}$$

hat das Modell nicht die Eigenschaft (N).

Für n=4 ist der G- bzw. D-optimale Versuchsplan gegeben durch die Matrix

$$X = \begin{pmatrix} 1 & 1 \\ 1 & 1 \\ 1 & 0 \\ 1 & 0 \end{pmatrix}.$$

Wegen

$$X_{äq} = \begin{pmatrix} 1 & 0 \\ 0 & 1 \\ 1 & 0 \\ 0 & 1 \end{pmatrix}$$

hat das Modell nicht die Eigenschaft (N). Für $n \geq 5$ hat sowohl das zum G-optimalen Versuchsplan als auch das zum D-optimalen Versuchsplan gehörende lineare Modell die Eigenschaft (N).

Literatur.

K. M. S. Humak, Statistische Methoden der Modellbildung, Band I: Statistische Inferenz für lineare Parameter, Akademie-Verlag, Berlin 1977

A. M. Kagan, Yu. V. Linnik und C. R. Rao, On a characterization of the normal law based on a property of the sample average, Sankhya A 27, 405-406 (1965)

A. M. Kagan, Yu. V. Linnik und C. R. Rao, Characterization Problems in Mathematical Statistics, Wiley, New York 1973

A. M. Kagan und O. V. Shalaevskii, Admissibility of the least squares estimators is the exclusive property of the normal law, Matem. Zametki 6, 81-89 (1969) (engl. Obersetzung in Math. Notes Acad. Sci. USSR 6, 508-512 (1969))

O. Krafft, Lineare statistische Modelle und optimale Versuchspläne, Vandenhoeck u. Ruprecht, Göttingen 1978

H. Richter, Wahrscheinlichkeitstheorie, Springer, Berlin 1966

PROBABILISTISCHE, ASYMPTOTISCHE EIGENSCHAFTEN EINIGER SPEZIELLER QUADRATISCHER ZUORDNUNGSPROBLEME

U. FINCKE

1. EINFÜHRUNG

Bezeichnet man mit $\mathcal{S}_m$, $m \in N$, die Menge aller Permutationen von $\{1,..,m\}$, so lautet das Quadratische Summen-Zuordnungsproblem (QSZP)

$$\min_{\pi \in \mathcal{S}_m} \sum_{i=1}^{m} \sum_{j=1}^{m} a_{ij}\, b_{\pi(i)\pi(j)}$$

und das Quadratische Bottleneck-Zuordnungsproblem (QBZP) analog:

$$\min_{\pi \in \mathcal{S}_m} \max_{1 \le i,j \le m} a_{ij}\, b_{\pi(i)\pi(j)}$$

Hierbei sind a_{ij}, b_{ij} $(i,j=1,.,m)$ gegebene reelle Zahlen.
Sind die Werte a_{ij} $(i,j=1,.,m)$ definiert als Abstände zwischen Punkten X_i $(i=1,..,m)$ in der Ebene, d.h. $a_{ij} = \|X_i - X_j\|$, so sprechen wir im folgenden von einem "Quadratischen Zuordnungsproblem in der Ebene".
Ein Anwendungsbeispiel sei kurz erwähnt:
An m verschiedenen Standorten X_i $(i=1,..,m)$ soll jeweils eine Fabrik errichtet werden. Bezeichnet man mit a_{ij} die Entfernung zwischen den Standorten i und j, und mit b_{pq} die Anzahl der Güter, die von der Fabrik p zur Fabrik q transportiert werden sollen, so muß, um eine Zuordnung von Fabriken zu Standorten zu finden, welche den Gesamtaufwand minimiert, ein QSZP der oben beschriebenen Form gelöst werden.
Quadratische Zuordnungsprobleme (QZP) sind "NP-hard" ((5) , (6)) und deshalb nur schwer lösbar. Exakt zu lösen sind sie nur bis zu einer Größe von $m \lesssim 15$. Aus diesem Grunde ist man sehr stark an guten Näherungsalgorithmen (NA) interessiert. Ein Maß für die Qualität eines NA ist der relative Fehler, den dieser bei der Lösung einer konkreten Aufgabe macht. Um jedoch ganz allgemeine Qualitätsaussagen machen zu können, definiert man die Eingabedaten des Problems (die Koeffizienten) als Zufallsvariablen und sucht solche Algorithmen, die die folgende Bedingung erfüllen:

$$(*) \quad P\left\{\frac{\text{Näherungslösung } (m) - \text{Optimallösung } (m)}{\text{Optimallösung } (m)} < \epsilon(m)\right\} > 1-\partial(m)$$

$$\text{mit } \epsilon(m), \partial(m) \xrightarrow[m \in N]{} 0.$$

Operations Research Proceedings 1982

Im 1. Abschnitt dieser Arbeit wird nun gezeigt, daß QZP, obschon sie deterministisch so schwer handhabbar sind, sie probabilistisch doch eine sehr schöne und überraschende Eigenschaft haben.

(**) Der relative Abstand zwischen bester und schlechtester Lösung fällt bei wachsender Problemgröße m, mit einer gegen 1 anwachsenden Wahrscheinlichkeit gegen den Wert 0.

(Jeder NA für ein QZP erfüllt also die Bedingung (*)!)

Dieses Ergebnis legt nahe, daß bei hochdimensionalen Problemen der Praxis oft schon einfachste NA sehr gute suboptimale Lösungen liefern.

Im 2. Abschnitt wird schließlich untersucht, welche anderen kombinatorischen Summen bzw. Bottleneckprobleme das asymptotische Verhalten (**) zeigen. Dabei stellt sich dann heraus, daß neben weiteren Arten von QZP der Gestalt

$$\min_{\pi \in S_m} \sum_{i=1}^{m} \sum_{j=1}^{m} d_{ij\pi(i)\pi(j)} \quad \text{bzw.} \quad \min_{\pi \in S_m} \max_{1 \leq i,j \leq m} d_{ij\pi(i)\pi(j)}$$

manche anderen Probleme wie z.B. einige spezielle Flußprobleme, oder spezielle Boolesche Probleme etc. die obige Eigenschaft (**) ebenfalls besitzen.

2. QUADRATISCHE ZUORDNUNGSPROBLEME

Für das Folgende werden die nachstehenden Abkürzungen benötigt:

$$\max_{\pi \in S_m} \sum_{i=1}^{m} \sum_{j=1}^{m} a_{ij}\, b_{\pi(i)\pi(j)} =: WS(m) \quad \text{(schlechteste Lös. des QSZP)}$$

$$\min_{\pi \in S_m} \sum_{i=1}^{m} \sum_{j=1}^{m} a_{ij}\, b_{\pi(i)\pi(j)} =: BS(m) \quad \text{(beste Lösung des QSZP)}$$

$$\max_{\pi \in S_m} \max_{1 \leq i,j \leq m} a_{ij}\, b_{\pi(i)\pi(j)} =: WB(m) \quad \text{(schlechteste Lös. des QBZP)}$$

$$\min_{\pi \in S_m} \max_{1 \leq i,j \leq m} a_{ij}\, b_{\pi(i)\pi(j)} =: BB(m) \quad \text{(beste Lösung des QBZP)}$$

Somit kann man dann zeigen:

Satz 1 (Das QSZP und das QBZP in der Ebene)

Sei $\epsilon > 0$ gegeben. Für $m \in N$ seien:

X_i $(i=1,..,m)$ unabhängige und in $[0,1]^2$ gleichverteilte Zufallsvariablen

b_{ij} $(i,j=1,..,m)$ unabhängige Zufallsvariablen in $[0,1]$ mit $E(b_{ij}) = E(b_{11}) \geq \epsilon$ für $i,j=1,..,m$.

Für eine beliebige q-Norm $\|\cdot\|_q$ mit $1 \leq q \leq \infty$ definiere

$a_{ij} := \|X_i - X_j\|_q$, $(i,j=1,..,m)$.

Dann gilt für das QSZP in der Ebene:

$$P\left\{\frac{WS(m) - BS(m)}{BS(m)} \leq \frac{6.5}{E(b_{11})m^{0.18}}\right\} \xrightarrow[m \in N]{} 1$$

Sind die $b_{ij}(i,j=1,..,m)$ ferner in $[0,1]$ gleichverteilt, so hat man für das QBZP in der Ebene:

$$P\left\{\frac{WB(m) - BB(m)}{BB(m)} \leq \frac{3}{m^{0.2} - 3}\right\} \xrightarrow[m \in N]{} 1$$

Beweis: (4), bzw. (1) + (2)

Offenbar sind die Zufallsvariablen $a_{ij} = \|X_i - X_j\|$ aus Satz 1 nicht voneinander unabhängig. Trotzdem können ähnliche Resultate für solche QZP gezeigt werden, deren sämtliche Koeffizienten a_{ij}, b_{kl} unabhängige Zufallsvariablen sind:

Satz 2 (Das allgemeine QSZP)

Seien $c, \epsilon > 0$ gegeben. Für $m \in N$ seien

a_{ij}, b_{kl} $(i,j,k,l=1,..,m)$ unabhängige Zufallsvariablen in $[0,1]$ mit

$E(a_{ij}) = E(a_{11}) \geq \epsilon$, $i,j=1,..,m$ und $\sum_{i=1}^{m} \sum_{j=1}^{m} E(b_{ij}) \geq cm^2$.

Dann gilt:

$$P\left\{\frac{WS(m) - BS(m)}{BS(m)} \leq \frac{5}{2c\ E(a_{11})m^{0.225}}\right\} \xrightarrow[m \in N]{} 1$$

Beweis: (4), bzw. (1)

Eine direkte Folgerung aus Satz 2 ist das folgende Korollar.

Korollar 1 (Das QSZP mit (volkswirtschaftlicher) Input-Output Matrix)

Sei $\epsilon>0$ gegeben. Für $m \in N$ seien

a_{ij} $(i,j=1,..,m)$ unabhängige in $[0,1]$ verteilte Zufallsvariablen mit

$E(a_{ij}) = E(a_{11}) \geq \epsilon$

Ferner sei eine Matrix $B \in \{0,1\}^{m,m}$ gegeben durch $b_{ij} = \begin{cases} 1 & \text{für } 1 \leq i \leq j \leq m \\ 0 & \text{sonst} \end{cases}$

Dann gilt:

$$P\left\{\frac{WS(m) - BS(m)}{BS(m)} \leq \frac{5}{E(a_{11})m^{0.225}}\right\} \xrightarrow[m \in N]{} 1$$

Beweis: (4)

Satz 3 (Das allgemeine QBZP)

Für $m \in N$ seien a_{ij}, b_{kl} $(i,j,k,l=1,..,m)$ unabhängige und in $[0,1]$ gleichverteilte Zufallsvariablen. Dann gilt:

$$P\left\{\frac{WB(m) - BB(m)}{BB(m)} \leq \left(\left(\frac{m}{2\log(m)}\right)^{1/2} - 1\right)^{-1}\right\} \xrightarrow[m \in N]{} 1$$

Beweis: (4) bzw. (2)

In der nachstehenden Tabelle sind einige numerische Werte für die Funktionen $\epsilon(m)$, $\partial(m)$ aus Satz 3 angegeben (siehe auch (2)):

$$P\left\{\frac{WB(m) - BB(m)}{BB(m)} \leq \epsilon(m)\right\} \geq 1 - \partial(m)$$

m	$\epsilon(m)$	$\partial(m)$
80	0.495	$1.099 \cdot 10^{-33}$
100	0.436	$2.534 \cdot 10^{-42}$
150	0.349	$5.987 \cdot 10^{-64}$
200	0.299	$1.333 \cdot 10^{-85}$

Leider ist die in den Sätzen 1 und 2 erhaltene Asymptotik bei weitem nicht so gut. Probabilistisch gute Fehlerschranken werden dort erst für astronomisch hohe m-Werte erreicht. Da aber gerade in den Beweisen dieser Sätze einige schlechte Abschätzungen gemacht wurden, so kann man doch erwarten, daß dort in Wirklichkeit weitaus bessere Schranken gelten.

3. EINIGE ANDERE KOMBINATORISCHE OPTIMIERUNGSPROBLEME

Während der Beweis zu Satz 1 einen expliziten Gebrauch der geometrischen Struktur von QZP in der Ebene macht, haben die Beweise der Sätze 2 und 3 eine viel allgemeinere Gestalt und lassen sich deshalb - modifiziert - auch auf andere kombinatorische Optimierungsprobleme anwenden.

Im folgenden wird nun eine Familie (P_m), $m \in N$, von kombinatorischen Optimierungsproblemen betrachtet. Diese Probleme seien jeweils auf Grundmengen E_m definiert. Bezeichne mit $S_m \neq \emptyset$, $m \in N$, die Menge aller zulässigen Lösungen S, $S \subset E_m$, von P_m. Zu einer gegebenen Gewichtsfunktion $c_m : E_m \to \mathbb{R}_{\geq 0}$ können nun zwei Typen von Optimierungsproblemen notiert werden:

$$\min_{S \in S_m} \sum_{e \in S} c_m(e) \qquad \text{Summenproblem}$$

$$\min_{S \in S_m} \max_{e \in S} c_m(e) \qquad \text{Bottleneckproblem}$$

In den nachstehenden Sätzen 4 und 5 werden Bedingungen angegeben, unter welchen diese beiden Problemklassen jeweils die Eigenschaft (**) besitzen.

Satz 4 (Summenproblem)

Seien $1 > \delta, \varepsilon > 0$ gegeben. Für alle $m \in N$ und alle zulässigen Lösungen $S, \hat{S} \in S_m$ mögen die drei folgenden Voraussetzungen erfüllt sein:

(i) $c_m(e)$, $e \in S$, seien unabhängige, in $[0,1]$ verteilte Zufallsvariablen

(ii) $\delta \max_{S \in S_m} |S| \leq \sum_{e \in S} E(c_m(e)) = \sum_{e \in S} E(c_m(e))$

(iii) $\chi(\varepsilon,\delta) \min_{S \in S_m} |S| - \log |S_m| \xrightarrow[m \in N]{} +\infty$ für ein festes nur von ε und δ abhängendes χ.

Dann hat man:

$$P\left\{\frac{\max_{S \in S_m} \sum_{e \in S} c_m(e) - \min_{S \in S_m} \sum_{e \in S} c_m(e)}{\min_{S \in S_m} \sum_{e \in S} c_m(e)} < \varepsilon\right\} \xrightarrow[m \in N]{} 1$$

<u>Beweis:</u> (3)

<u>Satz 5 (Bottleneckprobleme)</u>

Sei $\varepsilon > 0$ fest vorgegeben. Falls für alle $m \in N$, $S \in S_m$, $c_m(e)$, $e \in S$ unabhängige und in $[0,1]$ gleichverteilte Zufallsvariablen sind und ferner gilt

$$(\varepsilon/2) \min_{S \in S_m} |S| - \log |S_m| \xrightarrow[m \in N]{} +\infty ,$$

so folgt:

$$P\left\{\frac{\max_{S \in S_m} \max_{e \in S} c_m(e) - \min_{S \in S_m} \max_{e \in S} c_m(e)}{\min_{S \in S_m} \max_{e \in S} c_m(e)} < \varepsilon\right\} \xrightarrow[m \in N]{} 1$$

<u>Beweis:</u> (3)

Es scheint, daß die Bedingung

$$(***)\ \chi \min_{S \in S_m} |S| - \log |S_m| \xrightarrow[m \in N]{} +\infty$$

die Klasse jener Probleme, welche die Eigenschaften (**) besitzen, recht gut annähert. So verfehlt beispielsweise das Lineare Zuordnungsproblem, das offensichtlich nicht unter (**) fällt (siehe (7)), die Bedingung (***) nur ganz knapp:

$$\forall x>0: x m - \log (m!) \underset{m \in N}{\not\longrightarrow} +\infty$$

$$(\text{aber schon:} \forall x>0, \epsilon>0: x m^{1+\epsilon} - \log (m!) \underset{m \in N}{\longrightarrow} +\infty)$$

Eine kurze Aufzählung einiger Optimierungsprobleme, die unter Satz 4 oder 5 fallen, soll hier genügen, den weiten Anwendungsbereich der beiden oben genannten Sätze zu demonstrieren:

- Verschiedenste Quadratische Zuordnungsprobleme
- Spezielle Netzwerk-Flußprobleme
- Minimale perfekte Matchings in gewissen Graphen
- Boolesche Optimierungsprobleme
- etc.

4. LITERATUR

(1) R.E. Burkard, U. Fincke. "Probabilistic Asymptotic Properties of Quadratic Assignment Problems", Report 81 - 3. Math. Institut, University of Cologne, February 1981.

(2) R.E. Burkard, U. Fincke. "On Random Quadratic Bottleneck Assignment Problems", Math. Programming 23 (1982), 227 - 232.

(3) R.E. Burkard, U. Fincke. "Probabilistic Asymptotic Properties of some Combinatorial Optimization Problems", Report 82 - 3, Institute für Mathematik, Universität und Technische Universität Graz, August 1982.

(4) U. Fincke, "Probabilistische, asymptotische Eigenschaften einiger spezieller quadratischer Zuordnungsprobleme", Diplomarbeit, Köln, 1980/81.

(5) R.M. Karp, "Reducibility Among Combinatorial Problems", Complexity of Computer Computations, R.E. Miller and J.W. Thatcher, Eds., Plenum Press, N.Y. 1972, 85 - 104.

(6) S. Sahni, T. Gonzales, "P-Complete Approximation Problems", J. ACM, 23 (1976), 555 - 565.

(7) D.W. Walkup, "On the Expected Value of a Random Assignment Problem", SIAM J. Comput. 8 (1979), 440 - 442.

Zur Auswahl der Pivotspalte im Simplex-Algorithmus

Franz Gotterbarm, Bonn

Zusammenfassung. Anhand einer geometrischen Interpretation des Simplex-Algorithmus wird die Bedeutung der Spaltenauswahl aufgezeigt. Verschiedene Spaltenauswahlregeln werden vorgestellt und diskutiert. Für die wichtigsten dieser Regeln werden die Resultate der "worst-case-analysis" verschiedener Autoren dargelegt und erläutert. Schließlich wird über die Implementierung der Auswahlregeln in einen LP-Code berichtet und umfangreiche Läufe zur Untersuchung der Iterationszahlen und Rechenzeiten des Simplex-Algorithmus mit den verschiedenen Regeln werden beschrieben und ausgewertet.

Summary. The importance of pivot-column-selection is demonstrated by a geometrical interpretation of the Simplex-Algorithm. Several column-selection rules are presented and discussed. For the most important among these, the results of worst-case-analysis by different authors are presented and explained. Finally a report is given about the implementation of the column-selection rules in an LP-Code and extensive experiments for the examination of the numbers of pivot-steps and the computation-times under the different rules are described and evaluated.

1. Einführung

Die vorliegende Arbeit behandelt hauptsächlich Varianten des Simplex-Algorithmus, die sich durch die Spaltenauswahlregeln unterscheiden. Die Bedeutung der Spaltenauswahl wird erläutert. Danach werden die wichtigsten Spaltenauswahlregeln dargestellt, diskutiert, und auf ihren zusätzlichen Rechenaufwand hin untersucht. Darunter sind neben der Standard-Regel des steilsten (Einheits-) Anstiegs und der Regel des größten Fortschritts einige triviale Regeln wie die Zufallsauswahl, die 'Kleinster-Index-Regel' und die 'Kleinster-Variablen-Index-Regel', die in der Praxis kaum Anwendung finden. Das weitaus größte Interesse gilt jedoch einer Reihe von Spaltenauswahlregeln, die in irgendeiner Form die Norm der Spalten des Simplex-Tableaus einbeziehen ('steepest edge' Regeln). Diese von Dickson/Frederick [10] zum ersten Mal publizierte Idee löste eine Fülle weiterer Vorschläge in dieser Richtung aus, die sich durch das Referenzkoordinatensystem (RKS), in dem die

Operations Research Proceedings 1982

Spaltennorm gemessen wird, unterscheiden.

Klee/Minty [19] präsentierten als erste ein Resultat, das den Simplex-Algorithmus als ein theoretisch 'schlechtes' Verfahren auswies. Sie bewiesen, daß es für den Simplex-Algorithmus mit der Standard-Spaltenauswahl des steilsten Anstiegs eine Klasse von Problemen gibt, zu deren Lösung Iterationszahlen notwendig sind, die mit der Zahl der Variablen und der Restriktionen der Beispiele exponentiell wachsen. Wenig später bewies Jeroslow [17] das gleiche Resultat für die Regel des größten Fortschritts. Für eine der in der Praxis weit überlegenen 'steepest-edge' Regeln bewiesen Goldfarb/Sit [13] eine ähnliche Aussage.

Die in praktischen Anwendungen gemachten Beobachtungen zeigen jedoch eher einen linearen Zusammenhang zwischen der zu erwartenden Anzahl der zu durchlaufenden Ecken und der Zahl der Nebenbedingungen. Damit gehört der Simplex-Algorithmus in der Praxis zu den effizientesten mathematischen Verfahren.

2. Der Simplex-Algorithmus und seine Grundlagen

Der Simplex-Algorithmus wurde 1947 von G.B. Dantzig [9] zur Lösung des linearen Programmierungsproblems

$$\text{(LP)}\qquad \begin{array}{ll} \max c^T x & c, x \in \mathbb{R}^n \\ A x \leq b & A \in \mathbb{R}^{n\cdot m} \\ x \geq 0 & b \in \mathbb{R}^m \end{array}$$

entwickelt. O. B. d. A. kann $b \geq 0$ vorausgesetzt werden, da sich der gegenteilige Fall durch die vorgeschaltete Lösung eines LP mit nichtnegativer rechter Seite auf diese Form reduzieren läßt. Es werden implizit Schlupfvariablen $x_{n+1},\dots,x_{n+m}$ eingeführt, so daß aus dem Ungleichungssystem $A x \leq b$ das Gleichungssystem in kanonischer Form $A x + x^S = b$ (*) mit der trivialen Anfangslösung $x^S = b$, $x = 0$ wird. Dies entspricht einer Ecke des Restriktionspolyeders, da die Ecken eines nichtleeren Polyeders $P^{=}(D,d) = \{x \geq 0 \mid D x = d\}$ durch diejenigen Basen D_B von D gegeben sind, deren Basislösungen $D_B^{-1}d$ zulässig (d.h. nichtnegativ) sind.

Durch die elementaren Zeilenumformungen des Gleichungssystems (*) in einem Pivotschritt wird gerade ein Basiswechsel vollzogen: eine der Basisvariablen ($x_{B(r)}$) fällt auf 0 und verläßt die Basis (BVV), die Nichtbasisvariable (NBV) $x_{N(s)}$ kommt in die Basis (BBV). Die Zielfunktion wächst in jedem nichtdegenerierten Pivotschritt. Da ein endlich erzeugter Polyeder endlich viele Ecken hat, findet der Simplex-Algorithmus i.A.

nach endlich vielen Pivotschritten eine Optimallösung oder die Unbeschränktheit des Problems. Der praktisch noch nie aufgetretene aber theoretisch an Beispielen belegte (Beale [2] , Hoffman [16]) Fall des Kreisens entlang eines Kreises degenerierter Ecken kann durch geeignete Maßnahmen (lexikographische Zeilenauswahl, Perturbations-Methoden, Bland's Regel) ausgeschlossen werden.

Rechenprogramme benutzen fast immer den revidierten Algorithmus, da dieser einige Vorteile (Genauigkeit, Zeitersparnis bei mehr Variablen als Nebenbedingungen) mit sich bringt. Hierbei wird nicht die Matrix $\bar{A} = A_B^{-1} A_N$, sondern nur die Basisinverse bearbeitet. Da zum Update der Basislösung die Pivotspalte benötigt wird, muß diese in jeder Iteration explizit als $\bar{A}(\cdot,N(s)) = A_B^{-1}A(\cdot,N(s))$ berechnet werden. Für die Berechnung der reduzierten Kosten $\bar{c} = c_B^T A_B^{-1} A_N - c_N$ wird der Vektor $y = c_B^T A_B^{-1}$ der Dualvariablen von Schritt zu Schritt mitgeführt und $\bar{c}$ wird als $y^T A - c_N$ berechnet.

3. Die Auswahl der Pivotspalte

An zwei Stellen des Simplex-Algorithmus ist das weitere Vorgehen nicht eindeutig bestimmt:

- Bestimmung der Pivotspalte
- Bestimmung der Pivotzeile .

Die Spaltenauswahl ist dabei von wesentlich größerer Bedeutung für den gesamten Verlauf des Verfahrens, da es in der Regel mehrere mögliche Kandidaten $\bar{c}_j < 0$ gibt, während der Einfluß degenerierter Ecken, bei denen es mehrere mögliche BVV gibt, auf den Verlauf des Verfahrens geringer ist. Da Kreisen bislang nie auftrat, wird dies in Rechenprogrammen oft gar nicht berücksichtigt: bei nicht eindeutiger BVV wird einfach die erste gewählt.

Unter der Voraussetzung, daß keine der Nebenbedingungen redundant ist und daß der Restriktionspolyeder keine degenerierten Ecken besitzt, sind die Strukturvariablen $x_1,\ldots,x_n$ und die Schlupfvariablen $x_{n+1},\ldots,x_{n+m}$ Indikatoren dafür, ob der Punkt $x^0 \in P$ auf den Facetten des Polyeders P liegt:

$$x^0 \in P \text{ liegt auf der Facette } \{x \in P \mid x_j = 0\} \iff x_j^0 = 0$$

$$x^0 \in P \text{ liegt auf der Facette } \{x \in P \mid A(i,.)x = b_i\} \iff x_{n+i}^0 = 0$$

An einer Ecke von P sind m der $m+n$ Variablen von Null verschieden. Die Erhöhung der BBV $x_{N(s)}$ von 0 bedeutet, daß x nur noch auf $n-1$ Facetten von P liegt, der Rang von $A_{GL(x)}$ [$GL(x) = \{i : x$ liegt auf der i-ten Facette$\}$] also nur noch $n-1$ beträgt. Nach der Dimensionsformel der linearen Algebra bedeutet das, daß die Menge $\{y : A_{GL(x)}y = b_{GL(x)}\}$ nicht mehr nulldimensional, also ein Punkt, sondern eindimensional, d.h. eine Gerade ist. Die Erhöhung von $x_{N(s)}$ entspricht demnach der Bewegung auf einer Kante des Polyeders bis zu der auf ihr liegenden Nachbarecke, falls die Kante nicht bis ins Unendliche führt ($\Longrightarrow$ unbeschränkte Zielfunktion). An dieser Ecke ist dann gerade eine der alten BV auf Null gefallen und der Rang von $A_{GL(x)}$ wieder auf n gestiegen.

Die Auswahl einer NBV mit negativen reduzierten Kosten als BBV bedeutet die Auswahl einer Kante in der aktuellen Ecke, auf der die Zielfunktion wächst. Mit dieser Wahl wird die Menge der nun noch möglichen Wege zu einer Optimalecke natürlich eingeschränkt. Es kann dabei geschehen, daß der kürzeste Weg zum Optimum von Anfang an ausgeschlossen wird und erheblich mehr Ecken durchlaufen werden müssen.

Für die Beurteilung von Strategien für die Auswahl der Kante, auf der der Eckenaustausch durchgeführt wird (d.h. der Pivotspalte des Tableaus),sind zwei Dinge wichtig. Die Iterationszahl des Algorithmus allein ist mehr von theoretischem Interesse, da es dem Anwender auf die Rechenzeiten des Verfahrens ankommen wird. So wird ihn eine Regel kaum interessieren, wenn der zusätzlich nötige Rechenaufwand nicht durch die Reduktion der Pivotschritte überkompensiert wird. Von trivialen Regeln wie der 'Kleinster Index' Regel (erste Spalte des Tableaus mit negativen reduzierten Kosten), der 'Kleinster Variablen-Index' Regel (Spalte mit $\overline{c}_j < 0$, die zur niedrigst indizierten Variable gehört) oder der Zufallsauswahl kann man von vornherein kein gutes Verhalten erwarten, denn sie benutzen überhaupt keine Information über den Polyeder. Von theoretischem Interesse ist Bland's Regel [3] (kleinste Index Regel für Spalten- und Zeilenauswahl, falls mehrere Kandidaten als BBV existieren), da mit ihr Kreisen nicht möglich ist.

Die Standard-Regel des steilsten (Einheits-) Anstiegs (Spalte mit den absolut größten reduzierten Kosten) hat den Nachteil der Darstellungsabhängigkeit. Zwar benutzt sie die lokale Information, um wieviel die Zielfunktion pro Einheit der BBV $x_{N(s)}$ wächst, aber um wieviele Einheiten $x_{N(s)}$ bis zum Erreichen der Nachbarecke wachsen kann, bleibt unberücksichtigt. So kann man durch Skalieren von Variablen (Multiplikation von Zeilen oder Spalten des Tableaus mit Faktoren > 0), wodurch die kombinatorische Struktur des Polyeders nicht berührt wird, diese Regel 'täuschen'.

Diese Darstellungsabhängigkeit hat die 'Größter Fortschritt' Regel nicht, denn sie 'blickt' bis zu allen Nachbarecken und sucht die Pivotspalte, die maximalen Zielfunktionszuwachs bringt. Diese Regel tut zwar an jeder Ecke das lokal Bestmögliche, insgesamt kann sie aber 'angelockt' durch anfänglich hohe Zuwächse später auf unnötig lange Wege zum Optimum gelangen. Im direkten Algorithmus entsteht durch diese Regel beträchtlicher zusätzlicher Rechenaufwand, da für jede Spalte mit $\bar{c}_j < 0$ die entsprechende BBV bestimmt werden muß. Für den revidierten Algorithmus ist diese Regel völlig ungeeignet, da alle Spalten $\overline{A(\cdot,j)}$ des Tableaus mit $\bar{c}_j < 0$ durch die Matrix-Vektor Multiplikation $A_B^{-1}\ A(\cdot,j)$ berechnet werden müßten, um die BVV zu bestimmen. Dies würde für jede Tableauspalte zusätzlich etwa 50% des Rechenaufwandes eines gewöhnlichen Pivot-Schrittes bedeuten. Alle neueren Regeln basieren auf der Idee, die reduzierten Kosten auf die pro Einheit der BBV $x_{N(s)}$ in einem bestimmten Referenzkoordinatensystem (RKS) zurückgelegte euklidische Distanz zu normieren. Als BBV wird also die NBV gewählt, die pro Distanzeinheit den höchsten Zielfunktionszuwachs bringt. Geometrisch bedeutet das, wie man leicht zeigen kann, daß die Kante gewählt wird, die den kleinsten Winkel mit der Zielfunktionsachse einschließt ('steepest edge' Regeln). Gesucht wird also eine Spalte mit maximalem $\Phi_j = -\bar{c}_j / \,\|A(\cdot,j)\|$, denn $-\overline{A(\cdot,j)}$ gibt gerade die Änderung der Lösung bei Erhöhung von $x_{N(j)}$ an. Die Regeln unterscheiden sich hauptsächlich durch den Raum, in dem die Norm $\|x\|$ gemessen wird.

Die erste Regel dieser Art, die 'positive normalized' Regel von Dickson/Frederick [10] benutzt für jede Spalte $\overline{A(\cdot,j)}$ das RKS der Basisvariablen $B(i)$, deren Einträge $\bar{a}_{ij}$ größer als Null sind mit dem Argument, daß nur die positiven Einträge zur Ausschöpfung einer Nebenbedingung beitragen.

Die 'basic-variable-gradient'- und 'all-variable-gradient' Regeln nehmen die Norm der ganzen Spalte (im zweiten Fall wird noch 1 zu $\sum_{i=1}^{n} \bar{a}_{ij}^2$ addiert für die Veränderung der BBV selbst). Der durch diese Regeln zusätzlich entstehende Rechenaufwand ist im direkten Algorithmus etwa so hoch bzw. etwas höher als bei der Regel des größten Fortschritts. Im revidierten Algorithmus taucht zunächst das gleiche Problem wie bei der Regel des größten Fortschritts auf: die benötigten Tableaueinträge zur Gewichtsberechnung stehen nicht zur Verfügung, und ihre zusätzliche Berechnung ist nicht zu vertreten. Greenberg/Kalan [14] und Goldfarb/Reid [12] entwickelten 1975 jedoch eine Update-Formel, mit der die einmal für das verfügbare Anfangstableau berechneten Gewichte $\|\overline{A(\cdot,j)}\|$ beim Basiswechsel mit verändert werden können. Dabei fällt pro Iteration zusätzlich folgender Aufwand an:

- Berechnung der Pivotzeile $A_B^{-1}(r,\cdot)\, A_N$
- Berechnung des Vektors $v = (A_B^{-1})^T\ \overline{A(\cdot,s)}$
- Update der Gewichte .

Dies sind etwa noch einmal so viel arithmetische Operationen wie für einen einfachen Pivotschritt benötigt werden.

Die 'Devex' Regel von P. Harris [15] benutzt als anfängliches RKS den Raum der Strukturvariablen (= NBV). Der Update der Gewichte wird nach einer groben approximativen Formel vollzogen, die zusätzlich nur die Pivotzeile $A_B^{-1}(r,\cdot)\,A_N$ benötigt. Das Gewicht der Pivotspalte kann exakt berechnet werden, da diese immer verfügbar ist. Ist die Abweichung des approximierten vom exakten Gewicht zu groß, wird ein neues RKS (und zwar das der aktuellen NBV) benutzt.

Die 'partial normalization' Regel von Crowder/Hattingh [6] benutzt in jeder Iteration das ständig wechselnde RKS der BBV der p letzten Iterationen. Im direkten Algorithmus ist der zusätzliche Rechenaufwand gering. Im revidierten Verfahren werden die benötigten Tableau-Einträge explizit berechnet. Dies ist vertretbar, da bereits für kleine p (≥ 4) enorme Reduktionen der Schrittzahl erreicht werden, die mit höherem p kaum besser werden.

4. 'Worst-Case-Analysis' verschiedener Spaltenauswahl-Regeln

Allgemeine Aussagen über die Iterationszahlen und Rechenzeiten von Auswahlregeln können sich immer nur auf ein durchschnittliches Verhalten beziehen. Im Einzelfall können 'gute' Regeln durchaus 'schlecht' sein. Die 'worst-case-analysis' beschäftigt sich mit dem schlechtest möglichen Verlauf des Simplex-Algorithmus. Es gibt vier theoretische Analysen, die für vier Auswahlregeln zeigen, daß die höchstmögliche Zahl von Iterationen des Simplex-Algorithmus mit diesen Regeln mit der Dimension d des Polyeders und der Zahl n seiner Facetten exponentiell wächst [19,17,1,13] .

Die Herleitungen und Beweise sind in diesen Arbeiten teilweise grundlegend verschieden und alle sehr technisch und langwierig. Die Zusammenhänge sind jedoch geometrisch anschaulich darstellbar und basieren alle auf der Konstruktion einer Klasse perturbierter Einheitswürfel, deren 2^d Ecken unter geeigneter Zielfunktion mit ständig steigenden Werten durchlaufen werden können. Durch geeignete Variablentransformation kann erzwungen werden, daß der Simplex-Algorithmus mit der jeweiligen Regel (steilster Anstieg bei Klee/Minty [19], Bland-Regel bei Avis/Chvatal [1] , 'all-variable-gradient' bei Goldfarb/Sit [13]) diesen Weg zum Optimum nimmt. Damit gilt:

$$(*) \qquad X(d,2d) \geq 2^d - 1 ,$$

wobei $X(d,n)$ die maximal mögliche Schrittzahl des Simplex-Verfahrens (mit der jeweiligen Spaltenauswahl) auf einem d-dimensionalen Polyeder mit n Facetten ist. Klee/Minty und Jeroslow, für dessen Analyse der Regel des größten Fortschritts obiges natürlich nicht gelten kann, da Start- und Optimalecke benachbart sind, zeigen noch allgemeinere Resultate, aus denen

$$(**) \qquad X(d,n) \geq \text{const}(d)\; n^{\lfloor d/2 \rfloor}$$

folgt.

(*) folgt bei Klee/Minty mit $n = 2d$ durch Induktion über d aus

$$\binom{**}{*} \qquad X(d+1,n+2) \geq 2\,X(d,n)+1 \quad .$$

Zum Beweis von (**) sei P ein (d,n)-Polytop ohne degenerierte Ecken, der einen Weg $p_0,\dots,p_\ell$ der Länge $\ell = X(d,n)$ mit der linearen Zielfunktion Φ enthalte. Mit $\delta > 2\,\Phi(p\ )$ gilt dann:

$$\Phi(p_0) < \dots < \Phi(p_\ell) < \delta - \Phi(p_\ell) < \dots < \delta - \Phi(p_0) \quad .$$

Mit $p_i^1 = (\Phi(p_i),p_i)$ und $p_i^2 = (\delta - \Phi(p_i),p_i)$ für alle Ecken p_i von P ist $p_0^1,\dots,p_\ell^1,p_\ell^2,\dots,p_0^2$ ein Weg der Länge $2\ell+1$ unter der linearen Zielfunktion $\alpha(x_1,\dots,x_{d+1}) = x_1$ auf dem Polytopen $\tilde{Q} = \text{conv}\,(p_i^j\,,\,p_i$ Ecke von P, $j = 1,2)$. Man zeigt leicht, daß $\tilde{Q}$ und der $(d+1,n+2)$-Polytop $Q = [\Phi(p_0),\Phi(p_\ell)] \times P$ kombinatorisch äquivalent sind, d.h. es gibt eine bijektive Zuordnung ihrer Ecken, die die Einschließung von Seitenflächen durch die Ecken erhält. Somit ist ein $(d+1,n+2)$-Polytop mit einem Weg der Länge $2\,X(d,n)+1$ gefunden. Mit geeigneten technischen Tricks, die den Simplex-Algorithmus auf diesen Weg zwingen, folgt $\binom{**}{*}$. Der Beweis von (**) beruht auf einer verwandten, wenn auch komplizierteren Konstruktion.

Geometrisch stellt sich die Konstruktion von $\tilde{Q}$ aus P folgendermaßen dar:

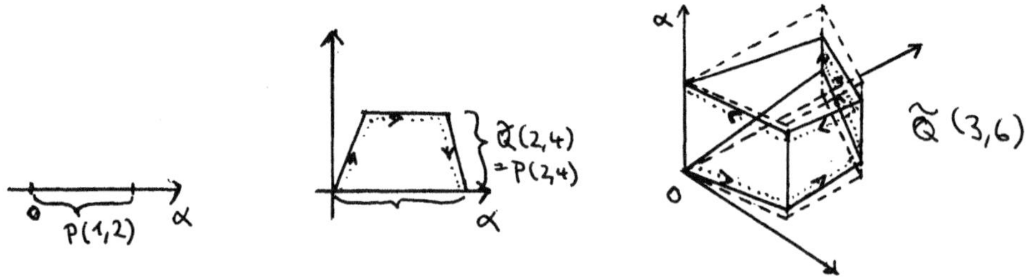

Die entsprechenden linearen Programme haben für die analysierten Regeln die Form

$$\begin{aligned} &\max\ \Phi(x) \\ \text{unter}\quad & 0 \leq x_1 \leq 1 \\ & \varepsilon x_{i-1} \leq x_i \leq \delta_i - \varepsilon x_{i-1} \qquad 2 \leq i \leq d \quad . \end{aligned}$$

Unterschiedlich sind bei den verschiedenen Regeln nur die Zielfunktion Φ, die rechten Seiten δ_i und die Größe des Parameters ε ($0 < \varepsilon < 1/2$ für Bland's Regel, $\varepsilon > 1$ für die Regel des steilsten Anstiegs, $\varepsilon > 2$ für die 'all-variable-gradient' Regel).

5. Die mittlere Schrittzahl des Simplex-Algorithmus

Bereits Dantzig [9] gibt eine Regel für die zu erwartende Iterationszahl an: abhängig von n sind zwischen m und $3m$ Pivotschritte zu erwarten. Diesen 20 - 60 bei $m = 20$ stehen bereits $2^{20} - 1 \approx 1.000.000$ mögliche gegenüber. Seine weit verbreitete Anwendung konnte der Simplex-Algorithmus nur finden, weil die praktisch benötigten Iterationszahlen in der Größenordnung von Dantzig Vermutung liegen und deswegen sehr große 'real-world' Probleme gelöst werden können.

Borgwardt [5,4] zeigte, daß die bei unabhängig identisch verteilten Restriktionen zu erwartende Schrittzahl des Simplex-Algorithmus mit der Schattenecken-Regel (theoretisch leicht zu behandelnde Spaltenauswahl) von der Ordnung $O(n^3 m^{1/(n-1)})$ ist. Smale [21] zeigte, daß die erwartete Schrittzahl des sebstdualen Algorithmus [9] unter denselben Verteilungsannahmen für festes m langsamer mit n wächst als jede Wurzel.

6. Empirische Resultate

Einige Spaltenauswahlregeln wurden zusätzlich in den LP-Code von Land/Powell [20] implementiert, der standardmäßig die Regel des steilsten Einheitsanstiegs benutzt. Es handelt sich um einen revidierten Algorithmus, der nur mit dem Strukturteil der Basis arbeitet, aus dem der Schlupfteil bei Bedarf berechnet werden kann. Dadurch entstanden bei der Implementierung des exakten Gewichte-Updates nach Greenberg/Kalan [14] Probleme, die jedoch unter Ausnutzung der Zerlegung der Basisinversen in Schlupf- und Strukturteil mit vertretbarem Rechenaufwand gelöst werden konnten. Um die kompakte Speicherung nur der von Null verschiedenen Elemente der Matrix A beibehalten zu können, wäre eine weitere Änderung nötig, da der durch diese Technik verlangsamte Zugriff auf einzelne Elemente bei der Berechnung von Spaltengewichten sehr ins Gewicht fällt.

Die Matrizen A der Testbeispiele wurden aus Gleichverteilungen und Normalverteilungen generiert. Die rechten Seiten b und Zielfunktionskoeffizienten c wurden

a) alle gleich Eins b) aus der gleichen Verteilung wie A gewählt. Die von van Dam/Telgen [7] aufgezeigte Tendenz gleichverteilter Daten zu konstanten Winkeln zwischen den Hyperebenen des Restriktionspolyeders blieb bei den Testläufen ohne Wirkung: die durchschnittlichen Iterationszahlen vergleichbarer Beispiele mit gleich- bzw. normalverteilten Daten stimmen gut miteinander überein. Von wesentlicher Bedeutung ist jedoch die Verteilung der rechten Seiten: je stärker diese streuen, umso geringer ist die durchschnittliche Iterationszahl. Der intuitiv einsehbare Grund liegt darin, daß mit den rechten Seiten auch die 'Schnittiefen' der Nebenbedingungen im positiven Orthanten stärker streuen. Damit steigt tendenziell die Zahl der redundanten Nebenbedingungen und somit fällt die Zahl möglicher Ecken.

Die trivialen Regeln (Zufallsauswahl, Bland-Regel) verhielten sich erwartungsgemäß schlecht (1,8 bis 5-fache Schrittzahlen wie steilster Anstieg). Die Regel des größten Fortschritts war in den Schrittzahlen den 'full-normalization' Regeln deutlich unterlegen. Die Rechenzeitersparnis der 'Devex' Regel gegenüber dem steilsten Anstieg fiel fast bei allen Beispielen recht gering aus. Die Verwendung des exakten Gewichte-Update ist hierbei nicht sinnvoll, da der Schrittzahlenreduktion eine stärkere Erhöhung des Aufwandes pro Iteration gegenübersteht. Bei den 'full-normalization' Regeln ergab sich Erstaunliches: die 'basic-variable-gradient' Regel ist der 'all-variable-gradient' Regel erheblich überlegen (bis zu 2/5 der Iterationszahlen weniger). Dies dürfte schwer zu erklären sein, da sich die Gewichte nur um Eins für die BBV unterscheiden. Bei größeren Problemen ist die Verwendung der 'basic-variable-gradient' Regel oder der 'partial normalization' mit p zwischen 4 und 8 zu empfehlen. Dabei ist letztere umso günstiger, je größer das Verhältnis zwischen Zeilen- und Spaltenzahl ist. Außerdem scheint 'partial normalization' umso angebrachter, je größer die Streuung der rechten Seiten ist. Mit einer solchen Strategie lassen sich gegenüber der Regel des steilsten Anstiegs Rechenzeitersparnisse bis zu 20% erzielen.

7. Abschließende Bemerkungen

Khachian [18,11] zeigte 1980 mit seinem auf Ellipsoid-Methoden beruhenden polynomialen Algorithmus zur linearen Programmierung, daß die von Klee/Minty und anderen gezeigte Exponentialität des Simplex-Algorithmus keine Eigenschaft des allgemeinen linearen Programmierungsproblems ist, sondern der theoretischen Ineffizienz des Simplex-Verfahrens zuzuschreiben ist. Hiermit taucht gleich in zweifacher Hinsicht die Frage nach der Relevanz des komplexitätstheoretischen Kriteriums 'Polynomialität' auf: der in der Praxis kaum zu übertreffende Simplex-Algorithmus genügt ihm nicht, der praktisch so gut wie nicht anwendbare Khachian-Algorithmus erfüllt es.

Literaturverzeichnis

[1] Avis, D./Chvâtal, V., Notes on Bland's Pivoting Rule, in: Mathematical Programming Study, Bd. 8, 1978, S. 24-34.

[2] Beale, E.M.L., Cycling in the Dual Simplex Algorithm, in: Naval Research Logistics Quarterly, Bd. 2, 1955, S. 269-276.

[3] Bland, Robert. G., New Finite Pivoting Rules for the Simplex Method, in: Mathematics of Operations Research, Bd. 2, No. 2, Mai 1977, S. 103-107.

[4] Borgwardt, Karl-Heinz, The Average Number of Pivot Steps Required by the Simplex-Method is Polynomial, Kaiserslautern 1981, unveröffentlicht.

[5] Borgwardt, Karl-Heinz, Untersuchungen zur Asymptotik der mittleren Schrittzahl von Simplexverfahren in der linearen Optimierung, Diss. rer. nat., Kaiserslautern 1977.

[6] Crowder, Harlan/Hattingh, J.M., Partially Normalized Pivot Selection in Linear Programming, in: Mathematical Programming Study, Bd. 4, 1975, S. 12-25.

[7] Dam, W.B. van/Telgen, J., Randomly Generated Polytopes for Testing Mathematical Programming Algorithms, unveröffentlicht.

[8] Dantzig , George B., Expected Numbers of Steps of the Simplex Method for a Linear Program with a Convexity Constraints, Stanford University, Technical Report SOL 80-3, 1980.

[9] Dantzig, George B., Linear Programming and Extensions, Princeton, New Jersey 1963.

[10] Dickson, J.C./Frederick, F.P., A Decision Rule for Improved Efficiency in Solving Linear Programming Problems With the Simplex Algorithm, in: Communications of the Association for Computing Machinery, Bd. 3, 1960, S. 509-512.

[11] Gâcs, Peter/Lovâsz, Laszlo, Khachian's Algorithm for Linear Programming, Stanford University, Stanford, California, unveröffentlicht.

[12] Goldfarb, Donald/Reid, J.K., A Practicable Steepest-Edge Simplex Algorithm, in: Mathematical Programming, Bd. 12, 1977, S. 361-371.

[13] Goldfarb, Donald/Sit, William Y., Worst Case Behavior of the Steepest Edge Simplex Method, in: Discrete Applied Mathematics, Bd. 1, 1979, S. 277-285.

[14] Greenberg, Harvey J./Kalan, James E., An Exact Update for Harris' Tread, in: Mathematical Programming Study, Bd. 4, 1975, S. 26-29.

[15] Harris, Paula M.J., Pivot Selection Methods of the DEVEX LP Code, in: Mathematical Programming, Bd. 5, 1973, S. 1-28.

[16] Hoffman, A.J., Cycling in the Simplex Algorithm, National Bureau of Standards Report No. 2974, 1953.

[17] Jeroslow, R.G., The Simplex Algorithm with the Pivot Rule of Maximizing Criterion Improvement, in: Discrete Mathematics, Bd. 4, 1973, S. 367-377.

[18] Khachian, L.G., A Polynomial Bounded Algorithm in Linear Programming, in: Doklady Akademii Nauk SSSR, Bd. 244, 1979, S. 1093-1096, englische Übersetzung in: Soviet Mathematics Doklady, Bd. 20, 1979, S. 191-194.

[19] Klee, Victor/Minty, George J., How Good Is the Simplex Algorithm?, in: Shisha, O. (Hrsg.), Inequalities - III, Academic Press New York 1972, S. 159-175.

[20] Land, A.H./Powell, Susan, Fortran Codes for Mathematical Programming, London, New York, Sydney, Toronto, 1973.

[21] Smale, Steve, On the Average Speed of the Simplex Method of Linear Programming, 1982, unveröffentlicht.

Ein Simulationsmodell für den Produktionsablauf in einem Hüttenbetrieb

Werner Krüger, Hamburg

Zusammenfassung. Es wird ein Simulationsmodell vorgestellt, das den Produktionsablauf in einer Aluminium-Hüttengießerei mit 8 Öfen und 4 Gießanlagen detailliert abbildet. Es berücksichtigt verschiedene knappe Ressourcen wie Material, Personal, Gießrahmen sowie Vorschriften für Legierungswechsel. Mit dem Modell lassen sich sowohl strategische Entscheidungen hinsichtlich der Produktionsstruktur als auch Ablaufregeln für die kurzfristige Planung, z.B. Auftragsreihenfolge und Schrotteinsatz, untersuchen. Erste Simulationsergebnisse zeigen eine deutliche Verbesserung der Ablaufplanung gegenüber der derzeitigen manuellen Planung.

Summary. This paper presents a simulation model that describes the production flow of an aluminium foundry with 8 furnaces and 4 die-casters. It considers constraint resources, as material, manpower and moulds, as well as instructions for alloy changes. The model may be used to support strategic decisions on the production structure as well as to analyse short term scheduling rules, i.e. order sequence and scrap input. First simulation results show an important improvement of the production schedule compared with the present manual planning.

1. Einführung

Die in Hamburg ansässige Hamburger Aluminiumwerk GmbH (HAW) betreibt mit etwa 850 Beschäftigten eine Aluminiumhütte, eine Elektrodenfabrikation und die Gießerei mit einer Jahreskapazität von 130 000 t/Jahr. Die Walzwerke eines Gesellschafters sind räumlich der Gießerei angegliedert und verarbeiten etwa 35% der Gießereierzeugnisse. Die restlichen Gießereiprodukte werden von 2 weiteren Partnern abgenommen.

Die Erzeugung von Rein-Aluminium ist ein kontinuierlicher zwangsweiser Prozeß. Das erzeugte Aluminium muß ständig abgenommen und weiterverarbeitet werden, eine Verzögerung (Puffer) ist nur in sehr begrenztem Rahmen (max. 6 h) zulässig.

Das schmelzflüssige Aluminium wird in Tiegeln in die Gießerei gebracht und hier in den Gießöfen gesammelt. Diese Öfen haben zusätzlich die Aufgabe, Walzwerkschrott aufzunehmen und zu verschmelzen.

Es werden in der Hauptsache Walzbarren, Sows und Masseln hergestellt (Sows sind 0,53 t schwere Reinaluminium-Blöcke; Masseln sind etwa 21 kg schwere Reinaluminium-Blöcke). Die Walzbarren (80 % der Fertigung) wer-

Operations Research Proceedings 1982

den in unterschiedlicher Legierung, Abmessung und Qualität gefertigt.

Die Herstellung des gewünschten Gießereierzeugnisses ist ein mehrstufiger Prozeß. Bei monatlich durchschnittlich 80 zu fertigenden Produktvariablen ist die Planung des Produktionsablaufs außerordentlich schwierig, da sowohl die Zuordnung der Aufträge zu den Gießöfen als auch die Wahl der Einsatzstoffe (fest - flüssig) zu bestimmen sind, wobei komplizierte Reihenfolgevorschriften beachtet werden müssen. Weiter sind beschränkte Ressourcen zu berücksichtigen.

Eine manuelle Planung des Produktionsablaufs über einen größeren Zeitraum ist nicht möglich. Zur Zeit wird in der Feinplanung ein maximaler Planungshorizont von 2-3 Tagen und in der Grobplanung von 14 Tagen erreicht. In diesem Zusammenhang stellte die Geschäftsleitung der HAW unter anderem folgende Fragen:

- Lassen sich der derzeitige Produktionsablauf und die Produktionsplanung grundsätzlich verbessern?
- Lohnt eine EDV-gestützte Planung?
- Welche Auswirkungen haben bestimmte Änderungen im Produktionsprogramm?

Zur Beantwortung dieser Fragen sollte ein Simulationsmodell entwickelt werden.

2. Systemanalyse

Der gesamte Gießereikomplex, dargestellt mit seinen Metallströmen in Abb.1, wurde in Teilsysteme untergliedert, für jedes dieser Teilsysteme

- Aufträge und Sortiment
- Öfen
- Gießanlagen
- Kokillen
- Materialzufluß
- Personal
- Schrottlager und Schrotteinsatz

wurden Einzelbetrachtungen angestellt. Die Arbeitsabläufe mußten untergliedert werden, und für jeden Arbeitsschritt wurden die Leistungsdaten (Zeiten, Mengen, usw.) detailliert ermittelt. Das geringfügige Verändern einer Produktvariante hatte oft sehr unterschiedliche Arbeitsabläufe oder Leistungsverbräuche zur Folge. So war ein umfangreiches Tabellenwerk (Standardzeiten, Mengen) unabdingbare Voraussetzung, um bei der Simulation realistische Betriebssituationen zu erzeugen.

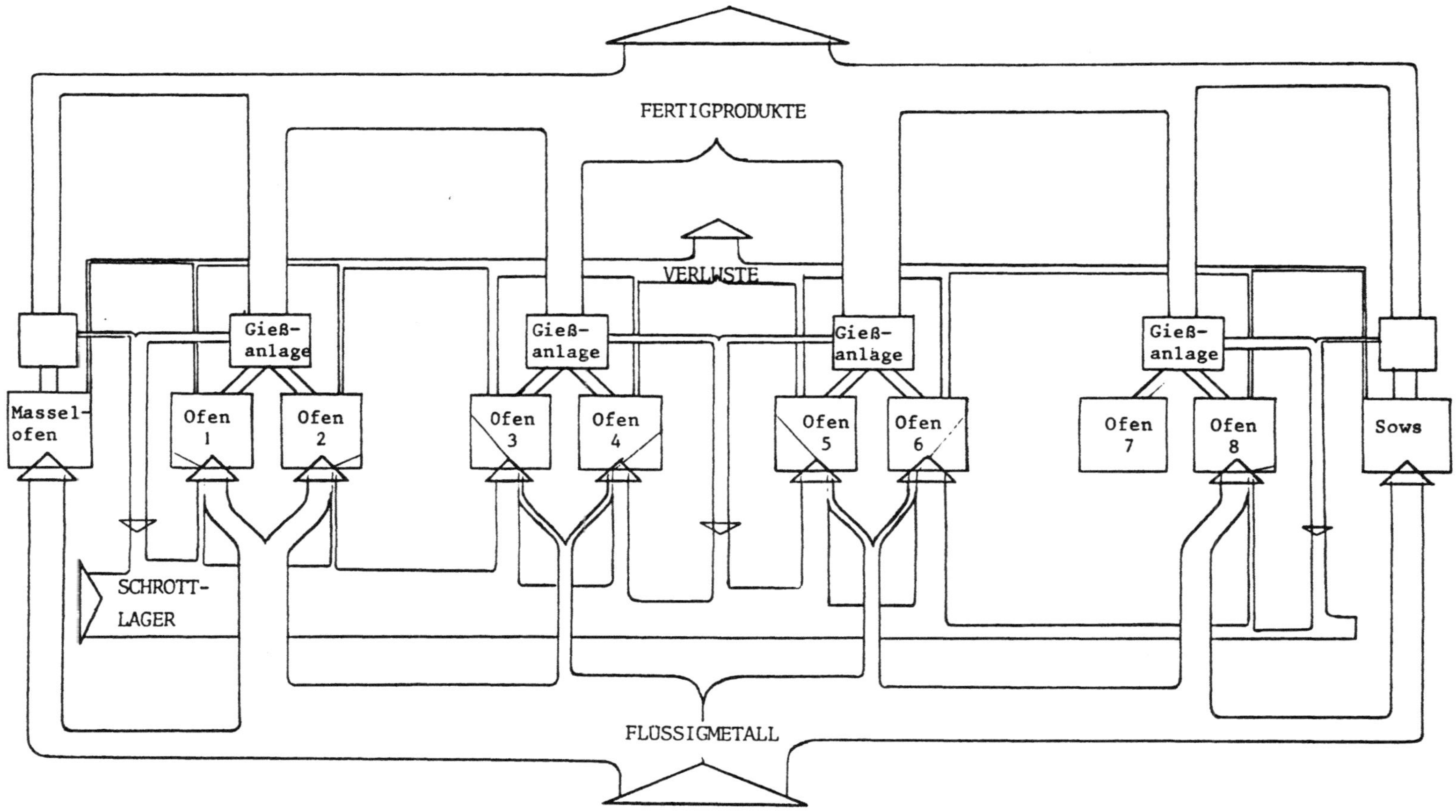

Abb.1: Sankey-Diagramm (Metallströme)

Das Sortiment umfaßt etwa 23 verschiedene Legierungen, 6 unterschiedliche Qualitätsmerkmale und 12 Formate.

Die Aufträge (80/Mon.), die sich in etwa 375 Chargen aufteilen, sind in der Regel 1 Monat im voraus bekannt.

Die Öfen und Gießanlagen teilen sich in 8 Gießöfen und 1 Masselofen, die Gießanlagen in 4 Vertikalgießanlagen, 1 Masselgießanlage und 1 Sowsgießanlage. Wie aus Abb. 1 zu ersehen ist, wird der Arbeitsablauf des mehrstufigen Prozesses durch die Engpaßsituation der Gießanlagen erschwert. Jede Gießanlage ist 2 Öfen zugeordnet und kann von diesen nur seriell genutzt werden. Überschneidungen führen zwangsläufig zu unnötigen Wartezeiten. Die Leistungsdaten für die in Abb. 2 gezeigten Arbeitsabläufe waren sowohl von den Produktparametern Legierung, Abmessung und Qualität als auch von den Produktionsanlagen (durch unterschiedliche Leistungsfähigkeit) abhängig.

Abb.2 Prozeßfolge

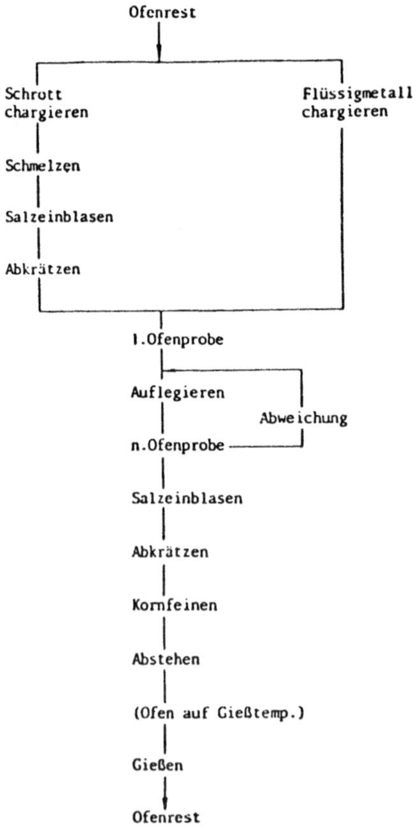

Die Kokillen sind die Gießrahmen, die auf allen Gießanlagen einsetzbar sind. Ein Teil der Kokillen sind verstellbar, somit für mehrere Formate brauchbar. Sowohl das Umrüsten von einer Gießanlage auf eine andere (Kokillenwechsel) als auch das Verstellen der Abmessung ist mit Umrüstzeit verbunden. Das Umrüsten ist aber nur möglich wenn Personal verfügbar ist.

Das Personal wird in unterschiedlicher Kombination eingesetzt, abhängig von dem jeweiligen Arbeitsgang, so daß auch personalbedingte Engpässe und Wartezeiten entstehen können.

Der Flüssigmetalleinsatz ist durch die Parameter Menge und Zeit und durch beschränkte Pufferzeit gekennzeichnet. Eine Übersicht der möglichen mengenmäßigen Verteilung sowohl des Flüssig- als auch des Festmetalls (Schrott) auf die Produktionsanlagen zeigt die Abb. 1.

Der Schrotteinsatz beeinflußt sowohl von der Art als auch von der Menge den Produktionsprozeß. Da der Schrott ein Legierungsprodukt darstellt, ist er nur passend zur laufenden Produktion einsatzbar. (Der im Gießprozeß anfallende Schrott wird dem Lager zugeführt. Das Schrottlager ist abzubauen unter möglichst günstigen Produktionseinsatz- und Ablaufbedingungen).

Reihenfolgeabhängigkeit bei Sortenwechsel

Bei Legierungswechsel muß der Restinhalt des Ofens mit seinen verschiedenen Legierungskomponenten berücksichtigt werden. Der Restinhalt bestimmt die in Frage kommenden Nachfolgelegierungen. Es mußte ein Verfahren entwickelt werden, welches die mögliche Folgelegierungen bestimmt. Jede Legierung ist durch Maximalwerte der Legierungskomponenten festgelegt (siehe Tab. 1).

Tab.1 Legierungsmatrix

		Max - Werte für Komp. K						
	Legierung	Si	Fe	Cu	Mn	Mg	Cr	
i	10 502	0,17	0,29	0,014	0,14	0,03	0,014	a_{ik}
⋮	⋮							
j	12 001	0,18	0,55	0,024	0,014	0,03	0,034	a_{jk}
⋮	⋮							
·	81 121	.	.	.	.	.	.	
i = 1,..,23		k = 1,..,6						

Als notwendige Bedingung für einen Wechsel von Legierung i zu Legierung j ergibt sich:

$$a_{jk} \geq a_{ik} \cdot \frac{\text{Ofenrest Legierung i}}{\text{Ofenfassungsmenge}} \qquad (k=1,\ldots,6)$$

3. Prozeß- und Entscheidungsregeln

Auch bei Beachtung aller vorgegebener Bedingungen bleiben für die Planung des Produktionsablaufs noch zahlreiche Wahlmöglichkeiten, so für

- die Wahl des Folgeauftrags für einen freien Ofen
- das Einsatzverhältnis von Schrott und Flüssigmetall
- die Wahl der Kokillen.

Hierfür mußten sinnvolle Entscheidungsregeln aufgestellt werden. Für die Wahl des Folgeauftrags wurden verschiedene Regeln erprobt, unter anderem eine Auswahl

- nach Abweichung im Legierungsspektrum
- nach gleicher Folgelegierung
- nach gleicher Kokille
- nach freier Kokille
- nach größter Bestellmenge

4. Das Simulationsmodell

Zur Abbildung des Produktionsablaufes wurde ein deterministisches ereignisorientiertes Simulationsmodell entwickelt. Die Vielzahl von Ereignissen im realen Produktionsablauf wurde reduziert auf 9 Arten von Ereignissen (s. Tab. 2), die im Modell jeweils den Start eines bestimmten "Prozesses" auslösen, der eine Folge von Berechnungen enthält.
Tabelle 3 zeigt für einige Ereignisse diese Prozesse in komprimierter Form.

Tab.2 Ereignisarten

Lfd.Nr.	Art des Ereignisses	Ofen 1-8	Gießanl.1-9	Massel	Sows
0	ANLAGE AUSGESCHALTET	x	x	x	x
1	ANLAGE EINGESCHALTET			x	x
2	START - AUFTRAG	x			
3	OFEN GIESSFERTIG	x			
4	WARTEN AUF GIESSANLAGE	x			
5	ANLAGE FREI		x		
6	ANLAGE ZUGETEILT		x		
7	DOPPELGUSS (Weitergießen)		x		
8	OFEN LEERZIEHEN		x		

Tab. 3 Ereignisliste Gießanlagen 9 - 12

Ereignis	Bezeichnung	Folgeanweisungen, Programm- u. Rechenschritte	Neues Ereignis setzen
5	Gießanlage frei	• Zuteilung der Gießanlage zum Ofen - Zeitpunkt für Gießanlagen-, Kokillen-, und Gießer Belegung	6 (zugeteilt)
6	zugeteilt	• Kokille Belegung durchführen Gießer belegen • Wartezeiten berechnen • Gießzeit berechnen (Anguß u.Weiterguß) • Zeitpunkt für Schrottanfall bestimmen • Gießen Ende - und Doppelguß folgt • - kein Doppelguß • Gießanlage gießfertig berechnen - wenn kein Doppelguß folgt - Doppelguß	Kokille belegen Gießer belegen (3Mann/2Mann) Schrotte ins Schrottlag. 7 (Doppelguß) 2 (Ofen Start) 5 (Gießanlage frei) 7 (Doppelguß)
7	Doppelguß	Folgeanweisung wie 6	
8	leerziehen	Ofen leerziehen Folgeanweisungen wie 6	

Diese Ereignislisten zusammen mit den Ablaufdiagrammen bildeten auch die Schnittstelle zur Programmierung.
Das Simulationsmodell liefert als Ergebnis einen Oberblick über den gesamten Produktionsablauf während eines beliebigen Zeitraums (in der Anwendung 1 Monat), entsprechend den vorgegebenen Bedarfsmengen. Man erhält neben dem Produktionsablaufplan und der Anlagenauslastung auch detaillierte Angaben über Verteil- und Wartezeiten und über Materialmengen. Ähnliche Modelle wurden in der chemischen Industrie eingesetzt (1,2,3).

5. Simulationsläufe

Für alle Simulationsläufe wurden die Auftragsdaten eines repräsentativen Monats aus der Vergangenheit (Sept. 1980) zugrundegelegt. Die unterschied-

lichen Entscheidungsregeln und deren Kombination wurden ausgetestet und die Ergebnisse mit der Produktionsleitung eingehend auf Realitätsnähe überprüft.
Den nachfolgend vorzustellenden Simulationsläufen liegen unverändert jene Entscheidungsauswahlregeln zugrunde, die zu den besten Ergebnissen führten.

Vergleich Betrieb - Modell

Bei gleichen Ausgangssituationen (Startzuständen) wurde die Produktion über einen Monat unter verschiedenen Bedingungen simuliert und mit dem betrieblichen Ablauf verglichen. Die folgende Tabelle zeigt einige Ergebnisse im Vergleich. Fehlende Angaben in der Spalte "IST" waren nicht mehr zu ermitteln.

	IST OFEN 1,3-8	A 1 OFEN 3-8	NUR 4 GIESSER
EINSATZ (t)	8686	8992	6426
FLOSSIG (%)	46,3	47,9	64,3
FEST (%)	53,7	52,1	35,7
AUSBRINGUNG (t)	7481	7740	5524
SCHROTTLG. ABBAU (t)		3793	1637
PRODUKTIONSZEIT (h)	5040	3794	4298
PRODUKTIVITAT (t/h)	1,48	2,04	1,29
AUSLASTUNG (%)		85,4	50,7
WARTEZEITEN (h)			
MATERIAL		300	0
KOKILLE		15	115
ROSTEN-KOKILLE		42	62
GIESSER		84	1194
GIESSANLAGE		112	746
RESTZEIT	0	503	0
LEGIERUNGSWECHSEL	63	36	31
PRODUKTWECHSEL	98	79	67
KOKILLENWECHSEL	78	83	62

Vergleich Simulationslauf A1 mit dem Istzustand (Sept.80).Eine abweichende Ausbringung von der Bestellmenge ist zulässig und durch die ganzzahligen Produktionsmengen (Stck.) bestimmt. Obwohl das Modell eine höhere Gutausbringung von 259 Tonnen ausweist, werden statt 373 Chargen 21 weniger benötigt. Durch bessere Ofenausnutzung und weniger Legierungswechsel konnte das Produktionsprogramm mit einem Ofen und einer Gießanlage weniger durchgeführt werden. Der durch Legierungswechsel verursachte Schrott konnte um 75% reduziert werden, entsprechend sinken auch die Wiedereinschmelzkosten und die Metallverluste durch Oxidation und Abbrand.

Wesentliche Kriterien zur Beurteilung des Produktionsablaufs sind die Anzahl Öfen, die zur Erledigung des vorgegebenen Programms eingesetzt werden und die Anzahl der benötigten Legierungswechsel. Bei Produktion gemäß Simulationslauf A1 würden sich somit Einsparungen in Höhe von 59.095,-DM/Monat ergeben (ohne Fixkosten, Finanzierung, Erhaltung usw.).

Simulationslauf A1 mit nur 4 Gießern zeigt z.B. eine Urlaubs- oder Krankheitssituation mit 2 fehlenden Gießern auf. Die Ausbringung fällt rapide und die Wartezeit auf Gießer erhöht sich. Die Gießanlage weist ebenfalls aus Personalgründen erhebliche Wartezeiten aus. Die Legierungs- und Kokillenwechsel fallen, da dieses Bestellprogramm mit nur 4 Gießern nicht erfüllt werden konnte.

Ausblick

Die Anwendung des Modells befindet sich erst im Anfang. Weitere Simulationsläufe zur Beantwortung der zu Beginn genannten Fragen werden zur Zeit durchgeführt, insbesondere wird geprüft, wie weit das Modell sich zur Unterstützung der kurzfristigen Planung laufend einsetzen läßt.
Für strategische Zwecke lassen sich Veränderungen von Produktionsmengen, Anlagen, Personal, Schrottlager oder Engpaßsituationen , hervorgerufen durch Urlaub, Krankheit und Betriebsausfall schon heute darstellen.

Literatur

(1) Fleischmann, B., Saur, H.D.,Ein allgemeines Simulationsmodell für die mehrstufige kontinuierliche Fertigung. In Gessner et al. (Hrsg.) Proceedings in Operations Research, Würzburg-Wien 1974, Seite 420-429 .

(2) Golovin, Lewis, Produkt blending: A Simulation case study in double - time. INTERFACES Vol.9, No. 5, 1979, S. 64-80.

(3) Walsham, G., A Computer Simulation Model Applied to Design Problems of a Petrochemical Complex. In: R.H. Collcutt (Ed.), Successful Operational Research, 1980, S. 271- 284.

EIN INTERAKTIVES LP-FARBGRAPHIKSYSTEM

(LP-COLORGRAPH)

Bernhard Hildebrandt, Paderborn

Zusammenfassung: In diesem Beitrag wird ein auf zweidimensionale Farbgraphik ausgerichtetes interaktives LP-Graphiksystem (LPCG) vorgestellt, mit dem Aufgabenstellungen der Linearen Programmierung (LP) im Dialog mit dem Computer formuliert, gelöst und einer flexiblen Sensitivitätsanalyse unterzogen werden können. Das LP-Basismodell ist auf die Hardwareumgebung eines Mikrocomputers mit Farbgraphik-Display ausgerichtet. Das zentrale Kommunikationsfenster entspricht dabei der klassischen zweidimensionalen geometrischen Darstellung linearer Programmierungsmodelle.

Summary: In this contribution a microcomputer-based interactive LP-system (LPCG) implementing two-dimensional computer color-graphics will be presented. The system incorporates features to generate, solve and analyse LP-models in an interactive mode. Especially, visualization of sensitivity analysis within the framework of the standard geometric representation of two-dimensional LP-models is supported. Design and handling of the menue-driven LPCG is directed towards a user familiar with OR- and LP-techniques rather than specific computer-operator skills. LPCG has been developed to aid the teaching of basic LP-theory as well as to be open for interleaving as pre- and post-processing device for 2-parameter analysis within larger LP-models. Host for LPCG is a standard CP/M-80 microcomputer with a CRT terminal capable of medium resolution color-graphics.

1. Einführung

Bei der Bearbeitung von Aufgabenstellungen aus dem Bereich des Operations Research (OR) kommt der Visualisierung von Modellkomponenten durch graphische Darstellungen eine besondere Bedeutung zu. Dies gilt für alle Phasen der Modellanwendung: Formulierung, Analyse, Verifizierung oder Anwendungseinbettung. Gerade dieser Aspekt ist bei der z.Zt. verfügbaren OR-Software im Vergleich etwa zu der Leistungsfähigkeit der implementierten Algorithmen zumeist weit unterentwickelt, wenn überhaupt berücksichtigt. Batchorientierte Softwarepakete, die dem

Operations Research Proceedings 1982

Anwender keinerlei Interaktionsmöglichkeiten bieten und hohe Anforderungen an die im Vorfeld stattfindende Datenaufbereitung (bei LP z.B.: MPS-Format) stellen, sind hier vorherrschend.

Das im weiteren beschriebene interaktive LP-Graphiksystem ist vor diesem Hintergrund zu sehen. Es stellt einen Versuch dar, das LP-Standardmodell in eine computergestützte interaktive Farb-Graphikumgebung einzubinden und dem Modellanwender in Form einer anwendungsfreundlichen LP-Benutzermaschine bereitzustellen. Der im weiteren näher skizzierte Leistungsumfang dieser LP-Benutzermaschine geht von folgendem LP-Standardmodell aus:

Zielfunktionen:

$$z_1 = c_{11}x_1 + c_{12}x_2 \quad \rightarrow \quad opt_1$$
$$\vdots$$
$$z_K = c_{K1}x_1 + c_{K2}x_2 \quad \rightarrow \quad opt_K$$

Restriktionen:

$$(i) \qquad a_{11}x_1 + a_{12}x_2 \quad :: \quad b_1$$
$$\vdots$$
$$a_{M1}x_1 + a_{M2}x_2 \quad :: \quad b_M$$
$$(ii) \qquad x_1 \geq 0$$
$$x_2 \geq 0$$

wobei opt_k für min_k, max_k und $::$ für $\leq, \geq$ bzw. = steht; für die Parameter gilt: $c_{kj}, b_i, a_{ij} \in \mathbb{R}$ $(i=1,\ldots,M;\ j=1,2;\ k=1,\ldots,K)$.

2. Design der Benutzerschnittstelle

Mensch-Computer-Interaktionen setzen klare und verständliche Regeln für die Kommunikation voraus, die sowohl das Leistungspotential als auch das Systemverhalten und die Dialogführung transparent machen. Beim Design der Benutzerschnittstelle von LPCG wurde es daher für wichtig erachtet, (1.) von einem Benutzertyp auszugehen, der über keine besonderen EDV-Kenntnisse verfügt (Plausibilitätstest, Statusmeldungen, Fehlersicherheit), (2.) den Lernaufwand für den Umgang mit dem System möglichst gering zu halten (Help-Informationen, Interaktionssicherheit, LP-Datenmanipulation, graphische Interaktion und Erlernbarkeit), (3.) für jede mögliche Benutzereingabe eine Systemreaktion vorzusehen (Stabilität, System- und Fehlerverhalten) und (4.) den Zugriff zu den Leistungsfunktionen über mehrere Wege zu ermöglichen (flexible Benutzerführung). Zur Realisation der aufgestellten Anforderungen wurde eine Dialogsteuerung auf der Grundlage eines hierarchisch strukturierten Menükonzepts entwickelt (vgl. Bild 1).

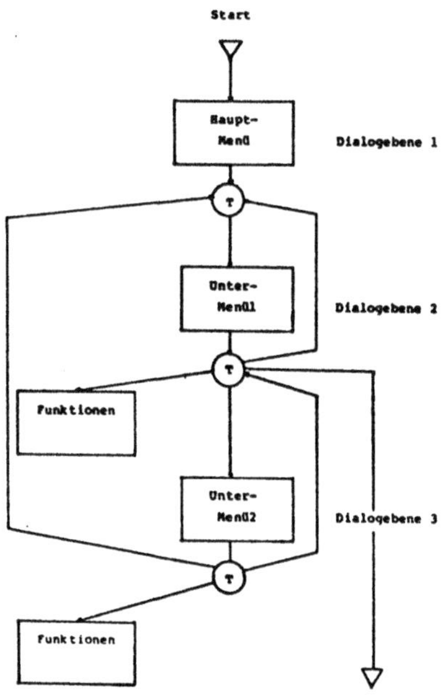

Bild 1: Dialogsteuerung

Bei der visuellen Kommunikation ist wahrnehmungspsychologischen Erkenntnissen Beachtung zu schenken. Form und Gestalt graphischer Darstellungen sowie die Verwendung von Farbe als ordnendes Element können dazu beitragen, die subjektiv empfundene Komplexität zu reduzieren und die Darstellungsdichte der dargebotenen Informationen zu erhöhen.

3. Interaktiver Lösungsprozeß

3.1 Modellformulierung im Dialog

Dem Systembenutzer werden in einem Menükonzept Funktionen angeboten, die es ermöglichen, LP-Problemdaten interaktiv einzugeben, ggf. zu korrigieren und für eine spätere Wiederverwendung wegzuspeichern. Zur Erleichterung der Modellformulierung werden ausgehend von groben Strukturangaben (Anzahl der Zielfunktionen/Restriktionen) Bildschirmmasken mit den erforderlichen Eingabefeldern generiert und dem Benutzer zur interaktiven Manipulation auf dem Bildschirm zur Verfügung gestellt.

Das System steuert die Eingabe der LP-Modelldaten so, daß üblicherweise nacheinander die Angaben über die verfolgte Zielsetzung *(z_k; $k=1,\ldots,K$)* und die dabei zu beachtenden Nebenbedingungen *($\Sigma a_{ij}x_j :: b_i$; $i=1,\ldots,M$; $j=1,2$)* spezifiziert werden können.

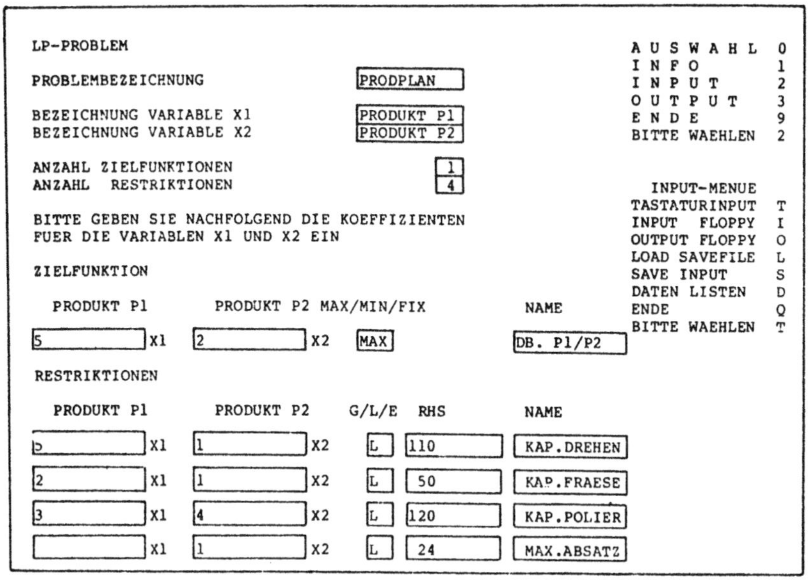

Bild 2: Bildschirmmaske zur Eingabe der LP-Problemdaten

Während der Modellformulierung ausgegebene Fehler- und Korrekturhinweise gewährleisten eine fehlerfreie Weiterverarbeitung der Problemdaten. Unabhängig davon wird bei explizit nicht-definierten LP-Modellgrößen, die für die Lösung des Optimierungsproblems notwendig sind, von Defaultwerten für LP-Standardmodelle ausgegangen (u.a. Parameter, Optimierungsrichtung, Vergleichsoperatoren). Diese vom System durchgeführten Verbesserungen werden dem Benutzer entsprechend mitgeteilt. Bild 2 zeigt die Bildschirmmaske bei der Modellformulierung mit Problemdaten und im rechten Teil die eingeblendeten Menüs.

3.2 Datenaufbereitung und graphische Ausgabe

Das durch die Modelldaten definierte LP-Modell läßt sich auf einem Farbsichtgerät in der üblichen zweidimensionalen Darstellung eines (x_1,x_2)-Koordinatensystems visualisieren, indem der durch die Restriktionen begrenzte Zulässigkeitsbereich und die Zielfunktionen in beliebiger Lage dargestellt sind. Alle graphischen Ausgabefunktionen können beliebig kombiniert werden und stellen so ein flexibles Instrumentarium für die graphische Aufbereitung von Linearen Programmen dar. Insbesondere die Möglichkeit zur Bestimmung von Bildausschnitten (Fenstertechniken) bietet in Verbindung mit den übrigen Graphikfunktionen umfangreiche Analysemöglichkeiten.

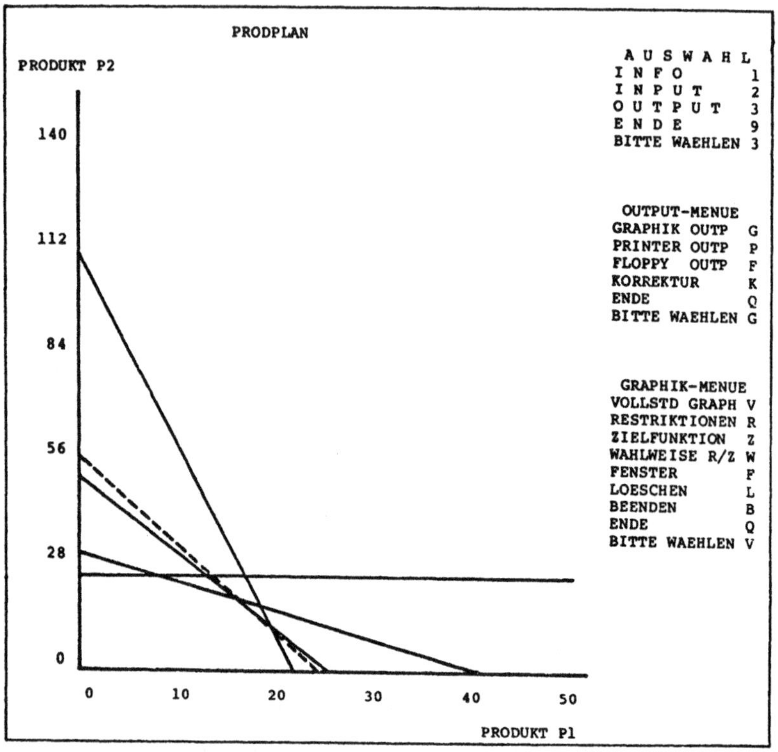

Bild 3: Graphische LP-Darstellung im Systemfenster

Für die graphische Darstellung wurde ein Algorithmus entwickelt, der für das LP-Modell ein Sichtfenster über dem positiven Quadranten des (x_1,x_2)-Koordinatensystems ermittelt. Hier war u.a. das Problem zu lösen, welchen Ausschnitt eigentlich eine "normale" geometrische Darstellung zu einem zweidimensionalen linearen Programm liefert. Dieser algorithmisch ermittelte Ausschnitt wird Systemfenster genannt.

Das Systemfenster folgt Ideen einer intuitiven Heuristik und bildet den gesamten LP-Zulässigkeitsbereich ab. Es ist dem Benutzer möglich, beliebige Ausschnitte des Zulässigkeitsbereiches vergrößert oder verkleinert im Dialog auszuwählen. In diesen Ausschnitten sind verschiedene graphische Manipulationen möglich; u.a. können sowohl einzelne Restriktionen als auch Zielfunktionen eingeblendet werden.

3.3 Sensitivitätsanalysen

Auf der Grundlage des einmal formulierten LP-Modells lassen sich umfangreiche Sensitivitätsanalysen realisieren. Restriktionen und Zielfunktionen können beliebig geändert, hinzugefügt oder gelöscht werden. Bei den vorhandenen M Restriktionen läßt sich die Sensitivität der Lösung im Hinblick auf die rechte Seite prüfen (b_i beliebig änderbar; $i=1,\dots,M$). Gleichfalls sind die Problemkoeffizienten a_{ij} ($i=1,\dots,M$; $j=1,2$) veränderbar. Entsprechend lassen sich auch die Zielfunktionskoeffizienten der K Zielfunktionen c_{kj} ($k=1,\dots,K, j=1,2$) abwandeln. Die einzelnen manipulierten Datensätze werden während der Korrektur für den Benutzer auf dem Farbdisplay besonders hervorgehoben (siehe Bild 4).

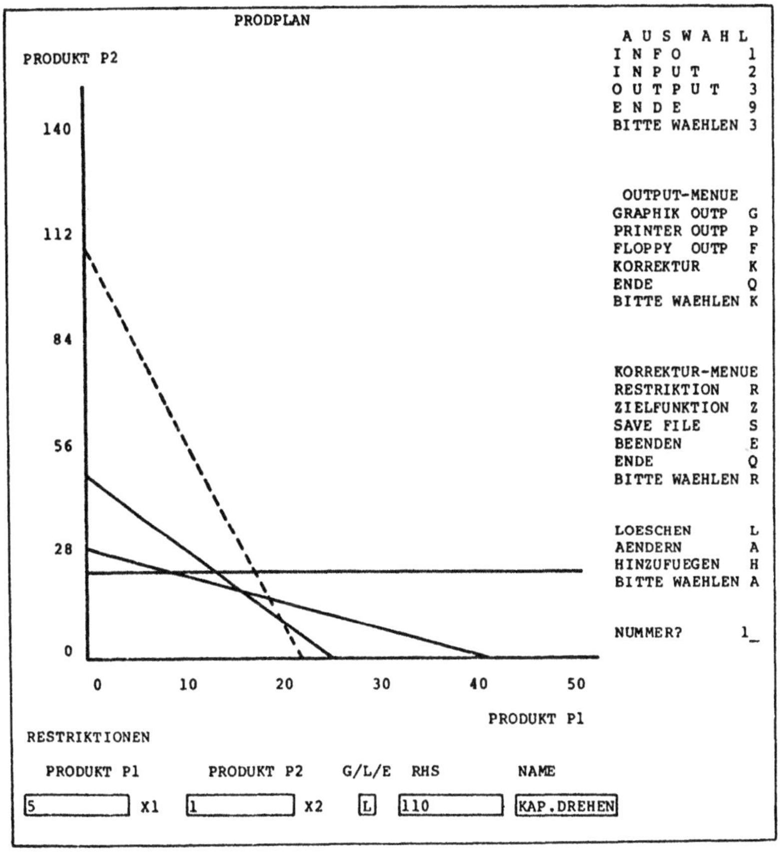

Bild 4: Sensitivitätsanalyse der LP-Modelldaten

Die Konsequenzen der Datenmanipulation sind nach einer weiteren Rechenphase jeweils durch erneute geometrische Darstellung direkt auf dem

Farbdisplay erkennbar. Parameteränderungen bei der Sensitivitätsanalyse werden entsprechend durch Parallelverschiebungen und/oder Drehungen der Funktionen visualisiert. Für diese Analysephase ist es nützlich, daß sich beliebige Fenster zum Hervorheben gewünschter Bereiche des gesamten Zulässigkeitsbereichs interaktiv einstellen lassen. Neben den farbgraphischen Ausgaben lassen sich die originären und manipulierten LP-Modelldaten wie auch die Ergebnisse auf einem Drucker ausgeben.

4. Implementierung

Das beschriebene LP-Graphiksystem wurde auf einem CP/M-Mikrocomputersystem implementiert. Der Mikrocomputer benötigt einen Hauptspeicher von 64 kByte und mindestens ein Diskettenlaufwerk mit einer Mindestspeicherkapazität von 100 kByte. Für den Benutzerdialog ist ein Farbsichtgerät mit Tastatur notwendig. Schon auf einem Graphikterminal mit einer vergleichsweise geringen Auflösung von etwa 200 x 200 Pixel und Vektor-Graphikeigenschaften kann das LP-System implementiert werden. Das Programmsystem wurde in Pascal programmiert und umfaßt derzeit fünf Programm-Moduln. Ähnliche Konzeptionen zur computergestützten Visualisierung wurden bisher von Ciriani (Programm für 2-dimensionale Projektionen, IBM-Rome) und insbesondere für Effizienzanalysen von Winkels (1981) entwickelt.

5. Ausblick

In der vorliegenden Form ist das entwickelte Konzept als LP-Lehr- und Lernmaschine für Grundlagen der Linearen Programmierung geeignet. Über diese konkrete Anwendung hinaus läßt sich das entwickelte Basismodell als Analysekonzept für zweiparametrische Analysen im Rahmen komplexer linearer Optimierungsmodelle verwenden.

Erweiterungsmöglichkeiten der realisierten Basisversion von LPCG sind durch die standardisierten Schnittstellen, die eine Integration weiterer Anwendungsmoduln erlauben oder in der Verwendung dieses Systems als Pre- oder Postprocessor zu einem Standardsoftwarepaket der Linearen Optimierung zu sehen. Ein Ausbau von LPCG im Hinblick auf die Integration ganzzahliger Linearer Programmierung und nichtlinearer Programmierung ist beabsichtigt.

Literatur:

Cakir, A. Computer am Arbeitsplatz 3, Bildschirm und Farbe. Interface Age (Deutsche Ausgabe) (1981) 9, S.46-55.

Ciriani, T. The Free Parametrization for Linear Programming With Bounded Variables. Rendiconti del Seminario Matematico della Università di Padova 47 (1972), S.77-107.

Hildebrandt, B. Entwicklung eines interaktiven LP-Graphiksystems
Teil 1: Systementwicklung
Teil 2: Programmdokumentation
Teil 3: Benutzerhandbuch.
Diplomarbeit am Schwerpunkt Wirtschaftsinformatik & OR der Universität - GH Paderborn (1982).

Winkels, H.-M. Visualization and Discretization for Convex Polyhedral Sets. Working Paper on Economathematics 8104, Abteilung für Wirtschaftswissenschaft und Abteilung für Mathematik, Ruhr-Universität, Bochum (1981).

Ferner wurden auf der 11. Jahrestagung der DGOR die folgenden Referate gehalten:

Plenumsvortrag

INTEGEP PROGRAMMING: HISTORICAL PERSPECTIVES AND RECENT DEVELOPMENTS

G. Nemhauser

In this expository talk, we will discuss recent developments that promise to enhance substantially our ability to solve integer programming problems. We will focus on cutting plane methods and duality. We will present some historical background, relations between the approaches and illustrations of their practical use.

Instandhaltung in der Praxis

DAS KONZEPT DER INSTANDHALTUNG VON VERKEHRSFLUGZEUGEN

K. Schürger

Ausgehend von der Zielsetzung der Instandhaltung von Verkehrsflugzeugen wird erläutert, nach welchen Kriterien und Verfahren der präventive Teil des Instandhaltungssystems bei neuen Flugzeugen erstellt wird. Mit sich aufbauender Betriebserfahrung wird dieses Anfangsinstandhaltungssystem weiter entwickelt. Dabei gelangen auch Rechneranwendungen zum Einsatz, die näher erläutert werden.

Finanzwirtschaft und Banken

FRISTIGKEITSSTEUERUNG DER BANKBILANZ (ASSET-LIABILITY-MANAGEMENT)

H. Fassbender

Wie soll in einer Bank über die Fristigkeitsstruktur der Aktiv- und Passivseite "am besten" entschieden werden?
Zinsbindungsinkongruenzen bei anhaltend inverser Zinsstruktur haben erhebliche Gewinneinbrüche verursacht und stellen neue Anforderungen an das Bankmanagement. Im Referat wird eingangs die Größenordnung des Problems dargestellt und auf die wichtigsten Ursachen eingegangen. Anschließend wird das Entscheidungsproblem definiert: Inkongruenzvolumen, Fristentransformationsergebnis als Teil des Zinsüberschusses, Kosten des Ausschlusses künftiger Inkongruenzen, Zinsänderungsrisiken. Schwerpunkt des Referates bildet der Entscheidungsprozeß selbst. Mit ihm werden auch die Informations- und Lösungsinstrumente diskutiert.

DAS FINANZPLANUNGS- UND PROGNOSESYSTEM (SPS) DER DEUTSCHEN SPARKASSENORGANISATION

J. Eufinger

Das SPS ist ein EDV-Programmpaket, das eine Vielzahl von Informationen zur Finanzplanung in Form von MIS-Reports erstellt.
Monatlich werden mit Methoden der Zeitreihenanalyse kurz- bis mittelfristige Vorhersagen für ca. 40 Bilanzpositionen für ca. 700 Sparkassen erstellt und dabei Aussagen über Bestandsentwicklung, Gewinnerwartung und Liquiditätsstatus getroffen.
Sparkassenspezifische Prognosen werden durch die Zusammenfassung mehrerer Sparkassen zu einer Vergleichsgruppe zu einem zwischenbetrieblichen Kennzahlensystem erweitert,deren Analyse und Aufbereitung das Prognosesystem zu einem Planungskontroll- und Frühwarnsystem werden lassen.

VERFAHREN ZUR ERMITTLUNG DER WIRTSCHAFTLICHKEIT UNTER BERÜCKSICHTIGUNG DER TECHNISCH-WIRTSCHAFTLICHEN VORAUSSETZUNGEN IN DER ENERGIEWIRTSCHAFT, DARGESTELLT AN EINEM PRAXISBEZOGENEN MODELL

M. Pelka

Systembedingt können bei Anwendung der bekannten dynamischen Verfahren der Investitionsrechnung steuerliche und finanzierungsbezogene Besonderheiten wie Verlustvortragsfähigkeit, erforderliche Zwischenfinanzierung etc. nur bedingt berücksichtigt werden. Eine Einbeziehung dieser für die Gesamtbeurteilung der Wirtschaftlichkeit wesentlichen Prämissen ist im allgemeinen nur durch ergänzende Hilfsrechnungen möglich. Dieser Sachverhalt erweist sich insbesondere bei der wirtschaftlichen Beurteilung langfristiger, kapitalintensiver Investitionen, wie sie für die Energiewirtschaft kennzeichnend sind, als Nachteil. Zur Lösung dieser Problemstellung wurde im Hause der Ruhrgas AG ein auf die Belange der Praxis abgestelltes integriertes EDV-Programm entwickelt. Ausgehend von Plan-Gewinn- und Verlustrechnungen und Plan-Bilanzen sowie Cash-Flow-Rechnungen können mit diesem Programm neben den steuerlichen und finanzierungsorientierten Entscheidungskriterien simultan die zur Beurteilung einer Investition relevanten Wirtschaftlichkeitskennziffern wie Project-d-c-f- etc. ermittelt werden.

Strategische Unternehmensplanung

AUSWIRKUNGEN ALTERNATIVER ZIELSYSTEME AUF STRATEGISCHE PROGRAMME

W.Popp

Bei der strategischen Planung von Unternehmungen mit Engpässen in mehreren Funktionsbereichen kann der Einsatz von Simultanplanungsmethoden im Vergleich zu sequentiellen Verfahren wesentliche Verbesserungen der Planungsnormen bringen. Über die gemischtganzzahlige Programmierung sind die relevanten Interdependenzen zwischen den Funktionsbereichen für die Ansprüche der Praxis in der Regel mit hinreichender Genauigkeit zu erfassen.
Die Wahl alternativer Zielsysteme hat vielfach starke Auswirkungen auf die strategischen Programme. So kann z.B. die Erweiterung eines zunächst nur unternehmungsbezogenen Kapitalwertkriteriums auf die Interessen der Anteilseigner wesentliche Veränderungen der optimalen Ergebnisse bewirken.

OR in der öffentlichen Verwaltung

BEDEUTUNG VON STEUERN FÜR DIE REGULIERUNG VON "PUBLIC UTILITIES", EINE DYNAMISCHE ANALYSE

H. Wegener/ G. Ziemes

In den USA werden sog. "public utilities" (PUs) so lange nicht zu Preissenkungen verpflichtet, wie deren Kapitalrentabilität nicht "unfair" ist. AVERCH/JOHNSON haben gezeigt, daß dieses Regulierungsverfahren die PUs zu einer überkapitalisierten Produktionsweise veranlaßt.
Zielsetzung des Beitrags ist die Erweiterung des statistischen Modells um die Aspekte: dynamische Analyse, adäquate wirtschaftspolitische Zielgröße und Berücksichtigung der Wirkungen relevanter Steuern.
Das PONTRYAGINsche Maximumprinzip dient der methodischen Behandlung der "kontrolltheoretischen" Problemstellung. Die Analyse zeigt, wie sich Steuern auf das Investitionsverhalten von PUs auswirken. Das Wissen um diese Effekte erlaubt Schlußfolgerungen über die optimale Besteuerung und Regulierung von PUs.

OR im Gesundheitswesen

ANALYSE DER STRATEGIE DER VORSORGE, ERLÄUTERT AM BEISPIEL DER KREBSVORSORGE

C. Dietrich

Die Vorsorge im Sinne der Vorbeugung und Früherkennung von Krankheiten ist eines der aktuellen gesundheitspolitischen Ziele aller Parteien, da durch sie neben der Gesunderhaltung der Bevölkerung auch eine Kostensenkung im Gesundheitswesen erreicht werden soll. Der Beitrag zeigt auf, daß es zum Ziel der Vorsorge konkurrierende Ziele gibt, die der Vorsorge zum Teil zuwiderlaufen, und daß die erwarteten Kosteneinsparungen nur schwer zu erzielen sind.

Stetige Optimierung

PARAMETRISCHE OPTIMIERUNG: THEORIE UND ANWENDUNGEN

B. Brosowski

Wir betrachten das semi-infinite Optimierungsproblem

MP(σ). Minimiere auf dem $\mathbb{R}^N$ die lineare Zielfunktion

$$f(u):=f(u_1,u_2,\ldots,u_N):=\langle p,u\rangle$$

unter den linearen Nebenbedingungen

$$\underset{t\in T}{\forall} \langle B(t),u\rangle \leq b(t)$$

Dabei bezeichnet: T ein kompakter Raum, $\langle\cdot,\cdot\rangle$ das übliche Skalarprodukt im $\mathbb{R}^N$, p ein Element aus dem $\mathbb{R}^N$ und $b:T\to R$ sowie $B:T\to\mathbb{R}^N$ stetige Abbildungen. Ferner haben wir zur Abkürzung $\sigma:=(B,b,p)$ gesetzt.
Im Vortrag betrachten wir die stetige Abhängigkeit der zulässigen Menge Z_σ, der Optimalmenge P_σ sowie des Optimalwertes E_σ vom Parameter σ. Ferner untersuchen wir die Struktur des Raumes Γ bzw. Σ aller Parameter σ mit $Z_\sigma\neq\emptyset$ bzw. $P_\sigma\neq\emptyset$.
Diese Ergebnisse werden angewendet zur Untersuchung (1) der Stabilität numerischer Verfahren, (2) der Konvergenz von Verfahren zur Lösung des semi-infiniten Optimierungsproblems, (3) der Entwicklung von Verfahren zur Lösung parametrischer Optimierungsprobleme,(4) von Kontrollproblemen und (5) von Vektoroptimierungsproblemen.
Wir geben ferner einen Ausblick auf parametrische nicht-lineare Optimierungsprobleme.

Stochastische Entscheidungsprozesse

VERZWEIGTE BEDIENUNGSSYSTEME

R. Schaßberger

Die Theorie der verzweigten Bedienungssysteme hat im Jahre 1957 mit einer Arbeit von J.R. Jackson ihren Anfang genommen und ist aufgrund zahlreicher Anwendungsmöglichkeiten aus der Informatik auf vehementes Interesse gestoßen. Im Vortrag soll versucht werden, einen Überblick über die bislang gewonnenen mathematisch gesicherten Ergebnisse zu vermitteln.

VERZEICHNIS DER AUTOREN UND REFERENTEN

Abel, V., Dr., Hochschule der Bundeswehr München, Werner-Heisenberg-Weg 39, 8014 Neubiberg

Albers, S., Dr., Institut für Betriebswirtschaftslehre, Christian-Albrechts-Universität Kiel, Olshausenstraße 40 - 60, 2300 Kiel

Bartels, S., Technische Universität Berlin, Institut für Betriebswirtschaftslehre, Uhlandstr. 4 - 5, 1000 Berlin 12

Behl, M., Dr., Institut für Angewandte Mathematik und Statistik der Universität Würzburg, Sanderring 2, 8700 Würzburg

Beilner, H., Prof. Dr., Universität Dortmund, Lehrstuhl Informatik IV, Postfach 50 05 00, 4600 Dortmund 50

Bemelmans, R., drs., Technische Hogeschool Eindhoven, afdeling der Bedrijfskunde, vakgroep ORS, den Dolech 2, Postbus 513, 5600 MB Eindhoven, Niederlande

Berndt, R., Priv. Doz. Dr., Universität Hamburg, Seminar für Handel und Marktwesen, Von-Melle-Park 5, 2000 Hamburg 13

Boehm, H., Stahlwerke Röchling-Burbach, Revisionsabteilung, 6620 Völklingen/Saar

Bons, H., Dipl.-Kfm., Unternehmensberatung Bons/van Megen, Universitätsstraße 79, 5000 Köln 79

Bosch, K., Prof. Dr., Universität Hohenheim, Institut für Angewandte Mathematik und Statistik, Postfach 70 05 62, 7000 Stuttgart 70

Braun, H., Dipl.-Ing., Weinbergstraße 6, 5501 Korlingen

Braun, H., Dipl.-Math., Aral AG, Postfach 10 04 50, 4630 Bochum 1

Brosowski, B., Prof. Dr., Johann-Wolfgang-Goethe-Universität Frankfurt, Lehrstuhl für Angewandte Mathematik, Mertonstr. 17, 6000 Frankfurt

Brückner, F.O., Dipl.-Volksw., Siemens AG, ZFA FWO 12, Schertlinstr. 8, 8000 München 70

Bühler, W., Prof. Dr., Universität Dortmund, Lehrstuhl für Investition und Finanzierung, Postfach 50 05 00, 4600 Dortmund 50

Butz, L., Universität Bonn, Institut für Operations Research, Nassestraße 2, 5300 Bonn 1

Colgen, R., Fachbereich Mathematik der Universität Frankfurt, Postfach 11 19 32, 6000 Frankfurt 11

Colman, R., Dipl.-Math., Ruhr-Universität Bochum, Institut für Unternehmungsführung und Unternehmensforschung, 4630 Bochum

Cremers, H., Dr., Universität Karlsruhe, Institut für Mathematische Statistik, Postfach 63 80, 7500 Karlsruhe

Daduna, J., Dipl.-Kfm., Hochschule der Bundeswehr Hamburg, Holstenhofweg 85, 2000 Hamburg 70

Dawen, R. van, Dipl.-Math., Institut für Angewandte Mathematik der Universität Bonn, Wegelerstr. 6, 5300 Bonn

Dekker, R., University of Leiden, Institute of Applied Mathematics and Computer Science, Wassenaarseweg 80, P.O. Box 95 12, 2300 RA Leiden, Niederlande

Derigs, U., Dr., Universität Bonn, Institut für Ökonometrie und Operations Research, Nassestraße 2, 5300 Bonn

Deutler, T., Dr., Universität Mannheim, Seminar für Statistik, 6800 Mannheim

Dietrich, C., Dr., Industrieanlagen-Betriebsgesellschaft mbH, Abteilung SZS, Einsteinstraße 20, 8012 Ottobrunn

Diruf, G., Prof. Dr., Universität Bamberg, Lehrstuhl für Betriebswirtschaftslehre, insbes. Verkehr, Transport, Logistik, Weide 18, 8600 Bamberg

Dreßler, J., Dipl.-Ing., Forschungsinstitut der Deutschen Bundespost beim FTZ, Postfach 50 00, 6100 Darmstadt

Drexl, A., Dr., Hochschule der Bundeswehr Hamburg, Institut für Unternehmensforschung und Informatik, Postfach 70 08 22, 2000 Hamburg 70

Eisenführ, F., Prof. Dr., Rheinisch-Westfälische Technische Hochschule Aachen, Lehr- und Forschungsgebiet Allgemeine Betriebswirtschaftslehre, Templergraben 64, 5100 Aachen

Ellinger, Th., Prof. Dr. Dr., Universität zu Köln, Seminar für Allgemeine und Industrielle Betriebswirtschaftslehre, Albertus-Magnus-Platz, 5000 Köln 41

Erfle, W., Dipl.-oec., Universität Frankfurt, Seminar für Industrielle Produktion, Senckenberganlage 31, 6000 Frankfurt

Erismann, H. Th., Dipl.-Ing., Henkel KGaA - ZR-PI/IE-Systemtechnik, Postfach 11 00, 4000 Düsseldorf 1

Eufinger, J., Dr., Bayerischer Sparkassen- und Giroverband, Karolinenplatz 5, 8000 München 2

Fassbender, H., Dr., McKinsey & Company, Inc., Taunusanlage 21, 6000 Frankfurt 1

Fieger, W., Universität Karlsruhe, Institut für Mathematische Statistik, Postfach 63 80, 7500 Karlsruhe

Fincke, U., Droste-Hülshoff-Str. 4, 5000 Köln 51

Fischer, J., Dr., Technische Universität Berlin, Institut für Betriebswirtschaftslehre, Uhlandstr. 4 - 5, 1000 Berlin 12

Fleischmann, B., Prof. Dr., Universität Hamburg, Seminar für Allgemeine Betriebswirtschaftslehre, Von-Melle-Park 5, 2000 Hamburg 13

Freimann, K.-D., Dipl.-Volkswirt, Lehrgebiet Statistik und Ökonometrie der Fernuniversität Hagen, Roggenkamp 6, 5800 Hagen

Freist, C., Dipl.-Ing., Institut für Fertigungstechnik und spanende Werkzeugmaschinen, Universität Hannover, Welfengarten 1 A, 3000 Hannover 1

Gaede, K.-W., Prof. Dr., Technische Universität München, Institut für Statistik und Unternehmensforschung, Arcisstr. 21, 8000 München 2

Gaul, W., Prof. Dr., Universität Karlsruhe, Institut für Entscheidungstheorie und Unternehmensforschung, Kollegiengebäude am Schloß, Bau III, 7500 Karlsruhe 1

Geppert, B., Universität Karlsruhe, Institut für Siedlungswasserwirtschaft, Am Fasanengarten, 7500 Karlsruhe 1

Goldmann, H., Betriebswirtschaftliches Institut der Eisenhüttenindustrie, Breite Straße 69, 4000 Düsseldorf 1

Gosda, M., Dr., Siemens AG, ZFA FWO 12, Schertlinstr. 8, 8000 München 70

Gotterbarm, F.,Universität Bonn, Institut für Ökonometrie und Operations Research, Nassestr. 2, 5300 Bonn 1

Granow, R., Dipl.-Ing., Universität Hannover, Institut für Fertigungstechnik und spanende Werkzeugmaschinen, Welfengarten 1 A, 3000 Hannover 1

Grimm, U., Dr., Universität Frankfurt, Seminar für Industriewirtschaft, Mertonstraße 17, 6000 Frankfurt

Großeschallau, W., Dr., Universität Dortmund, Lehrstuhl für Förder- und Lagerwesen, Postfach 50 05 00, 4600 Dortmund 50

Gruber, J., Prof. Dr. Dr., Lehrgebiet Statistik und Ökonometrie der Fernuniversität Hagen, Roggenkamp 6, 5800 Hagen

Grütz, M., Dipl.-Inf., Universität Erlangen-Nürnberg, Lehrstuhl für Betriebswirtschaftslehre und Operations Research, Lange Gasse 20, 8500 Nürnberg

Günther, H., Dr., Vereinigte Elektrizitätswerke Westfalen AG, Rheinlanddamm 24, 4600 Dortmund 1

Hackbarth, K.D., Dipl.-Ing., Forschungsinstitut der Deutschen Bundespost beim FTZ, Postfach 50 00, 6100 Darmstadt

Hahn, W., Dipl.-Ing., Henkel KGaA - ZR-PI/IE-Systemtechnik, Postfach 11 00, 4000 Düsseldorf 1

Hanschke, Th., Dr., Johannes-Gutenberg-Universität Mainz, FB Mathematik, Saarstr. 21, 6500 Mainz

Hanssmann, F., Prof. Dr., Universität München, Seminar für Systemforschung, Ludwigstr. 28, RG/III, 8000 München 22

Haupt, R., Dr., Universität zu Köln, Seminar für Allgemeine und Industrielle Betriebswirtschaftslehre, Albertus-Magnus-Platz, 5000 Köln 41

Heidenberger, K., Dipl.-Math., Universität Erlangen-Nürnberg, Lehrstuhl für Betriebswirtschaftslehre und Operations Research, Lange Gasse 20, 8500 Nürnberg

Heinzel, R., Dipl.-Inform., Universität Dortmund, Lehrstuhl für Förder- und Lagerwesen, Postfach 50 05 00, 4600 Dortmund 50

Hildebrandt, B., Mentropstr. 79, 4790 Paderborn-Elsen

Hinderer, K., Prof. Dr., Universität Karlsruhe, Institut für Mathematische Statistik, Englerstr. 2, 7500 Karlsruhe 1

*Hohmann, K.,*Dr., Vereinigte Elektrizitätswerke Westfalen AG, Rheinlanddamm 24, 4600 Dortmund 1

Hordijk, A., Prof. Dr., Institut of Applied Mathematics and Computer Science, University of Leiden, P.O. Box 9512, 2300 RA Leiden, Niederlande

Horst, R., Prof. Dr., FH/TH Darmstadt, Landwehrstr. 1 A, 6100 Darmstadt

Inderfurth, K., Priv. Doz., Dr., Freie Universität Berlin, Fachbereich Wirtschaftswissenschaft, Fachrichtung Operations Research, Thielallee 66, 1000 Berlin 33

Jensen, U., Dr., Universität Hohenheim, Institut für Angewandte Mathematik und Statistik, Postfach 70 05 62, 7000 Stuttgart 70

Jöckel, K.-H., Dipl.-Math., Universität Dortmund, Abteilung Statistik, Postfach 50 05 00, 4600 Dortmund 50

Jünger, M., Sc., Universität Bonn, Institut für Ökonometrie und Operations Research, Nassestr. 2, 5300 Bonn 1

Kallenberg, L., University of Leiden, Institute of Applied Mathematics and Computer Science, Wassenaarseweg 80, P.O.Box 9512, 2300 RA Leiden, The Netherlands

Knolmayer, G., Prof. Dr., Universität Kiel, Institut für Betriebswirtschaftslehre, Olshausenstr. 40 - 60, 2300 Kiel 1

Kolonko, M., Dr., Universität Karlsruhe, Institut für Mathematische Statistik, Englerstraße, 7500 Karlsruhe

Konen, W., Dipl.-Ing., Forschungsinstitut für Rationalisierung, Abteilung Logistik, Pontdriesch 14/16, 5100 Aachen

Kottsieper, H., Dipl.-Ing., Hustadtweg 22, 4430 Mülheim/Ruhr

Krüger, B., Dr., Witts Allee 18, 2000 Hamburg 55

Krüger, W., Wümmeweg 47, 2000 Hamburg 92

Kruschwitz, L., Prof. Dr., Technische Universität Berlin, Institut für Betriebswirtschaftslehre, Uhlandstr. 4 - 5, 1000 Berlin 12

Küpper, H.U., Prof. Dr., Technische Hochschule Darmstadt, Institut für Betriebswirtschaftslehre, Fachgebiet Controlling, Hochschulstr. 2, 6100 Darmstadt

Laak, H. van, Dr.-Ing., Degussa Wolfgang, Postfach 13 45, 6450 Hanau 1

Layer, M., Prof. Dr., Universität Hamburg, Fachbereich Wirtschaftswissenschaften, Seminar für Industriebetriebslehre und Organisation, Von-Melle-Park 5, 2000 Hamburg 13

Leichtfuß, R., Dipl.-Volkswirt, Christian-Albrechts-Universität Kiel, Institut für Betriebswirtschaftslehre, Olshausenstr. 40 - 60, 2300 Kiel 1

Lenssen, M.J.G., Eindhoven University of Technology, Department of Mathematics and Computing Science, P.O.Box 513, 5600 MB Eindhoven, The Netherlands

Loistl, O., Prof. Dr., Universität Paderborn, Fachbereich Wirtschaftswissenschaft, Postfach 16 21, 4790 Paderborn

Lutz, Th., IBM Deutschland GmbH, Postfach 80 08 00, 7000 Stuttgart 80

Megen, R. van, Dipl.-Kfm., Unternehmensberatung Bons/van Megen, Universitätsstraße 79, 5000 Köln 79

Meier, H., Dipl.-Kfm., Universität Erlangen-Nürnberg, Betriebswirtschaftliches Institut, Lange Gasse 20, 8500 Nürnberg

Menges, G., Prof. Dr., Universität Heidelberg, Institut für international vergleichende Wirtschafts- und Sozialstatistik, Grabengasse 14, 6900 Heidelberg 1

Meyer zu Selhausen, H., Prof. Dr., Hochschule der Bundeswehr München, FB Wirtschafts- und Organisationswissenschaften, Werner-Heisenberg-Weg 39, 8014 Neubiberg

Müller, R., Dr., Arbeitsgemeinschaft DB/VAG, Am Plärrer 27, 8500 Nürnberg 70

Müller-Merbach, H., Prof. Dr., Technische Hochschule Darmstadt, Institut für Betriebswirtschaftslehre, Fachgebiet Operations Research, Fachbereich 1, Hochschulstr. 1, 6100 Darmstadt

Nemhauser, G., Prof. Dr., School of Operations Research and Industrial Engineering, Cornell University, Ithaca, New York 14853, USA

Nickel, E., Dipl.-Kfm., Universität Frankfurt, Lehrstuhl für Betriebswirtschaftslehre, insbes. Industriebetriebslehre, Senckenberganlage 31, 6000 Frankfurt

Nollau, H.-G., Dipl.-Math., TH Darmstadt, Institut für Arbeitswissenschaft, Petersenstr. 30, 6100 Darmstadt

Paessens, H., Universität Karlsruhe, Institut für Siedlungswasserwirtschaft, Am Fasanengarten, 7500 Karlsruhe

Pelka, M., Dr., Ruhrgas AG, Huttropstr. 60, 4300 Essen 1

Pfeifer, A., Dr., TH Darmstadt, Fachbereich Mathematik, Schloßgartenstr. 7, 6100 Darmstadt

Pieriak, K., Prof. Dr., Technische Universität Braunschweig, Institut für Verkehr, Eisenbahnwesen und Verkehrssicherung, Pockelsstr. 4, 3300 Braunschweig

Popp, W., Prof. Dr., Universität Bern, Betriebswirtschaftliches Institut, Sennweg 2, 3013 Bern

Reimann, A., Dipl.-Math., Freie Universität Berlin, Institut für Quantitative Ökonomik und Statistik, Garystr. 21, 1000 Berlin 33

Reinelt, G., Dipl.-Inform., Universität Bonn, Institut für Ökonometrie und Operations Research, Nassestr. 2, 5300 Bonn 1

Reinhardt, W., Dr., SNV Studiengesellschaft Nahverkehr mbH, Lokstedter Weg 24, 2000 Hamburg 20

Riediger, G., Dipl.-Kfm., IVT Ingenieurbüro für Verkehrstechnik GmbH, Yorckstr. 22 7500 Karlsruhe

Rode, B., BBC & Cie. AG, Zentralbereich Betriebswirtschaft, Kallstadter Str. 1, 6800 Mannheim 1

Rohmert, W., Prof. Dr., TH Darmstadt, Institut für Arbeitswissenschaft, Petersenstr. 30 6100 Darmstadt

Rosemeyer, B., Dipl.-Math., Fernuniversität Hagen, Lehrgebiet Statistik und Ökonometrie, Roggenkamp 6, 5800 Hagen

Rosenthal, H., Dr., Universität Paderborn, Fachbereich Wirtschaftswissenschaft, Postfach 16 21, 4790 Paderborn

Rudorff, W., Dr., Preussag AG Metall, Rammelsberger Str. 2, 3380 Goslar 1

Ruhland, J., Universität München, Seminar für Systemforschung, Ludwigstr. 28 RG/III, 8000 München 22

Schaar, P., Witts Allee 18, 2000 Hamburg 55

Schäl, M., Prof. Dr., Universität Bonn, Institut für Angewandte Mathematik, Wegelerstr. 6, 5300 Bonn

Schaßberger, R., Prof. Dr., Technische Universität Bonn, Fachbereich 3, Straße des 17. Juni 135, 1000 Berlin 12

Schmidt, R., Prof. Dr., Universität Kiel, Institut für Betriebswirtschaftslehre, Olshausenstr. 40 - 60, 2300 Kiel

Schmidt, R.H., Prof. Dr., Universität Frankfurt, Fachbereich Wirtschaftswissenschaften, Mertonstr. 17, 6000 Frankfurt

Schneider, H., Dr., Freie Universität Berlin, Fachbereich Wirtschaftswissenschaft, Institut für Quantitative Ökonomik und Statistik, Garystr. 21, 1000 Berlin 33

Schnös, H., Dipl.-Math., Veba Oel AG, Abt. Datentechnik - 824, Pawikerstr. 30, 4660 Gelsenkirchen-Buer

Schönert, D., Dipl.-Ing., Stahlwerke Bochum AG, Castroper Str. 228, 4630 Bochum 1

Schürger, K., Dipl.-Ing., Deutsche Lufthansa AG, Abt. HAM IZ 1, Postfach 3 00, 2000 Hamburg 63

Siegener, W., Dipl.-Ing., IVT Ingenieurbüro für Verkehrstechnik GmbH, Yorckstr. 22 7500 Karlsruhe

Sigl, D., Dipl.-Ing., Friedrich Krupp GmbH, Krupp Forschungsinstitut, Münchener Str. 100, 4300 Essen 1

Söhngen, L., Dr., Industrieanlagen-Betriebsgesellschaft mbH, Abt. SZP, Einsteinstr., 8012 Ottobrunn

Spatke, R., Dipl.-Kfm., Universität zu Köln, Seminar für Allgemeine und Industrielle Betriebswirtschaftslehre, Albertus-Magnus-Platz, 5000 Köln 41

Stahlknecht, P., Prof. Dr., Universität Osnabrück, FB Wirtschaftswissenschaften, Luisenstr. 16, 4500 Osnabrück

Stöppler, S., Prof. Dr., Universität Bremen, FB Wirtschaftswissenschaften, Bibliothekstr., 2800 Bremen 33

Strauss, I., Dr., BBC & Cie. AG, Zentralbereich Betriebswirtschaft, Kallstadter Str. 1, 6800 Mannheim 1

Strebel, H., Prof. Dr., Freie Universität Berlin, Fachrichtung Industriebetriebslehre, Garystr. 6, 1000 Berlin 33

Thienell, K., Dipl.-Kfm., Freie Universität Berlin, Fachbereich Wirtschaftswissenschaft, Garystr. 21, 1000 Berlin 33

Wal, J. van der, Eindhoven University of Technolgy, Department of Mathematics and Computing Science, Postbox 513, 5600 MB Eindhoven, Niederlande

Waldmann, K.-H., Dr., Freie Universität Berlin, Fachbereich Wirtschaftswissenschaft, Institut für Quantitative Ökonomik und Statistik (WE 1), Fachrichtung Statistik und Versicherungsmathematik, Garystr. 21, 1000 Berlin 33

Weber, R., Dipl.-Math., Universität des Saarlandes, Fachbereich Wirtschaftswissenschaften, Fachgebiet Unternehmensforschung, 6600 Saarbrücken 11

Wegener, H., Dr., Universität Duisburg, FB 11 Mathematik, Lotharstr. 65, 4100 Duisburg 1

Weißkopf, W., Arbeitsgemeinschaft DB/VAG, Am Plärrer 27, 8500 Nürnberg 70

Werner, A., Dipl.-Kfm., Universität Osnabrück, Fachbereich Wirtschaftswissenschaften, Luisenstr. 16, 4500 Osnabrück

Wessels, J., Prof. Dr., Eindhoven University of Technology, Department of Mathematics and Computing Science, Postbox 513, 5600 MB Eindhoven, Niederlande

Wiegand, K., Dr.-Ing., Technische Universität Braunschweig, Institut für Verkehr, Eisenbahnwesen und Verkehrssicherung, Pockelsstr. 4, 3300 Braunschweig

Winkels, H.-M., Dr., Ruhr-Universität Bochum, Institut für Unternehmungsführung und Unternehmensforschung, Postfach 10 21 48, 4630 Bochum 1

Wohlmannstetter, V., cand.rer.pol., Universität Erlangen-Nürnberg, Lehrstuhl für Betriebswirtschaftslehre und Operations Research, Lange Gasse 20, 8500 Nürnberg

Ziemes, G., Dr., Universität Siegen, FB 5 Wirtschaftswissenschaft, Hölderlinstr. 3, 5900 Siegen 21

Zölzer, G.A., Dipl.-Math., Industrieanlagen-Betriebsgesellschaft mbH, Abt. SZP, Einsteinstr. 20, 8012 Ottobrunn

Autorenverzeichnis